BURT FRANKLIN: RESEARCH & SOURCE WORKS SERIES 754
Selected Essays in History, Economics and Social Science 272

Studien zur Geschichte
kapitalistischer Organisationsformen

Studien zur Geschichte kapitalistischer Organisationsformen

Monopole, Kartelle und Aktiengesellschaften im Mittelalter und zu Beginn der Neuzeit

Von

Jakob Strieder

Zweite, vermehrte Auflage

BURT FRANKLIN

New York , N. Y.

Published by LENOX HILL Pub. & Dist. Co. (Burt Franklin)
235 East 44th St., New York, N.Y. 10017
Originally Published: 1925
Reprinted: 1971
Printed in the U.S.A.

S.B.N.: 8337-34326
Library of Congress Card Catalog No.: 77-161684
Burt Franklin: Research and Source Works Series 754
Selected Essays in History, Economics and Social Science 272

Reprinted from the original edition in the Princeton University Library.

Aloys Schulte

in Verehrung und Dankbarkeit.

Vorwort zur zweiten Auflage.

Seit längerer Zeit ist die erste Auflage des hier in zweiter, ver-
mehrter Auflage vorliegenden Werkes vergriffen. Es war in der Zeit
der schweren deutschen Wirtschaftsnot, während der ich an die
Vorbereitung der zweiten Auflage ging, nicht denkbar, das ganze
Werk neu zu setzen, so daß sich die Möglichkeit geboten hätte, all
die größeren und kleineren Nachträge, Erweiterungen und Berich-
tigungen aufzunehmen, die ich im Laufe der Zeit gesammelt hatte.
Ich mußte schon froh sein, wenn sich der Verleger entschloß, von der
ersten Auflage einen unveränderten (photo-chemischen) Neudruck
herstellen zu lassen und mir für Nachträge bis zu zwei Bogen neuen
Satzes konzedierte [1].

Wer die Aufnahme verfolgt hat, die die erste Auflage meiner
,,Studien zur Geschichte kapitalistischer Organisationsformen, Monopole, Kartelle und Aktiengesellschaften im Mittelalter und zu Beginn der Neuzeit" gefunden hat, wird vielleicht die Erwartung hegen,
ich würde mich in den Nachträgen besonders mit der Frage der Anfänge der Aktiengesellschaften beschäftigen. Hier haben manche
Kritiker mir insofern nicht folgen zu können erklärt, als sie die von
mir als embryonale Aktiengesellschaften angesprochenen handels-
gesellschaftlichen Bildungen des Mittelalters und des 16. Jahrhunderts als solche nicht anerkennen wollten. Die naheliegende
Frage freilich, unter welche Kategorie der Handelsgesellschafts-
formen denn sonst die von mir herangezogenen Bildungen (etwa
die Steyrer-Allgemeine-Eisenhandelskompagnie) eingereiht werden
sollen, haben die Kritiker unbeantwortet gelassen. Es müßte denn
sein, daß man sich mit der Erklärung Silberschmidts beruhigt, der
die fraglichen Kompagnien als gemischt-wirtschaftliche Unterneh-

---

[1] Dagegen wird meine ,,Genesis des modernen Kapitalismus,
Forschungen zur Entstehung der großen bürgerlichen Kapitalvermögen zu Ausgang des Mittelalters und zu Beginn der Neuzeit zunächst in Augsburg", die ebenfalls seit langem vergriffen ist, in völlig
umgearbeiteter Auflage (allerdings erst im Jahre 1926) erscheinen.

mungen charakterisiert und damit die Streitfrage zu lösen glaubt. Nun sind freilich mehrere dieser Gesellschaften auch nebenbei gemischt-wirtschaftliche Unternehmungen gewesen, so daß für die Geschichte dieser angeblich ganz modernen kapitalistischen Organisationsform schönes Material von mir geliefert werden konnte, aber der Kernpunkt des Problems ist damit nicht getroffen, sondern umgangen. Eine gemischt-wirtschaftliche Unternehmung kann verschiedenen gesellschaftsrechtlichen Charakters sein. Sie kann sich der aktiengesellschaftlichen Form bedienen, braucht es aber nicht zu tun.

So einfach liegen also die Dinge hier nicht. Ich denke im Verlauf der nächsten Jahre die Streitfrage in einem besonderen Werke, „Die Entstehung der Aktiengesellschaft" betitelt, von neuem aufzurollen. Es gilt dabei besonders noch eine Anzahl von Kompagnien in mühsamer, archivalischer Arbeit zu untersuchen, die einen gewissen öffentlich-rechtlichen Einschlag haben, und die jenen Kompagnien ähnlich organisiert zu sein scheinen, die ich als embryonale Aktiengesellschaften angesprochen habe. (Vgl. unten S. 140 f.) Es gilt ferner auch eine Reihe englischer und anderer überseeischer Kompagnien zu untersuchen, die schon im 16. Jahrhundert entstanden sind, also vor der holländisch-ostindischen Kompagnie, von der ab Karl Lehmann erst die Entwicklung der Aktiengesellschaft datieren will.

In dem mir für diese zweite Auflage zur Verfügung stehenden Raum gedenke ich nicht auf das Problem der Entstehung der Aktiengesellschaft einzugehen. Hier sollen vielmehr folgende Erweiterungen zur Geschichte der Kartelle und Monopole des 16. Jahrhunderts geboten werden: Ein erster Abschnitt handelt über das bisher unbekannte Kupfersyndikat der Firmen Fugger und Manlich, geschlossen im Jahre 1548; hierbei werden auch ein paar Ergänzungen zum Kartell der Fugger und Höchstetter vom Jahre 1515 gebracht. In einem zweiten Abschnitt wird die Stellung der Fugger zu dem großen mitteleuropäischen Zinnmonopolisierungsprojekt in der Mitte des 16. Jahrhunderts eingehend dargestellt. Die führende Teilnahme Anton Fuggers an diesem Spekulationsunternehmen — einem der kapitalgewaltigsten des ganzen Zeitalters — konnte über die Vermutungen in der ersten Auflage hinaus genau festgelegt werden. In dem dritten Abschnitt der Nachträge endlich ist einiges Neue zur Geschichte des Idrianer Quecksilbermonopols geboten.

So darf ich denn diese zweite Auflage mit dem Gefühl einer kleinen inneren Befriedigung hinausgehen lassen, daß sie — obwohl in der Hauptsache nur ein unveränderter photo-chemischer Neudruck der ersten — doch über diese hinaus einen Fortschritt unseres wirtschaftsgeschichtlichen Wissens vom 16. Jahrhundert bedeutet. Auch ohne diese Ergänzungen freilich hätte sich vielleicht gerade in unserer Zeit eine Neuauflage meiner „Studien zur Geschichte kapitalistischer Organisationsformen" empfohlen. Ein guter Teil des Werkes ist der Geschichte des heute so aktuellen Monopol- und Kartellwesens gewidmet. Dabei stellte ich das Verhältnis von Staat und Gesellschaft zu diesen werdenden Kristallisationen moderner Wirtschaftsgesinnung in den Vordergrund meiner Betrachtungen und Untersuchungen. „Staat und Wirtschaft". ist ja auch heute wieder ein Problem, das alle wirtschaftspolitisch Denkenden interessiert. Ich meine für diejenigen, die heute ein Kartellgesetz f o r - d e r n , um damit dem Staat wiederum die Führung unserer wirtschaftlichen Politik zu sichern, wird ebenso wie für diejenigen, die es a b l e h n e n , die Erinnerung daran von Wichtigkeit sein, wie im 16. Jahrhundert staatliche Finanznot und finanzielle Abhängigkeit des Fürstentums vom Großkaufmann einer starken gesellschaftlichen Antimonopolbewegung die Kraft des Sieges nahm.

M ü n c h e n , Ainmillerstraße 34, im August 1924.

Jakob Strieder.

Vorwort und Einführung.

Für die Geschichte des Frühkapitalismus, der — in Deutschland — in der zweiten Hälfte des 16. Jahrhunderts seinen Höhepunkt erreicht, ist die Einzeluntersuchung gegenwärtig das Gegebene. Man darf sogar noch weiter gehen und behaupten: die auf neuem archivalischen Material aufgebaute Einzeluntersuchung ist das, was uns auf diesem geschichtlichen Gebiete zurzeit nottut[1]. Eine Zusammenfassung der bisherigen Literatur würde ebensowenig wie eine Verarbeitung des spärlich nur gedruckten Quellenmaterials ein den Kenner befriedigendes Bild der wirtschaftlichen Zustände und Kräfte jener Zeit geben. Namentlich die die Wirtschaft neuorganisierenden Bildungen der frühkapitalistischen Epoche, die neuen, aus dem Geiste des Kapitalismus geborenen Formen, insbesondere der Großunternehmung, lassen sich nur mit Hilfe zeitraubender und mühsamer archivalischer Untersuchung deutlich in ihrer Entstehung und Wirksamkeit erkennen.

Eine solche Untersuchung ist im folgenden geboten. Ich bin darin den früheren Monopol- und Kartellbildungen sowie denjenigen Arten der Handelsvergesellschaftung nachgegangen, die über die älteren Formen der Handelsgesellschaft hinaus auf die moderne Aktiengesellschaft weisen. Mehr gelegentlich wurde auch, wo es sich zum Verständnis der Darstellung notwendig erwies, auf die Geschichte des Verlagssystems eingegangen. Selbstverständlich konnten — weil vorwiegend Archivmaterial als Grundlage der Arbeit in Frage kommt — nicht alle frühkapitalistischen Organisationsformen der genannten Art ausfindig gemacht und beschrieben werden. Hier muß die lokale Geschichtsforschung weiter arbeiten. Wohlverstanden die streng wissenschaftliche! Es würde mich freuen,

---

[1] Noch vor einiger Zeit hat Gustav Schmoller (in seinem Jahrbuch Jahrg. 1912, S. 880) darauf aufmerksam gemacht, daß für viele unserer Nationalökonomen die Archivscheu das Haupthindernis fruchtbarer wissenschaftlicher Tätigkeit gewesen ist.

wenn ich der gerade für die Wirtschaftsgeschichte so außerordentlich
wichtigen lokalen Historik einen Erzgang gezeigt hätte, aus dem
sich noch mancher wertvolle Fund erwarten läßt. Ich wüßte kaum
ein Gebiet, das sich so gut für in sich abgeschlossene lokale Monographien eignet, wie die Geschichte einzelner kapitalistischer Unternehmungen großen Stils, seien es nun Großgewerkschaften oder
allgemeine Handelsgesellschaften auf aktiengesellschaftlicher Grundlage, wie sie im folgenden für Steyr, Iglau, Amberg nachgewiesen
werden, seien es Monopolunternehmungen oder Kartellbildungen etc.

Dem eigentlichen Hauptteil der Arbeit gehen längere grundlegende Ausführungen voraus. Davon sind die ersten, in Buch I,
Kapitel 1—3 untergebrachten, dem allgemeinen Nachweis der besonderen Bedeutung des Bergbaues und des Erzhandels für die
Entstehung und Entwicklung des Kapitalismus gewidmet. Die
anderen, in Buch II gegebenen, spüren dem Zusammenhang nach,
der zwischen Staat, Kirche und den fortgeschrittenen frühkapitalistischen Organisationsformen besteht [1].

Ich habe mich veranlaßt gefühlt, in einem Anhang, der etwas
umfangreicher ausgefallen ist, als ich selbst wünschte, die wichtigsten archivalischen Quellen, auf die sich die folgende Darstellung
teilweise stützt, in extenso abzudrucken. So entstand eine Sammlung von Dokumenten der frühkapitalistischen Wirtschaftsorganisation. Die Berechtigung zu dieser Aktenpublikation glaube ich
in dem fast völligen Fehlen ähnlicher wirtschafts- und handels-
rechtsgeschichtlicher Quellenveröffentlichungen zu sehen. Der Verfasser wenigstens hätte früher öfters gern für wirtschaftsgeschichtliche Übungen zur Entstehung des Frühkapitalismus ähnliches
Quellenmaterial bequem beieinander gehabt.

Das allermeiste des Quellenanhanges ist bisher ungedruckt.
Nur einige wenige Stücke finden sich bereits bei F r a n z A n t o n
S c h m i d t, Chronologisch-systematische Sammlung der Berggesetze der österreichischen Monarchie. Doch war dort der Druck
der betreffenden Akten so fehlerhaft, auch der Inhalt so entstellt
wiedergegeben, daß sich ein Neudruck nötig machte. Bei der
Technik der Quellenediton habe ich mich im ganzen an die Be-

---

[1] Vgl. außer dem II. Buche hierfür auch die gelegentlichen
Hinweise im ganzen Verlaufe des III. Buches und schließlich noch
das Schlußwort.

stimmungen über Heraugabe von Urkunden und Akten der königl.
sächsischen Kommission für Geschichte angelehnt.

Für die vorliegende Arbeit ist das urkundliche Material insbesondere den folgenden Archiven entnommen worden:

Dem königlichen Hauptstaats-Archiv zu Dresden;

dem gemeinschaftlichen Hauptarchiv des Sachsen-Ernestini-
schen Hauses zu Weimar;

dem Stadtarchiv zu Leipzig;

dem Königl. allgemeinen Reichsarchiv in München;

dem Stadtarchiv zu Augsburg;

dem k. und k. gemeinsamen Finanzarchiv (Hofkammer-Archiv)
in Wien;

dem k. und k. Haus-, Hof- und Staatsarchiv in Wien;

dem ehemaligen Reichskammergerichtsorchiv in Wetzlar;

Ferner mit Hilfe von Akten- bzw. Abschriftenübersendung den
folgenden Archiven:

Dem R. Archivio di Stato in Rom;

dem R. Archivio di Stato in Neapel;

dem k. und k. Statthalterei-Archiv zu Prag;

dem Stadtarchiv zu Iglau in Mähren;

dem Stadtarchiv zu Steyr;

dem Stadtarchiv zu Leoben;

dem Königl. Staatsarchiv zu Königsberg i. Pr.;

dem Königl. Staatsarchiv zu Danzig;

der Stadtbibliothek zu Danzig;

dem Stadtarchiv zu Elbing;

dem Stadtarchiv in Goslar.

dem Königl. bayrischen Kreisarchiv zu Amberg, O.-Pf.;

dem Stadtarchiv zu Lindau i. B.

Allen Herren Beamten der genannten Archive, die mich unterstützt haben, möchte ich auch an dieser Stelle meinen herzlichsten
Dank sagen für die freundliche Beihilfe zur Vollendung des vorliegenden Buches. Dieser Dank gilt besonders Herrn Dr. Boden-
stein vom k. u. k. Finanzarchiv in Wien und Herrn Dr. Oskar Freiherrn von Mitis vom dortigen Haus-, Hof- und Staatsarchiv. Durch
Kollationierung einer Abschrift aus dem römischen Archivio di
Stato und einige Nachforschungen in den vatikanischen Archiven
verpflichtete mich Herr Dr. Schäfer.

Inhaltsverzeichnis.

Erstes Buch.

Erstes Kapitel.

Bergbau und Erzhandel, die wichtigsten Zweige der
Wirtschaft des hl. röm. Reiches deutscher Nation zu Anfang des
16. Jahrhunderts S. 3. Schäßung der quantitativen Bedeutung dieser
Erwerbszweige für die deutsche Volkswirtschaft jener Zeit in einer
Urkunde Karls V. vom Jahre 1525. S. 3. Nachprüfung der dort ge-
gebenen Schäßungswerte unmöglich. S. 4. Jedenfalls nahm bis
Mitte des 16. Jahrhunderts das hl. röm. Reich im Bergbau und
Erzhandel der Erde die führende Stelle ein. S. 5. Werterhöhung
der deutschen Bergwerke durch Preissteigerung einzelner Metalle,
besonders des Kupfers im 16. Jahrhundert. S. 5. Deutsche im auswärtigen Bergbau als Unternehmer und Bergarbeiter tätig. In
Spanien und dessen Kolonien, Schweden, England, Böhmen, Polen,
Ungarn. S. 7 f. Die Thurzo von Krakau in Goslar S. 9. Verbindung der Thurzo und Fugger im ungarischen Kupfer- und Silberbergbau. S. 10. Gewinne der Fugger dort. S. 11. Umsäße
deutscher Firmen im Erzhandel. S. 12. Zurücktreten des übrigen
Warenhandels. Das Finanzgeschäft, vielfach aus dem Erzhandel
erwachsen. S. 13.

Zweites Kapitel.

Frage nach der Bedeutung des Bergbaues und Erzhandels
für die ursprüngliche, erste Akkumulation bürgerlicher Geld-
vermögen, auf denen sich dann der Frühkapitalismus aufrichtete.
S. 14 f. Zunächst arme, glückliche Fundgrübner waren in der
Regel von keiner direkten Bedeutung für die Entstehung des Frühkapitalismus. S. 15. Ein größeres Kapitalvermögen war zu allermeist die Voraussetzung, um im Bergbau und Erzhandel be-

Drittes Kapitel.
Bergbau und Entfaltung der frühkapitalistischen Organisationsformen

Viertes Kapitel.
Monopol- und Kartellbestrebungen im böhmischen und sächsischen Zinngroßhandel seit der Mitte des 16. Jahrhunderts

Anhang.

Verzeichnis der zitierten wichtigeren Literatur.

I. Quellenwerke.

Acta historica res gestas Poloniae illustrantia (1507—1795) Tom. VIII. Leges, privilegia et statuta civitatis Cracoviensis. I. 2. ed. Piekosiński, Franciscus.

Acta Tirolensia III. 1. Quellen zur Geschichte des Bauernkrieges in Deutschtirol, 1525. I. Teil. Quellen zur Vorgeschichte des Bauernkrieges: Beschwerdeartikel aus den Jahren 1519—1525. Innsbruck 1908, ed. Wopfner, H.

Annales Styrenses, ed. Preuenhuber, V., Nürnberg 1740.

Bullarium diplomatum et privilegiorum summorum romanorum pontificum. 6. Bd. Augustae Taurinorum, 1860.

Calendar of letters, despatches and state papers relating to the negotiations between England and Spain preserved in the archives at Simancas and elsewhere, Vol. III, Part. II (1527—1529) ed. Pascual de Gayangos. London 1877.

Die Chroniken der deutschen Städte. 23. Bd. Leipzig 1894.

Codex Augusteus oder vermehrtes Corpus juris Saxonici etc., ed. Lünig, J. Chr. 2 Bde. Leipzig 1724.

Codex dipl. dominii temporalis sanctae sedis. 3. Bd., ed. Theiner, A., Rom 1862.

Codex dipl. Silesiae XX und XXI, Schlesiens Bergbau und Hüttenwesen, ed. Wuttke, K., 1900/01.

Collingwood, W. G., Elizabethan Keswick. Extracts from the original account books 1564—1577, of the german miners, in the archives of Augsburg. Cumberland and Westmorland antiquarian and archaeological society, Tract series Nr. VIII, Kendal 1912.

Davidsohn, R., Forschungen zur Geschichte von Florenz. Bd. III. Berlin 1901.

Deutsche Reichstagsakten, jüngere Reihe. Herausgegeben durch die histor. Kommission bei der (bayr.) Akademie der Wissenschaften. Bd. 1—4. (— 1524.) Bearbeitet von Kluckhohn, A., und Wrede, A., Gotha, 1893—1905.

Die drei Flugschriften über den Münzstreit der sächsischen Albertiner und Ernestiner um 1530. Ed. Lotz, W. Leipzig 1893.

Geiler von Kaisersberg, Die Brösamlin doct. Keiserspergs uffgelesen von Frater Johann Paulin; bes. die Predigten »Wie ein Kaufmann soll sein«.

Die Inventur der Firma Fugger aus dem Jahre 1527, ed. Strieder, Jakob. Tübingen 1905.

Libell of englishe policye (um 1436).

Die Reformation des Kaisers Sigismund. Ausgabe von Werner, Heinrich. III. Ergänzungsheft des Archivs für Kulturgeschichte. 1908. Letzte Ausgabe.

Reisen und Gefangenschaft Hans Ulrich Kraffts, ed. Hassler, K. D. 61. Bd. der Bibliothek des literarischen Vereins zu Stuttgart. 1861.

Ruland, Ott, Handlungsbuch, ed. Hassler, K. D. Stuttgart 1843.

Sammlung, neue und vollständigere, der Reichs-Abschiede. 4 Teile. Frankfurt 1747.

Sammlung, chronologisch-systematische, der Berggesetze der österreichischen Monarchie, ed. Schmidt, Franz Anton. I. Abteilung (Böhmen, Mähren, Schlesien) 13 Bde. Wien 1832—34. II. Abteilung (Ungarn, Kroatien, Dalmatien, Slavonien und Siebenbürgen). 25 Bde. Wien 1834—1838. III. Abteilung (Österreich, Steiermark, Kärnten und Krain) 1 Bd. Wien 1839.

Sammlung des bayrischen Bergrechts, ed. Lori, J. G. München 1764.

Urkundenbuch zur Geschichte des Reichstags zu Augsburg im Jahre 1530, ed. Förstemann, K. E. 2 Bde. Halle 1833/5.

Villa, Ant. Rodriguez, El emperador Carlos V y su corte. Según las cartas de Don Martin de Salinas, embajador del infante Don Fernando (1522—1539) Madrid 1903/05.

Das Handlungsbuch von Hermann und Johann Wittenborg, herausgegeben von Mollwo, Carl. Leipzig 1901.

II. Darstellungen.

Beck, Ludwig, Die Geschichte des Eisens in technischer und kulturgeschichtlicher Beziehung. 5 Bde. Braunschweig 1884 ff.

Bein, L., Die Industrie des sächsischen Vogtlandes. II. Teil. Die Textilindustrie. Leipzig 1884.

Below, G. v., Großhändler und Kleinhändler im deutschen Mittelalter. Jahrbücher für Nationalökonomie und Statistik. III. Folge, 20. Bd. (1900), S. 1 ff.

Bittner, L., Das Eisenwesen in Innerberg-Eisenerz bis zur Gründung der Innerberger Hauptgewerkschaft im Jahre 1625. Archiv für österreichische Geschichte. Bd. 89, S. 451 ff.

Bothe, Fr., Frankfurter Patriziervermögen im 16. Jahrhundert. Berlin 1908.

Bruchmüller, W., Der Kobaltbergbau und die Blaufarbenwerke in Sachsen bis zum Jahre 1653. Leipziger Dissertation 1897.

Buchholtz, F. B. v. Geschichte der Regierung Ferdinands I. 8 Bde. und Urkundenb. Wien 1831—38.

Chmel, Jos., Geschichte Kaiser Friedrich IV. 2 Bde. Hamburg 1840/43.

Daenell, E. R., Die Blütezeit der deutschen Hanse. Hansische Geschichte von der 2. Hälfte des 14. bis zum letzten Viertel des 15. Jahrhunderts. 2 Bde. Berlin 1906.

Derselbe, Der Ostseeverkehr und die Hansestädte von der Mitte des 14. bis zur Mitte des 15. Jahrhunderts. Hansische Geschichtsblätter Jahrgang 1902 S. 1 ff.

Das k. k. Quecksilberbergwerk Idria, Festschrift. Wien 1881.

Dobel, Fr., Über den Bergbau und Handel des Jakob und Anton Fugger in Kärnten und Tirol (1495—1560). Zeitschr. d. histor. Vereins für Schwaben-Neuburg, Bd. 9 (1882).

Eberle, F. X., Die Organisation des Reichenhaller Salzwesens unter dem herzoglichen und kurfürstlichen Produktions- und Handelsmonopol. Münchener Dissertation 1910.

Ehrenberg, R., Das Zeitalter der Fugger. Geldkapital und Kreditverkehr im 16. Jahrhundert. 2 Bde. Jena 1896. Anastatischer Neudruck Jena 1912.

Derselbe, Hamburg und England im Zeitalter der Königin Elisabeth. Jena 1896.

Endemann, W., Studien in der romanisch-kanonistischen Wirtschafts- und Rechtslehre bis gegen Ende des 17. Jahrhunderts. 2 Bde. Berlin 1874/83.

Ermisch, H., Das sächsische Bergrecht des Mittelalters. Leipzig 1887.

Falke, Joh., Die Geschichte des deutschen Handels. 2 Teile. Leipzig 1859—60.

Derselbe, Die Geschichte des Kurfürsten August von Sachsen in volkswirtschaftlicher Beziehung. Leipzig 1868.

Derselbe, Geschichte der Bergstadt Geyer. In: Mitteilungen des Kgl. Sächs. Vereins für Erforschung und Erhaltung vaterländischer Geschichts- und Kunstdenkmale. 15. Heft. 1886.

Faulhaber, C., Die ehemalige schlesische Goldproduktion. Breslauer Dissertation 1896.

Fink, E., Die Bergwerksunternehmungen der Fugger in Schlesien. Zeitschrift d. Vereins f. Gesch. und Altertum Schlesiens. Bd. 28 (1894).

Funk, F. X., Geschichte des kirchlichen Zinsverbots. Tübingen 1876.

Goldschmidt, L., Universalgeschichte des Handelsrechts. Stuttgart 1891.

Gothein, E., Wirtschaftsgeschichte des Schwarzwaldes und der angrenzenden Landschaften. I. Bd. Straßburg 1892.

Derselbe, Geschichte des Bergbaus im Schwarzwald. Ztsch. f. Gesch. d. Oberrheins. XLI (1887).

Gottlob, A., Aus der Camera apostolica des 15. Jahrhunderts. Innsbruck 1889.

Derselbe, Päpstliche Darlehnsschulden des 13. Jahrhunderts. Historisches Jahrbuch 20 (1899), S. 665 ff.

Grosch, G., Geldgeschäfte hansischer Kaufleute mit englischen Königen im 13. und 14. Jahrhundert, im Archiv für Kulturgeschichte, Bd. II (1904)

Häbler, K., Die Geschichte der Fuggerschen Handlung in Spanien, Weimar 1897.

Derselbe, Die überseeischen Unternehmungen der Welser und ihrer Gesellschafter. Leipzig 1903.

Derselbe, Konrad Rott und die Thüringische Gesellschaft in: Neues Archiv für sächsische Geschichte 16 (1895), S. 177 ff.

Hansen, Joseph, Der englische Staatskredit unter König Eduard III. (1327—1377) und die hansischen Kaufleute. Zugleich ein Beitrag zur Geschichte des kirchlichen Zinsverbotes und des rheinischen Geldgeschäftes im Mittelalter. In: Hansische Geschichtsblätter 16 (1910). S. 323 ff.

Hartung, J., Aus dem Geheimbuche eines deutschen Handelshauses im 16. Jahrhundert. Zeitschr. f. Soz. u. Wirtschaftsgesch. Bd. 6. (1898).

Hering, Die Loyßen. In: Baltische Studien, herausgegeben von der Gesellschaft für pommersche Geschichte und Altertumskunde. 11. Jahrgang. (1845), S. 80 ff.

Heyd, W., Histoire du commerce du Levant au moyen-âge. 2 Bde. Leipzig 1885/86. Französ. vermehrte und verbesserte Ausgabe des zunächst (1879) in deutscher Sprache erschienenen Werkes.

Derselbe, Die große Ravensburger Gesellschaft. Stuttgart 1890.

Hirn, Jos., Erzherzog Ferdinand II. von Tirol. Geschichte seiner Regierung und seiner Länder. 2 Bde. Innsbruck 1885/88.

Hitzinger, Peter, Das Quecksilberbergwerk Idria. Laibach 1860.

Hoppe, O., Der Silberbergbau zu Schneeberg bis zum Jahre 1500. Heidelberger Dissertation 1908.

Hué, O., Die Bergarbeiter. Historische Darstellung der Bergarbeiterverhältnisse von der ältesten bis auf die neueste Zeit, I. Bd., Stuttgart 1910.

Imbart de la Tour, P., Les origines de la Réforme. 2 Bde. Paris 1905/9.

Inama-Sternegg, K. Th. von, Deutsche Wirtschaftsgeschichte, I—III ³ Leipzig 1879—1901, Bd. I in 2. Aufl. (1909) bes., Ill. Bd. 2. Teil. Leipzig 1901.

Jansen, Max, Die Anfänge der Fugger (bis 1494). Leipzig 1907.

Derselbe, Jakob Fugger der Reiche. Studien und Quellen I. Leipzig 1910.

Kaser, Kurt, Deutsche Geschichte im Ausgange des Mittelalters (1438 bis 1529). 2. Bd. Deutsche Geschichte zur Zeit Maximilians I. (1486 bis 1519). Stuttgart und Berlin 1912.

Keller, Franz, Unternehmung und Mehrwert. Eine sozialethische Studie zur Geschäftsmoral. Köln 1912. (Vereinsschrift der Görresgesellschaft.)

Kempel, F., Göttliches Sittengeseß und neuzeitliches Erwerbsleben Mainz 1902.

Keutgen, F., Hansische Handelsgesellschaften vornehmlich des 14. Jahrhunderts in der Vierteljahrsschrift für Sozial- und Wirtschaftsgeschichte 4. Bd. (1906) S. 278 ff., 461 ff. und 567 ff.

Kluckhohn, Aug., Zur Geschichte der Handelsgesellschaften und Monopole im Zeitalter der Reformation. In: Historische Aufsäße, dem Andenken an Georg Waiß gewidmet. Hannover 1886, S. 666 ff.

König, Erich, Peutingerstudien. In Studien und Darstellungen aus dem Gebiete der Geschichte. IX. 1 und 2. München 1914.

Kroker, E., Leipzig und die sächsischen Bergwerke. In: Schriften des Vereins für die Geschichte Leipzigs. IX (1909), S. 25 ff.

Derselbe, Beiträge zur Geschichte der Stadt Leipzig im Reformationszeitalter. In: Neujahrsblätter der Bibliothek und des Archivs der Stadt Leipzig, 1908. (Nr. 3: Heinz Probst, ein Leipziger Wucherer; Nr. 5: Die sächsischen Bergwerke und Leipzig; Martin Leubel, Heinz Scherl.)

Derselbe, Leipzig und die alte Fundgrube in Schneeberg. In: Leipziger Kalender 1909, S. 129 ff.

Derselbe, Heinrich Kramer in Claußbruch, ein Leipziger Handelsherr des 16. Jahrhunderts. In: Quellen zur Geschichte der Stadt Leipzig. II. Bd. Leipzig 1895. S. 355 ff.

Kulischer, Josef, Warenhändler und Geldausleiher im Mittelalter. Zeitschrift für Volkswirtschaft, Sozialpolitik und Verwaltung. Bd. XVII (1908).

Laiglesia, F. de, Los caudales de Indias en la primera mitad del Siglo XVI. Madrid 1904.

Landesberger, J., Gutachten über die Frage: Welche Maßregeln empfehlen sich für die rechtliche Behandlung der Industriekartelle? Verhandlungen des 26. deutschen Juristentages, II. Bd. (Gutachten.) Berlin 1902.

Lehmann, Karl, Die geschichtliche Entwicklung des Aktienrechts bis zum Code de commerce. Berlin 1895.

Levy, H., Monopole, Kartelle und Trusts in ihren Beziehungen zur Organisation der kapitalistischen Industrie. Dargestellt an der Entwicklung in Großbritannien. Jena 1909.

Liefmann, R., Die Unternehmerverbände (Konventionen, Kartelle), ihr Wesen und ihre Bedeutung. Freiburg i. Breisgau 1897.

Derselbe, Beteiligungs- und Finanzierungsgesellschaften. Eine Studie über den modernen Kapitalismus und das Effektenwesen. Jena 1909.

Livi, G., Dall'archivio di Francesco Datini, mercante pratese. Firenze, 1910.

Marperger, P. J., Neueröffnetes Kaufmannsmagazin, 2 Bde., 4. Aufl. Hamburg 1765.

Martin, G., La grande industrie en France sous le règne de Louis XV. Paris 1900.

Maurenbrecher, Max, Thomas von Aquinos Stellung zum Wirtschaftsleben seiner Zeit. 1. Teil. Leipzig 1898.

Mayer, F. M., Das Eisenwesen zu Eisenerz in den Jahren 1570—1625 in: Mitteilungen des historischen Vereins für Steiermark. 33. Heft (1885).

Meltzing, O., Das Bankhaus der Medici und seine Vorläufer. Jena 1906.

Derselbe, Tommaso Portinari und sein Konflikt mit der Hanse. Hansische Geschichtsblätter. Jahrg. 1906, S. 101 ff.

Möllenberg, W., Die Eroberung des Weltmarktes durch das Mansfeldische Kupfer. Gotha 1911.

Molina, Ludovicus, De jure et justicia. 5 Bde. II. Bd. De contractibus. Zitiert nach der Ausgabe Moguntiae 1614.

Mück, W., Der Mansfelder Kupferschieferbergbau in seiner rechtsgeschichtlichen Entwicklung. Bd. 1: Geschichte des Mansfelder Bergregals; Bd. 2: Urkunden des Mansfelder Bergbaues. Eisleben 1910.

Muther, Th., Aus dem Universitäts- und Gelehrtenleben im Zeitalter der Reformation. Erlangen 1866.

Neuburg, C., Goslars Bergbau bis 1552. Ein Beitrag zur Wirtschafts- und Verfassungsgeschichte des Mittelalters. Hannover 1892.

Neumann, M.. Geschichte des Wuchers in Deutschland bis zur Begründung der heutigen Zinsengesetze (1654). Halle 1865.

Oberleitner, Karl, Österreichs Finanzen und Kriegswesen unter Ferdinand I. 1522—1564. Archiv für Kunde österr. Geschichtsquellen. Bd. 22, S. 1 ff. Auch separat Wien 1859.

Opet, O., Das Gewerkschaftsrecht nach den deutschen Bergrechtsquellen des Mittelalters; in: Zeitschrift für Bergrecht 34 (1893).

Pantz, A. v., Die Innerberger Hauptgewerkschaft 1625—1783. In: Forschungen zur Verfassungs- und Verwaltungsgeschichte der Steiermark, VI. Bd., 2. Heft. Graz 1906.

Pauli, C. W., Lübeckische Zustände im Mittelalter. 3 Bde. Lübeck (resp. Leipzig) 1847—1878.

Peetz, H., Volkswissenschaftliche Studien. München 1880.

Pirenne, H., Geschichte Belgiens, III. Bd., übersetzt von Fritz Arnheim, Gotha 1907.

Pöhlmann, R., Die Wirtschaftspolitik der Florentiner Renaissance und das Prinzip der Verkehrsfreiheit. Leipzig 1878.

Prutz, H., Jacques Coeur von Bourges. Geschichte eines patriotischen Kaufmannes aus dem 15. Jahrhundert. Berlin 1911.

Pückert, Wilhelm, Das Münzwesen Sachsens 1518—1545. I. Abt. (Die Zeit von 1518—1525 umfassend.) Leipzig 1862.

Puff, A., Die Finanzen Albrechts des Beherzten. Leipzig 1911.

Rachel, Hugo, Die Handelsverfassung der norddeutschen Städte im 15. bis 16. Jahrhundert. Schmollers Jahrbuch 34. Bd. (1910).

Rachfahl, E., Wilhelm von Oranien und der niederländische Aufstand. 2 Bde. in 3 Abteilungen. Halle 1906/08.

Rehme, Paul, Die Lübecker Handelsgesellschaften in der ersten Hälfte des 14. Jahrhunderts. Zeitschrift für das gesamte Handelsrecht 42 (1894).

Reyer, E., Städtisches Leben im 16. Jahrhundert. Kulturbilder aus der freien Bergstadt Schlackenwald. Leipzig 1904.

Ring, Viktor, Asiatische Handelskompagnien Friedrich d. G. Ein Beitrag zur Geschichte des preußischen Seehandels und Aktienwesens. Berlin 1890.

Ropp, G. von der, Zur Geschichte des Alaunhandels im 15. Jahrhundert. Hansische Geschichtsblätter 1900, S. 119 ff.

Roth, Friedrich, Augsburgs Reformationsgeschichte. 3 Bde. München 1907.

Ruge, Sophus, Geschichte des Zeitalters der Entdeckungen. Berlin 1881.

Salz, Artur, Geschichte der böhmischen Industrie in der Neuzeit. München und Leipzig 1913.

Savary, Jacques, Le parfait negociant etc. 2 Bde. 2. Aufl. Genf 1752.

Sayous, A., La speculation dans les Pays-bas au XVIe siècle. Im Journal des économistes 1901.

Derselbe, Les ententes de producteurs et de commerçants en Hollande au XVIIe siècle. Mémoire lu à l'Académie des sciences morales et politiques le 7. sept. 1901. Neue verbesserte Ausgabe. Paris 1908.

Scaccia, Sig. Tractatus de commerciis et cambio. Frankfurter Ausgabe 1648 von mir benutzt.

Schaube, Ad., Handelsgeschichte der romanischen Völker des Mittelmeergebietes bis zum Ende der Kreuzzüge. München und Berlin 1906.

Schebek, Edmund, Böhmens Glasindustrie und Glashandel. Quellen zu ihrer Geschichte. Prag 1878.

Scheurl, A. v., Christoph v. Scheurl. 1884.

Schmoller, G., Die geschichtliche Entwicklung der Unternehmung. In Schmollers Jahrbuch für Gesetzgebung, Verwaltung und Volkswirtschaft im Deutschen Reiche, Jahrgang 14—17 (1890—1893

Schneid, J., Eck und das kirchliche Zinsverbot. In: Histor. polit. Blätter. Bd. 108 (1891).

Schneider, Georg, Die finanziellen Beziehungen der florentinischen Bankiers zur Kirche von 1285 bis 1304. Leipzig 1899.

Schulte, A., Geschichte des mittelalterlichen Handels und Verkehrs zwischen Westdeutschland und Italien, mit Ausschluß von Venedig. 2 Bde. Leipzig 1900.

Derselbe, ›Ein wichtiger Fund zur Handelsgeschichte‹ in: Zeitschrift für Geschichte des Oberrheins. Neue Folge. Bd. 27 (1912), S. 33 ff.

Scott, W. R., The Constitution and finance of an english copper mining company in the sixteenth and seventeenth centuries: being an account of ›the society of the mines royal‹ in der Vierteljahrsschrift für Sozial- und Wirtschaftsgeschichte. 5 (1907), S. 525 ff.

Sieveking, H., Genueser Finanzwesen mit besonderer Berücksichtigung der Casa di S. Giorgio. I. Bd. Genueser Finanzwesen vom 12. bis 14. Jahrhundert. Freiburg i. B. 1898. II. Bd. Die Casa di S. Giorgio. Daselbst 1899.

Soetbeer, Ad., Edelmetallproduktion und Wertverhältnis zwischen Gold und Silber seit der Entdeckung Amerikas bis zur Gegenwart. 57. Ergänzungsheft zu Petermanns Mitteilungen. Gotha 1879.

Sombart, Werner, Der moderne Kapitalismus. 2 Bde. Leipzig 1902.

Derselbe, Das Proletariat, Bilder und Studien. In: Die Gesellschaft Sammlung sozial-psychologischer Monographien, herausgegeben von Martin Buber.

Derselbe, Die Juden und das Wirtschaftsleben. Leipzig 1911.

Derselbe, Die deutsche Volkswirtschaft des 19. Jahrhunderts. Berlin 1903.

Derselbe, Krieg und Kapitalismus. Leipzig 1913.

Srbik, Heinr. v., Der staatliche Exporthandel Österreichs von Leopold I. bis Maria Theresia. Wien und Leipzig 1907.

Steinbeck, Aemilius. Geschichte des schlesischen Bergbaues. 2 Bde. Breslau 1857.

Sternberg, Graf Kaspar, Umrisse einer Geschichte der böhmischen Bergwerke. 2 Bde. in 4 Abteilungen. Prag 1836—1838.

Stieda, W., Ältere deutsche Kartelle. In: Schmollers Jahrbuch XXXVII (1913), S. 725 ff.

Straccha, Benv., Tractatus de mercatura seu mercatore, benützt die Ausgabe Venedig 1575.

Strieder, Jakob, Zur Genesis des modernen Kapitalismus. Forschungen zur Entstehung der großen bürgerlichen Kapitalvermögen am Ausgang des Mittelalters und zu Beginn der Neuzeit, zunächst in Augsburg. Leipzig 1904.

Derselbe, Die sogenannte Fürlegung, eine Institution des deutschen Gesellschaftsrechts im Zeitalter des Frühkapitalismus, in: Vierteljahrsschrift für Sozial- und Wirtschaftsgeschichte X (1912), S. 521 ff.

Derselbe, Ein Kartell deutscher Kaufleute aus dem Jahre 1743. Historisches Jahrbuch 1911, S. 49—62.

Thorsch, O., Materialien zu einer Geschichte der österreichischen Staatsschulden vor dem 18. Jahrhundert. Leipziger Dissertation 1891.

Troeltsch, W., Die Calwer Zeughandelskompagnie und ihre Arbeiter. Studien zur Gewerbe- und Sozialgeschichte Altwürttembergs. Jena 1897.

Wackernagel, R., Geschichte der Stadt Basel. Bd. 1—2, 1. Basel 1906—1910.

Weber, Max, Zur Geschichte der Handelsgesellschaften, im Mittelalter nach südeuropäischen Quellen. Stuttgart 1889.

Werner, Karl, Urkundliche Geschichte der Iglauer Tuchmacherzunft. Leipzig 1861.

Wiedenfeld, Kurt, Das Persönliche im modernen Unternehmertum. Schmollers Jahrbuch 34 (1910), S. 223 ff.

Wygodzinski, W., Wandlungen der deutschen Volkswirtschaft im 19. Jahrhundert. Köln 1907.

Derselbe, Einführung in die Volkswirtschaftslehre. Leipzig 1912.

Yver, G., Le commerce et les marchands dans l'Italie méridionale au XIIIe et XIVe siècle. Paris 1903.

Zippel, G., L'allume di Tolfa e il suo commercio. In: Archivio della R. Società Romana di Storia Patria. Vol. XXX (1907).

Zycha, A., Zur neuesten Literatur über die Wirtschafts- und Rechtsgeschichte des deutschen Bergbaus. Vierteljahrsschrift für Soz. und Wirtschaftsgeschichte. Bd. 5 (1907), S. 238 ff.; Bd. 6 (1908), S. 85 ff.

Derselbe, Das böhmische Bergrecht des Mittelalters auf Grundlage des Bergrechts von Iglau. 2 Bde. Berlin 1900.

Erstes Buch.

Montanindustrie und Frühkapitalismus.

———

Erstes Kapitel.

Die quantitative Bedeutung des Bergbaues und Erzhandels für die Entwicklung der deutschen Volkswirtschaft am Ausgang des Mittelalters und zu Beginn der Neuzeit.

Wer sich mit der Geschichte des deutschen Frühkapitalismus beschäftigt, wie es der Verfasser seit einer Reihe von Jahren tut, der wird mit einer inneren Notwendigkeit dazu gezwungen, den wirtschaftlichen Verhältnissen im deutschen Bergbau eine intensive Beachtung zu widmen. Der Bergbau und der Erzhandel machten seit den letzten Jahrzehnten des 15. und in der ersten Hälfte des 16. Jahrhunderts durchaus den bedeutendsten Zweig der Wirtschaft des Heiligen Römischen Reichs Deutscher Nation aus. Es war nicht zuviel gesagt, wenn Karl V. in einem Mandat vom 13. Mai 1525 [1] die Bergwerke die größte Gabe und Nutzbarkeit nannte, „so der Almechtig teutschen Landen mitgeteilt" [2]. Es war sicherlich auch nicht übertrieben, wenn der Kaiser den Wert der jährlichen Produktion aus den Gold-, Silber-, Kupfer-, Zinn-, Quecksilber-, Blei-, Eisen- usw. Bergwerken des Heiligen Römischen Reiches Deutscher Nation auf mindestens 2 000 000 Goldflorin schätzte. Und es war eher zu niedrig als zu hoch gegriffen, wenn Karl V. in dem genannten Mandat vom Jahre 1525 die in

---

[1] Das Mandat ist (unvollständig) abgedruckt: M. J a n s e n , Studien zur Fuggergeschichte. 3. Heft. Jakob Fugger der Reiche. Studien und Quellen I. Leipzig 1910, S. 400 ff. Vollständig, aber vielfach korrumpiert bei: F. A. S c h m i d t , Chronologisch-systematische Sammlung der Berggesetze d. österr. Monarchie. 3. Abtlg. Wien 1839, Nr. 52. Vgl. jetzt den Abdruck der neuaufgefundenen Originalurkunde bei mir im Anhang.

[2] Wir können hier darauf verzichten, die vielen Stimmen jener Zeit hören zu lassen, die sich in begeisterter Weise über die hohe Bedeutung des deutschen Bergbaues im 16. Jahrhundert vernehmen ließen.

der Bergbau- und der Hüttenindustrie beschäftigten **Gewerbe-treibenden** des Heiligen Römischen Reiches mit 100 000 bezifferte [1].
Der Versuch, über die kaiserliche Schätzung hinaus die Höhe der Metallproduktion im Heiligen Römischen Reiche Deutscher Nation während des 15. und 16. Jahrhunderts statistisch einigermaßen genau anzugeben, wird — mit untauglichen Mitteln nur zu unternehmen — unterbleiben müssen. Soetbeer hat wenigstens die deutsche Edelmetallproduktion jener Zeit zu schätzen versucht. Es muß hier genügen, auf seine Übersichten hinzuweisen [2]. Wenn zwar neuerdings die Aufstellungen Soetbeers, für ihren spanisch-amerikanischen Teil der gewaltigsten Überschätzung überführt [3],

---

[1] Zum Vergleich, obwohl selbstverständlich die Zahl in Karl V. Mandat nur einen Schätzungswert hat: Die deutsche Gewerbestatistik zählte nach dem ungeheuren Aufschwung in den siebziger Jahren (Gründerzeit) 1882 430 134 im Bergbau, Hütten- und Salinenwesen Tätige.

[2] A d. S o e t b e e r , Edelmetallproduktion und Wertverhältnis zwischen Gold und Silber seit der Entdeckung Amerikas bis zur Gegenwart. 57. Ergänzungsheft zu Petermanns Mitteilungen. Gotha 1879, S. 107 f.

[3] Durch F. de Laiglesia, Los caudales de Indias en la primera mitad del Siglo XVI Madrid 1904. Der spanische Autor gelangt auf Grund ausgezeichneten Quellenmaterials (die Abrechnungen der spanischen Kroneinnahmen aus den amerikanischen Kolonien, im Indienarchiv zu Sevilla befindlich) zu folgenden Summen im gegenwärtigen Geldwerte:

1509—1514	995 925	Pesetas
1516—1523	634 210	,,
1525	2 121 460	,,
1526—1529	943 152	,,
1530—1540	3 110 896	,,
1541—1546	2 419 840	,,
1547—1550	1 225 312	,,
1551—1555	10 145 760	,,

Summa: 21 596 555 Pesetas

= 17 277 244 **Mark.**

Nach Soetbeer dagegen betrug ungefähr in derselben Zeit die spanisch-amerikanische Edelmetallproduktion nach gegenwärtigem Geldwert gerechnet 1521—1544 . . . . 13 645 000 Mark
1545—1560 . . . . 59 549 000 ,,

Summa: 73 194 000 Mark.

Das ist nicht ein relativ geringes Abweichen, sondern Ergebnisse, die sich nicht vereinigen lassen.

auch in ihrer Gesamtheit an Wert bedeutend verloren haben, so dürfte doch die aus den genannten Tabellen ersichtliche Tatsache bestehen, daß bis um das Jahr 1545 etwa (d. h. bis zum Aufkommen der Silberminen von Potosi und der starken Steigerung der peruanischen und mexikanischen Produktion) die Silberproduktion im Heiligen Römischen Reiche die Gesamtproduktion der übrigen Erdteile übertraf. Noch erheblicher war das Übergewicht Deutschlands in anderen Metallen, besonders in Kupfer. Das bedeutete einen um so größeren Gewinn für die deutsche Volkswirtschaft des 16. Jahrhunderts, als zweifellos eine enorme Preissteigerung gerade dieses Metalles damals statthatte[1]. Nach Dobels Forschungen[2] verkauften die Fugger ihr Tiroler Kupfer

im Jahre 1527 den Zentner für 5 fl. 45 kr. bis 6 fl. 15 kr.

„ „ 1537 „ „ „ 6 „ 50 „ „ 7 „ 45 „

„ „ 1556 „ „ „ 10 „ — „ „ 11 „ 45 „

„ „ 1557 „ „ „ 11 „ — „ „ 12 „ — „

Auch die Preise für das ungarische Kupfer der Fugger erlebten im Verlaufe der ersten Hälfte des 16. Jahrhunderts schon eine mächtige Steigerung. Dachkupfer z. B., das im Jahre 1536 pro Zentner 5½ fl. kostete, stieg bis zum Jahre 1547 auf 11 fl. Der Preis von Libether Kupfer erhöhte sich von 4 fl. auf 9—11 fl. usw. [3]. Ähnliche Preiserhöhungen für Kupfer lassen sich auch aus den unveröffentlichten Handlungsbüchern anderer süddeutscher Firmen ablesen. Auf die Werterhöhung anderer Produkte der deutschen Bergwerke, besonders Zinn und Quecksilber, kommen wir noch in einem späteren Zusammenhange zu sprechen. Hier genüge der flüchtige Hinweis, daß im Verlaufe des 16. Jahrhunderts die Erzeugnisse des deutschen Bergbaues (mit Ausnahme des Silbers) an Wert gewannen, mithin dem deutschen Kapital ein bedeutender Anreiz gegeben war, diese Schätze so intensiv wie möglich auszunutzen.

---

[1] Verursacht wohl besonders durch die erhöhte Nachfrage nach Kupfer für Kriegsmaterialien. Cfr. W. S o m b a r t , Krieg und Kapitalismus. Leipzig 1913, S. 104.

[2] F r. D o b e l , Über den Bergbau und Handel des Jakob und Anton Fugger in Kärnten und Tirol (1495—1560). Zeitschr. d. histor. Vereins für Schwaben-Neuburg, Bd. 9 (1882), S. 207.

[3] E. F i n k , Die Bergwerksunternehmungen der Fugger in Schlesien. Zeitschr. d. Vereins f. Gesch. u. Altertum Schlesiens. Bd. 28 (1894), S. 324.

Der glänzend entwickelte Bergbau des Heiligen Römischen Reiches, der der gesamten deutschen Volkswirtschaft einen gewaltigen Vorsprung gegenüber anderen Ländern gab, kam nun manchen deutschen Landschaften, Städten und Personen besonders zugute. Die Blüte einzelner deutscher Landschaften und Fürstentümer beruhte durchaus auf dem Bergbau. Tirol blühte schon im 15. Jahrhundert besonders durch seinen Silber- und Kupfersegen, desgleichen Sachsen und die Gegend am Harz. Steiermark machte der Eisenstein des steirischen Erzberges bei Leoben reich usw. usw. Die fortgeschrittene sächsische Volkswirtschaft des 16. Jahrhunderts, wie sie Georg der Bärtige anbahnte und August dann zur Blüte brachte, ist nicht denkbar ohne das Silbererz, ohne das Zinnerz usw., das in den sächsischen Bergen wuchs. Auf dieser wirtschaftlichen Blüte wiederum erwuchs Sachsens hervorragende politische Stellung unter den deutschen Staaten des 16. Jahrhunderts. Ebenso können wir uns das Emporsteigen des Hauses Habsburg zur Weltmacht um die Wende des 15. und 16. Jahrhunderts nur schwer denken ohne den Silberstrom, der aus Tirol fließend, die habsburgischen Söldnerscharen bezahlte, und ohne die gewaltigen Mengen edler und unedler Mineralien, die in den habsburgischen Ländern gefunden wurden.

Einzelne kleinere Herren, wie die Grafen von Mansfeld, die Grafen Schlick, die Pflug, die Herzöge von Münsterberg, erlangten auf Grund des Erzreichtums ihrer Ländchen und Herrschaften ein Ansehen und eine Macht, die in keinem Verhältnis zur Größe ihrer Gebiete stand.

Hunderte deutscher Städte und von deutschen Bergleuten gegründete oder emporgebrachte außerdeutsche Städte verdanken ihr Entstehen und ihr Wachstum unmittelbar dem Bergsegen. Mittelbar aber nehmen alle deutschen Städte — die einen mehr, die anderen weniger — an der Ausbeute teil. Was die deutschen Kaufleute des 15. und 16. Jahrhunderts im Bergbau und im Handel mit Bergwerksprodukten verdient haben, geht in die Millionen, ja man darf sagen in die Milliarden. Dabei muß aber noch bei der Beurteilung der statistischen Angaben in dem obengenannten Erlasse Karls V. das Folgende berücksichtigt werden: Weit über die Grenzen des Heiligen Römischen Reiches Deutscher Nation hinaus erstreckte sich die Betätigung deutschen Kapitals und deutscher Unternehmungslust im Bergbau und Erzhandel. Im s p a n i s c h e n

Quecksilber- und Silberbergbau des 16. Jahrhunderts spielten die Fugger eine ganz hervorragende Rolle [1]. Die Welser griffen sogar in den Bergbau der spanischen Kolonien tätig ein [2]. Wie im 14. und 15. Jahrhundert die hansischen Kaufleute, so wurden im 16. Jahrhundert die süddeutschen Großhändler für den s c h w e - d i s c h e n Kupferbergbau als Gewerken und Abnehmer von Bedeutung [3]. Ebenso stand es in E n g l a n d. Auch dort hatte hansische Unternehmungslust schon seit dem 14. Jahrhundert große Gewinne, besonders aus dem hervorragenden Zinnbergbau, geschöpft [4]. Dann waren Metalle, besonders Blei und Zinn, immer bedeutende Artikel des hansischen Handels aus England gewesen. Im 16. Jahrhundert blickte die englische Regierung mit Vorliebe nach Süddeutschland, wenn es galt, auswärtiges Kapital und fremde Unternehmungslust für die Ausdehnung des englischen Bergbaues und Erzhandels nutzbar zu machen [5]. Hervorragend war auch

---

[1] Vgl. besonders K. H ä b l e r , Die Geschichte der Fuggerschen Handlung in Spanien. Weimar 1897.

[2] K. H ä b l e r , Die überseeischen Unternehmungen der Welser und ihrer Gesellschafter. Leipzig 1903, S. 50.

[3] M. J a n s e n , Jakob Fugger der Reiche. S. 58, 123.

[4] So überließ am 25. Juni 1347 Kronprinz Eduard dem Kölner (Dortmunder) Kaufmann Tidemann von Limberg gegen ein Darlehn von 3000 Pfund Sterling auf drei Jahre das Monopol für den Zinnhandel in Cornwall und Devonshire, sowie den Schlagschatz der Zinnbergwerke in Cornwall. Cfr. J o s e p h H a n s e n , Der englische Staatskredit unter König Eduard III. (1327—1377) und die hansischen Kaufleute. Zugleich ein Beitrag zur Geschichte des kirchlichen Zinsverbotes und des rheinischen Geldgeschäftes im Mittelalter. In: Hansische Geschichtsblätter 16 (1910), S. 391.

[5] Cfr. R. E h r e n b e r g , Das Zeitalter der Fugger. Geldkapital und Kreditverkehr im 16. Jahrhundert. 2 Bde. Jena 1896. Anastatischer Neudruck Jena 1912. I, S. 217 f., S. 234. D e r s e l b e , Hamburg und England im Zeitalter der Königin Elisabeth. Jena 1896, S. 4 f. Dazu W. R. S c o t t , The Constitution and finance of an english copper mining company in the sixteenth and seventeenth centuries: being an account of "the society of the mines royal" in Vierteljahrsschrift für Sozial- und Wirtschaftsgesch. 5 (1907), S. 525 ff. Zu den verfehlten Bergbauspekulationen der Augsburger Firma David Haug, Hans Langenauer & Co. vgl. jetzt auch W. G. C o l l i n g - w o o d , Elizabethan Keswick. Extracts from the original account books 1564—1577 of the german miners in the archives of Augsburg. Cumberland and Westmorland antiquarian and archaeological society, Tract series Nr. VIII, Kendal 1912.

seit altersher die Betätigung deutschen Kapitals im böhmischen, polnischen [1] und ungarischen Bergbau und Erzhandel. Jn Ungarn, das erst 1527 zum Heiligen Römischen Reich kam, hatten im frühen Mittelalter deutsche Bergknappen den Bergbau recht eigentlich erst zu systematischem Betriebe erhoben. Dann waren hansische [2] und seit dem 15. Jahrhundert in wachsendem Maße süddeutsche Kaufleute [3] die bedeutendsten Abnehmer der Produkte des ungarischen Bergbaues geworden. Eine neue glänzende Epoche des ungarischen Bergbaues — und damit auch der deutschen Arbeit dort — begann im letzten Viertel des 15. Jahrhunderts. Wahrscheinlich war es die in der zweiten Hälfte des 15. Jahrhunderts in Sachsen [4], in Tirol [5], im Mansfeldischen [6] und sonst in großem Stil anhebende bergbauliche Tätigkeit, die auch in den Karpathen einen neuen Aufschwung des Bergbaues veranlaßte. Diese Hebung des ungarischen Bergbaues verknüpfte sich mit der Person eines Krakauer Bürgers und Ratmannes, Johann Thurzo mit Namen [7]. Thurzo

---

[1] Besonders für Blei cfr. M. J a n s e n , Jakob Fugger der Reiche, S. 141. Polen als Bleigewinnungsland auch genannt in „Die drei Flugschriften über den Münzstreit der sächs. Albertiner und Ernestiner um 1530". Ed. W. L o t z , Leipzig 1893, S. 72/3.

[2] E. R. D a e n e l l , Die Blütezeit der deutschen Hanse. 2 Bde. Berlin 1906. I. Bd., S. 61 f., 89, 95. Die Hansen (bes. Kaufleute aus Thorn) waren auch über Krakau hinaus direkt in den ungarischen Bergbau vorgedrungen, bis die polnischen Könige, Krakaus Stapelrecht aufrichtend, den Hansen das Vordringen über diese Stadt hinaus verwehrten.

[3] Schon in der ersten Hälfte des 15. Jahrhunderts begegnen uns Nürnberger Firmen im ungarischen Bergbau. J o h. F a l k e , Die Geschichte des deutschen Handels. 2 Teile. Leipzig 1859—60. II, S. 49. Schon im 14. Jahrhundert erwähnt sie dort E. R. D a e n e l l , Der Ostseeverkehr und die Hansestädte von der Mitte des 14. bis zur Mitte des 15. Jahrhunderts. Hansische Geschichtsblätter Jahrgang 1902, S. 44 ff.

[4] O. H o p p e , Der Silberbergbau zu Schneeberg bis zum Jahre 1500. Heidelberger Dissertation 1908, S. 8.

[5] Archiv f. österr. Geschichte 53. Bd., S. 343. A. Z y c h a , Zur neuesten Literatur über die Wirtschafts- und Rechtsgeschichte des deutschen Bergbaues. Vierteljahrsschrift für Soz. u. Wirtschaftsgesch. Bd. 5 (1907), S. 238 ff.; Bd. 6 (1908), S. 85 ff.

[6] W. M ö l l e n b e r g , Die Eroberung des Weltmarktes durch das Mansfeldische Kupfer. Gotha 1911, S. 10.

[7] J a n s e n , Jakob Fugger der Reiche, S. 132. Auch Z y c h a a. a. O. Bd. 6 (1908), S. 114.

scheint einer jener Bergsachverständigen gewesen zu sein, wie sie uns im 15. Jahrhundert öfters begegnen. Ein Mann, der es verstand, mit Hilfe einer Wasserkunst ersoffene Gruben wieder gangbar zu machen, der aber zugleich auch die Kunst des Metallscheidens, des Saigerns [1] zu handhaben wußte. Thurzo begegnet uns ungefähr um dieselbe Zeit, als er im ungarischen Bergbau auftaucht, auch in Goslar. Das Goslarer Stadtarchiv besitzt eine Reihe Urkunden, die uns Johann Thurzo schon in den siebziger Jahren des 15. Jahrhunderts als angesehenen Bergherrn zeigen. So beurkunden am 18. September 1478 vor Rat und Gemeinde zu Goslar Gewerken des Rammelsberges (mit Namen genannte Bürger der Stadt), daß sie für die Zukunft jeder die Hälfte seines Teiles unter der Trostesfahrt an Johann Thurzo, Bürger und Ratmann zu Krakau, an Johann Koler [2] aus Nürnberg und Johann Pedek aus Bautzen abgetreten haben. Die Abtretung ist dafür geschehen, daß Thurzo ein Verfahren in Anwendung brachte, mit dessen Hilfe man die kupferhaltigen Erze des Berges zu Kupfer scheiden konnte, statt sie wie bisher in unrationeller Weise mit dem Bleierz zu verschmelzen [3]. Koler und Pedek stellten bald ihre Zubußezahlungen

---

[1] Die Kunst, mit Hilfe von Blei das Silber aus den silberhaltigen Kupfererzen zu ziehen (Saigerverfahren), die nach der Mitte des 15. Jahrhunderts allgemeiner bekannt wurde, bedeutete das wichtigste technische Ereignis in der Geschichte des Kupferbergbaues, dessen Wert, Ertrag und Produktion damit eine gewaltige Steigerung erfahren hat. W. M ü c k , Der Mansfelder Kupferschieferbergbau in seiner rechtsgeschichtlichen Entwicklung. Bd. 1. Geschichte des Mansfelder Bergregals; Bd. 2: Urkunden des Mansfelder Bergbaues. Eisleben 1910, I. Bd. S. 57.

[2] Ein Joh. Koler erscheint um 1489 im Dienste der Fugger; vgl. M. J a n s e n , Studien zur Fuggergeschichte, herausgegeben von Max Jansen. I. Heft: Die Anfänge der Fugger (bis 1494), Leipzig 1907, S. 53 und sonst. Es wäre sehr interessant zu wissen, ob das ein und dieselbe Person ist. Vielleicht läßt es sich mit Hilfe des Wappens feststellen. Der Mitgewerke Thurzos hat einen Kreis im Wappenschild, auf der Wappenzier einen Kreis, aus dem oben Strahlen ausgehen. Vgl. Siegel in einer Urk. vom 20. Sept. 1478, Goslarer Stadtarchiv.

[3] Stadtarchiv Goslar, Urkunde Nr. 863 . . . „darum dat syn der lydt de Ramelsbergk geweldiget wart de kopperertz de uth dem berge gekom(m)en syn (nicht eyn kleyne menige sunde vele) nymands to nutte gekomen syn, sundern manck dem blygertz mit grotem schaden verschmulten. Welche kopperertz der ergute Johan Tursso mit synen medebenomten dorch hulpe godes unde ore kunst willen

zu dem Unternehmen ein [1], Thurzo brachte eine neue Gewerkschaft zusammen [2], trat aber kurz darauf seine Rechte an Ulrich
Schütz, den berühmten Chemnitzer Gewerken, Hans Leimbach,
den Zehntner und Rentmeister der Herzöge von Sachsen, Merten
Bauer aus Leipzig u. a. ab [3].

Mit Johann Thurzo vereinigten sich in den neunziger Jahren
des 15. Jahrhunderts die Fugger zur Pacht und Ausbeutung der
Neusohler Silber- und Kupfergruben [4] in einer besonderen Handelsgesellschaft, die in den Fuggerschen Handelspapieren „der gemeine
ungarische Handel" genannt wird [5]. Über 30 Jahre blieben die
Gesellschafter beisammen. Erst nach der Katastrophe, welche
die nationale ungarische Eifersucht u. a. der Gesellschaft im Jahre
1525 bereitete [6], übernahmen die Fugger allein die Pacht der Neusohler Bergwerke [7]. Das ungarische Geschäft behielt auch jetzt
noch als sog. ungarische Handlung neben der „gemeinen Handlung"
der Fugger eine selbständige Verwaltung. An Sorgen fehlte es dabei
nicht. Die Türkengefahr, die Eifersucht der Ungarn auf die
Deutschen, der Neid, häufige Streiks der Bergarbeiter usw. ließen
die ungarische Unternehmung nicht zu ruhigem Fortgang kommen.
Im Jahre 1546 hielt es Anton Fugger, der damalige Chef des Welthandelshauses, für geraten, „bei diesen allersorglichsten und ge-
fährlichsten Zeiten und Läufen" König Ferdinand den Pachtvertrag zu kündigen. Der Augsburger Handelsherr mochte erleichtert

---

to gude und kopper daruth maken." Den ungarischen Bergwerken stellte Hans Thurzo schon 1475 seine technischen Kennt-
nisse zur Verfügung. M. J a n s e n , Jakob Fugger der Reiche,
S. 132.

[1] Vgl. Urk. 891 des Goslarer Stadtarchivs.

[2] Vgl. Urk. 890 daselbst.

[3] Vgl. Urk. 903 und 951 daselbst.

[4] Näheres darüber bei M. J a n s e n , Jakob Fugger der Reiche,
S. 133 ff.

[5] Vgl. auch das in Buch II Kapitel II, Abschnitt 1 von mir über
diese Tochtergesellschaft der Fugger und Thurzo Gesagte.

[6] M. J a n s e n , Jakob Fugger der Reiche, S. 160 ff., besonders
S. 179 ff.

[7] Ein interessantes Privileg König Sigismund I. von Polen (10. April
1527) mit dem den Fuggern die Abmachungen bestätigt werden,
die sie mit der Stadt Krakau getroffen hatten, bei F r a n z i s c u s
P i e k o s i ń s k i , Acta historica res gestas Poloniae illustrantia
(1507—1795) Tom. VIII Leges, privilegia et statuta civitatis Cracoviensis. I. 2. Nr. 750.

aufatmen, als er der Sorgen um seine Kapitalien in dem von inneren Zwistigkeiten und von äußeren Feinden bedrohten Lande ledig war. Darnach nahm die ungarische Regierung die Neusohler Bergwerke auf einige Zeit in eigene Regie, aber sehr bald begegnen uns wieder große Augsburger Firmen als Pächter. So 1548 Mathias Manlich, dem 1560 die Gesellschafter Melchior Manlich, Hans Langenauer, Melchior Link und Mitverwandte folgten. 1570 erscheinen die Augsburger Wolfgang Paller, David Weiß & Co. als Pächter der Neusohler Gruben, 1603 Wolfgang Paller neben Bartholome Caste und Lazarus Henckel von Donnersmark [1].

Es war offensichtlich: ohne das deutsche Kapital und ohne die deutsche Unternehmungslust waren die ungarischen wie die meisten anderen Bergwerke der Deutschland benachbarten Länder nicht mit dem möglichst höchsten Nutzen für die betreffenden Landesherren usw. instand zu setzen und instand zu erhalten.

Die Geschichte des Eindringens der süddeutschen Kapitalisten in den ungarischen Bergbau ist nun deshalb so interessant und auch deshalb so vergleichsweise breit hier behandelt worden, weil wir wenigstens für die Fugger-Thurzo-Periode einen numerisch faßbaren Begriff für die Gewinne geben können, welche die deutschen Kaufleute im Bergbau und Erzhandel des 15. und 16. Jahrhunderts machten. Max Jansen hat auf Grund älterer Untersuchungen von Dobel und auf durchaus zuverlässiges Material gestützt, berechnet, daß die Fugger in jener Handelsgesellschaft, die sie mit der Familie Thurzo zwecks Ausbeutung der Neusohler Kupfergruben schlossen, in der Zeit von 1495 bis 1525 anderthalb Millionen Goldgulden verdienten [2]. In Wahrheit betrug der Verdienst der Fugger noch bedeutend mehr. Das ungarische Geschäft war nicht nur ein Kupfergeschäft. In den Saigerhütten in Ungarn, Kärnten und Thüringen gewann der „gemeine ungarische Handel" auch aus

---

[1] Nähere Literatur zusammengestellt bei H e i n r. v. S r b i k , Der staatl. Exporthandel Österreichs von Leopold I. bis Maria Theresia. Wien und Leipzig 1907, S. 35 Anm. 1. Mathias Manlich & Co. waren schon 1548 den Fuggern in der Pacht von Neusohl nachgefolgt. Vgl. für ihre und ihrer Nachfolger Tätigkeit in Ungarn und Polen auch F. P i e k o s i ń s k i a. a. O. Nr. 757 (1548), Nr. 762 (1553), Nr. 763 (1553), Nr. 764 (1560); dazu S. 1052, Nr. 770 (1570).

[2] M. J a n s e n , Jakob Fugger der Reiche, S. 152 ff. Auf die Gewinne der Firma im Almadener Quecksilberbergbau komme ich später zu sprechen.

den ungarischen Rotkupfererzen bedeutende Mengen Silber. Zweifellos kauften nun die Fugger und ebenso die Thurzo, wie sie von ihrer Tochterfirma, dem „gemeinen ungarischen Handel", Kupfer kauften, auch Silber. Der Verdienst an diesem Verkauf fiel nun wohl der Tochterfirma zu, aber durch den Weiterverkauf des Silbers gewannen auch die zwei Mutterfirmen bedeutende Summen. Leider wissen wir nicht, wie viel Silber (und zu welchem Preise) die Fugger von dem „gemeinen ungarischen Handel" erwarben. Erst dann könnte der ganze Gewinn geschätzt werden, der den Fuggern unter Jakob dem Reichen aus ihrem Eindringen in den ungarischen Bergbau und aus ihrer Verbindung mit dem Thurzo erwuchs.

Um welche Umsätze es sich bei dem Erzhandel der süddeutschen Großhandelsfirmen oft handelte, erkennt man deutlich aus einigen Inventuren Augsburger Kaufleute des 16. Jahrhunderts. Die Inventur der Firma Fugger aus dem Jahre 1527 berechnet ein Warenkonto von insgesamt 380 000 fl. in den einzelnen Faktoreien der Firma. „Die vorhandenen Waren bestanden größtenteils aus Kupfer, wovon in Antwerpen allein für über 200 000 fl. lagerte, sodann auch aus Silber, etwas Messing und ganz wenig Tuch, Damast und sonstigen Geweben [1]".

In der Bilanz von 1536 ist das Warenkonto auf 415 000 fl. berechnet. Davon fallen 289 000 fl. auf Kupfer, Silber und Messing [2]. Im Jahre 1546 erreichte das Fuggersche Warenlager einen Wert von 1 250 000 fl. Davon entfallen mehr als 1 000 000 fl. auf Kupfer. An Barchent, dem zweitwichtigsten damaligen Handelsartikel der Fugger war nur für 125 000 fl. vorrätig [3].

In ähnlicher Weise wie in dem Fuggerschen Geschäft zeigt sich auch in anderen süddeutschen Großhandelsgesellschaften des 16. Jahrhunderts bei wachsender Ausdehnung und Bedeutung der Firma ein Zurücktreten der übrigen Handelswaren gegenüber den Metallen [4]. Vielleicht wird man später einmal, wenn uns eine größere

---

[1] R. E h r e n b e r g , Zeitalter der Fugger. I, S. 122. Näheres bei J a k o b S t r i e d e r , Die Inventur der Firma Fugger aus dem Jahre 1527. Tübingen 1905.

[2] R. E h r e n b e r g a. a. O., S. 133.

[3] R. E h r e n b e r g a. a. O., S. 146.

[4] Zum Beispiel bei der Firma Anton Haug, Hans Langenauer, Ulrich Link und Mitverwandte. Cfr. J. H a r t u n g , Aus dem Geheimbuche eines deutschen Handelshauses im 16. Jahrhundert. Zeitschr. f. Soz. u. Wirtschaftsgesch. Bd. 6. (1898) S. 46.

Anzahl frühkapitalistischer Handelsbücher im Druck vorliegt, diesen Verlauf als typisch bezeichnen dürfen. Die Ursache für das starke Hervortreten der Metalle als Handelsartikel der g a n z g r o ß e n Firmen liegt im folgenden. Je größer die einzelnen Handelshäuser wurden, um so mehr lenkten sich die Blicke der kaiserlichen, der fürstlichen usw. Finanzagenten, Anleihen suchend, auf sie. Als Äquivalent konnten die Regierungen, namentlich die stets geldbedürftigen Habsburger, unter anderem besonders den Erzreichtum ihrer Länder bieten, über den sie in verschiedenen Formen — wir kommen noch darauf zu sprechen — ein Verfügungs- oder doch Mitverfügungsrecht besaßen. Auf diese Weise gelangten die großen Handelsgesellschaften zugleich mit dem Anleihegeschäft in den Erzhandel, um häufig darin enorme Summen zu verdienen. Vom Erzhandel war dann nur ein Schritt zum Eigenerwerb von Bergwerksteilen und Hüttenwerken, also zum Eintritt in die Montanindustrie selbst.

Zweites Kapitel.

Bergbau und frühkapitalistische Vermögensbildung.

Die Erkenntnis der Bedeutung des Bergsegens für die gesamte deutsche Wirtschaft des ausgehenden Mittelalters und der beginnenden Neuzeit hat zu einer neuen These über die Genesis des modernen Kapitalismus Veranlassung gegeben. Bekanntlich sind in den letzten Jahren besonders folgende zwei geschichtliche Probleme des modernen Kapitalismus behandelt worden. Einmal hat man sich gefragt: Wie sind die großen bürgerlichen Kapitalvermögen entstanden, auf deren Grund sich in Italien und Flandern schon früh im Mittelalter, in den übrigen Kulturländern gegen Ausgang jenes Zeitalters der Frühkapitalismus aufrichtete? Und zweitens hat man die Frage aufgeworfen: Welches ist die Genesis des kapitalistischen Geistes, jenes außerordentlich stark entwickelten Erwerbstriebes, der die neue Wirtschaftsordnung schuf, die wir kurz die kapitalistische nennen?

Werner Sombart hat die erste der ebengenannten Fragen mit seiner bekannten „Grundrentenakkumulationstheorie" beantwortet[1]. Ich habe diese Theorie auf zwei Wegen, auf einem mehr deduktiven und einem mehr induktiven, zu widerlegen versucht[2]. Auf deduktivem durch eine rechtsgeschichtliche Zurückführung der vermögenbildenden Kraft der städtischen Grundrente im Mittelalter auf ihren relativ bescheidenen Stand. Auf induktivem mit Hilfe der konkreten Vermögensgeschichte der führenden Frühkapitalistenfamilien der handelsgeschichtlich wichtigsten Stadt Deutschlands zu Ausgang des Mittelalters und zu Beginn der Neuzeit (Augsburg). Als Resultat dieser induktiven Beweisführung ergab sich, daß die überragende Mehrzahl der großen Vermögen, die in der Hochburg des deutschen Kapitalismus in jener Zeit entstanden und die Grundlage der dortigen frühkapitalistischen Entwicklung bildeten, nachweislich in der Hand von handeltreibenden Emporkömmlingen geschaffen worden sind. Grundrentenakkumulation hat dabei keine Rolle gespielt. Für Venedig, Florenz und andere Zentren des Frühkapitalismus ist Sombarts Theorie ebenfalls abgelehnt worden. Es dürfte demnach nichts anderes übrig bleiben, als den Handel als die Kraft anzusehen, mit deren Hilfe die großen bürgerlichen Vermögen entstanden, auf denen sich der Frühkapitalismus aufrichtete. Freilich nicht der Handel schlechtweg, sondern ein Großhandel, wie er sich in einer Anzahl durch Verkehrslage usw. begünstigter Städte vielfach in Verbindung mit einem Exportgewerbe schon im Mittelalter zu bilden vermochte. Die Schöpfer und Träger dieses Großhandels waren zumeist Emporkömmlinge aus den Kreisen der Handwerker und der Kaufleute älteren, kleineren Stils.

In letzter Zeit hat, wie eben erwähnt, die Erkenntnis der Bedeutung des Bergsegens für die gesamte deutsche Volkswirtschaft des endenden Mittelalters und der beginnenden Neuzeit zu einer neuen These über die Entstehung der großen Vermögen geführt, auf denen sich der deutsche Frühkapitalismus aufrichtete. Man hat sich gefragt: Ja sind es denn nicht noch mehr als Handelsprofite die Schürfe glücklicher Gewerken gewesen, aus denen sich die Vermögen oder doch viele von den Vermögen bildeten, auf deren Grund

---

[1] W. S o m b a r t , Der moderne Kapitalismus. 2 Bde. Leipzig 1902. I. Bd., bes. S. 218 ff.

[2] J a k o b S t r i e d e r , Zur Genesis des modernen Kapitalismus. Forschungen zur Entstehung der großen bürgerlichen Kapitalvermögen am Ausgang des Mittelalters und zu Beginn der Neuzeit, zunächst in Augsburg. Leipzig 1904, S. 29 ff.

der deutsche Frühkapitalismus basiert werden konnte? Die Frage muß meines Erachtens verneint werden. So bedeutsam die Bergwerksgewinne manchmal für die Vergrößerung schon vorhandener großer Vermögen wurden, so gering ist die Rolle der unmittelbaren (Edel-)Metallakkumulation bei der ursprünglichen ersten Vermögensakkumulation [1]. Und auf letztere kommt es doch in erster Linie an, wenn man der Genesis des Frühkapitalismus bis in die Keime nachforschen will.

Schon durch einen Hinweis auf die Entwicklung in Flandern und Italien erhält unsere Verneinung einen hohen Grad von Wahrscheinlichkeit. In Italien und Flandern, wo der europäische Frühkapitalismus zuerst sich breit entfaltete, waren im Lande selbst Bergwerksgewinne in größerem Maßstabe nicht zu machen. Aus dem einfachen Grunde, weil keine bedeutenden Bergwerke dortzulande vorhanden waren. Und es versteht sich von selbst, daß zu auswärtigen Bergwerksunternehmungen der Flanderer und der Italiener (etwa in der Levante oder im Balkangebiete [2] usw.) bereits beträchtliche Kapitalien nötig waren, deren Ursprung eben zu erklären ist. So bliebe also die Entwicklung in den mit Bergwerken gesegneten Ländern, vor allem also im Heiligen Römischen Reiche Deutscher Nation, aber auch in Spanien (mit seinen bedeutenden Silber- und Quecksilbergruben), in England (besonders Blei- und Zinnbergwerke) usw. auf das genannte Problem zu untersuchen.

Da scheiden nun vorerst als Quellen der Vermögensbildung für zunächst arme, aber glückliche Gewerken alle diejenigen Bergwerke aus, die als Ganzes von den betreffenden Eigentümern an einzelne große Kapitalisten gegen hohe, im voraus zu zahlende Geldsummen verpachtet wurden. Also z. B. die Neusohler Kupfer- und Silbergruben, welche den Fugger-Thurzo 1494 für eine Jahrespacht von 3000 Goldgulden von dem Bischof von Fünfkirchen verliehen wurden [3]. Oder die Almadener Quecksilberbergwerke, die 1516 ff.

---

[1] Auch S o m b a r t , Moderner Kapitalismus, I, S. 280 f., verneint im ganzen die Frage der Vermögens b i l d u n g durch Bergwerksgewinn.

[2] „Die serbischen Gold- und Silberbergwerke von Nowobrdo, Janowc und Kratowo waren um das Jahr 1433 für eine jährliche Zahlung von 200 000 Dukaten an die Venetianer verpachtet.“ S o e l - b e e r a. a. O. S. 37.

[3] M. J a n s e n , Jakob Fugger der Reiche, S. 132 ff.

Alfonso Guttierez gepachtet hatte, bis 1525 die Fugger die Pacht
auf Jahrzehnte hinaus übernahmen [1]. Oder die Tolfaner Alaungruben, die von Anfang an — wir kommen noch hierauf zu sprechen —
durch ihre Eigentümer, die Päpste, kapitalkräftigen Gesellschaftern,
den sogenannten societates aluminum, verliehen wurden usw. usw.
Die Beispiele ließen sich mehren, die angeführten dürften zum Belege der These genügen, daß in manchen Bergwerken schon auf Grund
der Eigentumsverhältnisse an ein Reichwerden zunächst armer Gewerken durch allmähliche Akkumulation besonders glücklicher Ausbeuten nicht zu denken war.

In anderen Distrikten war ein Reichwerden der Bergbauenden
i n d e m B e r g b a u s e l b s t aus folgendem Grunde zumeist
unmöglich. In vielen Gebieten war die Ausübung des Berg- und
Hüttenbetriebes durchaus zunftmäßig organisiert. So hatten z. B.
in dem wichtigsten Eisengewinnungsgebiete zwischen Donau und
Main, im Sulzbachischen, die Hammerwerksbesitzer (Hammermeister) der Städtchen Sulzbach und Amberg bereits 1387 „eine
zünftlerisch-kartellartige" Vereinigung mit Aufteilung der Produktion, Festsetzung der Arbeitslöhne usw. geschlossen [2]. Auch
die Ordnung der Produktion im steiermärkischen Eisenerz gab
durchaus ein Seitenstück zur zünftigen Gewerbeordnung, wie sie
allgemein aus den Städten des Mittelalters bekannt ist. „Betrieb
mit eigenem Rücken, Erforderung des Bürgerrechts (1539), insbesondere aber die Erhaltung der g l e i c h e n K l e i n b e t r i e b e [3]
nach zünftlerischem System, rücken die steiermärkischen Radmeister den städtischen Handwerkern einigermaßen nahe. Gleiche

---

[1] K. H ä b l e r , Geschichte der Fuggerschen Handlung in
Spanien, S. 93 ff., S. 75.

[2] Einiges über diese interessante, Jahrhunderte währende Organisation bietet L u d w i g B e c k , Die Geschichte des Eisens in technischer und kulturgeschichtlicher Beziehung. 5 Bde. Braunschweig
1884/1901. I. Bd. S. 766 ff.; II. Bd. S. 666 ff. Ich hatte die Absicht,
die kurzen, dort nach Lori (Sammlung des bayrischen Bergrechts
1764) gegebenen Notizen zu einer Monographie der Hammerwerks-
vereinigung erweitern zu lassen, höre aber, daß von anderer Seite
diese hübsche Aufgabe schon übernommen ist.

[3] Z y c h a a. a. O. Bd. 6 (1908), S. 88. Vgl. auch für das Schwarz-
waldgebiet E. G o t h e i n , Wirtschaftsgeschichte des Schwarzwaldes und der angrenzenden Landschaften. I. Bd. Straßburg 1892,
S. 653 f.

Leistungen unter gleichen Bedingungen mit gleichem Gewinn, war auch da der Grundgedanke." Mit Recht zieht Zycha aus dieser Ordnung der Produktion den Schluß: „Darum ist aber auch die wirtschaftliche Lage der Radmeister immer nur eine bescheidene gewesen. Unter den drei Gliedern des steiermärkischen Eisenwesens h a b e n n u r d i e E i s e n h ä n d l e r R e i c h t ü m e r s a m m e l n k ö n n e n und nur als H ä n d l e r zugleich haben es Rad- und Hammermeister zu Vermögen gebracht [1]".

Es lassen sich noch eine Anzahl anderer Gründe anführen, die es in manchen Bergbaudistrikten unmöglich machten, daß einzelne besonders glückliche und tüchtige, zunächst arme Bergbauer i m B e r g b a u s e l b s t Vermögen akkumulierten, groß genug, um darauf eine kapitalistische Unternehmung zu begründen. Aber in anderen Bergbaugebieten war diese Möglichkeit — durch die Wirtschaftsverfassung wenigstens — theoretisch und praktisch nicht ausgeschlossen. Es soll nicht geleugnet werden, daß in manchen Bergbaudistrikten hie und da einem besonders vom Glück begünstigten, zunächst armen Bergbauunternehmer durch eine Reihe glücklicher Schürfe in seinen Bergwerksteilen eine Reichtumsbildung möglich wurde. Vorausgesetzt, daß der betreffende Glückspilz dann den so erworbenen Reichtum kapitalistisch weiter nutzte — was von der größeren oder geringeren Ausbildung seines Erwerbstriebes abhing —, so hätten wir hier eine der Quellen von Vermögen vor uns, auf deren Grund sich der Frühkapitalismus aufrichtete.

Aber es fragt sich, ob diese Art von Vätern des modernen Kapitalismus häufig genug war, um von der Wissenschaft, die auf die Erkenntnis des typischen Verlaufs (d. h. der Regel und nicht der Ausnahme) zielt, in Rechnung gestellt werden zu müssen [2].

---

[1] Z y c h a a. a. O., 6. Bd. (1908), S. 88. — So gelang es auch im Mansfeldischen manchem Hüttenmeister vorwärts zu kommen, „sich aus dem Kreise der Standesgenossen herauszuheben." Sie fingen an, sich selber dem Saiger h a n d e l zuzuwenden. M ö l l e n b e r g a. a. O. S. 31.

[2] Für das 19. Jahrhundert werden wir uns die Möglichkeit denken können, daß einmal ein Glückspilz auf einem Lotteriegewinn das Fundament eines kapitalistischen Unternehmens aufrichtete. Trotzdem wird man bei der Frage nach der Herkunft der großen Vermögen, auf denen sich der Hochkapitalismus des 19. Jahrhunderts aufrichtete, solche seltene Zufälle außer acht lassen dürfen.

Verschiedene Momente weisen darauf hin, daß dies nicht der Fall ist. Was wir in den alten Bergstadtchroniken und bei ihren späteren Ausschreibern von dem Reichwerden „glücklicher Fundgrübner" lesen, muß mit der größten Vorsicht aufgenommen werden. Wir müssen bei jedem Fall uns fragen, ob auch wirklich der Bergbau als solcher und nicht etwa der H a n d e l mit Bergwerksprodukten die Reichtumsgrundlage des Betreffenden — der daneben auch Bergwerksunternehmer gewesen sein kann — schuf. Ferner muß auch in jedem einzelnen Falle untersucht werden, ob der „glückliche Fundgrübner" nicht schon v e r m ö g e n d war, als er durch den Bergbau r e i c h wurde. Ob also hier wohl eine Kapitalvermehrung, eine Kapitalvervielfachung, aber nicht eine Kapitalbildung durch bergbauliche Produktion vorliegt. In dieser Beziehung hat neuerdings O. Hoppe darauf hingewiesen, daß Martin Römer und andere hervorragende sächsische Gewerken schon vermögend waren, als sie in der denkwürdigen Entwicklung des Schneeberger Silberbergbaues der siebziger Jahre des 15. Jahrhunderts Reichtum auf Reichtum häuften [1]. Und gerade Martin Römer galt den alten Bergchronisten als Prototyp des glücklichen Gewerken, der i m B e r g b a u sein Vermögen gewann.

Auch Zycha neigt der Ansicht zu, daß ein Teil der großen Kapitalvermögen, die wir im Bergbau um die Wende des 15. Jahrhunderts sehen, im Bergbau selbst aus dem Nichts heraus sich gebildet hätten. Der genannte Forscher stellt in seinem mehrfach schon zitierten Aufsatz „Zur neuesten Literatur über die Wirtschafts- und Rechtsgeschichte des deutschen Bergbaues" die süddeutschen Kapitalisten, die im Tiroler (Schwazer) Silberbergbau seit den letzten Jahrzehnten des 15. Jahrhunderts als Großgewerken vordrangen, als „Kaufleute" in scharfen Gegensatz zu den einheimischen Tiroler Großgewerken, den Tänntzl, den Füger usw. [2]. Für die auswärtigen Kaufleute gibt er ohne weiteres zu, daß sie ein bedeutendes „bergfremdes" Kapital in den Bergbau mitbrachten, aber nicht für die einheimischen Großgewerken. Zycha will die Genesis der Vermögen, die diese in den Tiroler Bergen investiert hatten, aus „bergmäßigem Gewinn", also in der „bergmännischen Produktion" entstanden, erklären [3]. Ja, aber wer sagt denn Zycha,

---

[1] O. H o p p e , Der Silberbergbau zu Schneeberg, S. 8, 25 Anm. 27.
[2] Z y c h a a. a. O., 5. Bd. (1907), S. 287, 279.
[3] Kein „Handelskapital", S. 274.

daß die Tänntzl, die Füger und andere k e i n e K a u f l e u t e
waren, als sie in den Bergbau eindrangen, sich also nicht erst im
Handel ein Vermögen erworben hatten, das sie dann in den Bergbau investierend bedeutend vergrößerten? Der genannte Autor
sagt auf den schlesischen Goldbergbau exemplifizierend selbst,
daß es ganz verkehrt wäre, sich die Hauptmasse der Gewerken als
nur Gewerken vorzustellen, „d. h. anzunehmen, daß ihnen ein
eigener bürgerlicher Wirtschaftsstand fehlte. Es war nicht etwa
ein Teil der Bürger der Bergstädte lediglich Bergbauunternehmer,
ein anderer tätig im Gewerbe und Handel. Vielmehr gab es unter
den bürgerlichen Berufen zahlreiche Gewerken und zwar gerade
auch unter den städtischen Handwerkern. G e r a d e d a s b ü r -
g e r l i c h e E i n k o m m e n b i l d e t e d e n R ü c k h a l t d e r
G e w e r k e n. Die meisten hätten andernfalls nicht durchhalten
können [1]."

Was insbesondere die Entwicklung in Tirol angeht, so gilt es
zu beachten, daß die meisten erfolgreichen einheimischen Tiroler
Großgewerken aus Städten stammten, die durchaus die Möglichkeit
boten, im Handel ein Vermögen zu erwerben [2]. So wird ein Jakob
Tänntzl schon im Jahre 1370 unter den Bürgern I n n s b r u c k s
genannt, während erst seit den dreißiger Jahren des 15. Jahrhunderts
Belehnungen der Familie mit Schwazer Grubenrechten bekannt
sind [3]. Der erfolgreiche Gewerke Hermann Ringsmaul, der spätestens
seit den sechziger Jahren bis 1478 in Schwaz (Falkensteiner Berg-
revier) baute, entstammte einer Familie, die 1420 nach H a l l
eingewandert war. Hermann Ringsmaul selbst wird schon 1459
im Haller Salzwerk als Unternehmer genannt [4]. Ebenso stammten
die beiden bedeutenden Schwazer Gewerken Hans Sigwein und Hans
Füger (Fieger) aus alten v e r m ö g e n d e n Haller Familien [5].
Der Kaufherr Voglmair, der um 1580 eine große Rolle im Unter-
inntaler Kupferhandel spielte, „besaß zunächst ein Krämereigeschäft
in Schwaz. 1575 übernahm er nebst dem Erzgießer Löffler
den Handel mit dem im Unterinntal gewonnenen erzherzoglichen

---

[1] Z y c h a a. a. O., 6. Bd. (1908), S. 122.
[2] Besonders aus Innsbruck und Hall. Z y c h a a. a. O., 5. Bd.
(1907), S. 260 Anm. 4.
[3] Daselbst S. 261.
[4] Daselbst S. 262.
[5] Daselbst S. 262; besonders auch Anm. 8.

Kupfer. Zu gleicher Zeit errichtete er eine Filiale seines Schwazer Geschäfts in Innsbruck und wurde bald der erste inländische Hoflieferant für Seide, Wolle, Wachs, Fastenspeis und Spezereien 𝟙."

Wie nötig es ist, hier die Fragen absolut eindeutig zu stellen, das sieht man an den Aufsätzen Krokers[2] über Leipziger Wirtschaftsgeschichte im 16. Jahrhundert. Der genannte Autor meint einmal: „Bei den Untersuchungen über die Entstehung des Kapitalreichtums in den süddeutschen Städten sei die Tatsache der Beteiligung der süddeutschen Kaufleute an dem Bergbau ihrer Zeit fast gar nicht berücksichtigt worden. Er glaube, auch in den älteren süddeutschen Städten stamme ein großer Teil des Kapitals, der sich dort aufgehäuft habe, aus den Bergwerken[3]."

Daß beträchtliche Mittel- und Schlußstücke von den großen Vermögen, die uns in der Mitte etwa des 16. Jahrhunderts in Augsburg, Nürnberg usw. begegnen, ihren Ursprung im Bergbau haben, ist so unzweifelhaft, daß es von niemandem geleugnet werden dürfte. Darauf kam es aber. bei den Untersuchungen über die G e n e s i s des modernen Kapitalismus, über die „E n t s t e h u n g der großen bürgerlichen Kapitalvermögen am Ausgange des Mittelalters und zu Beginn der Neuzeit" gar nicht an. Dort fragte es sich nicht um die einzelnen Wirtschaftszweige, mit deren Hilfe die Großvermögen des 16. Jahrhunderts entstanden waren, dort handelte es sich darum, die wichtigste der subjektiven Voraussetzungen der kapitalistischen Unternehmungen zu erkennen, die Frage nämlich: Auf welche Weise entstanden in der Hand einzelner Wirtschafts-

---

[1] J o s. H i r n , Erzherzog Ferdinand II. von Tirol. Geschichte seiner Regierung und seiner Länder. 2 Bde. Innsbruck 1885/88. I, S. 414.

[2] E. K r o k e r , Leipzig und die sächs. Bergwerke. In Schriften des Vereins für die Gesch. Leipzigs. IX (1909), S. 25 ff. D e r s e l b e , Beiträge zur Geschichte der Stadt Leipzig im Reformationszeitalter. In Neujahrsblätter der Bibliothek und des Archivs der Stadt Leipzig, 1908. (Nr. 3: Heinz Probst, ein Leipziger Wucherer; Nr. 5: Die sächs. Bergwerke und Leipzig; Martin Leubel, Heinz Scherl.) D e r s e l b e , Leipzig und die alte Fundgrube in Schneeberg. In Leipziger Kalender 1909, S. 129 ff. D e r s e l b e , Heinrich Kramer von Claußbruch, ein Leipziger Handelsherr des 16. Jahrhunderts. In Quellen zur Geschichte der Stadt Leipzig II. Bd. (Leipzig 1895). S. 355 ff.

[3] K r o k e r , Leipzig und die sächsischen Bergwerke, S. 34. Gemeint sein können nur meine Untersuchungen in dem Buche „Zur Genesis des modernen Kapitalismus".

subjekte j e n e U r v e r m ö g e n , auf welche gestützt eben diese
Wirtschaftssubjekte an die Gründung kapitalistischer Unternehmungen gehen konnten? Wenn Leipziger Bürger am Ende des
15. und zu Beginn des 16. Jahrhunderts Kuxe erwarben, Hüttengesellschaften gründeten usw. und dadurch ihre Vermögen be-
trächtlich vergrößerten, wenn Leipziger „K a u f h e r r e n‟, also
Großhändler, sich am Bergbau zu beteiligen [1] anfingen, so wirtschafteten sie bereits kapitalistisch. Es fragt sich aber für die Genesis
des Kapitalismus, woher hatten sie die Vermögen, mit deren Hilfe
sie Bergwerksteile kaufen und Hütten anlegen konnten? Wenn wir
diese Frage an die verschiedenen dankenswerten Skizzen halten,
die uns Kroker aus dem Leipziger Wirtschaftsleben des 16. Jahrhunderts geschenkt hat, so kommen wir zu demselben Resultat,
zu dem wir auch für die Bewohner von Augsburg, der Metropole
des deutschen Frühkapitalismus, gelangten. Es sind im Handel
erworbene Vermögen, die die Basis zu den weiteren kapitalistischen
Unternehmungen der Leipziger (in der Montanindustrie) abgeben.
So war es bei Heinz Scherl, der von Nürnberg nach Leipzig eingewandert, als armer Krämer seine kaufmännische Laufbahn begann,
dann einen Handel in kostbaren italienischen Seidenstoffen führte,
um erst später in den Montanbetrieb als Gesellschafter der Hütte
Eisfeld und besonders der Hütte Luderstadt überzugehen [2]. Und
genau so lag die Sache wohl bei Martin Leubel, der gleichfalls aus
der Kramerinnung emporstieg [3]. Auch Georg Kreuziger hat sich
erst mit Hilfe des Kramhandels das Vermögen erworben, das er
dann in einer wachsenden Anzahl von Kuxen anlegen und in einer
glücklich geführten Spekulation in Bergwerksteilen bedeutend vermehren konnte [4].

Man mußte — es war nicht anders —, wollte man was Rechtes
aus den Bergen ziehen, schon was Rechtes hineinzustecken haben.
Der Bergbau, wenn er wirklich rentabel, also Vermögen in großem
Stile bildend, betrieben werden sollte, erforderte je länger, je mehr,
bedeutende Betriebskapitalien. Die ganz kleinen Gewerken, statt
reich zu werden, büßten nicht selten ihre mühsam ersparten kleinen

---

[1] K r o k e r a. a. O. S. 32, 33.
[2] K r o k e r , Neujahrsblätter IV, S. 81 ff.
[3] Daselbst S. 74.
[4] K r o k e r , Schriften des Vereins für die Geschichte Leipzigs,
IX, S. 55.

Vermögen durch Zubußzahlungen für komplizierte Stollenanlagen, für Wasserbehebungsvorrichtungen usw. wiederum ein.

Gerade Kroker hat darauf aufmerksam gemacht und unter Benutzung sicherer Quellen (der Leipziger Stadtkassenrechnungen) den Nachweis geführt, daß selbst ein so kapitalkräftiger Gewerke wie die Stadt Leipzig in allen sächsischen Bergwerken schließlich mit Verlust spekulierte und nur im Schneeberger Bergbau einen — allerdings für die Höhe des Risikos — recht bescheidenen Gewinn davontrug. Von den 60 Schneeberger Zechen, an denen der Rat der Stadt Leipzig von 1472—1535 Mitgewerke war, gaben überhaupt nur 15 Ausbeute; 45 bedurften mehr oder weniger erheblicher, den Gewinn vernichtender Zubußen. Und unter den 15 guten Zechen waren nur 2 wirklich gute, die „alte Fundgrube“ und der „Fürstenstollen“. Hätte man nicht in diesen beiden Gruben je vier Jahre lang ein erstaunliches Glück gehabt, so hätte die Rechnung mit einem sehr hohen Verlust abgeschlossen [1]. Ähnlich ist es sicherlich einem großen Teile der Gewerken gegangen; was sie in einer Zeche verdienten, davon setzten sie in anderen einen erheblichen Teil wieder zu. Oder was sie in guten Jahren in einer anfänglich reichen Zeche gewannen, das ging in den Jahren der Zubuße wieder darauf. Nur wenige ganz vorsichtige Gewerken zogen sich zur rechten Zeit zurück und hielten sich dann dauernd dem riskanten Bergbaubetrieb fern. Schon der Wunsch, ihr Kapital hochverzinslich anzulegen, drängte die meisten zu erneuter Investierung. Methodologisch ergibt sich daraus folgende Notwendigkeit für die Erforschung der Vermögensbildung im Bergbau. Man muß die Bergbauunternehmungen und zwar a l l e Bergbauunternehmungen eines bestimmten Gewerken für eine möglichst lange Zeit untersuchen, um zu sicheren Resultaten und Schlüssen über die vermögenbildende Kraft des Bergbaues als solchen zu kommen. Ich lasse hier noch ein Ausbeute- und Unkosten- („Samcost-“) Verzeichnis aus dem Idrianer Quecksilberbergwerk, dem bedeutendsten des 16. Jahrhunderts, folgen [2]. Man ersieht daraus, daß der Idrianer Bergwerksgewinn bescheiden genannt werden muß. Währenddeß waren — wir kommen noch hierauf zu sprechen — die Gewinne, die die Großhändler mit Idrianer Quecksilber machten, ganz enorm.

---

[1] K r o k e r , Leipzig und die sächsischen Bergwerke, a. a. O. S. 45.
[2] Nach einem Manuskript des Finanzarchivs Wien. Inneröstr. Quecksilber 23, Nr. 18 321.

In Summa wurde vom 1. August 1539 bis zum April 1573 verkauft:

Idrianer Quecksilber: 33 540 Centner 60 Pfund,

Fein Zinnober: 6114 Centner 85 Pfund,

Erlöst wurde daraus 1 100 611 fl. 2 kr.

Davon geht ab für Fron und Wechsel (d. h. der zehnte und der achte Teil) [1] 233 879 fl. 50 kr. 2 Pfg. Bleibt den Gewerken 866 731 fl. 11 kr. 2 Pfg.

An Samcost wurde gebraucht:

Jahr	fl.	kr.	Pf.	Jahr	fl.	kr.	Pf.
1539	7 519	26	2	1557	11 280	26	—
1540	11 130	9	3	1558	14 616	1	—
1541	10 056	34	2	1559	13 677	25	2
1542	12 546	10	—	1560	16 290	47	3
1543	9 711	55	2	1561	16 576	40	1
1544	10 080	56	3	1562	17 337	33	1
1545	22 067	19	2	1563	13 274	24	1
1546	7 956	1	3	1564	16 519	12	1
1547	8 903	22	3	1565	28 268	52	1
1548	15 363	13	3	1566	23 997	10	—
1549	20 214	12	1	1567	19 995	35	2
1550	16 004	50	2	1568	10 363	30	2
1551	10 743	45	1	1569	15 966	24	—
1552	14 821	27	1	1570	21 464	58	2
1553	14 251	39	2	1571	14 488	44	2
1554	8 214	6	—	1572	16 068	16	—
1555	15 331	19	1	1573 [2]	4 953	1	—
1556	14 140	33	3				

Summa aller Samcost von 1539 bis 31. März 1573: 504 196 fl. 7 kr. 1 Pf.

Zieht man diese Summe von obigen 866 731 fl. 11 kr. 2 Pfg. ab, so beträgt der Gewinn der Gewerken in der genannten Zeit 362 535 fl. 4 kr. 1 Pfg., kommt Ausbeute auf ein Jahr: 10 358 fl. 8¾ kr. und auf einen Kux jährlich im Durchschnitt 80 fl. 55 kr.

*   *   *

Die Ausdehnung, die das sogenannte Verlagssystem in allen Bergwerksdistrikten nahm, ist der beste Beweis für das Gesagte.

---

[1] Über diese Abgaben an den Regalherren später näheres.
[2] Bis zum 31. März.

Überall mußten die meisten Gewerken Vorschüsse von Betriebsmitteln zu bekommen suchen. Sie erhielten sie zumeist von den
Kaufleuten der benachbarten oder entfernteren Städte, die durch
den Erzhandel mit ihnen in Beziehungen standen. So war es in
dem steirischen Eisenbergbau, wo die Rad- und Hammermeister
durch die Kaufleute von Leoben und Steyr verlegt wurden [1]. So
im Mansfelder Kupferbergbau, wo die kleinen Bergbau- und Hüttenunternehmer, die sogenannten Hüttenmeister, je intensiver der
Bergbau betrieben wurde, um so weniger fähig waren, ohne Hilfe
von auswärtigem Kapital auszukommen [2]. Fast durchgängig bildete
sich auch im Mansfeldischen ein Verlagssystem heraus: Geldgeber
war der Kupferhändler, der dem Hüttenmeister zur Bestreitung
von dessen Betriebsunkosten eine bestimmte Summe (den sogenannten Verlag) — meist in Raten — vorschoß, wofür sich der
Hüttenmeister verpflichtete, dem Kaufmann (Verleger) die von
ihm innerhalb einer bestimmten Zeit produzierten Rohkupfer zu
einem vertragsmäßigen Preise zu liefern. Dieselbe Sache im schlesischen Gold- und Zinnbergbau [3], im sächsischen Zinn-, Silber-
und Kupferbergbau [4], im böhmischen Zinn- und Silberbergbau [5] usw.

Durch das Verlagssystem sind sehr häufig kapitalistische
Kaufleute dann zu Gewerken geworden. Sie ließen sich nicht selten

[1] L. B i t t n e r , Das Eisenwesen in Innerberg-Eisenerz bis zur
Gründung der Innerberger Hauptgewerkschaft im Jahre 1625. Archiv
f. österr. Gesch. Bd. 89, S. 514 ff.

[2] W. M ö l l e n b e r g a. a. O. S. 14 f.

[3] C. F a u l h a b e r , Die ehemalige schlesische Goldproduktion.
Breslauer Dissertation 1896, S. 17 f. und E. F i n k a. a. O. S. 309.
A e m i l i u s   S t e i n b e c k , Geschichte des schlesischen Bergbaues. 2 Bde. Breslau 1857. II, S. 10. Z y c h a a. a. O., 6. Bd.
(1908), S. 126.

[4] Auf die Verhältnisse im sächsischen Zinnbergbau kommen wir
im Verlaufe dieses Werkes noch ausführlich zu sprechen. Für Verlag
sächs. Silbergewerken in Geyer um 1470 vgl. die interessanten Bittschriften, abgedruckt in den Mitteilungen des sächsischen Altertumsvereins 15. Heft, S. 26 f. und sonst. Für Schneeberg daselbst S. 113.
Für Kupfer vgl. Dresden H. St. A. Loc. 7249 Bleyhandel 1524—32
Bl. 60. Die Besitzer von Saigerhütten verlegten oft die kupferbauenden
Gewerken. In der angeführten Urkunde sagt ein gewisser Hans Flick:
„Diese nachfolgenden 26 habe ich auf Kupfer verlegt.‟

[5] A. v o n S c h e u r l , Christoph von Scheurl. Auch über den
böhmischen Zinnbergbau mit seinem Verlagswesen wird noch öfter
zu sprechen sein.

ihre Vorschüsse durch „Verhypothezierung" der Bergwerksanteile der Verlagnehmer sicherstellen. Bei Zahlungsunfähigkeit des Gewerken gingen seine verpfändeten „Kuxe" dann an den kapitalistischen Kaufmann über[1].

Vielfach vollzog sich das Eindringen des kapitalistischen Kaufmannes in den Bergbaubetrieb als solchen auf folgende Weise. Man brauchte sein Geld zur Bewältigung größerer technischer Aufgaben, die sich überall in den Gruben mit der Zeit ergaben. Zunächst war das Abbauen des Erzes nicht allzu schwierig gewesen. Der Tagbau hatte vorgeherrscht. Aber je mehr der Bau in die Tiefe ging, um so größer wurden die Baukosten[2]. Es mußten Stollen, d. h. Tunnel angelegt werden, die dem Bergwerk das Wasser nehmen und frische Luft bringen sollten usw. Weder der Grundherr noch die Gewerken konnten und wollten in den meisten Fällen ihr Geld an diese kostspieligen und langwierigen Bauarbeiten wagen. Da überließen sie gern kapitalkräftigen auswärtigen Kaufleuten die Kosten und Gefahren der Stollenbauten usw. und gaben ihnen dafür die Mehrzahl der neuen Kuxe, gewisse Bergwerksgerechtigkeiten usw. So überließen Grundherr und Gewerken der böhmischen Bergstadt Schlackenwald einem Konsortium süddeutscher Geldmänner, bestehend aus den Firmen Hans Schnöd, Welser und Scheuerl, gegen die Übernahme von umfangreichen Stollenbauten folgende Gerechtigkeiten:

---

[1] O. O p e t , Das Gewerkschaftsrecht nach den deutschen Bergrechtsquellen des Mittelalters in Zeitschr. f. Bergrecht 34 (1893), S. 309. Z y c h a a. a. O. 5. Bd. (1907), S. 277. Ein Beispiel, wie verschiedene süddeutsche Kaufleute (Jakob und Anton Welser, die Vöhlin-Gesellschaft, Peter Imhof & Gebr., die Humpiß-Gesellschaft, Lienhart Hirschfogel und Brüder, Hans Baumgartner, die Herwart, die Bimmel u. a.) in den Pfandbesitz von Bergteilen im schlesischen Goldbergbau gelangten, siehe K. W u t t k e , Schlesiens Bergbau und Hüttenwesen (Codex dipl. Silesiae XX u. XXI) 1900/01, Nr. 329 bis 331; auch Z y c h a a. a. O. 6. Bd. (1908), S. 116 f. Für die Fugger W u t t k e a. a. O. Nr. 333, Z y c h a , 6. Bd. (1908), S. 117. Weitere Beispiele Z y c h a , 6. Bd. S. 127.

[2] Vgl. für das folgende E. R e y e r , Städtisches Leben im 16. Jahrhundert. Kulturbilder aus der freien Bergstadt Schlackenwald. Leipzig 1904. Dazu K. T h. v o n I n a m a - S t e r n e g g , Deutsche Wirtschaftsgeschichte, III. Bd. 2. Teil. Leipzig 1901. S. 163.

1. Alle Erzvorkommnisse, welche der zu bauende Stollen anfährt, sollen den Stollenbesitzern gehören bis auf 17 Lachter im Umkreis.

2. Alle Bergwerke, die durch den tiefen Stollen vom Wasser befreit und mit gutem „Wetter" (d. h. Luft) versorgt werden, sollen den Gewerken des tiefen Erbstollens den Neunten der gesamten Erzgewinnung abgeben.

Im Jahre 1539 begannen die Arbeiten, elf Jahre später, so berichtet Reyer, wurde das erzreiche Gebiet in der Hub' angefahren und nun schüttete ein Kux, welcher vordem um ein paar Goldgulden erkauft werden konnte, in einem Jahre 30—40 fl. Ausbeute. Zu Ende des 16. Jahrhunderts war der Stollen mit seinen Strecken nahezu 4 Kilometer (eine Marschstunde) lang; 24 Schächte mündeten in denselben ein.

In ähnlicher Weise wie hier die genannten drei Firmen wurde in Ungarn ein Krakauer Bürger und Ratsherr Großgewerke im Karpathengebiet [1]. Die dortigen ungarischen Bergwerke hatten bereits im früheren Mittelalter, von eingewanderten deutschen Bergleuten gefördert, eine gewisse Bedeutung gewonnen. Seit Ende des 14. Jahrhunderts aber war Wasser in die Gruben eingedrungen, das die damalige Technik nicht bewältigen konnte. Erst gegen Ende des 15. Jahrhunderts begann eine neue Epoche des ungarischen Silber- und Kupferbergbaues. Damals gewannen die sieben ungarischen Bergstädte Kremnitz, Neusohl, Schemnitz, Königsberg, Pukancz, Dilln und Libethen einen Bürger und Ratsherrn von Krakau, Joh. Thurzo mit Namen, zu einem Versuch, das Wasser aus den Gruben mittels Hebemaschinen zu entfernen. In dem Vertrag (vom 24. April 1475) wurde dem Thurzo ein ungarischer Goldgulden als Wochenlohn versprochen, besonders aber sollte er $\frac{1}{6}$ des mit Hilfe seiner Wasserkunst gewonnenen Erzes erhalten. In der Bestätigung, die König Mathias (am 15. Mai 1475) dem Vertrag zuteil werden ließ, gab er Johann Thurzo das Recht, „aus allen verlassenen Gruben das Wasser zu heben und dann nach Silber zu schürfen." Für jede Gewichtsmark Silber wurden ihm 4 Goldgulden

---

[1] Vgl. für das Folgende J a n s e n , Jakob Fugger der Reiche, S. 132 f. Dort auch in Anm. 1 die Literatur. Dazu meine Besprechung in der Historischen Vierteljahrsschrift Jahrg. 1912. S. 98 ff. Endlich Z y c h a a. a. O. 6. Bd. (1908), S. 114 f.

als Entschädigung versprochen. Außerdem durfte er die für ihn und die Arbeiter notwendigen Lebensmittel abgabenfrei einführen.

Um dieselbe Zeit , als die Thurzo mit Hilfe des Besitzes einer fortgeschrittenen Technik und mit Hilfe von eigenem oder von ihnen aufgebrachtem Kapital als Gewerken in den ungarischen Bergbau eindrangen, diente ihnen dasselbe Mittel auch dazu, um sich in der Goslarer Erzproduktion einzunisten [1].

Auf den geschilderten Wegen der Kapitalbeschaffung für die Bergwerksproduzenten sind die vermögenden Kaufleute der näheren und entfernteren Städte in wachsendem Maße in den Bergbau selbst als Gewerken eingedrungen. .Lange vorher hatten sie aber schon als E r z h ä n d l e r an dem Bergsegen teilgenommen. Seit alters erwarben Kaufleute von den Gewerken oder von den Landesfürsten oder von sonstwie Bezugsberechtigten Erze und verkauften sie in alle Welt weiter. Verdienten die Kaufleute dabei Geld — und zumeist taten sie es in hohem Grade —, so war es ein H a n d e l mit Bergbauprodukten und nicht der Bergbaubetrieb selbst, der für die bürgerliche Reichtumsentwicklung von Bedeutung wurde. So sind die Fugger erst ziemlich spät in den Tiroler Bergbau eingedrungen. Sie waren bis zum Jahre 1522 nicht a l s G e w e r k e n im Tiroler Bergbau tätig [2]. Bis zum Jahre 1522, in welchem Jahre Jakob Fugger bedeutende Bergwerksanteile bei Schwaz, Rattenberg und Lienz aus der Konkursmasse des Martin Baumgartner erwarb, war der Anteil der Fugger an den bedeutendsten Tiroler Bergwerken, denen um Schwaz, von einer anderen Art. Von jener mehr k a u f m ä n n i s c h e n Art, wie sie sich auch nach 1522 noch neben der neuen erhielt. Seit 1488 traten die Fugger in verschiedenen, gleich noch zu besprechenden Formen, als Großkäufer von Tiroler Bergwerksprodukten, besonders Silber und Kupfer, bei den verschiedenen Bezugsberechtigten auf. In ähnlicher Weise wissen wir

---

[1] Siehe oben S. 9. Wie mir Herr Archivdirektor Professor Dr. Hölscher freundlichst mitteilt, gibt es im Goslarer Stadtarchiv außer den von mir benutzten noch eine größere Anzahl Urkunden über Thurzo, so daß dieser „deutlich im historischen Lichte" dasteht. Ich behalte mir vor, auf diesen interessanten Krakauer Kapitalisten und Techniker, der sich so international im Bergbau betätigte, näher zurückzukommen.

[2] Vgl. für das Folgende S t r i e d e r , Die Inventur der Firma Fugger aus dem Jahre 1527, S. 41 ff. Jetzt auch Z y c h a a. a. O. 5. Bd. (1907), S. 274 f.

aus den Handlungsbüchern der Firma Ulrich Link, Anton Haug und Mitverwandten [1], daß die Gesellschaft erst um 1553 Bergwerksanteile zu Schwaz, Sterzing und Gossensass aus dem Besitz des Mathias Manlich [2] an sich brachte [3]. Bis dahin hatte die Firma keine [4] Kuxe besessen und nur einen bedeutenden Handel mit Bergwerksprodukten betrieben.

Solche Beispiele relativ späten Eindringens der großen süddeutschen Kapitalisten in den eigentlichen Bergbaubetrieb selbst legen die Vermutung nahe, daß es den großen Kaufleuten gar nicht so sehr darauf ankam, als Gewerken in den Anfang der bergbaulichen Produktion zu kommen. Wenn nicht eine zwingende Notwendigkeit vorlag, blieben sie lieber am Ende des Prozesses als Abnehmer stehen. Mochten andere die Gefahren tragen, die das Gewerkesein in Zubußen usw. mit sich brachte, der kluge Kaufmann begnügte sich mit dem größeren und sicheren Gewinne aus dem Absatz bergbaulicher Produkte [5].

---

[1] Die Gesellschaft war unter der Firma „Anton Haug, Hans Langenauer, Ulrich Link & Co." 1531 auf der Grundlage des alten Bimmelschen Geschäftes (vgl. S t r i e d e r , Zur Genesis des modernen Kapitalismus, S. 146) errichtet worden und bestand als eine führende Augsburger Großunternehmung unter wechselnden Führern aus dem Verwandtenkreise der Haug und Link bis um das Jahr 1574. Von 1533 bis 1562 sind die Bilanzen der Handelsunternehmung in zwei starken Foliobänden im Augsburger Stadtarchiv erhalten (Geheimbuch I und II im folgenden zitiert). Näheres über das Geschäft bei E h r e n b e r g , Zeitalter der Fugger I, S. 227 ff. Ferner bei H a r - t u n g , Aus dem Geheimbuche eines deutschen Handelshauses, a. a. O. S. 36 ff.

[2] Mathias Manlich war ein bedeutender Schuldner der Firma; vgl. Geheimbuch II, Bl. 41 a.

[3] Geheimbuch II, Bl. 42.

[4] Nur in Joachimstal hatten die Link noch aus der Zeit der Bimmel (Geheimbuch II, Bl. 35 a) einige Bergwerksteile mit Hans Rosenberg und Erasmus Herwart zusammen. Aber die Kuxe brachten keine Ausbeute.

[5] Vgl. auch A r t u r S a l z , Geschichte der böhmischen Industrie in der Neuzeit. München und Leipzig 1913, S. 70. Einmal bemerkt K r o k e r sehr richtig: „Andre Männer wurden in Schneeberg und in den übrigen Bergstädten reich, besonders solche, die mit dem Erz nur handelten, oder die in ihren Saigerhütten das Silber vom Kupfer scheiden ließen; das war in den Händen eines guten Geschäftsmannes ein gutes und sicheres Geschäft. Leipzig und die sächsischen Bergwerke, a. a. O. S. 47.

Es ist nun für die hier behandelte Frage von Bedeutung, daß im Verlaufe des endenden 15. und beginnenden 16. Jahrhunderts die Kapitalbasis, die dazu nötig war, um in größerem, bedeutenden Gewinn abwerfenden Stile den Handel mit Bergwerksprodukten zu treiben, sich immer mehr vergrößerte. Da mußten große Hüttenwerke angelegt werden, um die Roherze, wie man sie von den Gewerken erwarb, verkaufsfähig (zu Kaufmannsgut) zu machen, da mußte man den ärmeren Gewerken, auf deren Produkte man reflektierte, oft Vorschüsse (Verlag) geben, usw. Wir werden an einer anderen Stelle darauf zu sprechen kommen, welch große Kapitalien für die Anlage solcher Hüttenwerke oft nötig waren. Aber auch die Verlagssummen nahmen oft riesige Dimensionen an. Wir kennen jetzt durch die Veröffentlichung von M ü c k die Summen, um die es sich bei dem Verlag der Mansfelder Hüttenmeister (der Gewerken des vereinigten Mansfeldischen Berg- und Hüttenbetriebs) durch die kapitalistischen Kupferhändler oft handelte. Je mehr die Wertschätzung des Kupfers und sein Preis im Verlaufe des 16. Jahrhunderts stieg [1], um so höher wurde der Verlag. Hatte man früher etwa 500 fl. auf die Jahresproduktion eines Feuers vorgestreckt, so betrug schon 1523 die „Leihung" erheblich mehr. So mußte der Nürnberger Kupferhändler Sigmund Pfinzing, als er 1523 mit dem Hüttenmeister Dietrich Pockler einen Verlagskontrakt schloß, für die Hergabe der Jahresproduktion von dessen zwei Feuern (zum Preise von 11¼ fl. pro Zentner) 1400 fl. „zu guter Förderung und Verlegung der Kupfer" vorschießen [2]. Seitdem stieg die Höhe des Verlags rasch. In vier Kupferkaufverträgen, die verschiedene, besonders von Nürnberger und Leipziger Kapitalisten gebildete Saigerhandelsgesellschaften im Jahre 1524 mit Mansfelder Hüttenmeistern abschlossen [3], wurden auf 4 gräfliche (Drachstedtsche) Feuer 8000, auf 2 Feuer des Hans Stelle 3000, auf drei Feuer des Wilh. Rincke und Merten Knebbel 3000, auf 3 Feuer des Jakob Luder und Hans Stellwagen 3000 fl. Verlag gewährt. In den beiden Kupferkaufkontrakten [4], welche die Grafen Ernst, Hoyer, Gebhart und Albrecht von Mansfeld am 14. August 1528 für 8 gräfliche (Drachstedtsche) Feuer mit der Arnstädter bzw. der

---

[1] Siehe oben S. 5.
[2] Über die Art der Rückzahlung M ü c k a. a. O. I, S. 103.
[3] Vgl. M ü c k I, S. 103, und II, Nr. 275—278.
[4] M ü c k a. a. O. II, Nr. 280, 281.

Leutenberger Saigerhandelsgesellschaft schlossen, wurden 26 000 fl.
Verlag ausbedungen. Auf 2 Feuer des Hans Brugkner 3000 fl. [1]. Um
das Jahr 1530 wurden im Durchschnitt 1500 fl. auf die Jahreskupfer-
produktion vorgeschossen [2]. Vergrößert wurde das Kapitalbedürfnis
von Einzelkapitalisten oder Gesellschaften, die Kupfer von den Hüttenmeistern kauften, über die Verlagsforderungen hinaus noch dadurch,
daß die Verlagssummen oft nicht rechtzeitig zurückgezahlt werden
konnten und bei Ablauf des Kontrakts noch teilweise ausstanden [3].

Die hier angeführten Zustände sind nun nicht etwa für den Mansfelder Kupferbergbau und Kupferhandel charakteristisch, sie sind
vielmehr wirtschaftliche Organisationsformen, die im Bergbau bzw.
Erzhandel des 16. Jahrhunderts allgemein üblich waren. Es braucht
nur angedeutet zu werden, wie stark das auf die Ausbildung von
konzentrierten Großbetrieben im frühkapitalistischen Erz- und
Metallhandel wirken mußte. Von entscheidenderer Bedeutung
für diese Entwicklung aber wurde fast noch das folgende: Die meisten
Metalle waren dem freien Handel dadurch entzogen [4], daß öffentliche Gewalten, der Landesfürst usw. alle gewonnenen Erze für sich
forderten. Natürlich gegen Bezahlung, die aber weit niedriger war
als der jeweilige Marktpreis der betreffenden Ware. Dieses Vorkaufsrecht der öffentlichen Gewalt nannte man den Wechsel (cambium,
Lösung) [5]. Oft wird auch der Gewinn, der „Wechselgewinn", den
der Landesherr dabei machte, kurz „Wechsel" genannt.

Der Wechsel, das eben skizzierte Vorkaufsrecht, „erscheint im
Salzburgischen durch eine Urkunde König Heinrichs von 1195 auf
Grund eines Reichsspruches für die dortigen Erzbischöfe sicher-
gestellt." Und noch in der „allgemeinen Freiheit" von 1477 war

---

[1] M ü c k a. a. O. II, Nr. 287.

[2] M ü c k a. a. O. I, S. 103.

[3] Vgl. darüber das Schreiben des Grafen Albrecht von Mansfeld
an den Kurfürsten von Sachsen vom 2. Juli 1539. M ü c k a. a. O. I,
S. 103.

[4] Aber es gab auch Metalle und Gegenden, wo nicht ein Vorkaufsrecht der öffentlichen Gewalt den freien Verkehr mit Bergwerksprodukten hemmte. Vgl. z. B. E. G o t h e i n , Geschichte des Bergbaues im Schwarzwald. Zeitschr. f. Gesch. d. Oberrheins XLI (1887),
S. 629 ff.

[5] Z y c h a a. a. O. 5. Bd. (1907), S. 266 ff. Dort nähere Literatur.
Vgl. auch Acta Tirolensia. Urkundl. Quellen zur Geschichte Tirols.
III. Bd. I. Teil. Innsbruck 1908. S. 32 Anm. 3.

vorgesehen, daß Kupfer und Blei dem Erzbischof „um ein ziemlich landläufigen Kauf" anzubieten sei.

In T i r o l begegnet uns das Vorkaufsrecht der Herzöge auf Silber zu Anfang des 15. Jahrhunderts deutlich ausgebildet   In S a c h s e n wohl noch früher [1]. In Schlesien besaßen die Herzöge von Münsterberg das Vorkaufsrecht für das in ihren Bergen gewonnene Gold [2]. In Goslar hatte der Rat der Stadt im Verlaufe des 14.' und 15. Jahrhunderts die Verpflichtung durchzusetzen verstanden, daß alles aus den Rammelsberger Bergwerken gewonnene Erz (es handelte sich besonders um Blei) nach seiner Verhüttung an ihn verkauft werden mußte [3]. Im 16. Jahrhundert wußten dann die Herzöge von Braunschweig dieses Regal an sich zu bringen. Im preußischen Ordenslande war aller gefundene Bernstein an die Wirtschaftsbeamten des Ordens abzuliefern usw. usw.

Es versteht sich leicht, daß das Erzvorkaufsrecht der öffentlichen Gewalten und damit die Konzentration bedeutender Erzquantitäten in einer Hand einen Großbetrieb im Erzhandel erzeugen mußte.   Die öffentlichen Gewalten hatten nicht Lust und auch keinen genügenden Beamtenapparat, um die an sie abgelieferten Erzmengen im einzelnen zu verkaufen.   Sie suchten womöglich einen einzigen und womöglich einen Abnehmer a u f   l ä n g e r e Z e i t zu bekommen.   Besonders auch aus dem folgenden Grunde! Während des 15. und 16. Jahrhunderts, in der Zeit also der Blüte des deutschen Bergbaues, war das Geldbedürfnis der Fürsten usw. aus den verschiedensten Gründen (Kriege, neue Verwaltungsaufgaben, wachsende Kultur und damit Luxus usw.) außerordentlich gestiegen.   Da bot sich in Abschlüssen langjähriger Erzlieferungen mit kapitalkräftigen Kaufleuten ein bequemes Mittel, um große Gelddarlehen zu erhalten.   Wie überhaupt die vergleichsweise primitive Finanzwirtschaft des Mittelalters „teilweise oder gar vornehmlich nicht mit den Einkünften selbst, sondern mit dem Kredit der Einkünfte arbeitete [4], wurden sofort Kreditgeschäfte auf das Erz-

---

[1] H. E r m i s c h , Das sächsische Bergrecht des Mittelalters. Leipzig 1887, S. CXXXVIII.

[2] Z y c h a a. a. O., 6. Bd. (1908), S. 118.

[3] Vgl. darüber C. N e u b u r g , Goslars Bergbau bis 1552. Ein Beitrag zur Wirtschafts- und Verfassungsgeschichte des Mittelalters, Hannover 1892, an verschiedenen Stellen.

[4] Vgl. die noch heute analogen Verhältnisse bei chinesischen und anderen Anleihen vonseiten europäischer großer Bankgruppen,

vorkaufsrecht der Krone fundiert [1]." So entstanden als Kontrakte alleiniger Lieferung die sogenannten Erzkäufe (Silber-, Kupfer-, Blei-Käufe usw.), die eine so bedeutende Rolle in der Wirtschaftsorganisation besonders des 16. Jahrhunderts spielen.

Der erste Tiroler „Silberkauf" von großem Umfange [2] wurde im Jahre 1456 von dem Herzog von Tirol mit einem Augsburger Kaufmann und seiner Gesellschaft abgeschlossen. Ludwig Meuting [3] u. Co. liehen dem Herzog Sigmund 20 000 und dazu noch 15 000 fl. für den Ankauf des Silbers von den Gewerken bzw. Schmelzern. Dafür şollte der Gesellschaft und niemandem sonst bis zur völligen Rückzahlung der Schuldsumme alles Silber, das in den Bergwerken zu Schwaz und Gossensass und allenthalben in der Grafschaft Tirol „gevellet und gemacht wirdt," zum Preise von $7\frac{3}{4}$ fl. rh. für die Mark Wiener Gewichts „kaufsweise" überantwortet werden. Der Silberbedarf des Herzogs für seine Münze mußte gegen bare Bezahlung zu demselben Preise zurückgekauft werden [4]. Nach den Meuting scheinen die Baumgartner von Kufstein einige Silberkäufe mit Sigismund abgeschlossen zu haben, bis seit 1488 die Fugger auf lange Zeit hinaus die führende Macht für die Silberkäufe der Herzöge von Tirol wurden [5].

Für sächsisches Silber war Nürnberg — neben Frankfurt a. M. und Venedig — der Hauptverkaufsplatz. Nürnberger Kaufleute haben denn auch spätestens seit den achtziger Jahren neben dem

---

die auf zukünftige Zoll- usw. Einkünfte basiert sind. Vgl. für das Folgende auch die Analogien, die sich noch heute z. B. im Kaffeeund Baumwollhandel finden. Die Großen von Turkestan und Siam verkaufen die Baumwolle ihrer Plantagen schon in Le Havre (zumeist an die dortige Liquidationskasse), wenn sie noch ungeerntet auf den zentralasiatischen Feldern steht. So gewinnen sie bequem Kapital für neue Anpflanzungen. Ebenso die Kaffeepflanzer Brasiliens. Köln. Zeitung 18. April 1913.

[1] Z y c h a a. a. O., 5. Bd. (1907), S. 270.

[2] Kleinere waren schon in der ersten Hälfte des 15. Jahrhunderts vorausgegangen. Vgl. Z y c h a , S. 270.

[3] Für dieses Handelshaus vgl. S t r i e d e r , Zur Genesis des modernen Kapitalismus, besonders S. 102 ff.

[4] Z y c h a S. 271.

[5] Näheres darüber bei Z y c h a S. 271 ff. Ferner jetzt bei J a n s e n , Die Anfänge der Fugger, S. 44, 54 ff. und (Urkunden) S. 114 ff. und 150 ff. D e r s e l b e , Jakob Fugger der Reiche, S. 10 ff., 79 ff.

Verkaufe sächsischen Silbers für Rechnung des Herzogs auch schon den „Silberkauf" im oben gekennzeichneten weiteren Sinne innegehabt [1].

Die Organisation des Goslarer Bleikaufs wird Maximilian Schmid demnächst in einer Monographie behandeln. Hier genüge zu sagen, daß der Großhandel mit Goslarer Blei während der ersten Hälfte des 16. Jahrhunderts stets durch sogenannte Bleikontrakte der Stadt Goslar (bzw. dann der Herzöge von Braunschweig) als Monopol in die Hände von Leipziger Kapitalisten [2] gelegt wurde. Selbstverständlich gegen bedeutende Vorschüsse der letzteren! Die Leipziger Kaufleute wurden bald von der sächsischen Regierung, die ebensowenig wie die sächsischen bergbauenden Gewerken das Goslarer Blei zur Silbergewinnung entbehren konnte, monopolistisch herangezogen. Die Kaufleute durften das Goslarer Blei nur in die sächsischen Silberbergwerke liefern, wenigstens solange als dort Bedarf dafür vorhanden war. Kurfürst August nahm dann den Bleihandel nach Jahren als zum Regal des Bergbaues gehörig überhaupt direkt an sich und „versorgte aus seinen oft sehr bedeutenden Vorräten zu Freiberg und Dresden die bergbauenden Gewerken seines Landes". Auch seine Hauptbezugsquelle war der Rammelsberg bei Goslar, wo er sich durch stets erneute Verträge mit den Herzögen von Braunschweig den ungestörten Vorkauf von allem gewonnenen Blei zu sichern suchte. Am 31. Mai 1556 schloß er einen solchen Vertrag auf drei Jahre mit dem Herzog Heinrich, demzufolge der Kurfürst alles im Rammelsberge gewonnene Blei, den Zentner zu 45 Schneeberger Silbergroschen, erhielt. Im Jahre 1558 wurde dieser Betrag unter Erhöhung des Bezugspreises auf 47 Groschen erneuert usw. [3]. Für die sächsischen Schmelzer bestand dann natürlich die Verpflichtung, das Blei für den Schmelzprozeß von der herzoglichen Kammer zu beziehen. Dieselbe Pflicht war für Reichenstein (Schlesien) von den Herzögen von Münsterberg schon zu Anfang des 16. Jahrhunderts (spätestens) aufgerichtet. [4]

---

[1] Vgl. A. P u f f , Die Finanzen Albrechts des Beherzten. **Leipzig** 1911, S. 86 ff.

[2] Z. B. Ulrich Lintacher, Wolfgang Wiedemann, Lucas Straub, Ulrich Rauscher usw.

[3] J o h. F a l k e , Die Geschichte des Kurfürsten August in volkswirtschaftlicher Beziehung. Leipzig 1868, S. 295 ff.

[4] Z y c h a a. a. O., 6. Bd., S. 118.

Über die Art der B e r n s t e i n k o n t r a k t e gibt ein Vertragsentwurf Aufschluß (Königsberg, 9. Januar 1518) [1], demzufolge sich Albrecht von Brandenburg den Handelsgesellschaftern Nicolaus Pflaume und Georg Kramer zu Königsberg, Ebert Roge zu Danzig und Claus Lang zu Lübeck gegenüber [2] zur alleinigen Lieferung des Bernsteins zu festbestimmtem Preise verpflichtete. Dafür hatten die genannten Kaufleute dem Herzog Albrecht 10 000 Mk. (geringer preußischer Münze) zinslos zu leihen.

Großartig, was die Höhe der dabei von den Kapitalisten gezahlten Vorschüsse angeht, waren auch die Kupferlieferungskontrakte, die Kupferkäufe, die die Mansfelder Grafen seit Übernahme des Regalbetriebes der Hütten und Bergwerke (1536) [3] schlossen [4]. In dem Kupferkaufvertrage der vorderortischen Grafen mit der Firma Manlich vom 11. April 1557 verpflichtete sich das Augsburger Handelshaus zur Gewährung eines Darlehns in der Höhe von 300 000 fl. an die Grafen gegen Verpfändung ihrer drei Bergwerksfünfteile [5]. Die Fürer von Nürnberg liehen 1561 bei Gelegenheit eines Kupferkaufs auf $1\frac{1}{2}$ vorderortische Bergwerksfünfteile 140 000 fl. [6]; Wolfgang von Lindenau und Martin Mertens aus Leipzig 1561 auf ein hinterortisches 150 000 fl. [7], 1562 auf ein vorderortisches Bergwerksfünfteil 50 000 fl. [8] usw. usw. Man nannte die Darlehen der Kapitalisten, die unter Pfandsetzung der betreffenden Berg- und Hüttenwerke gegeben waren, „Hauptgüter". Da die Grafen zu allermeist nicht imstande waren, bei Endigung des Kupferkaufs die Hauptgüter zurückzuzahlen, so wurde entweder unter Weiterbelassung des „Hauptgutes" der Kupferkauf mit dem bis-

---

[1] Im Staatsarchiv zu Königsberg. Ich habe den interessanten Kontrakt im Anhang abgedruckt.

[2] Die Genannten hatten schon vorher Bernsteinkontrakte mit dem Herzoge von Preußen abgeschlossen; siehe den Text des obengenannten Vertragsentwurfes.

[3] Im Jahre 1536 teilten die fünf verschiedenen Linien der Mansfelder Grafen ihren gemeinschaftlichen Besitz an den Berg- und Hüttenwerken; vgl. M ü c k a. a. O., I, S. 61 f.

[4] M ü c k a. a. O., I, S. 107 ff., besonders S. 111 die wichtigsten aufgeführt.

[5] M ü c k a. a. O., I, S. 104, und II. Bd. Urk. Nr. 306.

[6] Daselbst II. Bd. Urk.-Nr. 307.

[7] Daselbst II. Bd. Nr. 308.

[8] Daselbst II. Bd. Nr. 309.

herigen Kontrahenten verlängert [1], oder der neue Kupferkaufskontrahent mußte seinerseits das „Hauptgut" seines Vorläufers, womöglich noch unter neuen Darlehensgewährungen, übernehmen.

Aber mit der Darleihung der sogenannten Hauptgüter an die Mansfelder Grafen waren die Anforderungen an die Kapitalisten, die Mansfelder Kupferkäufe abschließen wollten, noch nicht erledigt. „Neben den Hauptgütern hatten die Kupferhändler den V e r l a g auch weiterhin noch zu gewähren." Denn die Grafen waren trotz der Betriebsübernahme der Berg- und Hüttenwerke dazu nicht imstande. So enthielt jeder Kupferkauf neben der Anleihegewährung an die Grafen auch noch die Verpflichtung, den Hüttenleuten die Betriebsmittel vorzustrecken (Vorlegung, Verlag) [2]. Auch das erforderte zumeist ganz enorme Summen. So betrugen z. B. die mit den drei vorderortischen Bergwerksfünfteilen versicherten Forderungen der Kupferhändler im Jahre 1570 rund 650 000 fl. [3]. Kein Wunder, wenn dann öfters selbst kapitalkräftige Händler bzw. Handelsgesellschaften mit dem weiteren Verlage in Zahlungsschwierigkeiten gerieten [4].

Weit über das Gebiet des Erzgroßhandels hinaus haben sich die sogenannten Käufe oder Kontrakte ausgedehnt. So schloß Sebastian Neidhart am 8. Juli 1530 einen Perlenkontrakt ab. Der Augsburger Großhändler lieh Karl V. 40 000 fl. Der Kaiser sollte die Schuldsumme binnen $3\frac{1}{2}$ Jahren zurückzahlen und zwar „durch allerhand Perlen", die von Amerika in der Sevillaner Casa de contratacion während der genannten Zeit eingingen. Würde durch die Perleneingänge die geschuldete Summe in $3\frac{1}{2}$ Jahren nicht gedeckt, so solle Neidhart zwischen der sofortigen Bezahlung der Schuld oder einer Verlängerung des Perlenkontraktes wählen [5]. Bekannt sind ferner die Pfefferkontrakte, die die portugiesische Regierung mit den größten Kaufleuten Europas abschloß. In einem anderen Zusammenhang wird noch hierauf zu sprechen zu kommen

---

[1] M ü c k a. a. O., I, S. 104.

[2] Über die Art, wie das Verlagssystem ausgebildet wurde vgl. M ü c k a. a. O., I, S. 104 ff.

[3] M ü c k a. a. O., I, S. 107.

[4] Beispiele M ü c k a. a. O., I, S. 107 Anm. 1.

[5] Zeitschrift des historischen Vereins für Schwaben und Neuburg 1911, S. 139.

sein. Zunächst mag hier noch der Tatsache Erwähnung geschehen, daß auch in denjenigen Teilen des Bergbaues sogenannte Käufe vorkamen, in welchen den Fürsten nicht der Vorkauf des Bergwerksproduktes rechtlich zustand.

Es wurde zum fürstlichen Bergwerksregal gerechnet, daß die Gewerken eines bestimmten Erzproduktionsgebietes von seiten der Regierung gezwungen werden konnten, auf eine bestimmte Anzahl Jahre einen alleinigen Erzlieferungskontrakt mit einer bestimmten Firma zu schließen. Sehr oft haben die Regierungen von diesem Teile ihres Bergwerksregals Gebrauch gemacht. Wir werden in späteren Abschnitten dieses Buches von „Zinnkäufen" zu reden haben, die die sächsischen und auch die böhmischen Zinngewerken durch Vermittlung der betreffenden Regierungen mit Großkaufleuten abschlossen. Ebenso von „Quecksilberkäufen", die die Idrianer Gewerken mit verschiedenen Augsburger Handelsgesellschaften eingingen. Hier sei noch auf einige solche „Käufe" im Erzhandel hingewiesen.

Im Jahre 1586 schloß Wilhelm von Rosenberg durch Vermittlung Kaiser Rudolphs mit den Gewerken zu Tabor, Ratiborzicz und Przbram einen Erzkauf auf 30 Jahre ab [1]. Interessant sind die Kobaltkontrakte, die die sächsischen Gewerken unter Zustimmung der Regierung mit — zumeist auswärtigen — Kaufleuten im 16., 17. und 18. Jahrhundert eingingen [2]. Zumeist drang die Regierung deshalb auf den Abschluß solcher Käufe, weil sie dann von dem betreffenden Kapitalisten eine Anleihe gewährt erhielt. Aber oft tat sie es auch aus weniger eigennützigen Gründen, um den Gewerken und der Bergbevölkerung überhaupt mit einem gesicherten Verlag bzw. Absatz ihrer Erze die Grundlage einer gesicherten Existenz zu verschaffen. Aus letzteren Gründen verlieh Kurfürst August von Sachsen in den sechziger Jahren des 16. Jahrhunderts

---

[1] A. V o i g t, Beschreibung der böhmischen Münzen, III, S. 253.
[2] Vgl. C h r i s t. M e l z e r, Bergkläuftige Beschreibung der . . . Stadt Schneebergk . . . Schneeberg 1684, S. 484 ff. Dazu der Aufsatz „Kurzer Abriß des Schneeberger Silber- und Kobaltbergbaues von 1471 bis 1719" in Bergmännisches Journal, I. Bd. (1793), S. 160 ff., und M e l t z e r, Stadt- und Bergchronik von Schneeberg 1716. Besonders aber W. B r u c h m ü l l e r, Der Kobaltbergbau und die Blaufarbenwerke in Sachsen bis zum Jahre 1653. Leipziger Dissertation 1897. Dort sind auch im Anhang verschiedene interessante Kobaltkontrakte abgedruckt.

dem Annaberger Kaufmann Hieronymus Kettwig mehrmals einen Eisensteinkauf in den „oberen Bergstädten Annaberg, Marienberg, Schneeberg und den einverleibten Bergwerken," wo es bis dahin vielfach an Eisensteinkäufern gefehlt hatte. Auf Grund des „Steinkaufs" waren die Gewerken gehalten, allen erbeuteten Eisenstein an Kettwig zu verkaufen [1]. Auch die sächsischen Zinnkäufe, auf die wir noch in einem anderen Zusammenhang des längeren zu sprechen kommen werden, sind offenbar von der Regierung in uneigennütziger Weise geschaffen worden.

In manchen Bergwerksdistrikten scheint es oft nicht einmal des Eingreifens der staatlichen Gewalt bedurft zu haben, um die G e s a m t h e i t der Gewerken [2] zum Abschluß von Erzkäufen mit reichen Kapitalisten zu veranlassen. So hören wir davon nichts bei dem Goldkauf, den im Jahre 1493 der reiche Breslauer Kaufmann Franz Bottner mit der Gesamtheit der Reichensteiner Gewerken abschloß. Dem Vertrage zufolge übernahm der Breslauer Kapitalist den Verlag der ärmeren Gewerken im dortigen Goldbergbau unter der Bedingung, daß ihm a l l e s gewonnene Gold „auf Abrechnung vom Vorschuß zu jenem Preise geliefert werde, der dem gemeinen Kauf zu Breslau entspräche [3]."

Unbeeinflußt von der Regierung scheint auch der „Vitriolkauf" zustande gekommen zu sein, den am 6. Mai 1523 die in Goslar zum Vitriolsieden Berechtigten mit einigen Braunschweigern schlossen. Dem Lieferungsvertrage entsprechend mußten die Vitriolsieder drei Jahre hindurch ihr sämtliches Produkt (nur etwas Weniges durften sie nach Frankfurt abgeben) an die Braunschweiger Kapitalisten zum Preise von 2 Mk. pro Zentner liefern. Die jährliche Mindestlieferung sollte 100 Faß, a 12 Zentner betragen [4].

---

[1] F a l k e , Geschichte des Kurfürsten August in volkswirtschaftlicher Beziehung, S. 168, nennt einen Eisensteinkauf Kettwigs vom Jahre 1564 auf drei Jahre. Der Vertrag ist 1568 erneuert (wiederum auf drei Jahre). Hauptstaatsarchiv Dresden, Loc. 4491 Allerhand Privilegien, Bl. 27. Vgl. auch F a l k e a. a. O., S. 188.

[2] Daß e i n z e l n e Gewerken „Käufe" abschlossen, d. h. gegen Vorschüsse sich zur alleinigen Lieferung ihres Produktes an einen Händler verpflichteten, war selbstverständlich etwas Altes.

[3] Z y c h a a. a. O., 6. Bd. (1908), S. 126 nach K. W u t t k e , Schlesiens Bergbau und Hüttenwesen (= Codex diplomaticus Silesiae XX und XXI, 1900) Nr. 265.

[4] N e u b u r g , Goslars Bergbau, S. 275.

Leicht ließe sich die Aufreihung solcher „Käufe" im Erzhandel des 16. Jahrhunderts noch um Dutzende von Beispielen vermehren [1]. Was wir erkennen wollen, erkennen wir mit Hilfe der angeführten schon deutlich genug: Es unterliegt keinem Zweifel, daß die Ausbildung des Systems der Erzkäufe wie nichts anderes die Entstehung von Großbetrieben im Erzhandel förderte und damit dem mittelmäßig Begüterten, der etwa Erzhandel aus erster Hand treiben wollte, den Weg verlegte. Es galt im allgemeinen erst in anderen Handelszweigen ein größeres Vermögen zu verdienen, ehe man Erzhandel aus erster Hand treiben konnte. Hier konnten je länger je mehr nur erste Firmen wirken. Der Erzgroßhandel gab, wie wir noch sehen werden, das wichtigste Feld von bedeutsamen Monopolisierungsversuchen der ganz großen süddeutschen Handelsgesellschaften ab.

Als Gesamtresultat der Untersuchungen dieses Kapitels mag demnach vielleicht das folgende angeführt werden: Auch der Bergbau, die bergmännische Produktion als solche, dürfte den Handel nicht aus seiner Stellung am Anfang, an der Schwelle des europäischen Frühkapitalismus abdrängen. Im Anfang war der Handel, heißt es für die Geschichte des modernen Kapitalismus nach wie vor.

Drittes Kapitel.

Bergbau und Entfaltung der frühkapitalistischen Organisationsformen.

Das erste Kapitel dieses Buches versuchte einen Begriff zu geben von der quantitativen Bedeutung des Bergbaues und des Erzhandels für die deutsche Wirtschaft des 15. und 16. Jahrhunderts. Wir sahen, daß diese Bedeutung nicht leicht überschätzt werden kann. Aber nicht nur die extensive, die numerische Wichtigkeit für die deutsche Volkswirtschaft im Zeitalter des Frühkapitalismus ist es, was die Wirtschaftshistoriker zu einem näheren Eingehen auf die Verhältnisse im Bergbau und Erzhandel der damaligen Zeit

---

[1] Z. B. aus B e c k a. a. O., II, S. 1062, S. 790, 1208 (17. Jahrhundert).

veranlassen sollte; wichtiger ist ein Zweites: Nirgends mehr als im Bergbau und Erzhandel wurde im Verlaufe des endenden Mittelalters und der beginnenden Neuzeit auch das Quale der Wirtschaft einer tiefen Umgestaltung entgegengeführt. In keinem anderen Wirtschaftszweige ist das Eindringen des Frühkapitalismus so rasch und so tiefgreifend vor sich gegangen wie gerade in den genannten Produktionszweigen. Schon im Verlaufe des Mittelalters hatte sich aus der älteren Produktivgenossenschaft, in der alle Teilnehmer auch selbst am Berge mitarbeiteten, die spezifisch kapitalistische Gewerkschaft entwickelt. Als der Bergbau im Heiligen Römischen Reiche Deutscher Nation und den von deutschen Kaufleuten wirtschaftlich beherrschten Ländern im 15. Jahrhundert seinen großen Aufschwung nahm, war überall die Unternehmungsform der kapitalistischen Gewerkschaft schon völlig ausgebildet und durchaus die vorherrschende Wirtschaftsform im Bergbau. Mit Recht hat noch neuerdings ein so guter Kenner der geschichtlichen Verhältnisse des europäischen Bergbaues wie Zycha die Vorstellung zurückgewiesen, als ob sich der spezifisch kapitalistische Betrieb während des 15. Jahrhunderts noch in einem Übergangsstadium aus der Periode der Arbeitsgenossenschaft befunden hätte [1].

Die Umwandlung der handwerksmäßigen Organisation des Gewerbes in eine kapitalistische, die sich im Bergbau und Hüttenbetriebe früher durchsetzte als irgendwo anders in der Sphäre deutscher gewerblicher Produktion, hat beizeiten in den Zentren der Montanindustrie die Begleiterscheinungen des modernen Kapitalismus geweckt. Eine große Anzahl der wirtschaftstheoretischen und sozialen Probleme des viel später erst entstehenden Hochkapitalismus sind im deutschen Montangewerbe des 15. und 16. Jahrhunderts gleichsam in nuce schon vorgebildet. Die Zustände in der Berg- und Hüttenindustrie des 16. Jahrhunderts lassen dem Beobachter diese Welt oft wie einen Mikrokosmos erscheinen, in welchem das meiste desjenigen bereits im kleinen lebend erscheint, was dann später größtenteils erst in dem hochkapitalistischen Makrokosmos des 19. Jahrhunderts seine völlige Ausbildung erfährt.

So entstand in den Mittelpunkten des Montangewerbes früh

---

[1] Z y c h a a. a. O., 5. Bd. (1907), S. 249, und sonst in dessen schon vielgenannten Artikeln „Zur neuesten Literatur über die Wirtschafts- und Rechtsgeschichte des deutschen Bergbaues".

ein Proletariat. Der Ausdruck „Arbeiter" in seinem spezifischen
engeren Sinne taucht in den Quellen zur Bergwerksgeschichte des
Mittelalters zuerst auf [1], um seitdem als Klassenbezeichnung für
die Lohnarbeiter der kapitalistischen Industrie beibehalten zu
werden. Und mit dem Namen ward damals die Sache geboren:
eine neue soziale Schicht von ihrem Wochenlohn lebender, besitz-
loser Lohnarbeiter, wie sie in der Menge und charakteristischen Eigenart noch nicht vorhanden gewesen war,
taucht vor unseren Blicken auf. Wir hören von vergleichsweise
bedeutenden Arbeitermassen, die sich in den Bergwerksdistrikten
zusammenballten. Die Fugger-Thurzo hatten in ihren ungarischen
Bergwerken um 1525 mehr als 500 Häuer im Dienst [2]. Dazu kamen
noch die übrigen Arbeiter, die Hüttenleute usw. Allein am Falken-
stein, dem bedeutendsten Tiroler Bergwerk, war der Knappenstand laut zuverlässiger Forschungen folgender [3]:

> 1526 : 4596 Mann
> 1554 : 7460 „
> 1589 : 4490 „ (4166).

Mitte des 16. Jahrhunderts dürfte der Knappenstand aller Schwazer
Baue mit 12 000 Mann nicht zu hoch bemessen sein [4]. Auch hierzu
sind — um die Gesamtmenge der dortigen Arbeiterschaft festzustellen — die „ungelernten Arbeiter" zu addieren. So arbeiteten
nach dem sog. Ettenhardtschen Bergbuche im Jahre 1532 beim
Falkensteiner Tiefbau täglich 500 bis 600 Wasserheber (jährlich
zirka 20 000 fl. Arbeitslohn) [5]. Und diese Bergarbeitermassen,
die uns hier begegnen, haben schon früh wichtige Eigenarten des
modernen Proletariats ausgebildet. Sie haben schon die Mehrzahl
der entscheidenden Charakteristika des modernen Proletariertums
an sich, wie sie uns Sombart mit seiner künstlerisch-feinen Be-
gabung für sozial-psychologische Nachempfindung geschildert

---

[1] Auch schon der Ausdruck Lohnarbeiter kommt früh vor; vgl.
Gasteiner Goldrecht (1300—1350), S. 198: „Welcher lonarbeiter
seiner samchost und verdienten lon von den gruebmeistern nit be-
zalet wirdet . . ." K. Th. v. Inama-Sternegg, Deutsche
Wirtschaftsgeschichte III, 2, S. 162 Anm. 2.
[2] Jansen, Jakob Fugger der Reiche, S. 176.
[3] Zycha a. a. O., 5. Bd. (1907), S. 256.
[4] Ebenda S. 256 Anm. 3.
[5] Ebenda S. 256 Anm. 1.

hat [1]. Da ist die Unsicherheit der Existenz bedingt durch nicht selten auftretende „soziale Arbeitslosigkeit". Eine Grube ersäuft oder Feuer zerstört das mühsam geschaffene Werk der Schächte [2]. Ein Bergwerk erscheint nicht mehr lohnend. Hunderte verlieren Arbeit und Brot. Da ist schon die Nomadenhaftigkeit. Wenn das Proletariat des 19. Jahrhunderts in besonderer Weise dadurch mit charakterisiert wird, daß ihm die Seßhaftigkeit fehlt, daß es „von Stadt zu Stadt, von Land zu Land zieht, wohin es gerade die Konjunktur, der Arbeiter heischende Kapitalismus" ruft, so hat auch hier das 19. Jahrhundert nur etwas vergrößert und intensiviert, was wir im Keime schon im Leben des Bergarbeiters des 15. und 16. Jahrhunderts finden. Es gibt kaum ein europäisches Land im 15. und 16. Jahrhundert, das nicht deutsche Bergarbeiter — gerufen zumeist von deutschen kapitalistischen Unternehmern — in größerer Anzahl sah.

So ließen sich, um nur einige Beispiele zu nennen, deutsche Bergknappen zur Aufbesserung des Betriebes in die Bergwerke der spanischen Provinz Galicien anwerben [3]. Im Jahre 1528 konnte der Augsburger Kapitalist Joachim Höchstetter, den der König von England zum „principal surveyor and master of all mines in England and Ireland" ernannt hatte, sich erbieten, die von ihm entdeckten Bergwerke mit sechs anderen deutschen Unternehmern und 1000 Arbeitern zu bearbeiten [4]. In den französischen Minen sind in erster Linie Deutsche als Bergarbeiter beschäftigt [5]. Ja, als man in den Bergen der amerikanischen Kolonien Spaniens Edelmetalle fand und Krone und Kapitalismus dadurch zum Berg-

---

[1] W. S o m b a r t , Das Proletariat, Bilder und Studien. In: Die Gesellschaft. Sammlung sozial-psychologischer Monographien, herausgegeben von Martin Buber.

[2] „Ein schwerer Schlag traf 1585 die Knappen am Röhrerbühel in Tirol. In einem Hauptschachte dieses Bergwerks brach Feuer aus, welches mehrere Tage nicht unterdrückt werden konnte. 11 Arbeiter verloren dabei das Leben, mehr als 1000 andere mußten längere Zeit die Arbeit einstellen." J o s . H i r n , Erzherzog Ferdinand II. von Tirol. Bd. I, S. 559.

[3] K. H ä b l e r , Die überseeischen Unternehmungen der Welser, S. 61.

[4] R. E h r e n b e r g , Hamburg und England im Zeitalter der Königin Elisabeth, S. 5.

[5] P. I m b a r t d e l a T o u r , Les origines de la Réforme. 2 Bde. Paris 1905/09. Bd. I, S. 232 Anm. 1: „En 1483, dans le Conserans, le personnel des mines est encore presque entièrement allemand."

bau angereizt wurden, da fanden sich in Joachimstal und Schwaz
Bergleute, die dem Rufe des Kapitalismus auch über das Welt-
meer willig folgten. Mehr als 50 Bergknappen warben allein die
Welser für die spanischen Kolonien an [1].

Mit der Massenhaftigkeit und der „Unseßhaftigkeit" der prole-
tarischen Bergwerksbevölkerung des 15. und 16. Jahrhunderts tritt
auch das Problem der Wohnungsnot bereits in den Kreis der sozial-
psychologischen Geschichtsbetrachtung. Erst eine eingehende Erforschung der sozialen Lage der Bergarbeiterschaft im Zeitalter des
Frühkapitalismus, die vielfach auf noch ungedrucktem Quellenmaterial zu beruhen hat, wird uns die vielerlei Fragen nach den
Wohnungsverhältnissen des damaligen Industrieproletariats beantworten können. Auch die Frage, inwieweit das Elend der Frauen-
und Kinderarbeit schon in der Montanindustrie und den damit
zusammenhängenden Industrien um sich gegriffen hatte, wird dabei
näher zu erforschen sein [2]. Zweifellos waren beide Übel schon vorhanden. So wissen wir, daß Anfang des 17. Jahrhunderts im Steyrer
Eisenhandwerk die Zahl der weiblichen Hilfskräfte überwog. Für
300 Messerermeister arbeiteten nur 150 Gesellen, aber 1500 Mägde [3].
Was aber die Kinderarbeit im Bergbau angeht, so wird man an die
schlimmsten Zustände etwa in der englischen Industrie zu Anfang
des 19. Jahrhunderts erinnert, wenn man Schilderungen des 16. Jahrhunderts wie folgt liest: „Knaben im zarten Alter von 10 bis 12 Jahren
müssen als „Kläuberbuben" schon zur Tagarbeit heran, um „Bruch
und Zagel" zu scheiden und zu säubern. Waren sie soweit erstarkt,
um mit beladener Bergtruhe laufen zu können, dann traten sie
in den Dienst als ‚Truhenläufer oder Hundzieher'. Erst nach Ablauf dieser Bubendienste wurden sie ‚Hauer mit Schlägel und Eisen'.
In der Hüttenindustrie begann mancher Junge zuerst als Kiener
(Kohlenbrenner) und Holzknecht seine harte Laufbahn, um dann
bei günstigem Geschick an einem Plähhaus oder Schmelzwerk Pläh-
knecht (Schmelzer) oder Wäscher zu werden" [4].

---

[1] H ä b l e r a. a. O., S. 61 ff.
[2] Ebenso die Frage der Sonntagsruhe. Vgl. hierzu Oberbair.
Archiv XIX S. 127: Ludwig dem Reichen wird von Rom aus erlaubt, Sonntags in den Salinen von Reichenhall arbeiten zu lassen.
[3] B i t t n e r a. a. O., S. 549, 551.
[4] H. P e e t z , Volkswissenschaftliche Studien. München 1880,
S. 17 ff. Z y c h a a. a. O., 5. Bd. (1907), S. 255 Anm. 5.

Die Beispiele würden sich aus der berggeschichtlichen Literatur und besonders aus Archivalien leicht mehren lassen, hier muß ich dazu übergehen, auf einige andere, besonders augenfällige Erscheinungen in der Sozialgeschichte der Bergarbeiterschaft des ausgehenden Mittelalters und der beginnenden Neuzeit aufmerksam zu machen, die deutliche Analogien zur späteren hochkapitalistischen Entwicklung bieten. Da gilt es zunächst auf das Trucksystem hinzuweisen! Ein echtes Kind der frühkapitalistischen Montanindustrie, ist es zuerst als eine Wohltat für die Arbeiterschaft entstanden. Es war für die oft sehr zahlreiche Bergarbeiterschaft unmöglich, genügende Nahrung und Kleidung usw. in der näheren Umgebung ihrer Arbeitsstätte zu bekommen. Oft lagen ja auch die Gruben fern ab jeder sonstigen Ansiedelung [1]. Da war es gut, wenn die Bergarbeiter ihren Lohn nicht lediglich in Bargeld, sondern teilweise in „Pfriend" erhielten, d. h. in Korn oder Mehl, Schmalz, Tuch oder sonstigen unentbehrlichen Bedürfnissen, Pfennigwirtschaft oder Pfennwertshandlung genannt [2]. Aber bald wußten manche Unternehmer die „Pfennwertshandlung" dazu zu benutzen, um sich zu bereichern [3]. Dagegen erhob sich vielerorts ein Kampf der Bergarbeiter, der, unterstützt von den Regierungen und oft von den Bürgern der den Bergwerken benachbarten Städte [4], zumeist von Erfolg gekrönt war [5]. Vielfach gingen mit den Be-

---

[1] Im Jahre 1558 bewilligte Kurfürst August von Sachsen dem Schneeberger Andreas Sonnebrunn u. a. für ein neu anzulegendes Zinnbergwerk ein größeres Terrain, damit er, „w e i l d i e G e g e n d u n b e w o h n t", seine Bergleute und Arbeiter auf dem verliehenen Boden „bauen, wohnen und denselben zu irem underhalt erblich brauchen und geniessen lassen möge." Dresden, H. St. A. Loc. 4491 Allerhand Privilegien usw. Bl. 13 a.

[2] Vgl. besonders Z y c h a a. a. O., 5. Bd. (1907), S. 256, wo wichtiges berggeschichtliches Material über das Trucksystem zusammengestellt ist. Dazu S a l z a. a. O., S. 96.

[3] Gute Beispiele bei H i r n a. a. O., Bd. I, S. 557 f.

[4] Die sich natürlich durch das Trucksystem um einen Teil ihrer Kundschaft bedroht sahen. Vgl. die Bewegung der ungarischen Bergstädte, besonders Neusohl, gegen die Pfennwertshandlung der Fugger-Thurzo dort. J a n s e n , Jakob Fugger der Reiche, S. 165 ff.

[5] Auch das sog. Cottagesystem (der Unternehmer baut Wohnhäuschen und zwingt die Arbeiter, sie ihm abzumieten) ist wohl schon im 16. Jahrhundert bekannt. Aus dem 17. Jahrhundert sei folgendes Beispiel aus den Akten des Hauptstaatsarchives zu Dresden (Loc. 4491 Allerhand Privilegien) angeführt: Im Jahre 1680 wird

schwerden über die Auswüchse des Trucksystems Klagen über
allzu lange Arbeitszeit [1] und besonders Lohnstreitigkeiten Hand
in Hand. Oft kamen diese aber auch gesondert vor und waren
vielfach mit heftigen Streiken verbunden. Eine ausführliche interessante Schilderung eines solchen Bergarbeiterstreikes hat uns
neuerdings Jansen in seinem „Jakob Fugger" gegeben [2]. Andere
Beispiele mit Bedrohung der Streikbrecher usw. waren in größerer
Anzahl schon vorher durch die Literatur bekannt [3]. Bekannt ist
es auch, wie vielfach in den Bauernaufständen des 16. Jahrhunderts
sich das Bergarbeiterproletariat mit dem bäuerlichen Proletariat
verband [4]. Dagegen dürfte es noch neu sein, daß auch schon Unternehmer des beginnenden 16. Jahrhunderts eine Art Antistrike-
verbände schlossen. Im Jahre 1520 vereinigten sich die Herzöge
von Sachsen, die Schlick als Herren von Joachimstal und die Pflug
als Herrschaftsbesitzer in dem böhmischen Schlackenwald [5] zu
einem Abkommen, das einen interessanten Beitrag zur Wirtschafts-
und Sozialgeschichte jener Zeit darstellt [6]. Das Abkommen sollte

einer Firma, die neue Eisenhämmer in menschenleerer Gegend erbauen will, bewilligt „etliche Wohnhäuserlein vor die Arbeiter, Berg-
und Handwerksleute . . . aufzubauen und sie mit Leuten zu besetzen."

[1] Die Unternehmer suchten die normale Arbeitszeit dadurch zu
umgehen, daß sie dem Arbeiter die Zeit des Einfahrens in die tiefen
Stollen nicht anrechneten. H i r n a. a. O., I, S. 560.

[2] a. a. O. S. 175 ff.

[3] Streik der Schneeberger Bergleute im Jahre 1496. Vgl. C h r.
M e l z e r , Bergkläufftige Beschreibung der Bergk-Stadt Schneebergk. 2. Aufl. S. 924. Der damalige deutsche Ausdruck für Streik
ist „Aufstehen, Uflauf" usw. Streik der Joachimstaler Bergleute
bei P. A l b i n u s , Meißnische Bergchronik, S. 76. Der Mansfeldischen
in Verbindung mit dem Bauernkrieg: A l b i n u s a. a. O., S. 109.
Vgl. weitere Meldungen von Bergarbeiterstreiken bei S a l z , S. 31
und Anmerkungen; M ü c k a a. a. O., I, S. 115.

[4] Vgl. auch Sitzungsberichte der Wiener Akademie der Wissenschaften, hist.-phil. Klasse X (1853), S. 403.

[5] Alle drei Bergherren hatten bedeutende eigene Bergwerke und
Bergwerksteile.

[6] H. St. A. Dresden, Loc. 4486. Bergwerkssachen de anno 1487
bis 1599. Bl. 72—74. Bei mir im Anhang abgedruckt; für
die Vorverhandlungen vgl. auch Loc. 9848, Handlung durch der
Herzoge zu Sachsen Räte in Altenburg, usw. Bl. 1 ff. Die Verabredung ist 1540 erneuert worden. Loc. 7215. Schlicksche Sachen
usw. 1520—1540. Bl. 68 ff. Vgl. auch Ernestinisches Gesamtarchiv
zu Weimar. Reg.T. Abt. 2. Bl. 258.

die Abwanderung der Bergleute von einem Bergwerksgebiet in das benachbarte andere verhindern. Zu dem Zwecke verabredeten die genannten Kontrahenten, in ihren Bergwerken auf keinen Fall eine Lohnerhöhung eintreten zu lassen; vielmehr sollte auf allen Bergwerken ein gleicher Lohn (berechnet nach dem Werte der Münze des betreffenden Landes) gezahlt werden (§ 1). Ferner sollte es keinem Häuer in den Bergwerken der genannten Herren gestattet werden, zwei Schichten einzufahren (§ 2). Wenn ein Schichtmeister, ein Steiger oder ein anderer Bergmann Schulden bei den Gewerken oder den Bergarbeitern oder auch der Bergherrschaft (aus dem Zehnten) mache und nun auf das Bergwerksgebiet eines der Kontrahenten entfliehen würde, so soll der böswillige Schuldner dort „keine Freiheit noch Sicherung genießen" (§ 4). Ebensowenig soll ein Agitator, der „bei den Bergleuten Unwillen, Aufstehen und Aufruhr", d. h. Streik, anstifte und deshalb ausgewiesen würde, auf einem Bergwerk der Kontrahenten Arbeit bekommen (§ 5). Schwarzes Buch!

Einen tiefen Einblick in die sozialen Verhältnisse des 16. Jahrhunderts gestattet auch § 7. Dort verabreden die genannten Bergherren, daß sie streikende Bergarbeiter, die in hellen Haufen aus den Gebieten des einen Kontrahenten in die Gebiete der anderen ziehen, nicht aufnehmen, sondern „die Entwichenen zu der Gerechtigkeit halten und ihres Mutwillens strafen" wollen.

Man sieht, die Verabredungen der Bergherren sind im Grunde wirtschaftlicher Natur; sie sollen dazu dienen, Angebot und Nachfrage von Arbeitskräften in einer den Kontrahenten günstigen Weise zu regeln [1].

Aber nicht nur soziale Probleme des modernen Kapitalismus begegnen uns in großer Anzahl bereits in der Geschichte der Montanindustrie des ausgehenden Mittelalters und der beginnenden Neuzeit. Interessant ist es auch, zu beobachten, wie sich hier viele von jenen wirtschafts- und betriebsorganisatorischen Umbildungen schon zeigen, die später, besonders im 19. Jahrhundert, ihre bisher höchste Ausbildung erfahren haben.

---

[1] Über heutige Verbände der Arbeitgeber gegen die Arbeiter (Antistreikverbände) vgl. R. L i e f m a n n , Die Unternehmerverbände (Konventionen, Kartelle), ihr Wesen und ihre Bedeutung. Freiburg i. Breisgau 1897, S. 72 f.

Ich denke dabei zunächst an die Tatsache, daß in Deutschland erst innerhalb der Montanindustrie des 16. Jahrhunderts wirkliche konzentrierte kapitalistische G r o ß b e t r i e b e in größerer Anzahl zu entstehen begannen [1]. Hatten bis dahin die kapitalistischen Kaufleute die gewerbliche Produktion in manchen Gewerbszweigen mit Hilfe des Verlagssystems schon mittelbar dirigiert, so schufen sie sich jetzt selbst eigene industrielle Großbetriebe und wurden außer Kaufleuten auch unmittelbar gewerbliche Produzenten. Das ungarische Geschäft der Fugger-Thurzo und ihrer Nachfolger, das Unternehmen der Fugger in den spanischen Quecksilbergruben von Almaden, die vielen Hüttenwerke, die vereinigten Hütten- und Bergwerksbetriebe einzelner und vergesellschafteter süddeutscher Kaufleute in Tirol und sonst („Gesellschaften des Berg- und Schmelzhandels" genannt) [2], die großen Saigerhandelsgesellschaften im Mansfeldischen, die uns neuerdings Möllenberg beschrieben hat, das alles waren konzentrierte Großbetriebe, in denen sich P r o - d u k t i o n u n d H a n d e l zu modernen, bis dahin nicht gekannten kapitalistischen Unternehmungsformen vereinigten.

Zweifellos hatte der Fortschritt in der Technik des Berg- und Hüttenwesens zu der gekennzeichneten Entwicklung sein gut Teil beigetragen, wie umgekehrt gerade die Ausbildung von Großbetrieben in der Sphäre des Berg- und Hüttenwesens (wir könnten auch sagen das Eindringen des Kapitalismus) wie nichts anderes den Fortschritt der Technik dort begünstigte und ermöglichte. Vorzüglich kann man den Zusammenhang von technischem Fortschritt und der Bildung von Montangroßbetrieben in der Geschichte der Thüringer Saigerhandelsgesellschaften beobachten. Seit die Technik des Kupfersaigerns [3] in den sechziger und siebziger Jahren des 15. Jahrhunderts allgemeiner bekannt wurde, schossen die

---

[1] Wenn wir von einigen Buchdruckereigroßbetrieben absehen. S o m b a r t , Der moderne Kapitalismus I, S. 405.

[2] Beispiele bei Z y c h a a. a. O., 5. Bd. (1907), S. 285 ff. und sonst aus der Literatur zusammengestellt. „Verbindungen der bergmännischen Produktion mit dem Fernhandel in Metallen, insofern nämlich die hervorragendsten Händler auch die ersten Gewerken und Schmelzer wurden."

[3] D. h. die Kunst, das Silber mit Hilfe von Blei aus den silberhaltigen Kupfererzen zu ziehen. Näheres über das Verfahren bei M ö l l e n b e r g a. a. O., S. 5.

Saigerhütten und Saigerhandelsgesellschaften wie Pilze aus dem Boden [1]. Hauptsächlich Nürnberger, aber auch Augsburger und bald Leipziger Kapitalisten gründeten Saigerhandelsgesellschaften und bauten Saigerhütten in großer Anzahl. Solche Hütten aber waren sehr kostspielige Anlagen und deshalb dem Kleinbetrieb entzogen. „Die Einrichtung einer auf etwa 7000 Zentner Kupfer jährlich berechneten Saigerhütte bestand aus 8 Schmelzöfen, 10 Saigeröfen, 3 Garherden, 3 Treibherden und 2 Dörröfen" [2]. Der Bau der Hütte Leutenberg dauerte mehrere Jahre und beanspruchte ein Kapital von weit mehr als 10 000 fl. [2]. Es versteht sich von selbst, daß bei solchen Anforderungen nur das Großkapital auf dem von der Technik neu gewonnenen Gebiete arbeiten konnte. Und auch das Großkapital mußte sich oft noch gesellschaftlich zusammentun, um die neuen Aufgaben erfüllen zu können. Um so mehr als die jungen Großbetriebe nun ihrerseits wieder eine starke Tendenz der Ausweitung in sich trugen. Gerade wie ihre Nachkömmlinge im 19. Jahrhundert.

Auch schon aus dem geringen Material, das uns bis jetzt über diese Dinge vorliegt, können wir diese Tendenz der montanistischen Großindustrie erkennen. Als die Fugger-Thurzo im Jahre 1494 bei Neusohl eine Saigerhütte zur Verarbeitung der dortigen Kupfererze bauten, da warfen sie 1000 fl. für den Bau aus und berechneten die Bauzeit auf etwa ein halbes Jahr [4]. Die Leutenberger Saigerhandelsgesellschaft, die Mansfelder Kupfererze verarbeitete, brauchte, wie gesagt, schon mehrere Jahre und ein Kapital von weit über 10 000 fl. für die Herstellung ihrer Hütte. Gerade die Geschichte der Mansfeldischen Saigerhandelsgesellschaften zeigt die Schnellig-

---

[1] M ö l l e n b e r g a. a. O., S. 7.

[2] M ö l l e n b e r g a. a. O., S. 5.

[3] M ö l l e n b e r g a. a. O., S. 25. — Eine Geschichte der technischen Fortschritte im Berg- und Hüttenwesen des endenden 15. und 16. Jahrhunderts tut uns bitter not! Im Bergbau dieser Zeit liegen auch die Anfänge eines Erfinderschutzes. Man kannte dort schon im 16. Jahrhundert Patente. Vgl. z. B. F a l k e , Geschichte Kurfürst Augusts von Sachsen in volkswirtschaftlicher Beziehung, S. 202.

[4] J a n s e n , Jakob Fugger der Reiche, S. 135. Außer dem Neusohler besaßen die Fugger noch ein Saigerhüttenwerk in Kärnten und eines in Thüringen (Hütte Hochkirch).

keit, mit der sich Kapitalien in solchen neuen, industriellen Großbetrieben zu konzentrieren pflegten. Die Gesellschaft der Hütten
Schwarza und Mansfeld, im Jahre 1472 gegründet, hatte noch mit
einem Stammkapital von 6000 fl. auskommen zu können gemeint;
in die 1502 gegründete Arnstädter Hüttengesellschaft hatten die
Inhaber bereits 31 500 fl. eingeschossen. Die höchste Entwicklung
zeigte dann die Gesellschaft der Hütte unter Leutenberg. Die
Gesellschaft hatte mit dem gewiß stattlichen Stammkapital von
70 000 fl. ihre Geschäftsfähigkeit im Jahre 1524 eröffnet, 1526
waren bereits 91 000 fl., 1527: 108 380 fl., 1532: 120 710 fl. investiert [1]. Auf ähnlicher Höhe standen die Stammkapitalien der
1536 resp. 1537 neugegründeten Hütten Luderstadt (80 000 fl.)
und Steinach (93 000 fl. eingezahlt). Zeitweise hatte ein einziger
Gesellschafter der Hütte Luderstadt, der Leipziger Kapitalist
Heinrich Scherl, 40 000 fl. investiert [2]. Das Betriebskapital der
Steinacher stieg bis 1554 auf über 236 000 fl. [3], später, wie es scheint,
noch über diese enorme Summe hinaus [4].

Nicht minder groß als die in den führenden Mansfeldischen
Saigerhandelsgesellschaften eingeschossenen Kapitalien waren die
Kapitalien, die sich in anderen montanindustriellen Großbetrieben
des 16. Jahrhunderts konzentrierten. Die Aktiva, welche die Firma
Haug, Langenauer, Link & Co. in ihren Schwazer Montanunter-
nehmungen angelegt hatten, stiegen von 60 262 fl. im Jahre 1533
auf 194 416 fl. im Jahre 1555 [5]. In den Faktoreien des ungarischen
Erzhandels stiegen die Aktiva der genannten Firma von 13 873 fl.
im Jahre 1560 auf 87,016 fl. im Jahre 1562 [6]. Die Fugger und
Thurzo schossen bei der Gründung ihres ungarischen Bergwerks-
unternehmens im Jahre 1494 kein bestimmtes Kapital ein, die
Fugger legten vielmehr dem Unternehmen das nötige Betriebskapital nach Bedarf allmählich vor. Von Ende 1494 bis Mai 1504

---

[1] M ö l l e n b e r g a. a. O., S. 25.
[2] Laut seinem Testament. K r o k e r , Neujahrsblätter IV, S. 82.
[3] M ö l l e n b e r g a. a. O., S. 109.
[4] F r i e d r. B o t h e , Frankfurter Patriziervermögen im 16. Jahrhundert. Berlin 1908, S. 61.
[5] Vgl. die Tabelle I bei H a r t u n g. Aus dem Geheimbuch eines
deutschen Handelshauses a. a. O., S. 39.
[6] Vgl. die Tabelle I bei H a r t u n g a. a. O., S. 39.

hatten die Fugger für „offizielle Erfordernisse, Pachtgelder, Wegebau u. a. und offizielle Schmiergelder, um bei den Herren den Handel zu bekommen und zu behalten, 1 064 499 ungarische Goldgulden 65 Pfennige ausgegeben". Dieser Summe standen an Bareinnahmen nur 1 001 837 fl. (ungarische) 64 Pfennige gegenüber. Der „gemeine ungarische Handel" blieb daher den Fuggern 62 662 fl. (ungarisch) 1 Pfennig (= 83 589 fl. rh. 35 Pfennig) schuldig. An Materialvorrat war für 241 913 fl. ungarisch vorhanden, so daß die Aktiva der Fugger-Thurzoschen Montanunternehmung (abzüglich des Fuggerschen Guthabens von 62 662 fl. ungarisch) noch 179 251 fl. ungarisch betrugen [1].

Groß waren auch die Kapitalien, die sich in dem „Schwazer Berg-, Schmelz- und Pfennwerthandel" konzentrierten, den 1526 die Fugger mit Benedikt Burkhart, Christof Herwart aus Augsburg, Anton und Hans Bimmel aus Augsburg — alles Firmen, die längst im Tiroler Berg- und Schmelzhandel tätig waren — schlossen. „Das zusammengeschossene Kapital betrug 84 000 fl., wovon Burkhart mit 12 000 fl., die anderen drei Parteien mit je 24 000 fl. partizipierten. Mit Schluß des Jahres 1527 verkaufte Burkhart zwei Drittel seines Anteiles an die Gebrüder Bimmel, ein Drittel an die Fugger" [2]. Noch bedeutender war die Gründung des „Jenbacher Berg- und Schmelzwerkhandels", an dem neben den Fuggern zunächst auch die Haug & Co. und Michael Katzbeck erheblichen Anteil hatten. Die Fugger investierten in die neue Gesellschaft „ihre auf 114 422 fl. veranschlagten Bergteile im Inn-, Eisack- und Etschtal mit den dazugehörigen Hütten- und Schmelzwerken." 1575 brachten die Fugger den Haugschen, 1578 den Katzbeckschen Anteil des „Jenbacher Handels" an sich [3].

Mit v o l l s t ä n d i g e n Fusionen scheinen wir es bei der Jenbacher und der Schwazer Gründung nicht zu tun zu haben. Wenigstens reservierten sich die Fugger nach der Gründung des Jenbacher Berg- und Schmelzwerkhandels ihre Anteile in Kärnten und am Röhrerbühel mit dem Hüttenwerk Litzlfelden als „Tiroler und Kärtner P r o p r i o h a n d e l" oder auch „Schwazer Proprio-

---

[1] J a n s e n , Jakob Fugger der Reiche, S. 152 ff.
[2] D o b e l , Bergbau und Handel d. Jak. und Ant. Fugger in Kärnten und Tirol, a. a. O., S. 202.
[3] Daselbst S. 213.

handel". Vielleicht haben aber die anderen Firmen sich keinen „Propriohandel" zurückbehalten, sondern alle ihre Tiroler Bergwerksunternehmungen und ihren gesamten dortigen Erzhandel in die Jenbacher Gesellschaft fusioniert. Hier werden uns monographische Untersuchungen über die Organisationsformen solcher einzelner Großunternehmungen, die ein Bedürfnis vertiefter wirtschaftsgeschichtlicher Forschung sind, später erst ganz klar blicken lassen.

Die Fusionierung einzelner montanindustrieller Unternehmungen in großen Gesellschaften des „Berg- und Schmelzwerkhandels" bedeutet einen Schritt weiter auf dem Wege der Versachlichung, der Objektivierung der Wirtschaftsbeziehungen in dem Montangroßgewerbe, auf die wir als Ausdruck fortgeschrittener kapitalistischer Wirtschaftsorganisation nunmehr einen Blick werfen wollen [1]. Im eigentlichen Bergbau hatte die Versachlichung der Wirtschaftsbeziehungen bereits früher bedeutende Fortschritte gemacht. Zunächst hatte z. B. der einzelne Gewerke (durch die Hand des Bergbeamten) und nicht etwa die Gewerkschaft als Ganzes den Bergarbeitern den Lohn gezahlt [2]. Dieses persönliche Verhältnis verwandelte sich allmählich in ein sachliches. Der einzelne Gewerke entrückt dem Gesichtskreise des Arbeiters, die Lohnzahlung übernimmt die Gewerkschaft, eine unpersönliche Gemeinschaft häufig wechselnder Kapitalisten.

In den Kuxen über Bergwerksanteile war ferner das erste versachlichte Kreditverhältnis (im weitesten Sinne des Wortes Kredit), das erste bedeutungsvolle Inhaberpapier geschaffen worden. Was wir über den Kuxhandel und die Kuxspekulation schon aus dem 16. Jahrhundert wissen, läßt keinen Zweifel darüber, daß viele Inhaber von Kuxen persönlich dem

---

[1] In seinem Buche „Die Juden und das Wirtschaftsleben" (Leipzig 1911) hat Werner Sombart auf die verschiedenen Arten der Versachlichung der wirtschaftlichen Beziehungen als eine „für alles hochkapitalistische Wesen mehr denn irgendein anderer Vorgang kennzeichnende Erscheinung" hingewiesen. Man wird die subtilen Untersuchungen auch dann mit Genuß lesen, wenn man den Anteil der Juden bei dieser Entwicklung nicht so hoch wie Sombart einschätzt und wenn man die Anfänge der „Kommerzialisierung" des europäischen Wirtschaftslebens etwas früher ansetzt als es der genannte Autor tut.

[2] O. O p e t , Das Gewerkschaftsrecht, a. a. O., S. 312 f.; Z y c h a a. a. O., 5. Bd. (1907), S. 256 f.; S a l z· a. a. O., S. 26.

Unternehmen, dessen Mitbesitzer sie durch ihre Anteilscheine waren, durchaus fremd gegenüberstanden [1].

Zeigt sich in all den genannten Organisationsformen die Montanindustrie des 16. Jahrhunderts als ein Vorbild des späteren Hochkapitalismus im kleinen, so erhebt sich für uns die Frage: Liegen vielleicht auch noch die Anfänge anderer Erscheinungen der hochkapitalistischen Wirtschaft im kleinen schon in der Montanindustrie des 16. Jahrhunderts verborgen? Die Anfänge der Aktiengesellschaft vielleicht, der Ursprung des Kartellwesens etwa oder die ersten Versuche großer internationaler Monopole? Da sind nun bei solcher Fragestellung unsere Theoretiker schnell bei der Hand, eine innere Unmöglichkeit zu konstatieren, der zufolge Gebilde wie Aktiengesellschaften nicht im „Mittelalter" entstanden sein können. So schreibt F. Wernicke in seinem Buche „Der Kampf um den wirtschaftlichen Fortschritt" [2], nachdem er hervorgehoben hat, wie die kanonische Wucherlehre der Bildung von Kapitalassoziationen widerstrebte: „So suchen wir denn auch die Form einer Gesellschaft, die lediglich durch den Zusammenfluß von Kapitalbeträgen ohne Arbeitstätigkeit irgendeines der Zuschießenden entsteht, im Mittelalter vergebens, kein einziger kanonistischer Schriftsteller hat den Begriff einer reinen Kapitalassoziation konstruiert, weil eine solche Gesellschaft handgreiflich ein Widerspruch gegen die Unfruchtbarkeit des Geldes gewesen wäre, für den sich wohl keine Rechtfertigung hätte finden lassen [3]". Und nach Endemann fügt dann Wernicke in Sperrdruck hinzu: „Es ist sonach kein Zufall, daß wir reine Kapitalvereine in den großen Handelskompagnien zuerst in England und den Niederlanden, also in protestantischen Ländern und zu einer Zeit, da es mit der Wucherlehre dort reißend bergab ging, entstehen sehen" [4]. Die methodische Geschichtsforschung hat gelehrt, daß man mit Urteilen aus Gesetzesvorschriften aller Art

---

[1] Vgl. Anhang, auch unten den Abschnitt: Entstehung der Aktiengesellschaft. Georg Kreuziger, ein Leipziger Kaufmann, spekulierte in der ersten Hälfte des 16. Jahrhunderts mit mehr als einem halben Tausend von Kuxen. K r o k e r , Schriften des Vereins für die Geschichte Leipzigs IX, S. 33 ff., besonders S. 58.

[2] Jena 1910, S. 40 ff.

[3] W e r n i c k e a. a. O., S. 40.

[4] W. E n d e m a n n , Studien in der romanisch-kanonistischen Wirtschafts- und Rechtslehre bis gegen Ende des 17. Jahrhunderts. 2 Bde. Berlin 1874, 1883. I. Bd., S. 371 ff.

4 *

auf die Realität der Dinge sehr vorsichtig sein muß. Wir wissen heute, daß die Wirtschaftsethik der mittelalterlichen Kirche die Ausbreitung kapitalistischen Geistes und kapitalistischer Wirtschaft wohl hat hemmen, aber nicht — auch schon im Mittelalter nicht — hat aufhalten können.

Ein besonderer Teil „Staat ,Kirche und Frühkapitalismus" soll zunächst hierüber näheren Aufschluß geben, ehe wir uns im dritten Buche den neuen, aus dem kapitalistischen Geiste geborenen wirtschaftlichen Organisationsformen selbst zuwenden.

Zweites Buch.

Kirche, Staat und Frühkapitalismus.

Kirche, Staat und Frühkapitalismus.

„Not kennt kein Gebot."

Die Geschichte der Entfaltung des kapitalistischen Geistes in Europa ist die Geschichte der Entfaltung des Individuums, der einzelnen kräftigen Persönlichkeit auf dem besonderen Gebiete der materiellen Kultur, auf dem Gebiete des Wirtschaftslebens. Wie der Gesamtindividualismus in jener Kulturbewegung, die wir Renaissance nennen, so tritt auch der wirtschaftliche Individualismus zuerst i n I t a l i e n in einem größeren Maßstabe in die Erscheinung als eine Teilmanifestation des gewaltigen Geistes, der an die Arbeit geht, die moderne Welt zu begründen. Wie auf politischen, auf religiösen, auf künstlerischen Gebieten, so hoben sich in Italien schon seit dem 10. Jahrhundert auch auf dem Gebiete des Wirtschaftslebens zuerst einzelne, dann im Verlaufe des 12. und 13. Jahrhunderts immer mehr besonders kräftige Individualitäten aus der großen Masse heraus. Menschen, die über ihre Kreise, über ihre Handels- und Gewerbsgenossen hinauszukommen suchten und hinauszukommen wußten. Männer, die sich nicht mit der im allgemeinen üblichen Wirtschaftsweise begnügten, mit der Wirtschaftsform, die wohl eine gewisse standesgemäße Nahrung verbürgte, aber nicht viel darüber hinaus. Persönlichkeiten, die neue Erwerbsmöglichkeiten kühnen Geistes erfaßten, die neue Methoden der Betätigung eines gesteigerten Erwerbstriebes sich zu eigen machten.

Es fragt sich, welches waren die Motive, die diese Naturen zu einer so intensiven Betätigung des Erwerbstriebes vermochten? Der Wunsch, in die sozial höhere Klasse hinaufzusteigen, Ehrgeiz, Ruhmsucht, Sorge um die Familie? Das und manches andere noch hat zweifellos mitgespielt, aber im Grunde, und gerade bei den schöpferischsten dieser Naturen am meisten, war es noch etwas anderes. Im Untergrunde, oft hinter der Bewußtseinsschwelle, trieb sie das Betätigungsbedürfnis der eigenen kräftigen Persönlichkeit. Jener unaufhörliche Schaffensdrang, der sich betätigen muß auf dem Gebiete, auf das sein Träger — man möchte sagen zufällig —

gestellt ist. Diese stete Schaffensbereitschaft, die immerfort nach
Befriedigung drängt, läßt sich nicht erklären, läßt sich nicht restlos in einzelne Komponenten auflösen. Sie ist mehr als Freude
am Gelingen und an der Macht, mehr als Gewohnheit, obgleich dies
alles und vieles andere mitspricht. Sie muß in ihrer tiefsten Wesen-
heit schlechterdings als etwas allen schöpferischen Naturen Eigenes
angesehen und hingenommen werden. In klassischer Reinheit
kommt die geschilderte Seelenstimmung in einem vielzitierten
Worte Jakob Fuggers, des bedeutendsten deutschen Frühkapitalisten,
zum Ausdruck. Als dem einst sein Schwager riet, er solle sich vom
Geschäft zurückziehen und den so mühsam erworbenen Reichtum
in einem ruhigen Lebensherbst genießen, da gab ihm der Fugger
zur Antwort: „Er hätte viel einen anderen Sinn, er wolle gewinnen,
dieweil er könnte." Warum, ist nicht gesagt, konnte auch von Jakob
Fugger nicht gesagt werden. Der Erwerb von Geld und immer wieder
von Geld ist in seinem Ausspruch als eine Art Selbstzweck gedacht.

Die äußeren Umstände, die wirtschaftliche Weltlage, wenn man
sich so ausdrücken darf, war seit dem 11. Jahrhundert günstig für
die Entfaltung und Verbreitung des kapitalistischen Geistes in
Italien. Auf die schlechten Zeiten des 9. und 10. Jahrhunderts
mit ihren Sarazenen- und Magyarenstürmen und anderen Schädi-
gungen des Wirtschaftslebens waren bessere Zeiten gefolgt. Der
nie ganz unterbrochene Handel mit Byzanz und der Levante überhaupt konnte in größerem Stil aufgenommen werden. Dann brachten
die Kreuzzüge die italienischen Kaufleute direkt in die griechisch-
arabische Welt hinein, die sich ihnen bis dahin fast nur auf dem
Markt von Byzanz durch Vermittlung der Byzantiner dargeboten
hatte. Eine Fülle von Betätigungsmöglichkeiten ergab sich infolge dieser Vorgänge kühnen, aufwärtsstrebenden Naturen unter
den italienischen Kaufleuten. Aber nicht genug, daß sich lohnendere
Einkaufsgebiete eröffneten, auch Käufer von orientalischen Waren
traten in wachsendem Maße seit dem 11. Jahrhundert an Italien
heran. Die steigende Kultur in Flandern, in Deutschland, in Frankreich, England usw., später auch in den skandinavischen und
slawischen Ländern forderte orientalische Waren. In erster Linie
waren es naturgemäß die italienischen Städte, bei denen man die
steigende Nachfrage zu decken suchte.

In und mit den genannten und vielen anderen Betätigungsmöglichkeiten, sie teilweise verursachend und von ihnen wiederum

angeregt und beeinflußt, hat sich der kapitalistische Geist, der Geist des ökonomischen Individualismus in Italien seit dem 12. Jahrhundert besonders in großem Stil und in glänzender Weise entwickelt. Als seine Träger kommen kräftige, unermüdliche Persönlichkeiten im Wirtschaftsleben aller Städte empor. Ihre Vermögen wachsen in diesem Aufsteigen. Kredit und Einlagen von Verwandten und Fremden vergrößern noch deren kapitalbildende Wirkung. Man glaubt an diese rastlos tätigen Menschen, man gibt ihnen Glauben, d. h. Kredit. Ein Großhändlerstand bildet sich und ein Bankierstand von bald internationaler Bedeutung. Ein großer Teil der orientalischen Industrien wird nach Italien verpflanzt. Im Mittelmeer entsteht eine Kolonialwirtschaft der italienischen Stadtstaaten, die in ihren Organisationsformen für die Spanier und Portugiesen des 15. und 16. Jahrhunderts, ja selbst für die Holländer des 17. Jahrhunderts noch vorbildlich werden konnte. Wie der Geist der italienischen Renaissance rationelle, das heißt vernunftgemäß ausgesonnene Methoden der Staatsregierung, der Verwaltung, der Diplomatie, der Kriegskunst usw. ersann, so schuf er auf wirtschaftlichem Gebiete den ökonomischen Rationalismus. In großartigen, fein durchdachten Formen der Handelstechnik, des Kredits, des Gesellschaftswesens usw., besonders aber in der doppelten Buchführung schuf sich der Renaissancegeist des italienischen Unternehmertums eine durch und durch rationelle Grundlage seiner Wirksamkeit. Der größten Schöpfung des Gesamtgeistes der italienischen Renaissance, dem Staate als Kunstwerk, stellt sich eine aus demselben Geiste geborene Schöpfung der auf sich selbst gestellten Persönlichkeit an die Seite: Die Wirtschaft als Kunstwerk, das moderne Geschäft, die kapitalistische Unternehmung.

Von Italien aus hat sich dann der kapitalistische Geist über ganz Westeuropa verbreitet. Zum Teil in direkter Übernahme, dadurch, daß die Kaufleute jener Länder bei den Italienern in die Lehre gingen. Oft im wahren Sinne des Wortes. Mehr aber noch, weil sich auch in den übrigen westeuropäischen Ländern eine individualistische Geistesrichtung angebahnt hatte, die naturgemäß auch auf das wirtschaftliche Gebiet übergriff und sich hier, weil die äußeren Bedingungen günstig waren, in einzelnen kräftigen Persönlichkeiten entwickeln, auswirken und von ihnen aus verbreiten konnte.

Am Ende des 15. und zu Anfang des 16. Jahrhunderts ist der kapitalistische Geist über eine ansehnliche Oberschicht der wirtschaftlich Tätigen in ganz Europa verbreitet. Für den, der diese Entwicklung genauer verfolgt, erhebt sich dabei immer und immer wieder die Frage: Wie konnte sich der kapitalistische Geist durchsetzen gegen die entgegenstehende Wirtschaftsethik der mittelalterlichen Kirche und gegen einen Staat, der der Kirche seinen weltlichen Arm lieh?

Es kann hier nicht meine Aufgabe sein, im einzelnen zu schildern, wie die Wirtschaftsethik der mittelalterlichen Menschheit aussah. Ich kann nur ganz flüchtig darauf eingehen, um zu zeigen, welche wirtschaftsmoralischen Anschauungen der aufkommende und umsichgreifende kapitalistische Geist zu zersetzen sich anschickte.

Die mittelalterliche Wirtschaftsmoral, wie sie beispielsweise bei Thomas von Aquino zusammengefaßt niedergelegt ist, beruht durchaus auf der Idee der gerade auskömmlichen Nahrung, auf der Forderung, der einzelne solle danach streben, sein standesgemäßes Auskommen zu haben, aber auch nicht viel darüber hinaus [1]. In der Zunftverfassung hat die mittelalterliche Stadt, hat der mittelalterliche Staat versucht, diese wirtschaftsethische Forderung zu verwirklichen. Es wird meines Erachtens für die bekannte Streitfrage nach der Entstehung der Zünfte im Mittelalter viel zu wenig oder vielmehr gar nicht beachtet, daß das wichtigste Motiv für die bischöflichen Stadtherrn [2], die Zunftbildung zuzulassen, in dem Wunsche bestand, durch Innungen das christliche Wirtschaftsideal zu verwirklichen. Das christliche Wirtschaftsideal mit seinem Ausschluß der heftigen Konkurrenz, mit seiner Garantierung eines standesgemäßen Auskommens für möglichst alle Bewohner der Stadt. Man hat mit Recht betont [3], daß dieses Ideal nicht zu wirtschaftlichen Großtaten hinzureißen imstande ist, daß es vielmehr leicht zu „quietistischer Behaglichkeit und Ruheseligkeit" verführe. Aber derselbe Beurteiler ist weitherzig genug, um diesem Verdikt die folgende Würdigung hinzuzufügen: Solange

---

[1] Vgl. etwa Max Maurenbrecher, Thomas von Aquinos Stellung zum Wirtschaftsleben seiner Zeit. 1. Teil. Leipzig 1898.

[2] Die meisten und wichtigsten ersten Städte des früheren Mittelalters waren Bischofsstädte.

[3] W. Wygodzinski, Wandlungen der deutschen Volkswirtschaft im 19. Jahrhundert. Köln 1907, S. 14.

das Wirtschaftsideal des Mittelalters nicht „Ausartungen der Repression" erzeugte, basierte es doch auf einer „Weltanschauung, der niemand seine Achtung versagen kann. Es setzt nicht den höchsten Wert des Lebens in den Geldgewinn, sondern es betrachtet umgekehrt nur den Erwerb als notwendige Grundlage für ein Leben, das anderen und höheren Zielen zu dienen bestimmt ist. Es will den Kampf ums Dasein auf wirtschaftlichem Gebiete, das rücksichtslose Niederkämpfen des Schwächeren nach Möglichkeit ausschalten, indem es allen eine zwar bescheidene, aber sichere Existenz gewährleistet." Wygodzinski hat auch bereits erkannt, daß das Wirtschaftsideal des Mittelalters „in voller Reinheit nur durchzuführen ist, solange die Bevölkerung stationär bleibt." Also in der geschlossenen Stadtwirtschaft, die ja notwendigerweise zum mittelalterlichen Wirtschaftsideal gehört und die auch von Thomas von Aquino als Ideal proklamiert wird. Es ist kein Zufall, wenn ein neuzeitlicher katholischer Sozialethiker, Kempel mit Namen, der allerdings von den berufenen Organen der katholischen Kirche abgelehnt worden ist, die Beseitigung des Kapitalismus etwa folgendermaßen fordert: „Man beschränke jede einzelne Stadtgemeinde, große und kleine, auf möglichst allen Gütererzeugungsgebieten wieder auf sich selber und ordne in ihr selber die Erwerbs- und übrigen Gesellschaftsverhältnisse . . . Die tolle, ungebundene Provinzial-, Volks- und Weltwirtschaft hat dann alsbald von selbst ein Ende; die der Freiwirtschaft eigene, grenzenlose Verwicklung aller Geschäfte, das dadurch bedingte Emporkommen der Stärkeren über die Schwächeren, die Ansammlung der materiellen Gütererzeugungsmittel in immer wenigen Händen, die Dienstbarmachung breiter Arbeitermassen durch wenige Schlotbarone, das Gewerkschaftswesen, Kartellwesen und alle anderen, den Gesellschaftskörper wild durchwühlenden Interessenbestrebungen, kurz der ganze neuzeitliche industrielle Kapitalismus hat sein Ende gefunden" [1]. So toll die Forderung ist, logisch ist die Erkenntnis, daß ein unkapitalistisches Wirtschaftsleben nur in einer geschlossenen Stadtwirtschaft mit Zünften usw. existieren kann.

Der Versuch, das gesamte Wirtschaftsleben der mittelalterlichen Städte in das Zunftsystem zu bringen, ist aber doch nur sehr teilweise geglückt. Es ist zweifellos, daß schon zu Thomas

---

[1] F. K e m p e l , Göttliches Sittengesetz und neuzeitliches Erwerbsleben. Mainz 1902.

von Aquinos Zeiten, in Italien besonders, sein wirtschaftliches Idealbild mit der Wirklichkeit in den bedeutenden Handelsstädten in krassem Widerspruche stand. Die großen Kaufleute von Pisa und Florenz, von Venedig, Genua usw. hatten „viel einen anderen Sinn" als den, sich mit einem knappen, standesgemäßen Auskommen zu begnügen. In ihnen hatte der kapitalistische Geist die zünftige Beschränkung der Betätigung des Erwerbssinnes längst zunichte gemacht. Ähnlich lagen die Dinge in dem wirtschaftlich so fortgeschrittenen Flandern schon im 13. Jahrhundert. Auch in Deutschland gab es in Köln, Mainz, Regensburg usw. schon im 13. Jahrhundert Städte, in denen sich ein wachsender Stand von Großhändlern über die handwerksmäßige Auffassung des Erwerbslebens erhob. Im 14. und 15. Jahrhundert vermehrte sich dann überall die Zahl der Städte mit kapitalistisch fühlenden und kapitalistisch handelnden Kaufleuten bedeutend.

Es fragt sich, wie hatte sich der kapitalistische Geist, der kapitalistische Kaufmann durchzusetzen vermocht gegen die entgegenstehende Wirtschaftsethik der Kirche und des Staates?

Sprechen wir zunächst von der Kirche. Wie hatte sich der kapitalistische Geist ausbreiten können gegenüber einer kirchlichen Lehre, die im kanonischen Zinsverbote einen Riegel vor die Ausbreitung jeder Kreditwirtschaft zu schieben sich mühte? Bei der Macht, die die mittelalterliche Kirche über die Gemüter ausübte, ist diese Frage besonders wichtig.

Man hat hier und da den Umfang des kanonischen Zinsverbotes abzuschwächen versucht. Man hat behauptet, das kanonische Zinsverbot habe sich nur auf den Konsumtionskredit bezogen, nicht aber auf den Produktivkredit, es sei nur gegen die Ausbeutung der Notlage des Kreditsuchenden erlassen worden. Neuerdings hat F r a n z K e l l e r in einer interessanten Schrift [1] „Unternehmung und Mehrwert" die genannte Ansicht wieder vertreten. So angenehm seine Anschauung für eine Erklärung des Eindringens des kapitalistischen Geistes in die Wirtschaftsordnung des Mittelalters wäre, so wenig läßt sie sich mit den historischen Tatsachen in Einklang bringen. Wohl ist das Zinsverbot von der Kirche in einer

---

[1] F r a n z K e l l e r , Unternehmung und Mehrwert. Eine sozialethische Studie zur Geschäftsmoral. Köln 1912. (Vereinsschrift der Görresgesellschaft.)

Zeit vorwiegend naturaler Wirtschaft aufgestellt worden, zu einer Zeit, als Geldkapital noch eine geringe Rolle spielte, als die Kapitaleigenschaft des Geldes noch kaum erkannt war und die zinsbare Verwertung des Geldes dem ʾallgemeinen Stande der Wirtschaft zuwiderlief [1]. Zu einer Zeit also, wo man fast allein Geld zu dem Zwecke lieh, um sich Konsumtionsmittel damit zu kaufen, und nicht zu produktiven Zwecken, d. h. um mit Hilfe des geliehenen Geldes Geschäfte zu treiben. Das alles ist richtig und für die Beurteilung der Entstehung des Zinsverbotes von Bedeutung. Aber es muß für unsere Frage hervorgehoben werden, daß die Kirche theoretisch und in der Judikatur das kanonische Zinsverbot noch aufrecht erhalten hat, als es durch die veränderten wirtschaftlichen Zustände unhaltbar geworden war. Das ganze Mittelalter hindurch haben besonders die einflußreichen Volksprediger und Volksbeichtiger der Dominikaner und Franziskaner sich gegen das Zinsnehmen gewendet. Noch Luther verwarf es ganz generell. Er steht hier völlig auf dem Standpunkte der extremsten Scholastik.

Das Zinsverbot war nun aber nur ein Teil der wirtschaftsethischen Anschauungen der christlichen Kirche, die einer schnellen und ungehinderten Entfaltung des kapitalistischen Geistes hindernd im Wege standen [2]. Andere Anschauungen wirkten in derselben, die Ausbreitung des Kapitalismus aufhaltenden Richtung. Ich hebe hier nur noch die Forderung des „gerechten Preises" hervor. Die Frage nach dem justum pretium, nach dem turpe lucrum, nach der moralisch erlaubten Höhe auch des Warengewinnes, hat das ganze Mittelalter, mit Einschluß des 16. Jahrhunderts, lebhaft beschäftigt. Die Kanonisten unterschieden drei Stufen des gerechten Preises einer Ware; einen niedrigsten oder gnädigen Preis (pretium

---

[1] Handwörterbuch der Staatswissenschaften. 2. Aufl. 7. Bd. S. 961.

[2] Der Begriff Wucher umfaßte im Mittelalter nicht nur Wucher im Darlehen, sondern auch im Kauf. Wucherer war jeder, der den gerechten Preis überschritt. Wucher schließlich jeder übermäßige Gebrauch des Kapitals im alltäglichen Verkehr. M. N e u m a n n , Geschichte des Wuchers in Deutschland bis zur Begründung der heutigen Zinsengesetze (1654). Halle 1865, S. 91. Noch am Ende des 17. Jahrhunderts wird von einem Monopolpächter gesagt: „Die Einwohner werden eines Privati Kontribuenten und seines Wuchers Sklaven." Vgl. v o n S r b i k , Der staatliche Exporthandel Österreichs, S. XXXII Anm. 3.

infimum seu pium), unter welchem man gerechterweise nichts kaufen
dürfe, einen mittleren oder mäßigen Preis (pretium medium seu
moderatum) und einen höchsten oder harten Preis (pretium supre-
mum seu rigorosum), über welchen hinaus man gerechterweise
nichts verkaufen dürfe.   Jenseits dieser letzten Stufe beginnt der
ungerechte Preis, das turpe lucrum [1]. Dementsprechend lehrte noch
Geiler von Kaisersberg (1445—1510): „Der kaufen will als wolfail
er immer mag und einer verkaufet als thüer er verkaufen immer
mag, denen beiden sol man daz heilig Sacrament nicht geben . . .
das ist wider brüderliche liebe . . . Du solt deinen zimlichen gewin
daruff setzen, dein müe und arbeit magst du wol darin schlahen,
a b e r   a l s   t h ü e r   k a u f e n   u n d   v e r k a u f e n   a l s   d u
i m m e r   m a g s t,   d a z   i s t   f a l s c h (confessores debent esse
occulatissimi!) [2].   Und fast wörtlich schrieb dann auch Luther
in seiner bekannten Schrift „Vom Kaufshandel und Wucher":
„Es sollt nicht so heißen, ich mag meine Waar so theur geben als
ich kann oder will; sondern also: Ich mag meine Waar so theur
geben a l s   i c h   s o l l,   o d e r,   a l s   r e c h t   u n d   b i l l i g   i s t."
Man beachte, wie anders etwa Konrad Peutinger, der ·juristische
Berater der Augsburger Hochfinanz des beginnenden 16. Jahrhunderts die Dinge auffaßte, wenn er schrieb: „Unusquisque mer-
cator merces suas prout potest et in facultate eius est de iure vendit
et in hoc contra ius nihil admittit nec illicita pacta facit, sicut etiam
saepe contingit quod species viliori pretio quam emerunt mercatores vendere solent et sic potius damnum quam lucrum procurant
et sentiunt [3].

Das Ideal des christlichen Kaufmanns, wie es noch durchaus
in mittelalterlicher Art und Weise auch den einflußreichen Volks-
predigern des 15. und 16. Jahrhunderts vorschwebte, hat Geiler
von Kaisersberg wie folgt gezeichnet: „Ein kaufman sol ein rechte
meinung hon.   Sein meinung nit daruff setz und sein sach uff vil

---

[1] Vgl. noch L u d o v i c u s   M o l i n a im 2. Bde. seines Werkes
de jure et justicia, der „de contractibus" betitelt ist.   Disputatio 347.
„De pretio justo."   Hier wird die Meinung der Doktoren, d. h. der
alten Kanonisten, wiedergegeben.

[2] Kaiserbergs Brösamlein.   S. XLVIII.

[3] Aus einem lateinischen Gutachten Dr. Konrad Peutingers über
Monopole und Handelsgesellschaften de anno 1530.   Manuskript in
der Augsburger Stadtbibliothek Cod. 2⁰ Aug. 386 fol. 180v.

gewins und uff gross guet zu heuffen; aber darum, dass er sein kind und weib erner als recht und billig ist und dass er armen lüten zu hilff kum und gotes dinst fürdern mög." Und an einer anderen Stelle: „. . . Ist auch böss, da einer kaufmanschatz treibt uss gitickeit (propter inexplebilem avaritiam). An seinem gewin ist kein endt, er kan nitt uffhören und der sack mag nit fol werden. Er hat keinen boden. Er ist bodenlos. Er facht hübschlich an und gat stetz für sich. Zu dem ersten, so treit er seinen krom in einem wenlin hin und her, streel und spiegel. Wan er etwas überkumpt, so will er darnach ein gedemli haben und würt darnach ein kaufman und haltet hüss. Er hört nit uff, er sei denn in einer geselschaft. Noch hört er nit auf, als für und für. Er wil ein Galeen uff dem mer haben. Und also huglet er uff sein gütt und gedencket nit weiter me an seinen anfang und vergisst seins ends got des allemechtigen und seins tods. Er lügt allein das er vil güts gewünne" [1]. In ähnlicher Weise wendet sich dann später auch Luther und andere protestantische Theologen gegen ein übermäßiges Gewinnstreben und gegen die Erhebung aus dem sozialen Stande, in den der einzelne hineingeboren ist.

*   *   *

Zu Anfang des 16. Jahrhunderts ist in Deutschland von den Bußpredigern die Forderung einer strengen Wirtschaftsethik am schärfsten betont worden, wie überhaupt die antikapitalistische Tendenz im 16. Jahrhundert in Deutschland ihren Höhepunkt erreicht. Man muß die Reichstagsverhandlungen über Monopole lesen, wie sie besonders seit 1512 einsetzten, um den ganzen Ingrimm der kleineren öffentlichen Gewalten gegen den kapitalistischen Geist zu erkennen. Was im Mittelalter unter „Fürkauf" bekämpft worden war, der Versuch, durch einen teilweisen Aufkauf der Waren sich einen gewissen Monopolpreis zu verschaffen, das bekämpfte man jetzt unter dem neuen Schlagworte der Monopolia. Jede Verabredung kartellartiger oder monopolistischer Natur, die einen Ausschluß der Konkurrenz und damit eine Hebung der Preise bezweckte, wird als „wucherischer Kontrakt" gebrandmarkt und

---

[1] Aus der Predigt „Von dem Wannenkremer und der Kaufleute Handtierung." In den Brösamlein S. XCII.

streng in verschiedenen Reichstagsabschieden verboten [1]. Ich
werde gleich noch ausführlicher auf diese Dinge zu sprechen kommen,
hier müssen wir zunächst zu der Frage zurückkehren, die ich vorhin
stellte, und die wir nach dem inzwischen Gesagten noch tiefer verstehen gelernt haben werden. Ich frage von neuem: Wie kam es,
daß sich der kapitalistische Geist, daß sich der kapitalistische Kaufmann gegen die Unsumme von Hemmungen durchzusetzen vermochten, die sich aus den wirtschaftsethischen Anschauungen der
mittelalterlichen Kirche und des Staates heraus ihnen entgegen-
stemmten?

Die Antwort auf diese Frage ist nicht schwer zu geben. Die
Kirche und der Staat konnten den kapitalistischen Kaufmann
für ihre eigenen stattlichen Aufgaben, für die sich mehrenden Ausgaben der großen Politik, des Kriegswesens, der Verwaltung usw.,
schon im Mittelalter nicht mehr entbehren. Sie waren durch ihre
damit zusammenhängenden Geldbedürfnisse und ihre zunehmenden
Geldgeschäfte gezwungen, den kapitalistischen Kaufmann zu Hilfe
zu rufen, ihn zu gebrauchen und so seine Bedeutung und Wirksamkeit zu vergrößern. Was sie theoretisch so streng verurteilten, die
beiden Mächte Kirche und Staat, das konnten sie in praxi nicht
entbehren [2]. Es ist ein eigenes Geschick um Ideen in der Welt-
geschichte. Als eines der sonderbarsten ist mir immer die Tatsache
erschienen, daß vielleicht nichts die Verbreitung der Kreditwirtschaft
und der kapitalistischen Wirtschaft praktisch mehr gefördert hat
als das Papsttum, also als die Spitze jener Institution, die theoretisch
sich am heftigsten gegen den kapitalistischen Geist gewendet hatte
und sich trotz ihrer entgegenstehenden Praxis im Verlaufe des
Mittelalters immer wieder wandte.

Im großen Zuge gesehen, verlief die praktische Förderung des
kapitalistischen Kaufmanns durch die Kurie etwa folgendermaßen:
Die römische Kurie sah sich, besonders seit dem Anfange des 13. Jahrhunderts, infolge ihrer wachsenden Verwaltungsaufgaben und in-

---

[1] Auch in den Niederlanden wurden unter Karl V. scharfe Monopol-
verbote erlassen. A. H e n n e , Histoire du règne de Charles V. en
Belgique. V. Bd. S. 354 f. Die englische Entwicklung siehe bei
L e v y a. a. O.
    [2] Vgl. Beispiele bei R. P ö h l m a n n , Die Wirtschaftspolitik
der Florentiner Renaissance und das Prinzip der Verkehrsfreiheit.
Leipzig 1878, S. 85 ff.

folge ihrer zunehmenden Weltmachtspolitik gezwungen, ein dichter und dichter werdendes System von Steuern und Abgaben über die Christenheit, namentlich über den Klerus zu legen [1]. Für die Überweisung der Abgaben aus den verschiedenen Ländern nach Rom, bald auch für Vorschüsse auf diese Abgaben und auf anderes hin, konnten die Päpste, ebensowenig wie die Abgaben leistenden Kleriker, je länger je weniger den kapitalistischen Kaufmann der italienischen Städte entbehren. Oft brauchte die Kurie die Kaufleute auch, um größere Geldsummen bei ihnen als Depositen niederzulegen und zur rentablen Anlage zu bringen. Es ist bekannt, wie gerade die vielfachen Aufgaben, die das päpstliche Finanzsystem stellte, dazu beitrugen, aus der italienischen Kaufmannswelt als Oberschicht ein mächtiges, internationales Bankiertum erwachsen zu lassen. Dabei kann es nach den grundlegenden Forschungen Gottlobs und anderer nicht mehr zweifelhaft sein, daß die Päpste schon im 13. Jahrhundert bewußt und mit Absicht in verschiedenen Formen ihren kaufmännischen Helfern und Gläubigern Zins gezahlt haben. Selbst die religiösesten Päpste mußten sich, „wie alle anderen Menschen dem Machtgebot der Umstände beugen" [2]. Ohne Zinsenzahlung war kein Geld zu beschaffen für die wachsenden Aufgaben einer Weltorganisation, wie sie die Kirche geworden war. So blieb nichts anderes übrig, als im Widerspruch zum kanonischen Ideal in praxi Zinsen zu zahlen und damit den sich verbreitenden kapitalistischen Geist moralisch und praktisch zu fördern.

Und wie es der Kirche gegangen war, so ging es auch dem Staate. Auch der Staat, der zunächst durchaus auf dem Standpunkte der mittelalterlichen Wirtschaftsethik gestanden hatte, konnte bald für seine Zwecke, in erster Linie für seine Kriegszwecke [3], den kapitalistischen Kaufmann nicht mehr entbehren. Das zeigte sich schon deutlich in den italienischen Renaissancestaaten seit

---

[1] A. G o t t l o b , Päpstliche Darlehnsschulden des 13. Jahrhunderts. Historisches Jahrbuch 20 (1899), S. 665 ff.

[2] A. S c h u l t e , Geschichte des mittelalterlichen Handels und Verkehrs zwischen Westdeutschland und Italien, mit Ausschluß von Venedig. 2 Bde. Leipzig 1900. I. Bd., S. 268.

[3] Neuerdings hat W. S o m b a r t die Bedeutung des Kriegswesens für die Entwicklung des Kapitalismus ausführlich und eindringend klargelegt. Krieg und Kapitalismus. München und Leipzig 1913.

dem 13. Jahrhundert. Hier wurde der Satz „pecunia nervus belli"
zuerst ausgesprochen. Aber auch in jedem anderen christlichen
Staate schon des 14. und 15. Jahrhunderts scheiterte jeglicher
Wunsch, gegen den vordringenden kapitalistischen Geist Stellung
zu nehmen, an den realen Geldbedürfnissen des Alltags. Solange
dabei in den außeritalienischen christlichen Staaten die Juden und
die landesfremden italienischen Geldwechsler, die sogenannten Lombarden oder Kawertschen, das Geldbedürfnis der Fürsten befriedigten,
war der Widerspruch zwischen Theorie und Praxis noch nicht so
auffällig. Für die Juden galt nach einer verbreiteten Anschauung
das kanonische Zinsverbot nicht, und den landesfremden Lombarden zählte man auch kaum unter die Christenmenschen.

Anders wurde die Sache, als die Kaufleute des eigenen Landes
die Juden und die Kawertschen immer mehr aus dem reichen Gewinn abwerfenden Geldgeschäft verdrängten und die staatlichen
Gewalten nun mit diesen heimischen Kapitalisten arbeiten mußten.
Erst jetzt klaffte zwischen der kanonischen Zinstheorie des christlichen Staates und der Praxis ein unüberbrückbarer Widerspruch.
Und doch konnten selbst die gewissenhaftesten Fürsten daran nichts
ändern. Auch sie kamen ohne den kapitalistischen Kaufmann nicht
mehr aus. Die gewissenlosen Fürsten aber haben nicht selten den
Widerstreit zwischen dem christlichen Wirtschaftsideal, das noch
immer die öffentliche Meinung beherrschte, und der Praxis benutzt, um reiche Gläubiger zu vernichten oder doch um ihre hergeliehenen Kapitalien zu bringen. Zumeist stand selbst in dem
Europa des 16. Jahrhunderts noch die öffentliche Meinung auf
der Seite des Fürsten, der sich bankrott erklärte und den Kapitalisten, die ihm aus schweren Finanznöten geholfen hatten, die
Zahlung verweigerte. Für die große Menge waren die Kaufleute,
die sich mit Geldgeschäften befaßten, eben alle mehr oder weniger
Wucherer. Selbst Matheus Schwarz, der Hauptbuchhalter der
Fugger, schreibt zu Anfang des 16. Jahrhunderts noch in einem
Lehrbuche über Buchhaltung an der Stelle, wo er die im kaufmännischen Leben üblichen Fremdworte verdeutschte: „Interesse,
das ist höflich gewuchert; Finanzen [d. h. Finanzgeschäfte treiben] [1],
ist gleich höflich gestohlen."

---

[1] „Sono sempre intrigati e obligati con l'usure, che loro chiamano
finanze". A l b è r i , Relazioni degli ambasciatori veneti al senato I.
2. S. 204.

Der vielgenannte Zwiespalt zwischen Theorie und Praxis wirkte natürlich hemmend auf das Wirtschaftsleben und korrumpierend auf die öffentliche Moral. Die kleinste staatliche Gewalt und nicht wenige Privatleute glaubten sich bei Zahlungsunfähigkeit oder bei Zahlungsunlust hinter den Wucherparagraphen und das kanonische Zinsverbot zurückziehen zu können. Und selbst das Raubrittertum, das die Kaufleute plünderte, suchte sich gern aus der antikapitalistischen Tendenz der mittelalterlichen Wirtschaftsethik ein Mäntelchen für sein gewalttätiges Gewerbe zu machen.

* * *

Man kann noch weiter gehen als zu sagen, das Geldbedürfnis von Staat und Kirche für Verwaltungs-, Kriegs- und weltmachtspolitische Zwecke hat das Aufkommen des Kapitalismus, aller mittelalterlichen Wirtschaftsethik zum Trotz, zugelassen und gefördert. Man darf ohne Übertreibung sagen, das kirchliche und das staatliche Geldbedürfnis hat nicht selten bedeutungsvolle kapitalistische Organisationsformen unmittelbar selbst mit geschaffen. Ich denke dabei z. B. an Konsortien von Kaufleuten, die sich — oft durchaus schon international — bildeten, um besonders große oder besonders gefährliche Anleihen der Kurie oder der Fürsten unterzubringen [1]. Bei manchen fürstlichen Finanzgeschäften, z. B. den sogenannten Silber- und Kupferkäufen mit den Habsburgern als den Landesherren von Tirol, mußten auch aus dem Grunde

---

[1] Beispiele bei G o t t l o b , Päpstliche Darlehensschulden, a. a. O., S. 697. Ferner bei O. M e l t z i n g , Das Bankhaus der Medici und seine Vorläufer. Jena 1906, S. 49 ff., S. 58 ff., 77 usw.; G e o r g S c h n e i d e r , Die finanziellen Beziehungen der florentinischen Bankiers zur Kirche von 1285 bis 1304. Leipzig 1899; auch in dem zusammenfassenden Aufsatz von J o s e f K u l i s c h e r , Warenhändler und Geldausleiher im Mittelalter. Zeitschrift für Volkswirtschaft, Sozialpolitik und Verwaltung. Bd. XVII (1908), S. 29 ff. Für die Konsortien hansischer Kaufleute in England im 14. Jahrhundert vgl. J o s e f H a n s e n , Der englische Staatskredit unter König Eduard III. und die hansischen Kaufleute. Hansische Geschichtsblätter 1910, S. 323 ff. Auch G. G r o s c h , Geldgeschäfte hansischer Kaufleute mit englischen Königen im 13. und 14. Jahrhundert, im Archiv für Kulturgeschichte, Bd. II (1904). In Frankreich mußte sich zu Anfang des 15. Jahrhunderts ein Konsortium von 20 Kapitalisten bilden, um Karl VII. Geld zu verschaffen. **Cfr.**

oft mehrere große Handelsgesellschaften zu Konsortien zusammentreten, weil die Habsburger mehreren Firmen gegenüber Geld-
verpflichtungen hatten, die sie durch Gewährung von Kontrakten
der genannten Art auf einmal befriedigen wollten [1]. In ähnlicher
Weise veranlaßte der Wunsch der Fürsten, auf einen Schlag mehrere
Gläubiger zu befriedigen und deren gegenseitige Eifersucht zu
dämpfen, die Entstehung von Konsortien im Gewürzhandel der
portugiesischen Krone usw. Obwohl natürlich auch hier zugleich
die Größe der Gefahr die Kaufleute zu gemeinsamem Vorgehen in
Konsortialbeteiligungen bewog.

Ich denke ferner bei der oben genannten These über den Zusammenhang obrigkeitlicher Finanznot und der Entstehung wichtiger
kapitalistischer Organisationsformen an die frühen italienischen
Aktienvereine, die ins Leben traten, um öffentliche Anleihen aufzubringen [2], oder auch an die älteren Bankgründungen, die notorisch
oft aus dem Grunde geschahen, um dem Staate damit neue Ein-
nahmequellen zu eröffnen [3]. Es mag in diesem Zusammenhange
auch nicht unerwähnt bleiben, daß die rasche Verbreitung der
kapitalistischen Gewerkschaft und die damit zusammenhängende
Verdrängung der älteren Arbeitsgenossenschaft aus dem Bergbau
— seit dem 13. Jahrhundert etwa — wesentlich durch die Finanz-
bedürfnisse der Regalherren gefördert wurde. Das Interesse der
Bergherren, das zunächst in einer möglichst hohen Quote des
Zehnten und der übrigen obrigkeitlichen Anteile an der Ausbeute

---

H. P r u t z , Jacques Coeur von Bourges.   Geschichte eines patriotischen Kaufmannes aus dem 15. Jahrhundert.   Berlin 1911, S. 51.
Für die großen Konsortien, besonders italienischer und süddeutscher
Kaufleute des 16. Jahrhunderts, ist natürlich vor allem E h r e n -
b e r g , Zeitalter der Fugger, heranzuziehen.   Vgl. dort besonders
auch I. Bd. S. 399 f.

[1] Für solcher Art Konsortialbeteiligungen der Fugger vgl. M.
J a n s e n , Jakob Fugger der Reiche, S. 80 f, 83, 85, 88, 96, 115
und sonst.   Für Frankreich vgl. P. I m b a r t d e l a T o u r , Les
origines de la Réforme.   Bd. I, S. 424.

[2] L. G o l d s c h m i d t , Universalgeschichte des Handelsrechts.
Stuttgart 1891, S. 291.   Trotz des Widerspruchs von K a r l L e h -
m a n n (Die geschichtliche Entwicklung des Aktienrechts bis zum
Code de commerce.   Berlin 1895) halte ich daran fest, daß die Wiege
der modernen Aktiengesellschaft in Italien stand.   Näheres darüber
unten im dritten Buch Kapitel I Abschnitt 2.

[3] Schmollers Jahrbuch 1913, S. 1168.

gesehen wurde, „führte von selbst darauf, daß eine rasche und intensive Ausbeutung der Erzlager viel eher von größeren Betrieben, die mit einer zahlreichen Belegschaft arbeiten konnten, zu erwarten sei, als von den alten kleinen Arbeitsgenossenschaften, die in selbstgenügsamer Beschränkung nur einen Schacht nach dem anderen anschlugen" [1].

Besonders gut aber läßt sich der Zusammenhang zwischen „Fiskalismus" und „Kapitalismus" an der Entstehung der kapitalistischen Organisationsformen der Monopole und Kartelle verfolgen [2]. Die frühesten Kartelle, die mir bisher bekannt geworden sind, erscheinen nicht so sehr als Schöpfungen von Kaufleuten, sondern ebensoviel als Erzeugnisse einer staatlichen Finanzpolitik, die für sich die Berechtigung in Anspruch nahm, ein Regal, das ihr zustand, durch vertragsmäßigen Ausschluß einer lästigen Konkurrenz vor der Wertminderung zu bewahren. Das gilt z. B. von dem Salzvertriebssyndikat, das im Jahre 1301 König Karl II. von Neapel als Besitzer von provençalischen Salinen und Philipp der Schöne von Frankreich als Regalherr der Salinen von Aiguesmortes ihre Bankiers und Salinenpächter, die Florentiner Kaufleute Franzesi und Bardi, abschließen ließen [3]. Das gilt auch von dem Kartell,

---

[1] I n a m a - S t e r n e g g , Deutsche Wirtschaftsgeschichte. III. Band. 2. Teil, S. 165 f.

[2] Auch für die ältere Geschichte des Seeversicherungswesens ist die fiskalische Wirtschaft von Bedeutung geworden. Gegen eine Prämie von 6 % übernahm im 16. Jahrhundert der König von Portugal, selbst während der Kriege Karls V. gegen Frankreich, die Versicherung der Schiffe, die indisches Gewürz von Portugal nach Antwerpen usw. brachten. Nach dem Kriege wurde die Prämie sehr ermäßigt. Cfr. das Gutachten Peutingers de anno 1530, Msc. Augsburger Stadtbibliothek. Cod. 2 ° Aug. 386 fol. 189 ʳ f. „. . . manifestum est, quod regia celsitudo Portugallensis negotiatores nationum omnium qui solent cum ea contrahere ac in Germaniam inferiorem transnavigantes etiam bellorum tempore, quae inter sacram caes. maiestatem et Francorum regem sunt gesta salvos et cum omni securitate mercium suarum acceptis sex pro centum et etiam extra illa bella pro minori summa hactenus conservavit . . ." Fol. 200 ʳ nennt Peutinger diese Versicherung direkt „Securitates". In Portugal hatte übrigens 1367—1387 schon eine „Zwangssozietät zum Zwecke der Seeversicherung" existiert. Handwörterbuch der Staatswissenschaften, 3. Aufl., VII, 1250.

[3] Der Syndikatsvertrag ist in den Regesten D a v i d s o h n s (Forschungen zur Geschichte von Florenz. III. Berlin 1901, Nr. 382) erwähnt.

das im Jahre 1470 Papst Paul II. mit König Ferrante von Neapel einging, um die gegenseitige Konkurrenz ihrer Alaungruben von Tolfa und Ischia auszuschalten [1].

Auch die bedeutendsten Monopole des Mittelalters und der beginnenden Neuzeit sind im wesentlichen Schöpfungen der staatlichen Finanzpolitik. Dieser Satz gilt von den Monopolen im sizilischen Königreich und sonst seit dem 12. und 13. Jahrhundert [2], ja noch früher. Er gilt von dem päpstlichen Alaunmonopol des 15. Jahrhunderts, auf das wir noch zu sprechen kommen werden. Er gilt auch besonders von den Monopolen im Gewürzhandel [3] und im Erzgroßhandel des 16. Jahrhunderts, also jenen Formen einer kapitalistischen Wirtschaft, die besonders stark von den Sozialethikern der Zeit bekämpft wurden. Gerade hier haben wir es ganz offenbar mit Schöpfungen fürstlicher Finanzpolitik zu tun. Um in außergewöhnlich schwierigen Finanznöten besonders hohe Darlehnssummen von den Kaufleuten zu erhalten, bewilligten ihnen die Fürsten das alleinige Großhandelsrecht mit einer Ware, über die den Landesherren auf Grund von Regalien ein gewisses Verfügungsrecht oder Mitverfügungsrecht zustand. Die kapitalistischen Kaufleute griffen bei einem solchen Angebot zumeist gern zu. Oft gaben sie auch entsprechende Anregungen [4]. Vielfach waren eben ihre

---

[1] Vgl. A. G o t t l o b , Aus der Camera apostolica des 15. Jahrhunderts. Innsbruck 1889, S. 296; ferner G. Z i p p e l , L'allume di Tolfa e il suo commercio. In Archivio della R. Società Romana di Storia Patria. Vol. XXX (1907), S. 34 ff. Das hochinteressante Kartellinstrument ist in extenso abgedruckt bei A. T h e i n e r , Codex dipl. dominii temporalis sanctae sedis. 3. Bd. Rom 1862, S. 463 ff. Wir müssen in einem späteren Kapitel dieses Werkes noch einmal auf diese frühen Kartelle zurückkommen. Dann werden auch „fiskalische Kartelle" der späteren Jahrhunderte genannt werden.

[2] A d. S c h a u b e , Handelsgeschichte der romanischen Völker des Mittelmeergebiets bis zum Ende der Kreuzzüge. München und Berlin 1906, S. 509 f., und sonst, vgl. Register unter Monopol.

[3] R. E h r e n b e r g , Das Zeitalter der Fugger. II. Bd. S. 14, I. Bd. S. 398 f.

[4] Selbstverständlich hatten die großen Kaufleute ihre eigenen Gedanken über die ethische Beurteilung von Monopolbestrebungen. Conrad Peutinger, ihr beredter Anwalt, dürfte die communis opinio wenigstens der Augsburger Großfinanz treffen, wenn er einmal schrieb: „Praeterea etiam in praetensa consultatione et in eius articulis pluribus haec verba ‚aigennutzig handtierungen' usurpantur, quae studium

Darlehen an die Fürsten so hoch angelaufen, daß sie überhaupt nur noch mit Hilfe von so außerordentlichen Maßregeln wie Monopolen getilgt werden konnten. Nichts ist verkehrter, als die Monopolbewegung des 16. Jahrhunderts nur aus einer exorbitanten Gewinnbegierde der Kaufleute erklären zu wollen. Das lebendige Interesse, das z. B. die deutsche königliche und kaiserliche Finanzpolitik hier hatte, zeigt sich deutlich an dem Eifer, mit dem sie die monopolinhabenden Kaufleute gegen eine Belästigung durch das Reichsregiment schützte [1]. Während auf den deutschen Reichstagen seit Beginn des 16. Jahrhunderts die kleinen staatlichen und ständischen Gewalten gegen die Monopole wetterten und ihre strenge Bestrafung beschlossen, verpflichteten sich der deutsche König Ferdinand und sein kaiserlicher Bruder Karl V. in den Monopolkontrakten, die sie mit den Kaufleuten abschlossen, heimlich, die Monopolisten gegen jedes Eingreifen der Reichsgewalt zu verteidigen. Nur so waren vielfach die Kaufleute zur Annahme der Monopole zu bewegen.

Wir müssen, um hier deutlich zu sehen, einen Blick auf die deutsche Antimonopolbewegung des 16. Jahrhunderts werfen, wie sie besonders auf den Reichstagen sich abspielte. Der Reichstagsabschied von Trier-Köln (1512) brachte in den Paragraphen 16 und folgende des 4. Stückes eine scharfe Absage an die Monopolisten. Da heißt es: „Und nachdem etwa viel grosse Gesellschafft in Kauffmannsschafften in kurtzen Jahren im Reich aufgestanden, auch etliche sondere Personen sind, die allerley Waar und Kauffmanns-Güter, als Specerey, Ertz, Wöllen-Tuch und dergleichen

---

proprii commodi in illis negotiationibus interpretari solent, et licet indebite societatibus ad iniuriam referuntur, cum tamen proprium commodum quaerere prout de jure non solum in negotiationibus sed etiam aliis in actionibus omnibus permittitur, nulli prohibetur, sic etiam omnibus mercatoribus et eorundem societatibus, qui non solum bona et res, sed et corpora laboribus et periculis exponunt, dum contra ius non contrabunt, proprium commodum sicut et aliis qui otiosi acquirunt fovere et illi studere convenit".

[1] Unser vorliegendes Werk dürfte die völlig falschen Auffassungen korrigieren, die H. L e v y (Monopole, Kartelle und Trusts in ihren Beziehungen zur Organisation der kapitalistischen Industrie. Dargestellt an der Entwicklung in Großbritannien. Jena 1909, S. 68) über die Verbreitung des Monopolwesens in Deutschland im frühkapitalistischen Zeitalter vertreten hat.

in ihre Händ und Gewalt allein zu bringen unterstehen, Fürkauff
damit zu treiben, setzen und machen ihnen zum Vortheil solcher
Güter den Wehrt ihres Gefallens, fügen damit dem hl. Reich und
allen Ständen desselbigen mercklichen Schaden zu, wider gemein
beschriebene Kayserliche Recht und alle Erbarkeit: Haben Wir,
zur Fürderung gemeines Nutz und der Nothdurfft nach, geordnet
und gesetzt und thun das hiemit ernstlich und wollen, dass solche
schädliche Handthierung hinführo verboten und ab sey und sie
niemands treiben oder üben soll. Welche aber wider solches thun
würden, deren Haab und Güther sollen confiscirt und der Obrigkeit jeglichen Orts verfallen seyn. Auch dieselbe Gesellschafft
und Kauffleut hinführo durch kein Obrigkeit im Reich geleitet
werden, sie auch desselben nicht fähig seyn, mit was Worten, Mey-
nungen oder Clausuln solche Geleit gegeben werden.

§ 17. Doch soll hiedurch niemands verboten seyn, sich mit
jemand in Gesellschafft.zu thun, Waar, wo ihnen gefällt, zu kauffen
und zu verhandthieren; dann allein, dass er die Waar nicht unter-
stehe in eine Hand zu bringen und derselben Waar einen Wehrt
nach seinem Willen und Gefallen zu setzen, oder dem Kauffer
oder Verkauffer andinge solche Waar niemands dann ihm zu kauffen
zu geben oder zu behalten; oder dass er sie nicht näher geben wolle,
dann wie er mit ihm überkommen hat.

§ 18. Wo aber die, denen hierinn Kauffmannsschafft zu treiben,
wie obsteht, unerlaubt ist, unziemliche Theuerung in ihren Waaren
zu machen unterstehen würden, darin soll eine jede Obrigkeit mit
Fleiss und Ernst sehen, solche Theuerung abzuschaffen und einen
redlichen, ziemlichen Kauff verfügen. Wo aber einige Obrigkeit
in solchem lässig oder säumig seyn und das an unsern kayserlichen
Fiscal gelangen wird, so soll unser Fiscal solches der Obrigkeit,
da solche Kauffleut oder Handthierer gesessen oder wohnend
seyn, zu erkennen geben und sie ermahnen, solche beschwerliche
Handlung abzuschaffen und zu straffen in Monats-Frist. Dann wo
die Obrigkeit solches in bestimmter Zeit nicht thät, so wolt und
müsst er auss seinem Amte in solchem prociren und fürnehmen,
wie sich gebührt; alsdann er auch solches zu thun, Macht und Recht
haben, auch unverzüglich thun soll." [1]

---

[1] Neue und vollständigere Sammlung der Reichs-Abschiede,
4 Teile. Frankfurt 1747. II. Teil, S. 144.

Der Reichstagsabschied von Trier-Köln (1512) brachte die Reichsverhandlungen über die Monopole nicht zum Stillstand. Auch in den nächsten Jahrzehnten sollten sich das Regiment, Reichstag und Reichskammergericht mit der Frage der Monopole lebhaft beschäftigen. Besonders eindringlich setzten die Verhandlungen im Regiment 1522/23 ein, nachdem man dort schon vorher über die reichsrechtliche Behandlung von Monopolien verhandelt hatte [1]. Soviel ich sehe, hat denn auch zuerst im Jahre 1523 der Fiskal von der Gewalt Gebrauch gemacht, die ihm der Reichstag im Jahre 1512 in die Hand gegeben hatte. Eine ganze Anzahl Augsburger Handelsherren, Jakob Fugger, Andreas Grander, Christoff Herwart, Ambrosius Höchstetter, Bartholome Welser, Andreas Rem und ihre Mitgesellschafter wurden von Caspar Marth, dem damaligen Anwalt des Reiches, vor Gericht geladen. Mit fieberhafter Eile suchten die bedrohten Augsburger Schutz vor dem nahenden Unheil. Sie zogen von allen Seiten hochmögende Bundesgenossen heran. Jakob Fugger wandte sich an Herzog Georg von Sachsen, mit dem er in enger geschäftlicher Verbindung stand [2], ebenso an Erzherzog Ferdinand. Besonders aber baten die Augsburger Kaufleute Karl V. um Hilfe. Nicht umsonst! Von Burgos in Kastilien aus richtete der Kaiser schon am 15. September 1523 ein energisches Schreiben an den Fiskal und befahl ihm, sofort das Verfahren gegen die Augsburger Kaufleute einzustellen [3]. Gleichzeitig forderte der Kaiser auch seinen Bruder, den Erzherzog Ferdinand, auf, den Prozeß des Fiskals gegen die Augsburger Handelsherren niederzuschlagen [4]. Ferdinand möge dem Fiskal befehlen, „daß er all information und unterricht des handels, so er wider die obgemelt kaufleut hat", dem Kaiser „unter seinem betschaff zuschick". Karl werde die Akten „übersehen und weiter darin nach des heiligen reichs ordnung, gemainen rechten, der

---

[1] Die Verhandlungen von 1522/23 sind ausführlich wiedergegeben in „Deutsche Reichstagsakten jüng. Reihe". 3. Bd. (1901). Bearbeitet von Adolf Wrede. S. 554 ff. Die Wormser von 1521 daselbst 2. Bd. S. 351.

[2] J a n s e n , Jacob Fugger der Reiche, S. 261.

[3] Urkunde im Anhang abgedruckt.

[4] Burgos in Castilien, 15. September 1523. K. und K. Haus-, Hof- und Staatsarchiv in Wien. Reichsregistratur Bd. 3 Fol. 235/236. Am 16. Dezember 1524 wiederholte der Kaiser noch energischer die Mahnung an Caspar Marth. Reichsregistratur 5. Bd. Bl. 11 ff.

pilligkait und wie des hl. reichs notturft und aufnemung erfordern
wirdet, handeln lassen und solchs alles alsdan" dem Regiment
und dem Reichskammergericht mitteilen. Sollte schon etwas
gegen die angeklagten Augsburger Kaufleute „gehandelt, ausgesprochen oder furgenomen" worden sein, so möge Ferdinand
das „von stund an genzlich bis auf weitern bevelh abthun und
nichtigen und in vorigs wesen sezen und stellen."

Im Ernst dachte natürlich Karl V., finanziell völlig abhängig
von den süddeutschen Geldmännern wie er war, gar nicht daran,
den Prozeß des Reichsfiskals gegen die vorhin genannten Augsburger Kaufleute wieder aufleben zu lassen. Das ergibt sich deutlich genug schon aus der Tatsache, daß die Augsburger keine Mühen
und Kosten scheuten, um es auf dem Nürnberger Reichstage
(1523/24) durchzusetzen, daß die endgültige Regelung der Monopolienfrage dem Kaiser übertragen würde [1]. Tatsächlich erreichte
man diese Übertragung. Wenn auch mit der Beschränkung, daß
der Kaiser verpflichtet sein sollte, bis zur Frankfurter Fastenmesse
des nächsten Jahres eine Entscheidung über die Monopolangelegenheit zu treffen. Geschah das nicht, so sollten die Bestimmungen des
Kölner Abschieds von 1512 in Kraft treten [2].

Erich König hat aus dem Peutinger-Nachlaß, der in der Augsburger Stadtbibliothek aufbewahrt wird, den Nachweis geliefert,
daß die Augsburger Kaufmannschaft alle Hebel in Bewegung setzte,
um den Kaiser zum schnellen Erlaß eines Handelsgesetzes zu bewegen, in welchem die Monopolfrage erledigt wurde. Namentlich
darauf kam es den Augsburgern an, gegen ein willkürliches, instanzen-
überspringendes Eingreifen des Reichsfiskals einen stärkeren gesetz-
lichen Schutz zu haben als die Formulierung des Trier-Kölner
Abschieds (1512) bot. Zwar wurde dort die gerichtliche Zuständig-
keit der ordentlichen Obrigkeit (also des städtischen Rats für Augsburg usw.) auch für Monopolprozesse aufrechterhalten, aber sie
wurde doch nicht entschieden genug betont und gegen Übergriffe

---

[1] Laut einer Denkschrift Dr. Konrad Peutingers, vgl. E r i c h
K ö n i g , Peutingerstudien. In Studien und Darstellungen aus dem
Gebiete der Geschichte. IX. 1. und 2. München 1914, S. 119.

[2] Deutsche Reichstagsakten jüngere Reihe. 4. Bd. (1905). Herausgegeben von Adolf Wrede. Nr. 110, Art. 4 und Nr. 149 § 27, IV.
(Endgültige Beschlußfassung und Abschied.)

anderer Behörden geschützt [1]. Das sollte in Zukunft anders werden. Höchstwahrscheinlich hat Konrad Peutinger selbst das Handelsgesetz entworfen, das nach längeren Bemühungen der Augsburger am spanischen Hofe von Karl V. am 10. März 1525 zu Madrid Rechtskraft erhielt. Das Gesetz bestimmt im wesentlichen das folgende bezüglich der Gerichtszuständigkeit in Monopolprozessen [2]. Als Ankläger wegen Monopolvergehens darf nur die Obrigkeit desjenigen Ortes auftreten, in welchem der Führer der betreffenden Firma seinen Wohnsitz hat (nicht etwa die Obrigkeit des Ortes, nach dem die monopolisierten Waren verbracht worden sind oder die Obrigkeit der das Geschäft vermittelnden Faktoren). Nur dann, wenn die zuständige Obrigkeit bei offenkundigen Übertretungen der Monopolverbote nicht einschreitet, oder wenn sie verdächtige Fälle nicht untersucht, bzw. in einem eröffneten Verfahren willkürlich Stillstand eintreten läßt, nur dann hat der kaiserliche Kammergerichtsfiskal ein Recht, seinerseits vorzugehen; er muß aber zunächst die erste Instanz mahnen und erst, wenn sie daraufhin einen Monat untätig verstreichen läßt, hat er die Befugnis, den Fall vor das Kammergericht zu ziehen.

Wurde so die Gerichtshoheit der Städte usw. bei Monopolvergehen einem willkürlichen Eingreifen des Fiskals gegenüber sichergestellt, so blieb die Ächtung und Strafbedrohung bei Monopolen und Monopolversuchen, die auf gleiche Stufe mit Fälschungen und Betrug gestellt wurden, selbst bestehen. Ebenso das Verbot aller Syndikate, die den Zweck der Preissteigerung verfolgten. Wichtig ist es, daß nur diejenigen Monopole mit Strafe bedroht wurden, deren das gemeine Recht Erwähnung tut. Erwähnenswert erscheint mir auch die Tatsache, daß die schweren Strafbestimmungen des Kölner Reichstages in Karls V. Gesetz vom 10. März 1525 einigermaßen gemildert auftreten. So sollte in Zukunft nicht mehr das ganze Vermögen des Monopolisten der Obrigkeit verfallen sein, sondern nur derjenige Teil, mit dem das Monopolvergehen ausgeübt worden war. Ferner sollte jetzt der Käufer monopolistischer Waren ungestraft bleiben, gleichviel ob

---

[1] K ö n i g a. a. O. S. 115 ff.

[2] Die folgende Inhaltswiedergabe des Gesetzes vom 10. März 1525 lehnt sich größtenteils frei an König an, der auch im Anhang seines Werkes die wichtige Quelle in extenso abgedruckt hat. S. 169 ff.

er von dem Monopol gewußt hat oder nicht; der Verkäufer wird
mit der Konfiskation des erzielten Kaufpreises bestraft.

Man wird der Bedeutung des Gesetzes vom 10. März 1525 am
meisten gerecht werden, wenn man es nicht so sehr in der Monopolienfrage, als vielmehr in der Frage der obrigkeitlichen Beschränkung einer freien Entwicklung der Handelsgesellschaften
e p o c h e b i l d e n d ansieht.

Heftiger nämlich fast noch als die Bemühungen gewisser Kreise,
im Reiche die Monopolien zu vernichten, waren die Versuche dieser
Idealisten, die Ausdehnung der Kapitalkraft der Handelsgesellschaften
zu verhindern.   Seit Generationen waren bereits Angriffe auf das
Sozietätswesen erfolgt. Schon in den Zunftaufständen von 1425—1429
wurde in Konstanz die Abschaffung der Handelsgesellschaften gefordert [1].   In dasselbe Horn stieß die Reformation Kaiser Sigis-
munds im 7. Kapitel, „von den geselschaften in den stetten" überschrieben.   Da heißt es: „Item es sind groß geselschaften aufgestanden, die zusamen spannent und treibent groß kaufmann-
schatz, es ge in wol oder übel.   Sy schybent es ye darnach, das
sy nit verliern.   Das kompt auch aller gemain in den stetten und
auf dem land übel. M a n s o l d a w i d e r s e i n , das solich
puntnuss abgestellet werd und nyndert mer gefunden, weder von
edlen noch von burgern.   Wer aber darüber in dhain geselschaft
punde, ist er ain burger in ainer reichstatt, so sol sein koufmanschatz der statt ledig und gar vervalen sein und sol inn darinne
nichtzit schiermen.   Ist er edel, so sol er sein in des reichs un-
gnaden und sein koufmanschatz menigklich erlaubet sein.   Man
sol vor allen aufsätzen in allen kauffen vesteklich verhüten, wenn
laider yetz die aufsätz allen lannden we tond, es schaidet trüw
und gemainsame gar" [2].

---

[1] S c h u l t e , Geschichte des mittelalterlichen Handels. I. Bd.
S. 608.

[2] Zitiert nach der Ausgabe von Heinrich Werner. III. Ergänzungsheft des Archivs für Kulturgeschichte. (1908.) S. 73. Übrigens wendete
sich der Autor der Reformation des Kaiser Sigismund auch gegen die
Versuche, Monopole zu bilden. In Kapitel 18 („Wie man das fur-
kouffen furkomen sol" überschrieben) liest man: „Man sol auch
wissen, das notturftig ist der gmainen cristenhait zu versorgen umb
alles verkauffen, es sey wein, korn, fleisch, smaltz, allerlay gemuss,
was man niessen sol. In ainem land gerätt das denn, in dem andern
da vindet man mangen, der darauf sicht und furkaufft; so es im fug-

Aber eine rechte Hetze gegen die großen Handelsgesellschaften hebt doch erst in der volkstümlichen Literatur und in der Gesetzgebung des beginnenden 16. Jahrhunderts an [1]. Man kann dabei von jenen Fanatikern absehen, die eine völlige Abschaffung der Handelsgesellschaften forderten. Ihre extremen Wünsche hatten keine Aussicht, Gesetzeskraft zu erlangen. Anders stand es mit den Vorschlägen der besonnenen Feinde der kapitalistischen Entwicklung, wie sie sich in der mächtigen und schnellen Ausdehnung der Handelsgesellschaften offenbarte. Die Forderungen einer Eindämmung der Handelsgesellschaften durch Beschränkung der investierten Kapitalien, der zugelassenen Mitglieder (nur Vater, Sohn und Schwiegersohn sollen sich in Gesellschaft zusammentun dürfen), der Anzahl der Faktoreien usw., diese Forderungen durften schon eher auf Zustimmung der maßgebenden Kreise hoffen. Standen doch selbst Städte wie Nürnberg, Ulm, Frankfurt usw. solchen Prohibitivmaßregeln nicht unfreundlich gegenüber. Die genannten Städte wurden dabei vielfach von Neid gegen Augsburg, das eigentliche Herz des deutschen Frühkapitalismus, getrieben [2].

Durch das Handelsgesetz Karls V. vom 10. März 1525 wurden nun mit einem Schlage die Hoffnungen der mehr oder weniger weitgehenden Gegner einer freien Entfaltung der Handelsgesellschaften zerstört. Der Kaiser bestimmte in dem Erlaß, es dürfe weder jetzt noch künftig e h r b a r e m Kaufmannshandel und Wandel — dem großen, dem mittleren und dem kleinen — durch irgendwelche einengende, gesetzlich nicht begründete Verfügungen Behinderung und Schmälerung widerfahren. Vielmehr sollte es

---

lich ist, so schlecht er ungewonlich gwinn darauf und dringet arm leut . . ." In Werners Ausgabe, S. 88. Ich möchte gegen Werner (und Böhms ältere Ausgabe) lesen . . . „da vindet man mangel. Der darauf sicht und furkauft, so es im fuglich ist, so schlecht er . . ."

[1] Die meisten Literaturangaben bei A u g. K l u c k h o h n, Zur Geschichte der Handelsgesellschaften und Monopole im Zeitalter der Reformation. In Historische Aufsätze, dem Andenken an Georg Waitz gewidmet. Hannover 1886, S. 666 ff. Dazu vgl. Deutsche Reichstagsakten jüngere Reihe. III. Bd., S. 554 ff.; IV. Bd., S. 467 ff. Was sich auf den Reichstagen im großen abspielte, das wiederholte sich im kleinen auf den Landtagen usw.

[2] K ö n i g a. a. O., S. 121 und die Reichstagsakten IV, S. 257, 260, 641, 673.

einem jeden erlaubt sein, ganz frei und uneingeschränkt Kaufmannschaft zu treiben, wie, wann, an welchen und an wieviel Orten
innerhalb und außerhalb des Reiches, durch welche Personen, in
welcher Art und mit welchen Gütern und Waren er wolle, sei es
allein oder in Gesellschaft mit anderen und mit jedem beliebigen
Kapital, gleichviel, ob dies sein, oder seiner Gesellschafter oder
anderer Leute eigen sei [1]. Man sieht, offenbar ging die Tendenz
des Gesetzes auf eine freie Entwicklung der Handelsgesellschaften
hinaus. Das Reichsregiment hat denn auch den Erlaß, als den
Wünschen des Großhandels allzusehr entgegenkommend, nicht
publiziert, sondern zu den Akten gelegt [2].

Bedeutete das Madrider Handelsgesetz Karls V. vom 10. März
1525 für die Kämpfe um die Ausdehnung der Handelsgesellschaften
einen gewissen — für die Gegner des Großhandels sehr ungünstigen —
Abschluß, so sollte in der nächsten Zeit auch die Frage der Monopolien eine den Augsburger Großkaufleuten recht annehmbare
Wandlung bringen.

Die Habsburger, Karl V. und Ferdinand I., wie die meisten
damaligen Fürsten überhaupt [3], mußten die Antimonopolbewegung, wie sie sich in der Literatur ihrer Zeit und auf den
Reichs- und Landtagen ihrer Länder abspielte, mit recht gemischten
Gefühlen betrachten. Ihrer Finanzpolitik war die Bewegung eines-
teils günstig. Das drohende Unheil, das in der Gestalt eines Reichs-
kammergerichtsprozesses gleich einem Damoklesschwert über den
Häuptern der damaligen deutschen haute finance hing, mußte die
reichen Kapitalisten den kaiserlich-königlichen Anleihewünschen
gegenüber gefügig machen. Bei der obersten Reichsgewalt lag ja
der einzige Schutz gegen Eingriffe des Fiskals. Ferner bedeuteten
auch die Schutzbriefe des Kaisers für die monopolistischen Kauf-

---

[1] Nach Königs Interpretation des Gesetzes.
[2] K ö n i g a. a. O., S. 119.
[3] Peutinger nennt folgende Monopole, die zu seiner Zeit besonders
bekannt waren. Außer dem Pfeffer seien monopolisiert gewesen:
Korallen in Hippo und anderen Orten Afrikas, Alaun in Sizilien und
Toskana, Rosinen in Achaia, Erdharz, sog. Asphalt (nach seinem
Vorkommen im Asphaltsee in Judäa, sog. Totes Meer) in Palästina.
Ob Peutingers Behauptung des etymologischen Herkommens des
Wortes Apalto (in Italien für Monopol gebraucht) richtig ist, lasse
ich dahin gestellt.

leute eine nicht geringe Einnahmequelle für die kaiserliche Kammer-kasse [1].

So konnte also die **Antimonopolbewegung** der Finanzpolitik der Habsburger manchen Vorteil bringen. Aber die Sache hatte nun auch ihre Kehrseite. Zum mindesten war es doch eine Mit-schuld, die die Habsburger bei der Entstehung der meisten mono-polistischen Organisationsformen traf, die damals im heiligen römischen Reiche entstanden. In einem Gutachten Augsburger Bürger über Monopole aus jener Zeit [2] ist der Kern der Sache ge-troffen, wenn gesagt wird: „Nit allain durch die gesellschaften monopolia, als man's nenen thut und furkeff geschechen. Dan so man's woll ermessen will, wirt man finden, das durch kaufen, verkaufen, klains und großes, durch gemain v o m h ö s t e n b i s a u f d e n g e r i n g e s t e n s t a n d, der menschen aigner und laider wenig gemainer nucz, bruderliche lieb gesucht wurdt (will fälschen des guts, betrug etc. geschweigen). J a, t o r f t e m a n 's s a g e n, m o n o p o l i a o d e r f u r k e f f d u r c h d i e g r o ß e n h e r e n g e s t u i r t [3] u n d v e r k a u f t, w i e k o n d p a r a m t a g l i e g t m i t a l o n [4], s p e c e r e i, g e w a n d, m e r l o [5], m e t a l l u n d a n d e r m etc."

Tatsächlich läßt sich nachweisen, daß das Kupfersyndikat vom Jahre 1498 — wir kommen noch auf dieses Kartell zu reden — „a u f k u n i g l. M a j e s t ä t W i l l u n d B e f e h l" zwischen

---

[1] Für solche „Briefe" wurden 40—100 fl. Taxe gezahlt. •Auch die Schutzbriefe des Kaisers, die verhindern sollten, daß die Kauf-leute unter dem Vorwand, sie seien der „Lutherei" verdächtig, von ihren Feinden belästigt und geplündert wurden, boten dem Reich eine gute Einnahmequelle. Den Schutzbrief für die Fugger hat J a n s e n (Jakob Fugger der Reiche, S. 394 ff.)abgedruckt. Andere für die Firma Adler-Augsburg, Prechter-Straßburg, Welser-Augsburg usw. sind in den Reichsregistraturbüchern Bd. V Bl. 151 ff., 178 ff., 35 ff. usw. zu finden. Oft ist in ihnen auch Schutz gegen Anklage wegen Monopolvergehen noch mit erwähnt.

[2] Deutsche Reichstagsakten jüngere Reihe. III. Bd. S. 559 f. Ich möchte annehmen, daß das Gutachten von K. Peutinger be-einflußt ist.

[3] stürn = stacheln, antreiben.

[4] Alaun.

[5] Nach dem Herausgeber Ausdruck für Kabeljau.

einigen Augsburger Großkaufleuten abgeschlossen wurde [1]. Unzweifelhaft lief das Syndikat darauf hinaus, den Augsburger Firmen eine Monopolstellung auf dem bedeutenden venezianischen Kupfermarkte zu sichern.

Und was waren denn die sogenannten Silber- und Kupferkäufe, die Kaiser Maximilian in Tirol mit den Augsburger Kaufleuten, vor allem mit den Fuggern in großer Anzahl abgeschlossen hatte, anderes, als Monopolisierungen großen Stils. Dann hatte König Ferdinand seine Hand im Spiele gehabt als zwischen der Idrianer großen Gewerkschaft und der des Fürstenbaues ein Quecksilberkartell zustande kam [2], und derselbe Herrscher war es gewesen, der — wie wir im einzelnen noch sehen werden — durch seine immer gesteigerten fiskalischen Profitwünsche das von ihm geschaffene Idrianer Quecksilberhandelsmonopol immer drückender für die Konsumenten gestaltete. König Ferdinand hat es auch einmal direkt ausgesprochen, daß er die Idrianer Quecksilbermonopolkontrakte zu dem Zwecke abgeschlossen habe, damit das Quecksilber „um so viel höher gesteigert werden möge" [3].

Die Beispiele einer führenden Anteilnahme der deutschen Könige und Kaiser bei der Entstehung von Monopolbildungen des endenden 15. und des beginnenden 16. Jahrhunderts ließen sich mehren. Schon das Gesagte dürfte genügen, um zu erkennen, daß die oberste Reichsgewalt nicht wohl anders konnte, als die monopolinhabenden Kaufleute gegen eine Verfolgung durch den Fiskal in Schutz zu nehmen. Im gegenteiligen Falle hätte sich schwerlich bald noch ein Kapitalist gefunden, der mit Sr. Majestät den Monopolgewinn zu teilen bereit war. Die meisten großen Kaufleute verließen sich dabei übrigens bald nicht mehr auf den guten Willen der Herrscher, falls der Fiskal gegen sie wegen Handelsvergehen vorging. Sie ließen sich vielmehr sofort bei der Eingehung des Monopolvertrags von dem König bzw. Kaiser bestätigen, daß er sie bedingungslos beschützen würde, falls man von Reichs wegen

---

[1] Vgl. das Consilium in causa societatis cupri von K. Peutinger. Manuskript in der Augsburger Stadtbibliothek. Cod. 2° Aug. 398. Fol. 193 r. König a. a. O. S. 109. Dazu Ehrenberg a. a. O. I. 396 ff.

[2] Siehe weiter unten das Kapitel „Monopole und Kartelle im Idrianer Quecksilberhandel des 16. Jahrhunderts."

[3] Näheres siehe im Kapitel „Monopole und Kartelle im Idrianer Quecksilberhandel des 16. Jahrhunderts."

ihre Abmachungen als unerlaubte Wirtschaftsorganisationen ansehen und gegen sie als Monopolisten einschreiten würde. Ein entsprechender Paragraph wird uns in den Monopolkontrakten im böhmischen Zinnerzhandel des 16. Jahrhunderts, besonders aber im Idrianer Quecksilberhandel derselben Zeit begegnen.

Ein Schritt weiter war es, wenn einzelne Kaufleute auch ohne die bestimmte Veranlassung des Abschlusses eines Monopolkontraktes sich nachträglich für frühere Übertretungen der strengen Wirtschaftsethik durch „Majestätsbriefe" Sicherung verschafften. So ließen sich die Erben Jakob Fuggers kurz nach dessen Tod von Kaiser Karl V., in einer aus Granada vom 19. Oktober 1526 datierten Urkunde [1] garantieren, daß niemand sie wegen vergangener oder zukünftiger Monopole gerichtlich belangen oder belästigen dürfe. Die Urkunde enthält das äußerste, was mir aus jenen Jahrzehnten an Diskrepanz, an Gegeneinanderarbeiten, zwischen der kaiserlichen Kanzlei und dem obersten kaiserlichen Gerichte begegnet ist [2]. Welche Handelsgeschäfte übrigens den Fuggern besonders schwer auf dem Gewissen lagen, das erkennt man aus einer Urkunde Karls V. vom 26. Oktober 1525 (gegeben zu Toledo) [3]. Es waren die Tiroler Kupfer- und Silberkäufe, besonders jener „Kauf", den Jakob Fugger am 7. November 1514 für sich allein und jener, den er am 30. Oktober 1515 mit Ambrosius und Hans Höchstetter und Compagnie abgeschlossen hatte.

Von den Fuggerschen Salvierungspatenten vom 26. Oktober und vom 19. Oktober, besonders von letzterem aus, war es nur noch ein Schritt, wenn der Kaiser auch offen für die völlige reichsgesetzliche Beseitigung des Monopolverbotes, wenigstens auf dem wichtigsten Gebiete des damaligen deutschen Großhandels, eintrat. Das geschah durch das Toledaner Mandat Karls V. vom 13. Mai 1525 [4]. Der Gesetzeserlaß bestimmte, daß die Kontrakte, die den Erzgroßhandel in die Hände weniger Kaufleute auslieferten,

---

[1] Abgedruckt im Anhang. An demselben Tage wurde eine gleiche Urkunde für den Welser ausgestellt. Reichsregistratur Karls V. 5. Bd. Bl. 278 ff.

[2] Man bedenke, daß sich Karl V. in seiner Wahlkapitulation verpflichtet hatte, gegen den Mißbrauch der Monopole vorzugehen. Vgl. Reichstagakten jüng. Reihe, I, Nr. 387, Art. 19.

[3] Bei J a n s e n , Jakob Fugger der Reiche, S. 404 ff., leider nur teilweise abgedruckt.

[4] Siehe Anhang.

nicht als monopolistisch im Sinne der Reichstagsverhandlungen angesehen werden sollten und dürften.

Meines Erachtens gehört das genannte Mandat Karls V. zu den
interessantesten Dokumenten der Wirtschaftsgeschichte. Zum ersten
Male ist hier öffentlich von seiten der höchsten staatlichen Gewalt
der Christenheit der Grundsatz durchbrochen, der die mittelalterliche Wirtschaftsethik beherrscht hatte: Die Forderung des gerechten Preises, des alten pretium justum, ist vom Kaiser — wenn
auch nur für eine bestimmte Produktionssphäre — fallen gelassen
worden.   Den Monopolinhabern für Bergbauprodukte [1] wird ausdrücklich das Recht zugestanden, ihre Erze und Metalle zu dem
höchsten Preise zu verkaufen, den sie erhalten können.   „Zum
höchsten und nach den besten wirden, wie sie des statfinden kunden
nach irem gefallen" heißt es wörtlich in dem kaiserlichen Erlasse.
Wie anders hatte die Forderung der Scholastiker gelautet und wie
anderes hatte noch Luther gefordert, als er schrieb: „Es sollt nicht
so heißen, ich mag meine Waar so theur geben als ich kann oder
will, sondern also, ich mag meine Waar so theur geben als ich soll
oder als recht und billig ist."

Im höchsten Grade interessant und für den Geist der neuen
Zeit bezeichnend ist die Begründung der genannten kaiserlichen

---

[1] Auch in dem Gutachten Peutingers de anno 1530 werden für
den E r z g r o ß h a n d e l besondere Freiheiten bzgl. Bildung kapitalistischer Organisationsformen gefordert.   Dort heißt es: „Manifestum est quod minerae et metalla et etiam eorum negotiationes
habent speciales proprietates et condiciones ante et praeter omnes
caeteras mercaturas, adeo quod, si possibile esset, uti non est, omnes
minerae et omnia metalla in manum unam pervenerint, n u l l u m
e s s e t h o c m o n o p o l i u m saltem contra rempublicam et eius
utilitatem, verum, tanto altius et carius venderentur et in magno
pretio continerentur, eo melius minerae et fodinae tamquam magnum
et unicum donum Dei interteneri possent . . . Sed ex hoc satis et
plane constat, quod isti suggestores, qui statibus, imperii et eorum
deputatis haec exposuerunt, libenter illas mineras et fodinas tamquam
magnum et utile Dei donum, ex quo mirum in modum utilitas reipublicae promoveri solet, supplantare vellent et impedire, sicut etiam
in minoribus causis et negotiis ex quibus reipublicae utilitas communi
nationi Germanicae resultat libenter fecissent et de praesenti facerent
ubi hoc non provideretur et praecavebitur." Manuskript in der Augsburger Stadtbibliothek.   Cod. 2 ° Aug. 386 fol. 184 ᵛ.

Ausnahmemaßregel mit dem a l l g e m e i n e n W o h l[1] und mit den Lebensnotwendigkeiten einer deutschen Volkswirtschaft, d. h. mit der überragenden Bedeutung des Bergbaues und des Erzhandels für die gesamte Wirtschaft des heiligen römischen Reiches und mit der Unmöglichkeit, die Blüte dieses ökonomisch wichtigsten Zweiges der deutschen Volkswirtschaft anders als durch Monopole aufrecht zu erhalten. Nur wenn den Gewerken, die ihr Kapital in den ohnehin schon riskanten Bergbau steckten, eine entsprechend hohe, möglichst gleichmäßige Gewinnquote, wie sie durch Monopole garantiert werde, gesichert sei, könne die Bergbaulust nachhalten und sich zum Nutzen der gesamten deutschen Volkswirtschaft noch vermehren. Im besonderen sind dann noch die Schäden, die Preisschwankungen der Bergwerksprodukte und das Ablassen des Kapitals von unrentablen Gruben für die dortige Arbeiterbevölkerung haben mußten, in glücklicher Weise für die Monopolverteidigung ins Treffen geführt.

Interessant ist es auch, daß Karl V. die Erlaubnis zu Monopolen im Erz-, besonders im Kupfer- und Quecksilbergroßhandel damit begründet, daß die genannten Metalle keine Bedarfsartikel im strengsten Sinne des Wortes seien und nur zum kleinen Teil „in deutschen Landen" verkauft, zum größten ins Ausland exportiert würden. Die Handwerker, die in Deutschland Metalle verarbeiteten, aber dürften sich über die Preissteigerung z. B. des Kupfers — wie sie sich aus Monopolen ergäbe — nicht beschwert fühlen[2]. In demselben Maße wie die Kupferpreise, stiegen ja auch die Preise ihrer Fertigwaren. Auch gälte es zu bedenken, daß

---

[1] Der Kaiser betont ausdrücklich, es käme nicht darauf an, ob die aus den Monopolen resultierende Preiserhöhung e i n z e l n e n zum Nachteil gereiche. Der allgemeine Nutzen der Monopole für die gesamte deutsche Volkswirtschaft sei ausschlaggebend: „Obgleich das alles in etlich weg etwa s o n d e r n p e r s o n e n für nachtailig geacht oder verstanden werden solt, dieweil doch solchs sunst in vil mehr weg und dem g e m e i n e n n u t z dienstlich, fruchtbar und gut ist."

[2] „Item die kupfersmid beswarn sich, dass die gesellschaften das eisen und kupfer verdeurn, pitend solhes abzustellen, auch daran und darob zu sein, dass uns Taufrer kupfer von gewercken zu kaufen geben werde und nit von den gesellschaften." Aus den Beschwerdeartikeln der Tiroler Bauern 1519—1525. Vgl. H. W o p f n e r, Quellen zur Geschichte des Bauernkrieges in Deutschtirol, 1525. I. Teil. Quellen zur Vorgeschichte des Bauernkrieges: Beschwerdeartikel aus den Jahren 1519—1525. Acta Tirolensia III. 1. Innsbruck 1908, S. 120.

o h n e die Monopolerlaubnis für den Erzgroßhandel die Bergwerke
nicht in dem starken Maße wie m i t derselben abgebaut, also
Mangel an dem betreffenden Metall entstehen und die Preise erst
recht in die Höhe getrieben würden.

Richtige und falsche ökonomische Erkenntnis war in diesen
Ausführungen Karls V. gemischt. Auf den Kernpunkt der Sache
aber war nicht eingegangen. In Wahrheit zwang die bitterste
Finanznot den Kaiser, die oberste staatliche Macht der Christenheit,
von den Prinzipien der alten christlichen Wirtschaftsethik ab-
zugehen. Es bahnt sich dabei, aus der Not geboren, eine weit-
herzigere Beurteilung des Kapitalismus und des kapitalistischen
Unternehmers an. Man begann langsam zu verstehen, daß der
Kapitalismus nicht notwendigerweise, wie heute noch die Sozial-
demokratie meint, etwas Unsittliches sein muß. Man fing an, den
Kapitalismus als die historisch gegebene Begleiterscheinung einer
V o l k s w i r t s c h a f t zu begreifen, eines Wirtschaftslebens also,
das sich über die ältere S t a d t w i r t s c h a f t und die ihr eigenen
Wirtschaftsprinzipien erhob.

Die Begründung der Monopo. mit den n a t i o n a l e n Interessen und dem allgemeinen Woh pielt in den Argumenten der
Monopolfreunde, namentlich auch bei Peutinger eine wichtige
Rolle. Es sind dieselben Beweisgründe, die um dieselbe Zeit (1524)
zur Begründung der „Erbarkeit" eines Silberringes geltend gemacht wurden, den die an der Silberproduktion interessierten
deutschen Fürsten auf Vorschlag des Nürnberger Kaufmanns
Christoph Führer schließen sollten, um den Silberpreis hinauf-
zutreiben [1]. Da heißt es in einer Denkschrift [2]: „Dieweil denn alle
fremde Nationen, die Gott mit etwas begnadet, dess man zu mensch-
licher Nothdurft und Gemeinschaft bedürftig, dasselbe, so hoch sie
wissen und vermögen verlassen und anwerden, der Allmächtige
aber in deutscher Nation uns und unser Land mit Bergwerken

---

[1] Die drei Flugschriften über den Münzstreit der sächsischen
Albertiner und Ernestiner um 1530, herausgegeben von W a l t h e r
L o t z , Leipzig 1893, S. V, und besonders W i l h. P ü c k e r t ,
Das Münzwesen Sachsens 1518—1545. I. Abt. (Die Zeit von 1518
bis 1525 umfassend). Leipzig 1862, S. 80 f.

[2] Die Denkschrift atmet durchaus kapitalistischen Geist, wenn
sie sagt: „es sei sonder zweifel einem jeden zugelassen, wird auch
also gehalten, d a s S e i n e s o h o c h e r v e r m a g a u s z u
b r i n g e n ," d. h. zu verkaufen. P ü c k e r t a. a. O., S. 80.

begnadet: verhoffen wir, so wir solcher Gottes Gabe und Waare uns zu Gut, auch **z u s t a t t l i c h e m S c h u t z u n s r e r L a n d u n d L e u t**, weiter denn bisher genössen, wir seien dessen auch nicht zu verdenken." Und ein anderes Mal ist betont, der Plan hänge eng zusammen mit dem „g e m e i n e n N u t z e n, den wir am höchsten und am meisten zu fördern und zu betrachten geneigt sind". Denn wenn durch das Syndikat „das Silber am Kaufe gesteigert, würden sonder Zweifel die Bergwerke baß denn jetzt gefördert und wie zu hoffen neue erregt, damit dann unsre Land und Leute gereichert und also g e m e i n e r N u t z gestärket"[1]. Die Anklänge an das Edikt von Toledo sind unverkennbar.

Ich kann nicht mit Bestimmtheit sagen, ob das Toledaner Mandat vom 13. Mai 1525 das Schicksal des von König aufgefundenen Handelsgesetzes Karl V. vom 10. März 1525 insofern teilt, als es vom Reichsregiment nicht publiziert wurde. Der Reichstagsabschied von Speier (1526) jedenfalls[2] dekretierte ganz generell: „Nachdem die Monopolien und große Gesellschaften ein eigennützige unleidliche Handlung, die in gemeinen kayserlichen Rechten bey hoher Pön und Straff verboten ist, so soll der kayserliche Fiscal gegen denselbigen, wie sich im Rechten gebührt, ernstlich prociren und handeln, damit dieselbige abgethan und der gemeine Nutz gefördert werde"[3]. Und wörtlich wiederholte der nächste Abschied (Speyer 1529) dasselbe Verbot[4]. Dagegen stellte sich der Augsburger Reichstagsabschied von 1530 und die Reichspolizeiordnung von 1548 wieder auf den Standpunkt des Trier-Kölner Beschlusses von 1512, den sie nahezu wörtlich wiederholen[5]. Das heißt sie bestimmen, daß der Fiskal erst dann gegen die Monopolisten vorgehen dürfe, wenn die ordentliche Obrigkeit sich versage. Immerhin

---

[1] P ü c k e r t a. a. O., S. 80. Vgl. auch K ö n i g a. a. O., S. 124, Anm. 3.

[2] Laut einer Eingabe Augsburgs an den Kaiser (verfaßt von Peutinger) wurde der scharfe Abschied von Speier angenommen „als schon viele Fürsten abgereist gewesen wären und ohne Anhörung der interessierten Stände." K ö n i g a. a. O., S. 125.

[3] Neue und vollständigere Sammlung der Reichsabschiede. II. Teil, S. 278.

[4] a. a. O. S. 300.

[5] a. a. O., S. 327 bezw. 597 f. Für die Verhandlungen über die Monopolienfrage auf dem Augsburger Reichstag (1530) vgl. auch K. E. F ö r s t e m a n n , Urkundenbuch zur Geschichte des Reichstags zu Augsburg im Jahre 1530. 2 Bde. Halle 1835. II. Bd., S. 191 ff.,

nahm der Abschied des Augsburger Reichstags das Erz aus der Reihe der Waren, mit denen Monopole zu treiben verboten sei, aus. In Wirklichkeit hat weder das strengere noch das lässigere Monopolverbot etwas geholfen. Klagend mußte die Reichspolizeiordnung von 1548 betonen [1]: „Wiewol die Monopolia, betrügliche, gefährliche und ungebührliche Fürkäuff, nicht allein in gemeinen, beschriebenen Recht, sondern auch in gemachten und publicierten Reichsabschieden bey großen Pönen und Straffen, als Verlust aller Haab und Güter und Verweisung des Lands verbotten, so ist doch solchen Satzungen, Abschieden und Verbott biß anher mit gebührlicher und schuldiger Vollnziehung gar nicht nachkommen noch gelebt worden, sondern seynd in kurtzen Jahren etwa viel große Gesellschaft in Kauffmanns-Geschäfften, auch etliche sonderbare Personen [2], Handtierer und Kauffleut im Reich auffgestanden, die allerley Waaren und Kauffmanns-Güter, auch Wein, Korn und anders dergleichen von den höchsten biß auff die geringsten (in welchem sie dann in den Landen hin und wieder gute Kundschafft und Verwarnung haben, sonderlich wann die Waaren verderben, oder sonst in Aufschlag kommen und ehe die andern Kauffleut solches gewahr werden) in ihre Hand und Gewalt allein zu bringen unterstehen, Fürkauff damit zu treiben und denselben Waaren einen Wehrt nach ihrem Willen und Gefallen zu setzen, oder dem Käuffer oder Verkauffer anzudingen, solche Waaren nimands dann ihnen zu kauffen zu geben oder zu behalten, oder daß er, der Verkäuffer, sie nicht näher [3] oder anders geben woll, dann wie mit ihme überkommen, fügen damit dem heiligen Reich und allen Ständen desselben mercklichen Schaden, wider obvermelte gemeine, geschriebene Recht und alle Erbarkeit, zu" [4].

---

dazu S. 806; vgl. auch das lateinische Gutachten Peutingers von 1530. Manuskript in der Augsburger Stadtbibliothek. Cod. 2° Aug. 386. Bl. 176ʳ ff. Die jüngere Reihe der deutschen Reichstagsakten, die hoffentlich bald wieder fortschreitet, wird wohl manchen Beitrag zur Frage der Monopole und der großen Handelsgesellschaften bringen.

[1] Neue und vollständigere Sammlung der Reichsabschiede. II, 597.

[2] D. h. einzelne Kaufleute, nicht Gesellschaften.

[3] D. h. billiger.

[4] Dieselbe Klage wiederholt auch die Reichspolizeiordnung von 1577, a. a. O., III. Teil, S. 388.

Auch die Belohnung, die die Polizeiordnung von 1548 dem Angeber von Monopolisten in Aussicht stellte (¼ des verwirkten Gutes) dürfte nicht allzu viel gefruchtet haben, waren doch diejenigen, die wirklich etwas Genaues auszusagen imstande waren — die Monopolisten selbst —, bei gegenseitiger Anzeige von der Belohnung ausgeschlossen [1]. Unter den Prozeßakten des Fiskals, die in den Repertorien des ehemaligen Reichskammergerichts verzeichnet sind, habe ich nur eine einzige Monopolklage ausfindig machen können. Es ist die Klage, die 1529 der kaiserliche Fiskal Caspar Marth bei dem Reichskammergericht gegen die Firma Bartolome Welser & Co. vorbrachte. Der Reichsanwalt beschuldigte die Augsburger Firma, sie habe Monopole aufgerichtet. Besonders verdammungswürdig erschien dem Ankläger eine Verabredung der Welser mit dem König von Portugal, laut welcher sich der letztere kontraktlich verpflichtete, niemandem Spezereien zu demselben niedrigen Preise zu verkaufen wie er sie Bartolome Welser & Co. verkaufte [2]. Auf Grund der Klage des Fiskals lud Karl V. für den 7. März 1530 die Firma Welser & Co. vor das Reichskammergericht. Es mag kein Tag der Freude für das alte, aristokratische Geschäftshaus gewesen sein, als am 7. Februar 1530 Ihrer Römischen Kaiserlichen Majestät Kammergerichtsbote in der Schreibstube erschien und dem Seniorchef des Hauses, dem alten Bartolome Welser, die Ladung feierlich überreichte, als gleichzeitig die Klage wegen Monopolvergehens der Firma am Rathause von Augsburg öffentlich angeschlagen wurde [3].

Über den Verlauf des Prozesses ist nicht viel bekannt geworden. Ganz bestimmt half der Kaiser auf Grund des oben erwähnten Privilegs unserer Firma die Angelegenheit niederschlagen, trotz der reichsrechtlichen Bestimmung, daß alle Privilegien, Begnadigungen und Verjährungseinreden usw. bei Monopolvergehen kraftlos seien und im Gegenteil „den schädlichen Monopolisten und Handtierern, so sich damit beschirmen wollten, viel mehr nachteilig, sträflich und derselbigen Strafe gravieren und häufen sollten." Stärker als das Recht war die Finanznot des Kaisers. Es wird in diesem Welserschen Falle wie in so vielen anderen gegangen sein, wie in der ganzen

---

[1] a. a. O., II, S. 598.
[2] Die Anklage ist im Anhang wiedergegeben.
[3] Nach den Akten des Reichskammergerichts, jetzt in München. Vgl. auch König a. a. O., S. 126 ff.

Monopolistenverfolgung überhaupt: Der Kraftaufwand, mit dem
Reichsstände und öffentliche Meinung, mit dem auch die Buß-
prediger katholischen und lutherischen Bekenntnisses gegen den
Drachen der Monopolia wie gegen alle „wucherischen Kontrakte"
kämpften, stand im schreiendsten Mißverhältnis zu dem geringen
Erfolg. Die vorangehenden Auseinandersetzungen dürften gezeigt
haben, wo die Wurzeln dieser Mißerfolge lagen.

Nur an wenigen Stellen, besonders dort, wohin die Macht des
deutschen Kaisers nicht reichen konnte oder wollte, gelang es
dem Zunftgeiste, die Oberhand zu bekommen über den aufblühenden
Frühkapitalismus. In Basel war im 15. Jahrhundert ein schon
älterer Großhandelsstand an Zahl und Geldkraft mächtig gewachsen.
Ein durchaus modernes Gewinnstreben beseelte diese Kaufleute,
besonders jene, die seit dem 6. und 7. Jahrzehnt des 15. Jahrhunderts daran gingen, sich zu Gesellschaften mit monopolistischem
Charakter zusammenzuschließen. Seitdem begann ein harter
Kampf des Kleinbürgertums gegen das Kapital, ein Kampf, der
im Verlauf der ersten Jahrzehnte des 16. Jahrhunderts unter dem
Eindruck der allgemeinen Kämpfe gegen Großhandelsgesellschaften
und Monopole zuungunsten des Kapitals entschieden wurde. Der
Baseler Rat löste die „gemeinschädlichen Gesellschaften auf, schützte
die schwer gefährdeten Detaillisten gegen die Konkurrenz der Groß-
kaufleute. Als dann gar die Zünfte zum Regiment in Basel gelangten, da setzten sie 1526 eine Gewerbeordnung durch, die die
unbeschränkte Herrschaft des Handwerks auf dem städtischen
Markte begründete. Dem Handel blieb nur der notdürftigste
Spielraum, er wurde zum Kleinbetrieb verurteilt. Es ist ein voller
Triumph des Mittelalters über die andrängende neue Zeit, eine
Reaktion des Zunftgeistes gegen die Freiheit des Handels", was
wir in Basel in dieser Zeit sich vollziehen sehen [1].

*　　*　　*

Es wäre nun sehr verkehrt, zu glauben, dass sich nicht schon
in der mittelalterlichen Welt führende Theologen gefunden hätten,

---

[1] K u r t　K a s e r , Deutsche Geschichte im Ausgange des Mittelalters (1438—1529). 2. Bd. Deutsche Geschichte zur Zeit Maximilians I. (1486—1519). Stuttgart und Berlin 1912. S. 444 ff.; nach
R. W a c k e r n a g e l , Geschichte der Stadt Basel. Bd. 1—2, 1.
Basel 1906—1910. II, 1. S. 525 ff.

die einer gerechteren Beurteilung des kapitalistischen Geistes die Wege ebnen halfen. Es fehlte dort durchaus nicht an bedeutungsvollen Stimmen, die darauf hinwiesen, daß es durchaus kein Verstoß gegen die Forderung des justum pretium sei, wenn gewisse Unternehmer einen erhöhten Unternehmergewinn anstrebten und auf Grund einer besonders intensiven organisatorischen, weit über die einfache wirtschaftliche Arbeit hinausgehenden Unternehmertätigkeit auch erzielten. Franz Keller ist in dem historischen Teile seiner oben schon genannten sozialethischen Studie zur Geschäftsmoral neuerdings diesen Auslassungen bedeutender Theologen und Philosophen des Mittelalters nachgegangen.

Will man die Bedeutung dieser Stimmen für die hier behandelte Frage abwägen, für die Frage nach den Verumstandungen, die dem kapitalistischen Geiste zum Durchbruch durch die entgegenstehende Wirtschaftsethik des Mittelalters verhalfen, so darf man meines Erachtens ihre Wirkung nicht allzuhoch einschätzen. Einmal stand der gemäßigten Richtung, die sie vertraten, eine andere, der Entwicklung des kapitalistischen Geistes weniger günstige gegenüber. Und gerade diese beherrschte mehr oder weniger die öffentliche Meinung. Zweitens aber liegen die den kapitalistischen Geist in etwa verteidigenden Stimmen hinter einem ersten starken Hervortreten des Kapitalismus in Italien, so daß sie nicht wohl als Ursache dafür geltend gemacht werden können, daß der kapitalistische Geist die mittelalterlichen ethischen Hemmungen durchbrechen konnte. Vielmehr müssen die von Keller verzeichneten Auslassungen als Rechtfertigungen des schon geschehenen Durchbruches angesehen werden. Es war nicht anders; bei der ersten Ausbreitung des kapitalistischen Geistes und des Kapitalismus mußten schon die genannten vitalen Finanzinteressen der Kirche und des Staates helfend eintreten, sonst wäre die anfänglich schwache Pflanze in den Hemmungen, die sich aus der mittelalterlichen Wirtschaftsethik ergaben, erstickt.

*   *   *

Wenn Karl V. in dem vorhin erwähnten Toledaner Mandat vom 13. Mai 1525 die Monopolbildungen im Erzhandel durch einen Hinweis auf das allgemeine Wohl zu rechtfertigen versuchte, wenn das auch, wie wir sahen und noch sehen werden, von anderer Seite ebenfalls geschah, so war das nichts Neues. Schon die großen Moralisten des Mittelalters hatten in mancher Beziehung die Wege hierfür gebahnt. Duns Scotus (um 1300 lehrend) und nach ihm Bernhardin von Siena, der große soziale Prediger des beginnenden 15. Jahrhunderts, hatte alle geschäftlichen Unternehmen verurteilt, wenn sie dem Gemeinwesen schadeten [1]. Abgesehen davon, daß die „wucherischen" Geschäfte an sich schlecht seien, wurden sie von dem zuletzt genannten Theologen besonders auch deshalb zurückgewiesen, „weil sie u n s o z i a l wirken und die Blüte des Vaterlandes untergraben" [2] (Bernhardin v. Siena, Opera II, S. 750 ff.). Von hier bis zur Umkehrung, daß alle dem allgemeinen Wohl dienenden Geschäfte sittlich erlaubt seien, war kein weiter Schritt und tatsächlich kam es z. B. vor, daß die mittelalterliche Zinsdoktrin bei Anleihen der öffentlichen Gewalten, der Fürsten und Städte, eine Ausnahme von ihrem Verdammungsurteile machte, indem sie erklärte, diese Anleihen dienten dem öffentlichen Wohle [3]. Und ebenso wurde auch in der Frage der Monopole von den mittelalterlichen Moraltheologen empfunden. Es genüge hier auf Ludovicus Molina (1535—1600) hinzuweisen, der die Anschauungen des Mittelalters über die Frage, wann Monopole erlaubt seien und wann nicht, im 2. Bande (de contractibus) seines Hauptwerkes (De iure et iustitia) zusammenfaßt.

Da heißt es nach einer Definition der fraglichen Erscheinungen [4]: Monopole sind in der Regel unrecht. Nur dann sind sie es nicht, wenn sie durch den Staat selbst a u s E r f o r d e r n i s d e s a l l - g e m e i n e n W o h l e s aufgerichtet werden [5]. Wenn nämlich ein Staat gewisse Waren nicht hat und auch niemand da ist, der sie (wegen allzu großer Gefahr oder Arbeit) ohne Monopolprivileg importieren will, dann ist es erlaubt, ein Monopolprivileg zu gewähren und mit der nötigen Vorsicht einem oder mehreren Kapita-

---

[1] K e l l e r a. a. O., S. 34.

[2] K e l l e r a. a. O., S. 34.

[3] E h r e n b e r g , Zeitalter der Fugger. I, S. 33.

[4] „Monopolium est quasi unius duntaxat in provincia aliqua, civitate, aut oppido, venditio."

[5] „Dixi monopolia regulariter esse iniqua et reipublicae iniuriosa; quoniam aliquando iniqua non sunt, q u a n d o v i d e l i c e t p u b - l i c a a u c t o r i t a t e fiunt, b o n o c o m m u n i id e f f l a g i - t a n t e."

listen zu übertragen [1]. Molina führt als Beispiel neben dem Drucker-
privileg das indische Gewürzhandelsmonopol des Königs von Portugal
an [2] und beruft sich dabei auf die Autorität eines anderen berühmten
spanischen Moraltheologen Johannes de Medina [3] (gest. 1546).

---

[1] „Si enim respublica mercibus aliquibus indigeat, nec sit qui
illas asportare velit (quia forte cum labore maximo, et periculo amit-
tendi ea negotiatio fieret) nisi privilegium concederetur, quod nullus
alius eas merces asportare aut vendere posset, sane tunc licitum erit
concedere eiusmodi privilegium, taxato moderato pretio, attentis
circumstantiis omnibus concurrentibus, ne, qui eo privilegio usuri
sunt, plus iusto rempublicam grauent. Si autem desit qui officium
aliquod reipublicae expediens suscipere velit, ut vendendi merces
aliquas, aut asportandi peregrinos, poterit tunc concedi alicui, vel
aliquibus, ut ipsi soli tale munus excerceant, constituto eis moderato
pretio, si timor sit ne excedant pretium iustum.“

[2] Quia Lusitaniae rex suis expensis navigationem in Indiam
aperuit, locaque illarum regionum subegit, statuere in suum potuit
commodum (quod in reipublicae etiam commodum redundat, dum
id occasio est ut, unde eam defendat, habeat, neque novis tributis
illam gravet) ut nullus praeter ipsum aut praeter eos quibus certo
pretio eam negotiationem concesserit, asportare ex India certas merces
possit, aut illas ex Lusitania in Indiam deferre, aut inibi eas vendere.“

[3] Johannes de Medina, De restitutione et contractibus in titulum
poenitentiae quaestio 30 § penult. addit damnandum non esse si rex,
in publica aliqua necessitate constitutus pro certa aliqua pecuniae
summa concedat aliquibus mercatoribus, vel opificibus ut ipsi soli
vendere possint aliquid in suo regno, constituto eis moderato pretio,
ne rempublicam plus iusto gravent. Regem quippe tunc a peccato
excusat publica necessitas, in qua est, et mercatores privilegium
iusta illa de causa a rege ipsis concessum. Sicut enim rex exigere a
subditis poterat ut contribuerent ad publicae illi necessitati sub-
veniendum, ita subiicere illos potest illi gravamini; modo tamen moderatum sit et cum minori ipsorum molestia ac detrimento. Quo loco
obserua, hac de re commodiorem aliam tradi non posse regulam,
quam tunc licere eiusmodi privilegia concedere, quando id postulat
recta ratio ac commune bonum, attentis atque expensis circumstantiis
omnibus tam ex parte subditorum quam ex parte regis atque illorum
quibus conceduntur: simulque attento, ut subveniendo communi
bono, quoad fieri possit, non magis graventur, quaedam reipublicae
partes, quam aliae, quando ad omnes aequaliter subvenire illi spectat.
Quando autem irrationabiliter atque in subditorum praeiudicium, con-
cederentur eiusmodi privilegia et peccaret lethaliter rex aut respublica,
quae illa concederet et simul qui ea impetrarent aut illis uterentur,
tenerenturque homines ad restitutionem subditis damnorum omnium,
quae contra ipsorum voluntatem inde ipsis sequerentur.“

Johannes de Medina weist besonders auch auf die Not hin, die
publica necessitas, die den Herrscher rechtfertige, der den Kaufleuten gegen bestimmte Darlehenssummen Monopole bewillige.
Verschaffe sich der König oder die anderen Vertreter des Staats-
wesens nicht durch Gewährung von Monopolprivilegien Gelder, so
müsse er aus den Untertanen auf andere, vielleicht drückendere
Weise die Mittel zur Inganghaltung der Staatsmaschine heraus-
pressen.   Deutlich ist auf die Necessitas als Rechtfertigungsgrund
der Monopole auch in dem Werke De republica libri sex et viginti [1]
des Petrus Gregorius Tholzanus hingewiesen, wenn es heißt: „Potest
necessitas reipublicae, hoc genus conquirendarum pecuniarum inter
negotiationem excusare et aliquando principem laudabilem reddere,
qui ita parcit tributis et oppressionibus vectigalium, ut eosdem
tanquam filios propriis laboribus relevat.   Sic refert Rhodericus
Dubraius [2] (lib. 19 constitutionum Bohemiae), Rodolphum, Bohemiae
regem, Alberti Caesaris filium negotiationem aut in argenti fodinis
Cuthuensibus exercuisse: vinum, sal, hordeum, triticum ad panes
et cerevisiam coquendam ex Austria, ex horreis suis convehendo,
pretiaque rebus promercalibus ex arbitrio suo constituendo atque
in eo genere mercaturae monopolium sibi vindicando.   Et se hac
necessitate compulsum huc se descendisse, dixisse: ut hoc modo
summam aerarii inopiam sublevaret et debita per utrumque
Wenceslaum regem contracta, dissolveret.   Atque ideo duo millia
aureorum illis ipsis montibus hebdomatim aeri alieno dissolvendo
tribuisse."

Selbstverständlich sprachen sich dann die Staatsrechtslehrer
des 17. und des 18. Jahrhunderts noch unbedingter für das Recht
des Staates, Monopole zu erlauben, aus.

---

[1] 2 Bde. Pontimusani 1596.   1. Bd. S. 97 f.

[2] Über ihn sagt Jöcher (Gelehrtenlexikon): „Rodericus de Du-
brawa, ein böhmischer Rechtsgelehrter, in welchem Saeculo aber ist
unbekannt, hat iura et constitutiones regni bohemici geschrieben,
die noch nicht gedruckt sind."

Drittes Buch.

Monopole, Kartelle und Aktiengesell-schaften im Mittelalter und zu Beginn der Neuzeit.

———

Erstes Kapitel.

Deutsche Aktiengesellschaften vornehmlich des 16. Jahrhunderts.

Erster Abschnitt.

Die führende Form der Unternehmung im frühkapitalistischen deutschen Handel.

Wenn man die führenden Großunternehmungen, die größten Firmen des süddeutschen Frühkapitalismus im 16. Jahrhundert und des deutschen Hochkapitalismus um die Wende des 19. Jahrhunderts miteinander vergleicht, so ist namentlich der folgende Unterschied deutlich erkennbar. Im 19. Jahrhundert liegt die Führung im Wirtschaftsleben durchaus bei den „unpersönlichen" Aktiengesellschaften [1]. Die Großbanken, die größten Schiffahrtsgesellschaften, die bedeutendsten Industrie- und Handelsunternehmungen usw., die meisten haben die Form der Aktiengesellschaft [2]. Im 16. Jahrhundert dagegen sind aus Familienwirtschaften hervorgegangene offene Handelsgesellschaften die Führer im großen Handels-, Industrie- und im Finanzgeschäft.

In Augsburg, dem Zentrum des deutschen Frühkapitalismus des 16. Jahrhunderts, sind die Fugger, die Welser, die Herwart, die Neidhart, die Manlich, die Baumgartner und viele andere

---

[1] So konnte R. L i e f m a n n in seinem Buche: Beteiligungs- und Finanzierungsgesellschaften (Eine Studie über den modernen Kapitalismus und das Effektenwesen. Jena 1909, S. 11 ff. 2. Aufl., 1913) die Periode des Hochkapitalismus im 19. Jahrhundert, nach der Art der neu hinzugekommenen Kapitalsform, als „Effektenkapitalismus" dem Frühkapitalismus gegenüberstellen.

[2] Vgl. auch K u r t W i e d e n f e l d , Das Persönliche im modernen Unternehmertum. Schmollers Jahrbuch 34 (1910), S. 223 ff.

Firmen solche Familiengesellschaften [1]. Besonders gut läßt sich quellenmäßig die Angliederung der Verwandtschaft und Schwägerschaft an eine vom „Stammvater" gegründete Firma bei dem Geschäft der Familie Bimmel erkennen, das schon von den Söhnen des Gründers zu einer Finanzmacht erhoben, dann von den angeheirateten Familien Haug, Link, Langenauer usw. fortgesetzt wurde und zu europäischem Ruf gelangte [2]. In ähnlicher Weise kann ein genealogisch interessierter Historiker die bedeutendsten Augsburger Steuerzahler leicht um ein paar große Familienfirmen gruppieren.

Dieselbe Erscheinung der Führerschaft von Familiengesellschaften im Wirtschaftsleben gewahren wir in Nürnberg, in Ulm und in den übrigen Metropolen des süddeutschen Frühkapitalismus des 15. und 16. Jahrhunderts [3]. Besonders erwähnt möge wenigstens noch die große Ravensburger Gesellschaft werden, der Zahl der Mitglieder nach wohl die größte Familiengesellschaft jener Zeit eines machtvoll sich entwickelnden süddeutschen Frühkapitalismus [4].

Die Tatsache des Überragens der aus der Familiengemeinschaft hervorgegangenen offenen Handelsgesellschaft im süddeutschen Frühkapitalismus des 15. und 16. Jahrhunderts bildet einen bemerkenswerten Gegensatz zum Wirtschaftsgebiet der hansischen Seestädte [5].

---

[1] Vgl. R. E h r e n b e r g, Das Zeitalter der Fugger. I. Bd. 2. Kapitel; J. S t r i e d e r, Zur Genesis des modernen Kapitalismus. III. Abschnitt.

[2] S t r i e d e r a. a. O., S. 146 ff., 151; E h r e n b e r g a. a. O. I. Bd., S. 227 ff. und J. H a r t u n g, Aus dem Geheimbuche eines deutschen Handelshauses, a. a. O., S. 36 ff.

[3] Vgl. unter anderem A. S c h u l t e, Geschichte des mittelalterlichen Handels und Verkehrs. Kapitel 53 ff.

[4] Außer S c h u l t e a. a. O. besonders W. H e y d, Die große Ravensburger Gesellschaft. Stuttgart 1890. Für die nächste Zeit sind interessante Veröffentlichungen über die genannte Gesellschaft zu erwarten. S c h u l t e wird ihre jüngst im Kloster Salem aufgefundenen Handelspapiere aus dem endenden 15. und beginnenden 16. Jahrhundert in mehreren Bänden herausgeben. Cfr. A. S c h u l t e s Artikel „Ein wichtiger Fund zur Handelsgeschichte" in Zeitschrift für die Geschichte des Oberrheins. Neue Folge. Bd. 27 (1912), S. 33 ff.

[5] Dieser Gegensatz ist auch angedeutet bei H u g o R a c h e l, Die Handelsverfassung der norddeutschen Städte im 15. bis 18. Jahrhundert. Schmollers Jahrbuch 34. Bd. (1910), S. 1032/33.

Herrscht in Süddeutschland auf die geschilderte Weise die Konzentration des Kapitals, so in den hansischen Seestädten dessen Zersplitterung. Eine Zersplitterung in der Art, daß der hansische Kaufmann sein Kapital in einzelnen, voneinander unabhängigen Unternehmungen auf dem Wege der Vergesellschaftung unterbringt [1]. Der hansische Kaufmann trieb Geschäfte, der süddeutsche Kaufmann hatte — in der Regel wenigstens — ein Geschäft, das er Zeit seines Lebens allein oder mit seinen Kompagnons innebehielt und ausbaute. Damit soll nun nicht gesagt sein, daß der oder die Inhaber solcher süddeutscher Firmen nicht auch manchmal Teile ihrer Kapitalien zu besonderen, zu gelegentlichen Gesellschaften mit anderen Firmen zusammenlegten. Das kam häufig vor und im Verlaufe des 16. Jahrhunderts, wie wir sehen werden, immer mehr. Aber die Hauptsache blieb ihnen doch ihr „eigenes" Geschäft. Dieses zu führen und zu vergrößern, war ihr Beruf und ihr Stolz.

Auf solche Weise bildeten sich in Süddeutschland besonders seit dem 15. und 16. Jahrhundert viele ganz große Familienfirmen heraus. Geschäfte, in denen Brüder und Vettern, Oheime und Neffen, Schwäger und andere Anverwandte das kleinere Unternehmen der ersten Generation zusammenhielten und zu dauernden, großen, sich gleich oder doch ähnlich bleibenden, jedenfalls organisch aus dem älteren Betriebe herauswachsenden Handelsoperationen weiterführten [2].

---

[1] Vgl. die Aufsätze F. K e u t g e n s über hansische Handelsgesellschaften vornehmlich des 14. Jahrhunderts in der Vierteljahrsschrift für Sozial- und Wirtschaftsgeschichte. 4. Bd. (1906) S. 278 ff., 461 ff. und 567 ff., besonders S. 502 ff. Seit dem 14. Jahrhundert spätestens wurden die hansischen Gesellschaften zumeist nicht mehr auf ein „individualisiertes Unternehmen", sondern auf bestimmte Zeitdauer (oder auch auf unbestimmte) abgeschlossen.

[2] Daß man oft Faktoren, Handlungsdiener, auch wenn sie nicht zur Verwandtschaft gehörten, zur Beteiligung zuließ, geschah, um die Betreffenden zu Eifer und treuer Pflichterfüllung für die Firma anzuregen. Über das Institut der „Fürlegung", das die Möglichkeit schuf, auch unbemittelte Faktoren zu Gewinn und Verlust zu beteiligen, siehe meinen Aufsatz „Die sogenannte Fürlegung, eine Institution des deutschen Gesellschaftsrechts im Zeitalter des Frühkapitalismus" in Vierteljahrsschrift für Sozial- und Wirtschaftsgeschichte X (1912), S. 521 ff.

Ganz anders, im allgemeinen, im Handels- und Wirtschafts-
betrieb der hansischen Seestädte. Wohl ist die früher vielfach
verbreitete Vorstellung falsch, die Annahme, als ob der hansische
Handel im wesentlichen von kapitalarmen Händlern getragen worden
sei, denen R e n t n e r Teile ihres Vermögens in vielfacher Zersplitterung zu Handelszwecken auf die eine oder die andere Art
vergesellschafteten. Davon kann nicht die Rede sein. Nein, auch
die Eigentümer des Kapitals, mit dem der hansische Handel getrieben wurde, waren in der Regel K a u f l e u t e. Aber — und
hierin liegt der grundlegende Unterschied zu Süddeutschland —
der Unternehmungen, in die sich solch ein hansischer Kaufmann
einließ, waren viele und verschiedenartige. Bald schloß er sich
mit diesem, bald mit jenem einheimischen oder fremden Kaufmann
zusammen. Mögen die Gesellschaften auch zumeist in einem be-
grenzten Bekanntenkreise eingegangen und oft erneuert worden
sein, so daß sie häufig sehr lange dauerten; die Tatsache besteht,
daß die Kapitalien der einzelnen reichen hansischen Kaufleute in
verschiedenen Unternehmungen investiert, z e r s p l i t t e r t wurden.
So wissen wir aus Eintragungen in das Lübecker Niederstadtbuch [1],
daß der Kaufmann Hermann Mornewech von 1323—1335, also im
Verlaufe von nur 13 Jahren, sich zu 18 verschiedenen Malen mit
Berufsgenossen zu geschäftlichen Unternehmungen verband, 18mal
Gesellschaftsverträge abschloß und erneuerte. Höchstwahrscheinlich aber hat Hermann Mornewech in der genannten Zeit noch
viel mehr als 18 Gesellschaftsverträge abgeschlossen. Es steht
nach neueren Forschungen fest, daß durchaus nicht alle Gesellschaftsverträge der Kaufleute in das Lübecker Niederstadtbuch eingetragen
werden mußten. Wir haben es in den Eintragungen nicht, wie man
leicht glauben könnte, mit einer Art Handelsregister mit Eintrags-
pflicht zu tun. Die Veröffentlichung des Wittenborgischen Hand-
lungsbuches [2] aus der Mitte des 14. Jahrhunderts beweist das vollkommen deutlich. Der Kaufmann Wittenborg „hat sich nämlich

---

[1] C. W. P a u l i , Lübeckische Zustände im Mittelalter. 3 Bde.
Lübeck (resp. Leipzig) 1847—1878. I. Bd. S. 140. Über das Lübecker
Niederstadtbuch vgl. auch P a u l R e h m e , Die Lübecker Handelsgesellschaften in der ersten Hälfte der 14. Jahrhunderts. Zeitschrift
für das gesamte Handelsrecht 42 (1894).

[2] Das Handlungsbuch von Hermann und Johann Wittenborg,
herausgegeben von Carl Mollwo. Leipzig 1901.

der Rubrik ‚societates' im Stadtbuch nur ein einziges Mal bedient, als er einmal einen Gesellschaftsvertrag mit einem Manne abschloß, mit dem er sonst nicht in Verbindung stand [1]. Dagegen hat er die zahlreichen Verträge m i t   s e i n e n   r e g e l m ä ß i g e n   G e - s e l l s c h a f t e r n stets nur in sein privates, jetzt veröffentlichtes Geschäftsbuch eingetragen".

So wird man die vorhin durchgeführte Unterscheidung der süddeutschen führenden Handelsgesellschaften des 15. und 16. Jahr- hunderts und der hansischen gelten lassen müssen. Die Gegenüber- stellung in Gesellschaften, die aus familienrechtlichen Gemeinschaften hervorgehend, das gesamte verfügbare Kapital einer Reihe von ver- wandten und verschwägerten Kaufleuten zusammenfassen und andererseits (auf hansischer Seite) in solche, die „von vornherein auf freier Vereinbarung beruhend" [2], nur einen Bruchteil der Handelskapitalien der Vertragsschließenden enthalten.

Selbstverständlich hat es in Süddeutschland auch Handels- gesellschaften mit dem ‘Charakter von letzterer Art gegeben. In Menge sogar. Und umgekehrt fehlen im Norden die großen Familienfirmen nicht ganz. So wissen wir von dem bedeutenden Geschäft, das die vier Söhne (Michael, Simon, Stephan und Hans jr.) des reichen Stettiner Kaufmanns Hans Loitz nach dem Tode ihres Vaters (1539) gemeinsam weiterführten [3]. Die Firma trieb Handel im ganzen Umkreise des hansischen Gebietes von Narwa im Osten [4]

---

[1] K e u t g e n a. a. O., S. 473/4.

[2] M a x   W e b e r , Zur Geschichte der Handelsgesellschaften im Mittelalter nach südeuropäischen Quellen. Stuttgart 1889. Ab- schnitt II. Die seehandelsrechtlichen Sozietäten, S. 15 ff. Zitiert bei K e u t g e n a. a. O.

[3] Vgl, H e r i n g , Die Loytzen, in Baltische Studien, heraus- gegeben von der Gesellschaft für pommersche Geschichte und Alter- tumskunde. 11. Jahrgang. (1845), S. 80 ff
Einiges über den Geschäftsverkehr des sächsischen Kaufmanns und Kammermeisters Hans Harrer (unter Kurfürst August) mit den Loitz aus Danzig und Stettin cfr.: Neues Archiv für sächsische Ge- schichte Bd. 15 (1894), S. 95.

[4] Vor dem Reichskammergericht spielte seit 1566 ein Prozeß eines Lübeckers (v. Dicke oder vom Dyke) contra Hans, Bernhard und Stephan Loitz in Lübeck und Stettin. „Arrestanlage auf zwei Schiffe zu Lübeck, welche Kläger angeblich durch seinen Diener in Dänemark mit Salz beladen und n a c h   d e r   N a r v a segeln ließ, wo aber dieser Diener die Schiffe an die Verklagten (Loitz) verkaufte."

bis nach England [1] im Westen und bis tief landeinwärts die Oder und Weichsel hinauf. Hans Loitz leitete vom Stettiner Stammsitz aus die Firma. Zwei der Brüder, Michael und Simon, führten die Geschäfte zu Danzig, Stephan zu Lüneburg. Faktoreien besaß die Gesellschaft ferner in Leipzig, Frankfurt, Breslau, Prag usw. Außer dem Warengeschäft trieben die Loitz auch sehr bald das große Anleihegeschäft mit den großen Herren des Nordens und Ostens. Besonders König Sigmund August von Polen scheint ihnen stark verpflichtet gewesen zu sein. Die Loitz mußten zum Zwecke dieser fürstlichen Geldgeschäfte bedeutende Depositen aufnehmen. Der Ruf der Firma sorgte dafür, daß nicht nur pommersche (besonders aus dem Landadel), sondern Kapitalbesitzer aus dem ganzen deutschen Norden und Nordosten gern Depositengläubiger der Firma waren. Die Gesellschaft galt viele Jahrzehnte hindurch für absolut mündelsicher, so daß selbst milde Stiftungen und öffentliche Institute ihr Geld in bedeutender Höhe anvertrauten. Um so schlimmer gestaltete sich 1572 der Bankrott der Firma, der nicht nur die Familie Loitz, sondern auch eine ganze Anzahl ihrer Depositengläubiger in ganz Norddeutschland ins Verderben riß.

*　*　*

Die süddeutschen Familiengesellschaften sind nun häufig nicht mit ihrem eigenen Kapital ausgekommen, um der Ausweitung ihrer

---

Die Akten dieses Prozesses sind 1851 an das Staatsarchiv in Lübeck abgegeben worden, wo sie sich jetzt noch befinden.

[1] Zu ersehen aus folgenden Urkunden des Königlichen Haupt-Staatsarchives zu Dresden Loc. 7250, Bleyhandel anno 1543—46. Bl. 5, 8, 87 f. Herzog Philipp von Pommern an Herzog Moritz von Sachsen. Wolgast 26. Dezember 1543. Seine Untertanen Michael, Simon, Stephan und Hans Loitz (zu Alt-Stettin und Danzig wohnhaft) hätten ihm erklärt, daß sie geneigt seien, in die sächsischen Bergwerke und Hütten die Zufuhr (und den Verlag) des Bleis zu besorgen. Sie würden das Blei aus E n g l a n d beziehen (das besser sei als das Goslarer), w o h i n s i e v i e l h a n d e l t e n. Er (Herzog Philipp) sei den Loitzen sehr zu Dank verpflichtet und habe sie stets als treue Geschäftsleute kennen gelernt. Tatsächlich brachten die Loitz Mitte 1546 2000 Zentner englisches Blei über Hamburg in die Joachimstaler Bergwerke. Weimar, Staatsarchiv Reg. T. Fol. 501, S. 11, 3 (pag. 56).

Handels- und Gewerbsgeschäfte, besonders aber, um den erhöhten Ansprüchen des fürstlichen Geldbedarfes zu genügen. Immer mehr verbreitete sich in ·Süddeutschland um die Wende des 15. Jahrhunderts die schon ältere Sitte, in die Handelsgesellschaften fest verzinsliche Einlagen aufzunehmen [1] („stillliegendes Geld" in der Terminologie des 16. Jahrhunderts genannt). Auch Firmen, die miteinander in Kontokorrent standen oder die das Kontokorrentgeschäft trieben, ließen sich als Sicherheit festverzinsliche Einlagen machen. Zu allermeist war ein Satz von 5 % als Entgelt für Depositen üblich, in besonderen Fällen kamen aber auch noch höhere Verzinsungen vor [2]. Besonders dann etwa, wenn es galt, Familienmitglieder, die nicht mehr selbst in der Firma mitarbeiteten, dafür zu entschädigen, daß man sie nicht mehr am vollen Gewinn repartieren ließ [3], oder auch dann, wenn man sich eine hohe Person besonders verpflichten wollte [4]. Die Einlagen wurden durchaus als Schuldtitel der betreffenden Firma betrachtet. Auch bezüglich der Haftung den Gesellschaftsgläubigern gegenüber, wie wir gleich sehen werden. Sie wurden in das sogenannte Wechselbuch der Firma eingetragen, weil dafür von seiten der Firma ein Solowechsel ausgestellt wurde. Als sich zu Anfang des 16. Jahrhunderts die antikapitalistische Tendenz der Zeit gegen die übermächtigen Kapitalkonzentrationen richtete, wie sie in den großen Handelsgesellschaften vor sich gingen, da wandte man sich auch gegen die Aufnahme von festverzinslichen Einlagen, von Zinsgeldern. In einem an den deutschen Reichstag gerichteten Gutachten [5] von 1522 wird vorgeschlagen, es solle verboten werden, daß hinfüro die

---

[1] S t r i e d e r , Inventur der Firma Fugger aus dem Jahre 1527, S. 8; E h r e n b e r g , Zeitalter der Fugger. I. Bd., S. 124, 391; W. M ö l l e n b e r g , Die Eroberung des Weltmarktes durch das Mansfelder Kupfer, S. 28.

[2] Cfr. z. B. M. J a n s e n , Jakob Fugger der Reiche, S. 149. Die Verzinsung von 10 und 12 %, die die Loitzen vornahmen, war ungewöhnlich und wohl schon ein Zeichen des nahenden Falliments der Firma. H e r i n g a. a. O., S. 90.

[3] Beispiel: E h r e n b e r g a. a. O., I. Bd., S. 232.

[4] Beispiel: M ö l l e n b e r g a. a. O., S. 28, 107.

[5] Abgedruckt in den deutschen Reichstagsakten jüngere Reihe, Bd. III, S. 556 Anm. 3. Vgl. auch das unten im Abschnitt„Entstehung der Aktiengesellschaft" über diesen Punkt Gesagte.

Handelsgesellschaften „frembd gelt, gestalt ains wechsels und da man gelt von gelt gibt, in irer geselschaft nemen und anlegen oder damit handeln, sondern allein mit i r e m zugelegten gelt hantieren solten."

Es scheint, als ob auch zu Anfang des 16. Jahrhunderts noch der größte Teil der festverzinslichen Einlagen von den Verwandten und Freunden der Gesellschafter gestellt wurde, kleinere Depositen rührten — aus Gefälligkeit angenommen — von Bediensteten der Gesellschafter her. Im allgemeinen muß es in den ersten Jahrzehnten des 16. Jahrhunderts auch in Augsburg noch nicht üblich gewesen sein, von jedermann Depositen, selbst auch in kleinen Quanten anzunehmen. Wenigstens regt sich der gut unterrichtete Clemens Sender weidlich darüber auf, daß Ambrosi Höchstetter Depositengelder nahm, wo er sie bekam. Der gleichzeitige Augsburger Chronist schreibt: „Zu Ambrosius Höchstetter haben fürsten, graffen, edel, burger, bauren, dienstknecht und dienstmägt ir gelt, was sie haben gehapt, gelegt und von dem 100 genomen 5 fl. Mengen baurknecht und die nit me haben gehapt dann 10 fl., die haben es im in sein geselschaft geben; haben gemeint, es sei inen gantz wol behalten und haben darzu ain järliche nutzung. Diser Hoechstetter hat ain zeit lang in seiner geselschafft zechenhundert tausent fl. verzinst (die gemein sag ist gewesen, er lieg geren) kain mensch hat gewist, daß er sovil geltz verzinst hat" [1].

Es wird sich fragen, ob die Wechsel, die die Depositengläubiger der großen Gesellschaften erhielten, jederzeit an Dritte weitergegeben werden konnten, ob sie also die Eigenschaft von Obligationen, wie sie unsere heutigen großen Aktiengesellschaften auszugeben pflegen, schon angenommen hatten. Das wäre ein bedeutsamer Schritt auf die „Kommerzialisierung" des Wirtschaftslebens gewesen, auf eine Entpersönlichung, eine Versachlichung von Wertpapieren schon im 16. Jahrhundert hin [2]. Die Frage kann hier nur angeschnitten werden. Jedenfalls sind Fuggersche Teilschuldverschreibungen schon um 1540 „ein kuranter Handelsartikel" an der Antwerpener Börse gewesen. „Die Fugger hatten, um ihre großen Antwerpener Geschäfte ausführen zu können und sich relativ billig Geld zu

---

[1] Die Chroniken der deutschen Städte. 23. Bd. Leipzig 1894, S. 219.

[2] Vgl. S o m b a r t , Die Juden und das Wirtschaftsleben. Kap. VI besonders S. 74 ff.

verschaffen, angefangen, von Messe zu Messe oder auch auf zwei Messen bei den Kaufleuten (besonders den süddeutschen) in Antwerpen Anleihen von jener Art aufzunehmen, welche man euphemistisch „Depositen" nannte, obwohl es wirkliche Darlehen waren. Die Fugger zahlten dafür jährlich ca. 9 %, während sie ihrerseits mit dem Gelde in Antwerpen ca. 12—13 % erzielten" [1]. Die Obligationen wurden kurz „Fuggerbriefe" genannt und erfreuten sich großer Beliebtheit. In ihnen jedenfalls, vielleicht aber auch in den Zinsgeldern anderer Firmen war die moderne Obligation vorbereitet. Übrigens hatten sich im Verlaufe des 16. Jahrhunderts z. B. in Danzig schon die Schuldverschreibungen der Stadt zu richtigen Inhaberpapieren weiterentwickelt. Bürgermeister und Ratmannen als Verweser des gemeinen Gutes „sampt den anderen verordneten ordnungen der kgl. stadt Dantzigk" versprachen regelmäßig dem Gläubiger und dessen Erben, „o d e r   w e r   d i e s e n   b r i e f   m i t   i h r e m   g u t e n   w i l l e n   i n n e h a t" den Hauptstuhl, d. h. das Kapital jährlich an bestimmter Stelle zu bestimmter Zeit mit einem bestimmten Satz zu verzinsen, mit dem Zusatz „wollen auch [die Genannten] in allen zufelligen nöten aller steur, schatzungen, dienst, auch alle andere gefahr, nachteil und schaden, von welcher herschaft oder burgermeistern und rat sampt den andern verordenten ordnungen der kgl. stadt Dantzigk auf solche geld geleget werden mochte oder wie daz geschehen kan oder mag, in allem ohne alle entgeltnusse schadlos und frei halten". Eine bestimmte Kündigungsfrist wurde ausbedungen, zuweilen auch die Kündigung erst nach Ablauf einer gewissen Frist für zulässig erklärt und die Währung festgelegt, in welcher der Hauptstuhl abzutragen war [2].

Die kommanditistische Beteiligung spielt in der süddeutschen Handelswelt des 15. und 16. Jahrhunderts eine hervorragende Rolle nicht. Doch ist sie nicht gerade selten gewesen [3], wie schon aus dem Privileg hervorgeht, das Friedrich III. im Jahre 1464 der Stadt

---

[1] E h r e n b e r g , Zeitalter der Fugger. I. Bd. S. 148.

[2] Zum Jahre 1587; alles nach M a x F o l t z , Geschichte des Danziger Stadthaushaltes. Danzig 1912. S. 293.

[3] Vgl. auch Ott Rulands Handlungsbuch ed. K. D. Hassler, Stuttgart 1843, S. 15 f. „Item daz ich Ott Ruland enpfangen hab von dem Walthasar Ramsteiner zu Nurnberg 200 reynisch gulden, die sol ich im anlegen zu gwin und verlust auf sein wagnus . . ."

Nürnberg verlieh [1]. Darin heißt es: „Mehr so ordnen wir von des handels und kaufmannschaft wegen: Welche person, burger oder burgerin der vorgemelten stadt Nürnberg ein nehmlich summa gelds mit geding in ein gesellschaft legen, daß sie solch geding halten und dem nach kommen sollen. Welch obgemelt person aber ihr gut und gelt in gesellschaft thun und legen ohn geding, sondern zu gewinn und verlust und doch für sich selbst die handtierung der gesellschaft nit pflegen zu handeln, ob und wann dieselbe gesellschaften durch ungefall oder sonsten verlust leiden und in schulden fallen würden und dieselbe schulde von dem hauptgut, das sie alle in der gesellschaft hetten, nicht mochte bezahlet werden, so sollen dieselben personen, die, als vorstehet, ihr gut und gelt unverdingt in gesellschaft hetten, nicht mehr zu bezahlen pflichtig und schuldig sein, denn allein so viel als sich nach anzahl ihres zugelegten hauptguethes gebieren und damit der übrigen schulden ganz entledigt und auch alle andere ihr haab und guth, wo sie die hetten, deshalb von allermänniglichen, unangelangt unaufgehalten und unbekümmert sein und bleiben . . . ."

Keutgen [2] hat die in dem ersten Satze berücksichtigten Personen als s t i l l e G e s e l l s c h a f t e r bezeichnen wollen. Davon kann nicht die Rede sein. Die Bürger oder Bürgerinnen von Nürnberg, die „ein nehmlich summa gelds m i t g e d i n g in ein gesellschaft legen", sind Depositengläubiger der betreffenden Firma. Geding ist hier die Verabredung eines festen Zinses auf das hergeliehene Kapital [3]. Die Depositengläubiger sind im zweiten Satze denen gegenübergestellt, die „ohne geding, s o n d e r n zu gewinn und verlust" Geld inseriert haben und doch nicht in der Gesellschaft mitarbeiten. Bei der Haftungsfrage, die den Gegenstand der Urkunde bildet, scheiden dann auch die im ersten Satze genannten Depositengläubiger völlig aus. Mit Recht, denn sie sind ja nicht Mitgesellschafter, sondern Gläubiger der Gesellschaft.

Wenn wir oben sagten, daß im süddeutschen Frühkapitalismus des 15. und 16. Jahrhunderts diejenigen Firmen die Hauptrolle

---

[1] Abgedruckt in W o e l c k e r s Historia diplom. Norembergensis. Nürnberg 1738, S. 682 und (ziemlich fehlerhaft) in L ü n i g , Reichsarchiv 14, S. 127.

[2] a. a. O., S. 606.

[3] Vgl. J. und W. G r i m m , Deutsches Wörterbuch, IV. I, 1. S. 2027.

spielten, in denen eine Reihe von verwandten und verschwägerten Kaufleuten ihr gesamtes verfügbares Kapital zusammenlegten, so mußten wir hinzufügen, daß es auch nicht an solchen Gesellschaften fehlte, die, „von vornherein auf freier Vereinbarung beruhend", nur einen Bruchteil der Kapitalien der Vertragschließenden umfaßten. Vielfach sahen sich die großen Familienfirmen aus der Entwicklung ihres Geschäftes und der Entwicklung der wirtschaftlichen Verhältnisse heraus gezwungen, solche gelegentliche, besondere Gesellschaften miteinander oder mit anderen Kapitalisten einzugehen. Ich denke hierbei zunächst besonders an jene Gesellschaften, die sich bildeten, weil die einzelne Firma das Risiko eines bestimmten Geschäftes nicht allein tragen wollte oder konnte. Erwähnt seien etwa die Finanzgeschäfte mit Fürsten [1]. Bei manchen solchen Finanzgeschäften, z. B. den „Silberkäufen" und den „Kupferkäufen" mit den Habsburgern als den Landesherren von Tirol, mußten auch deshalb oft mehrere große Gesellschaften zu einer Gelegenheitsgesellschaft zusammentreten, weil die Habsburger mehreren Firmen gegenüber Verpflichtungen hatten, die sie durch Gewährung von „Silberkäufen" auf einmal befriedigen wollten [2]. Ich denke ferner an Gesellschaften von großen Firmen, die sich bildeten, um ein Unternehmen gemeinsam zu führen, das sich für die einzelne Firma zu führen nicht lohnte. So taten sich verschiedene große süddeutsche Firmen, die als Gewerken in den alpinen Bergbau eingedrungen waren, zu sogenannten Pfennwerthandelsgesellschaften zusammen, um die Bergarbeiter mit Proviant (Pfennwert) und Arbeitsmaterial (z. B. Unschlitt zum Geleuchte und Eisen zu den Gezähen, Werkzeugen) zu versehen [3].

---

[1] Bei E h r e n b e r g, Zeitalter der Fugger, finden sich so viele solcher Vergesellschaftungen genannt, daß auf eine Aufreihung weiterer Beispiele, wie sie mir aus Literatur und gedruckten und ungedruckten Quellen (besonders den Handlungsbüchern der großen Firmen) zur Verfügung stehen, hier füglich verzichtet werden kann.

[2] Über die gelegentlichen Vergesellschaftungen, die aus solchem Anlaß die Fugger mit verschiedenen anderen süddeutschen Geschäftshäusern vornahmen, vgl. jetzt am besten J a n s e n, Jakob Fugger der Reiche, in dem Kapitel: Jakob Fugger in Tirol, S. 79 ff.

[3] Vgl. Z y c h a in Vierteljahrsschrift für Sozial- und Wirtschaftsgeschichte 5. Bd. (1907), S. 256 ff.; S t r i e d e r, Fuggerinventur, S. 70: „Unslit- und eysenhandl zu Swatz. Capital darinn fl. 1300, dartzue man auf Jorg negstkünfftig 2 jar nutzung soll zallen, die wir anslagen auf fl. 130 summa 1430."

Eine hervorragende Bedeutung für den Bergbau erlangten die Tochtergesellschaften der großen, in der Montanindustrie arbeitenden Firmen des 16. Jahrhunderts. Diese Tochtergesellschaften wurden gewöhnlich „Gesellschaften des Berg- und Schmelzwerkhandels" genannt. Wir lernten bereits früher die 1565 in Tirol gegründete Gesellschaft des „Jenbacher Berg- und Schmelzwerkhandels" kennen, an der neben den Fuggern zunächst auch die Langenauer, die Haug und die Katzbeck erheblichen Anteil hatten [1]. Schon vorher (1526) war unter Beteiligung der Fugger, des Benedikt Burkhart, des Christoph Herwart, unter Beteiligung auch von Anton und Hans Bimmel die Gesellschaft des „Schwazer Berg-, Schmelz- und Pfennwerthandels" gegründet worden [2].

Wohl die berühmteste Tochtergesellschaft zweier großer Familiengesellschaften des Frühkapitalismus bildet das Handelsunternehmen, das von 1495—1525 die Fugger in Gemeinschaft mit der ungarischen Familie Thurzo betrieben. Bekanntlich drangen die Fugger mit Hilfe dieser Verbindung in den reichen ungarischen Bergbau ein, um ihn fast ein Menschenalter zu beherrschen. Über die Organisation der Firma Fugger-Thurzo, über ihre Umsätze und Gewinne sind wir jetzt durch Max Jansen [3] genau unterrichtet. Die beiden Familien bildeten eine Handelsgesellschaft „des gemeinen ungarischen Handels" (die Fugger natürlich mit einem viel größeren Kapitaleinschuß), die völlig losgelöst von der übrigen Handelstätigkeit der beiden Familien basiert war. Der „gemeine ungarische Handel" v e r k a u f t e seine Bergwerksprodukte an die Fuggersche Handelsgesellschaft und ebenso an die Thurzo, die sie beide dann auf eigene Faust weiterverkauften. Umgekehrt verkauften die Fugger ihrer Tochterfirma, dem „gemeinen ungarischen Handel", Waren zum Weiterverkauf (Seiden- und Wollstoffe, Edelsteine usw.) oder zu Geschenken für die ungarischen Herren.

Die Beispiele für die Durchsetzung der süddeutschen frühkapitalistischen Wirtschaft mit Handelsgesellschaften, die n i c h t familiengesellschaftlichen Charakter trugen, sondern von vornherein auf freier Vereinbarung nicht verwandter Wirtschaftssubjekte beruhten, sind hier aus dem Gebiete des Erzhandels bzw. Bergbaus

---

[1] Die näheren Literaturnachweise bei Z y c h a a. a. O., 5. Bd. (1907), S. 281.

[2] Daselbst.

[3] Jakob Fugger der Reiche, S. 150 ff.

gewählt worden. Es geschah das deshalb, weil dort, wie wir bereits früher sahen, besonders fortgeschritteneWirtschaftsformen herrschten und deshalb Exempel solcher gelegentlicher Verbindungen großer Firmen leicht zu finden waren. Aber man darf nicht glauben, daß sie in anderen Handelszweigen fehlten. Eine bedeutende Rolle spielten sie beispielsweise auch im Gewürzhandel des 16. Jahrhunderts. Bekanntlich hatte sich die portugiesische Krone den kolonialen Gewürzhandel als Kronrecht reserviert[1]. Auf diese Weise erlangte der König von Portugal besonders auf dem Welt-Pfeffermarkt ein unbestreitbares Monopol. Wer Pfeffergroßhandel treiben wollte, mußte mit dem König von Portugal einen „Pfefferkauf", d. h. einen Kontrakt auf Pfefferlieferung bzw. -Abnahme eingehen[2]. Natürlich gegen Vorauszahlung des größten Teiles des Wertes der betreffenden Lieferung. Wir kennen ja bereits vom Erzhandel her die Bedeutung der „Käufe" als fundiertes Anleihesystem der öffentlichen Gewalten. Zu Gewürzabnahmekontrakten mit dem König von Portugal haben sich im Verlaufe des 16. Jahrhunderts ungemein häufig süddeutsche Handelsgesellschaften zu gelegentlicher Vergesellschaftung zusammengetan. Namentlich seit die portugiesische Regierung die indischen Gewürze gleich nach Antwerpen bringen ließ und hier ihre großen Lieferungskontrakte, ihre „Käufe" abschloß, bildete das Pfefferspekulationsgeschäft eine häufige Veranlassung von Konsortienbildungen deutscher Kaufleute in der Scheldestadt.

In den siebziger Jahren des 16. Jahrhunderts hat dann Konrad Rott, ein Augsburger Großkaufmann, durch die Übernahme eines Gesamtkontraktes von der portugiesischen Krone den ganzen Pfeffergroßhandel in seine Hände zu bekommen versucht. Rott verpflichtete sich im ersten Jahre seines großen Pfefferkaufs 12 000 Zentner, in den folgenden je 20 000 Zentner der kostbaren Ware zum Preise von 34 Dukaten pro Zentner abzunehmen. Dafür hatte er dem König von Portugal eine Anleihe von mehreren hunderttausend Dukaten zu mäßigem Zinssatz zu gewähren. Die Anleihe sollte durch Pfefferlieferungen, allerdings erst im letzten Jahre des laufenden Kontrakts allmählich abgezahlt werden. Als besondere

---

[1] Für das Folgende vgl. K. H ä b l e r , Konrad Rott und die Thüringische Gesellschaft in: Neues Archiv für sächsische Geschichte 16 (1895), S. 177 ff.

[2] H ä b l e r , Konrad Rott, a. a. O., S. 180.

Vergünstigung wurde es angesehen, daß Rott „ein Fünftel des Kaufpreises dem König in alten portugiesischen Schuldbriefen erlegen durfte, die zur Zeit von ihren Besitzern zu weniger als dem halben Werte zu haben waren; auch sollte er einen Teil der Zahlung in Teer, Tauwerk und anderen zum Schiffsbau nötigen Artikeln liefern, die man in Lissabon aus den Ostseeländern zu beziehen pflegte." Trotz dieser Erleichterungen in der Zahlungsweise war der Kontrakt K. Rotts eines der waghalsigsten Spekulationsgeschäfte des 16. Jahrhunderts. Bald zeigte sich auch die Unfähigkeit des Augsburgers, das Unternehmen allein durchzuführen. Nachdem er sich vergeblich bemüht hatte, ein deutsches Konsortium zusammenzubringen, trat er im April 1576 dem Giacomo dei Bardi & Co. dre Achtel seines Kontraktes ab.

Noch mehr war Konrad Rott auf die Beteiligung fremden Kapitals bei dem noch erweiterten Gesamtpfefferkontrakte angewiesen, den er bald darnach beim Regierungsantritt König Heinrichs von Portugal übernahm [1], und mit dessen Hilfe der spekulationslüsterne Augsburger nun erst recht ein Weltmonopol für den Pfefferhandel an sich zu bringen versuchte. Rott teilte jetzt von vornherein den gesamten Geldwert, den seine Verträge repräsentierten, in 30 Anteile. Von diesen behielt er 12½ für sich. Von dem Reste trat er 10 Anteile an portugiesische, 7½ an italienische Firmen ab. Außerdem aber ging Rott noch mit dem Kurfürsten von Sachsen die sogenannte Thüringische Pfefferhandelsgesellschaft ein, eine spezielle Vergesellschaftung, die den Zweck verfolgte, in L e i p z i g den Pfefferverkauf für „Deutschland, die Niederlande, Ostland und Polen" zu konzentrieren, mit deren Hilfe sich aber zugleich der Augsburger Kaufmann Kredit und bares Geld zu verschaffen wußte. Es kann bei Häbler nachgelesen werden [2], wie die Gesellschaft des Thüringer Pfefferhandels organisiert war. Wir kommen auch an anderer Stelle darauf zurück, wie mit Hilfe eines Kartells zwischen der oben genannten internationalen Gesellschaft und der Thüringer Gesellschaft die Absatzgebiete unter hoher Konventionalstrafe abgegrenzt waren, hier lag mir nur daran, die gelegentlichen Tochtergesellschaften zu erwähnen, die sich aus der Rottschen Muttergesellschaft abzweigten.

---

[1] H ä b l e r a. a. O., S. 185 f.
[2] H ä b l e r a. a. O., S. 191.

Neuerdings hat Möllenberg auf die Mansfeldischen Saigerhandelsgesellschaften als eine eigenartige Form der Kapitalver-
gesellschaftung des endenden 15. und des 16. Jahrhunderts hingewiesen. Also auf die Gesellschaften der Hütten Schwarza und
Mansfeld (gegründet 1472 mit 6000 fl. Einlage), der Hütte Arnstadt (gegründet 1502 mit 31 500 fl. Kapital), der Hütte Leutenberg (gegründet 1524 mit 70 000 fl. Kapital, das in der nächsten
Zeit bis auf 120 710 fl. erhöht wurde), der Hütte Gräfenthal, der
Hütte Luderstadt, der Hütte Steinach und der Hütte Eisfeld (gegründet 1546).

Die T ä t i g k e i t aller dieser Handelsgesellschaften war im
wesentlichen dieselbe. Sie schossen einen Teil des in ihnen investierten Kapitals den kleinen Unternehmern im mansfeldischen
Kupferbergbau, den sogenannten Hüttenmeistern [1] vor. Diese
verpflichteten sich dafür, der Gesellschaft das innerhalb einer
festgesetzten Zeit produzierte Rohkupfer zu einem genau vereinbarten
Preise zu liefern. Das auf diese Weise erworbene Rohkupfer [2]
wurde sodann von den Saigerhandelsgesellschaften in eigenen
großen Saigerhütten — nach diesen sehr kostspieligen industriellen
Anlagen [3] führten die Gesellschaften zumeist ihre Namen — gesaigert, d. h. mit Hilfe eines Zusatzes von Blei von dem darin reich
enthaltenen Silber getrennt. Das Silber ging größtenteils in die
Münze, das Kupfer zumeist nach Nürnberg an die größeren oder
kleineren industriellen Verbraucher, besonders aber auch nach
Frankfurt a. M. und nach Antwerpen [4]. Hier wurde es von der

---

[1] „Hüttenmeister" sind nach Möllenberg kleinere Unternehmer,
die Bergteile muteten, die ihnen zugemessenen Felder ausbeuteten
und die gewonnenen Erze einschmolzen. Sie errichteten zu diesem
Zwecke entweder eigene Schmelzöfen (Erbfeuer), oder sie pachteten
Öfen von den Grafen von Mansfeld (Herrenfeuer), die den Hüttenmeistern gegenüber zu Ende des 15. Jahrhunderts als Unternehmer
allmählich zurücktraten.

[2] Vielfach erwarben die Gesellschaften auch noch auf andere
Weise Rohkupfer. Sie kauften den Regalherren, also den Grafen
von Mansfeld, das Kupfer ab, das von den Gewerken an sie abgegeben
werden mußte (sogenanntes Zehntkupfer).

[3] Zu einer auf etwa 7000 Zentner Jahresproduktion berechneten
Saigerhütte gehörten 8 Schmelzöfen, 12 Saigeröfen, 3 Garherden,
3 Treibherden und 2 Dörröfen.

[4] Unter den Antwerpener Kunden der Leutenberger Gesellschaft
nennt Möllenberg neben den Fuggern u. a. „Hans und Jorg Herbart".

großen niederrheinischen Kupfer- und Messingindustrie in Empfang genommen, die in Aachen ihren Mittelpunkt hatte, sich aber bis Köln und Antwerpen hin erstreckte. Insgesamt wurden um 1531 auf allen „Mansfeldischen" Saigerhütten ca. 24 000 Zentner Kupfer jährlich produziert. Davon gingen laut einer Angabe Christoff Fürers 10 000 Zentner nach Nürnberg und 14 000 Zentner nach Frankfurt a. M. und in die Niederlande. Der Osten Europas kam als Absatzgebiet für Mansfeldisches Kupfer nicht in Betracht. Hier dominierten die Fugger mit ihrem ungarischen Kupfer.

Die i n n e r e O r g a n i s a t i o n der Saigerhandelsgesellschaften bietet in mancher Hinsicht ein anderes Bild, als es die meisten uns bekannten Handelsgesellschaften Mittel- und Süddeutschlands zu Anfang des 16. Jahrhunderts zeigen. Die starke Teilhaberschaft nicht kaufmännischer Elemente (Adliger und Gelehrter), die jährliche Generalversammlung der Teilhaber, die jährliche Bilanz und Gewinnausschüttung [1], der Mangel einer bestimmten Zeitdauer und der mehr öffentliche Charakter der Gesellschaften [2], das und manches andere ist hier zu nennen. Es bleibt zu untersuchen, inwieweit wir es hier mit Wandlungen auf die bedeutungsvollste wirtschaftliche Organisationsform der späteren Zeit, mit Wandlungen auf die Aktiengesellschaft hin zu tun haben.

Z w e i t e r A b s c h n i t t.

Die Entstehung der Aktiengesellschaft.

Wir erinnern uns nach den vorangehenden Exemplifikationen, die leider den durchgehenden Gang der Untersuchung etwas unterbrechen müssen, wieder an den zuerst betonten Gegensatz im Wirt-

---

Die Firma hat nichts, wie Möllenberg vermutet, mit den Herbrot zu tun. Gemeint sind vielmehr die Augsburger Hans und Georg Herwart. Vgl. S t r i e d e r , Zur Genesis des modernen Kapitalismus, S. 122.

[1] Generalrechnung von 1532: Item so haben wir uns gesellschafter der saigerhutten unter Leittenberg und Aysfelt samptlich vergleicht und verainicht, das man sol einem jeden pro raitto austaylen und raichen auf jedes hundert aylf gulde . . .

[2] Dieser offenbart sich z. B. darin, daß in den Gesellschaftsverträgen für den Fall von Streitigkeiten unter den Kontrahenten ein öffentliches Organ, etwa der Rat von Nürnberg, als Schiedsrichter

schaftsleben des süddeutschen Frühkapitalismus im 16. Jahrhundert und des deutschen Hochkapitalismus im ·19. Jahrhundert. Hier sahen wir die Führerschaft bei der Aktiengesellschaft, dort bei großen „Familiengesellschaften". Nun ist es über allen Zweifel erhaben, daß die Aktiengesellschaft als Massenerscheinung erst für die Wirtschaft des 19. Jahrhunderts ihre überragende Bedeutung erlangt hat, aber für den Historiker fragt es sich doch auch, wann und wo tritt die neue Form der Kapitalbeschaffung zuerst oder doch zuerst häufiger auf. Nun ist es wiederum fraglos, daß zuerst das 17. Jahrhundert in den kolonialen Handelsgesellschaften (der holländisch-ostindischen Kompagnie usw.) Aktiengesellschaften in größerer Anzahl hervorbrachte, Bildungen, von denen aus sich die Entwicklung in ununterbrochener Überlieferung bis zu den Aktiengesellschaften unserer Tage verfolgen läßt, aber ist damit gesagt, daß im 16. Jahrhundert und früher nicht schon vereinzelte Aktiengesellschaftsbildungen vorkamen? Im besonderen fragt es sich für die deutsche Wirtschaftsgeschichte: Hat der mächtige Aufschwung, den das süddeutsche frühkapitalistische Wirtschaftsleben im 16. Jahrhundert nahm — ein ·Aufschwung, der nur im 19. Jahrhundert eine Parallele findet —, nicht schon aktiengesellschaftliche Organisationsformen hervorgebracht, längst ehe in den Niederlanden und in England die Aktiengesellschaft eine erste Blütezeit im 17. Jahrhundert erlebte?

Bis zu dem Erscheinen von Karl Lehmanns Buch: „Die geschichtliche Entwicklung des Aktienrechtes bis zum Code de commerce" (Berlin 1895) galt es als opinio communis, daß die Heimat der modernen Aktiengesellschaft Italien sei [1]. Die St. Georgsbank in Genua und seit Goldschmidt [2] die genuesischen Maonen (Kolonialgesellschaften) wurden bis dahin allgemein als die ältesten Kapitalassoziationsformen angesehen, die Grundprinzipien der viel später erst vollständig ausgebildeten Aktiengesellschaft enthielten.

---

eingesetzt wird. Man beachte demgegenüber die Ängstlichkeit, mit der die alten Gesellschaften die Öffentlichkeit von sich abzuschließen sch mühten. Vgl. z. B. den Fuggerschen Gesellschaftsvertrag von 1494, jetzt abgedruckt bei J a n s e n , Jakob Fugger der Reiche S. 262 ff., besonders S. 266. Dazu S. 32.

[1] Nähere Angaben über die Begründung dieser Lehre und den geringen Widerspruch, den sie fand, bei K. L e h m a n n , a. a. O., S. 4.

[2] L. G o l d s c h m i d t , Universalgeschichte des Handelsrechts, S. 295.

Karl Lehmann will demgegenüber die Entstehung der modernen Aktiengesellschaft um einige Jahrhunderte später ansetzen. Für ihn sind die Kolonialgesellschaften des beginnenden 17. Jahrhunderts die ersten Aktiengesellschaften von Bedeutung für die moderne Entwicklung dieses Instituts. Also die niederländisch-ostindische Kompagnie, die englisch-ostindische Kompagnie, die niederländisch-westindische und so fort. Zwar leugnet Lehmann nicht, daß die St. Georgsbank in Genua seit dem Jahre 1409 wenigstens eine Aktiengesellschaft war [1], aber er meint, eine Geschichte der Aktiengesellschaft könne sich nicht bei der Tatsache beruhigen, daß im Anfang des 15. Jahrhunderts in einer Stadt Italiens aus einer Verschmelzung von Staatsgläubigergruppen eine Bank hervorging, die durch eine von der Not der Lage erzwungene Ersetzung des Zinses durch Dividenden zur Aktienbank sich umwandelte. Es gälte zu untersuchen, ob darin der Ausgangspunkt für unsere heutige Aktiengesellschaft vorliege, oder ob es sich um eine singuläre Begebenheit handelt, deren Einfluß nicht nachweisbar ist.

Lehmann vertritt schroff die Ansicht, daß ein Zusammenhang zwischen den Aktiengesellschaften des 17. Jahrhunderts und den genannten italienischen Bildungen nicht bestehe. Im „Namen, Gegenstand des Unternehmens, Struktur" usw. liege in den Bildungen des 17. Jahrhunderts „etwas ganz Neues vor". Nun muß allerdings zugegeben werden, daß der Ausdruck Aktie, der in Holland zur Bezeichnung der Anteile an der neuen Art von Erwerbsgesellschaften üblich wurde, auch in den meisten übrigen europäischen Ländern sich durchsetzte [2]; aber es soll doch nicht unterlassen werden, darauf hinzuweisen, daß dies teilweise ziemlich spät und u n t e r   V e r d r ä n g u n g   ä l t e r e r   a u t o c h t h o n e r   A u s - d r ü c k e für dieselbe Sache geschah. In Frankreich taucht erst in den sechziger Jahren des 17. Jahrhunderts an Stelle des älteren „part", „portion", die Bezeichnung „action" auf [3]. In Deutschland ist in den ältesten Octrois, d. h. den obrigkeitlichen Privilegierungen und Bestätigungen der Aktiengesellschaften, von

---

[1] Die von Goldschmidt (a. a. O., S. 295 f.) untersuchten und als Aktiengesellschaften erklärten Maonen von Chios und Cypern hält Lehmann für keine Aktiengesellschaften, S. 17 ff.

[2] Am zeitigsten in den Ländern einer j u n g e n selbständigen, wirtschaftlichen Kultur, in Schweden und Dänemark.

[3] L e h m a n n , a. a. O. S. 9.

„Portionen", „Anteilen" im Sinne von Aktien die Rede. Auch findet hier „die selbst weit später nicht völlig überwundene Auffassung der Aktie als einer Schuld in der Bezeichnung dieser Urkunde als „Obligation", „Obligationsbrief" Andeutung" [1]. England gar hat sich seinen Ausdruck „share" bis heute bewahrt. Auch das folgende verdient gegen Lehmanns Beweisführung eine gewisse Beachtung: Das Wort Aktien wird in Deutschland schon in der Mitte des 16. Jahrhunderts für Inhaberpapiere gebraucht. Im Abschied des Reichstages von Augsburg (1551) heißt es in § 78 ff.: „Neben dem so erfindt sich, daß auch die Juden solche ihre unbillige Schulden und Anforderungen, die sie auf den armen Christen mit höchsten Beschwerden und unziemlichen Vorteil erlangt, a n d e r e n   C h r i s t e n   v e r k a u f e n   u n d   d i e   V e r - s c h r e i b u n g e n   a u f   d i e   K a u f f e r   s t e l l e n   l a s s e n, welche in die armen, übervorteilten Schuldner zu dem hefftigsten dringen und sie etwan gar von Haus und Hoff vertreiben. Diesem zu begegenen sind wir . . . . . dahin entschlossen, daß die Juden hinfürter kein V e r s c h r e i b u n g   o d e r   O b l i g a t i o n vor jemands anders dann der ordentlichen Oberkeit, darunter der contrahirend Christ gesessen, auffrichten." Dann folgt der für uns hier wichtigste Passus: „ . . . . . E s   s o l l   a u c h   k e i n   C h r i s t h i n f ü r t e r   e i n e m   J u d e n   s e i n   A c t i o n   u n d   F o r d e -

---

[1] V i k t o r   R i n g , Asiatische Handelskompagnien Friedrich d. G. Ein Beitrag zur Geschichte des preußischen Seehandels und Aktienwesens, Berlin 1890, S. 238. Interessant ist folgende Definition des Begriffes Aktie, wie sie sich bei P. J. M a r p e r g e r (Neueröffnetes Kaufmannsmagazin, 2 Bde., 4. Aufl., Hamburg 1765, Bd. I, S. 14 ff.), also einem kaufmännischen Fachmann findet: „Actie, Actien ist in Holland wie auch in Engelland und Dänemark der Verkauf der Obligation auf diejenigen Capitalien, die jemand in der Ost- und Westindischen Compagnie hat. Worauf denn die Obligation ihren Nahmen verliert und Actie genennet wird." Der folgende Passus in demselben Artikel bei Marperger zeigt, wie umständlich damals noch der Verkauf der Aktien war: „Zum Einkauf der A c t i o n e n oder Actien bedient man sich eines Mäklers" und wenn das Geschäft abgeschlossen, „so lässet der Verkäufer solche gleich in dem Buche der Compagnie dem Käufer zuschreiben, unterzeichnet auch zugleich unter seiner Hand vor denen Herrn Directoribus eine Quittance, kraft welcher er sein Recht dem Käufer überträgt, hingegen muß dieser die Parthey gleich in Banco abschreiben lassen oder der Transport ist null und nichtig."

r u n g g e g e n e i n e n a n d e r e n C h r i s t e n a b k a u f e n
oder ein Jud als Schuldgläubiger einem anderen Christen solche
A c t i o n e n und Forderungen in einigem Weg cediren oder einigs
Contracts-weiß zustellen bey Verlust derselben Forderung" [1].

Auf die Bedeutung, die der Wunsch der Juden, ihre Forderungen
(d. h. diejenigen, die sie an Christen hatten) zu übertragen, ohne
die geringste Spur ihres früheren Besitzers an ihnen zu lassen, für
die Verbreitung des Inhaberpapiers haben mußte, hat S o m b a r t
neuerdings wieder aufmerksam gemacht [2]. Aus den oben angeführten Verordnungen sieht man, wie häufig die Juden schon
um die Mitte des 16. Jahrhunderts das reine Inhaberpapier an-
wendeten. Hier handelt es sich uns speziell um die Bezeichnung
actio. Es wäre verkehrt, uns darauf hinzuweisen, daß in den genannten Quellenstellen das Wort actio wohl für ein Inhaberpapier
(was die Aktie wohl ist), aber für eine Schuldverschreibung (was

---

[1] Die Bestimmungen sind in der Reichspolizeiordnung von
Frankfurt (1577), Titel XX, § 4 wiederholt. In Tirol wurden die
Verordnungen kräftig gehandhabt, vergl. H i r n , a. a. O., I. Bd.,
S. 425. In Sachsen hat sich das kaiserliche Verbot nicht durchführen
lassen und wurde 1715 (Decisiv-Befehl Friedrich Augusts vom 5. November) aufgehoben. „Allemaßen wir aber bei anderweiter der Sachen
Ueberlegung der Billigkeit allerdings gemäß und zur Beförderung des
Commercii wie auch des Wechselrechts am vorträglichsten befunden,
die . . . . . Frage dahin zu erörtern, daß da euern Anführen nach der
Reichs-Abschied de anno 1551 zusamt der Policei-Ordnung wegen
des Verboths d e r e r J ü d i s c h e n C e s s i o n e n a n C h r i s t e n
in unsern Landen zu einer durchgehenden Observanz nicht gediehen,
vielmehr auf die Validitaet dergleichen Handlungen bei dem Oberhof-
gerichte zu Leipzig gesprochen worden, es in Zukunft noch ferner
also gehalten und alle Cessiones derer Schuldverschreibungen nicht
weniger derer Wechsel-Briefe und Steuerscheine, sie geschehen gleich
von Christen an Juden oder von diesen an jene, sie seien gerichtlich
oder extrajudicialiter geschehen, bei Kräften verbleiben und vor
gültig erachtet werden sollen . . . ." Codex Augusteus I, S. 1190.
(Die erwähnten „Steuerscheine" sind sächsische Landschaftsschuld-
verschreibungen.) Erwähnt mag hier wenigstens werden, daß auch
Papst Paul IV. in seiner berühmten, gegen die Juden gerichteten
Bulle ihnen die Ausstellung fingierter Kontrakte verbietet. § 6:
„Seu christianos quoquo modo gravare aut contractus fictos vel
simulatos celebrare." Bullarium diplomatum et privilegiorum summorum romanorum pontificum. 6. Bd. Augustae Taurinorum, 1860,
S. 499.
[2] Die Juden und das Wirtschaftsleben, S. 86.

die Aktie doch nicht ist) gebraucht wird. Dem muß entgegengehalten werden, daß selbst im 18. Jahrhundert noch in Deutschland die Auffassung der Aktie als einer Schuld nicht völlig überwunden war, was in ihrer Bezeichnung als „Obligation" und „Obligationsbrief" zum Ausdruck kommt[1]. So könnte also das im 16. Jahrhundert in Deutschland für einen Inhaberschuldbrief gebrauchte „actio" auch für die Urkunden, die wir heute Aktien nennen, anstandslos gebraucht worden sein. Ob es tatsächlich dafür gebraucht worden ist, das müssen noch nähere Studien lehren.

Nun ist ferner schon betont worden und soll auch in diesem Zusammenhange nicht geleugnet werden, daß erst seit den holländischen und englischen Gründungen des 17. Jahrhunderts eine ununterbrochene Kette von uns bekannten Aktiengesellschaften bis auf unsere Zeit zu laufen beginnt. Aber es wäre doch methodisch durchaus verfehlt, aus einer Unkenntnis von Aktiengesellschaften zwischen der — auch von Lehmann als Aktiengesellschaft angesprochenen — St. Giorgio-Bank von Genua und den kolonialen Aktienkompagnien des 17. Jahrhunderts den Schluß zu ziehen, es hätten in der Zwischenzeit keine Aktiengesellschaften existiert. Karl Lehmann zieht diesen Schluß nicht. Für ihn bleibt die Frage, ob im 15. und 16. Jahrhundert aktiengesellschaftliche Kapitalassoziationen existiert haben, offen, weil sie ihm irrelevant erscheint. Der genannte Forscher sieht erst mit den Aktiengesellschaften des 17. Jahrhunderts das Charakteristikum der neuen Vergesellschaftungsform gegeben, die Spekulation. Wohl, meint er, „gab es in Italien loca comperarum, sie wurden im Verkehr gehandelt und ihr Kurs war ein schwankender, aber dieses Schwanken war doch nur durch die Bewegungen des Weltmarktes und die finanzielle Lage des Schuldners bedingt. Von Mißbräuchen wie beim Aktienhandel erfahren wir nichts, und sie waren durch die Natur der loca, wenn nicht ganz ausgeschlossen, so doch erheblich eingeschränkt. Es waren ihrer Grundlage nach nicht Dividenden-, sondern Rentenpapiere. Aber acht Jahre nach der Gründung der niederländisch-ostindischen Kompagnie begegnet bereits ein Edikt gegen die Mißbräuche des Aktienhandels, und überall, wo die neue Form auftritt, stoßen wir auf dieselben Erscheinungen, die ungeheuren Kurs-

---

[1] R i n g, a. a. O., S. 238. Auch S c h m o l l e r in seinem Jahrbuch, 17. Bd., S. 988.

8*

schwankungen, das Wechseln des Angebots und der Nachfrage, die Spekulation auf Steigen und Fallen, die Spielwut, das Jobbertum!" [1]

Einer solch hohen Einschätzung des Spekulationselementes bei der Entstehungsgeschichte der modernen Aktiengesellschaft kann ich mich nicht anschließen. Die Tatsache der Erweckung der Spekulation war doch nur ein akzessorisches Moment bei dem Entstehen der neuen Kapitalassoziationsform. Daß die Spekulation nicht n a t u r n o t w e n d i g e r w e i s e an die Aktiengesellschaft geknüpft ist, kann man schon daraus erkennen, daß es eine ganze Reihe von Aktiengesellschaften gab und gibt, die niemals Gegenstand einer Spekulation wurden und werden. Man denke an die vielen Aktiengesellschaften, die dem Gemeinwohl, der Belehrung oder dem gewerblichen Gesamtinteresse eines Ortes dienen. Von den Aktiengesellschaften des 17. Jahrhunderts machte nur eine ganz kleine Anzahl ausgezeichnete Geschäfte und eröffnete damit der Spekulation glänzende Aussichten [2]. Aber von der Mehrzahl der neuen Gründungen konnten kaum und nur mit großer Mühe der interessierten Regierungen die Aktien abgesetzt werden. Die Zeichner brachten — oft sehr unfreiwilligerweise — das Stammkapital als ein Opfer auf, das sie dem Staate darreichten. An eine Spekulation war kein Gedanke.

So wird man denn die Behauptung aufstellen können: Es gab und gibt Aktiengesellschaften mit und ohne Spekulationsgeschichte. Die Tatsache, daß infolge glänzender Geschäfte und daraus resultierender starker Nachfrage nach ihren Aktien schon an einzelne Aktiengesellschaften des 17. Jahrhunderts die Spekulation herangebracht wurde, ist gewiß interessant. Diese Erscheinung zog auch die Blicke der Mitwelt und der nachlebenden Wirtschaftshistoriker auf die betreffenden Institute, aber die Tatsache der hier und da in ihrem Gefolge sich einstellenden Spekulation berührt nicht eigentlich das Wesen der neuen Gesellschaftsform. Die Spekulation ist viel älter als die Aktiengesellschaften des 17. Jahrhunderts. Wir wissen aus verschiedenen Beispielen, wie die Spekulation schon im 16. Jahrhundert in den Niederlanden blühte. Für Waren-

---

[1] L e h m a n n, a. a. O., S. 24 f.

[2] Es waren namentlich die Institute, die ihre Tätigkeit auf dem die ganze niederländische bzw. englische Nation interessierenden Felde des kolonialen Handels entfalteten.

spekulation sei auf den portugiesisch-indischen Pfefferhandel verwiesen, außerdem auf die Objekte, die A. S a y o u s nennt[1]. Auf
die Spekulation in Wertpapieren, z. B. in den berüchtigten Rent-
meisterbriefen haben schon P i r e n n e und andere aufmerksam
gemacht[2]. Eine Spekulation mit Wertpapieren hatte es in Deutschland dann spätestens seit dem 15. Jahrhundert schon (in Berg-
werkskuxen) gegeben[3]. Das wesentlich Neue bei der Aktiengesellschaft war die neue Art der Kapitalassoziation[4]. Mit dem
Aufkommen der Aktiengesellschaft beginnt ein neuer Abschnitt in
der Geschichte der gesellschaftsweisen Unternehmung, in der Geschichte der wirtschaftlichen Assoziationsformen. In der Aktiengesellschaft wird, wenn ich mich so ausdrücken darf, die Form der
Kapitalbeschaffung demokratisiert[5], verallgemeinert, popularisiert.

---

[1] „La speculation dans les Pays-bas au XVIe siècle." In Journal
des économistes 1901.

[2] H. P i r e n n e , Geschichte Belgiens, III. Bd., übersetzt von
Fritz Arnheim, Gotha 1907, S. 348 f. Für Italien vgl. R. P ö h l -
m a n n , Die Wirtschaftspolitik der Florentiner Renaissance und
das Prinzip der Verkehrsfreiheit, S. 86.

[3] Cfr. O p e t , Zeitschrift für Bergrecht 34, S. 308 Anm. 3. Vgl.
auch H o p p e , a. a. O., S. 74 ff. Vgl. aber besonders die Bestimmungen
über den Kuxhandel, wie sie in Spezialordnungen der Landesfürsten
des 16. Jahrhunderts über Bergsachen niedergelegt sind. Zum Beispiel für S a c h s e n , gesammelt im C o d e x A u g u s t e u s ,
II. Teil, S. 140, 212 usw. Ich habe im Anhang einige dieser Bestimmungen, wie sie von den vereidigten Kuxhändlern gehandhabt
wurden, abgedruckt. Für Böhmen vgl. die zweite Joachimstaler
Bergordnung de anno 1541, II. Teil, Art. 91; S c h m i d t , Sammlung österreich. Berggesetze, I, 1, S. 268; A. S a l z , Geschichte der
böhmischen Industrie der Neuzeit, S. 26. Nach O. H u é , Die Bergarbeiter. Historische Darstellung der Bergarbeiterverhältnisse von
der ältesten bis auf die neueste Zeit, I. Bd., Stuttgart 1910, S. 126
wurde auch in Pfalz-Zweibrücken (1565), in Saalfeld (1575), in Hessen-
Kassel (1616) usw. gegen die betrügerischen Kuxkränzler vorgegangen.

[4] „Das Wesen der Aktiengesellschaft liegt in der Kapital-
zusammenfassung und damit der Erhöhung der Leistungsfähigkeit
des zersplitterten Kapitals einzelner kleinerer oder sogar größerer
Besitzer." W. W y g o d z i n s k i , Einführung in die Volkswirtschaftslehre, Leipzig 1912, S. 71.

[5] Eine „Demokratisierung" tritt etwa seit Ende des 18. Jahrhunderts auch in den großen Finanzunternehmungen zutage. Bis
dahin waren die Geldgeschäfte mit den Staatsoberhäuptern von einer
verhältnismäßig kleinen Anzahl reicher Geldmänner mit e i g e n e n

Was schon bei der Ausbildung der kapitalistischen Gewerkschaft im Bergbau in einer für die Verbreitung kapitalistischen Geistes bedeutungsvollen Art geschehen war: die Hereinziehung weiterer vermögender Kreise (Adliger, geistlicher Korporationen, Gelehrter usw.) in die kapitalistische Produktion und in den kapitalistischen Handel, die fortschreitende Erfüllung der Gesellschaft mit kapitalistischem Geiste, dasselbe vollzog sich auch bei der Verbreitung der neuen Form der Erwerbsgesellschaft. Und zwar wurden die neuen Kapitalisten nicht zur „risikofreien" Anteilnahme in der Form von festverzinslichen Einlagen herangezogen, sondern zur Beteiligung zu Gewinn und Verlust (des eingeschossenen Kapitals). Die Voraussetzung dieser „Demokratisierung" ist natürlich die, daß einmal genügend kapitalkräftige und genugsam vom kapitalistischen Geiste erfaßte [1] Personen vorhanden sind, die nicht die Möglichkeit hatten, im eigenen Geschäft ihre Anlage suchenden Kapitalien unterzubringen. Entweder weil sie kein eigenes Geschäft hatten (also Nichtkaufleute waren), oder weil das eigene Geschäft nicht mehr Kapital gebrauchen konnte usw.

Vielfach hat in der ersten Entstehungszeit der Aktiengesellschaften die öffentliche Gewalt den betreffenden Gesellschaften — für Privilegierungen, besonders Monopole, die sie ihnen zuteil werden ließ — die Verpflichtung auferlegt, den Beitritt allen Landeskindern usw. offen zu halten. Also die genannte „Demokratisierung" unterstützt. So war der holländische Typus der Aktiengesellschaft ein „halb im öffentlichen, halb im Privatrecht wurzelndes Verbandsgebilde" [2]. Beispiele städtischer obrigkeitlicher Offenhaltung

---

Mitteln (oder doch mit Mitteln, die i h r persönlicher Kredit zusammengebracht hatte) geführt worden. Aristokratisches Prinzip! Höchste Repräsentanten: die großen italienischen Bankiers des Mittelalters und des 16. Jahrhunderts, die großen süddeutschen Firmen im Zeitalter der Fugger, dann im 17. und 18. Jahrhundert besonders jüdische Geldmänner! Im 19. Jahrhundert wird der Bankier immer mehr nur der Vermittler der großen öffentlichen Anleihen, an denen sich jetzt hunderte, tausende kleiner Geldbesitzer beteiligen. „Demokratisches" Prinzip!

[1] Die anderen nicht vom spiritus capitalisticus durchseuchten Kreise begnügten sich mit der Verwendung ihrer Kapitalien als Rentenanlage.

[2] L e h m a n n , Die geschichtliche Entwicklung des Aktienrechts, S. 8, 30, 33.

einer Aktiengesellschaft für alle — kapitalkräftigen! — Mitglieder der Stadtgemeinde werden wir gleich noch kennen lernen. Es soll im Zusammenhang mit der Aufreihung einiger deutscher Aktiengesellschaften des 16. Jahrhunderts geschehen. Vorher aber noch ein Wort über die Frage, wie stellte sich die Wirtschaftsethik des 16. Jahrhunderts (die, wie wir sahen, noch allgemein die des Mittelalters war) zu den neuen Bildungen? Da ist es nun interessant zu beobachten, wie die Tatsache, daß die kanonische Lehre sich gegen die Einlagen zu festem Zins in die Handelsgesellschaften wandte, — ohne es zu wollen — der Entstehung und Verbreitung der Aktiengesellschaften, dieser eminent kapitalistischen Gebilde, Vorschub leistete. In dem folgenden Falle können wir den angedeuteten ursächlichen Zusammenhang zwischen Wirtschaftsethik des Mittelalters und Aktiengesellschaftsbildung deutlich erkennen. Als es in den siebziger Jahren des 16. Jahrhunderts galt, die Steyrer Eisenhandelskompagnie, die wir als Aktiengesellschaft nachweisen werden, zu gründen, da wurde von deren Befürwortern auch mit betont, daß durch die neue Gründung einer Forderung der strengen Wirtschaftsethiker entgegengekommen würde. Die Steyrer Privatleute könnten das Geld, das sie bisher bei den Eisenverlegern auf Interesse, d. h. zu festem Zins stehen hatten, zu Gewinn und Verlust in die neue Gesellschaft einschießen. Sie entgingen damit der Verurteilung durch die „Prädikanten, die stark gegen die Zinsen predigten"[1]. Tatsächlich erhielt die schon ältere kanonistische Verurteilung der Einlage von Geld zu festem Zins in die Handelsgesellschaften[2] im Verlaufe des 16. Jahrhunderts einen starken Bundesgenossen in der antikapitalistischen Bewegung jener Zeit. Wiederholt wurde auf Reichstagen usw. der Antrag eingebracht, „man solt kain gelt in die gesellschaft fünf von hundert nemen noch geben"[3]. Des längeren heißt es in einem Gutachten einer Reichstagskommission (1522/23): Es sei üblich, „an kaufleut zu

---

[1] Aus der Denkschrift eines der Hauptfreunde der neu zu gründenden Gesellschaft, des Hofkammerrats Adam Wucherer, vgl. F. M. M a y e r , Das Eisenwesen zu Eisenerz in den Jahren 1570 bis 1625 in Mitteilungen des historischen Vereins für Steiermark, 33. Heft (1885), S. 172.
[2] Siehe unten S. 121.
[3] Deutsche Reichstagsakten jüngere Reihe, III. Bd., S. 566. Vgl. auch daselbst S. 557 Anm. 3.

iren kaufhendeln gelt auf zins zu entlehen." Das dürfe nicht geschehen. Es müsse reichsgesetzlich geboten werden, „daß kein
gelt oder geltswert in irgend einem handel oder kaufmannsgewerb,
er sei groß oder klein, gelegt, entlehnt oder eingenommen werde
davon man, on wagniß gewinns oder verlusts gelt oder zins nehme
oder gebe. Ob auch ainiche geselschaft oder sondere personen
solch entlehnt gelt itzt dergestalt bei inen im handel hetten, dieselben sollten dasselb in ainer zeit, wie hernach begriffen steht,
von ihnen thun und bezalen. Dann eben, wie solichs ungötlich
und wucherlich, also ist es auch gemeinem nutz nachteilig und
schedlich, und soll derhalb die straff den lehner und entlehner
zugleich verbinden" [1].

---

[1] a. a. O., S. 584 f. Interessant für die Auffassung der groß-
kaufmännischen Kreise über diese Dinge ist die Erwiderung, die
Peutinger in seinem Gutachten de anno 1530 (Manuskript der Augsburger Stadtbibliothek Cod. 2⁰ Aug. 386, Fol. 196ᵛff.) gibt. Dort
heißt es: „Item aliud assertae consultationis medium, quod mercatores
et societates in negotiationes suas nullam pecuniam pro annuo censu
acceptare deberent etc. non solum est contra ius commune, quod
hisdem non prohibet in eorum vel earum negotiationes pecunias
recipere vel ad competentem censum vel mutuo vel alia debito modo
etiam et si non ad partem, damni vel lucri, cum tempore illo nunc
graviori non omnibus convenit partem vel lucri vel damni expectare
vel bona immobilia emere, sed multo commodius suam pecuniam
ad honestum censum collocare, et cum voluerit ad se retrahere, ut
commodius possint filiis et filiabus suis in dotibus et donationibus
propter nuptias providere.

Item inveniuntur etiam plures honesti viri ex statibus etiam
nobilium, civium, orphanorum et aliorum artificia non exercentium
nec scientium, qui nec serviunt nec se aliter educare vel enutrire
valent, nisi cum iactura capitalis vel ex censibus vel redditibus et
si habent aliquando ultro pecuniam paratam quam ad census ordi-
nare vellent, hos tamen commode emere non possunt, cum bona
immobilia per quosdam alios cum venditioni exponuntur semper
emuntur et ita in magno pretio, quod nunc rarissime quis bona immobilia saltem debito pretio coemere poterit. Et si vellent alias
pecunias suas ad perpetuos census coram aliis magni vel inferioris
status collocare, id propter varios casus et sic cum magno gravamine
cogerentur facere adeo quod se in periculum non solum ratione census
sed etiam capitalis constituerent et debita reemptione carere cogerentur.

Quis autem debite huius modi honestis hominibus cum tali impio
medio praeiudicare vellet vel deberet et adeo ut non possent cum
honestis mercatoribus super pecunia propria ad annuum censum con-

Auch die Monopolienkommission des Reichstags von Augsburg (1530) wandte sich gegen die Aufnahme von Zinsgeld durch die großen Handelsgesellschaften [1]. Und so ging es noch lange fort. Vergeblich hat der vielverkannte Dr. Eck in einer Reihe von öffentlichen Disputationen versucht, die Einlagen in Handelsgesellschaften zum festen Zinssatz von 5 % unter dem schon älteren kanonischen Zinstitel des sogenannten contractus trinus (contractus quinque de centum) [2] zu verteidigen und zu allgemeiner Anerkennung in dem wirtschaftsethischen Urteil seiner Zeit zu bringen. Vergebens wies der genannte Gelehrte auf die starke Verbreitung dieses Geldgeschäftes hin. Es werde, führte er aus, in Augsburg seit vielen Jahren angewendet von Männern und Frauen, deren Gewissenhaftigkeit nicht bestritten werden könne, von einer Menge ehrenwerter Bürger, die überall des besten Rufes und hoher Achtung sich erfreuten, von Frauenklöstern, von gelehrten und rechtskundigen Männern. Und das geschähe seit mehr als 40 Jahren, so daß sich selten ein wohlhabender Mann daselbst finde, der nicht persönlich und dessen Eltern nicht auf solche Weise Geld hingegeben oder empfangen hätten [3].

Es war selbst keine Übertreibung, wenn ein anderer Verteidiger des contractus quinque de centum, der Augsburger

---

trahere, et sic cogere eosdem, se de proprio capitali educare ac in iacturam agere, quod etiam esset contra publicam utilitatem, destructio et perditio plurium statuum imperii Germanicae nationis. Etiam posito, quod societatibus inhiberetur, ne pecunias in negotiationes pro annuo censu acceptarent, quod tamen esset expresse contra ius commune ut ostensum est, tamen non possent inhiberi concambia. Sicut etiam antequam census in usum venerunt, observatum fuit, et si non per census, liceret tamen alia via contrahere."

[1] K. E. F ö r s t e m a n n , Urkundenbuch zur Geschichte des Reichstags zu Augsburg vom Jahre 1530, 2 Bde., Halle 1835, II. Bd., S. 199.

[2] In welcher Art man kasuistisch das 5prozentige Zinsgeld als moralisch erlaubt durch eine Auflösung dieses Geldgeschäftes in drei Kontrakte zu rechtfertigen suchte, siehe J. Schneid, „Dr. Eck und das kirchliche Zinsverbot", Historisch-politische Blätter 108. Bd. (München 1891), S. 255 f.

[3] Aus Dr. Ecks Tractatus de contractu trino, fol. 124 b, 149 b. Cod. Manuscr. Nr. 125 fol. Universitäts-Bibliothek München. Vgl. Historisch-politische Blätter 108, S. 571. Auch K ö n i g , a. a. O., S. 105.

Dr. utriusque jur. Sebastian Ilsung, Richter des Schwäbischen Bundes und Mitglied des Augustinerordens, behauptete, das Geldgeschäft des Contractus trinus sei in der ganzen Christenheit üblich. Trotz alledem vermochte Eck und seine Freunde den Widerstand der allzu strengen Wirtschaftsethiker gegen das fünfprozentige Zinsgeld nicht zu brechen. Sein mannhaftes wissenschaftliches Eintreten für eine freiere Auffassung des Kreditverkehrs hat ihm nur boshafte Verleumdungen und den Ruf eines von den Fuggern bestochenen Skribenten eingebracht und teilweise bis heute bewahrt. Im letzten Drittel des 16. Jahrhunderts scheint eine besonders scharfe Beurteilung des Zinsgeldes die Oberhand bekommen zu haben. Wir hörten oben ja schon von seiner Bekämpfung durch die Prädikanten. „Im Jahre 1565 kam der Contractus trinus vor das Forum der Provinzialsynode von Mailand und wurde verworfen. Diesem Beschlusse trat die Synode von Bordeaux im Jahre 1583 bei. Drei Jahre später verurteilte auch Sixtus V. in der Bulle ‚Detestabilis' den Vertrag, nachdem noch Pius V. für die Herausgabe der Werke des Kanonisten Navarrus, welcher den Kontrakt verteidigt hatte, ein Privileg erteilt und Gregor XIII. die Widmung seines Hauptwerkes angenommen hatte" [1].

Zweifellos hat dabei nicht nur in dem einen eben von uns erwähnten Falle die werdende Aktiengesellschaftsform von der Strömung gegen festverzinsliche Depositen Nutzen und Förderung gezogen.

* * *

Ehe wir uns nun auf die Suche nach faktischen Kapitalassoziationen im 16. Jahrhundert begeben, die auf dem Aktiengesellschaftsprinzip aufgebaut sind, gilt es in erster Linie, noch das folgende zu beachten. Es wäre durchaus verkehrt, die Kennzeichen, die Merkmale unserer Aktiengesellschaften des 19. und 20. Jahrhunderts in ihrer Gesamtheit von den Aktiengesellschaften des 16. Jahrhunderts fordern zu wollen. Die Arbeiten zur Geschichte der niederländischen, der englischen, der preußischen und anderer Aktiengesellschaften des 17. und 18. Jahrhunderts beweisen mit aller nur wünschenswerten Deutlichkeit, daß wichtige Elemente,

---

[1] Historisch-politische Blätter 108, S. 809; auch F. X. Funk, Geschichte des kirchlichen Zinsverbots. Tübingen 1876. S. 58 ff.

mit deren Hilfe wir heute die Aktiengesellschaften von anderen Kapitalassoziationen unterscheiden können, in der Frühzeit der Geschichte des Aktienvereins fehlten [1]. Zum Beispiel fehlte die l e i c h t e Übertragbarkeit der Aktie. Wenn auch die Aktie „regelmäßig übertragbar war, so tritt die Inhaberaktie doch erst seit dem Ende des 17. Jahrhunderts auf und bildet auch im 18. Jahrhundert noch die Ausnahme. Vorherrscht die Namensaktie. Es bedarf der Umschreibung auf den Erwerber, und hin und wieder reserviert sich die Gesellschaft ein Zustimmungsrecht" [2]. Noch bei den asiatischen Handelskompagnien Friedrichs des Großen ist die Veräußerung der Aktien (auch Anteile, Portionen genannt) ein relativ umständlicher Prozeß. Die Aktien waren in einem Aktienbuche verzeichnet. „Die Übertragungsform ist verschiedenlichst geregelt: Wiederholt ist Umschreibung im Aktienbuche schlechthin verlangt; selbst die Erschwerung, daß die Übertragung persönlich oder durch notariell Bevollmächtigten im Aktienbuche eingezeichnet werden muß, andernfalls aber der Vertrag auch bei Auslieferung der Aktie ungültig ist, wird verordnet. Dabei wird, sofern die Umschreibung stattfindet, bald gefordert, daß ein Kompagnieleiter den Transport auf den Rücken der Aktie notiere, bald, von seiten eines Aktionärs, für ausreichend erachtet, daß die Aktie in blanco indossiert sei" [3].

Auch das Merkmal eines festen und ewigen Grundkapitals ist den Aktiengesellschaften in der ersten Hälfte des 17. Jahrhunderts durchaus noch nicht allgemein eigen, ebensowenig wie in jener Zeit schon die Zerlegung desselben in gleiche Anteile vorkommt [4]. In der holländisch-ostindischen Kompagnie stand es laut Gründungsoctroi jedem Aktienzeichner frei, nach zehn Jahren sein Kapital aus der Gesellschaft zu nehmen. In ähnlicher Weise haben notorische Aktiengesellschaften des 17. oder 18. Jahrhunderts oft nicht die

---

[1] Vgl. für das folgende die Ausführungen Schmollers in seinem Aufsatz „Die Handelsgesellschaften des 17. und 18. Jahrhunderts, hauptsächlich die großen Kompagnien", Schmollers Jahrbuch 17. Jahrgang (1893), S. 959 ff., besonders S. 987 ff.

[2] L e h m a n n , a. a. O., S. 26.

[3] R i n g , Asiatische Handelskompagnien Friedrichs d. Gr., S. 238 f. S c h m o l l e r , a. a. O., S. 989.

[4] L e h m a n n , a. a. O., S. 44, 34, 35; R i n g , a. a. O., S. 235 f.; S c h m o l l e r , a. a. O., S. 989.

— heute obligatorischen — Merkmale der j ä h r l i c h e n General-versammlung, der j ä h r l i c h e n Gewinnausschüttung, der be-liebigen Übertragbarkeit der Aktie auf jedermann [1] usw.

Gingen so den Aktienvereinen des 17. und 18. Jahrhunderts Kennzeichen ab, die wir heute als diesen Institutionen obligatorisch ansehen, so hingen andererseits diesen frühzeitlichen Aktiengesell-schaften oft noch Elemente an, die die Fortentwicklung als rudi-mentär abstieß. Zum Beispiel findet sich die Nachschußpflicht, die heute die Aktiengesellschaft von der Gewerkschaft unterscheiden hilft. „Sei es die limitierte Nachschußpflicht, sei es die illimitierte mit oder ohne Abandonierungsrecht" [2]. Mit anderen Worten soll alles das heißen: Wir müssen uns vergegenwärtigen, daß Aktien-vereine (wie alle Institutionen der Geschichte) eine lange Ent-wicklung durchzumachen hatten, ehe sie auf die Stufe gelangten, auf der sie uns heute begegnen. Das gilt für die Aktiengesellschaften des 17. und 18. Jahrhunderts, es gilt natürlich erst recht für die Aktiengesellschaften des ausgehenden Mittelalters und des 16. Jahr-hunderts, die wir im folgenden untersuchen wollen. Gustav Schmoller hat in seinem oben genannten Aufsatz „Die Handelsgesellschaften des 17. bis 18. Jahrhundert, hauptsächlich die großen Kompagnien", der einen Teil seiner bedeutenden Artikelserie „Die geschichtliche Entwicklung der Unternehmung" [3] bildet, die wichtigsten Züge zu-sammengestellt, die den großen Handelskompagnien des 17. und 18. Jahrhunderts gemeinsam waren [4]. Man wird bei einem Ver-gleich des dort Ausgeführten mit dem im folgenden hier Gebotenen finden, daß die charakteristischen Merkmale der Aktiengesellschaften des 17. und 18. Jahrhunderts durchaus auch schon bei den Aktien-gesellschaften des 16. Jahrhunderts vorhanden waren. Namentlich zeigte sich auch bei letzteren schon — auf welche Erkenntnis, wie ersichtlich, in diesem ganzen Werk besonderer Wert gelegt ist —, daß die Mitwirkung der öffentlichen Gewalt bei der Entstehung der neuen kapitalistischen Organisationsform von der größten Be-

---

[1] Im 17. und 18. Jahrhundert durften die Aktien oft nur an Landeskinder übertragen werden.

[2] L e h m a n n, a. a. O., S. 24, 47; R i n g, a. a. O., S 236.

[3] S c h m o l l e r s Jahrbuch für Gesetzgebung, Verwaltung und Volkswirtschaft im Deutschen Reiche, Jahrg. 14—17 (1890—1893).

[4] A. a. O., Jahrg. 17 (1893), S. 985 ff. Dorther auch die folgenden Zitate.

deutung war. Die Handelszweige, welche die Aktiengesellschaften auch schon des 16. Jahrhunderts zeitigten, betrafen „Geschäfte of greater and more general utility, wie Adam Smith sagt, die in den Kreisen ihrer Vaterstadt, ja häufig im ganzen Staate mit Interesse verfolgt wurden, aber anderseits doch nicht als eigentliche Gemeinde- oder Staatsangelegenheit erschienen." Es handelt sich auch im 16. Jahrhundert schon „um ein neues Mittelglied, ein neues eigenartiges Organ, das zwischen die älteren Formen der privaten Unternehmung und Gemeinde und Staat sich einschiebt." Schon die Aktiengesellschaft des 16. Jahrhunderts hat bei ihrer Entstehung „den Charakter einer halb öffentlichen, halb privaten Organisation; sie ruht rechtlich auf einer Anerkennung durch die Staatsgewalt, auf einem Privileg oder Octroi, wie man es damals hieß." Dies vorausgeschickt, wird das folgende besser beurteilt werden können.

Dritter Abschnitt.

Aktiengesellschaften im steiermärkischen und ober-österreichischen Eisenerzhandel[1].

Die Ausbeute der reichen Erzlager des steirischen Erzberg bei Leoben geschah schon im Mittelalter von zwei Punkten aus, von Innerberg, dem heutigen Eisenerz, und von Vordernberg. Die Berechtigung zur Ausübung des Berg- und Hüttenbetriebes stand in beiden Gebieten erblich gewissen Bürgern der Märkte Vordernberg und Innerberg, den sogenannten Radmeistern, zu. Die Vordernberger Radmeister verkauften ihr Eisen nach Leoben (Steiermark), die Innerberger zumeist nach der Stadt Steyr in Oberösterreich. Der Verkauf mag zuerst gegen Barzahlung erfolgt sein. Mit der Zeit aber gewährten die Kaufleute der genannten Städte den meisten Radmeistern Vorschüsse (Verlag) auf das bestellte Produkt[2]. Der Kaufmann sicherte sich auf diese Weise die Lieferung der ihm

---

[1] L. B i t t n e r , Das Eisenwesen in Innerberg-Eisenerz bis zur Gründung der Innerberger Hauptgewerkschaft im Jahre 1625. Im Archiv für österreich. Geschichte, Bd. 89, S. 451 ff. A. v. P a n t z , Die Innerberger Hauptgewerkschaft 1625—1783. In Forschungen zur Verfassungs- und Verwaltungsgeschichte der Steiermark, VI. Bd., 2. Heft, Graz 1906.

[2] B i t t n e r , a. a. O., S. 514 ff.

nötigen Warenmenge, die Radmeister sicherten sich den Absatz, und, was die Hauptsache für die ärmeren unter ihnen war, sie erhielten die Betriebsunkosten vorgelegt.

Dieser Einfluß der Kaufmannschaft der Städte Leoben und Steyr auf die Eisenproduktion wurde nicht geringer als seit dem 14. Jahrhundert mit dem Fortschritte der Technik eine Arbeitsteilung in dem Verhüttungswesen eintrat. Ursprünglich erfolgte nämlich die Verhüttung des Eisens einschließlich der Herstellung von Weicheisen und Stahl am Berge durch die Radmeister. Mit der Zeit aber wurden die feineren, zuletzt genannten Prozesse in besonderen Hammerwerken besorgt, die in der näheren und ferneren Umgebung von Innerberg bzw. Vordernberg von sogenannten Hammermeistern angelegt worden waren. Es ist hier nicht unsere Aufgabe zu untersuchen, aus welchen Bevölkerungselementen sich die Hammermeister zusammensetzten [1]. Es genüge zu wissen, daß sie in den meisten Fällen auf die Dauer nicht kapitalkräftig genug waren, um ohne Vorschüsse ihrer kaufmännischen Abnehmer den Verlag an die Radmeister zu zahlen. Wohl verlegte jetzt also vielfach der Hammermeister den Radmeister, aber den ersteren verlegte doch wiederum der Kaufmann zu Steyr, dem er für die Verlagssumme fertiges Eisen zu liefern hatte [2]. Und nicht selten kam es vor, daß dieser Steyrer Kaufmann, der so als Verleger auftritt, gleichzeitig nun seinerseits wiederum ein Verlegter war. Häufig schloß er mit den Kaufleuten in den österreichischen Eisenniederlagsplätzen und Legorten, wohin er sein Eisen brachte, oder auch mit reichsdeutschen

---

[1] Bittner meint, die ersten Hammerwerke seien wohl von Radmeistern angelegt worden, mit der Zeit aber wären die Radmeister außerstande gewesen, beide Betriebe zugleich zu führen und hätten deshalb die Hämmer selbständigen Besitzern überlassen. Es ist nicht gesagt, daß die von Bittner S. 506 Anm. 1 genannten Eisenerzer Bürger, die von den Grundherren das Recht erhalten hatten, Eisenhämmer anzulegen, Radmeister waren. Die Tatsache, daß noch im 16. Jahrhundert dort Rad- und Hammerwerke zugleich im Besitze ein und derselben Familie waren, läßt sich auch so erklären, daß der Hammerwerksbesitzer dem Radmeister — was die Regel war — Vorschuß gegeben hatte, dieser dann nicht Erz liefern konnte und so das Radwerk in die Hände seines Verlegers geriet (S. 516).

[2] Bittner, a. a. O., S. 531, 542; hier Näheres über die Verlagsformen.

Handelsleuten Lieferungskontrakte ab, bei denen er sich bedeutende
Vorschüsse gewähren ließ [1].

Zu manchen Zeiten traten die nicht in Steyr wohnhaften Kaufleute aber auch wieder direkt mit den innerbergischen Radmeistern
in Verbindung. So wissen wir, daß zu Anfang des 16. Jahrhunderts
die großen süddeutschen Handelshäuser und Gesellschaften mit
den Radmeistern gegen Vorschuß Verlagskontrakte abschlossen,
in denen diese sich zur Eisenlieferung verpflichteten. Das Roh-
eisen, das die Kaufleute auf solche Weise an sich brachten, ließen
sie dann meistens in den inländischen Hammerstätten — nun
natürlich auf dem Wege des reinen Lohnwerkes — weiter verarbeiten. Manchmal besaßen sie auch eigene Hämmer [2].

In den vordernbergischen Gebieten vollzog sich der Geschäftsverkehr zwischen Radwerk und Hammerwerk von Anfang an
durch Vermittlung der Leobener Kaufleute. Die Hämmer waren
hier zu weit von dem Berge entfernt, als daß die Hammermeister
selbst regelmäßig den Einkauf aus den Radwerken besorgen konnten.
Die Leobener Kaufleute sprangen in die Lücke, sie nahmen den
Radmeistern (zumeist natürlich auf dem Wege des Verlagssystems)
ihr „Halbprodukt" ab, verkauften es weiter an die Hammermeister,
um es schließlich nach Fertigstellung wieder zu erwerben [3].

Die Leobener allgemeine Eisenhandelsgesellschaft.
(Aktiengesellschaft gegründet um 1415.)

Zunächst war der Eisenverlag im vordernbergischen Gebiete
von jedem der Leobener Eisenhändler auf eigene Faust getrieben
worden. Höchstens daß sich Handelsgesellschaften einzelner dabei
bildeten. Aber schon um 1415 entstand eine neue Form der Erwerbs-

---

[1] B i t t n e r , S. 609. Es wäre eine dankbare Aufgabe, die
verschiedenen Verlagssystemsformen, die in der Wirtschaftsweise
des Mittelalters und des 16. Jahrhunderts eine große Rolle spielen,
einmal monographisch zu behandeln.

[2] B i t t n e r , S. 542.

[3] „Nur einen geringen Teil und vorzugsweise nicht stahlhaltiges
Eisen durften sie schon Anfang des 15. Jahrhunderts in ihren eigenen
Hämmern verarbeiten." B i t t n e r , S. 514. Einen Teil des Eisens
durften die Eisenhändler von den Hammerwerken auf dem Wege
des Lohnwerks für sich verschmieden lassen. Den größten Teil
dagegen mußten sie für alle Hammermeister frei zum Verkauf stellen.
B i t t n e r , a. a. O., S. 514 Anm. 2.

gesellschaft im Leobener Eisenhandel.   Am 25. Mai 1415 bestätigte
Ernst, Erzherzog zu Österreich, Steiermark, Kärnten und Krain,
Graf zu Tirol usw., daß Richter, Rat und Bürger der Stadt Leoben
„ainer solchen ainung überain worden seind, daß sy das eisen aus
beeden pergen auf ainen gemainen pfening und nuz arbaiten, kaufen
und verkaufen sollen und wellen" [1].   Deutlich ist in einer Urkunde
desselben Fürsten vom 25. Dezember 1421 (datiert Bruck an der
Mur) gesagt, daß es sich um eine „Commune" handelt, in die „yedermann sein gelt legen müge nach seinen stätten [d. h. Vermögens-
verhältnissen] und auch davon aufhebe den gewün, der davon
gefölt" [2].   Herzog Friedrich der Jüngere bestätigte am 29. Januar
1439 die Leobener Eisenhandelskompagnie auf fünfzehn weitere
Jahre.   Die Bestätigung enthält einen interessanten Passus, der
offenbar gegen eine Tendenz der Beherrschung der Gesellschaft
durch wenige ganz reiche Bürger gerichtet war.   Es wurde darin
bestimmt, daß niemand mehr als 100 Pfund Pfennige in die Commune
einschießen dürfe [3].

Über die Schicksale der Leobener Eisenhandelskompagnie und

---

[1] Aus dem Privilegienbuch der Stadt Leoben, Fol. 42.

[2] Privilegienbuch der Stadt Leoben, Fol. 47b. A. v. M u c h a r ,
Geschichte des Herzogtums Steiermark, 7. Bd. (Graz 1864) hat bei
dieser Urkunde die Datierung irrtümlich aufgelöst, da damals der
25. Dezember in der fürstlichen Kanzlei als Jahresanfang galt.   Es
muß also richtig heißen: 25. Dezember 1421.   Auch die andere
Urkunde, die sich auf die Leobener Eisenkommune bezieht, hat Muchar
falsch datiert; muß heißen 12. Dezember 1421.   Der darin genannte
Landschreiber heißt L. Stubiar.

[3] Vgl. J o s. C h m e l , Geschichte Kaiser Friedrich IV., I. Bd.,
Hamburg 1840, S. 392 Anm. 1.   „Daz wir durch aufnemens willen
unsrer stat ze Leuben und sunderlich umb ainen g e m a i n e n
n u c z a l l e r u n s e r burger daselbs denselben unsern burgern
vergunnet und erlaubt haben wissentlich mit dem brief, daz si ain
commaun mit dem kauf des geslagen eisens und der maeß daselbs
halten sullen . . . . . und dann darumb der kauf von denselben unsern
burgern umb ainen gemainen phenning beschehen sol, doch daz die
radmaister und arbaiter, so solchs geslagen eisen und meß verkaufen
mit der bezalung des gelts nicht gesaumbt werden.   Und in dasselb
commaun sol und mag a i n j e d e r g e s e s s n e r b u r g e r daselbs
zu Leuben sein gelt legen als vil er dann wil nach seinen statten
[Vermögen], d o c h ü b e r h u n d e r t p h u n t p h e n n i n g
n i c h t und auch davon aufheben den gewin, der davon gevellet,
nach geleicher anzal ungeverlich."

über ihre Organisation im einzelnen dürfte namentlich aus dem schönen Archiv der k. k. steiermärkischen Statthalterei zu Graz reichliches Material zu schöpfen sein. Eine lohnende Monographie zur Geschichte der Unternehmung scheint mir hier gegeben. Uns muß an dieser Stelle der Hinweis auf die neue Unternehmungsform genügen, die sich in der Leobener Eisenhandelskompagnie zeigte. Die Einzelheiten der Organisation solcher allgemeiner Eisenhandelskompagnien ergeben sich aus der folgenden Geschichte der allgemeinen Steyrer Eisenhandelskompagnie, über die wir besser unterrichtet sind.

Die Gründung der Steyrer allgemeinen Eisenhandelskompagnie-Aktiengesellschaft (1582).

Im Gegensatz zu Leoben, wo sich, wie wir sahen, früh eine allen kapitalbesitzenden Bürgern zugängliche „allgemeine" Eisenhandelsgesellschaft bildete, hat Steyr, die Beherrscherin des innerbergischen Eisenwesens, erst im 16. Jahrhundert eine entsprechende Kapitalassoziation gesehen [1]. Bis dahin hatten kapitalkräftige Steyrer Bürger den Verlag der Hammer- bzw. Radmeister, sowie den Weiterverkauf des auf dem Wege dieses Verlagssystems gewonnenen Eisens einzeln oder in den üblichen Gesellschaftsformen des Mittelalters betrieben [2].

---

[1] Wenn wir dem Bericht des kenntnisreichen Hans Steinberger aus Schladming vertrauen dürfen! Hans Steinberger war zu einem Gutachten über die Frage der wirtschaftlichen Zweckmäßigkeit einer Steyrer allgemeinen Eisenhandelsgesellschaft aufgefordert worden. Das interessante Schriftstück, in dem er seine Aufgabe zu lösen versuchte, und auf das wir später noch näher zu sprechen kommen, ist abgedruckt bei V. P r e u e n h u b e r , Annales Styrenses, Nürnberg 1740, S. 297 ff. Übrigens hatten die Steyrer schon 1531 einmal vorgehabt, „die Eisenhandlung in ain Handt und gemaine Gesöllschaft zu bringen". Mitteilungen des historischen Vereins für Steiermark, 33. Heft, S. 173.

[2] „Als zum Exempel so etwan ein Hammerwerck in 6, 7 und 8 tausend Gulden Verlag bedarff, und es nun nicht jeden gemeinen Bürgers Vermögen ist einen solchen Verlag zu tun, da möchten 2—4 zusammen legen und eine besondere Gesellschaft anrichten, damit sie ein Hammer-Werck verlegen und einen Handel führen und erschwingen könnten." Aus dem Gutachten Steinbergers. P r e u e n - h u b e r , a. a. O., S. 301.

Zunächst war dabei die Unternehmungsorganisation so beschaffen gewesen, daß jeder Bürger an dem Verlag sich beteiligen konnte und daß selbst Mitglieder des Adels in den Verband der Stadtgemeinde eintraten, um daran teilnehmen zu können. Mit dem Verlaufe des endenden 15. und 16. Jahrhunderts jedoch bildete sich ein abgeschlossener Stand von Verlagsherren heraus. Das waren größtenteils eingewanderte Familien, die den zu Ende des 15. Jahrhunderts gesunkenen Wohlstand der Stadt wieder hoben und selbst dabei reich wurden. In ihren Händen ruhte besonders seit den vierziger Jahren des 16. Jahrhunderts völlig der Eisenverlag. Die übrigen Bürger waren von dem Eisenhandel und Eisenverlag ausgeschlossen [1]. Eine gesamte erwerbsgesellschaftliche Vereinigung der Verlagsfirmen fand zunächst nicht statt. Jede arbeitete im Eisenverlag und Eisenhandel auf eigene Faust [2]. Erst 1582 trat hierin eine wichtige Änderung ein, die nun auch der Stadt Steyr eine „allgemeine Eisenhandelskompagnie oder Sozietät" brachte, wie sie Leoben vor mehr als 1½ Jahrhunderten schon besessen hatte.

Wenn man sich fragt, warum die bisherige Organisation des Steyrer Eisenhandels und Eisenverlags aufgegeben wurde, so muß man zwei Ursachenkomplexe unterscheiden. Einmal drängten die Bürger von Steyr, die nicht zu der führenden, den Eisenhandel und Verlag innehabenden Ratsklique gehörten, zu einer Öffnung

---

[1] B i t t n e r , a. a. O., S. 540 f. Es gab etwa 20—30 solcher Verlagsfirmen in Steyr. Manche von ihnen besaßen „auch Rad- und Hammerwerke, in deren Besitz sie wohl zumeist durch die Zahlungsunfähigkeit zahlreicher Rad- und Hammermeister am Anfange des 16. Jahrhunderts gekommen waren." Die Verlagshäuser waren durch Interessengemeinschaft miteinander verbunden, zumeist auch verwandt und verschwägert und beherrschten den Rat vollkommen. Viele brachten es zu bedeutendem Reichtum, den sie dann in Grundbesitz und Rittergütern anlegten und zur Gewinnung von Adelspatenten benutzten.

[2] Über das Wesen und die Organisation der sogenannten Gesellschaft des gestreckten Stahls ist aus der Literatur kein Aufschluß zu gewinnen. Möglicherweise läßt sich aus Archivmaterial der Nachweis erbringen, daß wir es auch in dieser Gesellschaft (die Sachfirma deutet, wenn auch nicht unbedingt sicher, darauf hin) mit einer ähnlichen Organisation zu tun haben, wie die Steyrer Eisenhandelskompagnie eine wurde. Etwas Näheres über die Tätigkeit der interessanten industriellen Großunternehmung der Gesellschaft des gestreckten Stahles weiter hinten.

der bisherigen Schranken im Eisenverlag. Schon 1511 hatte einer
der Artikel der mit dem Stadtregiment unzufriedenen Handwerker-
schaft das befürwortet[1]. Nun hätten aber solche Wünsche der
niederen Stadtbevölkerung niemals durchdringen können, wenn
nicht im Verlaufe des 16. Jahrhunderts im Eisenverlage Mißstände
eingerissen wären, die ein Eingreifen der österreichischen Regierung
notwendig erscheinen ließen. Der Verlag der Hammermeister bzw.
der Radmeister war über den kapitalistischen Interessen der Verleger in Unordnung geraten[2]. Eine Anzahl der ärmeren Rad- und
Hammermeister konnte keinen Verleger finden, andere arbeiteten
mit Defizit. Die Folge war eine starke Verbitterung unter den
Rad- und Hammermeistern und die Erkenntnis auf Seiten der
Regierung, daß man von dem bisher geübten System, einzelnen
Kapitalisten den Verlag zu überlassen, abgehen müsse. In jenem
Übereifer, der den Merkantilismus namentlich in seiner Frühzeit
oft kennzeichnet, trat Erzherzog Karl — wir werden diesem
Herrscher noch bei anderen Verstaatlichungen begegnen — mit
dem Projekt hervor, den „gesamten Rauheisenhandel (Eisenverlag und Verkauf) auf landesfürstliche Kosten zu betreiben."
Erst als man ihn auf rechtliche Bedenken und besonders auf das
wirtschaftlich unrationelle eines solchen Verfahrens aufmerksam
machte[3], stand er davon ab. Dafür glückte es der Regierung
nach langem Drängen und nach ausgedehnten Unterhandlungen
mit dem Steyrer Rat, den Eisenhandel (Verlag und Großverkauf)
an eine neu zu gründende, allgemeine Eisenhandelskompagnie zu
bringen, also an eine Kompagnie, zu der die Teilhaberschaft in
beliebiger Höhe jedem kapitalbesitzenden Bürger offenstehen sollte.
In beliebiger Höhe wenigstens zunächst und solange es nicht sicher
war, ob das nötige Kapital gezeichnet werden würde. Für später
ist in dem Statutenentwurf eine Limitierung der Einlagen vorbehalten. Sie sollte gegebenenfalls so vor sich gehen, daß die
Bürgerschaft in drei Reichtumsklassen eingeteilt und für jede eine
bestimmte Obergrenze der Einlage festgesetzt wurde. Eine solche
Limitierung sollte geschehen, „damit der Reich den Unvermugigern

---

[1] „Gemeine Stadt könnte durch solchen Handel in groß Aufnehmen kommen, wo solcher auf dieselbe geleitet würde." P r e u e n
h u b e r , a. a. O., S. 195.
[2] B i t t n e r , S. 599 ff.
[3] B i t t n e r , a. a. O., S. 600 Anm. 2.

hierinnen wo diese Gesellschaft nütz- und gewinnlich sein würde, nicht engen oder mit zu villem Leggeld an seiner Nahrung hindern möge"[1].

Es war der Regierung nicht leicht gemacht worden, die neue allgemeine Kompagnie durchzusetzen. Zum Teil aus egoistischen, zum Teil aus altruistischen Gründen hatte man sich in Steyr und sonst der Neuerung widersetzt. Auf die Mängel alles Kompagniewesens hatte in feinen Bemerkungen voll tiefer ökonomischer Sachkenntnis besonders Steinberger aufmerksam gemacht. Er hatte betont, „daß in Gesellschaften nicht so genau und treulich hausgehalten wird, als wohl jeder sonsten für sich selbsten thut, sondern die tägliche Erfahrung giebt es, daß man weit schlechtere Ordnung führet, schwere Unkosten aufgehen läßt, als einer allein, daß also immer einer auf den andern wartet, einander nicht folgen, die wichtigsten Rathschläge oft fürziehen und viel Hirten selten wohl hüten. Und ob man schon lang flicket und mit Verschreibungen den Sachen helfen will, so geschicht es doch gemeiniglich, daß Nachlässigkeit, Unfleiß und Liederlichkeit die Oberhand behalten." Käme es aber vor, daß „die Regierung der Gemeinschaft in ordentlicher und fleißiger Leut Hände kommt", so dächten diese oft nur an ihren eigenen Vorteil und versuchten „mit Hilfe etlicher, die sie an sich hängen und die im Handel verwandt seyn, ihre Mitverwandten hart zu drucken, wie dann schon große Gesellschaften hiedurch zerfallen seyn." Schließlich wies Steinberger auf die demoralisierende Wirkung des Verdienstes ohne Arbeit in den vollkommenen Kompagnien hin. „Und was den andern Punkt anbetrifft, daß es nemlich um eine vollkommene Compagnie was schönes sey, gestalten ihrer viel Bürger ihr Geld darein legen könnten, hätten ihren Gewinn jährlich zu gewarten und könnten sich also gar fein nähren und ruhig leben. So ist hierauf diss meine Antwort: Daß solches ein rechtes Verderben ist der edlen Jugend und groß Verderben vieler Leute. Als zum Exempel, weil die Bürger der Stadt Augspurg unverdrossen gereist, Gewerb und Handthierung mit vieler Mühe geführet, hat Gott ihre Arbeit gesegnet, daß sie in groß Aufnehmen erwachsen. Da aber ihrer viel von Mühe und Arbeit abgelassen, ihr Geld auf Interesse angelegt und davon gelebet haben, da ist bey ihnen nichts als Müßiggang, Faulheit, Pracht, Stoltz, Wollust und Geldverthun erfolget und da hernach die Inter-

---

[1] Näheres vgl. § 3 des Statuts.

essen bey den Potentaten nachgelassen, so ist nicht allein das Verderben der Stadt erfolget, sondern es haben auch die Bürger zur
Handthierung und Arbeit den Lust nebst der Erfahrung und Ge-
schicklichkeit verlohren und gehet bis dato noch mit schwehrer
Mühe zu, daß sie sich in Mühe und Arbeit begeben und sich dardurch
wieder erholen. Eben also kan auch die Stadt Steyer zu viel höherer
Wohlfahrth und Aufnehmen an Mannschaft und Vermögen steigen,
so ihrer viel arbeiten, durch Reisen und Handthierung ihre Nahrung
suchen, als wann sie sich auf das bloße Interesse oder Gewinn, den
ihnen andere erwerben sollen, begeben und verlassen" [1].

Alle gut- und auch schlechtgemeinten Abratungen von der
Durchführung einer allgemeinen Steyrer Eisenhandelskompagnie
fruchteten nichts. Ihre Eröffnung wurde nur um so eifriger betrieben. Aus Beratungen eines weiteren und eines engeren Ausschusses der Bürgerschaft von Steyr und zweier kaiserlicher Ab-
gesandter ergab sich ein Statut (Hauptordnung genannt) [2] für die
neue Gesellschaft, das wohl im wesentlichen angenommen wurde.
Das Statut legte etwa folgende Organisation der Gesellschaft fest.
Der neuzugründenden Kompagnie wurde der Eisenverlag und
Eisenvertrieb als Monopol staatlicherseits [3] übertragen (§ 1). Das
heißt: der Eisenverlag und der Eisenhandel wurde den privaten Eisenhändlern entzogen und der Kompagnie vorbehalten. Die bisherigen privaten Träger dieser Geschäftszweige erhielten die Aufforderung, bis zum Martinstag 1582 mit den von ihnen verlegten
Hammermeistern abzurechnen. Das Eisen, das sie bis dahin noch
in Händen hatten, durften sie, falls es die Kompagnie nicht übernahm, noch privatim verkaufen (§ 16). Später konnten sie ihre
Kapitalien, sofern sie sie nicht anderweit anlegten, nur noch in der
Kompagnie arbeiten lassen. Der Verlag der Hammermeister durch
die neuzugründende Kompagnie hatte gemäß den Bestimmungen
der staatlichen Eisenordnungen zu erfolgen, wie sie bisher für die
Privathändler gegolten hatten [4].

---

[1] P r e u e n h u b e r , Annales Styrenses, S. 300/1.
[2] Ich habe die wichtigsten Teile des Statuts im Anhange dieses
Buches abgedruckt.
[3] Eine besondere landesfürstliche Verordnung sollte bei Beginn
der Gesellschaft das Nötige publizieren (§ 16).
[4] Ich gehe hier nicht näher auf die Verlagsordnung ein. Näheres
bei Bittner.

A l s N a m e für die Gesellschaft ist der Ausdruck „Compagnia oder Gemeinschaftseisenhandlung" in dem Statutenentwurf gebraucht. Auch die Bezeichnungen „Gemeine Eisenhandlung", „Völlige Gesellschaft", „Gemeinwesen" und ähnliche kommen vor. Das oben genannte Gutachten Steinbergers spricht von der „vollkommenen Kompagnie". Die hervorragende Rolle, die die Stadt Steyr als solche in der Gesellschaft spielte, — wir kommen hierauf noch zu sprechen — drückt sich in der Bezeichnung aus: „Eisenhandel bei der Stadt so unter dem Namen und Titel der Stadt Steyr solle ausgehen." Die Kompagnie sollte, wenn irgend möglich, für ihre Buchhalterei und Kasse im Rathaus eine „wohlbewahrte" Schreibstube erhalten. Ihre Schriftstücke (mit Ausnahme der Obligationen) hatte sie mit einem eigenen „Hand-Petschaft" zu siegeln. Auf dem Siegel war das Wappen der Stadt, ein Panther, zu sehen und die Unterschrift zu lesen: „Stadt Steyr und die gemeine Gesellschaft der Eisenhandlung allda" (§ 7).

Der Beitritt in die Gesellschaft sollte jedem geschworenen Bürger von Steyr, gleichgültig, ob er Kaufmann oder Handwerker war, offenstehen [1], der imstande war, ein Kapital — zumeist wird statt dieses Ausdrucks, der auch schon üblich ist, die Bezeichnung Leggeld gebraucht — von mindestens 100 fl. einzuschießen. Es war gleichgültig und wohl auch schwer zu kontrollieren, ob der Bürger Einlage „aus eigenem Gut geschehe" oder von „sonsten anderwärts aufgebracht" war. Die Höhe der Einlage war nach oben unbegrenzt. Kleinere Einlagen als 100 fl. wurden nicht angenommen. Jeder Gesellschafter erhielt einen „sonderen gefertigten Schein", der, mit dem Siegel der Kompagnie gesiegelt und vom Buchhalter unterzeichnet, seine Mitgliedschaft in der Gesellschaft und die Höhe des eingelegten Kapitals bestätigte [2].

War die Konstituierung der Gesellschaft erfolgt, so sollten neue Mitglieder nur jeweils am Jahresschlusse nach Abschluß der Jahresrechnung aufgenommen werden. Wenigstens in den ersten vier Jahren. Später sollte die Aufnahme neuer Mitglieder nur alle zwei Jahre nach Schluß des Geschäftsjahres erfolgen können.

---

[1] Vgl. § 5 und 6 des Statuts. Auch die holländischen Kompagnien des 17. Jahrhunderts waren zuerst nur Holländern offen. Hansische Geschichtsblätter 1911, S. 239.

[2] Nach § 6 ist dem Texte des Statutentwurfs das Formular eines solchen Mitgliedschaftsscheines beigefügt. Cfr. Anhang.

Meldeten sich nach Beginn der Gesellschaft zu viele Kapitalisten zur Mitgliedschaft in der Kompagnie, so daß es denjenigen, die zuerst eingetreten waren und das Risiko des Anfangs auf sich genommen hatten, nachteilig und der Gesellschaft schädlich erschien, dann sollte es in der Macht des Vorstandes der Gesellschaft liegen, die Beitrittswilligen abzuweisen (§ 6).

Die Einlagen waren vier Jahre unkündbar (§ 4). Dann mußten sie, wenn der Gesellschafter nicht in der Kompagnie verbleiben wollte, halbjährlich gekündigt werden. Nur im Falle erweislicher und unumgänglicher Not und unter der Voraussetzung, daß es der Gesellschaft möglich und unschädlich war, konnte ein Gesellschafter seine Einlage ganz oder teilweise früher zurückziehen. Natürlich wurden dann dem ausscheidenden Gesellschafter die Verluste, die die Gesellschaft während seiner Teilhaberschaft gehabt hatte, abgezogen.

Im Falle des Todes eines der Gesellschafter sollte ebenfalls der Witwe oder den Kindern oder auch den Gläubigern auf Wunsch die Einlage schon vor dem Ablauf der vier Jahre ausgehändigt werden [1]. Die Aushändigung geschah nach halbjähriger Kündigung an den „t r e u e n B r i e f f s - I n h a b e r". Und zwar im Falle die Kapitaleinlage 500 fl. nicht überstieg, in Jahresfrist, sonst im allgemeinen in vierjährigen Raten [2]. Auf Wunsch konnte auch in zwei Jahren die gesamte Rückzahlung erfolgen. In beiden Fällen partizipierte selbstverständlich der ausscheidende Gesellschafter nur für die in der Kompagnie verbleibende Summe pro rata am Gewinn. Vorausgesetzt, daß die Erben Bürger von Steyr waren. Im anderen Falle oder wenn die Erben die Stadt verließen, nahmen sie für den Rest der Einlage nicht mit am Gewinn teil, sondern die Einlage wurde ihnen mit 5 % pro anno verzinst.

Wollten dagegen die Erben eines verstorbenen Teilhabers oder die Gläubiger eines Teilhabers das ihnen zustehende Kapital in der Gesellschaft stehen lassen, so war ihnen das unverwehrt. Waren sie Bürger, so nahmen sie am Gewinn und Verlust teil wie die anderen Gesellschafter auch; wenn nicht, wurde ihr Kapital mit 5 % verzinst (§ 14).

---

[1] Unter Abzug natürlich auch hier der Verlustquote an den „gar ungewissen und für verlohrn befundenen Schulden".

[2] Vgl. hierüber außer § 4 auch § 14, wo eine teilweise Wiederholung des in § 4 Gesagten sich befindet.

Außer den Einlagen der Gesellschafter sollte das Kapital der Kompagnie aus festverzinslichen Anleihen (Obligationen, Schuldverschreibungen) [1] aufgebracht werden [2]. Für diese Anleihen und für die regelmäßige Zinszahlung hafteten die Güter der Stadt Steyr und die Güter der Gesellschaft unbedingt [3]. Der Darleiher oder der Inhaber der Obligation war, im Falle er sein Geld zurückziehen wollte, zu halbjähriger Kündigung verpflichtet, wie anderseits die Kompagnie ihm sechs Monate vorher die Abstoßung ansagen mußte.

Als Darlehen wurden auch die Mündelgelder, die in städtischem Gewahrsam waren, in die Gesellschaft gelegt und mit 5 % verzinst (§ 11). Im übrigen dürften diese Darleiher wohl dieselben Kaufleute sein, die früher mit den privaten Steyrer Eisenhändlern ihre Vorschußkontrakte abgeschlossen hatten [4].

Zu Leitern der Geschäfte der Kompagnie wurden vom Rat vier Teilhaber der Kompagnie gewählt, zwei davon mußten Mitglieder des Rats sein, zwei nicht. Nach zweijähriger Dienstzeit schieden die zwei älteren dieser Häupter der Gesellschaft aus ihrem Posten und wurden durch zwei neue Kompagniemitglieder ersetzt [5]. Die vier Leiter sollten „der Gesellschaft Häupter" sein. Sie sollten „die Obhandt" über das ganze Gesellschaftswesen haben. Die gleich noch zu erwähnenden Beamten der Gesellschaft waren ihnen untergeben und zu Gehorsam verpflichtet. An gewissen Tagen und Stunden hatten sich die Leiter allesamt oder doch nach Verabredung je zwei von ihnen in der Schreibstube der Kompagnie aufzuhalten. Sie hatten zuzusehen, „was allerorts vorgefallen und was zu handeln von nöten", um dann das Notwendige zu veranlassen. In wichtigen Fragen konnten sie sich noch einige andere Mitglieder der Kompagnie kooptieren. Eine Besoldung des „Aufsichtsrates"

---

[1] Wie das ja auch heute bei unseren Aktiengesellschaften geschieht.

[2] Vgl. § 9 und vorher gelegentlich Gesagtes. In § 9 ist das Formular einer solchen Schuldverschreibung gegeben.

[3] Sollte ein Darlehensgeber lieber nur die Garantie der Stadt haben wollen, so solle die Kompagnie der Stadt einen Revers ausstellen, auf Grund dessen sie der Stadt gegenüber die Mithaftung mit ihren Gütern übernahm (Ende von § 9).

[4] Siehe oben S. 126 f. und B i t t n e r , a. a. O., S. 609; P a n t z , a. a. O., S. 6 ff.

[5] Während der ersten vier Jahre sollte diese Neubesetzung tunlichst unterbleiben.

erfolgte nicht, aber alljährlich erhielten die Leiter eine „gebürliche Verehrung" für ihre gewiß nicht geringe Mühewaltung.

Außer den vier Leitern sollten aus der Reihe der vornehmsten und tüchtigsten Gesellschafter sodann zwei Kassierer erwählt werden. Nach Ablauf eines Jahres wurde einer von ihnen durch einen neuen Kassierer ersetzt, so daß der Kontinuität der Geschäftsleitung wegen immer ein neuer und ein alter Kassenführer amtierte. Die Kassierer hatten bei ihrem Amtsantritt dem Rat als Vertreter der Gesellschaft Handgelöbnis abzulegen, daß sie ihre Stellung treulich ausfüllen und nicht mit den Gesellschaftsgeldern eigennützige Zwecke verfolgen wollten. Jeder der zwei Kassierer hatte einen anderen Schlüssel zur Kasse, die mit zwei verschiedenen Schlössern verwahrt war, so daß sie nur stets gemeinsam öffnen konnten. Auch die Kassierer erhielten keine feste Besoldung. Nur eine „Verehrung" wurde ihnen zuteil, deren Höhe sich nach dem Geschäftsgang und ihren Dienstjahren richtete.

Das Rechnungswesen der Kompagnie hatte ein Buchhalter zu versehen. Er sollte womöglich ein Steyrer Bürger sein. War unter der Bürgerschaft kein für einen solchen Posten tauglicher Mann zu finden, so durfte es ein Auswärtiger sein. Doch sollte er bald unter die Bürgerschaft eintreten. Ein besonderer Treueid wurde ihm abgenommen, sein Geschäftsbereich ihm durch eine eigene Instruktion vorgezeichnet [1]. Jede Geschäftätigkeit außerhalb der Kompagnie, die der Gesellschaft zum Schaden gereichen konnte, war dem Buchhalter verboten. Als Lohn erhielt er „eine billige und ziemliche Jaresbesoldung".

Außer dem Buchhalter waren vier festbesoldete Beamte (Diener, Faktoren, Händler) für die Kompagnie tätig. Ihnen fiel die Hauptarbeit in der Gesellschaft zu. Zwei von ihnen sollten den Verlag an die Hammermeister abführen, das Eisen in den Hämmern auf seine Güte prüfen (Beschau) und dann in die Magazine der Gesellschaft bringen, die am Ennsufer zu Steyr errichtet waren. Die zwei anderen Faktoren übernahmen sodann den Vertrieb des Eisens im In- und Auslande. Es war ihre Pflicht, die großen Eisenmärkte zu Linz, Freistadt und Krems zu besuchen, um hier und anderwärts Abschlüsse mit den Großabnehmern zu vereinbaren; sie mußten

---

[1] Die Instruktion entstand aus einem Auszug der entsprechenden Paragraphen der Hauptordnung.

Gelder für geliefertes Eisen kassieren und zur Kasse der Kompagnie bringen usw. usw. Die vier Faktoren hatten wieder eigene Diener unter sich, auch mußten sie sich Pferde halten und andere Ausgaben bestreiten. Die Bezahlung dieser Spesen hatte von ihrem Jahresgehalte zu erfolgen. Der Buchhalter, die Faktoren, aber auch die Kassierer waren während ihres Dienstes von allen städtischen Ehrenämtern befreit, damit sie ihre ganze Arbeitskraft und Zeit in das Wohl der Gesellschaft stellen konnten. Auch die festbesoldeten Angestellten durften und sollten ihre Kapitalien in der Kompagnie anlegen, damit sie um so mehr an deren Wohlergehen interessiert waren.

Buchhalter, Kassierer und Faktoren hatten sich den Anordnungen der vier Leiter der Kompagnie unbedingt zu fügen, sie sollten wichtige Handlungen erst nach Beratschlagung mit ihnen vornehmen. Der Buchhalter insbesondere mußte den Leitern so oft sie es verlangten eine Bilanz vorlegen. Bedurfte er Hilfspersonen, so hatte er sie auf eigene Kosten anzustellen und für ihr Wohlverhalten zu haften. Ebenso hatten die vier Faktoren den Leitern genaue Rechnung über ihre Geschäftätigkeit zu geben. Auf Grund der Berichte der Buchhalter, Kassierer und Faktoren mußten die Leiter vierteljährlich einen Bericht über den Geschäftsgang dem Rat der Stadt Steyr zustellen (Ende von § 10).

Am Jahresende traten die vier Leiter, unterstützt von noch vier anderen Gesellschaftern, die aus der Zahl der kapitalstärksten Teilhaber zu wählen waren, mit den Faktoren und dem Buchhalter zur Aufstellung und Kontrollierung der Jahresbilanz zusammen (§ 12). Dem Rat war eine Abschrift der Bilanz zu übergeben. Auf Grund der Bilanz erfolgte spätestens 14 Tage nach ihrem Abschluß die Gewinnverteilung (§ 13). Die Empfänger hatten zu quittieren. Nur im Falle der Not und mit Zustimmung und Wissen aller Gesellschafter durfte die Gewinnausschüttung verzögert werden.

Die Gesellschaft behielt sich vor, später Änderungen des Statuts vorzunehmen, wenn es in ihrem und der Stadt Steyr Interesse notwendig erschiene. Doch sollte hierzu das Einverständnis des Landesherren erforderlich sein und die staatliche Eisenordnung nicht dabei verletzt werden (§ 18). Namentlich behielt sich die Gesellschaft eine gelegentliche Erweiterung ihres Geschäftskreises vor. Wenn es ihr angebracht erschien, sollte später auch die gesamte Eisen- und Stahlverarbeitungsindustrie von Steyr unter ihr Monopol fallen (§ 17). D. h. die Kaufleute, die bisher die Messer, Sägen, Sicheln und Nägel herstellenden Handwerker verlegt und deren Produkte verkauft hatten, sollten dieses „Gewerbebetriebs" verlustig gehen und ihre Kapitalien — wenn sie wollten — in die Kompagnie geben. Vorläufig scneiterte die Forderung an der Unmöglichkeit, viele Tausende von Gulden auch noch für diesen Verlag aufzubringen und an dem Widerspruch der Interessenten. So erklärten die Messer- usw. Verlagskaufleute sich nur unter der Bedingung zum Beitritt in die allgemeine Kompagnie bereit, daß ihnen der Messer- usw. Verlag und Verkauf offen bliebe [1].

Dagegen wurde die „Gesellschaft des gestreckten Stahls" der allgemeinen Kompagnie einverleibt (§ 1 des Statuts). Die „Gesellschaft des gestreckten Stahls" war um 1516 gegründet worden [2]. Sie schloß, unter erzherzoglicher Genehmigung, zum Zwecke des Verlags von Vorderkernstahl mit den Hammermeistern von Weyer und Umgebung Verlagsverträge ab, „wonach diese allen von ihnen in den welschen Hämmern aufgebrachten Vorderkernstahl nicht in Zainhämmern verarbeiteten, sondern der Gesellschaft verkauften, die für die alleinige Bezugsberechtigung einen höheren Preis zahlte." Den auf dem genannten Verlagswege erkauften Vorderkernstahl ließ die „Gesellschaft des gestreckten Stahls" in kleinen von ihr erbauten Streckhämmern in der Umgebung Steyrs zu Scharsachstahl, Sensenknüttel, Schwertschrott und anderen feineren Stahlsorten verarbeiten, um sie dann weiter zu verkaufen.

Alle Rechte der „Gesellschaft des gestreckten Stahles" gingen nunmehr auf die allgemeine Steyrer Eisenhandelskompagnie über. Ihre Funktionen und Geschäfte wurden von letzterer übernommen. Die „Gesellschafter des gestreckten Stahles" erhielten für die Kapitalien, die sie hisher in ihrer Gesellschaft hatten arbeiten lassen, entsprechende Anteile an der allgemeinen Kompagnie.

---

[1] Die Messerverlagskaufleute waren zu einer Vereinigung der sog. „E i n i g e n M e s s e r h a n d l u n g" verbunden. B i t t n e r, a. a. O., S. 608. Eine Untersuchung über die Art ihrer Assoziation wäre als Beitrag zu einer Geschichte der Unternehmung im 16. Jahrhundert hoch willkommen. Ebenso muß noch die Organisation der „V e r w a n d t e n d e r R o h r- u n d B ü c h s e n h a n d l u n g z u S t e y r" (B i t t n e r, a. a. O., S. 558 Anm. 3) untersucht werden.

[2] Das folgende nach B i t t n e r, a. a. O., S. 541 f., 519.

Die „Gesellschaft des gestreckten Stahls" muß ihrer Auflösung in die allgemeine Kompagnie des Eisenhandels zugestimmt haben. Sie erscheint neben der Stadt Steyr — die das bisher von ihr schon im Eisenverlag angelegte Kapital einzuschießen versprach — und neben elf bisherigen Eisenverlegern sowie 62 anderen Bürgern als erste Anteilszeichnerin an der neuen Kompagnie[1]. Auch an der sogenannten kleinen Kompagnie, die der größeren Nachfolgerin die Wege ebnen sollte, erscheint die Gesellschaft des gestreckten Stahls sofort beteiligt. Weil nämlich die genannten gezeichneten Summen nicht genügten, um die eigentliche Kompagnie sofort ins Leben zu rufen, eine Reihe von unverlegten Hammermeistern aber nach Kapital verlangte, um nicht feiern zu müssen, so sollte eine kleine Kompagnie sofort in Tätigkeit treten[2]. Als Termin des Beginnes der großen Kompagnie wurde der Martinstag (11. November) des Jahres 1582 bestimmt. Ob dieser Termin eingehalten werden konnte, ist aus dem geringen Quellenmaterial, das mir zur Verfügung stand, nicht ersichtlich; jedenfalls arbeitete die große Kompagnie bald darauf in dem Rahmen, den ihr das hier länger besprochene Statut gab[3]. Wir brauchen darauf nicht näher einzugehen. Für uns erhebt sich die Frage: Sind die Leobener Kompagnie und die Steyrer die einzigen derartigen Gesellschaften jener Zeit gewesen oder lassen sich noch Spuren anderer Unternehmungen namhaft machen, in denen uns schon wichtige Prinzipien der später erst voll ausgebildeten Aktiengesellschaften entgegentreten?

Aus dem schon oben erwähnten Gutachten Steinbergers ist zu erkennen, daß in einer Reihe anderer Städte Österreichs bereits ähnliche „vollkommene Kompagnien" existierten bzw. bestanden hatten, wie sie für Steyr zur Zeit der Abfassung dieses Gutachtens

---

[1] Die 11 Eisenhändler hatten 35 000 fl. gezeichnet, die 62 anderen Bürger 33 000 fl. Die Mehrzahl gerade der reichsten Eisenhändler hatte sich noch nicht zu Einlagen bereit erklärt, andere hatten über die vorläufig gezeichnete Summe von 3000—6000 fl. hinaus für später größere Kapitalien in Aussicht gestellt.
[2] Der ebenfalls erhaltene Statutenentwurf der kleinen Kompagnie (Stadtarchiv Steyr) gibt uns über deren Organisation Auskunft. — Als die Gelder für die zu gründende englisch-ostindische Kompagnie nicht sofort einkamen, wurde zunächst eine Teilgesellschaft, eine sogenannte subordinate association geschaffen. Lehmann, a. a. O., S. 38/9.
[3] Bittner, a. a. O., S. 609 f.

im Werden war. Steinberger führt als Beispiele Hall, Ausser (wohl Aussee), Istria oder Idria (?), Schweitz (?) und Gasstein an [1]. Die Untersuchung, inwieweit wir es hier mit Kompagnien zu tun haben, die ähnlich wie die Steyrer organisiert waren, muß, da die Literatur nichts bietet, der weiteren archivalischen Forschung überlassen bleiben. Es soll aber schon hier nicht unterlassen werden, darauf hinzuweisen, daß es sich in den Steinbergerschen Angaben offenbar teilweise um Großgewerkschaften handelt. Das geht auch aus einer Denkschrift des Hofkammerrat Wucherer hervor, der die Fusion der Eisenhändler von Steyr in „aine Compania und Gesöllschaft" seit 1575 aufs eifrigste betrieb [2]. Wucherer führte darin aus: Auch die Salzwerke zu A u s s e e , H a l l s t a d t und H a l l (im Inntal) seien in vielen Händen gewesen, bis Kaiser Friedrich diese Werke „in a i n Handt gebracht und ist solche Verenderung ohne Schaden zu merklicher hohen Vermehrung des Kammergutes ersprossen und bishero standhafft erhalten." Auch habe der Erzbischof von Salzburg etliche Bezirke, zumal die von G a s t a i n , „in aine Gemainschaft und Hand gezogen". Ebenso sei in der Stadt P a s s a u   d e r   S a l z h a n d e l „in aine gemaine bürgerliche Gsöllschafft gezogen". Wahrscheinlich handelte es sich in Passau um eine ähnliche Gesellschaft, wie sie in München Anfang des 16. Jahrhunderts existierte. In einem Aktenstücke des Lindauer Stadtarchivs heißt es über letztere: „Dann vor jarn in weiland vermeltz meins gn. hern hertzog˙ Aulbrechten regiment haben die von Monchen die gemainen saltzfertker gar vast gedruckt und den handel gar gros und weitläuff gemacht. Nämlich a i n   g e m a i n e b u c h s gehalten; darein hat ain jeder burger zu Monchen, der kain handtwerck gedriben und mit aigen saltz herauf in dis land gefurt, legen mugen 100 oder 50 gulden nach gestalt seins vermugens, doch nit minder noch mer. Daruber sind siben man verordnet gewesen, die haben gar ain große anzal saltz durch ire bestellten knecht gefurt, ain mergklichen nutz daran gehept und das saltz in ain solchen aufschlag, darinn es noch ist, gebracht" [3].

---

[1] P r e u e n h u b e r , Annales Styrenses, S. 300, 301.

[2] F r a n z   A n t o n   M a y e r , Das Eisenwesen zu Eisenerz in den Jahren 1570—1625. Mitteilungen des historischen Vereins für Steiermark, 33. Heft (Graz 1885), S. 172.

[3] Manuskript im Stadtarchiv Lindau i. B., Loc. 100, 6.

Vierter Abschnitt.

Die Iglauer Tuchhandelskompagnie.

Das deutsche Städtchen Iglau an der böhmisch-mährischen Grenze, im Mittelalter durch seinen Bergsegen berühmt, erfreute sich seit alters auch eines bedeutenden Tuchgewerbes. Als im 16. Jahrhundert der Absatz zurückging, suchte die Zunft durch die übliche Beschränkung der Gesellenzahl, der Stücke, die der einzelne weben durfte usw., den wirtschaftlich schwachen Meistern ein Minimaleinkommen zu garantieren. Weil aber alle diese Maßnahmen versagten, mußte der Mangel an Absatz und zugleich der Mangel an Betriebskapital bei einzelnen Mitmeistern der Zunft durch ein anderes Mittel beseitigt werden [1]. Um den Fernabsatz, zu dem Geld und Unternehmungslust gehörte, zu organisieren, um auch den Druck zu beseitigen, den die Tuchkaufleute auf die ärmeren Webermeister durch Vorschüsse von Materialien, Wolle, Alaun, Röte usw. ausübten, beschloß man die Errichtung einer Gesellschaft, die Verlag und Absatz der Iglauer Tucherzeugnisse übernehmen sollte und die zugleich den Einkauf der Wolle besorgte. Das Statut der Kompagnie wurde von Kaiser Rudolf II. am 17. Juni 1592 bestätigt. Diese Bestätigung (in tschechischer Sprache) ist im Iglauer Stadtarchiv erhalten. Leider konnte aber weder dort noch in Prag [2], Brünn oder Wien [3] das Statut („der Plan") selbst von mir aufgefunden werden, so daß wir bei der Darstellung der Organisation der Iglauer Tuchhandelskompagnie auf gelegentliches anderes Aktenmaterial angewiesen waren.

Wie aus einem Schreiben der Vorsteher der neuen Gründung vom 15. August 1598 deutlich zu erkennen ist [4], war die Iglauer Tuchhandelskompagnie eine direkte Nachahmung der Steyrer all-

---

[1] Vgl. für das folgende K a r l W e r n e r , Urkundliche Geschichte der Iglauer Tuchmacherzunft, Leipzig 1861, S. 60 ff.

[2] Wo ich im Landesarchiv des Königreichs Böhmen und im k. k. Statthältereiarchiv nachfragte.

[3] Wo ich im k. k. gemeinsamen Finanzarchiv nachforschte und im k. k. allgemeinen Archiv des Ministeriums des Innern (dem Archiv der ehemaligen böhmischen Hofkanzlei), sowie im k. u. k. Haus-, Hof- und Staatsarchiv brieflich um Auskunft bat. Auch eine Anfrage im mährischen Landesarchiv zu Brünn war vergeblich.

[4] Manuskript im Stadtarchiv zu Iglau, Copeybuch VII in der Mitte ungefähr des starken, nicht paginierten Bandes.

gemeinen Eisenhandelskompagnie [1]. So dürfte wohl ihre Organisation der steyrischen, die oben ausführlich geschildert worden ist, ziemlich ähnlich gewesen sein. Wir hätten es also auch hier mit einer Aktiengesellschaft zu tun.

Der Zutritt zu der Gesellschaft war allen kapitalbesitzenden Bürgern der Stadt Iglau erlaubt [2], gleichgültig, ob sie reich oder arm waren oder dem Mittelstand angehörten. Den ärmeren Bevölkerungsklassen war dadurch der Beitritt erleichtert, daß man ihnen nahelegte, zu zweien, dreien oder zu mehreren zusammenzutreten, um das Legegeld, das also offenbar eine feste, runde Summe ausmachte, aufzubringen [3]. Trotz dieser und anderer Bemühungen der Gesellschaft, genügend Kapital für ihr Unternehmen aufzubringen, mußte man auch in Iglau wie in Steyr festverzinsliche Obligationen ausgeben [4].

Die Geschäftstätigkeit der Iglauer Aktiengesellschaft bestand im wesentlichen in folgendem: Sie kaufte zunächst in Böhmen, Mähren usw. Wolle auf; zum Teil gegen Vorschußzahlung an die Wollproduzenten. Sodann verkaufte die Kompagnie die Wolle an die Iglauer Tuch- und Hutmacher, denen sie dafür ihre fertigen Waren abnahm (bei den ärmeren wiederum natürlich Verlag!). Die so erworbenen Waren verkaufte die neue Gesellschaft auf Messen und Märkten bis tief nach Ungarn und Siebenbürgen hinein.

---

[1] Die Kompagnie, heißt es dort, habe genau wie „auch zu Steuer [Steyr] die Eysen-Compania, aus mangl des starcken verlags billich aufgericht müssen werden". Einige arme Weber wären gezwungen gewesen, Verlag zu nehmen. Mit der Zeit aber hätten die Privatleute des schlechten Geschäftsganges wegen den Verlag nicht mehr übernehmen wollen, so sei die Kompagnie nötig geworden.

[2] Laut obengenannter Bestätigung Kaiser Rudolfs II.

[3] „Da einer allein des vermögens nicht gewesen sich ihrer 2, 3 und mehr gesessene burger haben mögen miteinander behelfen und ihr capital ihnen einzubringen vergönstigt worden." Aus einem Bericht „der Verwalter einer ersamen Gesellschaftshandlung zu Iglau" an Herrn Hans Löbl, Landeshauptmann in Österreich ob der Enns und Adam Gerninger, Vitztum daselbst, 15. August 1598. Manuskript im Ratsarchiv Iglau. Deutsches Copeybuch VII, ungefähr in der Mitte des starken, nicht paginierten Bandes.

[4] In dem eben genannten Bericht heißt es, man habe sich „in und außer landts umb lehenschaft bewerben" müssen. Vornehme Kaufleute aus Steyr, Prag und aus anderen Städten hätten der Gesellschaft namhafte Summen gegen jährlich zu zahlende Zinsen geliehen (viele Tausend Gulden).

Ein eigentliches Monopol hatte die Iglauer Kompagnie nicht. Nach wie vor gab es Tuchhändler in Iglau, die auf eigene Faust Tuche von den Webern einkauften. Freilich „jene Tuchmacher, welche ihre Tücher durch die Gesellschaft abgekauft wünschten, mußten sich verpflichten, nur mit dieser, sowohl was den Wolleinkauf als auch den ferneren Absatz ihrer Tucherzeugnisse betraf, in Verbindung zu bleiben und von niemand anderem Rohprodukte einzukaufen oder an keinen anderen Waren zu verkaufen."

Wie zu erwarten war [1], hat die Geschäftsgebarung der Kompagnie und ihr anfänglich guter Profit die Gegner mit dem Geschrei „Monopol" und mit der Heranziehung der betreffenden Reichstagsabschiede auf den Plan gerufen. Man warf der Gesellschaft besonders vor, daß sie daran schuld sei, daß die Wolle eine exorbitante Preissteigerung (von 15—16 fl. pro Zentner auf 28—30 fl. pro Zentner) erfahren habe. Die „Verwalter einer ersamen Gesellschaft-Handlung zu Iglau" wußten aber die Angriffe gut zu parieren. Zunächst machten sie darauf aufmerksam, daß Kaiser Rudolf II. im Jahre 1592 ihre Gesellschaft und deren Statuten bestätigt habe. Und „q u o d i m p e r a t o r i R o m a n o s i v e (u t t e x t u s h a b e t) p r i n c i p i p l a c e t , l e g i s v i g o r e m h a b e a t a c a b o m n i b u s o b s e r v a r i d e b e t". Außerdem aber betonten die Direktoren der jungen Aktiengesellschaft, daß die Paragraphen der Reichstagsabschiede, die von Monopolen handelten, absolut keinen Bezug auf ihr Unternehmen hätten. Dort würde „von monopoliis und gesellschafften tractiert, die mit dem unserm tuchhandel gar in kheinem similtudine nit stehen et exemplum valde claudicat. Denn die monopolia alda inhibirt werden, mit welichen ein fürkauf geübet wirdt. Da doch von uns aus die waren vielen leuten zu nutz verkauft werden, die in der stadt Iglau von derselben selbst inwonnern selbsten gemacht werden. Dazu wird das geldt vor specerey und englische tuch aus dem heiligen römischen reich in andere weit abgelegene lender weggefürt. Davor Igler tuch das geldt allein in majestät lendern Beheimb und Marhern [Mähren] und derselben inwohner als herrn, grafen . . . . . vor wolle von tuchmacher wieder ausgeben und da allein verbleiben

---

[1] Es war im 16. Jahrhundert direkt Mode geworden, gefährliche Handelskonkurrenten auf Grund der Reichsgesetze als Monopolisten anzuklagen. Cfr. R. E h r e n b e r g , Hamburg und England im Zeitalter der Königin Elisabeth, S. 159.

thuet." Ihre Gesellschaft sei also keine Monopolgesellschaft im Sinne der Reichstagsabschiede, sondern eine „ehrliche Gesellschaft", die auch deshalb die kaiserliche Bestätigung erfahren habe.

Der Protest der Gegner, die hauptsächlich in den Kreisen der österreichischen Gewandschneider (ob der Enns) zu suchen sind, vermochte nicht die Auflösung der Kompagnie zu bewirken. Noch 1620 muß sie bestanden haben [1]. Und so fest blieb die Erinnerung an ihre Wirksamkeit bei den folgenden Generationen haften, daß man 1725 die Neugründung einer Iglauer Tuchhandelskompagnie auf dieselben Prinzipien basieren konnte, die man im Jahre 1592 schon der alten gegeben hatte. Nur insofern fand eine Änderung statt, daß jetzt nicht nur Iglauer Bürger, sondern jedermann, der dazu kapitalkräftig genug war, an dem Unternehmen teilnehmen konnte [2].

Fünfter Abschnitt.
Die Gesellschaft des Amberger Zinnblechhandels.

Das bedeutende Amberg-Sulzbachsche Eisengebiet im bayrischen Nordgau, das durch die großen Einigungen seiner Hammermeister schon seit der Mitte des 14. Jahrhunderts für die Geschichte wirtschaftlich interessanter Organisationsformen von Bedeutung wurde [3], erlebte im 16. Jahrhundert die Gründung einer Zinnblechhandelskompagnie auf aktiengesellschaftlicher Grundlage. Offenbar ging die Anregung zu der Gründung der Kompagnie von der staatlichen Gewalt aus [4].

---

[1] W e r n e r, a. a. O., S. 69.

[2] W e r n e r, a. a. O., S. 113 f.

[3] Vgl. L u d w i g B e c k, Die Geschichte des Eisens, I. Bd., S. 766 ff., II. Bd., S. 665 ff. Jetzt auch E. H. K n a u e r, Der Bergbau zu Amberg, in Mitteilungen aus dem Stadtarchiv Amberg, 2. Heft, Amberg 1913, S. 9 ff.

[4] Der Chronist Michael Schwaiger, der 1538—1561 Bürgermeister der Stadt Amberg war, berichtet: „Anno 1534 hat seine churfürstliche Gnaden in Amberg eine Gesellschaft der Zinnblechhändler aufrichten lassen und geboten, daß alle Blechhammermeister ihr Bodenblech und Dünneisen nirgends anders, dann gegen Amberg, zu den Zinnpfannen geben sollen, welcher Zinnpfannen jetzt 4 allda seind, hat jede ihren Zinnblechmeister und 4 oder 5 Gesellen, seind mehrenteils Burger und beweibet, welche Weiber auch fast ihre stete Arbeit mit dem Reiben und Abwischen der Bleche haben. Diese Bleche werden, wann sie verzinnt sind, auch eines Theils schwarz

In einem interessanten Schreiben [1] vom 14. November 1533 erklärte Pfalzgraf Friedrich der Stadt Amberg, er gedenke in seinem Fürstentum der Pfalz „hieoben in Bayern" einen Blechhandel aufzurichten und der Stadt Amberg „vor anderen gnädiglich zu vergonnen". Die Amberger Bürger möchten „denselben Blechhandel eine zeitlang selbst verlegen". Er, der Pfalzgraf, aber gedächte „etlich Geld zu ihnen in berührten Handel zu legen."

Wenn die Amberger sich nicht mit der Gründung einverstanden erklärten, dann war Friedrich entschlossen, „sich des Handels selbst zu unterfangen, oder aber einen andern auf eine Anzahl Jahre [wie er sich mit dem betreffenden Kapitalisten vereinigen würde] den Blechhandel zu führen vergünstigen."

Die von Friedrich gewünschte Amberger Blechhandelskompagnie ist noch im Jahre 1533 zustande gekommen. Der Pfalzgraf und sein „Hofgesind", d. h. seine Räte, waren in hervorragender Weise daran beteiligt. Es hatten eingeschossen [2]:

Herzog Friedrich zu Bayern . . . . 1000 fl. rh. in Münz
Hans von Slamerstorff, Hofmeister . . . . 200 „ „ „ „
Kanzler Dr. Melchior Soyter (und „sofern von
    nöten ein merers"). . . . . 200 „ „ „ „
Doktor Hartmann . . . . 200 „ „ „ „
Chammermeister zu Neumarkt Philip Schelm
    von Bergen erstens . . . . 200 „ „ „ „
und auf Pfingsten . . . . 500 „ „ „ „
Melchior von Harstal . . . . 100 „ „ „ „
Berthold Mulbegk . . . . 100 „ „ „ „
Rentmeister . . . . 150 „ „ „ „
Erasmus Nadler (Canzleiverwalter zu Amberg) 100 „ „ „ „
Kötzing . . . . 100 „ „ „ „

Die von den Räten des Pfalzgrafen gezeichneten Summen scheinen freilich nicht alle sofort eingezahlt worden zu sein. Am

---

in Fäßlein eingeschlagen und jede Sort mit der Stadt Amberg Wappen, auch des Blechzinnmeisters Zeichen, gebrannt, alsdann in Frankreich, Niederland, Italien, auch in der Frankfurter, Leipziger, Linzer und anderen Messen, und sonderlich auf Nürnberg geführt, ferner in Türkei und Insul, da sie ohne Zweifel hoch werden gehalten . . ."

[1] Kgl. bayrisches Kreisarchiv Amberg. Archiv-Abteilung Amberg Stadt Fasc. 326, Nr. 11.

[2] Kgl. bayr. Kreisarchiv Amberg. Amberg Stadt, Fasc. 326, Nr. 32.

6. August 1534 mußten die Verordneten der Gesellschaft des Amberger Zinnblechhandels an Pfalzgraf Friedrich die Bitte richten, dafür zu sorgen, daß diejenigen seiner Räte, die mit der Einzahlung im Rückstande wären, das bei dem Faktor bis zum Bartholomäitag (24. August) nachholten. Wer bis dahin einzahlte, sollte an der Dividende teilnehmen, als hätte er zu Pfingsten eingezahlt. Wer nicht, könne nicht mehr in die Gesellschaft kommen [1].

Wie hoch sich demgegenüber die Anteile der Amberger Bürgerschaft beliefen, habe ich leider aus den Akten nicht feststellen können. In einer Denkschrift des Amberger Rates vom Jahre 1533 ist die Hoffnung ausgesprochen, ca. 4000 fl. zusammenzubringen. Zunächst war offenbar die Begeisterung in der Bürgerschaft für die neue Gründung nicht sehr groß. Der Aufforderung, bis Mitfasten die Einlagen vorzunehmen, mußte die Drohung hinzugefügt werden: „wo ainer oder mer in dem seumig und in der zeit nit legen würde, der oder die sollen hinfürter nit mer zugelassen werden". Man muß bedenken, daß bereits in Amberg die „Große Gesellschaft des Eisenbergwerks" bestand, eine privilegierte Großgewerkschaft, in die jeder Bürger Geld zu Gewinn und Verlust einschießen konnte [2].

---

[1] l. c. Fasc. 326, Nr. 25.

[2] Damit die Gesellschaft des Eisenbergwerks nicht von einigen wenigen Kapitalisten beherrscht wurde, war festgesetzt, daß nur eine bestimmte Summe von jedermann eingeschossen werden dürfte. Scharfe Maßregeln hinderten schon im 15. Jahrhundert die Umgehung dieser der Allgemeinheit zugute kommenden Bestimmung. Da heißt es z. B.: „Es sollen 2 eeleuth fur ainen tail oder ain person geacht werden. Wellich manns- oder weibspersonen aber verwittibt sein, der yede wirt auch fur ainen tail angenommen. Desgleichen werden die unmundigen kinde, die in verwaltung der vermundtschaft und von ieren eltern vertailt sein und aigne güter haben, ir sein vil oder wenig, fur ainen tail zugelassen. Dartzu mögen sich derselben kinde eltern, vater und mueter wo si mit den kinden, wie obstet, vertailt, si sein verheurat oder nit, solhen einlegens auch geprauchen .... Man und weib, die mit getailter hanndt wollen sitzen und sich yedes seins guets selbst geprauchen, ... yeder mit dem einlegen in sonders zutzelassen, ist aus bewegenden ursachen abgestellt. Und vermittels götlicher gnaden sein wenig unter uns, si hetten sollich zwifachtig leggelt ..... Es wirt aber von gemaines nutzes wegen und im peßten damit der perg nit allein u n d e r d e n v e r m ö g l i c h e n s t e g k e r l a s s e n ..." Kgl. bayr. Kreisarchiv Amberg, Amberg Stadt Fasc. 31, Nr. 50.

Freilich konnte schon 1464 die Großgewerkschaft nicht mehr alle Einschüsse verwerten, es mußte eine Kapitalreduktion stattfinden, die aus folgender Tabelle ersichtlich ist:

1464 waren an der sogenannten großen Gesellschaft des Eisenbergwerks zu Amberg beteiligt [1]:

Stadt Amberg . .	1000	(800)	Hans Hufnagel . .	98	(90)
Hans Clopfer . . .	500	(300)	Hans Becherer . .	97	(50)
Lienhart Rurer . .	500	(400)	Markart Fuchsin .	95	(90)
Hans Hubmair . .	500	(400)	Contz Cantzler . .	68½	(54)
Michael Hecker . .	590½	(470)	Hans Breytenloer .	500	(400)
Fritz Urspringer .	500	(400)	Heinz Mock . . .	200	—
Hans Witrer . . .	500	(300)	Contz Altmeister .	200	—
Lorenz Modler . .	500	(400)	Albrecht Heuptel .	200	—
Heinrich Heydens			Jorg von Riechen .	100	—
Kinder	445	(340)	Thoma Tyeffenbach	70	—
Heintz Witrer . .	348½	(300)	Hayden Gropp und		
Hans Freißlich . .	433	(330)	Dyetz	70	—
Felix Freißlich . .	438½	(330)	Hans Volkmayr .	70	—
Nicolaùs Bachmann	410	(347)	Herr Jacob Wechsler	70	—
Engelhart Alt-			Hermann Ochsel-		
meister	341	(156)	mayr	70	—
Hans Weiß . . .	315	(240)	Jorg Schondel . .	70	—
Seitz Moler . . .	309½	(250)	Alt Badel Beck . .	70	—
Hans Streubl . . .	263½	(208)	Gregory Alhart . .	55	—
Ott Bühler	256	(208)	Marckart Beumel .	55	—
Jorg Meinhart . .	321	(252)	Ulrich Eckkell . .	50	—
Dietz Sayler . . .	219	(200)	Merten Mendlin . .	30	—
Jung Hans Witrer .	180	(163)	Heintz Forsterin .	25	—
Hans Totzler . . .	140	(127)	St. Merteins Zehend-		
Conrat Mulner . .	132	(110)	lut	100	—

Sobald schon in den ersten Jahren der Geschäftätigkeit der 1533/34 gegründeten Amberger Blechhandelskompagnie die Geschäfte der Firma sich recht gut anließen, drängte auch das bürgerliche Kapital kräftig heran, so zwar, daß es schon bald abgelehnt bzw. bis auf eine Vergrößerung der Aufgaben der Gesellschaft

---

[1] Kgl. bayr. Kreisarchiv Amberg, Amberg Stadt Fasc. 31, Nr. 28. Die eingeklammerten Zahlen bedeuten die Einlagen nach der Kapitalreduktion.

vertröstet werden mußte [1]. Um 1556 sollen mehr als 150 Personen in der Gesellschaft gewesen sein [2]; ein anderes Mal wird allerdings nur von 80 Teilhabern gesprochen.

Die Außenstände der Gesellschaft waren schon bald nach der Gründung nicht unbedeutend. 1540 schuldeten ihr 18 Blechhammermeister insgesamt 7700 fl. Der größte dieser Schuldner stand mit 744 fl. zu Buche. Der kleinste mit 110 fl. Außerdem hatten die Amberger Blechzinnmeister 2000 fl. Verlagsschulden [3].

Die erste sichere Nachricht über die Anzahl der Teilhaber und die Höhe des gesamten in der Gesellschaft des Zinnblechhandels zu Amberg investierten Kapitals konnte ich aus dem Jahre 1614 feststellen [4]. Am 15. Februar dieses Jahres waren ca. 25 000 fl. zu Gewinn und Verlust von 117 Gesellschaftern eingezahlt. Die kleinsten Beiträge lauteten auf 25 fl., die höchsten auf 450 fl. Letztere Summe war freilich nur von zwei Teilhabern, von der Stadt Amberg und der Stadt Neumarkt, investiert worden. Außerdem waren „uff Interesse", d. h. als Depositen zu festem Zins, 11 850 fl. in der Gesellschaft. Diese Summe setzte sich aus 13 Posten von 250—5000 fl. zusammen. Den höchsten, nur einmal vorkommenden Posten von 5000 fl. hatte das kurfürstliche Pfennigmeisteramt (Finanzministerium) gegeben, den nächstgrößten (1000 fl.) Hans König, der Pfennigmeister, aus seinen privaten Mitteln.

Es versteht sich bei der heftigen Abneigung des 16. Jahrhunderts gegen jede starke Betonung des kapitalistischen Geistes von selbst, daß auch die Gesellschaft des Amberger Zinnblechhandels sich den Vorwurf des unerlaubten Monopols gefallen lassen mußte. Interessanter als die Anklage ist deshalb auch die Verteidigung, die die Verordneten der Gesellschaft an den Ankläger

---

[1] Dem Hammermeister Paul Hegner wurde die Investierung von 800 fl. versagt. Man gab ihm den Trost, „wo sich mitler Zeit zutruege, daß mer anlagen gelts zu ainem z i n k a u f oder anderem nottürftig würden", so sollte Hegner und andere Hammermeister Kapital einschießen dürfen. Tatsächlich hat sich die Gesellschaft zeitweise mit dem Gedanken getragen, den Schlackenwalder Zinnkauf — wir kommen später hierauf zurück — zu übernehmen.

[2] Kgl. Kreisarchiv Amberg, Amberg Stadt Nr. 106/327.

[3] a. a. O., Nr. 79/327.

[4] a. a. O., Nr. 158/329.

(Wiwold von Wirsberg) richteten [1]. Man hätte sich, führten sie aus, des Anwurfs „als ob der Zinnblechhandel allhie monapollisch" sei, nicht versehen. Bekanntlich wäre der genannte Handel durch den Pfalzgrafen Friedrich mit großer Mühe und Kosten zu Wohlfahrt, Nutz und Frommen von Land und Leuten wieder in die Pfalz gebracht worden, nachdem er zuvor eine gute Anzahl Jahre mit sonderlichem Nachteil der Pfalz und ihrer Einwohner in fremden Landen gestanden. Und doch würden die Roherze, woraus das Blech hergestellt werde, in der Pfalz gewonnen. Und charakteristisch schließen die Aufsichtsräte der Gesellschaft wie folgt: „Ob nun das, wo ein landsfürst mit denselben, den seinen, darunter auch spittal und andere almussen-heusser, dergleichen nit wenig wittib, wayssen und andere notturftige personen begriffen, mit gueter, erbarer ordnung und handtierung hielt, auch hiertzu die seinen, solcher ordnung zu geleben, mandirt, für monapollischs angezogen werden wille, das würdt einem, wo es an gepuerende ort gelangen solt, noch vil weniger gegen andern hohen potentaten, welche die handthirungen in ire aigne chamergefelle ziehen, beschwerdtlich zu verantworten steen . . . . ."

Solange sich die Gesellschaft der Gunst des Kurfürsten erfreute, konnten Klagen über ihren Monopolismus ihre Entwicklung nicht hindern. Offenbar machte die Gesellschaft in der zweiten Hälfte des 16. Jahrhunderts recht gute Geschäfte und konnte nicht unerhebliche Dividenden zahlen. Man sieht das aus der Tatsache, daß sich das Kapital in die Gesellschaft drängte; größtenteils allerdings vergeblich. Die Amberger Kirchturm-Wirtschaftspolitiker, die das Wort in dem Unternehmen führten, waren nicht willig und wohl auch nicht fähig, die Gesellschaft und ihren Handel voll zur Entfaltung zu bringen. Ihre mißgünstige Eifersucht besorgte, viele neue Teilhaber könnten den Nutzen der alten Teilhaber schmälern.

Aus solchen Erwägungen heraus petitionierte die Gesellschaft schon 1540 an den Pfalzgrafen, er möge den Ausschluß der „Ausländer" gestatten. Sie würden gern diejenigen Amtleute und Räte seiner fürstlichen Gnaden, mit deren „Darlegung und Wagnis" die Gesellschaft erstlich in „den Gang und das Werk gebracht" und bisher erhalten worden sei, s o w e i t   s i c   n o c h   i m   F ü r s t e n -

---

[1] 7. September 1553. Kgl. Kreisarchiv Amberg. Amberg Stadt, Nr. 127/328.

t u m w o h n h a f t waren, in der Gesellschaft des Amberger Zinnblechhandels sehen. Aber anders verhielt sich die Sache mit denjenigen, die sich außerhalb der Pfalz, in fremden Herrschaften
häuslich niedergelassen hatten. Die strichen nur die Dividende
ein, nützen könnten sie der Gesellschaft und ihrem Handel absolut
nichts. Darum sei es nicht anders als billig, wenn man sie aus
der Sozietät entferne[1]. Ob das durch Rückgabe ihrer Anteilscheine
an die Gesellschaft geschehen sollte oder durch freien Verkauf derselben geschehen durfte, muß dahingestellt bleiben, jedenfalls läßt
sich aus den Akten der Nachweis führen, daß in einem Falle ein
freier Verkauf stattfand[2].

Auch später noch haben die Einwohner der Pfalz und insbesondere die Amberger Bürger die Gesellschaft des Zinnblechhandels für ihr Reservat betrachtet und dadurch natürlich deren
Entwicklung zu einer größeren Bedeutung hintangehalten. Noch
in der „Reformation" der Statuten der Eisenblechhandelskompagnie
(1595) heißt es: „Und weilen der handel seiner churfürstlichen
Gnaden angehörigen und underthanen zue nutz und vortheil angesehen, sollen sie [die neuernannten Verordneten der Gesellschaft]
ehisten erkhundigen was vor frembde, die im churfürstenthum
Pfaltz gar nicht gesessen, gelt im handel liegen haben, denselben
das ihre abgelegt und hingegen seiner churfürstlichen Gna den an-
gehörige und underthanen an der frembden statt, doch mit der
maß zuegelassen, daß solcher, wie er vilen zu vortheil gemeint,
auch vilen und nicht wenigen personen gegönnet werden und
darumb kunftig wo einer oder ander aus seiner churfürstlichen
Gnaden räthen, dern wittibin oder waisen gelt in den handel zu
legen begerte, von deren keinem mer als 400 fl., einem canzley-
und rathsverwanten bei den statten, deren wittibin oder waisen
300 fl., einem burger oder andern underthanen, deren wittibin
oder waisen 200 fl. anzulegen gestattet und wer jetzo höher summen
in handel hette, dieselben uff jetzo gemelte summen gerichtet, das
ubrig hinausgegeben und den andern aus obigen zugelassen werden.

---

[1] Kgl. Kreisarchiv Amberg. Amberg Stadt, Nr. 81/327.
[2] „So wissen wir doch, daß unser geschweig, die Nadlerin selig
als sie sich von Ambergk ghen Ingolstadt zuthun fürhabens ire hauptsumma im blechhandel e i n e m a n d e r n v e r k a u f t und solches
ist zugelassen worden." (zum Jahre 1564). Kgl. Kreisarchiv Amberg.
Amberg Stadt, Nr. 137/328.

Dabei doch achtung zu geben und zu verhüten ist, im fall ein vater, der gelt im handel gehabt, abstürbe dessen wittib hernach von khindern abgetheilt und die im handel liegende summa der khinder einem zugetheilt würdt, daß nicht über das der wittib ein sonderbar einlag zu thun nachgeben werde" [1].

Interessant ist das Verhältnis der Gesellschaft zum Pfalzgraf und zur öffentlichen Gewalt überhaupt. Offenbar war die Gründung in erster Linie mit der Initiative der Regierung zu danken gewesen. Der Pfalzgraf und die kapitalkräftigen seiner Räte waren auch, wie wir sahen, mit bedeutenden Summen beteiligt. Wo immer es möglich war, unterstützte die Regierung die Gesellschaft mit Rat und Tat. Das Wichtigste war dabei die Monopolstellung im Eisenblechgroßhandel, die der Gesellschaft eingeräumt wurde. Alle Blechhämmer „der Reviere Amberg und Sulzbach" mußten ihr Blech an die Gesellschaft liefern, die es dann in ihren Zinnpfannen verzinnte und nach Fertigstellung vertrieb. Aber auch in der Geschäftsführung im einzelnen erfreute sich die Gesellschaft der tätigsten Beihilfe der Regierung. Als es z. B. galt, den Absatzkreis der Gesellschaft des Zinnblechhandels zu erweitern, da schrieb Pfalzgraf Friedrich an den Juden Simon nach Frankfurt a. M. und erbat sich genaue Auskunft, wie die Nürnberger Zinnblechhändler bisher den Absatz in Frankfurt und Antwerpen organisiert hätten [2]. Durch ein besonderes Schreiben bemühte sich auch der Pfalzgraf, den tüchtigen Kaufmann Hans Steinhäuser als Faktor für die Gesellschaft zu gewinnen [3] usw.

---

[1] Kgl. Kreisarchiv Amberg. Amberg-Stadt, Nr. 157t/328.

[2] Aus dem Jahre 1537. Kgl. Kreisarchiv Amberg, Amberg-Stadt, Nr. 53/326. Die interessante Antwort des Juden, der wahrscheinlich auch sonst mit dem Pfalzgrafen in Geschäftsverbindung stand, empfiehlt einen Frankfurter Kaufmann Heinrich Wixstetter. Derselbe habe bisher von den Nürnbergern Blech gekauft und nach Antwerpen, eventuell weiter nach England, Frankreich usw. verkauft. Wixstetter sei bereit, nach Amberg zu kommen, um zu sehen, ob er mit der Gesellschaft in Geschäftsverbindung kommen könne.

[3] Steinhäuser stellte folgende Bedingungen: 1. Entlastung von allen städtischen Ehrenämtern; 2. für Kredite, die er mit Wissen des „Ausschusses" gewähren würde, ist er nicht haftbar; 3. keine Verpflichtung, größere Reisen zu machen; 4. die Vergütung für Reisen, die Beauftragte Steinhäusers ausführen, zahlt die Gesellschaft; 5. zum Auf- bzw. Abladen des Bleches wird ihm ein Diener gestellt; 6. als Gehalt erhält Steinhäuser jährlich 100 fl.

Später sind diese Bemühungen dem Landesherrn dann wieder zugute gekommen. Schon im Jahre 1550 konnte sich Pfalzgraf Friedrich 4000 fl. aus. der Zinnblechhandelsgesellschaft ein Jahr lang unverzinst „fürleihen" lassen [1]. Und seit 1595, seit der „Reformation" der Statuten der Gesellschaft, nahm der Kurfürst sogar „allen jars den 15.•Pfennig an dem gewinn" für sich in Anspruch [2].

Über die innere Organisation der Gesellschaft des Amberger Zinnblechhandels ist etwa das folgende zu sagen. Wir sahen bereits, daß jeder Bürger von Amberg und Sulzbach das Recht hatte, in die Gesellschaft einzutreten. Dasselbe Recht stand den Hammermeistern und den Hofleuten des Herzogs zu. Der Austritt konnte nach einjähriger Kündigung jederzeit erfolgen [3].

Außer mit den Anteilen der Aktionäre arbeitete die Gesellschaft mit festverzinslichen Einlagen. Diese Einlagen waren fünf Jahre unkündbar, wenigstens von seiten der Gläubiger. Die Gesellschaft dagegen durfte alljährlich nach vorangegangener vierteljährlicher Kündigung die Einlagen aufsagen [4].

---

[1] Nach Amberger Akten.

[2] Kgl. Kreisarchiv Amberg. Amberg-Stadt, Nr. 157t/328.

[3] „Zum andern soll ein jeder gewergkh und mitleger sein erlegt gelt, welcher zeiten er will, aufzusagen und zu erfordern haben und keiner bedranngt werden, dasselbig lennger, dann sein gefalen stet, ligen zu lassen. Doch daß solich aufsagen ein jar lang vor der bezalung beschehe und erst nach erscheinung des jars sol der so aufgesagt hat, haubtgelts und gewinnung ob es dieselben ertragen hett, auch der verlust gewarten." Aus der „Ordnung im plechhandel auf des durchl. hochgeb. fursten u. herrn, herrn Friedrichen, pfalzgraven bei Rhein u. hertzogen in Baiern meines gn. herrn verpesserung furgenomen (1534)" Kreisarchiv von Amberg. Amberg-Stadt, Nr. 326/25. Auch die folgenden Zitate sind der „Ordnung" von 1534 entnommen.

[4] „Zum dritten ob etlichen ir einlag auf gewin und abgang wolte beschwerdlich sein, die sollen mit irer einlag auf gewondlich gepurendt verzinsung angenomen werden. Doch daß keiner sein einlag in 5 jarn, den negsten von dem tag seiner einlag an zu rechnen, abzufordern hab. Aber die gewergkhen sollen jeden jars solche einlag mit bezalung aasstendiger verfalner gülten zu erledigen macht haben. Und daß ainem jeden ein virtl jar sollich ablösung vor der abgekhundten zeit wissentlich gemacht werde und dann die ablosung auf selbige abgekhundte zeiten beschehe."

Die Geschäfte der Gesellschaft besorgten zwei (eventuell auch mehr) Faktoren gegen festes Gehalt. Dieselben sollten durch Einlagen besonderes Interesse an der Entwicklung der Firma haben [1]. Die oberste Leitung hatte ein Aufsichtsrat (ein „rath" heißt es in den Urkunden der Gesellschaft), der die Rechnung abnahm und andere wichtige Obliegenheiten der Gesellschaft besorgte [2].

Natürlich traf die Errichtung der Amberger Zinnblechhandelsgesellschaft schwer die in Nürnberg gesessenen Großhändler [3], die das Produkt der Amberger und Sulzbacher Blechhämmer bis dahin empfangen und zu Zinnblech verarbeitet weiter vertrieben hatten. Die Nürnberger mußten daran denken, sich mit der Amberger Gesellschaft auf irgend einer Grundlage zu vereinigen. Sie versuchten [4] eine Vereinigung der beiderseitigen Interessen auf die Weise zustande zu bringen, daß sie sich bereit erklärten, die gesamte Produktion von der Amberger Zinnblechhandelsgesellschaft zu übernehmen. Die Gesellschaft sollte alles Blech, gezinntes und ungezinntes, das in ihre Hände gelangte, den Nürnbergern und sonst niemandem verkaufen und frei nach Nürnberg transportieren. Ausgenommen war das Blech, das der Landesfürst und seine Freunde und Verwandten für eigenen Gebrauch bedurften. Das

---

[1] „Zum vierdten sollen mit allerseits der gewergkhen vorwissen zwen oder mer ditz handls zu ausrichtern und factoren umb zimblich belonung, die auch mit einlegung irs gelts dem handl verwanth sein."

[2] „Daneben ein rath, in antzal etlicher personen, rechnung aufzunemen und die gemainen täglichen furfallend hendl abzurichten, ... die auch mit kaufen und verkaufen der plech, zines und ander notturft nach irem guetbedungkhen handln mögen und dartzu sich befleißen zu Frangkhfort, Leibtzigkh und ander enden erfarung zu machen, damit sollich plechwerch statlich und mit nutz mögen vertriben, und wie sie fur guet ansehen, in verwechslung ander warhen oder pfenbarten gebracht werden. Wurden aber aine oder mer sachen inen beschwerdlich zu verrichten furfallen, dan mögen die factoren und erwellt räthe ander mer ir gewergkhen, so vil sie derselben im fall der notturft gehaben mögen, zu inen erfordern und nach rath derselben handln."

[3] Die Großhändler waren die Verleger der Nürnberger Zinner.

[4] Das folgende alles nach einem Manuskript des Amberger Kreisarchivs, Abt. Amberg Stadt, Fasc. 326/25. Datiert Neumarkt, 2. Sept. 1534.

sollte die Gesellschaft frei liefern dürfen. Die Nürnberger Zinner und ihre Verleger verpflichteten sich demgegenüber ganz von dem Zinnen abzusehen und der Amberger Gesellschaft ihre Zinnarbeiter zuzuweisen, damit in Amberg noch „4 oder 5 zinpfannen uffgericht" werden könnten. Auch ihre Werkzeuge und noch vorhandenen Rohmaterialien stellten die Nürnberger der Gesellschaft zur Verfügung, wie sie sich auch anheischig machten, bis zu 1000 fl. als festverzinsliches Depositum zu Verlagszwecken der Gesellschaft zur Verfügung zu stellen.

Für den Kontrakt war vorläufig eine Dauer von fünf Jahren vorgesehen. Die Preise wurden für die ganze Vertragsdauer festgesetzt. Jedoch hatte, im Falle das Blech auf- oder abschlüge, alljährlich eine entsprechende Preisänderung einzutreten.

Es war nicht zu verkennen, daß eine derartige Abmachung auf alleinige Lieferung auch dem Interesse der Gesellschaft des Amberger Zinnblechhandels entsprach. Die Gesellschaft hatte ja zunächst keine Erfahrung im Absatz des Blechs in Frankfurt, Antwerpen usw. Wenn sich auch dieser Mangel korrigieren ließ, blieb noch immer der Nachteil, daß die Gesellschaft keine Rückfracht aus Frankfurt, Antwerpen usw. zu verladen gehabt und so die Spesen wesentlich verteuert hätte. Außerdem galt es, das folgende zu beachten. Wenn man sich nicht mit den Nürnbergern zusammentat, so würden diese natürlich das unverzinnte Zinnblech von den Sulzbacher und Amberger Hammermeistern zu erlangen suchen. Sie würden diesen mehr bieten, als die Gesellschaft an sich zu geben nötig hatte. Das mußte die Preise des Roheisenblechs in die Höhe treiben und außerdem die Hammermeister allen obrigkeitlichen Verboten zum Trotz zum heimlichen Verkauf ihrer Produkte nach Nürnberg veranlassen. Dagegen hörte jeder heimliche Verkauf der Hammermeister und jede Weiterung mit ihnen auf, sobald in Nürnberg keine Zinner mehr existierten.

Auch der weitere Vorteil, der sich für die Amberger Zinnblechhandelsgesellschaft aus einem Kontrakte alleiniger Lieferung nach Nürnberg ergab, leuchtete leicht ein. Die Nürnberger hatten sich erboten, das Blech sofort bei Lieferung bar zu bezahlen. Dadurch konnte „ermelter handl mit 5000 oder 6000 gulden so statlich und wol, als wenn er frei und unverbunden sein solt, mit 20 000 gulden betriben und verlegt werden und 100 gulden so vil als sonsten 300 ungeverlich nutzs ertragen."

Es ist aus den Akten nicht ersichtlich, ob der Pfalzgraf erlaubte, daß die Amberger mit den Nürnbergern „einen contract und verainigung uffrichteten" oder ob er wünschte, daß der Handel frei getrieben werde und die Gesellschaft gehalten sein sollte, „die plech wo ihr gevellig oder gelegen zu verkaufen"   Eine Geschichte der Amberger Gesellschaft des Zinnblechhandels muß Aufschluß darüber geben[1]. Hier kam es mir lediglich darauf an, zu zeigen, wie man auch in dem vorliegenden Falle darauf bedacht war, eine unnötige Konkurrenz auszuschalten und wie man durchaus imstande war, die ökonomischen Vorteile eines solchen Vorgehens bis in die letzten Konsequenzen hinein zu ermessen.

Zweites Kapitel.

Kartelle des 14. bis 18. Jahrhunderts.

Fast allgemein ist heute unter den Nationalökonomen die Ansicht verbreitet, daß Unternehmerverbände, die man als Kartelle, Syndikate usw. bezeichnet, eine Erscheinung des 19. Jahrhunderts, besonders der zweiten Hälfte dieses Zeitraumes seien und nur in einigen wenigen Fällen in England noch in das letzte Viertel des 18. Jahrhunderts hineinragten[2].

Ganz vereinzelt und schüchtern nur fragte man sich, ob diese späte historische Ansetzung der Entwicklung des Kartellwesens mit

---

[1] Die Amberger Zinnblechhandelsgesellschaft hat übrigens Schule gemacht.   Für den sächsischen Eisenhandel sollte um das Jahr 1557 eine Gesellschaft aufgerichtet werden, wie „dann in der Pfalz" eine war. „Diese geselschaft solte alle hammerschmide verlegen und alles eisen in ire hende bringen." Weimar, Staatsarchiv Reg. T. fol. 506 [a].

[2] R. L i e f m a n n , Die Unternehmerverbände (Konventionen, Kartelle), ihr Wesen und ihre Bedeutung.   Freiburg i. Br. 1897, S. 135 ff.   Von der sonstigen Literatur seien nur noch — weil in gewissem Sinne die opinio communis darstellend — die Artikel „Kartelle" des Handwörterbuchs der Staatswissenschaften und des Wörterbuchs der Volkswirtschaft genannt.   Für die meinen Ausführungen zugrunde gelegte Definition der Kartelle vgl. J. L a n d e s - b e r g e r , Gutachten über die Frage: Welche Maßregeln empfehlen sich für die rechtliche Behandlung der Industriekartelle? Verhandlungen des 26. deutschen Juristentages, II. Bd. (Gutachten). Berlin 1902, S. 296 f.

den Tatsachen der Wirtschaftsgeschichte im Einklang stände. So sprach Ad. Menzel — auf dem römischen Rechte und den Reichstagsabschieden des 16. Jahrhunderts fußend — die Ansicht aus, daß für Handel, Handwerk und Transportwesen Kartelle schon im Altertum und im Mittelalter existiert haben müßten[1]. Deutlich genug heißt es ja in dem Gesetze Kaiser Zenos, De monopoliis et de conventu negotiatorum illicito vel artificum ergolaborumque nec non balneatorum prohibitis illicitisque pactionibus: „Jubemus ne quis cuiuscumque vestis aut piscis vel pectinum forte aut echini vel cuiuslibet alterius ad victum vel ad quemcumque usum pertinentis speciei vel cuiuslibet materiae pro sua auctoritate, vel sacro iam elicito aut in posterum eliciendo rescripto aut pragmatica sanctione vel sacra nostrae pietatis adnotatione, monopolium audeat exercere, neve quis illicitis habitis conventionibus conjuraret aut pacisceretur, ut species diversorum corporum negotiationis non minoris, quam inter se statuerint, venumdentur. Aedificiorum quoque artifices vel ergolabi aliorumque diversorum operum professores et balneatores penitus arceantur pacta inter se componere, ut ne quis quod alteri commissum sit opus impleat aut iniunctam alteri sollicitudinem alter intercapiat: data licentia unicuique ab altero inchoatum et derelictum opus per alterum sine aliquo timore dispendii implere omnique huiusmodi facinora denuntiandi sine ulla formidine et sine iudiciariis sumptibus. Si quis autem monopolium ausus fuerit exercere bonis propiis spoliatus perpetuitate damnetur exilii. Ceterarum praeterea professionum primates si in posterum aut super taxandis rerum pretiis aut super quibuslibet illicitis placitis ausi fuerint convenientes huiusmodi sese pactis constringere, quinquaginta librarum auri solutione percelli decernimus: officio tuae sedis quadraginta librarum auri condemnatione multando, si in prohibitis monopoliis et interdictis corporum pactionibus commissas forte, si hoc evenerit, saluberrimae nostrae dispositionis condemnationes venalitate interdum aut dissimulatione vel quolibet vitio minus fuerit exsecutum[2]. E m i l S t e i n b a c h hat auf eine

---

[1] Schriften des Vereins für Sozialpolitik 61, S. 32.

[2] Corp. iur. civ. Cod. IV, Tit. 59. P e u t i n g e r übersetzt und interpretiert in seinem früher genannten Gutachten über das Kupfersyndikat (Msc. Augsburger Stadt-Bibl. Cod. 2⁰ Aug. 398, Bl. 193 ʳ) die auf Kartelle bezügliche Stelle des Zenonianischen Gesetzes wie folgt: „... daß niemand fur sich selbs oder aus zugebung kuniglich

humoristisch gehaltene Hinweisung auf schon ältere Gesetze Roms gegen kartellistische Verabredungen hingewiesen [1]. Sie findet sich zu Anfang des dritten Aktes der „Captivi" des Plautus, dort wo der hungrige Parasit Ergasilus seinen Plan wie folgt darlegt:

Nunc barbarica lege certum'st jus meum omne persequi.
Qui consilium iniere, quo nos victa et vita prohibeant,
His diem dicam, inrogabo multam, ut mihi coenas decem
Meo arbitratu dent, quum cara annona sit; sic egero [2].

Ebenso deutlich wie das römische Recht sprechen verschiedene Reichstagsabschiede des 16. Jahrhunderts das Kartellierungsverbot aus [3]. Hier war also von Menzel bei einiger Beachtung schon der naheliegendsten Quellen die Situation nicht zu verkennen. Wenn Menzel dann aber, der allgemeinen Ansicht entgegenkommend, meint, neuartig sei die Erscheinung im 19. Jahrhundert auf dem Gebiete der Großindustrie und neuartig seien die Organisationsformen, unter denen uns heute die Kartelle entgegentreten, so ist der eine Teil dieser Ansicht so irrig wie der andere. Ad 2 habe ich in einem Aufsatz des „Historischen Jahrbuchs" [4] gezeigt, wie stark sich die Organisationsform eines Kartells aus dem Jahre 1743 den heutigen nähert, ja in ihrer Kompliziertheit viele von ihnen überragt. Ad 1 hat H. Levy für England nachgewiesen, daß es dort bereits im frühen 18. Jahrhundert Kartelle in der Großindustrie

---

macht ainicher war und kaufmannsgut in vermischung mit anderen begeben oder handeln sol und sonderlich mit andern sich nit zu vertragen ainich war und kaufmannsgut dermaßen und nit anderst zu verkaufen, dann laut irs vertrags satzung ze thun. Dann die oder dergleichen verträge als unzimlich geacht werden söllen, die weil doch sollichs dem gemainen nutz widerwertig."

[1] Emil Steinbach, Der Staat und die modernen Privatmonopole. Vortrag, gehalten in der Wiener Juristischen Gesellschaft am 17. Dez. 1902. Wien 1903, S. 18.

[2] „Jetzt werde ich sicherlich mein volles Recht nach dem ausländischen Gesetze verfolgen. Die sich verabredet haben, uns das Leben zu verteuern, werde ich verklagen, und ich werde als Buße begehren, daß sie mir zehn Mahlzeiten nach meiner Auswahl geben, obwohl jetzt alles teuer ist. Das werde ich tun."

[3] Wir kommen noch darauf zu sprechen.

[4] Ein Kartell deutscher Kaufleute aus dem Jahre 1743. Historisches Jahrbuch 1911, S. 49—62.

gab [1]. Für die Thüringer Glasindustrie konnte W. S t i e d a
schon auf ein interessantes Preiskartell aus dem Jahre 1735 aufmerksam machen [2]. Neuerdings aber zeigt uns das schon öfter
genannte Buch von W. M ö l l e n b e r g , ebenso wie M ü c k s
Publikation, daß bereits die deutsche Großindustrie des 16. Jahrhunderts vollständige Kartellbildungen kannte und durchzuführen
wußte. Der erstgenannte Autor hat uns im siebenten Kapitel
seines Buches mit den interessanten, schließlich von Erfolg ge-
krönten Kartellierungsversuchen Christoff Fürers im Mansfelder
Saigerhandel bekannt gemacht [3]. Seit Christoff Fürer gegen den
hartnäckigen Widerstand des konservativen Jakob Welser d. Ä.
von Nürnberg ein Syndikat der Hüttengesellschaften Gräfenthal,
Schwarza, Steinach, Arnstadt, Luderstadt, Eisfeld und Leutenberg
zustandegebracht hatte, stiegen die Dividenden der einzelnen Gesellschaften bedeutend. Leider sind wir nur über die Gewinne einer
von ihnen, der Leutenberger, im Zusammenhang unterrichtet. Die
Dividenden dieser Gesellschaft hatten 1527 und 1531, also vor
Gründung des Syndikats, noch 11 % betragen, 1535 kamen 14 %,
1536 sogar 19 % zur Verteilung und 1537 konnten auf 100 fl. Anteil
nicht weniger als 22 fl. 9 gr. Gewinn ausgeschüttet werden.

Auf ein Kupfersyndikat um die Wende des 15. Jahrhunderts
hatte vor längerer Zeit bereits E h r e n b e r g aufmerksam gemacht [4].

Zu einer bisher unbeachteten Kartellverabredung kam es auch
bei Gelegenheit des früher schon in einem anderen Zusammenhange

---

[1] H. L e v y , Monopole, Kartelle und Trusts in ihren Beziehungen zur Organisation der kapitalistischen Industrie, S. 98.

[2] W. S t i e d a , Ältere deutsche Kartelle. In Schmollers
Jahrbuch XXXVII (1913), S. 725 ff. Dort hat Stieda zusammengestellt, was an älteren deutschen Kartellbildungen (zumeist in der
allerletzten Zeit) bekannt geworden ist. Auch auf die Kartellbildungen im Holland des 17. Jahrhunderts ist hier im Anschluß
an A n d r é - E. S a y o u s (Les ententes de producteurs et de commerçants en Hollande au XVIIe siècle. Mémoire lu à l'Académie
des sciences morales et politiques le 7. sept. 1901. Neue verbesserte
Ausgabe Paris 1908) hingewiesen.

[3] Über die späteren Schicksale des Kartells vgl. auch
W. M ö l l e n b e r g a. a. O., S. 125. Der Syndikatsvertrag der
Hüttenwerke ist abgedruckt bei M ü c k a. a. O., I. Bd. Urkunde
Nr. 288; vgl. auch I, S. 110.

[4] Das Zeitalter der Fugger, I, S. 396 ff., 417 ff.

erwähnten großen Pfeffermonopolprojektes des Konrad Rott [1]. Wir sahen, daß der spekulationsfrohe Augsburger zum Zwecke der Durchführung eines Weltmonopols in Pfeffer mit portugiesischen und italienischen Kaufleuten und außerdem mit der sog. Thüringer Gesellschaft sich verbündete. Dabei sollte ein Gebietskartell verhindern, daß sich die Kontrahenten selbst eine lästige Konkurrenz machten. Konrad Rott übernahm es, „die Absatzgebiete der Parteien so zu begrenzen, daß den Portugiesen Spanien, Portugal, Frankreich und England, den Italienern Jtalien mit seinen Inseln, ihm selbst und der Thüringischen Gesellschaft aber Deutschland, die Niederlande, Ostland und Polen zur Ausbeute überlassen wurden." Jede Partei, die Pfeffer außerhalb ihrer Handelssphäre verkaufte, sollte als Konventionalstrafe der durch die Übertretung der Kartellbestimmungen geschädigten Partei 10 Dukaten für jeden verkauften Zentner zahlen [2].

* * *

Ich habe in dem vorhin genannten Artikel „Ein Kartell deutscher Kaufleute aus dem Jahre 1743" die These aufgestellt, daß Kartelle im 16. Jahrhundert eine häufige Erscheinung des westeuropäischen Wirtschaftslebens wären, nachdem schon das Mittelalter eine Anzahl derartiger Unternehmerverbände in den Kulturländern Europas gesehen hatte. Diesen Satz gilt es zunächst mit weiterem Material zu belegen. Wenn wir dabei zuerst von einigen Kartellen des Mittelalters sprechen wollen, so muß zuvörderst an die beiden Syndikatsbildungen erinnert werden, die wir oben bereits kurz in einem anderen Zusammenhange erwähnten. An das Salzvertriebssyndikat des Jahres 1301 und an das Alaunsyndikat vom Jahre 1470. Dazwischen mögen einige Kartellbildungen im hansischen Wirtschaftsgebiet kurz mit Erwähnung finden.

Das Salzvertriebssyndikat vom Jahre 1301.

Die Untersuchung der Wechselwirkung von öffentlicher und privater Wirtschaft bildet ein interessantes, wenn auch bisher kaum beachtetes Problem der europäischen Wirtschaftsgeschichte des

---

[1] Vgl. oben S. 107—108.
[2] H ä b l e r in Neues Archiv für sächsische Geschichte 16 (1895), S. 191. Dazu F a l k e , Die Geschichte des Kurfürsten August von Sachsen in volkswirtschaftlicher Beziehung, S. 308.

Mittelalters. Es fragt sich dabei insonderheit: Ist die private Wirtschaft, seit sie rationell, mit Buchführung usw., getrieben wurde, den Spuren der Wirtschaftsführung öffentlicher Organe gefolgt oder ist die Entwicklung umgekehrt vor sich gegangen? So zwar, daß die fiskalische Wirtschaftsführung sich die Errungenschaften der privaten Wirtschaftskunde anzueignen verstand? Die Lösung dieses Problems ist dadurch nicht erleichtert, daß man etwa die ältesten bekannten Geschäftsbücher von Verwaltungskörpern mit den ältesten auf uns gekommenen Handlungsbüchern von Kaufleuten vergleicht [1] und aus der größeren oder geringeren Fähigkeit

[1] Also etwa Rechnungsbücher der Päpste oder der italienischen Kommunen des Mittelalters mit Handlungsbüchern italienischer Kaufleute. Einige alte, bisher edierte Rechnungsbücher von Verwaltungskörpern nennt G. B r a m b i l l a in seinen „Storia della ragioneria italiana" (1901). Vgl. S o m b a r t , Moderner Kapitalismus I, S. 393. Seitdem sind noch mehrere bekannt geworden. Die ältesten bisher edierten oder in der Literatur erwähnten Handlungsbücher großer italienischer Firmen sind etwa die folgenden (vgl. auch H u v e l i n , L'Histoire du droit commercial, Revue de Synthèse historique VII (1903), S. 347 f.): Für das 13. Jahrhundert: Ein Handelsbuch einer Florentiner Wechslerfirma, von dem S a n t i n i Bruchstücke, auf das Jahr 1211 bezüglich, veröffentlicht hat (P. S a n t i n i , Frammenti d'un libro di banchieri fiorentini.... In Giornale storico della letter. italiana X (Turin 1887), S. 161 ff.). Für die Wende des 13. und des 14. Jahrhunderts: Die Bücher der Peruzzi und Alberti 1292—1343 (vgl. S. L. P e r u z z i , Storia del commercio et dei banchieri di Firenze dal 1200—1345 (Firenze 1868). Ferner die des Guido dell' Antella vom Jahre 1298 ff. (herausgeg. von P o l i d o r i , Arch. stor. ital., 1. Serie, IV [1843], S. 6 ff.). Vgl. dazu: Ricordi di un mercante fiorentino del XIII° secolo scritti in volgare su tavolette cerate esistenti nel r. archivio di stato in Firenze. Die der Bardi in Florenz von 1310 an. Die Bücher befinden sich im Besitz der Familie Ginori Lisci in Florenz (cfr. L i v i a. a. O., S. 2 Anm. 1). Die der Buonsignori vor 1344 (G. A r i a s , Studi e documenti di storia del diritto, S. 37—67). Die des Miliadusso Baldiccione im 14. Jahrhundert (Ricordi di Meliadus Baldiccione de' Casalberti Pisano ed. Bonaini in Arch. storico ital., 1. Serie, VIII (1845), Append. 7, 9, 17, 68). Für die Handlungsbücher der Medici vgl. H. S i e v e k i n g , Die Handlungsbücher der Medici (Sitzungsbericht d. K. Akademie d. Wissenschaften in Wien, Bd. CLI, Wien 1905). Auch schon daselbst Anzeiger der historisch-philos. Klasse vom 3. Dezember, Jahrg. 1902, Nr. XXV. Derselbe Forscher hat auch auf die Geschäftsbücher einiger venezianischer Firmen des 15. Jahrhunderts, namentlich der Gebr. Soranzo, ausführlicher hin-

rechnerischer Erfassung geschäftlicher Vorgänge, die sich bei der einen oder der anderen Gruppe offenbart, also aus der fortgeschrittenen Buchführungstechnik, auf eine Priorität im obigen Sinne schließt. Das wäre methodisch durchaus verkehrt. Denn wir können ja niemals wissen, ob das Vergleichsmaterial, das uns zur Verfügung steht, wirklich typisch ist, d. h. demjenigen Grad entspricht, den die Buchführungskunde in der öffentlichen Verwaltung bzw. der privaten Unternehmung im allgemeinen in der betreffenden Zeit erlangt hatte.

Zu ähnlichen Fragestellungen über die Wechselwirkungen von privater und öffentlicher Wirtschaftstätigkeit gelangt man auch in der Geschichte des Kartellwesens. Die ältesten Kartelle, die ich nachweisen kann, sind fiskalischer Natur. Sie wurden von den Pächtern öffentlicher Wirtschaftsobjekte unter hervorragender Beteiligung der öffentlichen Gewalt abgeschlossen. Auch hier wäre es aber ein methodischer Fehler, die Möglichkeit leugnen zu wollen, daß diesen „fiskalischen" Kartellen, die uns zufällig bekannt geworden sind, solche privater Unternehmer vorausgegangen sein können. Die Kaufleute hatten allen Grund, Abmachungen wie Kartelle, die der Wirtschaftsethik der Zeit mit ihrer scharfen Betonung des „gerechten Preises" entgegenstanden, geheim zu halten. Oft wird es gar nicht zu schriftlichen Fixierungen der Konvention — die auf uns gelangen konnten — gekommen sein. Nichts wäre verkehrter, als hier quod non est in actis, non est in mundo zu schließen. Freilich

---

gewiesen, nachdem schon in den achtziger Jahren der italienische Gelehrte B e s t a auf diese Schätze des venezianischen Staatsarchivs aufmerksam gemacht hatte. H. S i e v e k i n g , Aus venezianischen Handlungsbüchern. Ein Beitrag zur Geschichte des Großhandels im 15. Jahrhundert in Schmollers Jahrb. f. Gesetzgebung, Verwaltung und Volkswirtschaft, Bd. XXV (1901), S. 1489ff.; Bd. XXVI (1902), S. 189 ff.; Bd. XXV, S. 1499 f. erwähnt Sieveking einige genuesische Handelsbücher, besonders ein Hauptbuch der Bank S. Giorgio. Vgl. dazu desselben Verfassers „Genueser Finanzwesen", Freiburg i. Br. 1898—99. Auf die Geschäftsbücher-Schätze des Ragusaner Staatsarchivs (seit Anfang des 14. Jahrhunderts) hat neuerdings wieder C. L e y e r e r aufmerksam gemacht (Österreich. Handelsschulzeitung 1913, August- u. Novemberheft). Für das außerordentlich reichhaltige kaufmännische Archiv des Franc. Datini († 1410) zu Prato bei Florenz vgl. meine Ausführungen in Vierteljahrsschrift für Soz. u. Wirt.-Gesch. 10 (1912), S. 442 ff.

für wahrscheinlich halte ich die Nachbildung der fiskalischen Kartelle nach privaten Vorbildern nicht. Die öffentlichen Gewalten bedurften dessen kaum. Sie hatten in den Handelsverträgen Vorbilder genug, wie man eine lästige Konkurrenz ausschalten und sich gütlich über wirtschaftliche Beziehungen einigen konnte. Es mutet einen fast wie eine Abmachung moderner Kaufleute an, die in schwerer wirtschaftlicher Depression den Konkurrenzkampf aufgeben, wenn man etwa die Handelsvergleichsverhandlungen liest, die im Jahre 1181 P i s a und L u c c a miteinander schlossen. „Unter dem Druck langdauernder Hungersnot und schwerer Seuchen, die Italien damals heimsuchten, reichten sich die bisher so unversöhnlichen Gegner die Hand zu ernstlichem Frieden nicht nur, sondern zu so engem Bunde, d a ß b e i d e S t ä d t e i n m a n c h e r B e z i e h u n g f a s t a l s e i n S t a a t s w e s e n e r s c h e i n e n k o n n t e n "[1]. So mußte z. B. der aus der Münze jeder der beiden Städte sich ergebende Reingewinn zu gleichen Teilen an Lucca und Pisa verteilt werden. „Ebenso sollte fortan auch der Reingewinn aus dem in beiden Städten erhobenen Uferzoll und dem Salzmonopol, sowie aus dem nur in Pisa bestehenden Monopol auf Eisen und Eisenerze, solange ein solches vorhanden sein würde, endlich auch der Reinertrag aus dem Pisanischen Seezollamt (decatia) zu gleichen Teilen unter die vertragschließenden Städte geteilt werden" usw. [2]

Es braucht kaum gesagt zu werden, daß öffentliche Gewalten, die solcher Art Handelsverträge eingingen, keine kaufmännischen Vorbilder brauchten, wenn sie für ihre fiskalischen Industriegegenstände Kartelle abgeschlossen haben. Auch die Tatsache, daß staatliche Monopole für gewisse Handelsgegenstände, z. B. für Salz, Eisen usw., schon früh im Mittelalter existierten [3], zeigt

---

[1] A d o l f S c h a u b e , Handelsgeschichte der romanischen Völker des Mittelmeergebietes bis zum Ende der Kreuzzüge. München und Berlin 1906, S. 650 f.

[2] S c h a u b e a. a. O., S. 651.

[3] Vgl. für Monopole in den italienischen Staaten des früheren Mittelalters S c h a u b e , Register sub Monopol, dazu G e o r g e Y v e r , Le commerce et les marchands dans l'Italie méridionale au XIIIe et au XIVe siècle. Paris 1903. Y v e r hat (a. a. O., S. 24 f.) mit Recht darauf hingewiesen, daß die Anjous in Sizilien im 13. und 14. Jahrhundert — wie auch ihre staufischen und normanischen Vorfahren — tüchtige Geschäftsleute waren, die ihren wirtschaft-

übrigens, daß man staatlicherseits die Vorteile des Monopoliums — auf die ja jedes Kartell hinausstrebt — wohl zu würdigen verstand.

Vielleicht ist es kein Zufall, daß das älteste Kartell fiskalischer Werke, das mir bekannt geworden ist, gerade auf dem Gebiete des Salzhandels gegründet wurde, auf jenem Gebiete also, auf dem vielfach eine staatliche Monopolbewegung seit langem existierte. Zum Zwecke der Ausschaltung der gegenseitigen Konkurrenz, die sich die dem König von Neapel gehörigen Salinen in der Provence und die königlichen französischen Salzwerke von Aigues-Mortes und der area maritima von Aigues-Mortes seit längerer Zeit in Südfrankreich gemacht hatten, kam es um das Jahr 1301 zu Verhandlungen zwischen den beiderseitigen Pächtern dieser staatlichen Salinen. Im Auftrage des Königs von Neapel resp. im Auftrage seines Pächters (der bekannten Florentiner Bankfirma Bardi) leitete Bonacursus de Tecco [1] die Syndikatsverhandlungen, im Auftrage des französischen Königs besonders sein Salzpächter Albizi Franzesi, ebenfalls einer bekannten Kaufmannsfamilie von Florenz angehörig [2]. Leider scheinen sich, wie eine Anfrage im Staatsarchiv von Neapel ergab, keine anderen urkundlichen Niederschläge dieser Verhandlungen erhalten zu haben, als die Aufforderung König Karls II. von Neapel an den Seneschall der Provence, die Verhandlungen schleunigst durch einen Syndikatsvertrag zum Abschluß zu bringen. (Neapel, 6. Dezember 1301 [3].)

In dem Schreiben ist ausdrücklich ausgesprochen, daß das Kartell zwischen den beiderseitigen Höfen, also nicht nur zwischen den Pächtern der königlichen Salinen, abgeschlossen werden sollte. Als einziger Zweck der Vereinigung ist ohne Umschweife der Nutzen

---

lichen Vorteil im staatlichen Eigenhandel usw. so gut wie der kapitalistische Kaufmann zu wahren verstanden.

[1] „Tecco Bonaccorsi" im Jahre 1299 als Mitglied der Handelsgesellschaft der Bardi erwähnt bei Y v e r a. a. O., S. 297.

[2] Vgl. u. a. für die Franzesi: O t t o M e l t z i n g , Das Bankhaus der Medici u. seine Vorläufer. Jena 1906. S. 42 ff.

[3] Das Schreiben des Königs ist erwähnt und im Exzerpt wiedergegeben bei R. D a v i d s o h n , Forschungen zur Geschichte von Florenz. III. Teil. Berlin 1901. Nr. 382. Im Anhang habe ich das interessante Schriftstück nach einer freundlich übersandten Abschrift des Staatsarchivs von Neapel in extenso wiedergegeben.

des Fiskus genannt [1]. Wenn dabei von dem Kartellvertrag als einem „Tractatus societatis" gesprochen ist, so bedeutet hier Gesellschaft nicht Handelsgesellschaft im technischen Sinne, sondern eine Vereinigung im weiteren Sinne, eine „societas communis venditionis" wie es in dem Briefe des Königs von Neapel an seinen Seneschall in der Provence heißt. Auch K o n r a d P e u t i n g e r bezeichnet in seinem Gutachten über das Kupfersyndikat von 1498 ff. dieses notorische Kartell als „societas cupri" [2], als „Gesellschaft des Kupfers" oder auch als „Gesellschaft und Vereinigung". Peutinger führt aus, die beteiligten Firmen hätten „ain sondere gemaine gesellschaft und vertrage etlicher anzal kupfer und allain derselben war beschlossen und gemacht". Genau so hat auch der Ausdruck „Gesellschaft" in der Neapolitaner Urkunde eine weitere Bedeutung. Vielleicht wird aus französischen oder neapolitanischen Archiven Licht über die Wirksamkeit des provençalischen Salzvertriebssyndikats vom Jahre 1301 verbreitet werden können. Wir mußten, um den Abschluß dieses Buches nicht allzuweit hinauszuschieben, auf so weite und dem Risiko des Versagens so stark ausgesetzte Archivstudien verzichten [3].

* * *

Wie Florentiner Kaufleute die Pächter der fiskalischen Salinen waren, zwischen denen der erste uns bekannte Kartellvertrag abgeschlossen wurde, so waren auch Florentiner Kaufleute die ersten privaten Kartellisten, von denen uns die Literatur berichtet.

Bekanntlich wurden im Verlaufe des 13. Jahrhunderts die italienischen Großkaufleute, namentlich die Florentiner, den staat-

---

[1] „Magna utilitas utriusque curiae" und ähnliche Wendungen dreimal in dem kurzen Schreiben.

[2] Vgl. das interessante „consilium in causa societatis cupri" P e u t i n g e r s, das auch die Grundlage bildete für E h r e n - b e r g s Schilderung des Kartells. Msc. in der Augsburger Stadtbibliothek 2° Aug. 398 fol. 189ʳ—198ᵛ. Dazu jetzt K ö n i g a. a. O., S. 109.

[3] Y v e r, der in seinem Buche „Le commerce et les marchands dans l'Italie méridionale au XIIIᵉ und XIVᵉ siècle" die ausgebildete Wirtschaftspolitik der Anjous und die Handelsgeschäfte der sizilischen Krone sehr ausführlich behandelt, ist leider das Kartell von 1301 entgangen, sonst wäre er vielleicht bei seinen Archivforschungen der interessanten Erscheinung nachgegangen.

lichen Gewalten immer unentbehrlicher. In Rom und Neapel, in Frankreich und England waren die italienischen Kaufleute die Hauptgläubiger der Krone. Ohne ihre Kreditgewährungen war schon damals die Staatsmaschine kaum mehr in Gang zu halten. In ihren Händen befanden sich die besten und einträglichsten Einnahmen der reichsten europäischen Staaten der damaligen Zeit [1]. Im Königreich Neapel bedeutet die Periode zwischen dem Tode Heinrich VIII. und der Ankunft des Herzogs von Kalabrien in Toskana die Zeit der höchsten Blüte der Florentiner Hochfinanz [2]. Die Bardi und die Peruzzi, denen sich bald noch die Acciajuoli zugesellten, machten damals ihre besten Geschäfte. Namentlich auch deshalb, weil die genannten Firmen bald einen unnützen Konkurrenzkampf glücklich vermieden. Nach Y v e r existierte etwa vom Jahre 1316 an ein Syndikat, das alle wichtigen Finanzgeschäfte des Königreichs monopolisierte. Dem Syndikat der drei genannten Geldmächte schloß sich nach 1330 noch das Haus der Bonaccorsi an. Näheres über das Syndikat hat Yver leider nicht beigebracht. Ihm muß auch die literarische Verantwortung überlassen bleiben, ob es sich in den Abmachungen der genannten Firmen um ein wirkliches Syndikat oder nur um gelegentliche Konsortialbeteiligungen handelt. Erwähnt soll aber doch werden, daß S c a c c i a in seinem „Tractatus de commercio et cambio" (Ausgabe Frankfurt a. M., 1648, S. 300) an der Stelle, wo er von Monopolen handelt, Verabredungen von Kaufleuten erwähnt, in denen diese sich gegenseitig verpflichten, den Fürsten nur zu einem festbestimmten Prozentesatz Anleihen zu gewähren [3].

---

[1] Vgl. besonders O. M e l t z i n g , Das Bankhaus der Medici und seiner Vorläufer und die dort genannte Literatur. Dazu besonders S c h a u b e , Handelsgeschichte der romanischen Völker, und G. Y v e r , Le commerce et les marchands dans l'Italie méridionale au XIIIe et au XIVe siècle. Eine recht brauchbare Zusammenfassung der Wirksamkeit der italienischen Hochfinanz des Mittelalters bietet auch der bereits genannte Aufsatz von K u l i s c h e r , Warenhändler u. Geldausleiher im Mittelalter.

[2] Y v e r a. a. O., S. 308.

[3] „Quando mercatores divites, scientes extare principes qui pro aliqua urgenti necessitate quaerunt pecunias ad cambium c o n v e n i u n t de non dando illas, nisi pro tanto pretio, quod esset iniustum et excessivum."

Kartellbildungen im hansischen Wirtschafts-gebiet des Mittelalters.

Für Deutschland sind wir zuerst von Unternehmerverbänden aus dem hansischen Wirtschaftsgebiet unterrichtet. Schon im Jahre 1309 hören wir von einem Wachsring, den deutsche nach England handelnde Kaufleute abgeschlossen haben sollen [1]. Es handelte sich um eine Verabredung [2], der zufolge die Zufuhr russischen Wachses nach England hintangehalten werden sollte, damit der Wachspreis in die Höhe ging.

Aber nicht nur die Hansen suchten sich im Mittelalter gelegentlich den Markt durch kartellistische Verabredungen zu verbessern, ebenso handelten ihre flandrischen und holländischen Geschäftsfreunde. So wird z. B. in einer Beschwerdeschrift des deutschen Kaufmanns zu Brügge aus dem Jahre 1417 Klage darüber geführt, daß „die Fläminger die Preise der Waren untereinander fest vereinbarten, so daß keiner sie billiger als der andere gebe" [3].

In den sechziger oder siebziger Jahren muß sich dann in Leiden ein Kartell der dortigen großen Tuchhändler gebildet und zeitweise den dortigen Markt beherrscht haben [4]. Es handelt sich bei dieser kapitalistischen Organisation um keine Handelsgesellschaft wie v. B e l o w [5] meint. Wenn es in den auf die genannte Bildung

---

[1] K a r l K u n z e , Hanseakten aus England 1275—1412. Halle a. S. 1891. Urkunde Nr. 40. Dazu W a l t e r S t e i n , Die deutsche Genossenschaft in Brügge und die Entstehung der deutschen Hanse. Hansische Geschichtsblätter 1908, S. 430 ff.

[2] Die Ausdrücke compositio, collusio, ordinatio werden als Bezeichnung für den Ring gebraucht.

[3] „Vortmer so maken de borgers van Brugge endracht uppe ere gud, dat se dat alle to enem pryse vorkopen moten, so dat erer eyn deß nicht beteren kop geven mach, den de andere, dat dem copmanne to grotem vorvange unde hindere is an der copenschop, de he van en kopet." In: Die Hanserezesse und andere Akten der Hansetage von 1256—1430. Bd. VI (1889), Nr. 400, § 10. Vgl. auch E. D a e n e l l , Die Blütezeit der deutschen Hanse. Hansische Geschichte von der 2. Hälfte des 14. bis zum letzten Viertel des 15. Jahrhunderts. 2 Bde. Berlin 1905/06. II. Bd., S. 428.

[4] Die Belege aus den Hanserezessen zitiert bei D a e n e l l a. a. O., II, S. 429, und in dem in Anm. 5 zitierten Aufsatz von B e l o w s, S. 10.

[5] „Großhändler und Kleinhändler im deutschen Mittelalter."

bezüglichen Urkunden der Hanserezesse heißt: „dat siek etlike van en [d. h. einige Leidener Kaufleute] tosamen gheworpen unde s e l s c h o p g h e m a k e t hebben", so ist hier Gesellschaft nicht gleich Handelsgesellschaft, sondern gleich Vereinigung im weiteren Sinne, eben gleich Kartell.

Den Hansen war das Kartell besonders noch deswegen lästig, weil es nicht nur die Preisbildung des Leidener Tuches auf den niederländischen Märkten beherrschte, sondern auch das gesuchte Leidener Fabrikat in Hamburg, Lübeck und in den östlichen Städten zu niedrigeren Sätzen verkaufte, „so daß der hansische Zwischenhändler in seiner Heimat in keiner Weise zu konkurrieren vermochte"[1], sondern einfach ausgeschaltet war.

Das Alaunkartell des Jahres 1470.

Um das Alaunkartell vom Jahre 1470 ganz zu verstehen, müssen wir zunächst einen Blick auf die Entwicklung des Welthandels in Alaun werfen[2]. Bis nach der Mitte des 15. Jahrhunderts kam für den Welthandel so gut wie ausschließlich der Orient als Alaunproduzent in Frage. In Alexandria stapelte sich nubischer und arabischer Alaun auf, in Aleppo mesopotamischer und armenischer, besonders aber in Konstantinopel strömten „die Produkte von Thrazien, einzelnen griechischen Inseln (Lesbos) und vor allem des ungemein alaunreichen Kleinasien zusammen"[3]. Von den italienischen Levantehandelsmächten erlangte Genua die größte Bedeutung für den Alaunhandel. Der klugen Unterstützung, die die ligurische Hauptstadt im vierten Kreuzzug den griechischen Paläologen zuteil werden ließ, verdankte sie für fast zwei Jahrhunderte ein nahezu

---

In: Jahrbücher für Nationalökonomie und Statistik. III. Folge. 20. Bd. (1900), S. 10.

[1] v. B e l o w a. a. O., S. 10.

[2] Alaun wurde namentlich für die Tuchfärberei und zur Lederbereitung im Mittelalter in Mengen gebraucht und gehörte zu den wertvollsten Artikeln des mittelalterlichen Welthandels.

[3] G. v o n d e r R o p p , Zur Geschichte des Alaunhandels im 15. Jahrhundert. Hansische Geschichtsblätter 1900, S. 122. Im wesentlichen nach W. H e y d , Histoire du commerce du Levant au moyen-âge. 2 Bde. Leipzig 1885/86. Französ. vermehrte und verbesserte Ausgabe des zunächst in deutscher Sprache erschienenen Werkes. II. Bd., S. 565 ff.

vollständiges Monopol für den Welthandel in Alaun. Dies um so mehr, als genuesische Familien von 1275—1455 im Besitz der besten und ausgiebigsten Alaungruben, der von Phokaea (am nördlichen Eingang des Busens von Smyrna) waren [1].

Das Vordringen der Türken im östlichen Becken des Mittelmeeres, das 1453 mit der Eroberung von Konstantinopel einen vorläufigen Abschluß fand, änderte die Lage des Alaunmarktes von Grund auf. Die Türken wurden jetzt die Beherrscher der besten Alaungruben der Welt, und ganz Europa mußte ihnen in der enorm hohen Pacht, die die italienischen Pächter dem Sultan zu zahlen hatten, tributpflichtig werden. Erst wenn man dieser Tatsache eingedenk ist, versteht man den Jubel, der die ganze Christenheit durchdrang, als 1461 im Kirchenstaate bei Tolfa, unweit Civitavecchia, mächtige Lager eines vorzüglichen Alaunsteines gefunden wurden [2]. Seit dem Frühjahr 1463 wurde in Tolfa gearbeitet, bald angeblich von 8000 Menschen [3]. Die Ausbeute hatte Pius II. als Monopol einer Gesellschaft, der sog. Societas aluminum, übertragen, die Joh. de Castro, der Entdecker von Tolfa, mit dem Genuesen Barth. de Framura, Skriptor der apostolischen Briefe, und Carl de Gaetanis von Pisa bildete. Der erste Pachtkontrakt ist bisher leider nicht aufgefunden [4], aber Gottlob hat dessen Verlängerung (auf neun Jahre, beginnend mit dem 1. November 1465) aus den Akten des vatikanischen Archivs auszugsweise mitgeteilt [5]. Der Vertrag hat in seinem Inhalt eine große Ähnlichkeit mit den Kontrakten, in denen im 16. Jahrhundert die Fugger und andere Firmen die Pacht der spanischen Quecksilberbergwerke von Almaden übernahmen. Die Tolfaer societas aluminum hatte den Betrieb der Gruben vollständig auf eigene Kosten zu führen, alle Bauten vorzunehmen usw. Dafür stand ihr im Kirchenstaat das alleinige

---

[1] Noch das Libell of englishe policye (um 1436) schildert die Genuesen als Bringer des für die englische Tuchfabrikation unentbehrlichen Alauns.

[2] Durch den päpstlichen Finanzbeamten Johannes de Castro Vgl. die anschauliche Schilderung in den Denkwürdigkeiten Papst Pius II. (Enea Silvio Piccolomini), in Übersetzung mitgeteilt bei G o t t l o b , Camera apostolica und v o n d e r R o p p.

[3] G o t t l o b , Camera apostolica, S. 282.

[4] Er trat im November 1462 in Kraft; vgl. G. Z i p p e l , L'allume di Tolfa e il suo commercio, a. a. O., S. 21 und 437.

[5] Jetzt im Wortlaut abgedruckt bei Z i p p e l , a. a. O., S. 438 ff.

Alaungewinnungsrecht zu. Die Gesellschaft lieferte als Entgelt 30 000 Cantare (Zentner = 150 röm. Pfund) Alaun zu dem geringen Preise von ¾ Dukaten für jeden Zentner an die päpstliche Kammer ab. Die Bezahlung durch die Camera apostolica hatte bei der Übergabe der Ware und an Ort und Stelle zu erfolgen, sie konnte in bar oder durch Rücküberlassung der Ware geschehen; in letzterem Falle wurde der Engros-Marktpreis angerechnet und die Gesellschaft übernahm die den Händlern von der Kammer gewährten Lieferungsbedingungen. Nach Ablauf des Kontrakts war die päpstliche Kammer gehalten, „alle Gebäude, Anlagen und Betriebsgerätschaften der Gesellschaft zu einem durch zwei von beiden Teilen ernannte Sachverständige festgesetzten Preise käuflich zu erwerben" [1].

Als im Frühjahre 1466 einer der Gesellschafter der Tolfaer societas aluminum ausschied und dafür das Bankhaus der Medici eintrat, wurde unter dem 1. April 1466 ein neuer Pachtvertrag (wiederum auf neun Jahre) [2] verabredet. Die Gesellschaft übernahm zu den Betriebskosten in den Tolfaer Gruben jetzt auch noch die sämtlichen Vertriebsspesen (Spedition des Alauns in die päpstlichen Magazine zu Civitavecchia, Schiffsverfrachtung des Alauns und seine Überführung in die Handelsplätze). Der Gewinnanteil der päpstlichen Kammer wurde fixiert, er „bestand jetzt nicht mehr in der freien Lieferung einer bestimmten Quantität des gewonnenen Produkts, die dann erst durch die Kammer selbst in den Handel kam, sondern die Gesellschaft übernahm auch den ganzen kaufmännischen Teil des Geschäfts und bezahlte der Kammer für jede Cantare des verkauften Alauns 2 Dukaten in Gold". Betrug der Verkaufspreis mehr als 3 Dukaten, so fielen von dem Mehr zwei Drittel an die Kammer, ein Drittel an die Gesellschaft. Jeder Verkauf an die Händler konnte nur aus den Magazinen in Civitavecchia geschehen [3]. Dabei mußte stets ein päpstlicher Kammerbeamter zugegen sein. Die Kurie versprach in dem Vertrag, in der

---

[1] G o t t l o b a. a. O., S. 283 f.

[2] Jedoch stand dem Papst das Recht zu, den Vertrag in den ersten 30 Monaten seiner Gültigkeit zu kündigen. Die wichtigsten Teile des Kontrakts abgedruckt bei Z i p p e l a. a. O., S. 405 Anm. 1. Der Wortlaut in Rom, Archivio di Stato; Depositeria generale della crociata 1464—1475 cc. 29—32.

[3] Vgl. die Casa de contratacion in Portugal und Spanien.

ganzen Christenheit den Verkauf des türkischen Alauns zu unter-
sagen, und der Gesellschaft „alle dieserhalb nötigen Patente, Bullen,
Breven usw. taxfrei auszustellen" [1]. Schiffe, die dem päpstlichen
Verbot entgegen mit türkischem Alaun befrachtet betroffen wurden,
sollten angehalten und ihre Ware konfisziert werden. Von dem
Erlös hatte die päpstliche Kammer zwei Dritteile, die Gesellschaft
ein Drittel zu beanspruchen. In demselben Verhältnis sollten auch
die Kosten für die Ausrüstung jener Schiffe geteilt werden, die die
Alaunflotte beschützten und „der Durchführung des alleinigen Ver-
kaufsrechtes der Gesellschaft dienten."

Die Ausbeuten der Tolfaer Alaunwerke erreichten sofort eine
bedeutende Höhe [2]. Der jährliche Reingewinn für die apostolische
Kammer wird von Zeitgenossen Pauls II. auf etwa 100 000 Dukaten
angegeben. Er betrug im Jahre 1471 für 70 000 Cantare Alaun,
deren Verschiffung das Haus Medici übernommen, 140 000 Dukaten.
Im folgenden Jahre, 1472, verschifften die Medici wiederum
70 000 Cantare. Es wurden ihnen darauf 30—32 000 Dukaten, die
sie schon vorher für Zwecke des Türkenkrieges hergeliehen hatten,
angerechnet und 80 000 Dukaten sollten sie wieder innerhalb vier
Jahren bezahlen [3].

Bei den hohen Profitraten, die die Tolfaer Alaungruben der
apostolischen Kammer und natürlich auch den Pächtern abwarfen,
ist das folgende zu beachten. Schon vor der Entdeckung der
Tolfaer Gruben hatte Italien und seine Inseln etwas Alaun geliefert. Die bekanntesten Fundplätze waren auf der Insel Ischia
bei Neapel, in Pozzuoli und Volterra [4]. Von größerer Bedeutung
scheint zur Zeit der Entdeckung der Tolfaer Gruben nur der
Betrieb auf Ischia gewesen zu sein; von hier drohte also dem päpstlichen Alaunmonopol eine empfindliche Konkurrenz. Um sie auszuschalten, begann Paul II. mit König Ferdinand (Ferrante) von
Neapel, dem Regalherrn der Ischianer Alaungruben, Verhandlungen,
die zu dem Kartell vom 11. Juni 1470 führten [5]. Das Kartell wurde

---

[1] G o t t l o b a. a. O., S. 286. Seine Rechtfertigung erhielt das
päpstliche Monopol dadurch, daß seine Erträgnisse für die Zwecke
der Cruciata, d. h. für die Türken- und Hussitenkriege ausgesetzt
wurden. Ibidem S. 289 ff., 294.

[2] Zahlen bei G o t t l o b a. a. O., S. 287.

[3] G o t t l o b a. a. O., S. 288.

[4] Z i p p e l a. a. O., S. 11 ff., 34.

[5] Vgl. G o t t l o b a. a. O., S. 296, und Z i p p e l a. a. O., S. 34 ff.

zwischen den Generalkommissaren der Cruciata und dem Bevollmächtigten König Ferrantes, einem Neapolitaner Kaufmann namens Aniello Perotto [1], abgeschlossen und von Papst und König bestätigt. Es sollte zunächst für die Dauer von 25 Jahren gelten [2]. Das Syndikat wurde in der ausdrücklich ausgesprochenen Absicht abgeschlossen, den Preis des italienischen Alauns auf der Höhe zu erhalten. Deutlich heißt es in dem Protokolle, das die Bevollmächtigten Pauls II. und Ferrantes von Neapel aufnahmen:

„. . . ac novissime idem Sanctissimus dominus noster attente considerans eiusdem aluminis precium eidem sancto operi dicatum ex eo diminui plurimum, quia alumen aliud ex minera Ischana, ad serenissimum principem dominum Ferdinandum regem Sicilie pertinentem ad easdem mundi partes deferebatur communiter, ad quas cruciate alumen delatum fuerat aut deferri sepius contingebat, ita ut per concursum et habundantiam aluminis precium utriusque impediretur et vilesceret, ordinatumque ipsius sancte cruciate subsidium demum [3] minime proveniret et prefatus serenissimus dominus rex cognoscens hec eadem requisiverit suam Beatitudinem, libenter Sua Sanctitas annuit et consensit, ac pro [4] communi utilitate aut utriusque commodo et utilitate cruciate ac reipublice praedictarum, ad conventiones, pacta et capitula modo et forma infrascriptis per supra et infrascriptos reverd. dominos cardinales deveniendum censuit, laudavit et mandavit . . ."

Als Bezeichnung für das Kartell werden die Ausdrücke societas, compagnia, intelligentia, aber auch conventio, unione usw. gebraucht. An einer Stelle des Kartellstatuts heißt es, die beiden Alaunbetriebe Tolfa und Ischia sollten während der Vertragsdauer

---

[1] Zippel vermutet wohl mit Recht in diesem Vertrauten des Königs von Neapel den Pächter der Ischianer Alaungruben.

[2] Das interessante Kartellinstrument ist uns in mehreren Abschriften erhalten. Die vatikanische hat A. Theiner im 3. Bande seines „Codex diplomaticus dominii temporalis sanctae sedis" (Rom 1862), S. 463 ff., abgedruckt. Korrekter ist die Handschrift, die im Archivio di Stato zu Rom ruht („Depositeria della cruciata 1464 bis 1475", Fol. 1—16). Die folgenden Zitate sind dieser Handschrift entnommen.

[3] Theiner hat deinde.

[4] Meine Abschrift aus dem Archivio di Stato hat pio.

sein „uno corpo overo anima" [1]. Tatsächlich „kontrollierten" sich die beiden Alaunwerke so scharf wie nur irgendein modernes Syndikat. Jeder der beiden Kontrahenten hatte einen ständigen Kommissar in den Alaungruben bzw. in den Alaunniederlagen des anderen. Die Kommissare waren im Besitz von Schlüsseln zu allen Magazinen. Ihnen mußte Rechnung gelegt werden, wieviel Alaun gewonnen und verschifft wurde. Der Zweck dieser Kontrolle war die Durchführung des strikten Verbotes, Alaun anders als auf dem durch das Kartell vorgeschriebenen Wege zu verkaufen [2]. Denn erst mit dem Verkaufe begannen die die freie wirtschaftliche Entschließung der Kontrahenten einschränkenden Bestimmungen des Syndikats. Die Produktion, der Betrieb, blieb jedem der beiden Kontrahenten überlassen, ebenso der Transport des verkaufsfertigen und des verkauften Minerals (inklusive Versicherung, Verzollung usw.) [3].

Die gemeinsame Aktion der Kartellkontrahenten setzte erst beim Verkaufe ein. Während der 25 Jahre der Kontraktsdauer durfte kein Alaun von einer der Kartellparteien selbständig und ohne Vorwissen der anderen verkauft werden. Alle Verkaufsabschlüsse leiteten zwei Abgeordnete der Kontrahenten, ein päpst-

---

[1] Anima hat T h e i n e r , meine Abschrift aus dem Archivio di Stato hat maona. Über die Gesellschaftsform der Maonen vgl. besonders H. S i e v e k i n g , Genueser Finanzwesen vom 12. bis 14. Jahrhundert. Freiburg i. Br. 1898, S. 43 und sonst. L. G o l d - s c h m i d t , Universalgeschichte des Handelsrechts, S. 295. Am Ende des 15. Jahrhunderts bedeutet maona wohl schon jede compagnia di traffico o quasi voglia altra società di guadagno (Rezasco).

[2] „Che non si possa da questo dì avante per alchuna de le parte vendere ne fare vendere a particulare persona alcuna quantita de alumi de quelli fossino fatti o se facesseno ne le alumere de la camera apostolica et la Maiesta de Signore Re. Ma tutti allumi fatti et che se faranno nel ditto tempo de soppra, se abbi a reservare et navicare et vendere per uso de la compagnia et per declaratione de cadauna de le parte, nel reame al' alumere de la Maiesta del Signore Re abbia arrestare per nome de la camera apostolica uno commissario et a Civitavecchia a le alumere de nostro Signore, uno altro per la Maiesta del Signore Re, li quali cadauno habbia a tenire una de le chiave de cadauno de li magazini et bon conto de li allumi che se feranno et che se navicharano."

[3] „Che cadauna de le parte per la sua mitta habbia a pagare seperatamente le spese in fare fare li sui alumi, navicare et ogni altra spesa occorresse, et similiter tenire sui conti seperatamente de intrata et spesa." Und ferner: „Facendesse assecurare una de le

licher und ein königlicher [1]. Zu jedem Auftrag steuerten die päpstlichen Gruben (Tolfa) und die königlichen (Ischia) je die Hälfte
bei [2]. Auch dann hatte das zu geschehen, wenn einmal der Verkaufsabschluß nur von einem der Abgeordneten geschehen war [3].
Ausgenommen waren von dieser Halbierung des Verkaufsquantums
vorläufig Brügge und Venedig. Die päpstliche Kammer hatte
nämlich mit „gewissen Kaufleuten" eine Konvention geschlossen,
laut der sie den Verkauf des Alauns, der augenblicklich in Brügge
(ca. 60 000 Cantare) und Venedig (ca. 20 000 Cantare) lagerte, auf
einige Zeit unterlassen (soprassedere) sollte. Ging der Verkauf
weiter, so sollte der König von Neapel, der selbst kein (Ischaer)
Alaun in Brügge und Venedig lagern hatte, zunächst für die 60 000
bzw. 30 000 Cantare mit einem Sechstel am Reingewinne beteiligt
werden. Waren diese Quanten aber verkauft, so trat auch hier
die Bestimmung in Kraft, daß Ischia und Tolfa je zur Hälfte zu
liefern hatten [4]. Konnte einer der Kontrahenten in seinen Alaun-

---

parte per la sua mitta lo possi fare et utile et spesa sia de la parte
se fara assecurare."

[1] „Che dicti alumi dove se ordenarà siano navichati in cadauno
loco si habbino a vendere per dui deputati, uno per la Sanctità de
nostro Signore et camera apostolica, l'altro per la Maiesta del Signore
Re et non si possi vendere per altri."

[2] „Che tutto lo allume che nel sopradicto tempo se consumera
overo se navichara per diverse parte del mundo per consumptione
et uso de quello, la mitta se intenda et debia essere de quelli allumi
de le alumere de la Sanctità del nostro Signore et de la camera
apostolica, et l'altra micta de quello de le alumere de la maiesta del
Signore Re. Et de cetero quando se habbi a navicare alume per
qualuncha parte del mundo, la micta se habbia a levare da Civitavecchia per la parte de la camera apostolica et l'altra micta de le
alumere del Signore Re per la parte sua."

[3] „. . . et quello vendesse uno s'intenda la micta de la vendita
esser per conto del nostro Signore et de la camera apostolica etiam
sel fussi facto per el deputato de la maiesta del Signore Re, et ita e
converso, e l' altra micta de la maiesta de Signore Re."

[4] So möchte ich die Bestimmungen des Kartellstatuts auffassen,
die im Wortlaute folgendermaßen lauten: „Et per havere de la Sanctità
de nostro Signore et la camera apostolica certa compositione per
certo tempo cum lo illustre Signore duca de Borgogna de retinere
bene fornite le sue provincie et dominio de alumi et quelli non si
possino vendere ad piu precio de libre quatro et meza la charicha.
La dicta compositione se debbia observare in omnibus suis partibus

werken nicht so viel produzieren, um seine Hälfte zu den Verkäufen beisteuern zu können, so trat der andere Kontrahent mit einer größeren Lieferung (natürlich dann auch mit entsprechend größerem Gewinne) ein [1].

Für irgendwelche Schadenersatzansprüche der Konsumenten bei Lieferung von schlechtem oder weniger gutem Alaun haftete nicht das Kartell, sondern der Kontrahent, der das betreffende reklamierte Produkt geliefert hatte [2].

Die Preise, zu denen die Kartellkontrahenten verkaufen sollten, waren genau festgesetzt. Schloß einer der Beauftragten billiger ab, so hatte seine Grubenherrschaft der anderen den Gewinnausfall zu ersetzen [3]. Kamen solche Unregelmäßigkeiten nicht vor, so wurde der Reinertrag aus dem Verkaufsgeschäfte zu gleichen Teilen an die beiden Kontrahenten verteilt [4]. Jeder der Vertragschließen-

---

et similiter la compositione facta cum certi merchadanti de soprasedere ad vendere de alumi navicato fin questo di, maxime a Bruza circa cantara sexanta millia a Venetia circa cantara trenta millia, ne li quali loci la maiesta de Signore Re non ha sui alumi, se contenta la sanctità prefata de nostro Signore et camera apostolica che ne li dicti lochi, fino sera fornito vendersi dicti alumi, la maiesta de Signore Re debbia participare per la sexta parte del utile, detractone prima le vere spese costano dicti alumi de cavedale ad epsa camera aposto-lica, et, fornito sera de vendere essi alumi, se habbia a navicare in dicti lochi per mitta et similiter vendersi ut supra per mitta ne li altri lochi navigasse et ex nunc vendassi per mitta et questa com-positione principia haver locho a die stipulati contractus."

[1] „Et perche de sopra è ditto che cadauna de le parte debbia ponere la mitta de li alumi etiam si caso fusse che ad una de le parte li manchasse li allumi, o non podesse supplire del suo allume fabricato ne sue allumere fino a la mitta per qualuncha accidente podesse advenire, l'altra parte possa supplire et per quella rata se ponesse piu, habia quella parte supplisse a tirar tanto piu."

[2] „Se a caso fosse che o nel navicare o fabricare allume o per qualunche altro respecto esso allume retenesse frustro o non fussi bono et mercantile in modo che nel vendere se havesse ad esser dif-ferentia de precio et casi simile, el damno ne seguisse sia damno de la parte sonno ditti allumi."

[3] „Et dicti allumi non si possino vendere ne piu ne meno di quello li sera deputato li precii de la camera apostolica et de la maiesta del Signore Re; et si pur accadessi che per minor precio fosse vendito, per quello tale fussi facto tale vendita, si habbi a refare di sui beni quello meno fussi vendito, et per cadauno di quelli serano deputati a recevere et vendere dicti alumi."

[4] „El retracto veramente de li alumi se habbia a dividere per

den war verpflichtet, den anderen von etwaigen fraudulösen Machen-schaften seiner Beauftragten unverzüglich zu unterrichten [1]. Die Beauftragten waren gehalten, bei ihren Abschlüssen auf Kauf gegen Geld zu dringen und nicht auf Tausch gegen Waren sich einzulassen. Offenbar geschah das der schlechten Verrechnung wegen, die sich bei Annahme von Tauschwaren ergeben hätte. Auch lange Kredit-gewährungen sollten die Beauftragten tunlichst vermeiden. Ein Jahr (!) durfte die Obergrenze sein, natürlich mit der nötigen Bürgschaftssetzung [2].

Der Papst verpflichtete sich, alljährlich — wie früher schon geschehen war — das Verbot des Kaufs und Verkaufs von türkischem Alaun der ganzen Christenheit einzuschärfen. Schiffe, die türkischen Alaun mit sich führten, sollten mit samt der Ladung denen gehören, die sie kaperten. Wollten die Kaperer den Alaun an das Kartell verkaufen, so sollte das geschehen können, falls die Ware gut war und wenn sich die Betreffenden mit der Hälfte des Marktpreises begnügten. Wenn nicht, mußte der Alaun unter Obhut der Be-auftragten des Kartells liegen bleiben, bis das Kartell zu Ende war [3].

Es versteht sich von selbst, daß die Kartellkontrahenten ihre Konvention durch allerlei Maßnahmen vor dem Bruch zu schützen sich bemühten. Das Kartellinstrument wurde z. B. von den Be

---

mitta, zoè, la mitta sia de la Sanctità di nostro Signore et l'altra mitta de la maesta de Signore Re.‟

[1] „La camera apostolica per el suo e la maiesta del Signore Re per il suo promettino relevare l'altra parte senza damno et similiter de l'altra fraude o manchamenti fossino commessi per cadauno delli deputati, videlicet cadauna de le parte per il suo.‟

[2] „Che tutte vendite di alumi se faranno, si habbino a fare, per quelli serano deputati a vendere, a dinari contanti et non abbarato, ne se posse vendere a piu longo tempo de anno uno vel circa, tamen cum idonea fideiussione et non aliter.‟

[3] „Ogni anno se habbi a fare generale prohibitione de li allumi de li infideli et dicti allumi con li navili siano dati in preda a quelli li prendessero; ne li prenditori possino essere astrecti da niuna de le parte fare gratia ne alchuna misericordia a quelli fossino presi. Et volendo dare li allumi essendo boni et mercantili a la compagnia per la mitta meno de quello se vendera ne li lochi dove se condurano, la compagnia li debbia acceptare; non volendo darli, si possino tenire ma non vendere in quello locho dove capitareno sotto custodia de li deputati de la compagnia fin al fine de dicta compagnia, et finito el tempo, li possino vendere.‟

vollmächtigten des Papstes und des Königs feierlichst beschworen. Ein Notariatsakt, der von dem ganzen Vorgang aufgenommen wurde, gibt uns genau darüber Auskunft. Die Bevollmächtigten gelobten in ihrem Schwur für ihre Auftraggeber alle und jede einzelne Bestimmung des Kartellkontraktes während der verabredeten 25 Jahre einzuhalten. Als Unterpfand setzte die eine Partei (Tolfa) alle Güter der Cruciata und der Camera apostolica, die andere (Ischia) alle Besitzungen des Königs von Neapel. Jede Übertretung der Bestimmungen des Syndikats sollte mit 50 000 Dukaten di camera bestraft werden. Die Zahlung dieser Buße solle aber keineswegs von dem Vertrag entbinden.

Schon vor Abschluß des Kartells mit dem König von Neapel hatte die Kurie Maßnahmen ergriffen, um sich für ihr Tolfaer Alaun ein Monopol — wenigstens in der Christenheit — zu sichern. Des allgemeinen Verbots, türkischen Alaun einzuführen, gedachten wir bereits, aber hiermit begnügte sich die apostolische Kammer noch nicht. Es galt, um dieses Verbot erst richtig wirksam zu machen, die einzelnen besonders stark alaunverbrauchenden Staaten bzw. die einzelnen großen Alaunhändler in das päpstliche Interesse hineinzuziehen. Das geschah für Venedig dadurch, daß die apostolische Kammer und die Generalkommissare der Cruciata mit Bartolomeo Giorgio (Bartolo Zorzi), dem bedeutendsten venetianischen Alaunhändler jener Zeit, einen alleinigen Verkaufskontrakt in Tolfaer Alaun für bestimmte Gebiete abschlossen (1. Februar 1469) [1]. Die Firma übernahm von der Camera apostolica 18 000 Cantare Alaun innerhalb dreier Jahre zu fest bestimmtem Preise und verpflichtete sich, jährlich 6000 Cantare davon aus der päpstlichen Niederlage in Venedig abzunehmen. Das alleinige Ver-

---

[1] G o t t l o b a. a. O., S. 297. Z i p p e l a. a. O., S. 47. Schon die italienischen Firmen, die vor der Entdeckung von Tolfa den türkischen Alaun nach Europa einführten, hatten mit ihren Hauptabnehmern monopolistische Lieferungskontrakte abgeschlossen. So beklagten sich in den vierziger Jahren des 15. Jahrhunderts die Hansen darüber, daß die „Lombarden" mit gewissen Brügger Kaufleuten verabredet hätten, nur ihnen Alaun, und zwar in bestimmter jährlicher Menge zu liefern. Die Folge war eine enorme Preissteigerung dieser Ware. Cfr. E. D a e n e l l , Die Blütezeit der deutschen Hanse. Hansische Geschichte von der 2. Hälfte des 14. bis zum letzten Viertel des 15. Jahrhunderts. 2 Bde. I. Bd., S. 398 f. und die dort zitierte Literatur.

kaufsrecht der Firma erstreckte sich außer auf alles venetianische Gebiet auf Friaul, die Mark Treviso, die Lombardei und die Romagna bis nach Fano im Süden. Über die Alpen hinaus reichte es in das Gebiet des deutschen Kaisers und des Herzogs von Österreich hinein. Nirgends in den genannten Gegenden durfte die Camera apostolica Tolfaer Alaun verkaufen oder verkaufen lassen.

Wir können es hier unterlassen, die Frage zu beantworten, wie sich mit diesem Kontrakt zwischen der Camera apostolica und dem Venetianer Kaufmann Bartolomeo Giorgio die Tatsache vereinigt, daß Paul II. im Jahre 1470 der Republik Venedig bedeutende Quantitäten von Alaun überließ [1]. Uns kommt es hier nur darauf an, die Bemühungen zu kennzeichnen, die sich die Camera apostolica machte, um ein Monopol des Tolfaer Alauns überall auch faktisch durchzuführen.

Diese Bemühungen waren in dem Kontrakt mit Bartolomeo Giorgio bei weitem nicht erschöpft. Besonders in England und in Burgund, den beiden damaligen Hauptkonsumenten des Alauns, setzten um dieselbe Zeit Versuche der Kurie ein, genügende Sicherheit für die ausnahmslose Verwertung von Tolfaer Alaun zu erhalten. Als päpstlicher Nuntius eilte der Bischof Stephan von Lucca im Frühjahr 1466 nach England, um Eduard IV. und die englischen Städte in das päpstliche Interesse zu ziehen und Verträge abzuschließen [2]. In seiner vom 18. März 1466 datierten Instruktion wurde der Nuntius angewiesen, „er solle vom Könige ein strenges Verbot alles fremden Alauns fordern und mit ihm einen Alaunlieferungskontrakt auf sechs bis zehn, eventuell auch mehr Jahre abschließen. Er dürfe den Papst und die apostolische Kammer auf die Lieferung der für alle Gebiete und Städte des Königreichs alljährlich benötigten Alaunvorräte nach London verpflichten und den Marktpreis auf 4 Pfund Flandrischer Groschen verabreden. Gleichzeitig sollte die Bulle über die geistlichen Strafen, die allen Übertretern des päpstlichen Alaunmonopols angedroht seien, in England publiziert werden." Leider sind wir über den Erfolg der Sendung des Bischofs Stephan von Lucca nicht unterrichtet. Genaueres wissen wir dagegen von einer gleichen Mission, die um dieselbe Zeit der Nuntius Lucas de Tolentis bei Karl dem Kühnen

---

[1] Vgl. Z i p p e l a. a. O., S. 48 ff.
[2] G o t t l o b a. a. O., S. 297 f.   Z i p p e l, S. 396 ff.

von Burgund auszuführen hatte. Hier kam es zu dem Abschluß eines Kontraktes [1], der besonders folgende wichtige Bestimmungen enthielt. Karl der Kühne untersagte mit Zustimmung der Generalräte und der Staatskommissare auf zwölf Jahre in seinen burgundisch-flandrischen Ländern den Import und den Konsum alles nicht-römischen Alauns [2]. Nur das päpstliche Produkt, das durch den Faktor der Medici in Brügge, Tommaso Portinari [3], oder andere indirekte Beauftragte der Kurie eingeführt wurde, sollte in Flandern, Hennegau, Brabant, Friesland usw. verkauft, gekauft und verwendet werden [4]. Auch alle fremden Surrogate für Alaun waren streng verboten [5]. Karl der Kühne verpflichtete sich, der Kurie bei der Durchführung geistlicher Strafen gegen die Übertreter des päpstlichen Monopols seinen weltlichen Arm zu leihen.

Demgegenüber übernahm der päpstliche Nuntius für seinen Auftraggeber folgende Verpflichtungen: Die Camera apostolica bzw. die Pachtgesellschaft der Tolfaer Alaungruben durfte in den den Herrschaftsgebieten des Herzogs benachbarten Ländern Alaun unter keinen Umständen billiger verkaufen als in Karl des Kühnen Reich. Der Verkaufspreis des Tolfaer Alauns wurde für Burgund, Flandern usw. auf 4½ Pfund flandrischer Groschen pro Brügger Caricum herabgesetzt [6]. Davon gingen 6 solidi (1 Pfund = 20 solidi) in die Kasse der herzoglichen Finanzverwaltung. Die päpstliche Kammer und ihr Tolfaer Pächter hatten dafür zu sorgen, daß in

---

[1] 4. Mai 1466. Im Wortlaut veröffentlicht bei T h e i n e r a. a. O., III, S. 452 ff.

[2] Das Edikt ist erhalten (24. Juni 1468). G o t t l o b , S. 298 Anm. 2.

[3] Über diesen Mann sind wir durch die zwei folgenden Aufsätze, die auch auf den Alaunhandel Bezug nehmen, ausführlich unterrichtet. G. v o n d e r R o p p , Zur Geschichte des Alaunhandels im 15. Jahrhundert. Hansische Geschichtsblätter. Jahrg. 1900. S. 119 ff. O. M e l t z i n g , Tommaso Portinari und sein Konflikt mit der Hanse. Hansische Geschichtsblätter. Jahrg. 1906, S. 101 ff.

[4] „in nostris dominiis iacentibus in partibus septentrionis.''

[5] „Interdicere omne commercium terre specierum et aliarum mixturarum, quas loco aluminis opifices introduxerunt, ac ipsi sub gravissimis penis prohibere, ne deinceps huius modi mixturis utantur.'' T h e i n e r a. a. O. Vgl. auch Z i p p e l a. a. O., S. 390 Anm. 3.

[6] Also ein ziemlich günstiger Abschluß. Cfr. Z i p p e l , S. 391 Anm. 1.

ihren Brügger Magazinen stets genügende Vorräte verkaufsfertigen Alauns sich befanden.

Der von der Kurie gewünschte Zweck eines alleinigen Verbrauches von Tolfaer Alaun in Flandern wurde auch durch den Kontrakt vom 4. Mai 1466 nicht erreicht. Um so weniger, als diese Abmachungen von seiten der flandrischen Regierung bald nicht mehr eingehalten wurden [1]. Fremder Alaun machte dem Tolfaer in Brügge bald erhebliche Konkurrenz. Dasselbe Bild gewahren wir in England [2] und besonders auch in Venedig [3] seit dem Verlaufe der siebziger und achtziger Jahre. Die Einfuhr des türkischen Alauns erlangte trotz aller kirchlichen Zensuren wieder eine große Bedeutung für die europäischen Großmärkte in Alaun. Außerdem wurden vielfach einheimische Alaungruben in den europäischen Staaten — z. B. in Frankreich [4], in Böhmen usw. — entdeckt und ausgebeutet. Man darf behaupten, daß die erste Blüte des Tolfaer Alaungeschäftes mit Pauls II. Tod endete. Seit Sixtus IV. ging der Absatz und damit natürlich auch die Einnahmen für die Camera apostolica resp. die Cruciata zurück. Von Nachteil war es auch, daß Sixtus IV. sich mit den Pächtern der päpstlichen Alaungruben, den Medici, überwarf. Seitdem führten verschiedene andere große italienische Bankfirmen den Tolfaer Alaunbetrieb und -vertrieb. Unter Sixtus die Genuesen Domenico Centurioni und Giovanni de Auria & Co., unter Alexander VI. Paolo Rucelai & Co., unter

---

[1] Näheres G o t t l o b a. a. O., S. 299, 303.   Z i p p e l a. a. O., S. 392 ff.

[2] G o t t l o b a. a. O., S. 301 ff.   Z i p p e l a. a. O., S. 397.

[3] G o t t l o b a. a. O., S. 300, 303.

[4] G o t t l o b a. a. O., S. 304.   Z i p p e l a. a. O., S. 400. „En Languedoc, Louis XII. a donné, en 1504, à un Italien Domenico Baldini, le droit d'ouvrir des mines d'alun, vitriol et soufre quelque part qu'il s'en puisse trouver." I m b a r t d e l a T o u r, Les origines de la Réforme. Paris 1905/09. I. Bd., S. 232 f. Im Jahre 1507 wurden neue Alaungruben entdeckt, so daß schon 1512 der französische König die Einfuhr fremden, d. h. römischen Alauns verbieten konnte. Diese Störung der finanziellen Kreise der Kurie war einer der Gründe des Bruches Julius II. mit Frankreich und der großen Allianz gegen Frankreich. I m b a r t a. a. O., S. 233.

[5] Schon 1470 gab König Wenzel dem Unterhofmarschall Valentin das Privileg am Dorfe Preilep (Přilep) auf Gold, Silber und besonders auf Alaun zu bauen. S a l z, Geschichte der böhmischen Industrie, S. 171.

Julius II. der berühmte Agostino Chigi, unter Leo X. Andrea Bellanti [1].

Entsprechend dem viel geringeren Preis, der auf den Weltmärkten des beginnenden 16. Jahrhunderts für Alaun gezahlt wurde [2], waren natürlich auch die Pachtsummen gesunken, die die genannten Nachfolger der Medici der Camera apostolica zahlten. Die obenerwähnte Firma Andrea Bellanti, die 1513 auf zwölf Jahre die Pacht übernahm, erlegte dafür die Summe von jährlich 15 000 Dukaten. Wir wissen, daß dieselbe Gerechtsame Paul II. mehr als 100 000 Dukaten jährlich eingebracht hatte.

Nun hat G o t t l o b mit Recht seine Verwunderung darüber ausgesprochen, daß trotz der Reformation, welche die letzte Möglichkeit beseitigte, ein päpstliches Alaunmonopol mit religiösen Mitteln wenigstens noch hier und da durchzuführen, dennoch in den vierziger oder fünfziger Jahren des 16. Jahrhunderts der apostolischen Kammer wieder erhöhte Einnahmen aus der Pacht der Tolfaer Alaungruben erwuchsen. Tatsächlich „übernahm Messer Bindinello, Erbe des Agostino Sauli, im Jahre 1553 die Tolfaer Gruben auf zwölf Jahre für den jährlichen Zins von 21 250 Scudi und von 1557 an bezahlte er sogar jedes Jahr 34 250 Scudi an die päpstliche Kammer" [3].

Es wird sich fragen, wie war eine solche Wertsteigerung der päpstlichen Alaungruben in Tolfa denkbar? Vielleicht bietet das folgende die Möglichkeit einer späteren Beantwortung dieser interessanten Frage und die Anregung, aus den Akten des vatikanischen Archivs und des römischen Staatsarchivs die Geschichte der kapitalistischen Organisationsformen im Alaunhandel des 16. Jahrhunderts und darüber hinaus zu verfolgen.

In einer Bittschrift, die Cristoff von Gerndorf, der Monopolinhaber des böhmischen Alaun- und Kupfervitriolhandels im Jahre

---

[1] G o t t l o b a. a. O., S. 299 f. und mit einigen Abweichungen Z i p p e l a. a. O., S. 413 ff.

[2] „Im Jahre 1506 kostete der Zentner Alaun, für den man früher in Civitavecchia 3 Goldgulden gelöst hatte, ebendort nur mehr 28—30 solidi, nicht einmal ½ Dukaten, und Julius II. sah sich genötigt, um die englischen Händler noch in Civitavecchia festzuhalten, den Preis sogar auf 20 und 22 solidi herabzusetzen." G o t t l o b a. a. O., S. 305.

[3] G o t t l o b a. a. O., S. 305.

1540 an den deutschen König Ferdinand richtete [1], erwähnte er die Tatsache, daß „die Schotzische Geselschaft das romanische und hispanische Alaun in einer Hand habe und den Preis dieser Ware hochhalte". Zweifellos ist mit der „Schotzischen Gesellschaft" die Firma Schetz in Antwerpen, eines der bedeutendsten Großhandelshäuser des 16. Jahrhunderts [2], gemeint. Danach hätte also diese Firma durch die vereinigte Herrschaft über die beiden damals wichtigsten Alaunwerke Europas ein Monopol für diese Ware besessen. Wenigstens für die Niederlande, für Italien und England, also die unzweifelhaft auch damals noch wichtigsten Gebiete für den Alaunverbrauch. Daß gerade ein A n t w e r p e n e r Handelshaus dieses Monopol schuf, ist verständlich, wenn wir hören, daß schon im Jahre 1491 Philipp der Schöne und Maximilian I. der Stadt Antwerpen den Stapel für den Import und Verkauf alles Alauns in den Niederlanden verliehen [3]. Begreiflich ist es auch, daß die S c h e t z ein Alaunmonopol in die Hand zu bekommen suchten. Die bei den großen Firmen des 16. Jahrhunderts allgemein übliche Neigung zu Monopolisierungsversuchen war bei der Handelsgesellschaft Schetz, wie es scheint, in besonders starkem Maße vorhanden. So wissen wir, daß sie auch z. B. in Galmey ein Monopol durchzuführen verstand [4].

---

[1] Manuskript des F. A. Wien. Cr. v. Gerndorf von Hohenelb hatte ein Verfahren erfunden, um aus dem Grubenwasser von Kuttenberg in Böhmen Alaun und Kupfervitriol zu gewinnen. König Ferdinand gab ihm ein Privileg vier Jahre hindurch allein das neue Verfahren anwenden zu dürfen. Außerdem erhielt Gerndorf ein Monopol für die Alaungewinnung in Böhmen und in Ferdinands Erblanden. F. A. Wien. Böhmen, Kuttenberg, 1. April 1540. Vgl. die Mandate Ferdinands, durch die verboten wurde, ausländisches Alaun und Kupfervitriol in Böhmen und den inkorporierten Ländern zu verkaufen. F. A. S c h m i d t a. a. O., I, 2, Nr. 45, 52, 66. Zu Gerndorfs Tätigkeit im böhmischen Alaunbergbau vgl. auch G r a f K a s p a r S t e r n b e r g, Umrisse einer Geschichte des böhmischen Bergbaus. 2 Bde. in 3 Abteilungen. Prag 1836/38. I, 2, S. 83 ff. Danach S a l z a. a. O., S. 172.

[2] Vgl. E h r e n b e r g, Zeitalter der Fugger. Register.

[3] E. R a c h f a h l, Wilhelm von Oranien und der niederländische Aufstand. 2 Bde. in 3 Abteilungen. Halle 1906/08. I. Bd., S. 322.

[4] R a c h f a h l a. a. O., I. Bd., S. 607. „Pareillement ceulx de Namur ont remonstré que la Majesté avoit mis entre les mains des

Von der Tatsache der Vereinigung der Tolfaer und der spanischen Alaunproduktion in der Hand der Firma Schetz aus, ist nun meines Erachtens die erneute Wertsteigerung der päpstlichen Alaungruben von Tolfa leicht verständlich. Je mehr das Monopol der Schetz den Alaunpreis hob, um so mehr mußte naturgemäß auch die Tolfaer Pachtsumme — nach Ablauf des laufenden Kontraktes — steigen.

Kartellbestrebungen im süddeutschen Frühkapitalismus
(besonders im 16. Jahrhundert).

Wenn man fortgeschrittene wirtschaftliche Organisationsformen der Vergangenheit, also z. B. Kartelle, in Deutschland sucht, so wird man naturgemäß in erster Linie seinen Blick auf die Zeit des 16. Jahrhunderts zu richten haben, auf das Zeitalter der Fugger und Welser, auf jene Zeit deutscher weltwirtschaftlicher Machtentfaltung, die erst im 19. Jahrhundert von uns wieder überholt wurde.

Schon die gesetzgeberischen Maßnahmen, die sich von Reichs- und Landtagen, von Kreis- und Stadtratsversammlungen aus gegen Kartellversuche erhoben, und die vorangehenden Klagen der Betroffenen dort, lassen den Schluß auf eine relativ starke Verbreitung

---

hoirs de E r a s m u s S c h e t z , par réserve, la marchandise de calmine, pierre fort nécessaire aux chauldronniers de leur pays, de sorte qu'ilz achetoyent maintenant XVIII patars ce qu'ilz souloyent avoir pour six patars: requérantz aussy que à tèle réserve fust pourveu et remédié par les estatz." Margarete v. Parma, die Regentin der Niederlande, verlängerte am 29. Mai 1562 den Pachtvertrag der Gebrüder Schetz aus Antwerpen über die Galmeibergwerke im Herzogtum Limburg um weitere 6½ Jahre. In dem Vertrag heißt es ausdrücklich, daß die Schetz die Pacht schon länger innehatten: „Van weghen Coenrad Schets ende consorten is ons verthoent gewest, hoe dat Gaspar Schets, heere van Grobbendonck, ende zynen andere broeders o v e r l a n g h e n t y t i n p a c h t e g e h o u d e n hebben die mynen van de calmynbergen van onsen lande ende hertoochdomme van Lymborch . . ." Der interessante Kontrakt ist abgedruckt bei R. A. P e l t z e r , Geschichte der Messingindustrie und der künstlerischen Arbeiten in Messing (Dinanderies) in Aachen und den Ländern zwischen Maas und Rhein von der Römerzeit bis zur Gegenwart. Zeitschr. d. Aachener Geschichtsvereins, 30. Bd. (1908), S. 437 ff.

dieser Erscheinung zu. Das Gleiche gilt von den häufigen Verurteilungen, die die Institute der Kartelle, Syndikate usw. durch die Sittenprediger des 16. Jahrhunderts erfuhren. Auf beide Quellenerwähnungen müssen wir zunächst unsere Blicke lenken, ehe wir zu einer Besprechung der tatsächlich uns bekannt gewordenen Kartelle übergehen.

Gesetzgebung und Kartelle im 16. Jahrhundert.

Wenn sich die offizielle Gesetzgebung des 16. Jahrhunderts — übrigens, wie wir sahen, ohne Erfolg und an den maßgebenden, führenden Stellen auch ohne wirklichen Ernst — gegen die Monopole wandte, so verstand sie darunter auch die Kartelle mit. Das geht schon deutlich aus den deutschen Reichstagsverhandlungen und aus den sich daran anknüpfenden Debatten hervor. Es genügt hier, auf die folgenden Stellen hinzuweisen. In einem Kommissionsbericht des sog. kleinen Monopolausschusses des Reichstages zu Nürnberg (1522/23) ist davon die Rede, daß die Gesellschaften „heimlich verstant mit einander machen, wie sie iderlei irer war geben wolten, damit ir keiner den andern zu wolfeilem kauf verursacht oder dringe"[1]. Ich weiß nicht, was man unter den so charakterisierten heimlichen Verabredungen der Kaufleute anders verstehen will als Kartelle.

Leider ist die Edition der deutschen Reichstagsakten erst bis zum Jahre 1522 fortgeschritten, so daß wir auch die Reichstagsverhandlungen über „Monopole" nur bis dahin genauer verfolgen können. Die kurzen, zusammenfassenden Abschlüsse der Verhandlungen aber, wie sie uns in den Sammlungen der Reichstagsabschiede vorliegen, sagen nicht mit der wünschenswerten Klarheit, ob unter den Monopolisten auch Kartellisten mit zu verstehen sind. Immerhin zeigen schon Interpretationen des 17. Jahrhunderts, die sich auf (kanonische) Rechtslehrer des 16. Jahrhunderts berufen, daß unter denjenigen Kaufleuten, die sich der „Monopolitas" schuldig machen, auch Kartellkontrahenten zu verstehen sind. So definiert Georg Friedrich Schuster in seiner Dissertatio juridica in pragmaticam imp. rom. german. sanctionem de monopoliis ad tit. XVIII. reforma-

---

[1] Vgl. Deutsche Reichstagsakten. Jüngere Reihe. III. Bd., S. 589. Dazu vergl. S. 573, Zeile 18—26; S. 581, Z. 5 ff.; S. 585, Z. 30 ff.

tionis politicae de anno 1548 [1] als Monopolisten auch die „plures alii, qui licet non directe, per obliquum tamen privati compendii ergo commerciorum libertatem restringunt, v a r i i s c o n v e n - t i o n i b u s , p a c t i s a c c o l l u s i o n i b u s , v i d e l i c e t d e n o n e m e n d o v e n d e n d o v e u l t r a v e l i n f r a c e r t u m p r e t i u m".

Bestätigt wird unsere Interpretation und die Ansicht, daß die Gesetzgebung des 16. Jahrhunderts unter Monopolien die Kartelle mit einschloß, durch folgende Verordnungen der Landesgesetzgebung. In einer sächsischen Gesetzesverordnung vom Jahre 1534 heißt es: „Es sollen auch die Ritterschaft und die Städte fleißig Achtung haben, damit die Wollen-Käuffer und Vorkäuffer sich nicht versammlen und einigs Kauffs sich vereinigen, wie sie die Wolle und nicht anders kauffen oder verkauffen wollen; und wo sie solche Vereinigung der Wollen-Käuffer und Vorkäuffer befinden, die sollen von jeder Obrigkeit darum gebührlich gestrafft werden und die Städte solches alle Schaar- und Wollen-Märckte ausruffen lassen [2]."

Es handelt sich hier um Einkäuferkartelle, wie sie uns auch sonst aus dem 16. Jahrhundert und früher bekannt sind. Ich erinnere nur an die Verhältnisse im böhmischen Bergbau. Dort kauften Erzkäufer von den Gewerken und Häuern das Erz auf. Schon die Constitutiones juris metallici Wenzels II. (1283—1305) tadelten die Kartellierungen der Erzkäufer zur Drückung der Preise, die oft dabei vorkamen [3]. Später bedrohte die Kuttenberger Ordnung diese Kartelle mit strengen Strafen.

Etwas näher sind wir auch unterrichtet über die kartellistischen Verabredungen der süddeutschen Salzhandelsleute.

Im ersten Drittel des 16. Jahrhunderts hatten die Salzendter, d. h. die Salzhandelsleute, in Wasserburg und Traunstein, aber auch wohl in anderen Legstädten des Reichenhaller Salzes, unter

---

[1] Gießen 1686, S. 18. Die Dissertation ist unter Nicol. Thilenius angefertigt.

[2] Aus: „Letzterer Pragischer Vertrag zwischen Land und Städten des Markgrafentums Ober-Lausitz, das Justiz- und Policeiwesen u. a. betreffend nebst König Ferdinand I. Confirmation darüber, 15. September 1534." In Codex Augusteus, III. Teil, S. 44.

[3] A d o l f Z y c h a , Das böhmische Bergrecht des Mittelalters auf Grundlage des Bergrechts von Iglau. 2 Bde. Berlin 1900. I. Bd., S. VIII; S. 171 Anm. 115.

sich ein Kartell abgeschlossen, welches das Angebot in der Weise regelte, „daß der eine der Kaufleute nach dem Verkauf seines Quantums Salz mit der Abholung einer weiteren Fracht solange wartete, bis auch der nächste und dieser bis der dritte usf., bis jeder sein Salz verkauft hatte" [1].

Auch die Münchener Salzendter hatten ein Statut, wonach jeder nur ein bestimmtes Quantum Salz einführen durfte ohne Rücksicht auf den jeweiligen Bedarf [2]. Nun waren zwar die Salzendter oder Salzfertiger, wie man anderwärts sagte, in einer Zunft organisiert, aber es wäre sehr verkehrt, diese Kaufleute etwa als Handwerker anzusprechen und ihre obengenannten Verabredungen als Zunftbestimmungen aus der Reihe der Kartelle zu streichen [3]. Welch stark kapitalistischer Geist in den Salzfertigern herrschte, erkennt man aus dem folgenden. Die Salzendter verlegten die Salz-Fuhrleute auf eine sehr „fortgeschrittene" Art und Weise. Sie gaben Vorschuß in Gestalt von Geld, Tuch oder Eisen usw. und brachten dadurch die Bauersleute (das waren die Fuhrleute zumeist) so stark in Abhängigkeit von sich, daß sie sie verpflichten konnten, Salz erst dann zu holen bzw. weiter zu führen, wenn es den Salzfertigern geeignet erschien. Dabei zeigten sich übrigens auch die schlimmsten Seiten des sog. Trucksystems. Eine Salzausgangsordnung der Regierung mußte bestimmen, daß die Salzendter, „wenn sie überhaupt schon vorher den Bauern die Spesen der Salzexpedition in Naturalien reichen wollten, doch Getreide, Pferde, Eisen, Tuch u. a. Pfennwerte nicht teurer abgeben durften als sie derzeit im Preise stehen" [4].

Um mehr als lediglich eine Zunftabmachung lokaler Natur handelt es sich auch bei der Konvention sächsischer Gerber, die den Gegenstand erregter Debatten des Dresdener Landtags von 1527 bildete [5]. Schon deshalb müssen wir hier ein Kartell an-

---

[1] F. X. Eberle, Die Organisation des Reichenhaller Salzwesens unter dem herzoglichen und kurfürstlichen Produktions- und Handelsmonopol. Münchener Dissertation 1910, S. 72.

[2] A. a. O., S. 73.

[3] Vgl. Liefmann, Die Unternehmerverbände, S. 136.

[4] Eberle a. a. O., S. 172.

[5] „Zum siebenden, solte guth achtung zu geben sein auf die gerber, die durch ire voraynigung am leder den schustern theurung einführen. Daraus fleust, daß die schuster die schuen auch vortheuren müssen." Leipziger Ratsarchiv. Tit. II. A. Nr. 1.

nehmen, weil es sich offenbar um eine interlokale Abmachung der sächsischen Gerber handelte.

Prinzipiell ist bei der Fragestellung „Zünfte und Kartelle" zu beachten, daß die Innungsmitglieder sehr wohl über ihre Zunftbestimmungen hinaus Kartelle schließen konnten [1].   Besonders unter den sog. Handelszünften wird das oft vorgekommen sein. Gegen die Verabredungen der Handwerker, soweit sie den Rahmen der — von der städtischen Obrigkeit gutgeheißenen — Zunftbestimmungen überschritten und kartellistischer Natur wurden, richteten sich bereits die Bestimmungen des Breve dell' ordine del mare della città di Pisa vom Jahre 1343 [2], worin es heißt: „Non si possa nè debbia fare . . . alcuno monupolio . . . di lavorare u di non lavorare u vero per certo pregio tanto." Noch deutlicher sprechen die Antimonopolgesetze des 16. Jahrhunderts das aus, worauf es uns hier ankommt.   Und ebenso die Lehren der Wirtschaftsmoralisten jenes Zeitalters.   So heißt es bei Salicetus [3]: „Delendum et illud statutum [est] quod vetat opus ab uno coeptum ab alio perfici posse absque consensu eius qui inchoaverit." Und in ähnlicher Weise sind in der Aurea practica des Johannes Berberius [4] diejenigen „conventiones, congregationes und conspirationes" als moralisch unerlaubt erklärt, laut denen der einzelne Handwerker desselben Gewerbes nicht billiger verkaufen dürfe als

---

Bl. 76. „Der 7. Artikel, die gerber belangende acht der ausschuß von nöthen einsehung zu thuene, daß sie nicht aus irem voraynigten und beschlossenen kaufe den gemeinen schustern einen verderblichen aufsatz machten. . . ." Desgleichen Bl. 91 f.

[1] Noch heute kommt das vor! „Im lokalen Handwerk und Kleinhandel findet man nicht selten solche im privaten Kreise (Innung, Klub usw.) vereinbarte Kartellierungen, die . . . sich von den festen, durch Konventionalstrafen gesicherten, großen Syndikaten kaum unterscheiden." Wörterbuch der Volkswirtschaft. Artikel: „Unternehmerverbände." Auf einige kartellistische Handwerkerabmachungen, die allerdings die Bestätigung der städtischen Obrigkeit erhielten und deshalb nach der allgemeinen Ansicht nicht zu den Kartellen gerechnet werden können, hat F. Eulenburg hingewiesen.   In Vierteljahrsschrift für Sozial- und Wirtschaftsgeschichte, 2. Bd. (1904), S. 270.

[2] Ediert Firenze 1857, S. 478.

[3] Vgl. Benv. Straccha, Tractatus de mercatura seu mercatore, S. 283 der Ausgabe Venedig 1575.

[4] Coloniae Agrip. 1576, S. 107.

der andere, oder laut denen er nicht die Arbeit vollenden darf, die ein anderer angefangen hat. Es ist genau derselbe Standpunkt, auf dem auch die Polizeiordnung des heiligen römischen Reiches von 1548 steht, wenn sie in Tit. XXXVI bestimmt: „Und nachdem die Handwerker in ihren Zünften und sonst zu Zeiten sich miteinander vereinigen und vergleichen, daß einer seine gemachte Arbeit oder Werk in feilem Kauf nicht mehr oder weniger verkaufen soll, dann der ander und also einen Aufschlag oder Steigerung machen, daß diejenigen, so derselben Arbeit nothdürftig sein und kaufen wollen, ihnen die ihres Gefallens bezahlen müssen etc. meinen wir hiemit sonstlich und wollen, daß solches von den Oberkeiten hinfüro keineswegs geduldet oder gestattet, sondern gebührlichs Einsehens gethan werde. Wo aber darüber von Handwerckern geschehe, daß alsdann die Oberkeit dieselben nach Gestalt der Sachen unnachläßlich strafen sollen [1].“

Sittenlehre und Kartelle im 16. Jahrhundert.

Wie ernst es die christliche Kirche des Mittelalters mit ihrer strengen Wirtschaftsethik nahm, das erkennt man aus dem breiten Raum, den wirtschaftsmoralische Auseinandersetzungen in den Instruktionen für Beichtväter, in den sog. Summae confessorum de casibus conscientiae oder den Summae poenitentiae einnehmen. Namentlich seit dem 15. Jahrhundert wuchsen dabei die Fragen, was „justum pretium“ sei und was nicht, was von kaufmännischer Geschäftstätigkeit unter die pravitas usuraria falle und was nicht, dermaßen an, daß besondere Monographien von den Kanonisten darüber geschrieben werden mußten („Tractatus de usuris et contractibus mercatorum“ und ähnlich betitelt). Th. Muther [2] und nach ihm Rod. Stintzing [2] haben bereits in den sechziger

---

[1] Neue Sammlung der Reichsabschiede, II, S. 605. Es bleibt zu untersuchen, ob wir es in den „Bündnissen und Vereinigungen der Handwerker gegen die Bürger“, die Maximilian I. im Jahre 1518 annullierte, mit Kartellen zu tun haben. Vgl. F. B. v. Buchholtz, Geschichte der Regierung Ferdinands I., VIII. Bd. S. 254.

[2] Th. Muther, Aus dem Universitäts- und Gelehrtenleben im Zeitalter der Reformation. Erlangen 1866. S. 154 ff.

[3] Roderich Stintzing, Geschichte der populären Literatur des römisch-kanonischen Rechts in Deutschland am Ende des 15. und im Anfang des 16. Jahrhunderts. Leipzig 1867. S. 540.

Jahren des 19. Jahrhunderts auf die Bedeutung dieser Literatur-
gattung für die Erkenntnis der verschiedenen kaufmännischen Geschäfte jener Zeit aufmerksam gemacht.

Die in den Summen und Wuchertraktaten niedergelegten wirtschaftsethischen Anschauungen dienten nun nicht nur den Geistlichen zur Anleitung für die Beratung in Gewissensfragen im Beicht-
stuhle, auch den Predigern auf den Kanzeln der großen Städte
boten sie die Richtschnur für ihre Forderung einer strengen altruistischen Wirtschaftsmoral. Vielfach haben ja die großen sozialen
Prediger des 15. und 16. Jahrhunderts selbst auch vielverbreitete
Wuchertraktate verfaßt, z. B. der vielleicht bedeutendste, jedenfalls der wirksamste von ihnen, Johann Capistrano [1].

Wie steht es nun — so fragen wir für unsere vorliegende Untersuchung — mit der Erwähnung von Kartellen und Syndikaten in
den genannten Literaturgattungen des Mittelalters und der beginnenden Neuzeit? Sind den Moralisten jener Zeit diese Erscheinungen einer kapitalistischen Wirtschaftsordnung bekannt?
Ich begnüge mich im folgenden damit, einen Auszug aus einer
Predigt Geilers von Kaisersberg zu geben. Schon aus seinen Ausführungen dürfte zur Genüge ersichtlich sein, daß Kartelle eine
häufige Erscheinung des 16. Jahrhunderts waren. Erscheinungen,
die trotz der Heimlichkeit, mit der die Kaufleute dabei zu
verfahren pflegten, doch auch der breiteren Öffentlichkeit nicht
entgingen.

In der fraglichen Predigt, „Wie ein frommer Kaufmann sein
soll" betitelt, handelt Geiler zunächst von den eigentlichen Monopolisten. Da führt er aus: „... heissen Monopoli, die da ein War
allein feil hond und haben wellen. Und über semlichs, so erwerben
sie ein Freiheit, Brief und Sigel von eim Fürsten im Land oder
von eim Künig. Das seind die rechten Monopoli, die ein Ding
allein verkaufen wellen." Den eigentlichen Monopolisten stellt
Geiler sodann die Kartellisten gegenüber: „Die andren Monopoli
seind, die nit ein Ding wellend allein verkaufen, aber s i e
s t u p f e n [2] m i t e i n a n d e r u m b d a s g e l t (d e p r e c i o),
w i e s i e e s g e b e n w e l l e n d, a l s o u n d a n d e r s n i t.
Und d i e Monopoli heisse ich Stupfer, als da sie etwan miteinander
stupfen.... Also stupfen d i s e d i e w a r a l s o z e g e b e n

---

[1] M u t h e r a. a. O., S. 155 f.
[2] = heimlich etwas verabreden.

und nit anders bei seinem Eid[1]. Dy seind minder denn dy ersten. [Diese] wellend den Gewin allein hon und nieman darf es feil hon, denn sie. Sy stont allein im Trog als ein Mor[2], die kein andre Suw hinein wil lassen. Also wellen sie die War allein hon und yedermann der muss sein Liecht von irem Liecht anzünden. Das thunt [jene] nit, sie stupfen numer zesamen, dass keiner ein Ellen des Thuchs, oder was es ist, wölfler[3] gebe denn also. Er mag es wol türer geben, aber nit wölfler. Und wenn sie es schon uff ein zimlich Gelt setzen und die Leut nit übermessen, noch so seind es Monopolistüpfer.

Warumb ist das Stupfen unzimlich? Darum, es hat ein Schein und scheint wie es ein erber Ding sei, und ist doch dem gemeinen Nutz schedlich. Wie ist das? Es nimt dem Merck[4] sein Freiheit. Es ist hie und anderswo ein freier Mergt, darumb so sol iederman sein Kaufmanschatz mögen geben wie er welle. Dy Freiheit nimt das Stupfen hinweg. Wann er hat gestupft und geschworen das also zegeben und nit wölfler aber wol thürer. Zu dem andern, so ist es schedlich dem gemeinem Man wenn ein Ding ze geben hat sein zall wie er es geben wil oder mag und er dennocht hat erbern Gewinn daran. An dem gelt mage er auf und abe gon, mee oder minder nemmen umb ein phennig oder zwen und bestott er dennocht wol darbei. Nim dz Exempel: Ich setz dass ein Thuchman, der nit gestupft hat, der setzt für sich und schlecht an, dass er ein Ellen wol mag geben umb fier Schilling Pfennig. Und ob er es eins Pfennigs neher gebe, so hat er dennecht ein erbern Gewinn; wann der Gewinn ist nit gesetzt auf ein Oertle[5], oder auf ein Fierteil eines Oertlis. Es gat uff und ab.... Es kumpt ein guter Fründ, dem will ers eins Pfenniges neher geben, dann umb die vier Schilling. Das mag er thun wenn er nit ist Monopolus, ein Stupfer und nit gestupft hat. Wenn er aber gestupft hat, so gethar er seinez Frünt den Pfennig nit nachlon; wann er wer meineidigk. Wann

---

[1] Der Eidschwur kommt bei älteren Kartellen oft vor. „Iurata fide constituunt ut nullus eorum nisi tanti vendat. Scaccia, Tractatus de commerciis et cambio. Frankfurter Ausgabe 1648. S. 300.

[2] = Sau.

[3] D. h. wohlfeiler.

[4] Markt.

[5] Ein Ort ist der vierte Teil eines Guldens.

er hat gestupft, ein Ellen nit neher ze geben denn eben umb die
vier Schilling. Darum ist das Stupfen schedlich dem gemeinen
Nutz."

Auch unter den Handwerkern jener Zeit kommen nach Geiler
solche kartellistische Verabredungen vor. Verabredungen, die, wie
die oben schon von uns erwähnten, über die obrigkeitlicherseits zugelassenen Zunftbestimmungen hinaus gingen, auf privater Abmachung der Unternehmer beruhten und die deshalb unter den
Begriff der Kartelle fallen. Hören wir Geiler von Kaisersberg:
„. . . Die 4. Monopoli sein die Bader und die Scherer, die ein Statut
machen und stupfen zesamen niemans ze baden noch ze scheren,
denn eben umb ein semlich Gelt. Das soll nit sein. Es ist unrecht.
Es stot im Text keiserlichs Rechten de balneatoribus [1]. Die
5. Stupfer, das sein die Murer und Zimmerleut; die stupfen zesamen: Wenn einer ein Werck angefahet, so gethar das Wergk
keiner ausmachen. Es sol keiner dem andern in sein Werck gonn.
Darum wenn einer eim ein Werck verdingt hat, so macht er ein
Gerüst dar; so hat er an eim andern Ort auch ein Gerüst, und also
werdent Biderleut umb getriben, wan keiner gethar dem andern
in sein Werck ston, das er angefangen hat. Die 6. Stupfer seind
die Schneider (sectores). Wenn einer ein Rock schneidet, so legt
er in dorthin und treibet in umb wan es gethar niemands in ausmachen. Die 7. Stupfer seind die auch im Text stont, die die Hüsser
ferleihen und die Gedenck [2] in der Mess. . . . "

Bei der moralischen Bewertung macht nun Geiler keinen
Unterschied zwischen dem „reinen" Monopolisten und dem Kartell-
listen. Beider Tun erscheint ihm als gleich unmoralisch im höchsten
Grade, als Todsünde. Uns interessiert hier nur, wie der einfluß-
reiche Prediger über die Kartellisten urteilt: „Auch die andern,
die do stupfen ein Ding also zu geben und nit umb minder . . .
thunt wider das natürlich fernünftig Gesatz, auch wider das keiser-
lich und bäpstlich Gesatz, und ist bei grossen Penen, dem Keiser
fallen, ferboten [3]. A u s d e n e n S t ü c k e n a l l e n n e m m e n
d i e c r i s t e n l i c h e n L e r e r , d a s s e s T o t s ü n d s e i."

---

[1] Gesetz Kaiser Zenos siehe oben.

[2] vielleicht = Stände.

[3] G e i l e r zeigt sich genau unterrichtet über die Strafbestimmungen, wie sie auf den Reichstagen gegen die Monopolisten erlassen
worden waren. Er führt sie genau in der genannten Predigt an.

Die Begründung, die Geiler diesem Verdikt gibt, strahlt in deutlich klarer Weise die ganz soziale, absolut unindividualistische Wirtschaftsethik des christlichen Mittelalters wider. Die einzelnen Glieder der menschlichen Gesellschaft sind dem großen sozialen Prediger — und der Wirtschaftsethik des Mittelalters überhaupt — wie die einzelnen Glieder am menschlichen Körper. Ein Glied hat für und mit dem anderen zu wirken und zu arbeiten zum Wohle des Ganzen. Ist es dazu nicht gewillt oder fähig, so muß unverzüglich Remedur geschaffen werden. „Du sihest in eim Leib des Menschen, dz ein Glid dem gantzen Leib dienet; mein Aug, das sicht den Füssen, die Füss gond und tragen den gantzen Leib. Der Mund isset dem Magen, der Mag nimpt die Speiss und teilt es dem gantzen Leib aus und allen Glidern. Und hettest du ein Klotzen uff der Achsslen ston, der dem gantzen Leib schedlich wer und züg an sich davon andere Glider leben solten, du schnittest in hinweg und sprechest, was sol er da zu ston. Also sag ich: Wir hier zu Strassburg seind alle ein Leib und wir seint Glider. Ist nun ein Glid ein Kaufman, ein Stüpfer, der den andern Glideren schedlich ist . . . ein semlichen Clotzen sol man abhauwen und dannen thun.“

Die Predigt Geilers klingt in eine kräftige Mahnung namentlich an die Beichtväter aus, unnachsichtlich gegen Monopolisten und Kartellisten zu wirken: „Das hab ich euch sagen wöllen, dass ir sehet wie die Juristen also genow hinzu reden. Die Theologi, die thunt es aber nicht. Darumb so red ich ungern von der Matery. . . . Nun muss man es dennocht auch sagen, es ist not. Es ist nit genug einem Kaufman, dass er spricht, ich hab von den Dingen nüt gewisst. Er ist nicht entschuldiget, er solt es gewisst haben und die Juristen gefragt haben, die es bass wissen weder die [1] Theologi. Sehen auch die Beichtveter zu der Kaufleuten; die solten die Ding auch wissen. Und die Ding, die ich gesagt hab, die schreiben weder Münch noch Pfaffen, aber gross treffenlich Lüt, als Künig und Keiser.“

Ich denke, die Ausführungen Geilers von Kaisersberg dürften zum Beweise der These genügen, daß Kartelle im 16. Jahrhundert eine nicht seltene wirtschaftliche Erscheinung waren. In dem dritten Kapitel dieses Buches werden noch einige uns tatsächlich

---

[1] = als die.

bekannt gewordene Kartellbestrebungen der Montanindustrie aufgeführt werden. Zunächst folgen hier einige Blätter aus der Kartellgeschichte des 17. und 18. Jahrhunderts. Ich hoffe, die Liste
durch spätere Archivstudien noch sehr verlängern zu können.

Analekten zur Kartellgeschichte des 17. und 18. Jahrhunderts.

Salzkartelle im 17. Jahrhundert.

Eine tiefer eindringende Geschichte des europäischen Salzhandels und der Salzproduktion zu Beginn der Neuzeit wird eine
Menge Kartelle und kartellartiger Verabredungen zwischen Regierungen, die das Salzwesen monopolisiert hatten, aber auch
zwischen Unternehmern, die im Salzhandel tätig waren, ans Licht
fördern. Hier muß ich mich damit begnügen, auf einige Beispiele
aus dem 17. Jahrhundert hinzuweisen [1].

Zu interessanten Kartellabmachungen, bei denen wir etwas
länger verweilen wollen, kam es in der Mitte des 17. Jahrhunderts
zwischen der bayrischen Regierung und der Tiroler (österreichischen)
Regierung, als Monopolinhabern der Reichenhaller bzw. Haller
(Inntal) Salzproduktion und des dortigen Salzhandels [2]. Die Konkurrenz des bayrischen und Tiroler Salzes war sehr alt. Sie wurde
den Einnahmen der Regierungen aber besonders seit der Zeit
schädlich und gefährlich, seit reiche Salzgroßhändler von Memmingen, Lindau, Basel usw. die Sachlage auf geschickte Weise auszunutzen verstanden [3].

---

[1] F. X. Eberle, Die Organisation des Reichenhaller Salzwesens unter dem herzoglichen und kurfürstlichen Produktions- und
Handelsmonopol, Münchener Dissertation 1910, erwähnt, schon für
das 16. Jahrhundert Abmachungen der Herzöge von Bayern (Reichenhall) mit benachbarten Salzproduzenten, die den Zweck verfolgten,
die gegenseitige Konkurrenz auszuschalten. Cfr. S. 74, 86. Ferner
S. 78, 80. Dazu: J. G. Lori, Sammlung des bayerischen Bergrechts. München 1764. Nr. CLXI, S. 359.

[2] Als Name für das Kartell kommt in den gleichzeitigen Akten
der Ausdruck „Convention, Intelligenz" etc. vor.

[3] Vgl. Hans Ockel, Die Entstehung des landesherrlichen
Salzmonopols in Bayern und seine Verwaltung im 17. Jahrhundert.
In Forschungen zur Geschichte Bayerns.   7. Bd. (1899), S. 26;
Eberle a. a. O., besonders S. 111 ff. Schon im 16. Jahrhundert
hatte man die preisdrückende Wirkung der bayerisch-tirolischen
Salzkonkurrenz erkannt und zu einem Kartell geraten. Die bayerische

Die Kaufleute schlossen mit den genannten Regierungen Kontrakte ab, in denen sie sich verpflichteten, jährlich so und soviel Hunderte oder auch Tausende Faß Salz abzunehmen. Sie setzten dann das Salz teils auf eigene Rechnung ab, teils lieferten sie es auf Konto einer Stadt oder Gemeinde an diese. Es handelt sich in den folgenden Ausführungen zumeist um Salzvertrieb nach dem Bodensee, dem Breisgau, den Schwarzwaldgegenden und besonders in die schweizerischen Kantone.

Natürlich kontrahierten die Salzgroßhändler mit derjenigen Regierung, die ihnen die billigsten Preise und die günstigsten Zahlungs- und Lieferungsbedingungen machte. Die Folge war ein harter Konkurrenzkampf zwischen Reichenhall und Hall im Inntal und naturgemäß ein niedriges Preisniveau. Nach verschiedenen früheren Versuchen, dem abzuhelfen, nach heftigen gegenseitigen Repressalien auch der beiderseitigen Regierungen, kam es im Jahre 1649 zu einem Kartell der Beherrscher der Reichenhaller und Haller Salzproduktion. Das Kartellstatut wurde am 5. August 1649 auf einem Vertretertag in Rosenheim beschlossen [1]. Es sollte vorläufig vom 1. Dezember 1649 bis zum gleichen Datum des Jahres 1651 gültig sein und enthielt namentlich folgende Bestimmungen. Tirol verpflichtete sich, sein Haller Salz nicht mehr bis Lindau, sondern nur noch bis Reutte zu führen, und „allda die Haubtniderlag anzestellen". Bayern versprach, das Reichenhaller Produkt nicht über seine Landsberger Salzniederlage hinaus dem Bodensee zuzuführen. Die Preise, zu denen die beiden Kontrahenten

---

Hofkammer äußerte sich 1591 folgendermaßen darüber: „Diss [d. h. das bayerische] salz hat auch fürnemblichen an dem Intalischen ... einen sondern feind, ursachen und wo dieselben zusammenstoßen, so mues ains dem andern mit dem kauf weichen, da doch lestlich der abschlag des kaufs niemant dan dem auslendischen kaufmann zu nuz kumbt. Demnach ratsamlich geachtet, daß disfals mit irer fürstlichen durchlaucht ertzherzog Ferdinand a i n s o n d e r e r v e r s t a n t g e m a c h t w e r d e, d a n, w o m a n s i c h d e s t w e g e n b e d e r s e i t s v e r g l i c h e, k ö n t e b e d e n s a l z e n v o n j a r z u j a r n o c h e i n f u r n e m e r h o h e - r u n g e r v o l g e n und um sovil leichter das jezige kaufgelt vor abschlag oder ringerung bestendig erhalten werden." S t i e v e, Zur Geschichte des Finanzwesens. Sitzungsberichte d. Akademie d. Wissenschaften zu München. 1881. I, S. 50. Vgl. auch H i r n a. a. O., I, S. 571 ff.

[1] Es ist im Anhang dieses Werkes abgedruckt.

das Salz zu liefern hatten, wurden genau festgelegt. Ein chur-
bayrisches oder Reichenhaller Fäßchen Salz von drei Scheiben
oder 7½ Fiederl durfte nur zu 9 fl. 30 Kr. Reichswährung verkauft,
ein Tiroler halbes Fäßchen von 1½ Hallischen Fudern nur zu 10 fl.
Reichswährung abgegeben werden. Unter den stipulierten Preisen
durfte auf keinen Fall Salz von den kartellierten Unternehmern in
den Handel gebracht werden. Wohl aber über diesen Preis hinaus,
wenn die Gelegenheit sich bot. In diesem Falle war der betreffende
Kartellkontrahent verpflichtet, davon dem anderen Mitteilung zu
machen. Dazu sollten folgende Zahlungsbedingungen von beiden
Kontrahenten unverbrüchlich gefordert werden. Bei Abschlüssen
(Kontrakten s. o.) hatte der Salzgroßhändler sofort ein Viertel der
Kaufsumme in bar in Reichswährung zu entrichten. Die übrigen
drei Viertel zu je einem Viertel in den nächsten darauffolgenden
drei Bozener Märkten. Wenn ein Bozener Markt etwa gleich zwei
bis drei Wochen nach Abschluß eines Salzkontraktes fallen sollte,
dann „khann die selbige Marcktfrist erst auf den negst darauf
volgenten andern Markht anfangen".

Jede Umgehung der festgesetzten Preise durch Zugaben, lange
Kreditgewährung usw. war den Kartellkontrahenten streng verboten.

Über die genannten einzelnen Bestimmungen hinaus sicherten
sich die kartellierten Regierungen zu, „guet Correspondenz ze halten
was für Hindernussen und Ungelegenhaiten zu beeder chur- und
ertzfürstlichen Herrschaft Schaden und Steckhung des Saltz-
verschleis firgehen" würden. Insonderheit wollte man sich treulich
darüber unterrichten, wenn die auswärtige Konkurrenz, d. h. das
burgundische, lothringische und französische Meersalz [1] in die
Absatzgebiete der Kartellkontrahenten eindringe.

Sehr rigoros waren die Bestimmungen des Kartells gegen die-

---

[1] Das sog. Baie- oder Boysalz. Baiesalz war ursprünglich Salz,
das an der seichten Bai von Bourgneuf hinter der Insel Noirmoutiers,
unmittelbar südlich von der Loiremündung, gewonnen wurde. Das
dortige Salz hieß bei den hansischen Kaufleuten des Mittelalters
einfach das Baiesalz. Vgl. D. S c h ä f e r , Die Hanse. Bielefeld
und Leipzig 1903. S. 46. Später wurde Baiesalz alles an der französischen, spanischen und portugiesischen Küste aus Meerwasser gewonnene grobkörnige, schwärzliche Salz genannt. E b e r l e a. a. O.,
S. 39.

jenigen Salzgroßhändler, die wegen rückständiger Zahlung oder aus anderen Gründen sich mit dem einen der Kartellgenossen zerworfen hatten und nun an den anderen zum Zwecke des Salzkaufs herantraten. Dem „böswilligen" Käufer durfte solange keine Ware verabfolgt werden, „bis er beglaubte Schein fürweisen konnte, dass er hierumb gebihrundte Satisfaction erstattet und alles richtig gemacht habe" [1].

Zur Überwachung der genauen Ausführung der Kartellbestimmungen war es jedem der Kontrahenten erlaubt, in Lindau oder sonstwo auf seine Kosten Kontrolleure anzustellen.

Der Kartellkontrakt von 1649 ist in den nächsten Jahrzehnten immer wieder erneuert worden, obwohl öfters Klagen laut wurden, in denen sich die Kontrahenten einer zeitweisen Umgehung seiner Bestimmungen beschuldigten. Um solche Umgehungen zu erschweren oder womöglich ganz zu verhindern, erhielt das Statut von 1649 im Jahre 1677 einige wichtige Zusätze [2]. Es sei hier

---

[1] Vgl. auch hierzu die Ergänzungen zu dem Kartellkontrakt vom 5. August 1649, festgestellt zu Kufstein am 20. September 1677. Original im Münch. Allg. Reichsarchiv Loc. Tirol (fürstl. Grafschaft). 19. fasc. Bl. 101 f. „Inmaßen auch mehrernante höchste Heiser wo ain oder des anderen Thails Contrahenten mit Erlag der Fristen oder in andere Weeg wider Verhoffen ermanglen wurden, auf alle mögliche und gedeyliche Mitl den Ermangelnden zur Schuldigkeit und Observanz des Contracts zu halten bedacht sein und aneinander die verhilffliche Handt denen vorigen Verstentnussen gemeß pieten sollen und wollen."

[2] Ergänzungen zu dem Kartellkontrakt vom 5. August 1649, festgestellt zu Kufstein am 20. September 1677. Original im Münchener Allgemeinen Reichsarchiv Loc. Tirol (fürstl. Grafschaft). 19. fasc. Bl. 99 ff. — „... Damit dis desto gewisser bederseits beschehe, man sich dahin nachbarlich und freundlich verstanden hat, daß khonftig, ehevor ainiger Salzcontract, wann es auch nur 1000 oder 500 Saltz-Veßl antreffete, von ain oder anderer Hofcamer abgehandlet und geschlossen wurde, man einander in wehrenden Tractaten zeitlich und vor dem Schluß von allem communication und parte geben, auch wann darwider erhöbliche Erynnerung weren, solche ain Thail von dem anderen für guet annemben.... Inmaßen baide hochlobl. Heiser einander hiemit crefftiglich versprechen, vicissim aufrichtig zu communicieren, wann es fir rathsam befunden wurde, daß ainichen Saltz-Contrahenten, welche namhaffte Conträct oder gleichsam den ganzen Salzverschleis in gewisse Landt und Orth annemben etwas wegen irer Wagnus, Verlag und Gefahr einzuwilligen,

wenigstens der eine hervorgehoben, der die kartellierten Unternehmer zwang, von allen schwebenden Kontrakten, auch wenn es sich nur um Lieferung von 500 Fäßchen Salz handelte, einander Mitteilung zu machen.

Zu den größten und wohl auch berechtigtsten Vorwürfen, die man heute den Kartellen macht, gehört die Anklage, daß die Kartelle oft, nachdem sie sich durch Ausschaltung der inländischen Konkurrenz einen Monopolpreis gesichert haben, an das Ausland [1] billiger verkaufen und so die eigenen Volksgenossen den Ausländern gegenüber benachteiligen. Die genannte Tendenz der Kartelle von heute läßt sich schon in der älteren Kartellgeschichte nachweisen. Beispielsweise auch in der Geschichte des Salzkartells von Reichenhall und Hall im Inntal. Seit alters hatte das burgundische Salz dem bayrischen und Tiroler Salz in der Schweiz usw. eine kräftige Konkurrenz geboten. Um die Mitte des 17. Jahrhunderts ging Burgund soweit, daß es zur Vergrößerung seines Salzhandels ins Ausland zum Selbstkostenpreis lieferte [2]. Wenn also die bayrischen und österreichischen Kartellisten in Lothringen, im Elsaß, im Sundgau, ebenso über den Gotthardpaß hinaus „im Welsch- und Walliser-Land" die burgundische Konkurrenz schlagen und selbst auch in Burgund Absatz finden wollten, so mußten sie mit dem Preise für diese „fernen" Lieferungen heruntergehen. Tatsächlich ergänzten die bayrischen und österreichischen Kartellkontrahenten am 5. Oktober 1651 und später ihren erneuerten Vertrag von 1649 dahin, daß sie sich erlaubten, den Verkaufspreis für das Salz „in die Ferne" niedriger anzusetzen. Alles Salz, das über Bern, Basel, Solothurn und Freiburg im Üchtland hinaus gen Burgund und Lothringen, über den Gotthard ins Welsch- und Walliserland, über die Furca

---

daß ein lobl. Hofcamer der anderen hivor ir Sentiment durch Schreiben oder Abgeordnete mit verthreulicher Apertur aller Umbstent zuverstendigen und hernach mit denen Salz-Contrahenten auf jenige Weiß zuschließen wie bayde Hofcamer es unanimi consensu für guet erachten werden. Außer dessen aber und ohne beeder lobl. Hofcamer Einwilligung kheinen Salz-Contrahenten einicher Fortl, Nachlaß, Eingab, Schänckhung, Ergrößerung der Vaß oder anders sub ullo excogitabili nomine nit beschehe."

[1] Gegen dessen Konkurrenz im Inlande die Kartellisten zumeist durch die heimischen Schutzzölle gesichert sind.

[2] E b e r l e, a. a. O., S. 112.

ins Elsaß und den Sundgau ging, durfte zu Landsberg bzw. Reutte um 30 Kreuzer billiger abgegeben werden als für den näheren Vertrieb verabredet worden war. Allerdings mußte durch glaubwürdige Urkunden der genannten schweizerischen Städte zweifellos bezeugt werden, daß dieses Salz nirgends anders wohin als in „dieselbige ferne Länder vertrieben worden sei" [1].

Natürlich waren solche Maßnahmen nur geeignet, den Konkurrenzkampf zwischen bayrischem und Tiroler Salz einerseits und burgundischem andererseits um so heftiger entbrennen zu lassen, bis schließlich auch zwischen ihnen eine gütliche Vereinigung und eine gewisse Ausschaltung der Konkurrenz in Form eines Kartells erfolgte. Auf Ersuchen der Fermiers généraux, der Pächter des burgundischen Salzwesens zu Salins, beschickten die bayrische und die Tiroler (österreichische) Regierungen als Monopolinhaber der Reichenhaller bzw. Haller (Inntal) Salinen eine Salzverschleiß-konferenz zu Kempten· im Allgäu, auf welcher am 3. November 1659 folgender Kartellvertrag [2] zustande kam: Zwar hatten die Fermiers „mit dem Orth und Stand" Bern auf 4½ Jahr und dann mit Solothurn, Freiburg in Üchtland und der Grafschaft Neuburg auf sechs Jahre Salzlieferungskontrakte abgeschlossen, die sich nicht aufheben ließen, aber die Fermiers verpflichteten sich doch, dafür Sorge zu tragen, daß durch diese genannten vier Orte „alles Salz, so sy von denen burgundischen Fermiers jerlich nemen weithers nit als in jedes Orths oder Standts aignem District und Gebieth verbraucht und in khein ander Gebieth weder in Vessln noch dem Ausmass nach verkhauft werde" [3].

Für das Salz, das die Fermiers in andere Kantone oder Gebiete als die vorhin genannten führten und selbst oder durch andere verkauften, verpflichteten sie sich, einen Mindestpreis von 19 guten

---

[1] Ich habe diese wichtige Ergänzung des Kartellstatuts von 1649, wie sie am 5. Oktober 1651 zu Kufstein beschlossen wurde, im Wortlaut im Anhange abgedruckt.

[2] Im Anhange abgedruckt.

[3] Die Fermiers généraux hatten demgegenüber verlangt, die bayrischen und Tiroler Komparenten sollten sich verpflichten, „weder im Vaß noch dem Ausmeß nach in obbemelten Orth und Cantonen khain Reichenhall- noch Hall-Intalisches Salz" zu verkaufen. Die Forderung wurde aber von den beiden Regierungen abgeschlagen und war dann fallen gelassen worden.

Schweizer Gulden pro Fäßchen loco Solothurn zu nehmen [1]. Dabei durfte nur bares Geld und kein anderer Wert oder Zahlungsmittel für das Salz von den Fermiers angenommen werden. Die Zahlungsfristen wurden folgendermaßen fest stipuliert: Der vierte Teil der Kaufsumme war sofort bei Abschluß des Kaufs zu erlegen; die übrigen drei Viertel mußten in den drei folgenden Jahresquartalen bezahlt werden. Streng war es den Kartellkontrahenten verboten, den Salzhandelsleuten beim Abschluß der Salzkontrakte besondere Vergünstigungen irgendwelcher Art, direkt oder indirekt, zu gewähren. Insbesondere waren Zugaben, Verlängerungen der Zahlungsfristen usw. strengstens untersagt.

Es wäre interessant, aus Münchener usw. Archivmaterial das Schicksal unseres internationalen Kartells genauer zu verfolgen. Hier kann diese Forscherarbeit nicht gemacht werden. Hier muß ich mich begnügen, an einem Beispiel darauf hinzuweisen, wie auch in dem Kartellwesen des 17. Jahrhunderts die Frage nach der ethischen Erlaubtheit derartiger Verabredungen eine Rolle spielt. In einer Erneuerung des Kartells von 1649 aus dem Jahre 1686 [2] ist unverhüllt anerkannt, daß der Zweck des Kartells der war, die Kammergefälle, d. h. die Finanzeinnahmen, „beider höchsten Häuser" zu vermehren und zu verbessern [2]. Das Mittel zu diesem Zweck war darin gegeben, daß man den Salzpreis in die Höhe schraubte. Ethisch begründet wird diese monopolistische Preispolitik nun mit folgenden Argumenten. Noch niemals sei es mehr vonnöten gewesen, die fürstlichen Einnahmen zu erhöhen, als gerade jetzt, „alldieweilen mehrist dise hochpreislichiste beide Heuser als mechtigste Säulen der wertisten Christenheit ihre eisseriste chrefften lobwirdigist angegriffen, damit dem grausamben Erbfeindt in seinem weltkhindigermassen gehabten bluetbegirigen Vorhaben hat khönnen Hinterung gemacht werden und ohne disem so gewaltigen Widerstandt diser 2 Potentaten das ganze Hail des

---

[1] „weihlen das Reichenhall- und Hall-Intalisch Salz bis nacher dem Baslischen und Solothurnischen auch selbiger Enden wenigst bis auf 22 Gulden gedachter Wehrung steigen thut."

[2] „Seitemahlen das Absechen haubtsächlich dahin gerichtet ist, daß baide hegste Heuser einander (als ohne das vielfeltig bluetsverwahndt) die Handt pietten und beiderseits Camergeföll helfen vermehren und verbessern." Kgl. Bayr. Allgem. Reichsarchiv München a. a. O., Bl. 147 ff.

auserwöhlten Volckhs Christi hegstens periclitiert hete. Welche Gefahren verrer abzuwenden es annoch unbeschreiblichen costen erfordern wirdet. Solchen grossen Costen aber beide Hofcamer billichist
aus eben jenigen Mitlen suechen muessen, die ihnen von dem Allmechtigen und der Natur vor andern Landschaften vermuetlich zu dem
Ende seint aus getlicher Vorsichtigkeit zuegeaignet worden, damit
sye hieraus den nervum belli gerendi pro ecclesia Christi erziechen
und bestreiten khönnen. Und nun also clar sich herfür thuet, dass
solche köstliche Kriegsarmatura wider so mechtigen Feindt allen
jenigen christlichen Völckhern zu guetem und ihrer Conservation
geraichet, welchen dise stattliche Gottesgab des payrischen und
Tyrolischen Salzes verkhauft und zuegefiehret wirdet, denen volg-
lich auch nicht schwer fallen solle, einen mehrern Preiss hierfir zu
betzallen, indeme das gelt zu allgemeinen Heil und ad conserva-
tionem totius wissentlich . . . appliciert wirdet [1]."

Kartelle in der Calwer Zeugindustrie des 17. Jahr-
hunderts.

Ein Kartell aus dem frühen 17. Jahrhundert erwähnt W a l t e r
T r o e l t s c h in seiner „Geschichte der Calwer Zeughandelskompagnie" [2]. Im Archiv des Inneren zu Ludwigsburg [3] ist uns
der „interessante Entwurf eines Preiskartells zwischen ‚einer gesamten Ferbergesellschaft zu Pforzheim und Calw' von Laurenti
(10. August) 1620 erhalten, der ursprünglich geheim gehalten, 1657
von der markgräflich badischen der Stuttgarter Regierung mitgeteilt wurde, um die frühere Handelsfreiheit zwischen beiden
Städten zu beweisen. Danach sollten die Kontrahenten auf drei
Jahre bei den gefärbten Waren bestimmte Verkaufspreise einhalten. Übertretungen waren erstmals mit Konfiskation, im
Wiederholungsfalle mit Ausschluß aus der Handelsgemeinschaft bedroht. Auch ein Minimallohn für das Färben der rohen Zeuge

---

[1] A. a. O., Bl. 147 ff.

[2] Die Calwer Zeughandelskompagnie und ihre Arbeiter. Studien
zur Gewerbe- und Sozialgeschichte Altwürttembergs. Jena 1897.
S. 30. „Zeuge" sind glatte, schmale, wenig oder gar nicht gewalkte
Gewebe aus langhaariger Wolle.

[3] Fasc. 65 der Akten der Calwer Färberkompagnie. Laut
gütiger Mitteilung von Prof. Troeltsch.

war in Aussicht genommen. Um eine Umgehung der Preisverabredungen zu verhindern, sollte jeder Färber die Geldsorten nicht höher in Zahlung nehmen [1], als sie angeschlagen und verrufen waren."

Hauptsächlich der gleichzeitigen Münzwirren wegen, die eine Gebundenheit der Preise unmöglich machten, kam die Konvention nicht zustande. Von neuen Kartellierungsversuchen der Pforzheimer und Calwer Zeughändler hören wir erst wieder im Jahre 1668. Aus diesem Jahre „ist eine Vereinbarung zwischen den Zeughändlern beider Orte vorhanden, die sich auf die Bedingungen des Verkaufs gewisser Waren in Leipzig und beim polnischen Handel, in Nürnberg und Augsburg, bezieht" [2].

Kartelle in Brandenburg im 17. Jahrhundert.

Die folgenden Bestimmungen Friedrich Wilhelms aus einem Rezeß vom 26. Juli 1653 (§ 44) beweisen, daß auch im Brandenburgischen schon unter dem Großen Kurfürsten Kartellierungsversuche vorkamen: „Demnach wir auch berichtet worden, dass die Hopfen-Führer sich untereinander wie hoch sie den Hopfen einkaufen wollen, verbinden, und wer dawider handelt unter sich strafen: So wollen wir solch schädliche Monopolia nicht dulden, sondern durch öffentliche Edicta verbiethen, auch dem Magistrat jedes Orths anbefehlen, hierunter mit Fleiss zu inquirieren und die Delinquenten gebührlich darüber strafen.

Und weil auch Klagen eingekommen, dass die Tuchmacher einen Preis der Wolle setzten, was sie nemlich den Edelleuten, Priestern, Bauern und Hirten vor einen Stein Wolle geben wolten, als wurde ferner in gedachten Recesses Anhang § 5 gesetzt: An denen Monopoliis und dass etzliche Handelsleute und Handwercker wegen des Korns-, Viehs- und Woll-Kauf etc. zu Schaden ihres Nechsten u n z i e m l i c h e V e r k n ü p f u n g e n machen,

---

[1] Vgl. hierzu die analoge Bestimmung in den §§ 15 und 16 des Kartellstatuts der Naumburger und Weißenfelser Bettfedernhändler aus dem Jahre 1743. Historisches Jahrbuch 1911. S. 60.

[2] T r o e l t s c h a. a. O., S. 96 Anm. 3. Für die Aktenstücke vgl. Archiv des Inneren zu Ludwigsburg, Fasc. 23 (1668) der Akten der Färberkompagnie, Stück 1 und 2. Nach gütiger Angabe von Prof. Troeltsch.

tragen wir keinen Gefallen, es soll auch solches hiemit verbothen sein. ..." [1]

Begründet wird das Kartellierungsverbot durch den Großen Kurfürsten mit einem charakteristischen Hinweis auf die „Freiheit der Commercien", die dadurch verhindert würde. Wir sahen früher, daß ein Sittenprediger des beginnenden 16. Jahrhunderts, Geiler von Kaisersberg, genau denselben Grund für seine Bekämpfung der Syndikate mit geltend machte.

Kartellbildungen in der böhmischen Glasindustrie des 18. Jahrhunderts.

Zum besseren Verständnis einiger Kartellerscheinungen in der böhmischen Glasindustrie des 18. Jahrhunderts sei das folgende vorausgeschickt: Das böhmische Glas hatte sich im Verlaufe der zweiten Hälfte des 17. Jahrhunderts zu einem Welthandelsartikel emporgeschwungen [2]. Diese Ausweitung des Absatzes war in erster Linie das Verdienst eines (zumeist aus bäuerlichen Kreisen hervorgehenden) unternehmungs- und wanderlustigen Glashändlerstandes, eines Hausierertums [3], das zunächst mit dem Glaspack, mit der Glaskiepe, auf dem Rücken, dann mit der Schubkarre und schließlich mit Fuhrwerk und zu Schiff das böhmische Glas in die Nähe und in eine immer mehr wachsende Ferne absetzte. Nach Norddeutschland, „nach Polen und den Ostseeländern, nach Ruß-

---

[1] Vgl. P. J. M a r p e r g e r, Neueröffnetes Handelsgericht Hamburg: o. J., S. 330.

[2] Vgl. für das folgende besonders E d m u n d S c h e b e k, Böhmens Glasindustrie und Glashandel. Quellen zu ihrer Geschichte. Prag 1878.

[3] Wir können es hier dahingestellt sein lassen, aus welchen Bevölkerungselementen die böhmischen Glashändler hervorgingen. Zum Teil wohl aus dem Veredelungsgewerbe, aus den Kunsthandwerken, die, um die Glashütten sich lagernd, berufsmäßig das „Malen, Vergolden, Schneiden, Reißen" des Rohglases besorgten. (In dieser Veredelung bestand lange Zeit der Vorzug, das Monopol der böhmischen Glaswaren.) Zum Teil aber gelangten auch ursprünglich betriebsfremde Frachtführer in die Händlerschaft, indem sie sich mit den akkumulierten Verfrachtungsgewinnen als Grund- und Betriebs-Kapital selbständig machten. Schließlich aber dürfte wohl S a l z recht haben, wenn er die Glashändler meist als Familienangehörige, als jüngere Söhne usw. der Glasproduzenten, der Glashüttenmeister anspricht. S a l z, Geschichte der böhmischen Industrie, S. 241 ff.

land bis Moskau und vielleicht weiter, nach Holland, Italien, Ungarn und Siebenbürgen, nach der Moldau und Wallachei bis nach Adrianopel hinab ziehen die kühnen Männer aus Nordböhmen. Das Meer steckt ihren Fahrten keine Grenzen. Von Stralsund segeln sie nach Riga, von Hamburg nach London und von Varna nach Konstantinopel; Kopenhagen und Stockholm werden aufgesucht und über Archangel in wenig Jahren viel ‚hundert Tausend Glas' in das Innere von Rußland vertrieben. Frühzeitig müssen sie auch mit ihren Waren an den Küsten von Portugal und Spanien — von Cadix wird es aus dem Jahre 1691 ausdrücklich berichtet — gelandet sein, welche Länder später nebst Holland die Hauptemporien ihres überseeischen Handels werden sollten [1]."

Mit der allmählich wachsenden Ausdehnung des böhmischen Glashandels über einen großen Teil Europas ergab sich zweierlei für die Fortentwicklung der böhmischen Glasindustrie besonders Wichtiges. Einmal erfolgte eine ungeahnte Vermehrung der Glashütten in ganz Böhmen [2] und ein Eindringen auch fremder Kapitalisten in die Produktion. Gleichzeitig aber ging der böhmische Glaswarenhandel — wenigstens in seiner bedeutungsvollsten Spitze [3] — in einen Meß- und Markthandel und bald zu der Errichtung dauernder fester Faktoreien, besonders in den wichtigsten Seehandelsplätzen, über. Im Verlaufe des endenden 17. und des 18. Jahrhunderts wurde schnell hintereinander „der Küstensaum des europäischen Festlandes von St. Petersburg bis Konstantinopel mit solchen Niederlassungen besetzt. Man findet deren verzeichnet zu St. Petersburg, Reval, Libau, Riga, Kopenhagen, Lübeck, Hamburg, Bremen, Amsterdam, Leyden, Haag, Rotterdam, Dordrecht, Middelburg, Bordeaux, San Sebastian, Bilbao, Santander, Ferrol, Coruña, St. Jago, Vigo, Oporto, Lissabon, Sevilla, Cadix, Malaga, Valencia, Alicante, Barcelona, Marseille, Livorno, Neapel, Palermo, Ancona, Triest, Konstantinopel. Von den Nieder-

---

[1] S c h e b e k a. a. O., S. III.

[2] Schon zu erkennen aus Balbinus, Miscellanea historica regni Bohemiae. Pragae 1679. I, Cap. 21. Vgl. S c h e b e k a. a. O., S. XI ff.

[3] Natürlich trieben noch immer die untersten, erst im Emporsteigen begriffenen Schichten des böhmischen Glashändlertums mit der Glaskiepe auf dem Rücken oder dem Schubkarren ihr Gewerbe im Umherziehen.

lassungen aus, zu denen noch einige in Binnenstädten, wie zu Madrid, Valladolid, Mailand, Lyon, Paris, Nancy, Straßburg, Brüssel, Amersfort, Utrecht, Leeuwarden und Frankfurt a. M. kamen, versorgten die Glashändler die inneren Märkte und streckten ihre Fühler immer weiter über die See hinaus. Es wurden sogar einige Etablissements in fremden Weltteilen, als zu Smyrna, Beyrut, Kairo, Mexiko, Baltimore und Neuyork, errichtet [1]."

Eine derartige Ausbreitung des Handels mit böhmischen Glaswaren war nur einzig und allein dadurch möglich geworden, daß die Händler sich zu jenen bedeutungsvollen Glashandelskompagnien zusammengeschlossen hatten, die den böhmischen Glashandel in seiner Blütezeit beherrschten. Die Arbeitsteilung in den Handelsgesellschaften war die folgende: Das Gesellschaftshaupt, oft mit dem Familienhaupt identisch, blieb zu Hause, besorgte den Einkauf der Waren von den Glashüttenmeistern, die Verpackung, Buchführung, Berechnung usw. Die jüngeren Teilhaber zogen hinaus in die fremden Faktoreien und leiteten von dort aus den Vertrieb weiter. Bald erweiterte sich dabei der Umkreis der Geschäfte mancher böhmischer Glashandelskompagnien noch bedeutend. Um allen Ansprüchen der Glaskäufer entgegenkommen zu können und um keine fremde Konkurrenz in die Höhe kommen zu lassen, wurden zunächst die Glaslager der Kompagnien nach jeder Richtung hin komplettiert. So „mit bairischem Tafelglas, mit Thüringer und englischen Glaswaren, später auch mit Paderborner, Münzthaler, holländischem, belgischem und französischem Glas". Dann aber wurde überhaupt der Aktionskreis über diesen Glashandel hinaus erweitert. Außer Glas wurden mitunter noch andere Artikel böhmischen Ursprunges, namentlich L e i n w a n d, in den Niederlagen geführt. In Portugal ging man nach dem dortigen Glaseinfuhrverbote ganz zu Leinwand über. In „Spanien warf man sich auch auf holländische Thonwaren, a u f R e m s c h e i d e r E i s e n w a r e n, auf N ü r n b e r g e r, englische und andere Waren, was man insgesamt unter der Benennung „Kramerei" begriff. Ähnlich wurde es in Amsterdam, und vielleicht auch anderwärts gehalten. Dazu kamen noch die Artikel, die man in Tausch für Glas annahm, wie Tabak in Spanien, Pelzwerk und Juchten in Rußland" [2]. So war aus dem Handel des böhmischen Glas-

---

[1] S c h e b e k a. a. O., S. V.

[2] S c h e b e k a. a. O., S. V f.

hausierertums ein nennenswerter Zweig des Welthandels erwachsen!

Auf Grund des Vorausgeschickten ist es uns möglich, zu einer kurzen Darstellung der aus dem Arbeitsgebiet der böhmischen Glasindustrie und des böhmischen Glashandels uns bekannt gewordenen Kartellbestrebungen überzugehen. Eine eigenartige K o n v e n - t i o n schlossen im Jahre 1715 (10. Oktober) alle böhmischen Glasproduzenten (Verleger) und Glashändler, die nach Portugal exportierten. Wir müssen bei dem Vertrage, der diese Verabredung festlegte, etwas länger verweilen:

In der Arrenga wird ausgeführt, daß noch vor zehn Jahren ein sehr gutes Geschäft nach Portugal zu machen war. Jeder Handelsmann sei auf seine Rechnung gekommen, von dem reichlichen Verdienst wäre „sowohl der Verleger als der Glasarbeiter jederzeit richtig bezahlt worden". Dagegen sei jetzt das portugiesische Geschäft in denkbar schlechter Verfassung. Wenn man nach Abschluß des Friedens auf Besserung hoffen wolle, so sei es nötig, die unredlichen Elemente auszuschalten, die sich im böhmischen Glasgeschäft in Portugal breit gemacht hätten. Das seien unehrliche Händler, die von den Verlegern auf Kredit Waren nähmen, in Portugal dann verschleuderten. Der Verleger werde zumeist nicht oder nicht völlig bezahlt, zugleich werde aber auch den ordentlichen Händlern eine empfindliche Konkurrenz geboten.

Um hier Wandel zu schaffen, habe man bedacht, „dass alle andere Professionen, Commercien und Handelschaften in allen Ländern und Städten durch nichts anderes, als durch gewisse Statuten, Articul und Gesetze ihren Anfang genommen, durch diesen in ihrem Stand und Flore, auch in geliebter Ordnung erhalten worden". So müßten also auch die böhmischen Glashändler, die nach Portugal Handel trieben, sich „Statuten" setzen, eine „Confoederation und Gemeinschaft" untereinander und mit den für den portugiesischen Export in Frage kommenden Glasproduzenten schließen. Die wesentlichen Punkte des aus solchen Erwägungen hervorgehenden Kartellstatuts lassen sich wie folgt zusammenfassen:

1. Jeder, der nach Portugal oder Algarbien Glashandel aus den allein in Betracht kommenden vier böhmischen Herrschaften (Oberliebich, Bürgstein, Böhmisch-Kamnitz, Neuschloß) treiben wollte, mußte sich „bei der Ausfuhr bei seinem Verleger, wo er das

Glas nimmt," schriftlich verpflichten, den Kartellvorschriften getreulich nachzukommen. Er hatte dann „eine Attestation und Zeugenschaft, daß solches geschehen" sei, mit nach Portugal zu bringen.

2. Bei seiner Ankunft in Portugal hatte der Händler den Kartellgenossen das Attest des heimischen Verlegers vorzuweisen und noch einmal zu geloben, den Kartellbestimmungen gemäß sein Geschäft zu treiben.

3. Keiner der Kartellkontrahenten durfte — bei 100 Reichstaler Konventionalstrafe — „einiges Glas an einen solchen Menschen, der dieses wiederum zu unserm Schaden verhausieren" wollte, verkaufen.

4. Sofern einem der Kartellgenossen „eine Noth zufallen sollte, dass er sein Waar verkaufen und die Logi verlassen müsste", solle er einem der Kontrahenten der „Konföderation und Gemeinschaft" die Restbestände seines Warenlagers anbieten. Erklärt sich keiner davon zur Übernahme bereit, so übernimmt das Kartell als solches käuflich die Waren und verteilt sie unter seine Mitglieder.

5. Den Outsidern, die sich nicht den Kartellkontrahenten anschließen, vielmehr ihr Glas „verschwenderisch an ein wiederum damit hausierendes Gesindel verkaufen", wird Erzfeindschaft zugesichert. Namentlich soll „einem solchen Menschen von keinem Verleger einiges Glas mehr ausgefolgt werden".

Im § 6 wird Vorsorge getroffen, daß die Bestimmungen des Kartells nicht von böswilligen Komparenten umgangen werden können. So soll z. B. jedem Kartellmitglied zwar natürlich erlaubt sein, „Glas kistenweis aus dem Königreich Portugal in andere Länder zu verführen", jedoch soll kein Scheinexport vorkommen, d. h. keiner darf sein Glas gerade nur vor die Stadt führen und „solches an bemeltes Gesindel verkaufen", welches es hernach wiederum in die Stadt bringe und zum Schaden der kartellierten Firmen verhausiere [1].

---

[1] Die Hinzufügung „auch mit dem expressen Reservat, daß die bisherige holländische Compagnie, mit dieser portugiesischen Gemeinschaft nicht confundiret und von derselben das Glas nach Belieben nacher Portugal eingeführet werden möchte, sondern präcise was von Haus attestirter vermög 1. und 2. Punctes dahin abgeschicket wird, soll es darbei festiglich sein Bewenden haben",

In § 7 wird den böhmischen Glasproduzenten, den Glasverlegern, der Dank dafür abgestattet, daß sie durch das Versprechen, nur an die kartellierten Firmen liefern zu wollen, das Zustandekommen des Kartells überhaupt erst ermöglichten. Der Dank bestand darin, daß die Kartellkontrahenten sich verpflichteten, die Verleger tunlichst vor Verlusten zu bewahren.

§ 8 bestimmte über die Verteilung der einlaufenden Strafgelder das folgende. Ein Drittel davon soll zu religiösen Zwecken, ein weiteres Drittel für die Bedürfnisse des Kartells verwendet werden. Das letzte Drittel versprechen die Kartellierten an diejenige der obengenannten vier böhmischen Herrschaften abzuliefern, deren Untertan jeweils die Strafe zu zahlen hatte.

In § 9 behielten sich die Kartellkontrahenten im Notfalle eine Abänderung der Statuten vor.

In § 10 erfahren wir, daß sie bei den „vier hohen herrschaftlichen Ämtern (dann zu Dato sonsten von keinem Ort einiges Glas nach Portugal abgehet)" um Genehmigung ihrer Kartellstatuten mit Erfolg nachgesucht hatten [1].

Leider sind wir nicht darüber unterrichtet, ob das Kartell die von seinen Kontrahenten gewünschte Wirkung zeitigte.

Einige Jahrzehnte später kam es im Gebiet der böhmischen Glasindustrie wiederum zu einer Syndikatsbildung. Allerdings vereinigten sich diesmal nicht Glasproduzenten und Glashändler zu gemeinsamem Vorgehen gegen eine Schleuderkonkurrenz der Glashändler; vielmehr schlossen sich die böhmischen Glasproduzenten (Glashüttenmeister, d. h. Besitzer der Glashütten) gegen die Gesamtheit ihrer Abnehmer zusammen. In einer Beschwerdeschrift, welche die Glashändler auf den Herrschaften Kamnitz, Bürgstein, Reichstadt, Neuschloß, Ober-Liebich, Tetschen und Meistersdorf gegen die dortigen Glashüttenmeister an die Regierung abgehen ließen [2],

---

ist mir nicht ganz verständlich. Namentlich müßten nähere spezielle Untersuchungen Aufklärung darüber verschaffen, ob mit der „holländischen Kompagnie" ein ähnliches Kartell, wie das hier besprochene, der nach Holland handelnden böhmischen Glashändler zu verstehen ist.

[1] Die Bestätigung der Genehmigung ist dem Kartellinstrument am Schlusse beigefügt. S c h e b e k a. a. O., S. 363.

[2] Die Beschwerdeschrift ist uns mit einem dazugehörigen Gutachten des Direktoriums in publicis et cameralibus erhalten. Original

heißt es: „Die Glashüttenmeister [d. h. die Besitzer der Glas-
hütten] haben anno 1739 in dem Stadtl Czistitz [Čechtitz], Czas-
lauer Kreises eine, ihnen, Glashändlern, nachtheilige Bündnuss errichtet, vermög welcher sie einstimmig das Glas in höhern Preis
zu geben und kleinere Gattung und Maass zu machen und einige
Gattungen gar nicht mehr zu verfertigen unter einer Straf von
100 Kremnitzer Dukaten beschlossen und erst neulich abermalen
das Glas um 30 Kr. künftig theurer zu geben erinnert hätten."

Auf Vorstellungen der Regierung hin antworteten die Hütten-
herren: „Die Einverständniss wegen Erhöhung des Glaspreises wäre
von darum gepflogen und die Straf dabei ausgemessen worden,
weilen viele Glashüttenmeistere schlechte Glaswaaren verfertigt,
hierdurch das commercium geschwächet und einer dem andern
geschadet hätte." Wenn sie durch ihreVereinbarung höhere Preise
zu erzielen beabsichtigt hätten, so wäre das in der Geschäftslage
begründet gewesen. Die Rohmaterialien seien teurer geworden,
z. B. sei Pottasche sehr im Preise gestiegen usw. Die Entscheidung
der Regierung steht noch ganz und gar auf dem kartellfeindlichen
Standpunkte der mittelalterlichen Wirtschaftsethik, ein Standpunkt,
den sich die österreichische Gesetzgebung bekanntlich bis heute
bewahrt hat. Da heißt es in dem Votum der Regierung vom
10. August 1750: „Es streite wider die rationem commercii wann
die Fabrikanten über die Erhöhung des Preises ihrer fabricatorum
Particular-Verträge errichten und dardurch nicht allein die Handelsleute, sondern auch das Publicum bedrucken, mithin ist kein An-
stand, derlei conventiones nicht allein pro praeterito zu cassiren,
sondern auch pro futuro zu verbieten. Sollte aber ein oder der
andere Professionist schlechte Ware machen und damit zu schleudern
anfangen, mithin die Ware in discreditu bringen, so stehet denen
Mitmeistern frei, darüber bei denen vorgesetzten Instanzien die
Remedur zu suchen."

Kartelle in Schweden, Frankreich und Sachsen im 18. Jahrhundert.

Auf ein recht bemerkenswertes Syndikat aus der ersten Hälfte
des 18. Jahrhunderts in Schweden macht B e c k aufmerk-

---

im k. k. Archiv des Minist. des Innern zu Wien. Bohemica IV.
F. 1595—1791. Abgedruckt bei S c h e b e k a. a. O., S. 365 ff.

sam [1]. Um den darniederliegenden Eisenhandel zu kräftigen, wurde 1745 vom schwedischen Reichstag „der Beschluß gefaßt, die Hüttenbesitzer zu veranlassen, unter sich Summen zusammenzuschießen und, auf diese gestützt, sich gegenseitig einen gewissen niedrigsten Verkaufspreis zu garantieren (Syndikat, Ring). Zur Verwaltung der Fonds und Ausführung der Maßnahmen, welche zur Erhaltung und Durchführung dieses Abkommens nötig waren, wurde ein Ausschuß mit dem bleibenden Sitze in Stockholm erwählt. Das ganze Institut erhielt den Namen „Eisenkontor" (Jernkontor). Die Abgabe zur Bildung des Fonds wurde auf 1 Kupfertaler (10 Pf.) von jedem Schiffspfund, das zur Wage gebracht wurde, festgesetzt; nach einem späteren Abkommen mußte der Käufer diese Abgaben erlegen. Mit diesen Summen sollten auf den großen Eisenmärkten Einkäufe gemacht werden, wenn der Preis unter die bestimmte Grenze zu fallen drohte. Auch sollten die Hüttenbesitzer, wenn sie nicht an ihren Preis kamen, ihr Eisen deponieren und Summen zu 4 % Zinsen darauf aufnehmen. Die vier Bevollmächtigten wurden jährlich in einer Versammlung der Bruk-Sozietät [2] gewählt. Gleich beim ersten Markte zu Gothenburg trat das neue Institut mit großem Erfolge in Aktion. Es gingen im ersten Jahre über 300 000 Kupfertaler ein.

Der ursprüngliche Plan wurde später, 1766, dahin abgeändert, daß man den Einkauf auf den Märkten fallen ließ, dagegen Hüttenbesitzer, die aus Mangel an Betriebsfonds zu niedrigen Preisen verkaufen mußten, durch Vorschüsse unterstützte, was sich um so besser durchführen ließ, als das Eisenkontor nach und nach ein großes Vermögen gesammelt hatte und ihm von den Reichsständen(!) überdies ein Kredit von 900 000 Mk. zu geringem Zins bei der Hauptbank eröffnet worden war." Das „Eisenkontor" hat lange Zeit bestanden und sehr viel für Schwedens Bergbau und Hüttenwesen geleistet. Es wäre zu wünschen, daß der hochinteressanten Organisation eine besondere Monographie von sachkundiger Seite gewidmet würde.

---

[1] B e c k , Geschichte des Eisens. III. Bd., S. 1103—1109. Nach M. M e y e r , Eisenhüttenwesen in Schweden 1829. S. 21.

[2] Eine Vereinigung der schwedischen Hütten- und Hammerherren mit der Absicht, neben Wahrung ihrer eigenen Interessen das Eisenhüttengewerbe in Schweden zu fördern. B e c k a. a. O., III. Bd., S. 1102.

Eine Anzahl von Kartellen französischer Kaufleute und Fabrikanten erwähnt G e r m a i n   M a r t i n in seiner „Geschichte der französischen Industrie im Zeitalter Ludwigs XV." [1] Wiederum, wie so oft, ist es die Montanindustrie, die auch hier die fortgeschrittensten kapitalistischen Organisationsformen gezeitigt hat. In der Mitte des 18. Jahrhunderts gewahrt man, daß die verschiedenen Bergwerks-Unternehmer und Besitzer der Languedoc Konventionen miteinander abgeschlossen haben, laut denen sie die Kohle reihum zu festbestimmtem Preise verkaufen [2]. Martin erwähnt noch einige andere Industriekartelle. Hier sei darauf hingewiesen, daß es nach S a v a r y im Frankreich des 18. Jahrhunderts auch Handelskartelle in größerer Anzahl gab. Dabei muß es freilich dahingestellt bleiben, ob der gelehrte kaufmännische Theoretiker Vereinbarungen von nur kürzerer oder auch von längerer Dauer im Auge hat [3].

Aus der sächsischen Wirtschaftsgeschichte des 18. Jahrhunderts mögen wenigstens zwei Kartellbildungen erwähnt werden. Im Jahre 1772 einigten sich die Plauenschen (innungsmäßig organisierten) Textilwarenhändler mit ihren Innungsverwandten von Ölsnitz, Mühltroff, Elsterberg und Pausa zu folgender Konvention.

---

[1] G. M a r t i n , La grande industrie en France sous le règne de Louis XV. Paris 1900. S. 228 ff.

[2] M a r t i n a. a. O., S. 229.

[3] J a c q u e s   S a v a r y , Le parfait negociant etc. 2 Bde. 2. Aufl. Genf 1752. I. S. 395. „. . . les plus puissans marchands font ensemble des sociétés anonymes (!), ou inconnues . . . qui ayant accappeté et acheté dans le pays des autres petits marchands, toutes leurs marchandises pour les porter aux foires et marchés, y mettent tel prix qu'ils veulent et par ce moyen, il faut que ceux qui veulent acheter passent par leurs mains, à moins de s'en retourner sans rien acheter. Ces sortes de sociétés sont à proprement parler des monopoles, qui se font contre le bien public et qui renversent l'économie du commerce. J'ai vû autrefois dans des foires pareilles choses arriver; les marchands qui étoient pour vendre se tenir fermes et ne la donner de concert qu'à un même prix . . ." Oft kamen dann Gegenkartelle der Käufer zustande, S a v a r y , l. c. S. 395. Interessant ist es, daß auch nach der strengen Wirtschaftsethik des 16. Jahrhunderts solche Gegenkartelle als Notwehr ethisch erlaubt waren. „Quando vero venditores monopolium facerent, tunc juste emptores quasi vim vi repellentes possent convenire inter se, ut nullus nisi certo pretio emeret." S c a c c i a , a. a. O., S. 300, nach Sot. de iusticia et iure lib. 6 qu. 2 articul. 3 col 3 in fine.

Vor Beginn jeder Leipziger Messe wurde für jede Gattung Waren ein Minimalpreis festgesetzt, u n t e r welchem keiner der Kontrahenten verkaufen durfte.   Dagegen war es den betreffenden Firmen erlaubt, ü b e r den festgesetzten Preis hinaus zu verkaufen, soviel sie konnten und wollten [1].   Guten Quellen [2] zufolge hatte diese Konvention sofort die günstige Folge, daß der eingerissenen Warenverschleuderei ein Ziel gesetzt und ein gesunder Absatz eingeleitet wurde [3].

Die Tendenzen der Ausschaltung eines unnötigen Konkurrenzkampfes (mit seiner preisdrückenden Wirkung), wie sie in der zweiten Hälfte des 18. Jahrhunderts in Sachsen in der Luft lagen, kommen im Jahre 1780 zu noch vollerer Entfaltung als 1772.   Im Jahre 1780 vereinigten sich elf größere vogtländische Baumwollwarenhändler „zu einer unter der Firma ‚Haussner und Compagnie' zu errichtenden gemeinschaftlichen Niederlage in Plauen, welcher jeder Verleger seine Waren nach Belieben zum Verkauf übergeben konnte, so daß diese Niederlage ein Kommissions- oder Konsignationslager darstellte.   Ein Zwang für die Innungsmitglieder entstand dadurch ebensowenig als ein Monopol daraus hervorging. Diese Sozietätshandlung überhob vielmehr eine Zahl sonst selbst zum Verkauf ausstehender kleinerer Händler des Meßbesuches und gab die Möglichkeit der Einhaltung von allen Beteiligten zugute kommenden gleichen Preisen, auch gleichzeitig Gelegenheit, daß die weniger vermögenden Verleger auf diesem Wege eventuell schneller zu ihrem Gelde kommen konnten, weniger Risiko hatten und nötigenfalls sogar auf die niedergelegten Waren Vorschuß erhielten.

---

[1] L o u i s   B e i n , Die Industrie des sächsischen Voigtlandes. Wirtschaftsgeschichtliche Studie. II. Teil. Die Textilindustrie. Leipzig 1884. S. 84.

[2] Über den Wert der „Meßberichte" als Quellen der sächsischen Wirtschaftsgeschichte des 18. Jahrhunderts. Vgl. B e i n a. a. O., S. 57.

[3] Es wäre durchaus verfehlt, die Konvention von 1772 als „Zunftbestimmung" aus dem Kreise der Kartellgeschichte verweisen zu wollen. Mit Recht betont B e i n , daß es der I n n u n g s - e i n i g u n g nicht gelungen war, die Verkaufspreise in feste Normen zu bringen. Man mußte „zur Erreichung dieses Zweckes zu einem auch modernen Hilfsmittel, zur Bildung von Koalitionen" greifen. A. a. O., S. 84. Vgl. auch S. 86, die Weigerung der Regierung, solch freiwillige Übereinkünfte der Unternehmer landesherrlich zu konfirmieren.

Diese Sozietät erwies sich dann auch, da ihre Bestrebungen sich von jeglichem Zwang fernhielten, also, wie gesagt, ein monopolistisches Vorgehen damit nicht verbunden war, als den Erwartungen entsprechend und als günstig für die Manufaktur im allgemeinen [1]."

Drittes Kapitel.

Monopole, Kartelle und Aktiengesellschaften im sächsischen Zinnhandel des 15. und 16. Jahrhunderts.

Im Verlaufe des 15. Jahrhunderts hatte sich im sächsischen Zinnbergbau eine Entwicklung vollzogen, die die meisten Gewerken immer mehr in Abhängigkeit von reichen Kapitalisten brachte [2]. Die Zinngewerken — im allgemeinen den ärmeren Schichten der Bevölkerung angehörig [3] — vermochten je länger um so weniger das nötige Geld aufzubringen, um die wachsenden Unkosten zu decken. Ganz allgemein bildete sich daher bei ihnen die Gewohnheit heraus, Verlag zu nehmen, d. h. gegen Vorschußempfang ihr Zinnprodukt an bestimmte Kapitalisten zu liefern [4]. In der zweiten Hälfte des 15. Jahrhunderts und vielleicht schon früher war der Verlag der Zinngewerken („Zinnkauf" genannt) eine vielfach übliche

---

[1] B e i n a. a. O., S. 88/89.

[2] Vgl. J. F a l k e , Geschichte der Bergstadt Geyer in Mitteilungen des Kgl. Sächs. Vereins für Erforschung u. Erhaltung vaterländischer Geschichts- und Kunstdenkmale. 15. Heft. 1866. S. 25 ff.

[3] Für das 16. Jahrhundert cfr. J. F a l k e , Die Geschichte des Kurfürsten August von Sachsen in volkswirtschaftlicher Beziehung. S. 175.

[4] Für die schlesischen Zinnbergwerke läßt sich dieselbe Entwicklung konstatieren. S t e i n b e c k , Geschichte d. schlesischen Bergbaues. II. Bd., S. 10. Ebenso für Böhmen. A. v. S c h e u r l , Cristoff Scheurl. S. 30. Für die Erscheinung in England vgl. L e v y , Monopole, Kartelle und Trusts in ihren Beziehungen zur Organisation der kapitalistischen Industrie. Dargestellt an der Entwicklung in Großbritannien. S. 5, 24 ff., 46 f. Dazu ferner G. R. L e w i s , The stanneries, a study of the english tin miner. Harvard economic studies. Vol. III. Boston u. New York 1908, besonders S. 213 ff.

Form der Kapitalanlage. In aen letzten Jahrzehnten des Jahrhunderts bediente sich selbst der Landesherr des „Zinnkaufs" zur Anlage überschüssiger Gelder. In einem „Hauptbuch" der sächsischen Finanzverwaltung unter Albrecht dem Beherzten (von 1489—1497 reichend), das ich im Dresdener Hauptstaatsarchiv gefunden habe [1], ist von 1491 an der Herzog von Sachsen als Teilhaber einer Gesellschaft aufgeführt [2], die den „Zinnkauf" in Sachsen im obengenannten Sinne betrieb.

Schon um 1470 war übrigens von seiten eines herzoglichen Zehntners zu Geyer usw. der Vorschlag gemacht worden, der Herzog solle, um den Zinnzehnten „im guten Fortgang" zu erhalten, selbst das Zinn in der Flöße (wo es fertig gemacht wurde), aufkaufen. Dann würden die Zinngewerken „um so kühnlicher die Bergwerke bauen" [3]. Da es dem Herzog für eine solche Verstaatlichung des sächsischen Zinnverlags und damit des sächsischen Zinngroßhandels an dem nötigen Kapital fehlte, kam nur die oben angeführte Teilhaberschaft des Herzogs an der Zinnkaufsgesellschaft zustande. Näheres über diese ältere Zinnkaufsgesellschaft hat sich nicht beibringen lassen. Wir müssen ès also dahingestellt sein lassen, ob die jüngere „Gesellschaft des Zinnkaufs" resp. des „Zinnhandels", die uns seit 1497/98 in ziemlich scharfer historischer Beleuchtung begegnet, mit ihr identisch ist bzw. als ihre Fortsetzung zu gelten hat. Im höchsten Grade wahrscheinlich ist ein solcher Zusammenhang immerhin.

---

[1] Alexander Puff hat, vornehmlich auf Grund dieses Hauptbuches, das sächsische Finanzwesen von 1488—1497 eingehend dargestellt.

[2] Haupt-Staatsarchiv Dresden. Loc. 8678. Hof- u. Haushaltungssachen Herzog Albrechts. Bl. 180, zu den Jahren 1491—1492: „2000 fl. in zcinkauf gelegt uffs nau jar." Bl. 195, zu den Jahren 1492—1493: „200 fl. vom zcin-kauffe entpfangen." Bl. 226, zu den Jahren 1493—1494: „190 fl. Austeilunge des zcinkaufs halben; An 2 fassen zcines 8½ fl. u. an 20 fl. müntz entpfangen uffs nau jar im 94ten. Ist von 5 virtl jars." Bl. 261a, zu den Jahren 1494—1495: „200 fl. Austeilunge des zcinkaufs halben." Bl. 291a, zu den Jahren 1495—1496: „200 fl. des zcinkaufs halben." Bl. 323a, zu den Jahren 1496—1497: „200 fl. des zcinkaufs halben entpfangen." Aus dem Worte „Austeilung" schließe ich, daß es sich um eine Gesellschaft handelt, deren Mitglied der Herzog im Jahre 1491 durch seine Einlage von 2000 fl. wurde.

[3] F a l k e , Geschichte der Bergstadt Geyer, a. a. O., S. 26.

Die privilegierte „Gesellschaft des Zinnkaufs" von 1498—1500.

Hauptquellen: Ein ziemlich genaues Urteil über das Wesen der „Gesellschaft des Zinnhandels" [1], über ihre Stellung im öffentlichen Recht, ihre Organisation im Innern und ihre Geschäftsführung ermöglichen uns u. a. die folgenden Hauptquellen:

1. Das Privileg, das ihr Herzog Georg von Sachsen am 6. März 1498 ausstellen ließ. Im Hauptstaatsarchiv zu Dresden Loc. 7414, den Zinnhandel betr. 1497—1544, Bl. 9. Im folgenden zitiert als Loc. 7414, Nr. 2. Von mir im Anhang abgedruckt.

2. Zwei Gutachten über einen Prozeß, den der Leipziger Jurist Dr. Cristoff Kuppener mit der Gesellschaft führte [2]. Handschriftlich im Kgl. Preuß. Staatsarchiv zu Königsberg i. Pr., Msc. A. 34 Fol., Bl. 199 ff. und Bl. 204 ff. Das handelsgeschichtlich Wichtigste der Gutachten habe ich gleichfalls im Anhang wiedergegeben.

Wenn man den Eingang des obengenannten Privilegs für sich betrachtet, so kann man auf den Gedanken kommen, die „Gesellschaft des Zinnhandels" habe erst mit dem Ausstellungstermin dieser Urkunde ihren Anfang genommen. Das ist jedoch nicht der Fall. Die Urkunde stellt nur eine starke Privilegierung einer schon früher bestehenden Gesellschaft dar [3].

---

[1] Das scheint der offizielle Name der Gesellschaft gewesen zu sein. Aber auch Zinnkaufsgesellschaft kommt als Bezeichnung für sie vor.

[2] Über Dr. Cristoff Kuppener vgl. Th. Muther, Aus dem Universitäts- und Gelehrtenleben im Zeitalter der Reformation. S. 13.

[3] Das ergibt sich unzweifelhaft aus der folgenden Urkunde des Hauptstaatsarchivs Dresden, Loc. 7414, Georg u. Hans v. Salhausen contra die Gesellschafter des Zinnhandels 1501—1516; Bl. 15 (im folgenden Loc. 7414 Nr. 3 zitiert): 1497 Montag nach Misericordiae domini. Georg v. Salhausen beurkundet, daß Langhans, Bürger von Lauenstein vor ihm erschienen ist mit der Bitte, ihm zu gestatten, die Hälfte seiner Flut an Bastian Jobstel u. Martin Spengeler, Bürger zu Dresden, an Stelle ihrer Herren, der Gesellschafter des Zinnkaufs zu verpfänden. Wenn Langhans oder seine Erben nicht bis zu einem bestimmten Tage die Schuld an die Gesellschaft zahle, soll letztere die Hälfte der Flut nach Nutz und Frommen gebrauchen und genießen bis Hauptsumma, Expensa und erlittene Schäden ganz und gar entrichtet und bezahlt seien. — In dem Gutachten I des Kuppener-Prozesses heißt es, daß Dr. Kuppeners Kapita „longe ante principis confirmationem" in die Gesellschaft inseriert worden sei.

Die „Gesellschaft des Zinnhandels" war in den neunziger Jahren, vielleicht sogar noch früher, von einer Anzahl zum Teil sehr angesehener Untertanen des Herzogs von Sachsen [1] gegründet worden. Leider ist der Gesellschaftsvertrag, durch den das geschah, soviel ich sehe, nicht auf uns gekommen. Trotzdem können wir das Gesellschaftskapital unserer Firma mit Hilfe einer Abrechnung, die sie einem renitenten Mitgliede aufmachte, ziemlich sicher auf ca. 30 000 fl. einschätzen [2]. Eine stattliche Summe für den Ausgang des 15. Jahrhunderts, und unverächtlich, wenn man bedenkt, daß das Gesellschaftskapital der Gebrüder Ulrich, Georg und Jacob Fugger laut ihrem Gesellschaftsvertrag vom 18. August 1494 nur 54 385 fl. betrug [3].

Die Namen der Teilnehmer an der Gesellschaft waren mit der Höhe ihrer Einlage in einem Buche verzeichnet. Dazu hatte jeder einzelne von ihnen noch eine besondere Quittung über die von ihm eingelegte Geldsumme erhalten. Die Geschäfte der Gesellschaft führten zwei von den Mitgliedern der Kompagnie eingesetzte Faktoren oder Diener. Es waren die Dresdener Bürger Sebastian (Bastian) Jobstel (auch Jöstel usw. geschrieben) und Martin (Merten) Spengler [4]. Außerdem hatte die Gesellschaft noch ihre Verordneten, d. h. Mitglieder der Kompagnie, die sich in besonderer Weise um die Geschäftsführung kümmern mußten; ohne ihre Genehmigung durften die Faktoren nichts verborgen, also weder den Zinnern Verlag gewähren noch den Zinnkäufern Kredit eröffnen.

Den Verordneten der Gesellschaft mußten die Faktoren vierteljährlich oder so oft sie es verlangten, Rechenschaft von ihrer Ge-

---

[1] Herzog Georg nennt die Gründer der Gesellschaft in dem Privileg von 1498 seine „Lieben" und „Getreuen". Daß sie angesehene Personen waren, geht aus den Eingängen der Gutachten zum Kuppener-Prozeß hervor.

[2] Als Georg v. Salhausen im Jahre 1499 seine Einlage von 4000 fl. an Stefan Alnpeck „verwies" und dieser den Anteil herausforderte, belastete die Gesellschaft Salhausens ehemaligen Geschäftsanteil mit etwas mehr als dem siebenten Teile aller uneinbringlichen und ungewissen Forderungen der Firma. Demnach wären also 4000 fl. nicht ganz der siebente Teil des Gesellschaftskapitals, dieses also ca. 30 000 fl. (Loc. 7414 Nr. 3 Bl. 101 H.-St.-A. Dresden.)

[3] M. J a n s e n , Die Anfänge der Fugger. S. 63.

[4] Über sie cf. O t t o R i c h t e r , Verfassungs- und Verwaltungsgeschichte der Stadt Dresden. 3 Bde. Dresden 1885/91. Siehe Namenregister.

schäftsführung geben. Die Faktoren hatten ihre ganze kaufmännische Kraft dem Handel der Gesellschaft zu widmen. Eigene
Geschäfte zu treiben, war ihnen streng untersagt. Dafür sollten sie
ein gutes Gehalt bekommen [1], und wenn sie wollten, Einlagen in
die Gesellschaft machen dürfen. Am Jahresschluß hatten die
Faktoren die Bilanz zu ziehen und innerhalb 14 Tagen die Unterlagen dafür in einer genügenden Anzahl von Abschriften der Gesellschaft zu übergeben. Die Mitglieder der Gesellschaft oder
deren Bevollmächtigte nahmen dann auf der alljährlich in Dresden
stattfindenden Generalversammlung die Bilanz ab. Alljährlich fand
auch die Ausschüttung der Gewinnanteile statt.

Die eben genannten Bestimmungen über die Tätigkeit der
Faktoren im Dienste der Gesellschaft sind in das Bestätigungs-
privileg aufgenommen, das Herzog Georg der Gesellschaft aus-
stellte. Schon damit wurde die Zinnhandelsgesellschaft in etwa
aus der Sphäre des Privatrechts in die des öffentlichen Rechts
gehoben. Mehr geschah das noch durch die folgenden Vorschriften
des Privilegs: Die Faktoren der Gesellschaft hatten genau wie der
herzogliche Wagmeister einen Schlüssel zu der Wage in Altenberg [2].
Es konnte also niemandes Zinn verkaufsfrei erklärt werden, wenn
der Betreffende noch der Gesellschaft aus Verlag usw. Geld schuldete.
Die Räte und Amtleute des Herzogs waren ferner angewiesen, den
Faktoren allzeit mit Rat und Tat zur Seite zu stehen. Mit Rat,
wenn „Händel und Geschäfte" vorkamen, in denen sie sich nicht
zu helfen wußten; mit der Tat, wenn faule Schuldner nicht zahlen
wollten. Die Zusicherungen sind nicht leere Formeln geblieben.
Wirklich hat die Regierung die Gesellschaft des Zinnhandels tat-
kräftig unterstützt. So wurden z. B. Bergmeister, Richter und
Schöffen auf dem Geising angewiesen, dafür zu sorgen, daß die
Gesellschaft immer pünktlich Zahlung erhalte [3]. Und es zeugt von

---

[1] Der Nachfolger des Jobstel und Spengler erhielt 50 fl. pro
Jahr.

[2] Aus den Schmelzhütten hatte alles Zinn in die herzogliche
Wage zu gehen. Hier wurde es vom Wagemeister, einem herzoglichen Beamten, zum Zwecke der Berechnung des herzoglichen
Zehnten usw. gewogen. Zinn, das nicht die Wage passiert hatte,
durfte nicht verkauft werden. Vgl. C h r i s t o p h M e i ß n e r,
Umständliche Nachricht von der Zien-Berg-Stadt Altenberg. Dresden
u. Leipzig 1747. S. 130.

[3] Nach einem Konzept: Hauptstaatsarchiv Dresden, Loc. 7414

einem scharfen Zugreifen der herzoglichen Regierung zugunsten der Gesellschaft, wenn ein Herr v. Colditz im Jahre 1499 die flehentliche Bitte an Herzog Georg richtete „der Schuld halben, so er der Gesellschaft [des Zinnkaufs] vorhafft", noch etwas Geduld mit ihm zu haben [1]. Freilich scheint auch die kapitalkräftige Gesellschaft nicht verfehlt zu haben, ihren Privilegien durch Gefälligkeiten usw. an die Räte des Herzogs eine nachdrückliche Handhabung zu sichern [2].

Wie schwer dabei die Privilegierung der Zinnhandelsgesellschaft auf den übrigen Einwohnern des Herzogtums lasten konnte, erkennt man aus einer Beschwerde des Rates von Freiberg i. S. [3]. Als sich im Jahre 1499 Unregelmäßigkeiten in der Geschäftsführung der Gesellschaft des Zinnhandels einstellten, auf die wir noch zu sprechen kommen werden, erhielt der Rat von Freiberg vom Herzog den Befehl, das Zinn, das, „der Gesellschaft zuständig", in Freiberg vorhanden war, bis auf weiteres in Verwahrung zu nehmen. Der Rat bat sehr bald um Befreiung von dieser lästigen Pflicht. Er begründete sein Gesuch mit dem Hinweis, daß im Rathaus keine genügenden Räume für das Zinn vorhanden wären und besonders mit den Schwierigkeiten, die sich in der Abrechnung ergeben müßten, wenn Zinn davon verkauft würde. Es erübrigt sich für unsere Zwecke näher auf diese Dinge einzugehen. Es genügt uns zu sehen, wie hier die Gesellschaft des Zinnhandels fast wie eine öffentlich rechtliche Institution erscheint.

Wenn wir nach einigen Worten über die Stellung der Zinnhandelsgesellschaft im öffentlichen Recht und über ihre Organisation im Innern zu einer Darstellung der Geschäftspraxis übergehen wollen, so ist etwa das folgende als besonders wichtig hervor-

---

(Nr. 2), Bl. 46. Nicht datiert, aber wohl in das Jahr 1498 oder 1499 gehörig.

[1] Hauptstaatsarchiv Dresden, Loc. 7414 (Nr. 2), Bl. 5.

[2] Unter dem 23. September 1501 schrieb G. v. Widebach, einer der Hauptgesellschafter, an den Obermarschall Heinr. v. Schleinitz, er solle sich in einer Prozeßangelegenheit für die Gesellschaft verwenden: „Und wullet uch mangfeldigs ansuchen nicht besweren lassen, wirt ane zweifel die gesellschaft sich vleissigen zcu verdinen. Wumit ich uch zue willen u. gefallen werden sal, soldt ir mich meyns vermogens willig finden. . . ." Hauptstaatsarchiv Dresden, Loc. 7414 (Nr. 3), Bl. 17.

[3] Hauptstaatsarchiv Dresden, Loc. 7414 (Nr. 2), Bl. 10.

zuheben. Die Geschäftstätigkeit der Gesellschaft bestand namentlich aus zweierlei: Einmal erwarb sie von den Zinnern, d. h. den
Zinngewerken, das Zinnprodukt und zweitens verkaufte sie das
Zinn weiter. Der Erwerb des Zinns durch die Gesellschaft vollzog
sich in zwei Formen. Den vermögenden Zinngewerken kaufte sie
das Zinnprodukt ab. Bei den ärmeren brachte unsere Firma das
Verlagssystem in Anwendung. Viele Zinner waren nämlich nicht
kapitalkräftig genug, um auf eigene Kosten Zinn produzieren zu
können. Diese mußten sich von unserer Gesellschaft verlegen
lassen. Sie erhielten eine gewisse Geldsumme und hatten dafür eine
entsprechende Menge Zinn zu liefern. Als Pfand wurde dann vielfach der Zinnbergwerksanteil des Betreffenden gesetzt [1]. In solchem

---

[1] Auf solche Weise geriet 1499 die Gesellschaft in den Pfandbesitz des halben Zinn-Berg- und Seiffwerks eines gewissen Langhans. „Item Langehansen bergwergk und sein seiffwergk haben sie
zugleich angenohmen mit den herren des capittels zu Freiberg, den
solch bergwerg und seyffenwerg auch die helffte zuständig gewest,
sollen sie zugleich mit der geselschaft verlegen." Aus dem General-
versammlungsprotokoll von 1499. Hauptstaatsarchiv Dresden, Loc.
7414 (Nr. 2), Bl. 14. — Um ihr Geld aus dem Pfandbesitz heraus-
zuwirtschaften, schloß die Gesellschaft mit Langhans den nachfolgenden Vertrag, der einen interessanten Beitrag zur Geschichte
des Konkursrechtes darstellen dürfte: „In irnisse und gebrechen sco
sich zwuschen den hern der geselschaft des zcinkaufs an einem und
Langehansen der schuldt halben, sco er den hern obgemelt zcu bezcalen schuldig, andersteils gehalden, ist vorlossen und beredt wie
hirnach folget: Nemlichen, daß die hern der geselschaft die halbe flut,
sco inen vormals verhafft, ein jar langk Langehansen zcu sunderlichem
gefallen mit irem gelde vorlegen sollen, nach irem gefallen zcu erbeten
lassen, auch die erbeter wochenlichen zcu loen bestellen; darzcu und
auf dieselbige erbeit und knechte sal Langehans zcu forderunge der
hern und sein selbest nuze ein vleißigk aufsehen haben und nichts
minners, denn im die flut zcustendigk, getraulich allenthalben fertigen.
Umb deswillen sal im alle wochen zcu seiner enthaldunge und nottorft ein swert schogk gegeben werden. Sco man den auf die zceit
zcin machen wurde und der geselschaft obergantwort, was den unkost zcu vorfertigunge des zcins, Langehansen lon und anders darauf-
gegangen, das sal nach redelicher rechnunge an dem gemachten
zcin ye zcendehalben gulden rheinisch abgerechent werden und
was obermase befindet, sale den hern an ire schulde, die in Lange-
hanns verschrieben, abegezcogen werden und seine schulde domit
minnern. Wu den nach des jars ausgange den hern nicht geliebet
ader gelieben wurde, obgedachte flut lenger ader meher zcu haben,

Verlag hatte im Jahre 1499 die Gesellschaft insgesamt 370 fl. uneinbringliche und 1580 fl. zweifelhafte Außenstände [1].

Der Verkauf des Zinns an die Verbraucher brachte die Gesellschaft mit Kannengießern und anderen Zinnwarenproduzenten in Verbindung. Aber auch Zinnzwischenhändler waren ihre Kunden. Das meiste Zinn scheint in Nürnberg abgesetzt worden zu sein. Aber auch nach Breslau lieferte die Firma, wie aus dem Debitorenkonto ersichtlich ist [2].

Im allgemeinen wird die Gesellschaft auf Kredit verkauft haben. Häufige Verluste waren die Folge. Im Jahre 1499 standen 939 fl. an u n e i n b r i n g l i c h e n Außenständen, die zumeist aus Kreditgewährungen an Abnehmer entstanden waren, zu Buch. Dazu 3046 fl. an z w e i f e l h a f t e n Außenständen bei Zinnkonsumenten [3]. Die Höhe der guten Außenstände der Firma bei Zinnabnehmern und Zinngewerken (für Verlag) zusammen gibt der Generalversammlungsbericht von 1499 auf 24 000 fl. an [4].

Über die „Dividende", die die Gesellschaft in den Jahren 1498 und 1499 gezahlt hat, läßt sich leider nichts näheres sagen. Das Glück war jedenfalls dem Unternehmen nicht allzu günstig. Die zwei Faktoren der Gesellschaft Jobstel & Spengler wirtschafteten,

---

mogen sie darvon treten und sich hinfurder Langehansen vorschreibunge und vorwilligunge halden und damit obgedachten contract nicht obergeben haben." Beurkundet durch Hans Bircke von der Daube und Sigmund von Miltitz, Statthalter 1499. Hauptstaatsarchiv Dresden, Loc. 7114 (Nr. 3), Bl. 16.

[1] Hauptstaatsarchiv Dresden, Loc. 7414 (Nr. 3), Bl. 101.

[2] Fritz Rußwurm in Breslau schuldete der Firma 145 fl.; l. c., Bl. 101. Fritz Rußwurm spielte im Breslauer Handelsleben wie im schlesischen Bergbau um die Wende des 15. und zu Beginn des 16. Jahrhunderts eine hervorragende Rolle. Vgl. K. W u t t k e , Schlesiens Bergbau u. Hüttenwesen (= Cod. dipl. Silesiae XX u. XXI), die Nummern 273, 285, 288, 292, 294 und A. Z y c h a , Iglauer Schöffensprüche, Nr. 83, 84, 93, 95. Weitere Nachrichten über die Rußwurm zusammengestellt bei A. Z y c h a , Zur neuesten Literatur über die Wirtschafts- und Rechtsgeschichte des deutschen Bergbaus in Vierteljahrsschrift für Sozial- u. Wirtschaftsgeschichte VI (1908), S. 116 u. 126.

[3] Hauptstaatsarchiv Dresden, Loc. 7414 (Nr. 3), Bl. 101.

[4] Hauptstaatsarchiv Dresden, Loc. 7414 (Nr. 2), Bl. 14. „Item das ist der besließ der herren von der gesellschafft des zcinkaufs: Erstlich so finden sie in irer rechnunge 24 000 fl. an zcin u. geltschuld als sie verhoffen über ire schult als sich befinden sal."

wie es scheint, ziemlich willkürlich. So nahmen sie ohne Befehl und Erlaubnis der Gesellschaft 2000 fl. von Dr. Cristoff Kuppener als Gesellschaftskapital an, trugen ihn in das Gesellschaftsregister ein und zahlten ihm auch, wie den übrigen Teilhabern, die Dividende aus. Der betrügerische Vorteil, den sich die Faktoren dabei verschafften, bestand darin, daß sie die neue Einlage nicht im Interesse der Gesellschaft verwandten, sondern für sich behielten, um wahrscheinlich eigene Schulden damit zu decken. Erst als die zwei Faktoren — vielleicht infolge dieser Unregelmäßigkeiten in der Geschäftsführung — im Jahre 1499 die Flucht ergriffen, erfuhr die Gesellschaft von der Einlage Kuppeners. Natürlich bestritt sie dem ohne ihr Wissen und Willen Aufgenommenen die Teilhaberschaft. Es kam zu langen prozessualen Auseinandersetzungen — die beiden Gutachten Dr. Cristoff Kuppeners und Dr. Tilemann Branders sind hierfür als Unterlagen entstanden —, und erst als Jobstel und Spengler in einem Vergleichsverfahren unter Pfandsetzung ihrer Güter die 2000 fl. zurückzuzahlen versprachen, wurde Dr. Kuppener in die Gesellschaft aufgenommen [1].

Wahrscheinlich infolge der Unregelmäßigkeiten, die die Faktoren Jobstel und Spengler heraufgeführt hatten, mußte von seiten der Generalversammlung des Jahres 1499 den Gesellschaftern ein Kapitalnachschuß zugemutet werden. Für je 1000 fl. Einlage sollte eine Nachschußpflicht von 50 fl. bestehen [2].

Die „Gesellschaft des Zinnhandels" vom Ende des Jahres 1500 bis zur Aufhebung ihres Monopols.

Hauptquellen: Das Monopolprivileg des Herzogs Georg von Sachsen für die Gesellschaft vom 14. September 1500. Im Hauptstaatsarchiv zu Dresden, Loc. 4491. Allerhand Privilegien und

---

[1] Hauptstaatsarchiv Dresden, Loc. 7414 (Nr. 2), Bl. 7. „Doruff ist Dr. Cristofferus Cuppner mit 2000 gulden zu gewin u. verlust in der geselschafft."

[2] Hauptstaatsarchiv Dresden, Loc. 7414 (Nr. 2), Bl. 14. „Item es ist angelegt, wer in der geselschafft 1000 fl. ligen hat, sal itzundt 50 fl. ufs 1000 fl. zu Freiberg bei dem Techant u. Dr. Schrencke inlegen nach laut wie in irer verschreibunge angezceigt ist." Die zwei Genannten waren nach der Flucht der Faktoren zu Sachwaltern der Gesellschaft eingesetzt worden: „Item zu nottorfft irs handels haben sie verordent ir gelt u. czin inzunehmen u. auszugeben, den Techant von Freiberg u. Dr. Schrencken." A. a. O., Bl. 14.

Befreiungen in Bergwerkssachen de anno 1500—1681, Bl. 1—2. Von mir im Anhang abgedruckt.

Der Herbst des Jahres 1500 bezeichnet eine wichtige Epoche für die Geschichte der Zinnhandelsgesellschaft. Am 14. September stattete Herzog Georg die Kompagnie mit einem neuen großen Privileg aus [1]. Das wesentlich Neue, das dieses Privileg enthielt, bestand darin, daß der Gesellschaft auf drei Jahre ein Monopol des Zinngroßhandels eingeräumt wurde [2]. Der Herzog bestimmte, daß alles Zinn, das in seinen Landen gewonnen oder fertiggestellt wurde, drei Jahre lang der Gesellschaft zu übergeben sei, und zwar zu einem festbestimmten Preise. Die Zinngewerken, die nicht auf den Verlag der Gesellschaft angewiesen waren, erhielten für den Zentner fertiges Zinn 11 fl. rh. (halb meißnisches, halb böhmisches Geld). Wer auf ein ganzes Jahr Verlag nahm, erhielt für den Zentner Zinn 9¾ fl. Wer nur halbjährigen Verlag benötigte, 10 fl. Wer von letzteren Verlagsnehmern den Termin der Zinnlieferung überschritt, wurde behandelt, wie die auf ein Jahr Verlegten. Konnte ein Verlegter das versprochene Zinn nicht liefern, so sollte er zunächst das liefern, was er hatte. Die Gesellschaft ging dabei vor jeden etwaigen anderen Gläubiger des Betreffenden.

Die Gesellschaft hatte das Zinn billiger zu kaufen gedacht. Sie hatte 10¼ fl. für „bares" Zinn geboten und bei dreivierteljährigem Verlag 9¾ fl. [3] Aber darauf hatten sich die Gewerken nicht eingelassen. Sie betonten, daß es ihnen leicht möglich sei,

---

[1] Ein entsprechender Eintrag in das Kopialbuch des Fürsten belehrt uns, daß es sich nur um eine neue Privilegierung der älteren Gesellschaft, nicht um eine neue Gesellschaft handelt. Hauptstaatsarchiv Dresden, Cop. 106, Bl. 38: „Anno 1500, Montag nach exaltationis crucis [14. Sept.] ist den herren der geselschafft des zcinkauffs ein neue verschreibung über iren handel des zcinnkaufs, wies hinfür darinne soll gehalten werden, gegeben."

[2] Vgl. das Monopol der Zinnkaufsgesellschaft in England gegen Ende des 16. Jahrhunderts. L e v y a. a. O., S. 25.

[3] In dem Vorschlag der Gesellschaft heißt es: „Zcum ersten. Wer uffm Geussinge oder umbligenden anhengigen gebirgen bar zcen in die wage bringt, daß dasselbige bare zcen der ctr. vor 10 fl. 1 ort . . . zu kauff gegeben u. also bezcalt werde. Zcum andirn. Wer vorlegunge bedarff, adir haben wil, daß denselbigen der ctr. zcen vor 9 fl. 3 ort abgekauft u. bezcalt u. auch dafür gegeben werde in ³/₄ jars nach dem kaufe solch zcen zcu obirantworten." Hauptstaatsarchiv Dresden, Loc. 7414 (Nr. 2), Bl. 47.

ihr Zinn mit 11 fl. im Auslande unterzubringen. Georg und Hans Alnpeck, die reichsten und mächtigsten Zinngewerken Sachsens, führten aus, daß sie selbst, wenn sie noch Zinn kauften, $11\frac{1}{4}$ fl. bezahlten [1]. Dagegen hatten sich die Zinngewerken, die auf den Verlag der Gesellschaft angewiesen waren, mit dem Voranschlag der Gesellschaft einverstanden erklärt [2]. Es ist nicht recht aus den Akten ersichtlich, wem sie schließlich die kleine Verbesserung ihrer Bezahlung zu danken hatten, wie sie sich in dem endgültigen Privileg festgelegt vorfindet.

Außer der genannten Monopolisierung enthält das Privileg vom 14. September 1500 noch folgende Veränderungen gegenüber dem von 1498. Die Generalversammlung wird von Dresden nach Leipzig verlegt. Die Faktoren der Gesellschaft haben die Bilanz auf den Sonntag Exaudi zu stellen. Im übrigen bleiben die Bestimmungen über die Generalversammlung bestehen, wie sie schon in der Bestätigung von 1498 aufgestellt waren. Die Verlegung des Generalversammlungstermins auf die Zeit der Leipziger Ostermesse hängt mit der Verlegung der Generalversammlung nach Leipzig zusammen. Mit dem Ausscheiden der Dresdener Jobstel und Spengler aus dem Dienste der Gesellschaft war wohl der Hauptgrund weggefallen, die Generalversammlung in Dresden abzuhalten.

Auf Befehl des Obermarschalls wurde auch eine Bestimmung über den Austritt aus der Gesellschaft in das Privileg aufgenommen [3]. Wer sein Kapital ganz oder teilweise aus der Gesellschaft zu ziehen beabsichtigte, der sollte es ein ganzes Jahr vorher den Verordneten oder den Dienern der Gesellschaft kündigen. Nach Ablauf des Jahres würde ihm sein eingelegtes Kapital, dem augenblicklichen Geschäftsstande der Gesellschaft entsprechend, in barem Gelde, in vorhandenem Zinn und an Außenständen übergeben werden.

---

[1] Aus einer Gegenschrift der Zinngewerken, a. a. O., Bl. 2.

[2] Ebenda.

[3] „Daß disser artikel in briff komme, hat der obermarschalgk befollen wie hernach folget: Wer sein gelt wider aus der geselschafft nemen wil, der sal ein ganz jar zuvor abschreiben off daz naue jar den vorordenten oder dinern diser geselschafft. Alzdann nach abschreibung dez jars sal im sein eingeleget gelt an zin u. an schulden mit gewinn u. verlust, wi der handel of die zeit stet und leid, oberantwort werden alz getreulich u. ungeferlich.'' Hauptstaatsarchiv Dresden, Loc. 7414 (Nr. 2), Bl. 45. Wie dann die Stelle in den Text des Privilegs aufgenommen wurde, siehe Anhang.

Was die Geschäftsführung der Gesellschaft angeht, so wurde der rein kaufmännische Teil wieder zwei Faktoren übertragen, und zwar dem Leipziger Bürger Nicolaus Ketzler und Nickel Hennel [1]. Dagegen wurden als Vertreter der Gesellschaft, vor allem in Rechtsstreitigkeiten der Kompagnie mit Schuldnern usw., drei Verordnete, auch Anwälte genannt, aus dem Kreise der Gesellschafter gewählt. Die Wahl fiel auf Georg v. Widebach, auf Lorenz Mordeisen und Heinz Probst, Bürger zu Leipzig [2]. Ausdrücklich war den drei Verordneten das Recht vorbehalten worden, im Bedarfsfalle Bevollmächtigte für sich zu ernennen. Schon sehr bald machten sie von diesem Rechte Gebrauch. Am 19. November 1501 erteilten sie vor dem Stadtgericht zu Leipzig den Faktoren Ketzler und Hennel mitsamt Daniel Staufmehl [3], Simon Schwertzel [4], Peter Weymann und Paul Roth Prozeßvollmacht und erklärten sie für berechtigt, für die Gesellschaft Schulden einzukassieren und zu quittieren [5].

Ich vermag nicht zu sagen, ob die letzteren vier Bevollmächtigten der Gesellschaft selbst Mitgesellschafter waren. In der langen Reihe der Teilhaber, die die Urkunde vom 26. Mai 1501 aufführt — ohne freilich vollständig zu sein [6] —, sind sie nicht genannt. Dort sind nur folgende, offenbar besonders hervorragende Namen verzeichnet:

---

[1] Urk. 26. Mai 1501. Hauptstaatsarchiv Dresden, Loc. 7414 (Nr. 3), Bl. 2.

[2] Nach derselben Urkunde. — Wiederum erfreute sich die Gesellschaft der tatkräftigsten Unterstützung der Krone; vgl. Hauptstaatsarchiv Dresden, Cop. 106, Bl. 35 b zum 13. September 1500. Dem Heinz Probst „ist vom Herzog ein offene helffbrieve gegeben mit anzeigung nachdem er von der geselschafft wegen des zcinkaufs etlich hinderstallige schuldt einmanen solle, sei m. g. h. begere, daß ime die amptleute u. a. seiner gnaden untertanen auf sein oder seines gewalthabers ansuchen uber bekentlich und gestendige schuldt gebürliche hülffe gäben."

[3] Es fragt sich, ob Daniel St. aus einem Zweige der Familie Kunze stammte, deren Mitglied Kunz (kurfürstl. Münzmeister) den Beinamen Staufmehl führte. E. K r o k e r Neujahrsblätter IV, S. 69 f.

[4] Bergmeister auf dem Altenberg genannt.

[5] Nach Urkunde des Hauptstaatsarchivs Dresden, Loc. 7414 (Nr. 3), Bl. 3.

[6] Der Namenaufführung folgt die Anmerkung: „sambt allen der geselschafft des zcinkauffs."

Hans von Minckwitz, Heinrich und Georg vom Ende (Ritter), Andreas Krell, Dechant zu Freiberg, Dr. Cristoff Kuppener, Dr. Georg Haller, Dr. Joh. Schrenck, Dr. Erasmus Stuber, Georg von Starschedel, Hans von Gunterode [1], Steffan Alnpeck, Weygsch Seydtwitz, Erhart Kamploff, Georg Adam, Hans und Georg Himmelreich, Hans von Taubenhain [2], Angsten und Hans von Nitzschwitz, Jacoff Wallwitz, Ewald Hessler, Simon Hilbrant, Merten Sparsbrot, Heinrich von Salhausen, Melchior Thiele [3], Michael Petzolt, Nicolaus Ulrich und der Küchenmeister von Waldenburg.

Es sind klangvolle Namen der sächsischen politischen, Kultur- und Wirtschaftsgeschichte, die uns hier begegnen. Alten Adelsgeschlechtern reihen sich Vertreter der Wissenschaft in der Teilhaberliste der Zinnhandelsgesellschaft an. Dazu erscheint im Vordergrunde die kaufmännische Welt des Herzogtums: Stefan Alnpeck, der bedeutende Freiberger Gewerke und Bürgermeister dieser Stadt. Im Vorstande dann drei der größten Vertreter des Leipziger Handels um die Wende des 15. Jahrhunderts, Georg von Widebach, Lorenz Mordeisen und Heinrich Probst. Georg von Widebach, den bekannten Leipziger Amtmann und Finanzbeamten Albrechts des Beherzten, hat unlängst Alexander Puff in helles historisches Licht gerückt [4]. Über die beiden anderen Führer der Zinnkaufsgesellschaft möge hier ein Wort erlaubt sein.

Lorenz Mordeisen, der spätere Leipziger Ratsherr, war in der zweiten Hälfte des 15. Jahrhunderts aus der oberfränkischen Stadt Hof nach Leipzig eingewandert [5]. Hier hatte er es zu einem bedeutenden Vermögen und zu einer geachteten Stellung gebracht. Seine Tochter Katharina war mit Hieronymus Walter jr., dem bekannten Leipziger Vertreter von Bart. Welser & Co., vermählt; sein Sohn Ulrich — Lorenz Mordeisen starb 1510 — wird uns auf den folgenden Blättern noch öfters begegnen.

---

[1] Spielt in der zentralen Finanzverwaltung der Ernestiner seit 1477 eine bedeutende Rolle. Über ihn auch P u f f a. a. O., S. 24 bis 31, 60, 108.

[2] Wohl der spätere kursächsische Landrentmeister.

[3] Vielleicht verwandt mit dem bekannten Chemnitzer Bürger und Geyerer Gewerken Nickel Thiele; K r o k e r a. a. O., S. 102.

[4] A. P u f f a. a. O., besonders S. 70—86.

[5] Um 1483 kommt ein Lorenz Mordeisen als Dresdener Ratsherr vor. Cf. O. R i c h t e r , Verfassungs- und Verwaltungsgeschichte der Stadt Dresden. Siehe Register.

Lorenz Mordeisens Andenken lebt in einer Anzahl größerer Stiftungen fort. Die deutsche Handelsgeschichte der beginnenden Neuzeit aber wird ihn immer als einen der bedeutendsten Leipziger Handelsherrn jener Zeit ansehen müssen.

Heinz Probst, mit vollem Namen Heinrich Wiederkehrer gen. Probst, stammte aus Willanzheim in Unterfranken [1]. Unter die Leipziger Bürgerschaft trat er in den achtziger Jahren des 15. Jahrhunderts. Im Handelsleben seiner neuen Heimatstadt begegnet er uns zumeist in Gesellschaft mit seinem Landsmann Lorenz Mordeisen. H. Probst hat sein im Handel und in Geldgeschäften erworbenes Vermögen als Gewerke, insbesondere des Schneebergs, noch bedeutend zu vermehren gewußt. Einen außergewöhnlich großen Teil davon legte er am Abend seines Lebens [2] in milden Stiftungen an: In Legaten für Studierende aus seiner Heimat, für das St. Georgs-Hospital, zur Verteilung an Arme, auch für kirchliche Zwecke usw. Seine große Mildtätigkeit hat den Kaufherrn nicht davor bewahrt, daß ihn Luther einen Wucherer nannte und ihm einen schrecklichen Tod nachsagte [3]. Bekanntlich hat auch Georg von Sachsen das Schicksal gehabt, von Luther als Begünstiger des Wuchers gebrandmarkt zu werden. Wir stehen heute solchen Verdikten sehr kritisch gegenüber. Wir wissen, daß Luther in der Beurteilung der neuen kapitalistischen Geistesrichtung noch völlig ein Kind des Mittelalters war. Eine objektive Würdigung eines erfolgreichen kaufmännischen Lebens war ihm ebenso unmöglich, wie die gerechte Wertung eines seiner Lehre abholden Fürsten, wie es Herzog Georg war. „Ein Begünstiger der Wucherer" in unserem Sinne ist Georg nicht gewesen, wohl aber ein Förderer der sächsischen Volkswirtschaft und insbesondere des Leipziger Handels wie kein Wettiner vor ihm und wie vielleicht nur Kurfürst August nach ihm. Was Sachsen diesem viel verkannten Fürsten dankt, wird erst dann ans Licht kommen, wenn ihm die Wirtschaftsgeschichte ein biographisches Denkmal gesetzt haben wird. Dann wird sich ergeben, daß Kurfürst Augusts großes Werk der Erhebung der sächsischen Volkswirtschaft zur ersten in Deutschland nur die

---

[1] Das folgende nach E. K r o k e r , Neujahrsblätter IV, S. 58 ff. Über Mordeisen dort S. 71.

[2] Wahrscheinlich starb Heinrich Probst am 17. Juli 1515.

[3] K r o k e r a. a. O., S. 63.

konsequente Fortsetzung von dem war, was Georg begonnen und in die Wege geleitet hatte.

* * *

Die Monopolisierung des Zinnhandels in der Hand unserer Gesellschaft muß für die Entwicklung des sächsischen Zinnbergbaues durchaus förderlich gewesen sein. Der Herzog konnte es im Jahre 1503 aussprechen, daß unter diesem System der Zinnbergbau sich gedeihlich entwickelt hätte [1]. Zweifellos war den kleinen Zinngewerken die kapitalkräftige Gesellschaft, die allezeit zur Vorlage bereit war, nützlich und notwendig gewesen. Besonders aber die Arbeiter im Zinnbergbau hatten die Wirksamkeit der Kompagnie angenehm empfunden. Periodischer Arbeitsmangel, wie er früher beim Versagen der Kapitalkraft der Zinner nicht selten war, existierte nicht mehr, seit hinter den Zinnern die geldmächtige Gesellschaft des Zinnhandels stand. Vielfach waren die Zinngruben oder Zinnseifen der Zinngewerken an die Verlag spendende Gesellschaft verpfändet. Ging der Zinner bankerott, so hörte nicht, wie früher vielfach, der Betrieb teilweise oder gänzlich auf und machte mehr oder weniger Arbeiter brotlos, sondern die Gesellschaft sprang in die Lücke.

Auf der anderen Seite standen die kapitalkräftigen Gewerken des Zinnbergbaus einem Monopol der Gesellschaft durchaus ablehnend gegenüber. Sie zogen es vor, ihr Zinn freihändig zu verkaufen. Kaufleute, wie sie größtenteils waren, boten sich ihnen selbst genügend Absatzmöglichkeiten für ihr erbautes Metall. Ohne das Monopol hätten sie die Konjunktur nach jeder Richtung hin ausnutzen können. Und gerade beim Zinn gingen ja die Preise oft stark in die Höhe. So erschienen denn Vertreter dieser Zinngewerken vor dem Herzog und baten ihn, die bisherige Monopolisierung des Zinnkaufs aufzuheben und einem jeden Zinngewerken zu gestatten, sein Zinn nach freiem Willen zu verkaufen, an wen er wolle [2].

---

[1] „Nachdem wir in vergangener zeit, gemeldtem unserm bergwergk zu gute ein geselschafft bestalt und verordnet, daß alles zin bar ump berait geld bezalt ist und auch die es bedorft zimblich und leidlich weise sein vorlegt worden, daraus dann gemeldtes unsers bergwergkes gedeihen scheinbarlich befunden. Hauptstaatsarchiv Dresden, Loc. 7414 (Nr. 2), Bl. 21.

[2] Hauptstaatsarchiv Dresden, Loc. 7414 (Nr. 2), Bl. 21. Die b e s o n d e r e n Beschwerden der Zinner ergeben sich aus folgendem

Vergeblich versuchte der Herzog die Gewerken umzustimmen. Seine Räte verhandelten in Freiberg und anderwärts mit ihren Vertretern und den Bevollmächtigten der Gesellschaft des Zinnkaufs. Die Mehrzahl der Zinngewerken behauptete, ein Monopol der Gesellschaft sei ihnen zum Schaden. So mußte sich denn Georg zur Aufhebung des Monopols entschließen. Er tat es mit dem ausdrücklichen Verbot, daß die Zinngewerken, die Verlag brauchten, diesen bei ausländischen Kapitalisten nähmen. Der Gesellschaft teilte Herzog Georg diesen Entschluß in einem verbindlich gehaltenen Schreiben mit. Er berichtete darin von seinen Bemühungen, die Ordnung des Zinnkaufs in der bisherigen Form zu erhalten und sprach die Hoffnung aus, daß die Gesellschaft beisammen bleiben und wenn nicht in der bisherigen Form, so in einer anderen dem Lande nützlich werden möchte. Tatsächlich entschloß sich die Gesellschaft, dem Herzog „zu gefallen und den bergwerken zu gut" bis Exaudi 1504 zusammen zu bleiben. Wer wolle, könne auch fürderhin Verlag von der Kompagnie erhalten. Dafür erbat sich die Gesellschaft des Zinnhandels auch für die Zukunft die Unterstützung der Regierung bei der Eintreibung ihrer Schulden. Herzog Georg ist dieser Pflicht des Dankes gegen die Gesellschaft nachgekommen [1].

Schriftstück: Hauptstaatsarchiv Dresden, Loc. 4493, Bergsachen den Altenberg und Gießhübel bel. 1509—1697, Bl. 39: „Und als auch von den czinhern an uns gelangt ist, wi unser ordenunge des czinkaufs nicht gehalden werde, indem daß sie mit vorlegunge nicht gefurdert, auch einczeln czin nicht angenomen und beczalt, auch den leutten, die vorstandt sein, ir czin vor der czeit der beczalunge hemen und ufhalden und vor ein gulden nicht mehr den 23 bemische groschen geben, derhalben wir mit gemelter geselschafft gehandelt und sie vormocht, wiewol sie sich derhalben merglicher beswerungen beclagen, daß sie bewilliget, in der ordenunge bis auf Laurenti schirstkunftig als sich der vortragk endet, bleiben und dem genugk thun, auch hinfurder vierundczwengisten halben bemische groschen vor ein gulden geben, auch niemande sein czine ehr der termins hemen ader annehemen ader das einczeln czin auch annehmen und beczalen wollen; aber das bare czin wollen sie noch Laurenti, so sich der vortragk endet, nicht im vorigen kauf behalten, sundern uf die czeit ein saczunge machen, wie sie das bare czin annehmen wollen und sal doch darumb czu geben ader an andere ende yderman frei sein zu vorkaufen. Gegeben czu Dresten am montage nach dem sontage quasimodogeniti anno domini 1500 tercio."
[1] Er gab ihr „einen gemeinen Befehlbrief, ihr in ihren aus-

Neue Versuche, eine große, mit Monopol ausgestattete Zinnhandelskompagnie zu gründen (1518).

Hauptquelle: „Ein bedencken wie ein zinkauf auf dem Altenberg wiederum angerichtet werden könnte 1518." Kleines Papierheft im Hauptstaatsarchiv Dresden in Loc. 7414 (Nr. 2), Bl. 27 ff. Das sehr interessante Schriftstück ist von mir im Anhang dieses Buches zum Abdruck gebracht.

Es entzieht sich unserer Kenntnis, wie lange die im Jahre 1503 ihres Monopols beraubte Zinnhandelsgesellschaft in der nicht mit einem Monopol privilegierten Form bestand. Jedenfalls begegnen uns 1515/17 e i n z e l n e Verleger der Zinngewerken [1] neben einer Z i n n k a u f s g e s e l l s c h a f t [2]. Aber eine Gesellschaft wie die im Jahre 1500 privilegierte war das nicht. Vielmehr muß Bartolome

stendigen Schulden gebürliche Hilfe zu leisten". Hauptstaatsarchiv Dresden, Loc. 7414 (Nr. 2), Bl. 18.

[1] Hauptstaatsarchiv Dresden, Loc. 7414 (Nr. 3), Bl. 209, zum Jahre 1516: Georg, Herzog von Sachsen, tut kund, daß Hans Friedr. und Wolf v. Salhausen Gebrüder ihm angezeigt haben, daß sie Michael Puffler und Urban Ulrich, Bürger zu Leipzig, etliche Zentner Zinn zu liefern versprochen haben. Und zwar Puffler für 4000, Urban Ulrich für 2000 fl. Wenn die Ablieferung nicht in diesem Jahre (1516) geschieht, sollen die genannten Leipziger Bürger die Güter der Salhausen zu Lauenstein, bei Altenberg gelegen, mit allem Zubehör als Unterpfand erhalten. Urban Ulrich war Leipziger Kaufmann und Ratsherr; auf Michael Puffler kommen wir noch häufiger zu sprechen. Auch Martin Leubel, der in der zweiten Hälfte des 15. Jahrhunderts aus Nürnberg nach Leipzig einwanderte und es hier zu einem bedeutenden Vermögen brachte, erscheint um 1510 als Zinngroßhändler. Er hatte dem Buchdrucker Nickel Keßler in Basel und dessen Sohn Bernhard für 346 fl. Zinn geliefert, worauf sie 1514 noch 142 fl. schuldig waren. K r o k e r , Neujahrsblätter, S. 75. — Vgl. auch für die Tätigkeit e i n z e l n e r Leipziger Kaufleute als Zinnverleger Hauptstaatsarchiv Dresden, Loc. 9826. Altenberger Statuten od. Ordnung der Stadt. 1515. Bl. 32 ff. Barthel Buchfürer hat durch seinen Faktor Altenberger Zinner verlegt. Die Verlegten blieben ihm ca. 420 fl. schuldig. Dafür wollte B. die Bergteile, die ihm „ins bergkbuch ypotecirt, verpfandt und eingesatzt", an sich nehmen. Aber ein anderer Verleger machte ältere Rechte geltend.

[2] Hauptstaatsarchiv Dresden, Loc. 7414 (Nr. 2), Bl. 4, zum Jahre 1517: Die Zinner auf dem Geising hatten mit dem Diener d e r G e s e l l s c h a f t d e s Z i n n k a u f s eine Unterredung „umb das lehen, auch der zceyt und bar zcin zu betzallen."

Welsers Gesellschaft und M. Puffler und Gesellschaft entweder vereint oder jede der Firmen für sich den Zinnkauf in der Hand gehabt haben [1].

Im ganzen hatte die Auflösung der alten Monopolgesellschaft der sächsischen Volkswirtschaft keinen Nutzen gebracht. Der Zinnbergbau lag am Ende des ersten Jahrzehntes des 16. Jahrhunderts in Sachsen offenbar darnieder [2]. Man dachte in Regierungskreisen und auch sonst damals eifrig darüber nach, wie der Not abgeholfen werden könne. Es war naheliegend dabei auch wieder auf die Errichtung einer großen privilegierten Zinnhandelsgesellschaft zu verfallen. Aus dem Jahre 1518 ist uns ein interessanter Vorschlag überliefert, wie eine neue Gesellschaft des Zinnkaufs errichtet werden könne [3]. Der Vorschlag enthält nicht nur wichtiges Material zur Geschichte der Kapitalassoziationsformen im 16. Jahrhundert, sondern zugleich einen Beitrag zur Geschichte der internationalen Kartelle.

An den Anfang seiner Denkschrift setzt unser Autor die Forderung eines sächsischen Zinngroßhandelsmonopols für die neu zu errichtende Kompanie. Alles Zinn, das im Fürstentum gewonnen wird, soll an die Gesellschaft abgeliefert werden. Diese hat es entweder bar zu bezahlen oder sie hat es sogar schon vor der Lieferung zu bezahlen. In letzterem Falle verlegt sie die betreffenden Zinner oder Zinngewerken. Den Zinngewerken ist der freihändige Verkauf ihres Produktes an andere Personen als an die Gesellschaft völlig untersagt.

Aber auch bezüglich der Menge der Produktion soll ihrem freien wirtschaftlichen Verfügungsrecht eine Beschränkung auferlegt werden. Wenn anders bei den gegenwärtigen schlechten Zeiten und bei dem tiefen Stand des Zinnpreises dieses Metall mit Nutzen solle vertrieben werden, so müsse eine Produktionseinschränkung eintreten. Man dürfe im Jahre nicht über 2000—3000 Zentner Zinn herstellen und müsse die ausländische Einfuhr zurückhalten. Auf welche Weise das letztere geschehen solle, werden wir noch zu besprechen haben. Zunächst möge ein anderer Einwurf behandelt werden, der in jener Zeit gegen ein Monopol wie das geforderte

---

[1] Vgl. das Gutachten vom Jahre 1518.
[2] Vgl. das Gutachten vom Jahre 1518, Einleitung.
[3] Hauptstaatsarchiv Dresden, Loc. 7414 (Nr. 2), Bl. 23 ff.

geltend gemacht werden mußte. Die moralische Erlaubtheit des vorgeschlagenen Monopols und „einer Sperrung und Steigerung der Ware" — eine bedeutsame Frage in einem Zeitalter, wo Kirche und Staat jede Art von Monopol als wucherische Kontrakte theoretisch verboten — folgert unser Autor aus der Tatsache, daß die vorgeschlagene Ordnung des Zinnkaufs um des „Enthaltes der Armen" willen geschehe. Dadurch, daß in dem Monopol „vornehmlich ein g e m e i n e r", d. h. ein allgemeiner, und nicht e i g n e r Nutzen gesucht würde, sei der Handel „auf eine christliche Ursache gebaut". Er solle und könne „ohne alle Beschwerung des Gewissens betrieben werden". Und tatsächlich waren ja die Arbeiter im Zinnbergbau noch immer in eine sehr üble Lage gekommen, wenn nicht kapitalkräftige Verleger genug vorhanden waren, die die ärmeren Zinner und Zinngewerken verlegten. Schon in dem Privileg von 1498 war übrigens betont worden, daß das Geschäftsgebahren der Gesellschaft „e r b a r" sei. Wie streng es der Aussteller des Privilegs, Herzog Georg, mit dem Wucherverbot nahm, zeigt ein Brief aus dem Jahre 1499, in dem er einen ungenannten Rat auffordert, in der Frage der Zinnkaufsgesellschaft auch einige Leipziger Doktoren der Theologie heranzuziehen und wegen der ethischen Erlaubtheit dieser Dinge zu konsultieren [1]. Das war eine Art der Gewissensberuhigung, wie wir sie auch bei strenggläubigen Kaufleuten noch des 16. Jahrhunderts öfters finden [2].

Die Frage, wie sind die nötigen Kapitalisten für eine Gesellschaft wie die oben erwähnte aufzubringen, wird in unserem Gutachten folgendermaßen beantwortet. Der Herzog möge „als ein Beschützer des Handels" 4000 fl. zeichnen. Eine Reihe teils genannter, teils ungenannter reicher sächsischer Adliger insgesamt 16 000 fl. Die Leipziger Bürger, hofft unser Autor, würden den größten Teil der Anteilscheine übernehmen: Andreas Pflug, der Amtmann, etwa 2000 fl., M. Puffler und Gesellschaft 4000 fl., Heinz Scherl 2000 fl., Straub & Co. 2000 fl., Bartolome Welsers Hüttengesellschaft [3] 2000 fl., die Bräutigam 1000 fl., die Pucher-Gesell

---

[1] Hauptstaatsarchiv Dresden, Loc. 7414 (Nr. 2), Bl. 15.
[2] R. E h r e n b e r g , Das Zeitalter der Fugger. I. Bd., S. 32.
[3] Bart. Welser war in den zwanziger und dreißiger Jahren hervorragendes Mitglied der Schützengesellschaft, einer Hüttengesellschaft zu Chemnitz, die besonders von der Familie Schütz gebildet war.

schaft 2000 fl., Kilian Reitwieser 2000 fl., die Preußer [1] 2000 fl.,
Dr. Breitenbach, der bekannte Rat Herzog Georgs und Ordinarius
der juristischen Fakultät zu Leipzig, der auch sonst starken kapitalistischen Sinn bekundete [2], 2000 fl. Dazu einige andere Doktoren
und Bürger in Summa 4000 fl. Im ganzen erwartete man aus
L e i p z i g e r Kapitalistenkreisen etwa für 25 000 fl. Beteiligung
an dem Unternehmen.

In F r e i b e r g gedachte der Verfasser der Denkschrift vom
Jahre 1518 etwa 5000 fl. aufzubringen; nämlich 2000 fl. von Merten
Manwitz, 1000 fl. bei G. vom Steyg, 2000 fl. bei den Alnpecken [3].
In C h e m n i t z 3000 fl., und zwar 2000 fl. beim Gleitzmann und
1000 fl. bei „sunst zween bürgern". In S a l z a endlich 2000 fl.
bei vier Bürgern. Man hoffte überdies, die Hauptgesellschaft des
Bartolome Welser zu Augsburg zu einer Anteilszeichnung in der
Höhe von 1000—2000 fl. veranlassen zu können. Bart. Welsers
Hauptgesellschaft würde dem Faktor der Zinnkaufsgesellschaft
besonders in den Niederlanden nützlich sein können [4].

Die Gesellschafter der neuen Zinnhandelskompagnie sollten
gehalten sein, ihr eingeschossenes Kapital zu Gewinn und Verlust
„dieweil der Kauf stehen würde", beieinander liegen zu lassen.
Wie man wohl aus den in Chemnitz und Salza erhofften Beteili-
gungen schließen darf (s. o.), war der Anteilschein auf 500 fl. angesetzt.

Um 1527 war Bart. Welser schon das Haupt dieser Gesellschaft.
Um 1530 zeichnet sie Bart. Welser und Gesellschaft des Hütten-
handels zu Chemnitz. K r o k e r , Neujahrsblätter IV, S. 102/103;
M ö l l e n b e r g a. a. O., S. 33. Trotzdem scheint es mir fraglich,
ob mit der in unserer Denkschrift genannten Bart. Welserschen
Hüttengesellschaft die alte Schützengesellschaft gemeint ist.

[1] Alte, vornehme Leipziger Familie. Der bekannte, noch oft
zu nennende Hieronymus Walter hatte eine Preußer zur Frau.

[2] Vgl. W. P ü c k e r t , Das Münzwesen Sachsens von 1518
bis 1545. Nach handschriftlichen Quellen. I. Abt. Die Zeit von
1518—1525 umfassend. Leipzig 1862. S. 75.

[3] Die drei genannten Freiberger Familien waren als Gewerken
an dem Zinnbergbau führend beteiligt. Aus einer Urkunde des
Hauptstaatsarchivs Dresden, Loc. 7249. Blei-, Zinn- und Kupferhandel etc. 1524—32. Bl. 92. (Ohne Datum, aber sicher zu 1528
gehörig.)

[4] Antwerpen, wo die Welser eine wichtige Faktorei besaßen,
war der bedeutendste Welthandelsplatz für Metalle.

Für den Fall, daß es wider Erwarten nicht gelingen sollte, bei den sächsischen Kapitalbesitzern das Grundkapital für die Gesellschaft des Zinnkaufs aufzubringen, schlägt unser Autor eine sonderbare, an die Blütezeit des Merkantilismus um die Wende des 17. Jahrhunderts erinnernde Lösung der Schwierigkeit vor. Man möge in dem Falle „feierndes Geld", das bei Kirchen und Hospitälern niedergelegt sei und auch sonst auf Zinsen ausgeliehen würde, in die Gesellschaft des Zinnhandels stecken. Dort sei es vielleicht sicherer und „göttlicher" aufgehoben und genützt als vorher. Also eine Kapitalsäkularisation großen Stiles! [1]

Wenn wir zunächst einen Blick auf die Personen bzw. Personengruppen werfen wollen, die der ungenannte Verfasser unserer Denkschrift voraussichtlich als Anteilszeichner der neuen Zinnhandelsgesellschaft annahm, so dürfen wir uns nicht über den starken Prozentsatz von nichtkaufmännischen, besonders gelehrten und adligen Elementen darunter, wundern. Längst war auch in die Gelehrten- und Adelskreise der starke Erwerbstrieb eingedrungen, der die hervorstechendste soziale Signatur jener Zeit bildete. Längst begnügten sich auch diese und andere, dem Erwerbsleben ferner stehende Kreise, nicht mehr damit, ihre Kapitalien in Renten und Gülten anzulegen. Auch die vielfach geübte darlehnsweise Investierung in Handelsgesellschaften zu festem, meist fünfprozentigen, Zinssatz, erschien vielen als zu wenig gewinnbringend. Vielfach suchte vielmehr das private Kapital zu „Gewinn und Verlust" Anlage in Erwerbsgesellschaften. Wir sahen im Vorausgehenden Beispiele dafür. Aus der Geschichte, insbesondere der Saigerhandelsgesellschaften und der anderen Hüttengesellschaften des 16. Jahrhunderts ließen sich die Beispiele beliebig vermehren. Dabei geschah die Beteiligung privater Kreise entweder direkt oder indirekt durch Afterbeteiligung bei den sog. Prinzipalgesellschaftern [2].

---

[1] Sollte es sich hierbei auch mit um Pupillengelder handeln, so dürfte daran erinnert werden, daß die Stadtverwaltungen öfters solche Gelder unter mißbräuchlicher Ausnutzung zu allen möglichen Zwecken verwendet haben. Vgl. L e h m a n n , Die geschichtliche Entwicklung des Aktienrechts, S. 13 Anm. 1.

[2] Vgl. M ö l l e n b e r g a. a. O., S. 18 u. 27/28. Manche Gesellschaften erlaubten den Räten usw. der Fürsten Beteiligung zu Gewinn und Verlust, um sie günstig für sich zu stimmen.

Demnach durfte unser Autor mit Recht auf eine Beteiligung des sächsischen Adels und der Leipziger Gelehrtenwelt bei der neu zu gründenden Zinnhandelsgesellschaft hoffen.

Von den Kaufleuten, die er als Gesellschafter in Aussicht stellte, war Michael Puffler seit längerer Zeit schon Zinnhändler und Verleger von Altenberger Zinngewerken [1]; andere der vorgesehenen Zeichner von Anteilscheinen der neuen Zinnhandelskompagnie waren an anderen Erzhandelsgesellschaften beteiligt und galten als erfahrene Erzhändler. So Moritz Bucher, das damalige Haupt der Bucher-Gesellschaft, der in Eisleben als Hüttenmeister emporgekommen war, dann nach Leipzig übersiedelte (um 1506) und bald darauf mit seinem Eislebener Bruder Wolfgang und mit Sigmund Fürer von Nürnberg zusammen die Saigerhandelsgesellschaft der Hütte Gräfenthal gründete [2]. So die Bräutigam, deren Sproß Hermann schon 1464 die erste thüringische Saigerhütte mit finanziert hatte [3]. So die Straub und Michael Puffler [4], auf die wir später noch des längeren zu sprechen kommen werden. Auch Heinz Scherl, der zu Anfang des 16. Jahrhunderts arm aus Nürnberg nach Leipzig eingewandert war und es hier bald zu einem stattlichen Vermögen brachte, spielte seit den zwanziger Jahren eine so bedeutende Rolle in den Mansfeldischen Saigerhandelsgesellschaften [5], daß wir auch schon vorher eine Tätigkeit dieses Mannes im Erzhandel annehmen müssen.

So erweist sich der unbekannte Autor unserer Denkschrift von 1518 in seinen Teilhabervorschlägen als ein guter Kenner der persönlichen Verhältnisse in der sächsischen Kapitalistenwelt. Wahrscheinlich gehörte er selbst zu ihrem Kreise und hatte möglicher-

---

[1] Siehe oben.

[2] Vgl. M ö l l e n b e r g a. a. O., S. 32. Weitere Schicksale der Bucher-Gesellschaft, S. 120—121. K r o k e r , Neujahrsblätter IV, S. 12.

[3] M ö l l e n b e r g a. a. O., S. 6.

[4] Die Puffler scheinen auch aus Süddeutschland, vielleicht aus Nürnberg, in Leipzig eingewandert zu sein. Cod. dipl. Silesiae XX, S. 178/79.

[5] Vgl. darüber jetzt vor allem M ö l l e n b e r g a. a. O., siehe Register. Heinz Scherl war geschäftlich und freundschaftlich eng verbunden mit Jacob Welser d. Ä. zu Nürnberg. Über Heinz Scherls Lebensgang cfr. K r o k e r , Neujahrsblätter IV, S. 81 ff.

weise schon bei ihnen das Terrain für eine Gesellschaft, wie die von ihm vorgeschlagene, sondiert.

Über die Ordnung der Geschäftsführung durch die Gesellschaft ist in dem Vorschlag nicht viel Detail gebracht. Als Organe sind nur zwei Leiter genannt, die, aus der Zahl der Teilhaber gewählt, dem Handel vornehmlich vorzustehen haben (ihn „allenthalben regieren"). Sie haben den Faktoren und Dienern der Gesellschaft Anweisungen zu geben. Im Bedürfnisfalle haben sie sich von den Räten des Herzogs Rat und Hilfe zu erbitten. Zum Zwecke dieser Auskunfts- und Hilfserteilung sollen von den herzoglichen Räten, die Gesellschafter sind, zwei nominiert und beauftragt werden. Die übrigen bürgerlichen Mitglieder der Gesellschaft sollen „ein jeder in der Stadt, in der er gesessen oder die ihm am gelegensten ist, bei den Kannengießern und den anderen Kunden der Gesellschaft die Schulden kassieren helfen und darüber den Vorstehern Rechnung legen."

Im übrigen gibt unser Autor einige allgemeine Vorschläge für ein Statut der Gesellschaft. Er rät, daß man eine gute Ordnung und eine kräftige Verschreibung darüber aufzeichnen müsse, „wer Rechnung halten, wer dieselbige verantworten, wann und vor wem man dies tun solle." Auch darüber müsse sich das Statut auslassen, „wie man es mit Austeilung des Handels, wann der Kauf ein Ende hätte, halten solle".

Die größte Schwierigkeit für eine Hebung des sächsischen Zinnhandels, wie sie der Autor unseres Gutachtens vorschlägt, bestand unstreitig in der Frage, wie würde auf die ausländische Konkurrenz ein solches Vorgehen wirken. Denn das war doch selbstverständlich: wenn durch Zölle u. a. den außersächsischen Zinnproduzenten — die schärfsten Konkurrenten waren die zu Schlackenwald in Böhmen — die Einfuhr in die Albertinischen Lande gesperrt wurde, so mußten diese sich um so mächtiger auf die übrigen Absatzgebiete werfen, auf denen sich bisher schon böhmisches und sächsisches Zinn gegenübergestanden hatten. Nun war ja die böhmische Konkurrenz — durch Sperrung des Durchgangsverkehrs durch das Herzogtum und Kurfürstentum Sachsen[1] — von dem bequemsten Wege nach Norddeutschland und von dort zur See

---

[1] Man hoffte hierzu den Kurfürsten zu bewegen.

in die Niederlande abgeschnitten. Es war auch nicht anzunehmen, daß das böhmische Zinn über Nürnberg auf Main und Rhein in den deutschen Westen bis nach Köln transportiert würde. Der lange Landtransport und die hohen Rheinzölle verteuerten es zu sehr. Aber in Schlesien und überhaupt in Osteuropa konnte doch eine preisdrückende Konkurrenz des Schlackenwalder Zinns äußerst unangenehm werden.

So schlägt denn unser Autor ein Produktionskartell mit den Zinngewerken zu Schlackenwald vor.

Die Schlackenwalder müßten sich verpflichten, im Jahre nicht mehr als 2—3000 Ztr. zu produzieren; die Altenberger Zinngewerken würden dementsprechend auf eine Jahresgewinnung von 1½ bis 2000 Ztr., die Ehrenfriedersdorfer auf eine solche von 1000 Ztr. festgelegt werden müssen. Dann könnte man wohl darauf rechnen, 2000 Ztr. Schlackenwalder Zinn in Nürnberg abzusetzen und 2000 Ztr. sächsisches in den Niederlanden, den Rest der beiderseitigen Produktion im Lande.

Bestünde das Kartell, so wäre es nicht nötig, die sächsischen Grenzen gegen ausländisches Zinn zu sperren, damit das herzogliche Geleitgeld zu schmälern und den Leipziger Messen Abbruch zu tun. Den Nutzen, den die Schlackenwalder durch das Kartell hätten, führt unser Autor darauf hin, daß es besser sei, alljährlich 3000 Ztr. Zinn mit gutem Profit zu verkaufen, als 6000 Ztr. ohne Profit, ja vielleicht mit Verlust.

Das hier vorgeschlagene böhmisch-sächsische Zinnkartell ist nicht zur Ausführung gekommen. Immerhin bietet schon das Projekt einen interessanten Beitrag zur Geschichte der Unternehmerverbände. Den Beweis aber, daß wir es in dem Projekt nicht mit dem chimärischen Hirngespinst eines die Realität der Dinge verkennenden Pläneschmieds zu tun haben, dessen Vorschläge die betreffenden Unternehmer niemals annehmen bzw. die dabei maßgebenden Regierungen nicht zulassen würden, den Beweis dafür haben wir in einem anderen Kartellprojekt jener Jahre. Im Jahre 1524 schlug der bekannte Nürnberger Kaufmann Christoph Fürer vor, die an der Silberproduktion beteiligten deutschen Fürsten sollten sich zu einem großen Silbersyndikat zusammenschließen, den Silberpreis hinauftreiben bzw. das Silber zu einem höheren

Nennwerte als bisher vermünzen [1]. Der Plan hat die Billigung der Grafen von Mansfeld, des sächsischen Kurfürsten und zunächst auch Herzog Georgs von Sachsen gefunden. Er ist dann im wesentlichen daran gescheitert, daß Georg die Gefährlichkeit einer aus dem Plane resultierenden Münzverschlechterung für seine Lande einsah [2] und seine Beihilfe zurückzog.

Auch die früher in einem anderen Zusammenhange erwähnte internationale Verabredung dürfte zeigen, wie wenig den Zeitgenossen ein Kartell der sächsischen und böhmischen Zinnproduzenten, wie es in dem Projekt von 1518 vorgeschlagen worden war, als phantastisches, unausführbares Gebilde erscheinen konnte. Im Jahre 1520 vereinigten sich die Herzöge von Sachsen, die Schlick als Herren von Joachimstal und die Pflug als Herrschaftsbesitzer in dem böhmischen Schlackenwald [3] zu einem Abkommen, das im Grunde durchaus wirtschaftlicher Natur war und dazu dienen sollte, Angebot und Nachfrage von Arbeitskräften in einer den Kontrahenten günstigen Weise zu regeln [4].

Die Zinnhandelsgesellschaft von 1521—1527.

Hauptquellen: 1. Privileg des Herzogs Georg von Sachsen für die Gesellschaft des Zinnkaufs. Datum Dresden, 20. Dezember 1520. Hauptstaatsarchiv Dresden, Loc. 9826, Altenberger Statuten oder Ordnung der Stadt 1515, it. Bergk-Sachen etc. Im folgenden Loc. 9826 zitiert. Das Privileg ist im Anhang abgedruckt.

2. Herzogliche Bestätigung des Dienstvertrages, durch den die Gesellschaft des Zinnkaufs den Hans Alnpeck zum Faktor der Gesellschaft annimmt. Datiert: 4. März 1521. Hauptstaatsarchiv Dresden, Loc. 4500. Bergwerkssachen zu Freiberg bel. Vol. I, 1453—1543, Bl. 25—26. Im Anhang abgedruckt.

---

[1] W. Lotz, Die drei Flugschriften über den Münzstreit der sächsischen Albertiner und Ernestiner um 1530, S. V. Nach W. Pückert, Das Münzwesen Sachsens 1518—1545, S. 65 ff., besonders S. 73, 75, 100 ff.

[2] Beraten durch die Leipziger Kaufleute Urban Ulrich, Andreas Matstedt, Faktor der Fugger, Hieronymus Walter, Kunz Krott, Mich. Puffler und Wolf Wiedemann. Ihre Gutachten besprochen bei Pückert a. a. O., S. 111 ff.

[3] Alle drei Bergherren hatten bedeutende eigene Bergwerke und Bergwerksanteile.

[4] Siehe oben S. 44.

Die Vorschläge von 1518, so gesund sie in mancher Beziehung waren, sind nicht zur Ausführung gelangt. Erst im Verlauf des Jahres 1520 scheinen die Verhandlungen über die Errichtung einer neuen Zinnhandelsgesellschaft — auf wesentlich anderer Grundlage freilich, wie das Projekt von 1518 vorschlug — zum Abschluß gekommen zu sein. An der Spitze des Unternehmens stand Hieronymus Walter, der Leipziger Faktor der Bartolome Welserschen Gesellschaft, Michael Puffler und Ulrich Mordeisen [1]. Also drei Leipziger Kaufleute von sehr gutem Ruf und bedeutender Kapitalkraft. Michael Puffler überdies seit langem im Zinnverlagsgeschäft und Zinnhandel erfahren [2].

Zunächst hatte sich Andreas Madtstedt „mit seinen Anhängern" für den Zinnkauf stark interessiert. Er war auch einem Abschluß mit den Zinngewerken auf einem Verhandlungstage in Leipzig (29. Oktober 1520) nahe gewesen [3]. Es entzieht sich meiner Beurteilung, was Madtstedt im letzten Augenblick bewogen hat, von dem Abschluß des Zinnkaufs abzusehen. Bekanntlich war Andreas Madtstedt Faktor der Fugger in Leipzig [4]. Wir haben somit das interessante Bild vor uns, daß schließlich die Welser — wenigstens mitführend — ein Unternehmen in die Hand nahmen, das vorher die Fugger in ihre Hände zu bekommen beabsichtigten.

Die neue Gesellschaft des Zinnkaufs wurde für die Zeit von Oculi 1521 bis Oculi 1524 vom Staate privilegiert. Ihr Wesen — wenigstens nach der Seite ihres öffentlich-rechtlichen Charakters hin — ist uns aus dem Privileg Herzog Georgs vom 20. Dezember 1520 in seinen Grundzügen erkennbar. Das wichtigste war, daß die Gesellschaft wieder, wie ihre älteren Schwestern am Anfang des Jahrhunderts, für den sächsischen Zinngroßhandel ein M o n o - p o l besaß. So war es mit Hilfe der herzoglichen Räte zwischen den sächsischen Zinngewerken und den Kaufleuten, die die Gesellschaft bildeten, für drei Jahre verabredet worden. Die Zinn-

---

[1] Hauptstaatsarchiv Dresden, Copial 127, Bl. 126 b.

[2] Über Hieronymus Walter vgl. K r o k e r , Neujahrsblätter IV, (1908), S. 93 ff. Ulrich Mordeisen wird der Sohn des obengenannten frühverstorbenen Lorenz Mordeisen gewesen sein. K r o k e r a. a. O., S. 71.

[3] Vgl. dafür die Urkunde im Ernestin. Gesamtarchiv zu Weimar, Reg. T, Bl. 273/74, Nrn. 3—6.

[4] Als solcher 1519 noch genannt und wohl auch später. M. J a n s e n , Jakob Fugger der Reiche, S. 143.

gewerken des Altenbergs waren gehalten, all ihr erbautes Zinn an die dortige herzogliche Bergwage abzuliefern, wo es die Gesellschaft gegen Barzahlung zum Preise von 11 fl. [1] übernahm [2]. Die Wage auf dem Altenberge sollte mit zwei Schlössern verwahrt und verschlossen werden. Zu dem einen Schloß erhielt der herzogliche Zehntner, zu dem anderen der Altenberger Faktor der Zinnkaufsgesellschaft den Schlüssel. Die Schmelzer und die Hüttenmeister auf dem Altenberge waren der Gesellschaft gegenüber durch Eid gebunden, dafür zu sorgen, daß alles Zinn an die Wage kam und daß nicht schlechtes Zinn dem guten beigemischt wurde.

Das Zinn, das zu Ehrenfriedersdorf usw. gewonnen wurde, brauchte nicht auf die Altenberger Wage gebracht zu werden. Die Gesellschaft nahm es an Ort und Stelle gegen Barzahlung und zu demselben Preise wie das Altenberger ab. Die Untertanen des Herzogs endlich, die auf dem Mückenberg Zinn erbauten, hatten sich bereit erklärt, unter denselben Bedingungen wie die Altenberger Zinngewerken, ihr Zinnprodukt in die Altenberger Wage zu liefern. Dagegen durften die Mückenberger, Graupenschen und andere Gewerken, die nicht Untertanen Georgs von Sachsen waren, ihre Zinnprodukte außerhalb des Herzogtums verkaufen. Zogen sie den Verkauf im Lande vor, so unterstanden sie denselben Bedingungen wie die herzoglichen Untertanen, d. h. sie mußten das Zinn gegen fest bestimmten Preis (s. o.) der Gesellschaft des Zinnkaufs auf die Altenberger Wage liefern.

Bis Oculi 1521 mußten alle etwa bestehenden anderweitigen Zinnlieferungsverträge abgewickelt sein. Wer nach diesem Termin — von den Untertanen des Herzogs — Zinn an jemanden anderen

---

[1] D. h. 11 fl. in Münze, halb sächsisch (je 21 Zinsgroschen für 1 fl.) und halb böhmisch (je 24 böhmische Groschen für 1 fl.). An den Orten, wo man kein böhmisches Geld nahm, und die Gesellschaft mit „eitel" sächsischem Gelde zahlen mußte, brauchte sie nur 11 fl. minus 1 Ort pro Altenberger Bergzentner zu geben.

[2] Die Zinner von Thum, Ehrenfriedersdorf und Geyer forderten einen höheren Preis, weil ihr Produkt besser sei als das altenbergische. Dieses Verlangen scheint, trotz der Weigerung der Gesellschaft ihm nachzukommen, nicht unbillig gewesen zu sein, denn auch die vom Herzog bestellten Vermittler schlugen vor, es sollte für jenes Zinn ½ fl. pro Zentner mehr gezahlt werden. J. F a l k e , Geschichte der Bergstadt Geyer in Mitteilungen des Kgl. Sächs. Altertumsvereins, Heft 15, S. 108.

als an die Gesellschaft des Zinnkaufs lieferte, ging dieser seiner Ware verlustig. Sie fiel zur Hälfte der herzoglichen Kammer, zur Hälfte der Kirche in Altenberg zu.

War eine der Parteien (die Zinngewerken oder die Zinnkäufer, d. h. die Gesellschaft des Zinnkaufs) nicht geneigt, nach Ablauf dreier Jahre den Kontrakt zu erneuern, so mußte von der betreffenden Partei ein halbes Jahr zuvor schriftlich gekündigt werden.

Die Zinnkaufgeschäfte der Gesellschaft auf dem Altenberg usw. besorgte Hans Alnpeck jr. aus Freiberg, der seinen Wohnsitz in Altenberg nehmen mußte und 200 fl. Jahresgehalt erhielt. Einzelheiten seiner Aufgabe sind aus dem Mietskontrakte zu ersehen, den die Zinnkaufsgesellschaft mit ihm abschloß [1].

Es ist aus dem spärlichen Archivmaterial, das uns vorliegt, nicht genau zu ermitteln, ob die 1520 zwischen den sächsischen Zinngewerken und der Gesellschaft des Zinnkaufs vereinbarte Kündigungsfrist genau eingehalten worden ist; jedenfalls hatten schon vor Oculi 1524 die Zinner zu Geyer, Ehrenfriedersdorf und Thum den herzoglichen Räten erklärt, daß sie mit der Zinngesellschaft nicht über einen neuen Kontrakt einig geworden wären. Darauf erlaubte Herzog Georg den Zinnern der genannten Orte, ihr Zinn nach freiem Ermessen zu verkaufen [2]. Es scheint, als hätten nun zunächst die Orte Geyer, Thum und Ehrenfriedersdorf selbst den Verlag ihrer ärmeren Zinner übernommen. Dabei konnten sie freilich — ohne Erfahrung wie sie im Absatz des so erworbenen Zinnes waren und auch mangels genügenden Verlagskapitals — die Leipziger Kapitalisten nicht entbehren. Schon am

---

[1] Ich habe das für die Geschichte der Faktoren (Handlungsdiener) interessante Dokument im Anhang abgedruckt.

[2] Herzog Georg schreibt an die Richter, Schöffen und Zinner zu Geyer, Ehrenfriedersdorf und Thum: „Lieben getreuen! Als ir uns ytzt auf das schreiben, so nechst unsers abwesens unsere verordente rete zu Leiptzk auf ansuchen der geselschaffter des zinkaufs an euch gethan, antwort gegeben, haben wir vernomen. Nachdem wir denn daraus befinden, das ir euch mit inen nit verainen und vergleichen konnt, deshalb ir auch beschwerdt seit, den neuen vertrage einzegehn, so ist uns nit entgegen, daß ir mit euerm zin freisteet und damit nach euerm gefallen gebaret und handelt. Wolten wir euch darnach ze richten nit verhalten. Datum Sandt Annaperg dornstags nach Oculi anno etc. 24°." Kgl. Hauptstaatsarchiv zu Dresden, Copial 127, Bl. 156 a.

24. April 1525 wurde ein Vergleich wegen des Zinnverlags zwischen den Abgeordneten von Geyer, Ehrenfriedersdorf und Thum einerseits und den Leipziger Zinnkaufleuten Michael Puffler und Ulrich Mordeisen andererseits auf drei Jahre abgeschlossen. Die genannten Kapitalisten versprachen darin, jeden der drei Orte zunächst mit je 200 fl. rheinisch pro Jahr zu verlegen. Die Verlagssumme sollte „mit fürstlicher Gunst" genügend versichert und nach drei Jahren ohne Säumnis zurückgezahlt werden. Wenn eine der Städte die Vorlegung nicht brauchte und eine andere wollte dieselbe für sich nehmen, so hatte auch die nehmende Stadt den Verlag sicherzustellen. Alles Zinn, das gewonnen wurde, war an die genannten Zinnkäufer zum Preise von 11½ fl. für blankes Zinn und von 11¼ fl. für weißes Zinn abzugeben. Es wurde bar, halb in sächsischer, halb in böhmischer Münze bezahlt. Wenn ein Zinner oder Gewerke bis zu einem Zentner Zinn für seine „Hausingesessen" bedürfe, so solle ihm die Abgabe dieses Quantums erlaubt sein. Doch müßte solches den Faktoren der Zinnkäufer angezeigt werden.

Der hier in seinen wichtigsten Bestimmungen wiedergegebene Vertrag wurde „mit Gunst und Vermittlung" Herzog Heinrichs, mit Vorbehalt der Genehmigung von Herzog Georg abgeschlossen [1]. Die Genehmigung scheint erteilt worden zu sein.

Anders als in Geyer, Ehrenfriedersdorf und Thum gestaltete sich das Verhältnis zwischen den Zinnern und der Zinnkaufsgesellschaft in Altenberg. Noch vor Ablauf des Vertrags, der Oculi 1524 endete, richtete Herzog Georg zwischen Hieronymus Walter [2], Michael Puffler, Ulrich Mordeisen [3] samt der Gesellschaft des Zinnkaufs einerseits und den Zinnern und Gewerken von Altenberg

---

[1] Hauptstaatsarchiv Dresden, Loc. 4500. Das Bergwerk zu Ehrenfriedersdorf bel. 1377—1538. Bl. 13/14. Vgl. J. F a l k e , Mitteilungen des Kgl. Sächs. Altertumsvereins, Heft 15, S. 108. Bei mir im Anhang abgedruckt. — Herzog Heinrich, Georgs schwacher Bruder, hatte 1505 zur Entschädigung für das unhaltbare, 1515 an die Habsburger zurückgegebene Friesland die Ämter Freiberg und Wolkenstein erhalten. O. K a e m m e l , Sächsische Geschichte. Leipzig (Göschen) 1905. S. 71.

[2] Hieronymus Walter d. J. war seit 1528 oder 1529 mit Kath. Mordeisen, der Tochter Lorenz Mordeisens, verheiratet.

[3] Ulrich Mordeisen hatte eine Tochter (Margarete) Michael Pufflers zur Frau. K r o k e r , Neujahrsblätter IV, S. 103.

andererseits einen neuen Vertrag auf [1]. In diesem Vertrag war in bedeutsamer, für die Entwicklung charakteristischer Weise den Altenberger Zinnern und Gewerken ein ziemlich großes Freiverkaufskontingent zugestanden. Sie durften ein Drittel ihrer Zinnausbeute frei absetzen an wen und wohin sie wollten. Nur die übrigen zwei Drittel hatten sie an die Kompagnie zu verkaufen. Lag hierin schon eine starke Benachteiligung der Gesellschaft des Zinnhandels, so wurden dieser nun auch noch Beschränkungen einem Teil der Konsumenten gegenüber zugemutet. Die Gesellschaft, heißt es in einer Ordnung und Satzung des Herzogs Georg vom 11. Februar 1524, solle einen „gemeinen, freien zinnkauf bestellen und halten, also daß sie den kandelgießern [2] oder anderen, so das zinn wollen verarbeiten lassen, bei einzelnen zentner zinn kaufweis zukommen lassen" [3]. Und zwar zu festgesetztem Preise. In Leipzig den Zentner für 12¼ fl. und in Altenberg, wo keine Transportspesen zuzurechnen waren, für 11¼ fl. netto Kasse. Dafür sollten die Kannegießer von niemand anderem als von der Gesellschaft das Zinn kaufen. Wenn, was wir wohl annehmen dürfen, die Gesellschaft im Jahre 1524 noch 11 fl. pro Zentner an die Zinnproduzenten zahlen mußte — wie es im Jahre 1520 vereinbart war —, so wäre ¼ fl. pro Zentner ein sehr bescheidener Gewinn für die Gesellschaft gewesen. Auch 1¼ fl. Bruttoverdienst pro Zentner in Leipzig war wenig. Sicherlich hat die Gesellschaft weitaus das meiste Zinn in außersächsischen Landen abgesetzt, wo ihrem Profit keine obrigkeitlichen Schranken gesetzt waren. Die Beschränkungen, die dem freien Walten der Zinnmonopolisten im „Inland" gesetzt waren, sind ein interessanter Beleg für die Handwerkerpolitik des beginnenden Merkantilismus. Um so mehr, als wir auch sonst dieselbe Richtung eines Eingreifens des Staates für seine Gewerbetätigen

---

[1] Hauptstaatsarchiv Dresden, Loc. 7414 (Nr. 2), Bl. 32 f. Der Vertrag selbst ist — soviel ich sehe — nicht erhalten. Wir wissen nur davon durch die gleich zu besprechende herzogliche Schutzverordnung, die die sächsischen Zinngießer vor einer Überteuerung durch die Gesellschaft des Zinnhandels schützen sollte.

[2] Kannegießern.

[3] Eine besondere Rücksichtnahme auf die Verbraucher im eigenen Land bedeutete wohl auch später die Maßnahme des Kurfürsten August, die J. F a l k e , Die Geschichte des Kurfürsten August von Sachsen in volkswirtschaftlicher Beziehung, S. 294, erwähnt.

und eine Abwälzung der „Monopolpreise" auf das „Ausland" be-obachten werden.

Der Vertrag zwischen den Altenberger Zinnproduzenten und der Gesellschaft des Zinnhandels, den Herzog Georg im Frühjahr 1524 aufgerichtet hatte, sollte sich keiner langen Lebensdauer er-freuen. Schon im Herbst dieses Jahres sendeten die Zinngewerken des Altenbergs zwei Abgesandte an Georg von Sachsen mit der Erklärung, sie könnten das Zinn nicht länger zu dem verabredeten Preise an die Gesellschaft des Zinnhandels abgeben. Sie erhielten daraufhin vom Herzog die Erlaubnis, mit der Gesellschaft des Zinnhandels, oder wenn diese nicht wolle, mit anderen Zinnkäufern sich zu einem neuen Zinhkaufskontrakt zu einigen. Natürlich be-dürfe der abgeschlossene Vertrag der Bestätigung der Regierung[1].

Als kluge Geschäftsleute müssen sich die Zinnkaufsgesellschafter zunächst den Anschein gegeben haben, als liege ihnen selbst nicht allzuviel an der Erneuerung des Kontraktes. Dann freilich be-trieben sie diese Erneuerung wieder eifrig. Sie baten den Herzog um eine Tagsatzung mit den Zinngewerken; nur so sei ein Zustande-kommen des Kontraktes noch möglich. Herzog Georg willfahrte ihrem Wunsche und setzte für den 27. Januar 1525 eine Zusammen-kunft der Zinngewerken und der Herren der Zinnhandelsgesell-schaft fest[2]. Es entzieht sich meiner Kenntnis, welches der Erfolg dieser Bemühungen war.

Das große Leipziger Monopolprojekt von 1527.

Hauptquelle: Anonyme Denkschrift vom Jahre 1527. Hauptstaatsarchiv Dresden, Loc. 10 532, Leipziger Händel etc. 1525—51, Bl. 131 ff. Abgedruckt im Anhang dieses Buches.

Der mächtige, unbestrittene Aufschwung, den Leipzig in dem ersten Drittel des 16. Jahrhunderts erlebte[3] und der nur im 19. Jahr-hundert eine Parallele hat, kann vielleicht durch nichts besser

---

[1] Hauptstaatsarchiv Dresden, Cop. 127, Bl. 124 b, 125 a. Schreiben des Herzogs vom 25. Oktober 1524 datiert.

[2] Hauptstaatsarchiv Dresden, Cop. 127, Bl. 126 b. Schreiben des Herzogs vom 16. November 1524 an Hieronymus Walter, Michael Puffler und Ulrich Mordeisen.

[3] Zeitgenössische Stimmen über diesen Aufschwung bei E. K r o k e r , Leipzig und die sächs. Bergwerke, Schriften d. Vereins f. die Geschichte Leipzigs, IX. Bd., S. 5 des Separatabdruckes.

illustriert werden, als durch die großartigen Monopol- und Kartell-projekte im Handel mit Bergbauprodukten, die in den zwanziger Jahren aus der Mitte der Leipziger Kaufmannschaft auftauchten. Man kennt die Bemühungen[1] der Leipziger, die Ausbeute der reichen Kuttenberger Kupfergruben monopolistisch zu beherrschen, die bis dahin den Nürnberger Kapitalisten zugefallen war. Noch großartiger zeigt sich die wirtschaftliche Energie der Leipziger Kaufmannswelt in einem Projekt aus dem Jahre 1527, auf das hier aufmerksam gemacht werden soll. Das Projekt war ein Gegen-schlag gegen die Bemühungen der Nürnberger Kaufleute und der mit ihnen verbündeten Grafen von Mansfeld, die niedersächsischen Kaufleute, also die Hansen, aus dem Zwischenhandel mit Mans-feldischem Kupfer zu drängen. Im August 1527 hatte Jakob Welser d. Ä. von Nürnberg an den Grafen Albrecht von Mansfeld berichtet, daß das mansfeldische Kupfer auf dem Nürnberger Pfingstmarkt von 30 Schock Groschen auf 28 gefallen sei, „darumb es die Sachsen", d. h. die hansischen Kaufleute, „geben haben"[2]. Daraufhin verhandelten die Grafen Albrecht und Gebhard von Mansfeld mit den auf der Michaelismesse zu Leipzig versammelten Kapitalisten, die den mansfeldischen Saigerhandelsgesellschaften angehörten, über den Abschluß einer Konvention, laut der sie sich alle verpflichten sollten, „den Sachsen hinfür kein kupfer zu ver-kaufen"[3]. Die meisten Leipziger Kapitalisten, die an mansfeldischen Saigerhandelsgesellschaften beteiligt waren — unsere Denkschrift führt Kuntz Keller, Heinrich Scherl und Moritz Bucher nament-lich auf —, traten der Konvention bei. Es sind die von Nürnberg

---

[1] Vgl. K r o k e r, Neujahrsblätter IV, S. 104 ff. Aus der Krokerschen Darstellung erhellt dasselbe, was sich auch aus den hier folgenden Ausführungen ergibt: ein heftiger Kampf Nürnbergs gegen das aufkommende Leipziger Wirtschaftsleben und gegen das Leipziger Großkapital, das an allen Enden dem nürnbergischen, besonders im Handel mit Bergwerksprodukten, die gefährlichste Konkurrenz machte.

[2] Für das folgende M ö l l e n b e r g a. a. O., S. 51 f., der aller-dings fälschlich unter „Sachsen" die Leipziger versteht. Daß hier die niedersächsischen Kaufleute, also die Hansen, gemeint sind, er-gibt sich unzweifelhaft aus unserer Denkschrift von 1527. Vgl. dort das Verzeichnis der Waren, die die „Sachsen" auf die Leipziger Märkte bringen.

[3] Nach der oben genannten Denkschrift.

abhängigen und geschäftlich eng besonders mit Jakob Welser d. Ä. und anderen Nürnbergern verbundenen Kaufleute. Nur Wolfgang Wiedemann und Lucas Straub weigerten sich energisch, in die Vereinigung einzutreten. Sie machten mit Recht darauf aufmerksam, wie stark der Leipziger Markt durch das Fernbleiben der Niedersachsen leiden würde. Besonders auf diese Vorstellungen hin versuchten der Rat der Stadt Leipzig und Herzog Georg die Konvention zu sprengen. Sie verhandelten eingehend mit den Leipziger Kapitalisten, die der Konvention beigetreten waren, über ihren Austritt. Die Bemühungen waren vergeblich. Der geschäftliche Vorteil wies die Scherl, die Bucher und Konsorten zu stark auf die Seite der Nürnberger und besonders der Mansfelder Grafen, als daß sie zum Austritt aus der Konvention hätten vermocht werden können.

In diese Situation fällt das obengenannte Projekt. Es sollte den unabhängig von Nürnberg und den Mansfeldern gebliebenen Leipziger Kaufleuten eine Monopolstellung in dem von Mansfeld nicht beherrschten mitteleuropäischen Metallhandel sichern. Die Denkschrift, in der dieser Plan entwickelt ist, schlug dem Herzog von Sachsen vor, seine Hilfe dazu zu bieten, daß 1. die Bleiproduktion zu Goslar, daß 2. die böhmische Kupfer- und Silberproduktion, daß 3. und 4. auch die gesamte böhmische und sächsische Zinnausbeute in „eine Hand und an die Einwohner der Stadt Leipzig gebracht würden"[1]. Der Vorschlag bedeutete nichts weniger und nichts mehr als eine großartige Monopolisierung des bedeutendsten Teiles des mitteleuropäischen Metallhandels in der Hand weniger Leipziger Kaufleute und Kapitalisten. Ich stehe nicht an, in dem Vorschlag eines der interessantesten Monopolprojekte des 16. Jahrhunderts zu sehen.

Mit dem Versuch, die gesamte bedeutende Bleiausbeute der Goslarer Gruben in die Hände zu bekommen, sollte nach dem Autor unserer Denkschrift die Ausführung seines Planes beginnen. Hätte man erst einmal die Goslarer Bleiproduktion in der Hand, dann seien die Böhmen leicht zum Anschluß an das Projekt zu bewegen. Zur Gewinnung von Silber aus den stark silberhaltigen Kupfererzen Böhmens konnte man dort das Goslarer Blei nur

---

[1] An einer andern Stelle der Denkschrift heißt es: „Diese händel sollen alle zusammen gebracht werden."

schwer entbehren [1]. Wer also den Goslarer Bleihandel beherrschte, gebot auch bis zu einem gewissen Grade zugleich über den böhmischen Kupfer- und Silberhandel [2].

Der Vorschlag mit der Monopolisierung des Goslarer Bleihandels die Ausführung des obengenannten großen Projektes zu eginnen, führt uns in dieselbe Interessentengruppe Leipziger Kapitalisten, die wir bereits als die schärfsten Gegner der Mansfelder Konvention kennen lernten. In der Zeit, als das Projekt an Herzog Georg gebracht wurde, war der Leipziger Bürgermeister Wolfgang Wiedemann und seine Gesellschaft sowie Lucas Straub seit einiger Zeit schon mit dem Goslarer Rat [3] wegen eines monopolistischen Blei- und Vitriolabnahmekontraktes in Unterhandlung [4]. Man war einem Abschluß nahe gewesen [5] und hatte sich schließ-

---

[1] Die Beschreibung des umständlichen Saigerprozesses des silberhaltigen Kupfererzes, zu dem man viel Blei brauchte, siehe bei Möllenberg a. a. O., S. 5. Aber auch zu der Silbergewinnung aus den Silbererzen brauchte man viel Blei.

[2] Schon 1492 berichtete der oberste Burggraf zu Prag und Hauptmann des Königreiches Böhmen an Herzog Georg von Sachsen: die Amtleute von Kuttenberg hätten gemeldet, daß Bleimangel in Böhmen herrsche und daß es den Böhmen nicht gestattet werde, in Sachsen Blei zu „kaufen und durchzubringen". Das sei früher nicht geschehen und man bäte im Namen des böhmischen Königs das Ausfuhr- und Durchfuhrverbot aufzuheben. Nach einer Urkunde im Hauptstaatsarchiv Dresden, Loc. 7250. Schreiben Herzog Georgs zu Sachsen, den Bleyhandel in St. Joachimstal und Goslar betr. Anno 1533. Bl. 3.

[3] Im Verlauf des 14. und 15. Jahrhunderts hatte es der Rat verstanden, die Verpflichtung durchzusetzen, daß alles aus den Rammelsberger Bergwerken gewonnene Erz nach seiner Verhüttung an ihn verkauft werden mußte. Im 16. Jahrhundert wußten dann die Herzöge von Braunschweig dieses Regal an sich zu bringen.

[4] Schon 1524—27 hatten die zwei Genannten den Bleiabnahmekontrakt, den sog. „Bleikauf", mit Goslar gehabt, d. h. sie schossen dem Rat der Stadt größere Geldsummen vor und übernahmen dafür die gesamte Ausbeute zu festbestimmtem Preise.

[5] Das folgende nach Hauptstaatsarchiv Dresden, Loc. 10532. Leipziger Händel 1525—31. Bl. 127 ff. Besonders aus der Urkunde, in der Wiedemann und Straub dem Herzog die fehlgeschlagenen Verhandlungen mitteilen und ihn bitten, er möge den Rat von Goslar zum Abschluß des schon zugesagten Vertrags zwingen. Sie hätten 15 000 fl. längere Zeit für das Objekt bereitgehalten und starken Zinsverlust erlitten. — In der obengenannten Denkschrift ist auf

lich auf folgende Bedingungen geeinigt. Die Leipziger Kapitalisten sollten eine Vorauszahlung von 6000 fl. leisten und dafür und für weitere Vorschüsse (Verlag) die Bleiproduktion des Rammelsberges zum Preise von 33 gr. 4 Pfg. pro Zentner drei Jahre lang übernehmen. Nur über die Lieferung des Vitriols war man noch nicht einig gewesen, als der Rat von Goslar die Unterhandlungen abbrach. Er teilte der Gesellschaft mit, daß augenblicklich viel zu wenig Blei gewonnen würde, um einen Bleikontrakt abzuschließen. Wenn das sich ändere, sollte die Gesellschaft an erster Stelle Berücksichtigung finden.

In unserer Denkschrift wurde nun die sächsische Regierung aufgefordert, dafür zu sorgen, daß die Goslarer den Kontrakt abschlössen. Wer anders konnte ein Jnteresse daran haben, diese Aufforderung an die sächsische Regierung zu richten, als die Kaufleute Wiedemann und Straub, die damit als die geistigen Urheber des Projektes von 1527 deutlich gekennzeichnet sind.

Freilich ging das Projekt, wie angedeutet, noch bedeutend weiter als auf die Beherrschung der Goslarer Bleiproduktion. Der sächsischen Regierung wurde darin gleichzeitig nahegelegt, darauf hinzuwirken, daß es zwischen den Schlackenwalder Zinnproduzenten [1] und den Leipziger Kaufleuten zu einem Zinnabnahmekontrakt käme. Nur so könnten die Kontraktverhandlungen zwischen den sächsischen Zinngewerken und den Leipziger Kaufleuten, die augenblicklich schwebten und die auf ein sächsisches Zinnhandelsmonopol hinausliefen, zu gedeihlichem Ende geführt werden.

Was endlich die böhmische Kupferproduktion angeht, so war der Verfasser unserer Denkschrift davon unterrichtet, daß Hieronymus Walter, der Leipziger Vertreter der Augsburger Welser — die Augsburger hielten gegen die Nürnberger zu Leipzig —, wegen der Übernahme der gesamten Kuttenberger Kupferproduktion in Unterhandlung stand. Im Falle Walter den Vertrag allein nicht zum Abschluß brächte, möge der Herzog sofort Hans von Schönburg zu König Ferdinand senden [2]. Soweit die Denkschrift von 1527.

---

die Supplikation an den Herzog hingewiesen. Der Autor ist also wohl in den Kreisen um Wiedemann, Straub & Co. zu suchen.

[1] Schlackenwald war der Hauptgewinnungsort des böhmischen Zinns.

[2] Zum Verständnis dieses Teiles der Denkschrift vgl. K r o k e r , Neujahrsblätter IV, S. 107.

Die sächsische Regierung wies das Leipziger Projekt durchaus nicht von sich. Im Gegenteil, sie bemühte sich redlich, die darin geforderten Abschlüsse mit den fremden Bergwerksmächten zustande zu bringen. An den Goslarer Rat gingen mehrfach Schreiben ab, in denen die Stadt dringend gemahnt wurde, den mit Lucas Straub und Wolfgang Wiedemann verabredeten Kontrakt durchzuführen [1]. Desgleichen an den Herzog von Braunschweig [2]. Ebenso machte Herzog Georg die eifrigsten Anstrengungen, um den Kuttenberger Kupferkauf in die Hände des Hieronymus Walter und der Schützgesellschaft zu Chemnitz zu bringen [3]. Besonders aber bemühte sich Herzog Georg von Sachsen, einen monopolistischen Abnahmekontrakt der Leipziger Erzhändler mit den Schlackenwalder Zinnproduzenten zustande zu bringen. Seine Räte, Rudolf von Bünau und Anton von Kospott (Amtmann in St. Annaberg), traten in lange Unterhandlungen mit Hans Pflug, dem Herrn von

---

[1] Hauptstaatsarchiv Dresden, Loc. 7249. Blei-, Zinn- und Kupferhandel und -kauf. Goslarisches Blei anno 1524—32. Bl. 8; Loc. 7250. Den Bleihandel belangend etc. Anno 1534—42. Bl. 35. Auch daselbst Bl. 79 eine Antwort des Rates folgenden Inhaltes auf die Mahnungen Herzog Georgs (1528, 5. Januar): Mit Wolfg. Wiedemann und Lucas Straub hätten sie den Blei- und Vitriolkauf noch nicht fest abgeschlossen gehabt; sie wollten ihn den e i g e n e n Bürgern vorbehalten.

[2] Weil die Herzöge von Braunschweig dem Rate von Goslar das Bezugsrecht auf das Rammelsberger Blei streitig machten, so hatte Wolfg. Wiedemann und Lucas Straub & Co. auch mit Herzog Heinrich dem Jüngeren von Braunschweig einen Bleiabnahmekontrakt abgeschlossen. Als dann Herzog Heinrich Mitte 1527 den Leipziger Kaufleuten ihren Vertrag zurückgab, suchte Herzog Georg auch hier das Bleibezugsmonopol seinen Leipziger Untertanen zu retten, wenigstens prinzipiell und für die Zukunft. Denn zunächst war die Bleiproduktion in den vielfach von Herzog Heinrich verwüsteten Goslarer Hütten zu unbedeutend, um sofortige größere Bleilieferungen zu ermöglichen. Erst 1533 ist es zu festen Bleikontrakten Wolfg. Wiedemanns, Lucas Straubs & Co. mit dem Goslarer Rat und dem Herzog von Braunschweig gekommen. Vgl. für das Berichtete Hauptstaatsarchiv Dresden, Loc. 7250. Bleihandel Anno 1543—46. Bl. 16 ff.; Loc. 7250. Schreiben Herzog Georgs zu Sachsen, den Bleihandel in St. Joachimstal und Goslar betr., Anno 1533. Bl. 81, 85 ff. und Loc. 7250. Den Bleihandel betr. etc., Anno 1534—42. Bl. 34.

[3] K r o k e r , Neujahrsblätter IV, S. 107.

Schlackenwald, ein [1]. Hans Pflug versprach auch, daß die Leipziger Händler den Schlackenwalder Zinnkauf „vor anderen" erhalten sollten, d. h. vor den Nürnbergern, deren Abnahmekontrakt noch bis zum 13. Juli 1529 lief. Aber die näheren Verhandlungen scheiterten an der Unvereinbarkeit der gegenseitigen Forderungen. Die Leipziger Zinnhändler forderten eine beträchtliche Preisreduktion; sie würden, versicherte Bünau, höchstens 12—13 fl. pro Schlackenwalder Zentner geben. Ferner waren die Leipziger Kaufleute nicht gesonnen, den ärmeren Zinngewerken Verlag (Vorstreckung) zu bewilligen, sie wollten vielmehr das Zinnprodukt „bar um bar" kaufen. Für die ärmeren Zinngewerken, die ohne Verlag nicht arbeiten könnten, sollten von den Zinnhändlern bis 1500 fl. gegen Sicherheit und 5 % jährliche Zinsen bereitgestellt werden. Außerdem sollte die Produktion beschränkt werden. Die Leipziger Kapitalisten wollten sich nur zur jährlichen Abnahme einer gewissen Summe Zinns, im höchsten Falle 4000 Zentner, verstehen. Dazu wünschten sie den Zinnabnahmekontrakt nur auf zwei Jahre abzuschließen.

Demgegenüber forderten die Schlackenwalder Zinner einen dreijährigen Kontrakt mit der Verpflichtung von seiten der Kapitalisten, a l l e s Zinn abzunehmen, das gewonnen wurde. Im äußersten Falle könne die Jahresproduktion auf 5500 Zentner beschränkt werden. An eine Preisreduzierung des Zinn sei nicht zu denken und ebensowenig an eine Lieferung nur gegen bare Zahlung. Ohne Verlag könnten eine große Anzahl Zinner nicht existieren [2].

Es versteht sich leicht, daß bei derartig verschiedenen Interessenrichtungen der Schlackenwalder Zinner einerseits und der Leipziger Kaufleute anderseits der Abschluß eines Kontraktes nicht zustande kam. Hieronymus Walter, Michael Puffler und Ulrich Mordeisen,

---

[1] Für das folgende: Hauptstaatsarchiv Dresden, Loc. 7249. Blei-, Zinn- und Kupferhandel und -kauf etc. anno 1524—1532. Bl. 77—81 und Bl. 101.

[2] Als die Schlackenwalder Zinner merkten, daß kein Zinnkauf zustande kam, baten sie Hans v. Pflug, ihnen zu gestatten, ein- bis zweijährige Verträge zu schließen, mit wem sie wollten. „Dann ir weren vil die uff 1000—1500 Ctr. . . . verhofften zu kaufen und vertragen zu können, dass also einer dem andern sein zcyn mechte helfen vertreiben." Aus diesem Antrage sprach das Interesse der reichen Zinngewerken, die ihre ärmeren Genossen gern selbst verlegt hätten.

die kapitalistischen Träger der Unterhandlungen mit den böhmischen Zinnern, ließen, trotz eifrigster Bemühungen Herzog Georgs, im Grunde schon Anfang 1528 keinen Zweifel mehr über ihre Ungeneigtheit, sich in das gefahrvolle Unternehmen einzulassen [1].

Wie die sächsische Regierung ihr möglichstes tat, um den Bürgern von Leipzig den Goslarer Bleikauf, den Kuttenberger Kupfer- und den Schlackenwalder Zinnkauf zu sichern, so mühte sie sich auch, den Leipziger Kaufleuten den sächsischen Zinngroßhandel als Monopol auszuliefern. Die sächsische Regierung hatte dabei, außer dem Wunsche, die Leipziger Kaufmannschaft im Sinne des obengenannten großen Projektes zu fördern, auch den Nutzen der ärmeren sächsischen Zinngewerken und namentlich der Zinnbergleute im Auge. Je länger je mehr hatte es sich gezeigt, daß die ärmeren Zinner nicht ohne kapitalistischen Verlag auskommen konnten. Fehlte dieser, so waren Betriebseinstellungen mit anschließender Arbeitslosigkeit unter den Bergarbeitern die häufige Folge.

Zu den schon früher in sächsischem Zinnkauf tätigen Unternehmern Michael Puffler und Ulrich Mordeisen erklärte sich um 1527 noch Hieronymus Walter bereit, den sächsischen Zinnkauf zu übernehmen [2]. Über die Bedingungen wurde zwischen den Zinnkäufern und Zinngewerken unter Vermittlung Herzog Georgs eifrig hin und her verhandelt, ohne daß es zu einer Einigung gekommen wäre. Außer an dem niedrigen Preis, den die Kaufleute nur zahlen wollten, stießen sich die Gewerken auch daran, daß die Kapitalisten den Kauf nur immer für ein Jahr zu übernehmen gedachten. Was man freilich den Unternehmern bei der starken Stimmung, die im Reiche gegen „die Monopole" herrschte — wir kommen sogleich noch hierauf zurück —, nicht verargen konnte.

So ist schließlich mit seinen einzelnen Teilen auch das Ganze des großen Projekts von 1527 im Sande verlaufen. Die Nürnberger behielten, wie es scheint, in Kuttenberg die Oberhand [3]. Die Goslarer Bleiproduktion wurde durch die Kämpfe der Stadt

---

[1] Ersichtlich aus einem ermunternden Schreiben Georgs an die Genannten vom 28. Januar 1528. Hauptstaatsarchiv Dresden, Cop. 151, Bl. 7 b, 9 a.

[2] Für das folgende vgl. Hauptstaatsarchiv Dresden, Loc. 7249. Blei-, Zinn- und Kupferhandlung und -kauf 1524—1532. Bl. 91 ff.

[3] K r o k e r , Neujahrsblätter IV, S. 109 Anm. 1.

mit Heinrich von Braunschweig einige Jahre arg hintangehalten. Englisches und polnisches Blei ersetzte in der nächsten Zeit vielfach das Goslarer, und wenn auch 1533 ff. Wolfg. Wiedemann und Lucas Straub mit Heinrich von Braunschweig zum Abschluß längerer Bleilieferungskontrakte gelangten, so war damals das Projekt längst in Vergessenheit geraten.

Die Leipziger Kaufleute und Herzog Georg erkannten, daß sie namentlich in Böhmen die älteren Rechte und Geschäftsverbindungen der Nürnberger nicht einfach beiseite schieben konnten. Es ist charakteristisch und dokumentiert bis zu einem gewissen Grade den Sieg der Nürnberger in dem Kampfe um die Vormachtstellung im mitteleuropäischen Erzhandel, wenn sich Herzog Georg im Jahre 1530 daran begab, mit den Kaufleuten und Händlern von L e i p z i g u n d N ü r n b e r g „Wege, Maß und Mittel" zu vereinbaren, daß sie alles Zinn, das in Sachsen und Böhmen gemacht wurde, „in eine handt" annähmen. „Damit", so heißt es in einem Schreiben Hans Pflugs an Herzog Georg von Sachsen vom 11. November 1530, „ein teil dem andern in den zcinkauffen kein fal ader schaden mache" [1]. Man wird aus diesen kurzen Bemerkungen nicht sicher schließen können, ob es sich hier um ein Kartellprojekt oder gar um den Vorschlag einer Fusion der zu gründenden Gesellschaften des sächsischen und des böhmischen Zinnkaufs handelt. Jedenfalls war die Ausschaltung der gegenseitigen Konkurrenz der Beherrscher der sächsischen und der böhmischen Zinnproduktion der klar ausgesprochene Zweck der Organisation. Aber auch dieses Kartell oder gar Fusionsprojekt kam nicht zur Ausführung. Die Leipziger und Nürnberger Kaufleute, an die Georg von Sachsen herantrat, waren nicht dafür zu haben, angeblich, „die weil der entliche abschied [2] yetzigs reichstags noch nicht geben und ausgekündigt, dardurch sie vergewiss, ab sie auch ire gewerbe und kaufman-handlung im rych möchten fridlich gewarten". Die Erklärung der Kaufleute spielt auf die Reichstagsverhandlungen über

---

[1] Hauptstaatsarchiv Dresden, Loc. 7249. Blei-, Zinn- und Kupferhandel und -kauf anno 1524—1532. Bl. 81 und für das folgende Bl. 101.

[2] Gemeint ist der Reichstag zu Augsburg. Am 22. September 1530 war dort den Ständen der Entwurf eines Reichstagsabschiedes vorgelegt worden. Der Abschied selbst wurde erst am 19. November publiziert.

die Monopole an, die allerdings nicht sehr günstig für die Kaufleute waren und die sich auch direkt gegen Monopolisierungen im
Zinnhandel richteten [1].

Zeiten des freien Zinnverkaufs (bis 1538). Erneutes Monopol (1538 ff.) und dessen Ende (1541).

Hauptquellen: Die folgenden Urkunden:

1. Herzog Georg nimmt auf drei Jahre den Zinnkauf in Altenberg, Lauenstein und Bernstein in seine Verfügungsgewalt. 27. Mai
1538. Hauptstaatsarchiv Dresden, Loc. 7414. Den Zinnhandel betr.
1497—1544. Bl. 33 resp. 35 und 38. Bei mir im Anhang abgedruckt.

2. Herzog Georg übergibt dem Leipziger Kaufmann Michael
Puffler den Zinnkauf zu Altenberg, Lauenstein und Bernstein auf
drei Jahre (nur die Gewerken Alnpeck von Freiberg ausgenommen).
26. Mai 1538. Hauptstaatsarchiv Dresden, Cop. 103, Bl. 30, auch
Loc. 7414, den Zinnhandel betr. 1497—1544. Bl. 36. Im Anhang
abgedruckt.

3. Herzog Georg macht seinen Bergbeamten von der Verleihung
des Zinnkaufs an M. Puffler Mitteilung, befiehlt den öffentlichen
Anschlag der Verordnung und den Schutz und die Unterstützung
Pufflers bei der Ausübung seines Privilegs. 28. Mai 1538. Haupt-
staatsarchiv Dresden, Loc. 7414, den Zinnhandel betr. 1497—1544.
Bl. 34. Im Anhang abgedruckt.

4. Herzog Georg vermittelt zwischen Michael Puffler und den
Gewerken von Ehrenfriedersdorf, Geyer und Thum einen dreijähri-
gen Zinnkauf. 29. Mai 1538. Hauptstaatsarchiv Dresden, Cop. 103,
Bl. 33, auch Loc. 7414, den Zinnhandel betr. 1497—1544. Bl. 37.
Im Anhang abgedruckt.

5. Verlagskontrakt M. Pufflers mit einigen Gewerken zu Altenberg. 21. September 1539. Hauptstaatsarchiv Dresden, Loc. 4493.
Bergsachen, den Altenberg und Gießhübel betr. 1509—1697. Bl. 73
bis 74. Im Anhang abgedruckt.

6. Michael Puffler beklagt sich bei Herzog Heinrich von Sachsen,
daß ihm einige Altenberger Zinngewerken, die er verlegt hat, ihr
Zinnprodukt nicht übergeben wollen. Leipzig, 2. April 1541. Hauptstaatsarchiv Dresden, Loc. 4493. Bergsachen, den Altenberg und
Gießhübel betr. 1509—1697. Bl. 72. Im Anhang abgedruckt.

---

[1] Der bedeutsame „Ratschlag der Monopolien halben, so sich
auf dem Nurnbergischen des 24. Jhars referirt, verlesen zu Augsburg
1530", ein Schriftstück, dem man deutlich die Mitautorschaft klein-
kaufmännischer Gegner der großen Handelsgesellschaften anmerkt,
ist abgedruckt bei K. E. Förstemann, Urkundenbuch zu der
Geschichte des Reichstages zu Augsburg im Jahre 1530. 2 Bde.
Halle 1833/35. II, S. 191 ff.

An Versuchen, wenigstens die s ä c h s i s c h e Zinnproduktion in eine Hand zu bringen, hat es die sächsische Regierung, hat es namentlich Herzog Georg in der Folgezeit nicht fehlen lassen. Im Verfolg dieser Bemühungen konnte er im Frühjahr 1530 Michael Puffler und Ulrich Mordeisen benachrichtigen, daß „etliche Leute vorhanden seien, die den Zinnkauf in Altenberg anzunehmen gesonnen wären". Er, Georg, halte es aber für seine Pflicht, den alten Zinnkäufern Michael Puffler und Genossen vorher den Kauf noch einmal anzubieten. Es entzieht sich unserer Kenntnis, inwieweit es sich bei den Kaufleuten, von denen Georg berichtete, um ernsthafte Reflektanten handelt. Jedenfalls sah sich Michael Puffler nicht durch ihre Konkurrenz veranlaßt, seinerseits den Zinnkauf zuzuschlagen. Er teilte vielmehr dem Herzog mit, daß er gern eine Zinnkaufsgesellschaft gegründet hätte, bisher aber noch keine Kompagnons für das Unternehmen gefunden habe. Allein könne er den Zinnkauf nicht auf sich nehmen „aus Ursach, daß er sein Armut", soll heißen seine geringen Kapitalien, „in andere Händel gewendet" habe. Dagegen sei er noch immer gern bereit, sich an einer von anderer Seite gegründeten Zinnkaufsgesellschaft kapitalistisch zu beteiligen [1].

Während dann Georg auf dem Augsburger Reichstag weilte, suchte sein Sohn Johann einen Zinnkauf zum Abschluß zu bringen. Es war verlorene Arbeit. Der junge Herzog mußte schon bald, unter dem 4. Juni 1530, dem Vater berichten, daß alle Bemühungen vergeblich seien, die divergierenden Interessen der Zinngewerken und der Zinnhändler zu vereinigen. Die Kaufleute zu Leipzig, Walter u. a., die sich in einen Zinnkauf einzulassen beabsichtigten, wollten nicht a l l e s Zinn abnehmen, sondern nur ein bestimmtes Quantum, etwa 4000 Ztr. jährlich. Sie forderten zugleich, daß die Gewerken nicht mehr als dieses Quantum produzierten [2]. Einen Sinn hatte die geforderte Produktionsbeschränkung nur, wenn die Einfuhr auswärtigen Zinns unterbunden war. Nur durch Ausschaltung der böhmischen Konkurrenz wäre ein Steigen des Zinn-

---

[1] Hauptstaatsarchiv Dresden, Loc. 7249. Blei-, Zinn- und Kupferhandel und -kauf 1524—1532. Bl. 62. Der Brief Pufflers ist datiert: Freiberg, 11. März 1530.

[2] Hauptstaatsarchiv Dresden, Loc. 9810. Münz- u. a. Händel anno 1490—1530. Bl. 387. Der Brief Johanns ist datiert: Dresden, 4. Juni 1530.

preises die Folge der verminderten Zinnerzeugung gewesen. Es müssen Verhandlungen zwischen der sächsischen Regierung und den Zinnhändlern über diesen Punkt gepflogen worden sein, denn Prinz Johann bat seinen Vater um Instruktion, „wie und welcher gestalt sie sich m i t d e m f r e m d e n z i n n z u v o r b i e t e n halten sollten" [1].

Die Verhandlungen mit Walter und Gen. haben sich zerschlagen. Im Frühjahr 1531 suchte Georg von Sachsen die bedeutende Firma Erasmus Schetz zu Antwerpen [2], die in Hans Randerott zu Leipzig einen tüchtigen Vertreter hatte [3], für einen längeren Zinnabnahme- und Verlagskontrakt mit den Gewerken von Altenberg zu gewinnen [4]. Auch Michael Puffler wandte sich brieflich nach Antwerpen an die Schetzgesellschaft mit der Anfrage, ob sie bereit wäre, „sich neben anderen in Zinnkauf einzulassen" [5]. Das in den beiden, hauptsächlich für diese Dinge in Frage kommenden Archiven zu Dresden und Weimar nur sehr spärlich erhaltene archivalische Material gestattet nicht mit Bestimmtheit zu sagen, ob in den nächsten Jahren ein Zinnkauf zustande gekommen ist. Wir haben Grund, daran zu zweifeln.

Erst 1538 wurde dem Zustande des freien Zinnverkaufs durch die Gewerken ein Ende gemacht. Wie es noch immer gewesen war, drängten die kleineren, in den Bergstädten und Städtchen heimischen Zinnproduzenten, im Gegensatz zu den großen, auswärtigen Gewerken, zu einer Ordnung im Verkauf ihres Zinnproduktes. Namentlich die kleineren A l t e n b e r g e r Gewerken arbeiteten darauf hin. In ihrem Interesse besonders und gegen die Wünsche der reichen auswärtigen Gewerken erließ Georg am 27. Mai eine fürstliche Verordnung, mit der er der freien Verfügungsgewalt der Gewerken über ihre gewonnenen Erzprodukte ein Ende machte. Alle Gewerken in Altenberg, Bernstein und Lauenstein — gleichgültig, ob

---

[1] In demselben Briefe.

[2] Die Schetz waren wohl das bedeutendste niederländische Handelshaus des 16. Jahrhunderts. Näheres über sie bei R. E h r e n - b e r g , Zeitalter der Fugger, siehe Register. Vgl. dazu für die Bedeutung der Firma Schetz besonders im Metallhandel M ö l l e n - b e r g a. a. O. an verschiedenen Stellen, siehe Register.

[3] Für diesen Faktor vgl. M ö l l e n b e r g a. a. O., S. 156.

[4] Hauptstaatsarchiv Dresden, Loc. 7249. Blei-, Zinn- und Kupferhandel und -kauf 1524—1532. Bl. 63 ff.

[5] Daselbst.

sie daselbst oder anderswo angesessen waren — sollten von Johanni-sonnenwende an gehalten sein, ihr Zinnprodukt für 11 fl. den Zentner in die Altenberger Wage zu liefern und zu verkaufen [1]. An wen ist in der Verordnung nicht gesagt. Es erhellt aber aus einem Privileg, das Georg am 26. Mai bereits für Michael Puffler hatte ausfertigen lassen. Durch dieses Privileg wurde dem genannten Leipziger Kaufmann für drei Jahre von Johanni an der Zinnkauf in Altenberg, Lauenstein und Bernstein als Monopol übertragen [2]. Nur die reichen Freiberger Gewerken Alnpeck hatten sich der all-gemeinen Produktionsablieferung an Michael Puffler zu entziehen gewußt. Sie sind ausdrücklich in der Urkunde vom 26. Mai aus-genommen. Das gesamte übrige Zinnprodukt der Gewerken der genannten Orte mußte der Leipziger Kaufmann gegen Barzahlung zu 11 fl. pro Zentner abnehmen, sobald es an der herzoglichen Wage zu Altenberg für gut befunden worden war. Die zuständigen herzoglichen Bergbeamten wurden sofort von dem Privileg in Kennt-nis gesetzt. Gleichzeitig wurden sie angewiesen, den betreffenden Erlaß öffentlich anzuschlagen und dafür zu sorgen, daß er strikte durchgeführt würde [3].

War in Altenberg, Lauenstein und Bernstein der Zinnkauf auf die Weise in die Hände Michael Pufflers gelangt, daß der Herzog zunächst — auf Grund seines Bergregals — den Zinnkauf für sich „verordnete" und ihn sodann dem Leipziger Kaufmann als Privileg überwies, so gestaltete sich der rechtliche Übergang des Zinnkaufs in Ehrenfriedersdorf, Geyer und Thum auf ihn in einer anderen Weise. Hier vereinbarten die herzoglichen Räte Georg von Karlo-witz, Ernst von Miltitz und Heinrich von Gersdorf mitsamt dem bekannten Leipziger Juristen Dr. Fachs den Zinnkauf direkt zwischen den faktischen Kontrahenten, d. h. zwischen Michael Puffler und den Zinngewerken [4]. Auch der Geyrer, Ehrenfriedersdorfer und Thumer Zinnkauf lief auf drei Jahre, von Johanni angefangen.

---

[1] Hauptstaatsarchiv Dresden, Loc. 7414. Den Zinnhandel betr. 1497—1544. Bl. 33, 35, 38 (letzteres Abschriften). Vgl. Anhang.
[2] Hauptstaatsarchiv Dresden, Cop. 103, Bl. 30; auch Loc. 7414. Den Zinnhandel betr. 1497—1544. Bl. 36. Vgl. Anhang.
[3] Hauptstaatsarchiv Dresden, Loc. 7414. Den Zinnhandel betr. 1497—1544. Bl. 34. Vgl. Anhang.
[4] Hauptstaatsarchiv Dresden, Cop. 103, Bl. 33; auch Loc. 7414. Den Zinnhandel betr. 1497—1544. Bl. 37. Vgl. Anhang.

Der Preis, den der Leipziger Kaufmann für das Zinnprodukt zahlte, war — für die bessere Sorte Zinn wenigstens — ¼ fl. höher als in Altenberg. Die übrigen Abmachungen deckten sich. Auch die Kündigungsfrist von einem Jahre vor Ablauf des Kaufs findet sich an beiden Stellen.

Es ist aus den genannten, 1538 erlassenen Verordnungen und Privilegien nicht recht ersichtlich, wie es mit dem Verlag der ärmeren Zinngewerken gehalten werden sollte. Aber wir wissen aus anderen Quellen, daß Michael Puffler nicht ohne Verlag der kleineren und auch der geldbedürftigen größeren Zinngewerken davongekommen ist. So mußte noch 1538 der Geyerer Gewerke Hans Glatz vor dem Bürgermeister und den Geschworenen des Altenbergs und in Gegenwart des Matthias Roth, des Faktors von Michael Puffler, bekennen, daß er 2000 fl. von Puffler empfangen habe [1], und zwar „zuvolge der verainigung umb den czinkauf" und zum Zwecke des Verlags des Glatzschen Anteils am Altenberger Zinnbergwerk. Das Geld war mit 5 % jährlich zu verzinsen. Als Sicherheit dienten die Bergteile, Hütten, Molen u. a. Immobilien des Glatz [2].

Es ist charakteristisch, daß selbst ein Gewerke wie Hans Glatz, ohne Hilfe auswärtiger Kapitalisten und ohne deren Verlag seine Zinngruben nicht abbauen konnte. Hans Glatz war einer der bedeutendsten Zinngewerken zu Altenberg. Wir kennen die Höhe der Altenberger Zinnproduktion und die Namen und die Beteiligungsziffern der einzelnen Gewerken für 29 Wochen der Jahre 1545/46. Eine Abrechnung des Zehntners Franz Raupennest vom 14. September 1545 bis 23. April 1546 ist uns erhalten geblieben [3]. Danach betrug in der genannten Zeit die Zinnausbeute:

des Hans Glatz vom Aldenhof . . . . . . 311 Ztr.

„ Martin Manwitz . . . . 228 „

von Georg Raupennests Erben . . . . . 184 „

„ Dr. Bernsteins Erben . . . . 180 „

der Stollenherren ufn Aldenberg . . . . 121 „

---

[1] Hauptstaatsarchiv Dresden, Loc. 7414. Acta in Sachen Michael Puffler. Bl. 8.

[2] Der Ausdruck „hipoteciren" kommt schon für diese Pfand- und Sicherheitssetzung in der betr. Urkunde vor.

[3] F r i e d r. A u g. S c h m i d , Diplomatische Beiträge zur sächsischen Geschichte. Dresden u. Leipzig 1839. S. 29.

des Hans Glenigk in Dresden . . . . . . 114 Ztr.

„ Mattes Morgenstern . . . . 112 „

von Georg am Steigs Erben . . . . . . 109 „

des Franz Schwertzel zu Altenberg . . . . 101 „

der Alnpeck zu Freiberg . . . . 100 „

des Valtin Buchführer zu Freiberg . . . . 50 „

„ Stefan Herklotz . . . . 9 „

„ Philipp Engelhardt . . . . 7 „

Man sieht, Hans Glatz stand 1545 an der Spitze der Altenberger Zinnproduktion. Er war, was die Höhe der Produktion angeht, der erste Gewerke der wichtigsten sächsischen Zinngewinnungsstätte. Wenn er schon Verlag brauchte, wie sollten dann die kleinen Zinngewinner in Geyer, Ehrenfriedersdorf usw. ohne die reichen Leipziger Kapitalisten auskommen?

Ausgezeichnet sind wir über die Formen unterrichtet, in denen sich der Verlag der kleineren Zinngewerken durch Michael Puffler vollzog. In einem Verlagskontrakt, den der Leipziger Handelsherr mit einer Anzahl Altenberger Zinngewerken am 21. September 1539 schloß [2], wurde festgestellt, daß die Rückzahlung des vorgeschossenen Geldes von seiten der Verlegten in der Form von Zinn sofort zu beginnen habe. Damit sollte die Möglichkeit unterbunden werden, daß einige der Gewerken ihr Zinnprodukt zur Abzahlung älterer Schulden usw. verwerteten und der Verleger das Nachsehen hatte. Auch das Eingehen von Verlagsverträgen mit anderen Kapitalisten war den Verpflichteten M. Pufflers verboten, es sei denn, daß sie vorher ihren Verlagsverbindlichkeiten ihm gegenüber völlig nachgekommen wären [3].

Falls einer oder der andere der Verlegten auf eine der ge-

---

[1] Im Jahre 1516 betrug in Geyer, Ehrenfriedersdorf und den benachbarten Orten die höchste Ausbeute der einzelnen Gruben 5 Ztr., die niedrigste ½ Ztr. In Summa 221 Ztr. Hauptstaatsarchiv Dresden, Loc. 4500. Unterschiedene Register über den Zinnzehnten auf der Zinnflöße zu Ehrenfriedersdorf 1490—1522.

[2] Hauptstaatsarchiv Dresden, Loc. 4493. Bergsachen, den Altenberg und Gießhübel betr. 1509—1697. Bl. 73/74. Ich habe das für die Geschichte des Verlagssystems wichtige Stück im Anhang abgedruckt.

[3] Die betreffenden Verleger hatten natürlich solange M. Pufflers Zinnkauf dauerte, das mit Hilfe solcher Verlagsverträge erworbene Zinn an den Monopolinhaber Puffler zu verkaufen.

nannten Arten kontraktbrüchig würde, sollte es Puffler und den Seinen zustehen, sofort „ohne alle weitere Ersuchung und Erlaubnis" das Zinn des Übertreters mit Arrest zu belegen. Nur der Arbeiterlohn für den Abbau des verlegten Zinns ging vor die Ansprüche des Kapitaldarreichers und mußte auch von den verlegten Gewerken zunächst gezahlt werden, ehe sie noch — mit Hilfe von Zinnlieferungen — an die Rückzahlung des Verlags gingen.

Lange hat die 1538 aufgerichtete Ordnung des sächsischen Zinnkaufs nicht bestanden. Schon am 7. Juni 1540 kündigte Michael Puffler in einem Schreiben an den Herzog den Zinnkauf zu Altenberg, Bernstein, Lauenstein, Ehrenfriedersdorf, Geyer und Thum. Puffler gab als Gründe für seine Kündigung einmal die „schlechten Zeiten" an. Dann aber konnte er sich auch darauf berufen, daß einige Zinngewerken geäußert hatten, es sei für die Bergwerke nützlicher, wenn es jedermann zuständе, sein Zinnprodukt frei zu verkaufen, an wen er wolle[1].

In den ersten Regierungsjahren des Herzog Moritz hat kein Zinnkaufsmonopol die freie wirtschaftliche Verfügungsgewalt der sächsischen Zinngewerken beschränkt. Aber wiederum zeigte es sich, daß dieser Zustand undurchführbar und dem sächsischen Zinnbergbau schädlich war. Schon 1544 fand Herzog Moritz, daß es „die hohe nothturft erfordern thut, einen zcinkauf im fürstenthumb aufzurichten"[2]. Wohl wurden für den 24. Januar 1544 alle Zinngewerken des Landes zu einer Beratung über den Abschluß eines Zinnkaufs nach Dresden gefordert, aber der Abschluß scheint nicht erfolgt zu sein.

Erst gegen Ende des Jahrzehnts sind dann wieder erneute energische Versuche gemacht worden, das sächsische Zinn in eine Hand zu bringen. Die Versuche um 1549 hängen aufs innigste mit gleichzeitigen Monopolprojekten im böhmischen Zinnhandel zusammen. Wir müssen daher, um hier ganz klar zu sehen, zunächst unsere Blicke nach Böhmen richten.

---

[1] Hauptstaatsarchiv Dresden, Loc. 7414. Den Zinnhandel betr. 1497—1544. Bl. 43.

[2] Aus einem Schreiben des Herzogs an den Bergmeister zu Altenberg, Ehrenfriedersdorf und Geyer, in welchem er ihn dazu auffordert, alle Zinngewerken im Lande für den 24. Januar nach Dresden zur Beratung über einen Zinnkauf zu laden. Hauptstaatsarchiv Dresden, Loc. 7414. Den Zinnhandel betr. 1497—1544. Bl. 48.

Viertes Kapitel.

Monopol- und Kartellbestrebungen im böhmischen und sächsischen Zinngroßhandel seit der Mitte des 16. Jahrhunderts.

Erster Abschnitt.

Die Monopolisierung der böhmischen Zinnproduktion in der Hand des Augsburgers Conrad Mayr.

H a u p t q u e l l e n: 1. Zinnkaufvertrag zwischen König Ferdinand und den Gewerken zu Schlackenwald und Schönfeld. 22. Oktober 1549. Vgl. F. A. S c h m i d t, Chronologisch-systematische Sammlung der Berggesetze der österreichischen Monarchie. I. Abteilung (Berggesetze des Königreichs Böhmen, der Markgrafschaft Mähren und der Herrschaft Schlesien). 2. Bd. (1548—1561). Wien 1832. S. 310.

2. Zinnkaufvertrag zwischen König Ferdinand und den Gewerken am Hengst, Lauterpach, Peringer, Lichtenstadt, Platten, Gotsgab, Kaff, Mückenberg u. a. 22. Oktober 1549. Vgl. S c h m i d t a. a. O., S. 312.

3. Zinnkaufkontrakt zwischen König Ferdinand und den Gewerken zu Graupen. 23. Oktober 1549. Vgl. S c h m i d t a. a. O., S. 315.

4. König Ferdinand überträgt dem Conrad Mayr aus Augsburg den böhmischen Zinnkauf auf drei Jahre. Privileg, datiert: Prag, 6. Dezember 1549. K. K. gemeinsames Finanzarchiv in Wien. Gedenkbuch, Böhmen 1549—50. Nr. 305, Fol. 112—115. Vgl. Anhang.

5. Conrad Mayrs Einwilligungserklärung. Daselbst Gedenkbuch, S. 116—117.

Es wäre interessant zu wissen, wie die Organisation des Zinngroßhandels, die wir für Sachsen seit dem Ausgang des 15. Jahrhunderts im vorigen Kapitel verfolgen konnten, sich in derselben Zeit in den benachbarten bedeutenden böhmischen Zinnproduktionsstädten, besonders in Schlackenwald und Schönfeld, entwickelte. Hier kann eine Darstellung dieser Entwicklung nur für diejenigen Epochen gegeben werden, wo durch Kartellbestrebungen usw. eine direkte Verbindung der zwei Wirtschaftsgebiete angestrebt wurde.

---

¹ Im Vierten Kapitel bedeutet: F. A. Wien = K. u. K. gemeinsames Finanzarchiv zu Wien, Böhmen, M. u. B. = Fasc. Böhmen, Münz- und Bergwesen.

Noch kurz vor der Mitte des 16. Jahrhunderts war der Zinn-kauf in Böhmen allen Kapitalbesitzern offen, d. h. es existierte kein Monopol, das die Gewerken zwang, ihr Zinnprodukt gegen festbestimmten Preis usw. einer Zinnkaufsgesellschaft zu über-geben. Die Schlackenwalder Zinnordnung, die 1548 im Druck er-schien, bestimmte in Abteilung 16 das folgende: „Von sonderlicher fürderung des zinbergkwercks wollen wir hiemit gnedigst allen den-ienigen so dasselbig bauen, zulassen, dass ein jeder gewerck s e i n z i n s e i n e s g e f a l l e n s u n d n a c h s e i n e m n u t z u n d f r o m e n w e m , w o u n d w e n n e r w i l z u v o r k a u f e n m a c h t h a b e n s o l l." Und auch bei den übrigen böhmischen Zinnbergwerken unterlag um diese Zeit der Zinnverkauf der Ge-werken keiner monopolistischen Beschränkung. In Artikel 29 der Zinnbergwerksordnung [1] für die übrigen böhmischen Zinnproduk-tionsstätten heißt es unter dem Titel „Von dem vorlag, vorlegern und denen, so gelt auf zin entlehen": „Zu sonderlicher fürderung des zinbergwercks wollen wir genedigst allen denienigen, so dasselbig bauen, zulassen, dass ein ieder gewerk s e i n z i n s e i n e s g e-f a l l e n s u n d n a c h s e i n e m n u t z u n d f r o m e n w e m u n d w o e r w i l l z u v o r k a u f e n m a c h t h a b e n s o l l.

Es soll auch das vorlegen auf disen unsern zinbergkwercken idermann frei sein und obgleich sich der mehrer teil gewercken des bergwercks mit unser zulassung sich in einen zinkauf bewilligen und einlassen [2], so sollen doch dieienigen, die es nicht bedürfen oder den es nicht gelegen sein wil, damit nicht verbunden, sondern frei sein."

Das Verhältnis zwischen Verlegern und den verlegten Zinn-gewerken wurde in derselben Ordnung wie folgt geregelt: „Alle dieienigen, so von vorlegern gelt auf zin aufheben und entlehen, die sollen auf bestimpte und versprochene fristen unvorzüglichen zalen. Da aber die vorleger derhalben gegen unserm bergkmeister klaghaftig würden, alsdann sol er, ungeachtet irer ungegründeten ausflucht und behelf, zu ihrem leib und gut schleunig vorhelfen. Werden gewercken mehr denn von einem vorleger, auch mehr denn

---

[1] Aus: „Röm. auch Hungarn u. Behem etc. kn. Mai. zinbergk-wercks-ordnung auf die bergkwerck Hengst, Perniger, Lichtenstadt, Platten, Gotsgab, Kaff, Mückenbergk u. a. derselben orten und enden. Gegeben Prag, 1. Jan. 1548. Gedr. zu Zwickau 1548.
[2] Soll wohl heißen: „in Zukunft einlassen würden".

auf einer zechen gelt entpfahen und entlehen und darnach in der
zalung sich der ausflucht und behelf gebrauchen und sagen das
zin wer nicht mit des, sondern mit eins andern gelt erbauet und
gemacht, oder der vorleger hett ihm nicht auf diese, sondern auf
ein andere zech gelichen, an solche und dergleichen behelf sol sich
unser bergkmeister nicht keren, sondern alwege den ersten und eltern
vorlegern mit des hülfe für die andern gehen lassen, ungeacht aller vor-
schreibung, so sie gegen einander eingangen und aufgericht haben.

Es sol auch keinem vorleger zin gefolgen, es seindt dann zuvorn
die arbeiter, so die zwitter gewunnen, fürgefürt und ausbereitet
ihres lidlohns und darnach die mühlherrn, schmeltzer und hütten-
herren ihres lohns und zins gantz und gar entricht.

Damit aber auch die vorleger nicht bevorteilt und abscheuhig
gemacht, so sollen bergkmeister und geschworne vleissigk achtung
haben und diejenigen, so von vorlegern gelt auf zyn nehmen, dahin
halten, dass sie in bergk und mühlen treulich arbeiten und dass
sie auch wochentlich anschneyden bei straf. Und so der bergkmeister und geschworne befinden, dass mehr auf berck und mühlen
gerechnet, dann gebürlicher weis darauf gangen, das soll unser
hauptmann, verwalter und bergkmeister mit ernst strafen.

Wir wollen auch, dass alle dieienigen, so von vorlegern gelt
auf zin entpfahen, desgl. auch alle andere den arbeitern an ihrem
lohn nicht aufschlahen, sondern par lohnen sollen und mit kainerlai
wahr; dass auch keinem hendler gestatt werde, schichtmeister zu
sein.‘‘

Nach allem, was wir wissen, waren es in erster Linie Nürnberger Kaufleute, die in Schlackenwald und in den übrigen böhmischen Zinnproduktionsgebieten das Zinnprodukt aufkauften und
den Verlag der ärmeren Gewerken in der Hand hatten. Ihre Geschäfte erlitten im Jahre 1549 eine ziemlich unerwartete Beschränkung. Am 22. Oktober dieses Jahres kam es zwischen dem
Landesherrn, König Ferdinand, und den böhmischen Zinngewerken
zum Abschluß eines allgemeinen Zinnkaufkontraktes [1]. Die Ge-

---

[1] Der König schloß am 22. Oktober drei Zinnkaufskontrakte ab,
den einen mit den Gewerken von Schlackenwald und Schönfeld, den
andern mit den Hengster, den Lauterbacher, den Peringer, den
Lichtenstädter, den Plattner, den Gottesgaber, den Kaffer, den
Mückenberger Gewerken. Am 23. Oktober folgte der Abschluß des
Vertrages mit den Gewerken zu Graupen. Die Verträge sind (aller-

werken sollten von Weihnachten 1549 bzw. für Graupen von
Pfingsten 1550 an auf 20 Jahre ihr gesamtes Zinnprodukt dem
König oder seinen Erben übergeben, und zwar zum festbestimmten
Preise von 18½ fl. [1] pro Schlackenwalder Zentner für solches Zinn,
das ohne Verlag erbaut ist, von 18 fl. für solches, das mit Hilfe
von Verlag gewonnen wird. Hartes Zinn soll nur mit 17½ bzw.
17 fl. bezahlt werden. Für die Ablieferung des Zinns und die Bezahlung werden bestimmte Orte verabredet. Die Bezahlung sollte
in barem Gelde geschehen.

Der König versprach auch dafür zu sorgen, daß es den ärmeren
Gewerken, die den Vorschuß nicht entbehren könnten, an Verlags-
geld nicht fehlen würde. Um diesen ärmeren Gewerken noch mehr
entgegenzukommen, wurde ihnen gestattet, auch andere Kapitalisten
als die vom König offerierten, als Verleger anzunehmen, falls sie
bei ihnen den Verlag zu bequemeren Bedingungen erhielten als
von den Monopolinhabern. Freilich geschah diese Erleichterung
unter der Voraussetzung, daß das gewonnene Zinn dann von den
betreffenden Verlegern dem König oder dessen Erben übergeben
würde [2].

Eine Reihe der Vertragsbestimmungen sieht für Fälle, daß
etwa besonders gold- oder silberhaltige Zinnerze gewonnen würden,
eine entsprechend höhere Bezahlung des Zinnproduktes vor. Mit
keinem Worte ist in den Verträgen der Kapitalisten gedacht, die
dem König das Zinnprodukt abnehmen und an seiner Statt das
Monopol über das böhmische Zinn in ihre Hände bringen würden.
Trotzdem dürfte es nur wenigen Zinngewerken in Böhmen zweifelhaft gewesen sein, daß die Krone nicht auf eigene Faust und für
sich das Monopol erwirkte, sondern daß dahinter Kapitalisten
standen, denen der König das fertige Abkommen — natürlich
gegen entsprechendes Entgelt — zedierte [3].

---

dings ziemlich lässig) gedruckt bei F. A. S c h m i d t , Chronologisch-
systematische Sammlung der Berggesetze der österreichischen Monarchie. I. Abt. 2. Bd. als Nrn. 42, 43 u. 44.

[1] Florin in guter Münze, wie sie im Königreich Böhmen „gangbar,
gieb und gab", d. h. den Florin für 24 weiße Groschen, den Groschen
zu 7 weißen Pfennigen (d.) gerechnet.

[2] Genaue, interessante Bestimmungen, wie der Verlag geschehen
soll, damit die Verleger nicht ihr Geld verlieren; vgl. F. A. S c h m i d t ,
a. a. O., I. 2., besonders Nr. 51, S. 343 ff.

[3] Wir haben früher einen analogen Fall vor uns gehabt. Auch

Wenn man den Darstellungen dieses großen böhmischen Zinnmonopols, wie sie in den sechziger Jahren des 16. Jahrhunderts in Sachsen von Kennern der Materie vorgetragen wurden, glauben dürfte, so wäre eine Reihe der größten Augsburger Handelsgesellschaften an dem böhmischen Zinnhandelsmonopol beteiligt gewesen. Die Fugger, die Manlich und die Mayr [1]. Nun liegt es nahe für die Fugger und die Manlich — beides Firmen, die im internationalen Metallhandel des 16. Jahrhunderts eine hervorragende Rolle spielten, die auch mit Ferdinand durch vielerlei Geldgeschäfte eng verbunden waren —, an eine Beteiligung irgendwelcher Art an dem böhmischen Zinngroßhandelsmonopol zu glauben. Tatsächlich wissen wir auch, daß Erasmus Heidenreich und Hans Metzschberger [2], die Geschäftsträger Ferdinands, mit den Manlich neben den Herwart, den Haug, den Neidhart, den Herbst und den Paller (alles Augsburger Firmen) wegen der Übernahme des böhmischen „Zinnkaufs" in Unterhandlung gestanden haben [3]. Die Unterhandlungen mit den Manlich

die sächsische Regierung nahm 1538 zunächst den Zinnkauf in eigene Hand, um ihn dann an die Kapitalisten weiterzugeben. Wie das zu geschehen pflegte, erkennt man gut aus einem Schreiben des Kurfürsten Moritz von Sachsen an seinen Bergamtmann zu Altenberg (datiert: 16. September 1550; Hauptstaatsarchiv Dresden, Loc. 36 080, Nr. 666, Bl. 25 bzw. 53 a). Moritz hatte mit den Altenberger Zinngewerken einen Zinnkauf auf 20 Jahre abgeschlossen. Jetzt ließ er den Gewerken melden, sie sollten den Leipziger Kaufleuten Hieronymus Lotter und Valtin Buchführer „den bewilligten kauf, in massen wir den jüngst mit inen geschlossen, nemlich den ctr. umb zwölf gulden bahr umb bar uff negst uff künftig Michaelis ahne wegrunge bies uff unser weiter vorordnung zu kommen lassen und dagegen bahr betzallung von inen gewarten."

[1] In einer Denkschrift der kurfürstlich sächsischen Räte des Jahres 1569 (Hauptstaatsarchiv Dresden, Loc. 36 080, Nr. 664, Bl. 12 a unten) heißt es: „Dan chf. g. seindt sonder zweifel bericht, wie vor etzlichen jaren in der chron B e h e i m b auch ein zcinkauf aufgerichtet, welchen die zeit die furnembsten hendler im reich als die F u c k e r, die M a n l i c h e und die M e y e r i s c h e und andere in henden und eben in dem furhaben die czien ires gefallens zu steigern." Dagegen nennt die gleichfalls 1569 entstandene Zinnkaufs-Denkschrift des Hans Jenitz nur die M a n l i c h als die Finanzmacht, die das böhmische Zinnmonopol kapitalisierte (Hauptstaatsarchiv Dresden, Loc. 36 080, Nr. 664, Bl. 19).

[2] Letzterer hat auch sonst als Finanzagent Ferdinands viel mit den Kaufleuten in Augsburg und Nürnberg zu tun gehabt.

[3] F.A. Wien. Böhmen, M. u. B. (1540—1569) Nr. 16 406.

wie mit den anderen genannten süddeutschen Firmen sind daran
gescheitert, daß die betreffenden Kaufleute wissen wollten, das
böhmische Zinn vertrage einen Preisaufschlag, wie ihn das Monopol
nötig mache, nicht. Die Gefahr bestände, daß im Falle einer Preiserhöhung Italien, der bedeutendste Zinnabnehmer der Böhmen,
englisches Zinn „per mare" einführe.

Die Manlich und eine andere Firma, deren Namen ich leider
nicht feststellen kann, haben dann König Ferdinand vorgeschlagen,
er selbst möge das böhmische Zinn „empfangen und verlegen" [1].
Das Kapital, das der König dazu brauche, wollten sie ihm gern
leihen. Ferdinand solle jährlich 10 % Zinsen dafür zahlen. Die
Firmen wollten auch den Vertrieb des königlichen Monopolzinns
übernehmen. Sie verlangten eine Vergütung von 2 % und Ersatz
der Unkosten dafür [2]. Das Geld, das die Firmen beim Zinnverkauf
lösten, solle zunächst „an der schuld a rata der zeit nach alspaldt
abgehalten werden".

Der Vorschlag ist nicht verwirklicht worden. Die Manlich
scheinen dann an dem böhmischen Zinngroßhandelsmonopol überhaupt keinen Anteil genommen zu haben. Vielleicht erklärt sich
aus den geschilderten Ansätzen die Annahme der obengenannten
sächsischen Denkschriften, die den Manlich neben den Fuggern
und den Mayr eine Beteiligung an dem böhmischen Zinnmonopol
vom Jahre 1549 ff. zuschreiben. Inwieweit die Nachricht bezüglich
der Fugger richtig ist, werden wir noch sehen. Jedenfalls standen
die Mayr aus Augsburg, besonders Conrad Mayr, für das große
Publikum im Vordergrunde der großzügigen Spekulationsunter-
nehmung [3].

---

[1] Leider ist das Schriftstück, nach welchem obiger Sachverhalt
dargestellt ist, undatiert und ohne Namen. F.A. Wien. Böhmen,
M. u. B. (1540—1569) Nr. 16 406. Der Verfasser spricht von den
„Manlich und wir". Es handelt sich wohl um eine süddeutsche
Handelsfirma, die mit den Manlich in Konsortialbeteiligung das Ge-
schäft machen sollte.

[2] Die 2 % verstehen sich, wie es scheint, von dem hergeliehenen
Kapital. Wenigstens sagt das Schriftstück: „Sie wollen . . . fur ir
mie uber den uncost, so darauf gen wurdt, 2 % haben oder auf das
hinausleihen 12 % rechnen."

[3] Die Denkschrift Hans Bernsteins, des bekannten Rates des
Kurfürsten August von Sachsen, aus dem Jahre 1585, in der ein
historischer Rückblick auf frühere mißlungene Zinnmonopolprojekte

Wer war dieser Conrad Mayr? War sein Vermögen groß genug, um eine kapitalistische Transaktion von Bedeutung durchzuführen? Leider sind wir nicht sehr gut über die geschäftliche Tätigkeit Conrad Mayrs unterrichtet. Mehr wissen wir von seiner politischen Tätigkeit im Dienste seiner zweiten Heimatstadt Augsburg.

Conrad Mayr stammte aus Memmingen, wo er als Sohn des Andreas Mayr und der Barbara geb. Loeklein geboren war [1]. Nachdem er im Jahre 1531 mit Euphrosina, der Tochter des Lukas Walter, das Augsburger Bürgerrecht erheiratet hatte, siedelte er in die Heimatstadt seiner Frau über. Dort gehörte er seit 1538 dem Patriziat an und war seit 1545 Mitglied des Kleinen Rates „von den Herren". Weil Conrad Mayr dem alten Glauben treu geblieben war, gehörte er zu der Partei im Augsburger Rat, die sich mit großer Energie, wenn auch vergeblich, einem Kriege gegen Karl V. widersetzt hatte. Als dann die reiche Stadt mit dem siegreichen Kaiser ihren Frieden machen mußte und es galt, möglichst leichte Bedingungen zu erreichen, da war Conrad Mayr mit Marx Pfister, Sebastian Seitz, Georg Hopfer und Dr. Peutinger unter der Gesandtschaft, die Anton Fugger zu dem berühmten Fußfall vor dem Kaiser nach Ulm führte [2]. In den Jahren 1550—60 bekleidete Conrad Mayr die Würde eines Bürgermeisters der Stadt Augsburg [3]. In dieser Eigenschaft wurde er vielfach zu Missionen an den Kaiser, bei dem er in großem Ansehen stand, und an König Ferdinand als Fürsprecher seiner zweiten Vaterstadt verwendet. Aber auch die Sache des Kaisers hat Mayr verschiedentlich durch Geldvorschüsse u. a. vertreten. Als es z. B. im Frühjahr 1552 galt, so schnell als möglich Truppen anzuwerben, da war Mayr mit Anton Fugger und dem kaiserlichen Oberst Konrad von Haustein Tag

---

gegeben ist, nennt nur die „Mayrischen von Augsburg" als diejenige Firma, die 1549 ff. das böhmische Monopol finanzierte. Hauptstaatsarchiv Dresden, Loc. 7294, Bernstein, 4, Bl. 409 ff.

[1] Nach gütigen Mitteilungen des Herrn Rechtsrat Werner in Augsburg und des Augsburger Stadtarchivs.

[2] F r. R o t h , Augsburgs Religionsgeschichte. 3. Bd. München 1907. S. 469.

[3] Seit der Regimentsänderung vom 3. August 1548 gab es neben den beiden Stadtpflegern — den Stadtoberhäuptern — sechs Bürgermeister, von denen immer je zwei vier Monate lang besonders als oberste Polizeibeamte tätig waren.

und Nacht daran, die Hauptleute, die die Söldner sammeln sollten, anzufeuern und mit dem nötigen Laufgeld zu versehen [1].

Ist es nach dem Gesagten erklärlich, wie König Ferdinand auf Conrad Mayr kam, als er daran ging, das böhmische Zinnmonopol als Finanzquelle zu benutzen, so wird man sich wundern, daß Conrad Mayr mit einem vergleichsweise nicht sehr großen Vermögen ein so umfassendes Geschäft begann. Aus den Augsburger Steuerlisten läßt sich nämlich erkennen, daß Mayrs Vermögen durchaus nicht zu den größten der reichen Handelsstadt gehörte. Wenn er 1534: 40 fl., 1540: 65 fl., 1548: 70 fl. steuerte, eine Summe, die sich 1554—1562 auf 115 fl. erhöhte, so gab es Dutzende von Augsburger Kapitalistenfamilien, die ihn an Reichtum übertrafen [2].

Wahrscheinlich wird aber Conrad Mayr nicht allein mit seinem eigenen Geld die böhmische Transaktion unternommen haben. Andere standen wohl hinter ihm. Schon oben wurde auf zeitgenössische Stimmen aufmerksam gemacht, die neben den Mayr, die Fugger und Manlich als Inhaber des böhmischen Zinnmonopols nannten. Es verdient in diesem Zusammenhang Beachtung, daß unser Conrad Mayr einmal der Faktor der Fugger genannt wird [3]. Nun war, wie wir genau wissen, noch beim Tode Jakob Fuggers des Reichen (1527) ein Conrad Mayr in Fuggerschen Diensten [4]. Höchstwahrscheinlich war dieser Conrad Mayr mit unserem Monopolisten identisch, wenn damit auch nicht bewiesen ist, daß er 1549 noch wirklich in Fuggerschen Diensten stand und die böhmische Zinnaktion im Auftrage der Fugger durchführte. Jedenfalls waren die Fugger ganz genau über die Sachlage orientiert. Das ergibt sich aus folgendem:

In mehreren Exemplaren [5] ist eine Art Lehrbuch der Buch-

---

[1] R o t h a. a. O., 4. Bd., S. 449. Die Rechnungen Mayrs, beginnend mit dem 2. April, über seine Ausgaben „für den Lauf der Knechte" haben sich erhalten; cfr. R o t h , S. 546, Anm. 80 und S. 547, Anm. 91.

[2] Vgl. J. S t r i e d e r , Zur Genesis des modernen Kapitalismus.

[3] In einer Beschwerde und Bittschrift der Landschaft unter der Enns (1552). Msc. im K. K. gemeins. Finanzarchiv zu Wien, Loc. Böhmen. Schlackenwald 1552. Letztes Blatt des nichtpaginierten Konvoluts.

[4] M. J a n s e n , Jakob Fugger der Reiche, S. 66 f., 181, 332.

[5] Stadtbibliothek Elbing, F. 30. Stadtbibliothek Danzig,

haltung, von dem Fuggerschen Hauptbuchhalter Matheus Schwarz verfaßt, auf uns gekommen [1]. Darin hat Schwarz auch zwei große Musterbuchführungen mitgeteilt. Die eine bringt eine Musterabrechnung der venetianischen Faktorei der Firma Fugger und bietet zweifellos in ihren weitaus meisten Partien die Originalgeschäftsführung der Fugger in Venedig aus dem Jahre 1516. Leider konnte die wertvolle Quelle von J a n s e n in seinem „Jakob Fugger der Reiche" nicht benutzt werden. Wir gedenken später darauf zurückzukommen. Hier ist es die andere von Matheus Schwarz gegebene Musterbuchführung, die uns interessiert. Sie wird von dem Fuggerschen Hauptbuchhalter wie folgt eingeleitet: „Auf 17. Aprilis im 1550 jar kam ein namhafftige herr on namen zu mir M. Schwartzen und sagt wie das er gern wolt eine neue handlung mit dem S c h l a g g e n w a l d e r z i n anfahen. Darzu muss er haben vill gelts, auch diener an mer orten und er woldt das haupt zu Augspurg bleiben. Darauf bat er mich, ich wolte ein formular eins buchhalten machen. . . . Darauf hab ich im wie hierinnen volgt ein kurtzen formular gestelt, des ich ime aus guter freundschaft halber nit hab konden abschlagen [2]."

Der Inhalt des „Formulars" ist nichts weniger und nichts mehr als der effektive (nicht fingierte) Niederschlag der tatsächlichen Geschäftsführung des böhmischen Monopolunternehmens des Konrad Mayr, wenigstens in den ersten Monaten des Bestehens der Firma. Die an den Augsburger von den böhmischen Gewerken gelieferten Mengen Bleis werden in dem Formular des Matheus Schwarz mit den einzelnen uns auch sonst überlieferten Quanten genau aufgeführt. Die dafür gezahlten Summen stimmen mit den kontraktlich verabredeten Preisen überein. Auch sonst ist die Ausführung im einzelnen so detailliert, so individuell, daß die Annahme einer methodologischen Fiktion unmöglich erscheinen muß.

Also: Wenn der Hauptbuchhalter der Fugger dem Konrad Mayr für das Schlackenwalder Geschäft die Buchführung machte,

---

Manuskript 2297. Außer diesen beiden Handschriften, auf die mich Herr Prof. Dr. B. Penndorf freundlich aufmerksam machte, konnte ich eine dritte in der Wiener Hofbibliothek feststellen.

[1] Die Elbinger Handschrift ist 1551, die Danziger 1564 datiert. Vgl. jetzt B. P e n n d o r f , Geschichte der Buchhaltung in Deutschland. Leipzig 1913. S. 48.

[2] Aus Matheus Schwarz, Bl. 48 der Danziger Handschrift.

wenn ferner — wie aus dieser Buchführung ersichtlich [1] — die Fugger für den Schlackenwalder Zinnkauf mit Mayr in lebhafter Geschäftsverbindung standen, wenn endlich Konrad Mayr auch sonst eng mit den Fuggern verbunden erscheint, so darf man sich nicht wundern, wie das Gerücht entstehen, sich verbreiten und Jahrzehnte lang erhalten konnte, die Fugger seien die Inhaber des böhmischen Zinnmonopols von 1549 ff. gewesen. Erwähnt sei schließlich noch, daß die Fugger auch sonst in jenen Jahren besondere Unternehmungen unter dem Namen und unter der Firma von treuen, zuverlässigen Faktoren gehen ließen [2].

Wie dem auch sei, ob hinter Konrad Mayr die Fugger standen oder nicht, in den Kontrakten, die Mayr mit König Ferdinand über das böhmische Monopol abschloß, ist von dem großen Augsburger Handelshaus nicht die Rede. Hier steht Konrad Mayr allein dem Könige gegenüber, dem er — angeblich zinslos — 30 000 fl. als Darlehen gewährte, um dafür das böhmische Zinnhandelsmonopol auf vier Jahre (vom 1. Januar 1550 bis zum 31. Dezember 1553) in Empfang zu nehmen. In Wahrheit erhielt Konrad Mayr $5\frac{3}{4}$ % p. a. Es wurden ihm nämlich, so war es im Kontrakt ausgemacht, drei Jahre lang je 100 Zentner geschmeidiges Zinn gratis geliefert („frei on ainich bezalung"). Sonst hätte Mayr für den Zentner 23 fl. zahlen müssen = 6900 fl. für 300 Zentner. Er erhielt also jährlich von 30 000 fl. 1725 fl. Zinsen, d. h. $5\frac{3}{4}$ %.

Die genannten vier Jahre hindurch mußte König Ferdinand dem Konrad Mayr alles Zinn, das er selbst von den Zinngewerken zum Preise von $18\frac{1}{2}$ resp. 18 oder $17\frac{1}{2}$ resp. 17 fl. (s. o.) erhielt [3], für 23 fl. bei geschmeidigem Zinn, für 22 fl. bei ungeschmeidigem überlassen. Konrad Mayr anderseits war verpflichtet, alles Zinn, das erbaut wurde, abzunehmen, es sei denn, daß Krieg in Böhmen ausbräche. Wenn er in diesem Falle das fertige Zinnprodukt „mit Sicherheit nicht erheben noch vertreiben", oder das Geld zur Be-

---

[1] Ich gehe hier nicht auf die Buchführung ein; ich hoffe in der geplanten, großen Edition der süddeutschen Handelsbücher und verwandten Akten des 15. und 16. Jahrhunderts, deren Leitung mir die Historische Kommission bei der Königl. Bayrischen Akademie der Wissenschaften übertragen hat, später auf die Buchhaltung des Matheus Schwarz zurückkommen zu können.

[2] Vgl. K. H ä b l e r , Die Geschichte der Fuggerschen Handlung in Spanien, S. 109.

[3] Diese Summe wurde das Losungsgeld genannt, während der Verdienst des Herrschers „Bevorstand" hieß.

zahlung des Zinns nicht gefahrlos gen Schlackenwald bringen könne, so wollte sich Ferdinand mit ihm in Güte einigen.

Damit Konrad Mayr besser über Absatz und Bezahlung des Zinnes disponieren konnte, waren die königlichen Verwalter oder Amtleute zu Schlackenwalde gehalten, ihm oder seinen Leuten bei jeder Zinnlieferung schätzungsweise anzugeben, wieviel Zinn im nächsten „Quartal" geliefert werden konnte. Wollte der König nach Ablauf der festgesetzten vier Jahre den Zinnkauf weiter vergeben, so mußte er ihn dem Konrad Mayr überlassen, wenn dieser dasselbe bot wie ein anderer Reflektant (Vorkaufsrecht). Die Rückzahlung der vorgestreckten Summe sollte in dem letzten Halbjahr der Kontraktzeit durch Zinnlieferungen des Königs erfolgen.

Durch den Kontrakt vom 6. Dezember 1549 rückte Mayr in den Mittelpunkt des böhmischen Zinnbergbaus. Seine Kapitalien dirigierten die Produktion. Er bezahlte die Gewerken, die den königlichen Amtleuten ihr Zinnprodukt überlieferten. Er verrechnete dann halbjährlich die dem König vorbehaltene Gewinnquote. Wollte der König auf diese Einkünfte eine Anleihe machen, so mußte er Konrad Mayr davon benachrichtigen und zunächst mit ihm über die Anleihe verhandeln, ehe er sie bei anderen Kapitalisten aufnahm. Der Vertrieb des böhmischen Zinnes war somit ganz in die Hände des Augsburger Kapitalisten gelegt. Nur einige Verkaufsbeschränkungen waren in dem Kontrakte des 6. Dezember festgelegt worden. So sollte Mayr der Gesellschaft des Zinnblechhandels zu Amberg in der Pfalz [1] alljährlich 500 Zentner Zinn zu dem Einkaufspreis (23 resp. 22 fl. pro Zentner) überlassen. Auch den Zinngießern in Schlackenwald und Graupen mußte er jährlich 2—300 Zentner zum Erstehungspreise abgeben. Endlich behielt sich der König vor, jährlich bis 500 Zentner „zu Notturft des Geschütz" und „zu anderm Gebrauch" der Krone direkt von den Gewerken zu beziehen.

Bei der Bevorzugung der Amberger Gesellschaft des Zinnblechhandels müssen wir noch einen Augenblick verweilen. Die Gesellschaft hatte schon früher, als Schlackenwald usw. noch den Herren von Pflug gehörte, eine Ausnahmestellung als großer Zinnabnehmer innegehabt. Freilich drohte auch bereits in den dreißiger Jahren

---

[1] Näheres über die Gesellschaft des Zinnblechhandels siehe oben S. 145 ff.

hierin eine Änderung. Hans Pflug schrieb am St. Ursulatag 1535 an die Gesellschaft des Zinnblechhandels in Amberg, daß er schwerlich in Zukunft noch, wie sie bäten, die üblichen 400 Zentner Zinn an sie abgeben könne, da er beabsichtige, bei „seinen Bergwerksverwandten und Untertanen" durchzusetzen, alles Zinn, welches auf seinem Bergwerk in Schlackenwalde gewonnen würde, „k a u f s - w e i s e i n e i n h a n d t z u g e b e n"[1]. Pflug konnte auch in demselben Briefe mitteilen, daß er bereits mit einer Gesellschaft über die Vergebung des Schlackenwalder Zinnkaufsmonopols in Unterhandlung stehe.

Kurze Zeit hat damals die Amberger Kompagnie daran gedacht, selbst das Monopol zu übernehmen. Aber schließlich fand man doch nicht den Mut für solch ein großzügiges Unternehmen. Um so eifriger versuchte die Amberger Gesellschaft sich auch trotz der drohenden Monopolisierung noch ein monopolfreies Zinnkontingent in Böhmen zu sichern. Als Ferdinand am Ende der vierziger Jahre den Monopolgedanken der Pflug auszuführen begann (siehe oben), wandten sich die „Geordneten" der Gesellschaft des Amberger Zinnblechhandels in einem dringenden Schreiben an den Pfalzgrafen Friedrich[1]. Sie hätten, führten sie darin aus, davon gehört, daß Ferdinand beschlossen habe, alles böhmische Zinn durch die Kammer aufzukaufen. Dann folgt in dem Brief die nachfolgende, beachtenswerte Stelle: „Dieweiln nun, wie man den hof erkhennt, unsers vermutens solicher contract directe nit uf die kgl. camern sonder vermittls darunder lauffenden practickhen uf sonders andere personen sich erstregkhen wirdet, haben wir uns ferner sovil erkhundigt, dass etliche genachparte zu Nurnberg und Augspurg im handl steckhen, denselben zinkhauf aus der k. Mt. camern fortan in i r handt und gewalt zu pringen. Es soll auch vasst mit inen dahin abgehandlt sein, daruss gut abzunemen ist, mit solichen zin (nachdem das englisch [Zinn] in disem Ober-Teutschlandt nit so vertriblich) einen monopolischen, aigennutzigen

---

[1] An anderer Stelle des Briefes heißt es: Pflug wolle „alle zin durchaus, so auf meinen bergwerckh zu Schlackenwalde gemacht und berait werden, mit der vorlage und kauf in einer gesellschaft hand stellen." Amberger Kreisarchiv. Amberg Stadt. Nr. 42. Fasc. 326.

[2] 3. Mai 1549. Kreisarchiv Amberg. Amberg Stadt. Nr. 115. Fasc. 327.

handl, wie mit andern mer ufzurichten." Als sich daraufhin Pfalzgraf Friedrich an Ferdinand mit der Bitte wandte, er möge die
Monopolinhaber des böhmischen Zinns verpflichten, während ihrer
Kontraktperiode jährlich der Amberger Gesellschaft 450—550 Ztr.
Zinn zu mäßigem, festen Preis zu liefern [1], willfahrte der König
diesem Wunsche, wie wir aus dem Kontrakt mit Konrad Mayr
sahen.

Den obengenannten Beschränkungen der Verfügungsgewalt
Konrad Mayrs über das böhmische Zinn standen bedeutende Förde-
rungen von seiten der Krone gegenüber. Im Königreich Böhmen
war das Zinn Mayrs von allen Zöllen, Mauten usw. ausgenommen.
In den übrigen Ländern Ferdinands durfte es über die gewöhn-
lichen „Zölle, Mauten und Aufschläge" nicht in Anspruch genommen
werden.

Ferner genoß Mayr noch einen erhöhten königlichen Schutz
gegenüber allen anderen Kaufleuten in Ferdinands Landen. Dieser
Schutz bezog sich auch charakteristischerweise auf etwa vor-
kommende Belästigungen Konrad Mayrs durch die gegen Monopole
gerichtete Reichsgesetzgebung. Wenn Mayr „diser zinhandlung
halber, als ob er ain verbotene oder monopolische handlung damit
getriben oder geuebt het, vor der röm. kais. Majestät, derselben
camergericht oder kaiserlichen viscall [2], oder andern orten beclagt
werden sollte", so wolle ihm Ferdinand helfen und ihn in seinen
Schutz nehmen [3].

Der König war sich übrigens ganz klar darüber, daß Mayr

---

[1] F.A. Wien. Böhmen. Schlackenwalde 1549.

[2] Diese Rückendeckung durch den Kaiser resp. den deutschen
König scheint damals allgemein üblich gewesen zu sein. So wurde
1524 in einem Quecksilberkontrakte Ferdinands I. und der Gewerken
von Idria mit den Höchstettern von Augsburg der König zur Hilfe-
leistung verpflichtet, falls die Kontrahenten „ditz kaufs halb von
des raichs regiment oder desselben fiscalen" angesprochen wurden.
F. A. S c h m i d t a. a. O., III, 1, S. 113 ff. hat sinnlos „Filialen".
Der Fiskal ist der Anwalt des Reiches, der die Prozesse gegen die
Monopolisten zu führen hatte. Siehe oben S. 71 ff., besonders S. 80/1.

[3] Erst auf heftiges Drängen Mayrs und auf dessen Hinweis,
daß auch andere einen derartigen Schutz erhalten hätten, hatte sich
Ferdinand zu dieser Zusage bereitfinden lassen. Vgl. das Schreiben
an die Unterhändler Heidenreich und Metschberger 23. Oktober
1549. F.A. Wien. Böhmen, M. u. B. 1576—1590 (16 407).

den Kontrakt benützen würde, um Monopolpreise zu erzielen. Er schreibt in der Instruktion für Heidenreich und Metschberger [1]: „Wissentlich ist wo die zin in aines handt khumen, dass derselb die schier seines gefallens mit grosser staigerung und nutz hinbringen thuet. Und ob er gleich ain halbs oder gantz jar etwas wenig sp.....[2] so bringt er doch denselben verzug in den nachvolgenden jaren topelt wider herein."

Das wichtigste Versprechen aber, das König Ferdinand dem Konrad Mayr in dem Kontrakte vom 6. Dezember 1549 gab, bezog sich noch auf etwas anderes. Der Augsburger wäre ein schlechter Kaufmann gewesen, wenn er nicht gewußt hätte, daß sich das Zinnhandelsgeschäft nur durch Verabredungen mit den sächsischen Produzenten wirklich hochrentabel gestalten würde [3]. So ließ er sich denn in dem Kontrakte vom 6. Dezember 1549 von Ferdinand feierlich versprechen, daß dieser mit dem Kurfürsten von Sachsen in Unterhandlungen eintreten wolle, die ein Kartell der Beherrscher der sächsischen und der böhmischen Zinnproduktion herbeiführen sollten. Entweder ein Preiskartell, in welchem sich die sächsische Regierung und die Gewerken des sächsischen Zinnbergbaues verpflichteten, das Zinnprodukt ihrer Gruben nicht billiger an die Zinnhändler abzugeben, als es Konrad Mayr in Böhmen erhielt. Oder ein Gebietskartell, in welchem die Kaufleute, die mit sächsischem Zinn handelten, versprachen, ihre Ware nur dorthin zu führen und zu verkaufen, wo damit Konrad Mayr keine Konkurrenz gemacht würde.

Sollten sich unüberbrückbare Schwierigkeiten für das Zustandekommen eines Kartells ergeben, so wurde Konrad Mayr ein Abschluß der Grenzen der habsburgischen Lande gegen sächsisches und überhaupt fremdes Zinn zugesichert.

---

[1] F.A. Wien. Böhmen M. u. B. (1570—1590), Nr. 16 407.

[2] Unleserliches Wort, das soviel bedeutet wie „verdient".

[3] „Do anno im 50. johr die kaufleute von Augspurck mit denen zue Schlackenwalde uff 20 jahr einen zihnkauf geschlossen, dorrueber brief und siegel geben, auch vorhabens gewesen die zihn in E. chf. G. landen an sich zue zihen..." Aus einem Gutachten der gemeinen Zinngewerken und Vorleger von St. Annaberg, Buchholz, Geyer, Ehrenfriedersdorf und Thum vom Jahre 1569. Hauptstaatsarchiv Dresden, Loc. 36 080, Nr. 666, Bl. 102 a.

Zweiter Abschnitt.

Vergebliche Versuche den böhmischen und sächsischen Zinngroßhandel zu kartellieren (1549 ff.). Konrad Mayrs Fall.

Als Ferdinand in dem Kontrakt vom 6. Dezember 1549 Konrad Mayr versprach, dafür zu sorgen, daß die sächsische Konkurrenz ihm nicht in den Rücken fiele, waren schon seit längerer Zeit diesbezügliche Verhandlungen gepflogen worden. Schon in einem Bericht vom 5. August 1549, den Erzherzog Ferdinand dem König Ferdinand I. über die Verhandlungen gab, die er mit den Bevollmächtigten Konrad Mayrs gehabt hatte, erwähnte der Erzherzog die Forderung des Augsburgers, die sächsische Konkurrenz auszuschalten [1]. Er schlug vor, Ferdinand I. möge auf der bevorstehenden Reise nach Sachsen mit Kurfürst Moritz darüber unterhandeln.

Ferdinand zweifelte nicht, daß Moritz von Sachsen für die finanziellen Vorteile, die auch für ihn aus einem sächsisch-böhmischen Zinnmonopol resultierten, empfänglich sein würde. Er meinte charakteristisch in einem Schriftstück aus jenen Tagen: „gedachter churfürst von Sachsen werde den genues und nutz so wenig als wir nit dahinden lassen, sondern ee noch ain merers als wir heraus bringen" wollen [2]. Tatsächlich hat Ferdinand I. von seinem sächsischen Besuche im September 1549 das Versprechen Moritzens mit nach Hause gebracht, auch in Sachsen einen Zinnkauf einzuführen, der dem böhmischen „gleich und gemäss gestelt" sei [3]. Er konnte

---

[1] K. K. Statthaltereiarchiv Prag, Kopialbuch-Nr. 45 (Hofberichte 1549—1550), Fol. 14—15. Der Vertreter Mayrs hatte ausgeführt, daß „zu fürderung des handels sowol Ew. Mt. als ime zue guten von nöten sein woll, die zin, sovil deren in des churfürsten zu Saxen landen und gepieten gemacht, auch an Ew. Mt. zu bringen oder mit seinen churfürstlichen gnaden sovil zu handeln, damit sein churfürstliche gnaden bei derselben zin-pergkwerchen und gewercken verfuegen welle, die zin in dem khauf wie sich Ew. Mt. mit ime Maier oder andern vergleichen wurden, auch zu verkhaufen und hinzugeben."

[2] Instruktion für Erasmus Heidenreich und Hans Metschberger. 5. September 1549. F.A. Wien. Böhmen, M. u. B. (1570—1590), Nr. 16 407.

[3] Schon am 26. September drang Ferdinand I. in Moritz, sein Versprechen zu halten. F.A. Wien. Fasc. Böhmen, M. u. B. (1570

am 11. Oktober 1549 seinen Unterhändlern mit Konrad Mayr erklären, daß Moritz seine „zin nit geringer oder leichter als wir die unsrigen zu geben willens sei" [1].

Kurfürst Moritz von Sachsen hat es denn auch nicht an Versuchen fehlen lassen, die Zinngewerken seines Landes zu einem Zinnmonopol zu bewegen. Am 5. November 1549 ließ er den sächsischen Zinnern mitteilen, er halte es für nötig — um, über dem jetzt wieder wachsenden Export englischen Zinnes, den Zinnpreis nicht sinken zu lassen [2] —, daß „zwischen den ziengewercken und etlichen kaufleuten auf eine antzal jhar ein gewisser zienkauf" geschlossen werde [3]. Moritz weiß auch schon, daß die Kaufleute nicht für einen

bis 1590), Nr. 16 407. Moritz antwortete unter dem 3. Oktober von Chemnitz aus, er möchte zuvor wissen, wie Ferdinand den Zinnkauf in Böhmen kontrahiert habe, damit er sich danach richte und „sovil muglich gleichheit hielte". F.A. Wien. Böhmen, M. u. B. (1540—1569), Nr. 16 406.

[1] A. a. O., Böhmen, M. u. B. 1549.

[2] Interessant sind die bevölkerungspolitischen Begründungen, die, in rein merkantilistischer Art, den churfürstlich-sächsischen Denkschriften jener Zeit beigegeben werden. Da wird stets auch die Vermehrung bzw. numerische Erhaltung der Bevölkerung — der Mannschaft, wie man sich ausdrückt — als politischer Maxime gedacht.

[3] Der folgende Entwurf eines Zinnkaufs von Dr. Fachs (Ende 1549) zeigt, wie man sich ungefähr die Sache in Dresden dachte. Hauptstaatsarchiv Dresden, Loc. 36 080, Nr. 666, Bl. 11:

„1. Der zienkauf sal N jhar stehen.

2. Der kaufman sal das zien auf seinem kosten besage des zienkaufs wie der mit den gewerken beschlossen, vorlegen, gewegen, annehmen, einschlahen und wegschaffen.

3. Der kaufman sal auf unsers gnedigsten hern gebure 20 000 fl. ungeverlich ane interesse hiraus geben und auf die letzten jhar an jeden centner die gebuer abrechnen und dadurch die 20 000 fl. wieder bekommen.

4. Sal der kaufman den gewerken ire zien alle sonnabent bahr um bahr betzalen und unserm gnedigsten hern s. cf. gn. gebure alle Leipzigker merckte erlegen.

5. Der kaufman sal im lande von den handwergs-leuten über 1 fl. von einem centner zien nicht zu gewin nehmen.

6. Den Rulicken [Rholingk] ist im vertrauen zugesagt, sie mit etwas zu bedencken, davon man weiter sollte reden. [Dieser Paragraph ist durchgestrichen.]

7. Wie der zienkauf mit den ziengewercken beschlossen also solten es die hendler annehmen und unserm gn. h. von jedem centner 2 fl. entrichten."

Zinnkontrakt zu haben sein werden, wenn ihnen nicht ein Monopol gegeben würde. Sein Ausschreiben an die Gewerken enthält außerdem bereits den Vorschlag des von den Monopolinhabern zu zahlenden Zinnpreises (12½ fl. in bar, bei Verlagsgewährung im höchsten Falle 9 Groschen pro Zentner weniger)[1].

Waren die meisten Altenberger Gewerken und einige von Geyer für das Monopol, so erklärten sich die übrigen Geyrer Zinner sowie die Thumer und Ehrenfriedersdorfer dagegen und baten, sie mit dem monopolistischen Zinnkauf zu verschonen. In erster Linie natürlich die Großgewerken. Besonders lebhaft klang der Protest der reichen Familie Rholingk, deren Mitglieder zu den größten Gewerken im Lande gehörten und überdies hohe Stellen in der sächsischen Bergverwaltung bekleideten. Ihr Führer, Hans Rholingk, sprach seine Verwunderung darüber aus, daß man die Gewerken von Altenberg, auch etliche von Geyer „zue einem zienkauf" nach Dresden beschieden habe, ohne auch sie zu laden[2]. Sie seien doch die größten Gewerken in Geyer und Thum. Ihrer Unternehmungslust und Kapitalkraft hätten die dortigen Bergwerke auch in schwierigen Zeiten das Meiste zu danken gehabt. Hans Rholingk wies auch darauf hin, daß ihm die Gewerken „allenthalben in 2000 fl. vorleggelt schuldig" seien. Wie sollte er zu diesen Vorschüssen kommen, wenn auswärtigen Kaufleuten das sächsische Zinngroßhandelsmonopol zugesprochen würde? Wie ständen sie auch in diesem Falle vor ihren bisherigen Abnehmern? Sie hätten Abschlüsse gemacht, sich „auch zum theil gelt darauf geliehen", jetzt möchten sie doch „glauben halden, auf dass sie ein andermal dorften wiederkommen"[3].

Zweifellos war es dem energischen Zugreifen der Rholingks in erster Linie mit zu danken, wenn sich die Gewerken der Zinnbergwerke in Annaberg, Geyer, Ehrenfriedersdorf, Buchholz, Thum, Eibenstock, Schwarzenberg usw. ebenfalls gegen ein Zinngroßhandelsmonopol aussprachen. Die Schriftstücke, die die genannten Zinngewerken nach Dresden expedierten[4], ähneln einander oft so

---

[1] Hauptstaatsarchiv Dresden, Loc. 36 080, Nr. 666, Bl. 1 ff.

[2] Das folgende alles nach einem Schreiben der Rholingk vom 2. November 1549. Hauptstaatsarchiv Dresden, Loc. 36 080, Nr. 666, Bl. 19 ff.

[3] Zu ihren Kunden, denen sie Zinn verkauft hatten.

[4] A. a. O., Bl. 21 ff.

stark und klingen in manchen Teilen so lebhaft an Rholingksche Gedankengänge an, daß man versucht ist, die starke Hand Hans Rholingks dahinter zu suchen. So betonten sie fast sämtlich, daß es den ärmeren Gewerken schwer fallen, ja unmöglich sein würde, die Verlagssummen den bisherigen Verlegern sofort zu bezahlen. Und schwerlich nur würden sich die Monopolinhaber bereit finden lassen, mit dem neuen Verlag auch die restierenden Vorschüsse zu übernehmen. Lagen solche Erwägungen immer noch im Gesichtsfelde der kleinen Gewerken der genannten sächsischen Gebirgsorte, so lassen gewisse bevölkerungspolitische Erwägungen ihrer Denkschriften, die auf die Regierung Eindruck machen sollten, den Rholingkschen Einfluß deutlich erkennen [1]. Dasselbe ist von einigen handelspolitischen [2] und historisch-statistischen Argumenten gegen eine Monopolisierung des sächsischen Zinngroßhandels zu sagen. Wenn z. B. in den Denkschriften ausgeführt wird: es würden schwerlich auf allen sächsischen Zinnbergwerken fünf Gewerken gefunden werden, die ohne Verlag arbeiten könnten; oder die Gesamtsumme des im sächsischen Zinnbergbau angelegten Verlags betrage ca. 10 000 fl.; oder noch immer sei nach einem Zinngroßhandelsmonopol ein Preissturz erfolgt, so sind das Erwägungen, die den genannten kleinen Gewerken fern lagen, die ihnen aber von Rholingk an die Hand gegeben sein mögen.

Auf die fast allgemeine Absage der sächsischen Zinngewerken hin blieb Moritz kaum etwas anderes übrig, als von dem Projekte einer Monopolisierung des sächsischen Zinngroßhandels und eines Kartells mit den böhmischen Zinnmonopolinhabern abzusehen. Rholingk hatte dadurch dem Kurfürsten die bittere Pille schmackhafter zu machen gewußt, daß er vorschlug, der Landesherr möge von jedem Zentner Zinn, der in seinem Herrschaftsgebiet (außer in

---

[1] Da heißt es zum Beispiel: Durch den Zwang die bisherigen Verleger sofort zu bezahlen, würden viele Gewerken bankrott gehen und vom Bergbau lassen. Die Arbeiterschaft müßte dann brotlos werden und aus Sachsen auswandern.

[2] Ein „Zinnkauf" schade dem Handel auch deshalb, „weil das zin in eine handt, daraus ein monopolischer handel entsteht, gebracht", nun nicht mehr vielen Leuten Verdienst gäbe. „Denn wann under vil leuthen ein wahr vertrieben, so mag die bei wirden ... erhalden werden. Denn mancher furth dem lande etwas zu, legt das gekaufte gelt an zihn, brengt dadurch sein gelt und wechsel ane gefahr in sein gewarsam. Dadurch sein die zhin bisher in grosse staigerung kommen."

Altenberg) gewonnen würde, ½ fl. über den bisherigen Zehnten hinaus nehmen. Moritz war auf die Anregung eingegangen, hatte aber — soviel ich sehen kann — 1 fl. gefordert und wohl auch zu erhalten gewußt. Nur für Altenberg hatte Moritz einen Zinnkauf auf 20 Jahre übernommen und zeitweise an Leipziger Kaufleute übergeben (s. o. S. 261 Anm. 3).

Mit dem Scheitern des Versuches, in Sachsen ein allgemeines Zinngroßhandelsmonopol aufzurichten, war der kühne Plan einer Beherrschung des mitteleuropäischen Zinnbergbaues und Zinngroß-handels, der Konrad Mayr vor Augen gestanden hatte [1], vernichtet. Zwar verzagte der kühne Augsburger nicht. Wenigstens einem Teile Europas wollte er mit Hilfe seines böhmischen Monopols den Zinnpreis diktieren. Konrad Mayr hat es bei Ferdinand I. durch-zusetzen gewußt, daß dem sächsischen, wie überhaupt allem fremden Zinn der Weg in die habsburgischen Erblande durch eine umfassende Grenzsperre verlegt wurde. Schon am 20. September 1550 erging ein von Augsburg, dem Wohnsitz Konrad Mayrs, aus datiertes Generalmandat des Habsburgers an alle Landeshauptleute, Land-vögte, Bürgermeister und Räte der Städte, besonders aber an alle Zollstätten ab, in welchem die strikteste Schließung der Grenze vor fremdem Zinn angeordnet wurde [2]. In dem Mandat war es aus-gesprochen, daß die Ausländer ihr Zinn in dem bisherigen böhmischen Absatzgebiete billiger — „in nehern khauf und pretio" — verkauft hätten als der böhmische Monopolinhaber. Jetzt wurde nicht nur die Einfuhr, sondern auch die Durchfuhr, der Transit dieses fremden Zinnes durch die habsburgischen Lande bei Strafe der Einziehung der Ware angeordnet.

Auf solche Weise meinte Konrad Mayr unbehindert von der sächsischen Konkurrenz, wenigstens im Osten und Süden Europas

---

[1] „Wie es weylendt dem Conradt Mayrn von Augspurg ergangen sei, als der sich auch auf erhandlung der Meisnischen zin verlassen und hernach, da er dieselben nit gehaben mugen und an den verschleuss seiner datzumal ge-habten behaimbischen zin dardurch gesperrt und verhindert worden, in verderben gerathen muessen." Aus einem Schreiben Kaiser Maximilian II. an Kurfürst August von Sachsen (Prag, 8. Jan. 1570). Hauptstaatsarchiv Dresden, Loc. 36 080, Nr. 664, Bl. 32.

[2] Das Mandat ist gedruckt bei F. A. S c h m i d t , Berggesetze Österreichs. I. Abt. 2. Bd., Nr. 49, S. 339 ff.

seine Pläne verwirklichen zu können. Er hielt eine geraume Zeit mit dem Zinnabsatz zurück und hoffte dadurch den Preis seiner Ware in die Höhe treiben zu können. Das Gegenteil der erhofften Wirkung trat ein. Zwei Tatsachen besonders machten die Pläne des Augsburger Kapitalisten scheitern. Einmal ließen sich die Grenzen der habsburgischen Länder nicht vollständig gegen die Einfuhr und Durchfuhr sächsischen und wohl auch anderen, besonders englischen Zinnes sperren. Eine starke Kontrebande setzte ein. König Ferdinand I. sah sich am 6. März 1551 in einem wiederum in Augsburg ausgestellten Mandat gezwungen, seine Amtleute an den Zoll- und Mautstellen auf die unbedingte Durchführung der Grenzsperre aufmerksam machen zu lassen, „auf dass sovil muglich die contrabanden hierinnen verhuet werden" [1]. Die immer wieder notwendige Wiederholung des Mandats zeigt, daß sich der Schmuggel nicht unterbinden ließ [2]. Bald mußte sich Mayr von neuem bei Ferdinand beschweren, „dass dieselbigen fremden zin allenthalben in Ferdinands khunigreich, furstenthumb und lande gebraucht, darinnen kauft, verkauft und durch dieselben in andere land und nationen ungeacht der derhalben ausgangen generalverpot verfuert" würden [3].

Zweitens aber hatte Konrad Mayr bei seinem Projekte einer künstlichen Preissteigerung des Zinnes die zweite wichtige Vorbedingung des Gelingens eines derartigen Planes nicht in Rücksicht gezogen, die relative Entbehrlichkeit dieses Handelsartikels. Es war durchaus richtig, wenn der sächsische Kammerrat Bernstein im Jahre 1585 in einem Gutachten über ein sächsisches Zinnmonopol schrieb: „Zin ist ein wahre, der man so gar notwendig nicht bedarf."

So kam, was kommen mußte. Konrad Mayr fehlte es schließlich

---

[1] Mandat an die böhmischen Kammerräte, das Zinneinfuhr- und Durchfuhrverbot strikte durchzuführen. Augsburg, 6. März 1551. Abgedruckt bei F. A. S c h m i d t a. a. O., Nr. 50, S. 342.

[2] Cfr. F. A. S c h m i d t a. a. O., Nr. 55, S. 354. Zwei Zinneinfuhrverbote (vom 24. November 1550 resp. 12. April 1551), die Schmidt nicht aufführt, sind abgedruckt in den Mitteilungen des Vereins für Geschichte der Deutschen in Böhmen. 46. Jahrgg. (1908). S. 286 ff. B u c h h o l t z , Geschichte Ferdinands I. 4. Bd., S. 520, nennt außerdem ein Zinneinfuhrverbot vom 1. Juli 1551. Vgl. auch J. F a l k e , Die Geschichte des Kurfürsten August von Sachsen in volkswirtschaftlicher Beziehung, S. 297 ff.

[3] Anfang 1553. F. A. Wien, Gedenkbuch (Böhmen 1553—1554), . Nr. 307.

an Kapitalien, um die gesamte Produktion des böhmischen Zinnes zu bezahlen und dann in seinen Faktoreien zurückzubehalten, bis die Hausse kam. Wohl ließ ihm Ferdinand an dem Zinn, das er von Mitte des Jahres 1552 bis zum Ende seines Kontraktes noch abzunehmen hatte, 2 fl. von seinem Profit (dem sog. Bevorstand) nach, wohl hob ferner Ferdinand I. in all seinen Ländern für alles böhmische Zinn Konrad Mayrs, das er „darinnen verschleissen und verkaufen oder dardurch in ander land und nationen furen wirdet, alle dreissigist, aufschleg, meut, zoll und andere dergleichen gepurnus" auf [1], aber alles das genügte nicht, um das drohende Unheil abzuwehren. Der Zentner sächsischen und anderen Zinnes wurde um 5 fl. billiger auf den Markt gebracht, als Mayr das böhmische Zinn erstand; eine Änderung dieser Verhältnisse war nicht abzusehen. Die Gewerken waren nicht zu bewegen, eine Preisreduktion eintreten zu lassen [2]. So mußte der Augsburger schließlich mit seinem Zinn losschlagen. Eine Masse des bis dahin etwas knappen Produktes kam dadurch auf einmal zu Markt. Ein ungewöhnlicher Preissturz war die natürliche Folge. Zinn, das noch 1549 etwa mit 14 rh. fl. allgemein bezahlt worden war, galt jetzt (1551—1553) kaum noch 10 fl. Man erzählte sich in Sachsen, daß die Augsburger eine Tonne Goldes bei dem Handel verloren hätten. Andere schätzten den Verlust des Konrad Mayr auf 100 000 fl. [3]

---

[1] Nach einem Schreiben König Ferdinands I. an Erzherzog Ferdinand. Graz, den 20. Januar 1553. F.A. Wien. Gedenkbuch (Böhmen 1553—1554), Nr. 307, Bl. 7—10.

[2] S t e r n b e r g , Umrisse einer Geschichte der böhmischen Bergwerke I. 1, S. 290.

[3] Vgl. die Denkschrift der kurfürstlichen Kammerräte vom 12. Oktober 1569 (Hauptstaatsarchiv Dresden, Loc. 36 080, Nr. 664, Bl. 12 a unten). „Es werete aber solcher kauf nicht allein nicht lange, sondern es volgete auch das doraus, dass entlich aus mangel des geldes sie domit losschlagen mussten und dordurch die czin nichts weniger in s. chf. gn. landen als in der chron B e h e i m b in solchen fall kommen, dass man den centner umb 10 fl. kaufte. Nicht mit geringem schaden und verterb etzlicher uf s. chf. gn. czienberckwergs bauenden gewerkhen. Und werete solcher fall etzliche jar bis solcher gesamleter vorrath, doch mit grossem schaden sonderlich der hendler, so uf etzliche hunderttausent fl. sich erstreckht, verhandelt." Die Kammerräte, die den Kurfürsten gegen ein sächsisches Zinnmonopol einnehmen wollten, mögen die Sache etwas übertrieben haben.

Dritter Abschnitt.

Erneuter Plan einer Monopolisierung oder wenigstens Kartellierung der böhmischen und sächsischen Zinnproduktion (1569).

Etwa zwei Jahrzehnte nach dem Versuche Konrad Mayrs, ein mitteleuropäisches Zinnmonopol in die Hand zu bekommen, setzten neue Projekte dieser Art ein. Wenn wir es nun — infolge Mangels an genügendem Urkundenmaterial — für die Monopolisierung der böhmischen Zinnproduktion von 1549 ff. nicht unbedingt sicher behaupten konnten, ob die Anregung dazu von der Gewinnbegierde Augsburger Kapitalisten oder von dem Geldbedürfnis, der Finanznot des Königs ausging [1], so sind wir für die Pläne von 1569 besser daran. Für sie läßt sich mit aller nur wünschenswerten Deutlichkeit nachweisen, daß es die schwere Finanznot des Kaisers war, die aus einer Monopolisierung der böhmischen und der sächsischen Zinnproduktion größere Geldmittel bzw. Anleihemöglichkeiten erhoffte und deshalb den Plan eifrig betrieb und leitete. Schon am 13. Dezember 1568 fragte Kaiser Maximilian II., der zugleich König von Böhmen war, bei Georg Ilsung, dem langjährigen Vertrauensmann der Habsburger in Finanznöten, auf den wir noch des längeren zu sprechen kommen werden, an, ob in Nürnberg, Augsburg oder Ulm keine Kaufleute vorhanden seien, die den böhmischen „Zinnkauf" um 20, 19 oder doch 18½ fl. den Zentner anzunehmen bereit wären [2].

In den weiteren vertraulichen Verhandlungen Maximilians II. mit Ilsung und anderen Beauftragten kommt es dann ganz deutlich zum Ausdruck, daß dem Kaiser der finanzielle Vorteil, den das Monopol der kaiserlichen Kammer abwerfen mußte, die Hauptsache bei der ganzen Angelegenheit war. Da heißt es einmal: der Nutzen, den die kaiserliche Finanzverwaltung von dem Zinnkauf

---

[1] Für den, der die Finanzpolitik Ferdinands I. einigermaßen kennt, wird es keinem Zweifel unterliegen, daß auch 1549 die königliche Finanznot noch bestimmender für die Entstehung des Monopols gewesen war, als die Spekulationsneigung der Augsburger Kaufleute.

[2] Vgl. auch für das folgende: F. A. S c h m i d t , Berggesetze der österreich. Monarchie I. 3, Nr. 103. Allerdings ist die Urkunde dort mit recht vielen Lesefehlern abgedruckt; z. B. ist aus Konrad Mayr Conradt Mugen geworden.

haben würde, könnte erst präzisiert werden, wenn man mit demjenigen süddeutschen Kapitalisten handelseinig sei, der das Monopol übernähme. Immerhin könne Ilsung schon jetzt seinem kaiserlichen Herrn versichern, daß „derselbe der Mühe wohl wert" erscheine, und „etwas darauf zu antizipieren sein werde", d. h. daß man auf die aus dem Zinnkauf zu erhoffenden fiskalischen Einnahmen eine Anleihe werde fundieren können [1]. Ein anderes Mal heißt es in einem Bericht der an Ilsungs Seite für die Monopolangelegenheit stehenden Kommission: „Also verhoffen wir auch bei den handelsleuten zue Nürmberg oder Augspurg ain solche partita zue treffen, dass Eure röm. kais. Mt. iren gebürenden nutz auch darbei haben khünden" [2].

Maximilian hat bis zuletzt erwartet, von jedem an den Monopolinhaber abgegebenen Ztr. Zinn allerwenigstens 1½ fl. „Arrenda" zu erhalten. Außerdem natürlich erwartete er, dem Brauch der Zeit bei all solchen „Käufen" gemäß [3], die Gewährung eines Darlehens in der Weise etwa wieder, wie es auch Konrad Mayr in seinem Zinnkaufskontrakte vom 6. Dezember 1549 zugesagt hatte. Sehr charakteristisch betonte der Kaiser in verschiedenen Schriftstücken zu dieser Angelegenheit, er benötige das Geld, um die Grenzen gegen den Erbfeind der Christenheit, die Türken, zu schützen! Das war offenbar als Rückendeckung gegen wirtschaftsethische Vorwürfe gedacht.

Wir brauchen hier nicht näher auszuführen, wie Maximilian II. durch eine besondere Kommission, der Georg Ilsung, Wenzel Berckha und der Hofzahlmeister David Haug angehörten, im Sommer 1569 mit den böhmischen Zinngewerken über das Zinnmonopol verhandeln ließ [4], wie er zunächst wieder — vergleiche im Jahre 1549

---

[1] F.A. Wien. Böhmen, M. u. B. (1540—1569), Nr. 16 406. Am 8. Februar 1570 schrieb Maximilian II. an Ilsung: „Und ehe man ein solche angefangne stattliche handlung, deren wir jährlich umb was ansehnliches geniessen möchten..." F.A. Wien. Böhmen, M. u. B. (1570—1590), Nr. 16 407.

[2] Kommissionsberichte vom 8. August 1569. F.A. Wien a. a. O.

[3] Siehe oben S. 31 ff. und sonst.

[4] Näheres darüber aus der Instruktion der kaiserlichen Kommissarien und aus ihren Verhandlungsprotokollen mit den Gewerken. F.A. Wien. Böhmen, M. u. B. (1570—1590), Nr. 16 407, und Hauptstaatsarchiv Dresden, Loc. 36 080, Nr. 664, Bl. 5 ff. und Bl. 23 ff. Dort auch der Entwurf des Zinnkaufskontraktes. Ich hebe daraus nur den folgenden Artikel hervor, der versucht, den kleinen Hand-

Ferdinand I. — sich selbst das Monopol pro forma übertragen ließ und inzwischen durch Ilsung mit verschiedenen süddeutschen Kapitalisten zwecks Übernahme desselben in Verbindung trat. Das alles entwickelte sich ungefähr in derselben Weise, wie wir es bereits früher kennen gelernt haben, und wie wir es für das Idrianer Quecksilbermonopol noch weiterhin sehen werden. Nur daß sich diesmal unter den Augsburger Großkaufleuten keiner fand, der Konrad Mayrs Schicksal zu teilen gewillt war [2]. Wo immer auch Ilsung in Augsburg anklopfte, bei der Gesellschaft David Haug, Hans Langenauer & Co. [3], bei der Firma Manlichsche Erben, bei Melchior Manlich, bei Hans Paul Herwart usw., überall hörte er denselben Bescheid. Man könne nur dann an die Übernahme eines böhmischen Zinnmonopols denken, wenn der Kurfürst von Sachsen „sich in ain gleiche khaufhandlung mit seinen zinen einlassen würde" [1]. In Summa: ohne ein korrespondierendes sächsisches Zinnmonopol war ein Unternehmer für einen böhmischen „Zinnkauf" nicht zu haben, selbst wenn der Kaiser „denselben frei ohn allen gwin übergeben wolt".

---

werker des Inlandes (Böhmen) vor Monopolpreisen zu schützen: „Also auch da die zingiesser zue Schlackenwaldt und Schönfeld in zeit des werenten neuen khaufs jerlichen ein zimbliche anzall zin, als ungevarlich von zwei bis in dreihundert cennten, aber doch nit merers, zu irer handtarbait (aber sonst in khain andern weeg) bedurftig sein würden, so sollen inen dieselben die neuen kaufer in dem gelt, wie sie solche von gemeinen gwerckhen angenommen doch mit staigerung aines halben guldens volgen zu lassen schuldig sein."

[1] „Zum andern so hat des Conrad Mairs alte handlung und aufstondt die leuth allhie dermassen erschröckht, dass weder sie, die Haugischen, noch ainicher handelsmann alhie disen khauf annemen wirdet, es sei dann, dass der churfürst von Sachsen sich zuevor seines zin halben in gleichmessigen verstandt einlass." Aus einem Bericht Ilsungs an den Kaiser, Datum: Augsburg, 29. Dezember 1569. Dorther auch das folgende.

[2] Diese Firma hatte damals das Idrianer Quecksilbermonopol und wünschte sehr, es gegen das böhmische Zinnmonopol einzutauschen.

[3] In seinem Bericht erwähnt Ilsung, daß Herr Hans Paul Herwart früher „auch nach disem khauf gestellt" habe. Er sei 1549 ein starker Konkurrent Konrad Mayrs gewesen, habe aber den böhmischen Zinnkauf nicht ohne den sächsischen zugleich übernehmen wollen und sei schließlich vor K. Mayr zurückgetreten.

Bei dieser Sachlage blieb nichts anderes übrig — wenn anders man kaiserlicherseits nicht überhaupt auf ein Zinnmonopol und die daraus resultierenden Einnahmen verzichten wollte — als eine Verständigung mit Sachsen zu suchen. Eine Verständigung mit den sächsischen Zinngewerken und in erster Linie eine solche mit dem Regalherrn, mit Kurfürst August.

In Sachsen hatten sich die Aussichten auf eine Zustimmung der Gewerken [1] zu einem Zinnmonopol seit 1549 noch bedeutend verschlechtert. Waren 1549 wenigstens die Altenberger Gewerken — aus Sorge um einen regelmäßigen Verlag — für einen gesamtsächsischen „Zinnkauf" zu haben gewesen [2], so hatten sich inzwischen die Verlagsverhältnisse in Altenberg leidlich geregelt. Bereits im Jahre 1556 war Kurfürst August „darauf gedacht, das die z i e n - v o r l a g k d i s e s o r t s i n e i n e h a n d t g e s t a l t, doch uf namhaftige, vormogende zienvorleger gedacht wurde, und dass mit denselben ein abrede bis uf unsern gefallen gemacht wurde, wie theur sie ein centner zien zalen auch wie lange solche zienvorlagk stehen solte" [3]. August hatte erwartet, daß sich die auch vorher schon im Zinngroßhandel und Verlag tätigen Freiberger Firmen Mathias Rot oder Valentin Buchführer bereitfinden würden, den Altenberger Zinnkauf zu übernehmen. Ein Finanzgeschäft war die Angelegenheit für den Kurfürsten nicht. Natürlich wünschte er auch deshalb den ruhigen Fortgang der Altenberger Zinnproduktion, weil sonst die Regaleinkünfte daraus (der sog. Zehnte) geschmälert wurden, in erster Linie aber war es offenbar August um die Bergarbeiterschaft bei seinen Altenberger Zinnkauf-bemühungen zu tun. Bisher hatte öfters der Verlag plötzlich ausgesetzt — der betreffende Verleger war vielleicht nicht mehr zahlungsfähig oder zahlungswillig gewesen —, das bedeutete für die Bergarbeiterschaft zumeist die drückendste Arbeitslosigkeit. Dem sollte durch den Zinnkauf und die Verlagsübernahme durch kapitalkräftige Großkaufleute vorgebeugt werden [4]. Es ließ sich mit dem

---

[1] Natürlich konnte der Landesherr auch ohne diese ein Zinnmonopol festsetzen.

[2] Hauptstaatsarchiv Dresden, Loc. 36 080, Nr. 666, Bl. 3 ff., Bl. 53. Auch Loc. 4493, Bergsachen, den Altenberg und Gießhübel betr. 1509—1697, Bl. 204 b.

[3] Hauptstaatsarchiv Dresden, Cop. 276, Bl. 219—22.

[4] Vgl. Hauptstaatsarchiv Dresden, Cop. 276, Bl. 219 ff.

mir zur Verfügung stehenden Archivmaterial nicht feststellen, ob in den fünfziger Jahren des 16. Jahrhunderts in Altenberg ein allgemeiner Zinnkauf, wie ihn Kurfürst August wünschte, öfters bestand, jedenfalls ist das Anfang der sechziger Jahre für die wichtigsten Altenberger Zinngruben, den sog. Radeschacht, geschehen. Am 6. Mai 1562 schlossen die Leipziger Zinnhändler Georg Huttherr, Michael Jerniger, Hans Eibe, Dominicus Breun, Adrian von Hilsen und Christof Walburger unter Vermittlung Wolf von Schönbergs, Hauptmann des Erzgebirges, und Mathias Arnolts, Amtsverweser daselbst, einen Zinnkauf auf drei Jahre (von Exaudi 1562 bis Exaudi 1565) [1]. Die Zinnhändler empfingen danach a l l e s Zinn des Altenberger Radeschachts. Und zwar von Exaudi 1562—1563 zum Preise von 12 fl., von Exaudi 1563—1565 zum Preise von 12¼ fl.

Für das Vorrecht alleinigen Kaufs gewährte die Leipziger Gesellschaft den Gewerken sofort ein Geschenk von 200 fl., ferner ein Darlehen von 4600 fl. Die geliehene Summe sollte dadurch allmählich zurückerstattet werden, daß bis zu ihrer völligen Tilgung für jeden Zentner Zinn, den die Gesellschaft von den Gewerken erhielt, nur 11½ fl. resp. 11¾ fl. (von Exaudi 1563 ab) gezahlt wurde. Außer dem einmaligen Darlehen übernahmen es aber die Leipziger Zinnhändler, dem Bergwerk allwöchentlich bis zu 700 fl. Verlag zuzuführen. Die Verlagsnehmer waren gehalten, die Vorschüsse pünktlich zurückzuerstatten. Die s ä m t l i c h e n Gewerken des Radeschachts zu Altenberg hafteten dafür als Bürgen und Selbstschuldner. Nur die Großgewerken Mathias Roth und die Buchführergesellschaft, die auf Verlagnahme von vornherein verzichteten, waren der Bürgschaft enthoben. Für die Zeit von Exaudi 1565 an übertrug dann Kurfürst August schon im Sommer bzw. Herbst 1564 auf acht Jahre den Altenberger Zinnkauf einer Gesellschaft, die größtenteils aus kapitalkräftigen kurfürstlichen Beamten bestand [2]. Der Regalherr hatte bei der Übertragung die

---

[1] Ich möchte nach dem Wortlaut des Kontraktes, dessen Original uns im Hauptstaatsarchiv Dresden (Loc. 36 080, Nr. 666, Bl. 75 ff.) erhalten ist, glauben, daß schon vor 1562 ein Zinnkauf für den Altenberger Radeschacht existierte. Siehe Anhang.

[2] Dem Sekretär Hans Jenitz, dem Kammermeister Hans Harrer, dem Zehntner zu Freiberg Wolf Prager, dem Münzmeister Hans Biener, dem Kammerschreiber Hieronymus Krahwider.

Bedingung gestellt, daß sein Leibarzt mitsamt dessen Eidam in die Gesellschaft des Altenberger Zinnkaufs aufgenommen würde [1]. Die Gesellschaft sollte sich mit den Altenberger Gewerken dann immer von zwei zu zwei Jahren „eines gewissen zinkaufs nach gelegenheit der leuffe vergleichen", welche „vergleichung der churfürst dann auch jedes mals gnedig confirmiren" wollte [2].

Durch die Bildung der genannten Altenberger Zinnkaufsgesellschaft war nun — um zu unserem Ausgangspunkte zurückzukehren — auch dort, wo 1549 noch Neigung für ein sächsisches Zinnmonopol bestanden hatte, das Interesse daran im wesentlichen erlahmt. Es fragt sich, ob die Gewerken und Verleger der übrigen sächsischen Zinnbergwerke im Verlaufe der letzten zwei Jahrzehnte ihre Ansicht geändert hatten. Die Frage muß verneint werden. Bei Gelegenheit einer Sondierung der Gewerken und Verleger der Zinnbergwerke zu Annaberg, Buchholz, Geyer, Ehrenfriedersdorf und Thum durch kurfürstliche Beamte [3] baten diese dringend, sie mit einem allgemeinen Zinnkauf zu verschonen [4]. Die Zinnproduzenten sprachen dabei die Vermutung aus, daß „etwa frembde und auslendische kaufleute, die sich zuesammen verbunden, bei seiner churfürstlichen gnaden in angebung eines gueten wercks, anhalten mogen, gedachten zihnkauf an sich zu bringen. Wie es dan durch die selbst und sonderlich von N. Schlüsselfelder von Augspurck neulicher weil uff S. Annenbergk geruhmet worden, der dan offentlich ausgesagt, daß ehr wegen seiner herren und principalen mit s. cf. gn. in handlung stehe, alle zihn in diesen und anderen landen zue behefften und in seiner herren hende zu bringen."

Die sächsischen Gewerken der genannten Orte erinnerten demgegenüber den Kurfürsten an Konrad Mayrs Geschick und an die

---

[1] Hauptstaatsarchiv Dresden, Loc. 36 080, Nr. 666, Bl. 86 f. Urkunde vom 24. August 1564. Vgl. Anhang.

[2] Der zweite Verlagskontrakt genannter Art (Datum: 27. November 1566) ist im Anhange abgedruckt.

[3] Wir werden sofort sehen, wie Kurfürst August zu dieser Anfrage kam.

[4] Hauptstaatsarchiv Dresden, Loc. 36 080, Nr. 666, Bl. 101 ff. Die interessante Denkschrift der Zinnproduzenten der genannten Orte gibt eine eingehende Begründung der Bitte unter genauer Darlegung besonders der Kreditverhältnisse im sächsischen Zinnbergbau und -handel. Das Stück ist eine wertvolle Quelle zur Geschichte des Verlagssystems im Bergbau.

Baisse, die dessen fehlgeschlagene Monopolversuche im Zinnhandel hervorgerufen hatte. Außerdem wiesen sie, genau wie 1549, auf die Schwierigkeiten hin, die es machen würde, von den bisherigen Verlegern loszukommen. Es seien, führten sie aus, nur noch wenige Gewerken unter ihnen zu finden, „die ire zihnpergkwerge selbst zu vorlegen und zu bauen" imstande wären. Die meisten seien über dem Bergbauen in große Schulden geraten. Sie hätten ihren „gleubigern und vorlegern all ir hab und guth, haus und hoff, zechen, riess und halden in die berckbuch vorsichert und vorpfendet". Sicherlich betrage der Gesamtverlag in den genannten Zinnbergwerken mehrere Tausend Gulden. Wie sollten solche Summen jetzt auf einmal aufgebracht werden? Überdies aber sei es auch undankbar gegen die Verleger, wenn man ihnen jetzt den Laufpaß geben wollte, nachdem sie erst durch ihre Kapitalvorschüsse den armen Gewerken die Möglichkeit der Weiterarbeit verschafft und diese oft vor „eusserster noth und verderben" gerettet hätten.

Wie die Gewerken, so sprachen sich auch die Verleger der genannten Zinnbergwerke gegen ein Monopol aus. Sie wiesen besonders darauf hin, daß sie selbst ja wieder oft von Kaufleuten in den großen Handelsstädten verlegt würden, denen sie gegen Vorschüsse feste Zinnlieferungen zugesichert hätten[1]. Wie könnten

---

[1] So wurden die Verleger wiederum ihrerseits Verlegte (siehe oben S. 126). Der ganze Passus, der für die Geschichte des Verlagssystems wichtig ist, mag hier im Wortlaut folgen: „Aber wir vorleger haben uns zue beforderung E. cf. gn. zehnten und gemeines bergkwergs mit kaufleuten und zihnhendlern — ausser- und innerhalb landes — namhaftige summen zins zue liefern vorschrieben und vorsprochen, auch stadlich geldt doruff entpfangen, dogegen genugsame caution und vorsicherung mit vorpfendung unser hab und gueter, trauen und glaubens aus bezwungener noth thuen mussen und forder dasselbige geldt zu beforderung E. cf. gn. zehenten unter die armen zihngewercken ausgespendet und vorlegt; dass wir uns also von unsern glaubigern auch nicht entledigen konnen, es were dan sach, dass inen an unsere stelle alle schulden erlegt und bar bezalt wurden, welches uns vor unsere personen zue thuen unmoglich, konte auch ohne voranderung unserer hab und gueter nicht gescheen. Im fall nhuen ein zihnkauf geschlossen werden solte, würden die kaufleute, unsere glaubiger, ire schulden wie billich von uns abmahnen und fodern, alsdann diejhenigen, so die armen vorlegt und bei dem bergwerge bis anhero mit noth erhalten sie zur zalung dringen und

sie ihr Versprechen halten, wenn man fremden Kaufleuten das Monopol in die Hände gäbe. Außerdem machten die Verleger darauf aufmerksam, daß der tiefste Stollen des Bergwerks zu Ehrenfriedersdorf, der über 50 000 fl. gekostet habe [1], zumeist durch fremde, ausländische Gewerken getrieben wurde. Noch niemals sei ein Pfennig Ausbeute darauf gefallen. Wenn man jetzt den auswärtigen Gewerken die Selbstbestimmung über das erbeutete Zinn durch Einführung eines Monopols nähme, so sei Gefahr vorhanden, daß die Gewerken des tiefsten Stollens den Betrieb überhaupt aufgäben, was natürlich für den Bergbau Sachsens einen erheblichen Schaden bedeute.

Dieselben Argumente, die wir in der hier kurz besprochenen Denkschrift erwähnt finden, besonders auch „der Verlag der Verleger" kehren in Bittschriften wieder, in denen die Gewerken und Verleger von Eibenstock [2], von Schwarzenberg usw. um dieselbe Zeit sich gegen die Einführung eines Zinnmonopoles wandten.

So stand also alle Hoffnung auf ein sächsisches Zinnmonopol bei dem Kurfürsten, der als Regalherr natürlich auch gegen den Willen der Gewerken und Verleger einen allgemeinen sächsischen Zinnkauf hätte einführen können. War Kurfürst August des Willens? Zweifellos hat der genannte Fürst um die Wende des Jahres 1568 — vielleicht auch schon früher — an die Einführung eines sächsischen Zinnmonopols gedacht. Schon in einem Schreiben Augusts vom 8. Januar 1569 an Wolf Schönberg, den Hauptmann des Erzgebirges, heißt es: „Wir haben bewegende ursachen, dass wir den zinkauf in unsern landen gleich dem kupferkauf gerne in ein enge zusammen bringen wolten. Begeren derhalben Du wollest darauf bedacht sein und Dich bevleissigen ob Du solches also füglichen und ohne clage der zingewerken könntest zuwege bringen [3]." Als darauf Schönberg nach Rücksprache mit den Zinngewerken

---

von haus und hof treiben musten, was dan E. cf. gn. zehenten, gemeinem bergkwerge und auch den armen gewercken vor nachtheil und beschwerung erfolgen wurde, das bitten die gewercken unterthenigst E. cf. gn. genedigst behertzigen und zue bedencken."

[1] Man hatte natürlich auf Silber, nicht auf Zinn gemutet. Aber die Zinnausbeute deckte doch wenigstens einen Teil der Kosten und ermöglichte den Weiterbetrieb in der Hoffnung, dann noch auf Silber zu stoßen.

[2] Hauptstaatsarchiv Dresden a. a. O., Bl. 109 usw.

[3] Hauptstaatsarchiv Dresden, Loc. 36 318, Nr. 4311, Bl. 2.

berichtete, daß den Gewerken der Vorschlag sehr bedenklich erscheine, ließ der Kurfürst seinen Plan durchaus nicht fallen. Er antwortete vielmehr etwas gereizt, er begreife das Zaudern der Gewerken nicht, da er sich erboten habe, „ire zyn in dem werth und kauf, wie sie dieselbigen andern verkaufen und lassen müssen, zu bezahlen, sie auch dardurch einen stedten, gewissen kauf erlangten und die armen gewerken sich darzu eines zimblichen vorlags zu getrosten" hätten [1]. Schönberg erhielt dementsprechend die kurfürstliche Weisung, nochmals mit den vornehmsten Gewerken zu reden, „wie die zin uff dem oberen gebirge alle in einen gewissen kauf bracht werden möchten"

Wir haben oben gesehen, daß die Gewerken — von ihren Verlegern dabei kräftig geschoben — auf ihrem ablehnenden Standpunkte beharrten. Es fragte sich demnach für das Projekt eines vereinigten sächsisch-böhmischen Zinnmonopols, würde es Maximilian II. gelingen, den Kurfürsten August zu bewegen, daß er seinen sächsischen Zinngewerken einen Zinnkauf oktroyierte. Die diesbezüglichen Bemühungen des Kaisers setzten Mitte 1569 ein. Damals wurde auf Anraten der obengenannten Monopolkommission (Georg Ilsung usw.) der kaiserliche Rat Christoph von Karlowitz an den Kurfürsten von Sachsen abgesandt. Er sollte, lautete seine Instruktion, entweder im Auftrage des Kaisers oder auch privatim, wie es ihm angemessen erscheine, den Kurfürsten zu gewinnen suchen, „damit solche zin [die sächsischen] sowol als die behmischen in ain oder zwo henndt gebracht und zwüschen kaiserl. mt. und seiner cf. gn. ain solcher verstandt gemacht werden möcht, dz dise handlung nit allain baiderseits gewerckhen in gemain, sonder auch röm. kais. mt. und seiner cf. gn. zu grossem nutz, wolfardt und guetem khomen würde" [2].

Den Gewerken sollte durch das Monopol ein Preisaufschlag von $\frac{1}{2}$ fl. pro Zentner, dem Landesherrn eine Arrenda von $1\frac{1}{2}$ fl. zuwachsen. Begründet wurde die dadurch notwendig gemachte künstliche Preissteigerung und der damit gegebene Widerspruch gegen die strenge Wirtschaftsethik der Zeit [3] aus dem Darnieder-

---

[1] Daselbst, Bl. 3.

[2] Aus dem Kommissionsbericht vom 8. August 1569. F.A. Wien.

[3] In der vom 22. August 1569 datierten Denkschrift, die Georg Ilsung für Karlowitz verfaßte (Hauptstaatsarchiv Dresden, Loc. 36 080, Nr. 664, Bl. 1 ff.), heißt es charakteristisch: „Es khündte

liegen des Zinnbergbaues. Die Ausbeute sei geringer, die Kosten (für Unschlitt, Stahl, Eisen, Fleisch, Brot usw.) seien größer geworden, trotzdem stünden die Zinnpreise so tief, daß „etliche arme gewerckhen khaum das truckhen brodt von irer harten arbait" hätten. Eine Änderung dieser mißlichen Verhältnisse sei nur dadurch möglich, daß „der zinkhauf aus sovil underschidlichen henden genomen und allein i n a i n h a n d t gebracht, die mit der zeit die zin wider in iren alten preis und werdt bringen khünde" [1].

Nun bestanden zwei Möglichkeiten, ein sächsisch-böhmisches Zinnmonopol aufzurichten. Entweder wurde sowohl der böhmische wie der sächsische Zinnkauf in ein und desselben Kapitalisten Hand gegeben. Das war die Art, wie im 19. Jahrhundert die Rothschild durch Fusion des Idrianer und Almadener Monopols ein Weltmonopol in Quecksilber schufen [2]. Oder aber der sächsische Zinnkauf und der böhmische gelangten an zwei verschiedene Kapitalisten, die aber unter Vermittlung der beiderseitigen Regierungen ein Kartell miteinander eingingen. Zunächst mußte Maximilian II., um nicht die sächsischen Kapitalisten [3] und mit ihnen den Kur-

sich auch solcher staigerung aller billichait nach niemandts beschweren, dann die zin nit höher hingebracht würden, dann si vor vilen jharen gegolten ... Und wiewol auch aus disem handel, wo also zwüschen der kais. mt. und sein cf. gn. ein nachbarlicher verstandt gemacht wurdt, a i n g r o s s m o n o p o l i u m aufgericht werden möcht, angesehen dass sonst khaine andere zin in der gantzen christenhait ausserhalb Engenland — welche zin aber auch in grossem abnemen — gemacht werden. So ist doch solches, weil es ein wahr, die meniglich arm und reich brauchen mues, kainswegs stattlich noch göttlich. Aber obgemelter staigerung, weil die perckhwerch arm und der saumbcost gross, khan sich niemandts beschweren." Das war natürlich Ilsung selbst nicht ernst. Er wußte ganz genau, daß die Kaufleute, denen das Monopol übertragen wurde, das Zinn im Preise steigern würden, soviel sie immer könnten!

[1] Aus der Denkschrift Ilsungs vom 22. August 1569.

[2] Handwörterbuch der Staatswissenschaften. 2. Aufl. V. Bd., S. 851 unten.

[3] So schrieb einer der Ratgeber des Kurfürsten, Hans Jenitz, der selbst ein großer sächsischer Kapitalbesitzer war, voll Eifersucht auf die süddeutschen Kaufleute: „Ob aber e. chf. g. umb des vertrösteten, ungewissen genics willen denen von Nurenberg oder Augsburg gestatten solten, sich in ire lande und bergwerge einzuflechten, dieselben auszusaugen und zin und gewin ausser landes zu furen, das stehet in derselben gnedigstem bedencken." Hauptstaatsarchiv Dresden, Loc. 36 080, Nr. 664, Bl. 16 ff.

fürsten August vor den Kopf zu stoßen, den Vorschlag eines Kartells machen. Die kaiserliche Hofkammer ließ durch Karlowitz an den Kurfürsten gelangen, „dass es nit die meinung hab, dass eben der churfurst an diejenigen handelsleut, mit denen ire k. mt. ires teils handeln wollen lassen, angebunden sein solle, sonder dass es principaliter darumb zu thun sei, ob gleich ire cf. g. selbs ire eigne zinkauf in denselben landen treiben oder sonst andern hinlassen wolten, dass doch der wert des kaufs einer jeden sort zin und desselben gewichts und die arenda irer k. mt. und des churfursten gemess pro rata auf eine gleiche handlung und correspondentz gerichtet würde. Also dass diejenigen, so irer k. mt. zin an sich bringen neben und mit denen, so mit denen Meissnischen zinen handeln, in gleichem wert, doch nach gestalt einer jeden sort underschiedlichen guete, inmassen auch mit den gewerken in Beheim beschehen, hinkommen und keiner dem andern disfalls, wie etwa zuvorn beschehen, eintrag thun möge [1].“ Diesen Ausführungen fügte freilich die Hofkammer sofort die weitere Aussicht hinzu, daß am Ende doch die Fusion beider Zinnmonopole — des sächsischen und des böhmischen — das Beste sei [2].

Auch das hatte selbstverständlich Maximilian II. dem Kurfürsten überlassen, ob er den sächsischen Zinnkauf einer Gesellschaft von sächsischen Kapitalisten übergeben wollte oder einem auswärtigen Großkaufmann [3]. In letzterem Falle war der Kaiser bereit und imstande, reiche süddeutsche Kapitalisten vorzuschlagen. Kurfürst August hat sich weder zu dem einen noch dem anderen entschlossen. Er hat sich überhaupt dem Projekt eines mitteleuropäischen Zinnmonopole versagt. Nachdem er schon im Herbst 1569 nach Wien geantwortet hatte, daß er vorläufig sich nicht entschließen könne [4], lehnte er, nach wiederholter Anfrage [5]

---

[1] Schreiben vom 20. Jan. 1570. Hauptstaatsarchiv Dresden, Loc. 36 080, Nr. 664, Bl. 29 ff.

[2] „Konte dan sowol irer k. mt. als seiner cf. g. zin in einerlei geselschaft handen kommen, wie sich dan on zweivel statliche leute angeben, die solchen kauf mit gutem irer cf. g. überschus annemben wurden, mochte es villeicht umb sovil besser sein.“

[3] Das und das folgende nach Akten des Hauptstaatsarchivs Dresden, Loc. 36 080, Nr. 664, Bl. 1 ff.; Loc. 36 134, Nr. 2034, Bl. 1 ff.

[4] Hauptstaatsarchiv Dresden, Loc. 36 080, Nr. 664, Bl. 21.

[5] Daselbst Bl. 31 ff. Auch F.A. Wien. Böhmen M. u. B. (1570 bis 1590), Nr. 16 407.

Maximilians II. Ende Januar 1570 den Plan definitiv und bestimmt ab [1]. Fragt man nach den Gründen, die Kurfürst August bei seiner Ablehnung bestimmten, so sind von wirtschaftspolitischen — auf andere gehe ich hier nicht ein — die folgenden etwa zu nennen. Einmal hat sicherlich die einmütige Ablehnung eines sächsischen Zinnkaufs durch Gewerken und Verleger auf den Kurfürsten Eindruck gemacht. Manchen Großgewerken war ja überhaupt ein freier Verkauf ihres Zinnes von seiten der Krone garantiert worden. Ferner mußte sich der Kurfürst, der die wirtschaftlichen Kräfte seines Landes genau kannte, sagen, daß in Sachsen kaum genügend reiche und genügend unternehmungslustige Kapitalisten zu finden waren, die den sächsischen Zinnkauf in ihre Hand nehmen würden [2]. Aber den Zinnkauf in seinen Landen auswärtigen, etwa Augsburger Kaufleuten zu übertragen, dagegen sträubte sich sein Selbständigkeitsgefühl und sein Wunsch, die sächsische Wirtschaft in jeder Beziehung zu heben. Zweifellos hätte auch der Handel Leipzigs stark leiden müssen, wenn der Zinngroßhandel ganz nach Süddeutschland abgezogen worden wäre [3].

Weniger ernst zu nehmen waren wohl die Bedenken des Kurfürsten, die in der Richtung einer Handwerkerpolitik lagen. Wenn August meinte, „die handwerger in seinem lande, die ir nahrung vom zin haben muessen, als kandelgiesser, rothgiesser, pfannenschmidt, schlosser, gurtler", würden nach Einführung des Monopols „zur notturft kein zin, es were dan umb ubermessige bezahlung von den verlegern bekhommen können", so ließ sich hierin leicht Abhilfe schaffen. In vielen Monopolkontrakten der Zeit ist den Handwerksleuten ein Materialkontingent zu bestimmtem, niedrigen

---

[1] Hauptstaatsarchiv Dresden a. a. O., Bl. 35 ff.

[2] Vgl. die Denkschrift der kurfürstlichen Räte vom 12. Oktober 1569. Hauptstaatsarchiv Dresden, Loc. 36 080, Nr. 664, Bl. 11 ff. Dazu Brief Augusts an Maximilian II. (29. Januar 1570), a. a. O., Bl. 35 ff. „Viel weniger habe ich vermutung, dass in meinem lande hendeler oder andere leuth zu finden, die sich dis weitleuftigen wercks understehen werden." Wie mußte in Leipzig da die Unternehmungslust zurückgegangen sein; man denke an die dortigen kühnen Kapitalisten in der ersten Hälfte des 16. Jahrhunderts!

[3] „Es ist aber solches wegen des handels zu Leiptzigk (dass dadurch die niederlage und auch ander hendel, so des zins halben bis anher in dise lande gangen, geschwecht) hochbedencklich." Aus dem genannten Brief des Kurfürsten. Und ein andermal heißt es:

Preis vorbehalten. August hätte das bei ernstem Willen auch für die sächsischen Handwerker durchsetzen können. Nein, der Hauptgrund, weshalb der Kurfürst von Sachsen nicht auf den Plan eines mitteleuropäischen Zinnmonopols einging, lag auf einem anderen Gebiete. Auf dem Gebiete der Finanzpolitik.

Es kann, wie wir sahen, keinem Zweifel unterliegen, daß für Maximilian II. der innerste Beweggrund, das Projekt zu betreiben, in dem Wunsche lag, sich eine neue Geldquelle zu eröffnen. Eine solche Notwendigkeit bestand für den Kurfürsten August von Sachsen mit seinem wohlgeordneten Finanzsystem, mit seiner reichlich gefüllten Staatskasse nicht. Hierin ist zweifellos der letzte Grund der Weigerung des Sachsen zu suchen, dem Kaiser auf dem gefährlichen Monopolwege zu folgen.

Damit war aber nun auch das Schicksal eines böhmischen Zinnmonopols besiegelt. Es fand sich kein Kapitalist, der Konrad Mayrs Geschick zu teilen gewillt war. Den böhmischen ärmeren Zinngewerken aber gereichten die verfehlten Projekte ihres Regalherrn zu rechtem Unglück. Sie hatten ihren alten Verlegern kündigen müssen, teilweise hatten diese sich auch selbst zurückgezogen und ihre Kapitalien anderswo angelegt. Woher nun die Kosten für die Grubenarbeit decken? Wer sollte die unentbehrlichen Kapitalvorschüsse leisten, „sonderlichen diser zeit, do der winter fur der thür, dass man allerlei berckwercks-notturft an unslet, eisen, zimmer-, schacht-, khol- und lachterholtz sambt andern mehr gezeug in vorrath schaffen und etwas mehrers dann sonsten zu wochentlicher verlag haben soll und muss“[1]. Die Bergarbeiterschaft geriet über diesen Verhältnissen in die höchste Not. In manchen Distrikten waren sie „in 19 wochen nit gelondt worden, welches under dem perckhgesindt auch iren weib und kindern ein solche hungersnot und ungeduldt verursacht, dergleichen nie zuvor gewesen“[2]. Unter solchen Umständen war es als ein Glück zu bezeichnen, daß der Kurfürst August von Sachsen im Januar 1570

„. . . zu geschweigen, dass durch disen weg die niederlag und handtlung mit dem zin aus meiner handelsstadt Leiptzigk gar hinwegg khommen mechten. . . .“

[1] F.A. Wien. Böhmen M. u. B. 1540—1569, Nr. 16 406.

[2] Maximilian II. an Georg Ilsung, 8. Februar 1570. F.A. Wien. Böhmen M. u. B. 1570—1590, Nr. 16 407.

das Monopolprojekt rund ablehnte [1]. Bald darauf wurde in Böhmen der freie Zinnverkauf wieder öffentlich verkündet und damit einer Besserung der Verhältnisse im Zinnbergbau die Wege geebnet [2].

Fünftes Kapitel.

Monopole und Kartelle im Idrianer Quecksilberhandel des 16. Jahrhunderts.

Um das Jahr 1523 — zu welcher Zeit Kartell- und Monopolbestrebungen lebhaft in Idria einsetzten — waren drei Gewerkschaften mit dem Abbau der bedeutenden Idrianer Quecksilbergruben beschäftigt [3]. Zwei davon waren Privatgesellschaften. Einmal die Gewerkschaft St. Katarinen, die erst im Jahre 1520 gegründet worden war [4], und zweitens die Gewerkschaft St. Achaci. Letzterer hatte Maximilian I. das im Jahre 1510 den Venetianern wieder abgenommene „Bergwerk Idria" übertragen. Und zwar

---

[1] Es bleibt zu untersuchen, inwieweit die sächsischen Zinnkaufsprojekte, die im Jahre 1583 auftauchten, sich auf eine Vereinigung mit Böhmen stützten. Vgl. J o h. F a l k e, Die Geschichte des Kurfürsten August von Sachsen in volkswirtschaftlicher Beziehung, S. 298 f. Dazu Hauptstaatsarchiv Dresden, Bernstein 4, Loc. 7294, Bl. 409—11.

[2] Vgl. Urkunde vom 28. Aug. 1572, durch die Maximilian II. den Zinngewerken von Schlackenwald, Schönfeld und Lauterbach f r e i e n Zinnkauf erlaubt. F. A. S c h m i d t a. a. O., I. 3, Nr. 118, S. 173.

[3] Die Geschichte des Idrianer Bergbaus liegt sehr im argen. Noch immer sind wir angewiesen auf das Werk von P e t e r H i t - z i n g e r, Das Quecksilberbergwerk Idria. Laibach 1860. Unsere folgenden Idrianer Monopol- und Kartellstudien stützen sich ausschließlich auf Archivmaterial, besonders auf solches aus dem k. und k. gemeinsamen Finanzarchiv in Wien. Im folgenden als F. A. Wien abgekürzt. Die besonders benutzten großen Aktenfaszikelreihen: Österreich. Inneröstr. Quecksilberbergwerke (1523—1563) Fasc. 22 Nr. 18 320 und Österreich. Inneröstr. Quecksilberbergwerke (1564 bis 1599) Fasc. 23 Nr. 18 321 sind im folgenden als Inneröstr. Quecksilber 22 resp. 23 zitiert.

[4] „Das k. k. Quecksilberbergwerk zu Idria". Wien 1881, S. 3. Nach H i t z i n g e r gehörten ihr folgende bedeutende Gewerken an: Gabriel, Graf zu Ortenburg, Hans von Auersberg, Christof Rauber, Sigmund von Dietrichstein, Sigmund von Lamberg u. a.

zum Lohne dafür, daß die Gewerken dem Kaiser „mit Darstreckung von Leib und Gütern" gedient hätten [1]. Bedeutende Namen finden sich unter den Gewerken von St. Achaci genannt. Zum Beispiel Hans von Auersberg, Kaspar und Sigmund von Lamberg, Sigmund von Dietrichstein, Lienhart Rauber, Jörg von Egkh, Jakob Villinger, Blasi Höltzl, Gabriel Vogt, Paul Rasp, Ulrich Putsch, Kaspar Herbst, Math. Hofer, Hans Strigl von Luentz, Wilhelm Neumann u. a. In die Achacigewerkschaft hatten sich noch unter Maximilian „alle anderen alten" Gewerkschaften aufgelöst [2], so daß vor der Gründung der Katarinengewerkschaft (1520) zeitweise nur eine Idrianer Gesamtgewerkschaft existierte. Aber auch die Gewerkschaften St. Achaci und St. Katarinen standen sich sehr nahe. Das ergab sich schon aus der teilweisen Identität der Mitglieder und aus der Zusammenlegung ihrer Schürfe in dem gleich zu besprechenden Monopol. In den gleichzeitigen Idrianer Quellen erscheinen sie zumeist als „die Idrianer Gewerkschaft" zusammengefaßt.

Kurz nach Maximilians Tod, im Jahre 1522 wohl, hatte sodann Erzherzog Ferdinand als „regierender Herr und Landesfürst aus fürstlicher Obrigkeit" eine neue Grube, „das furstenpau genannt in dem perckhwerch Idria aufzuschlagen und von seinem chammergut zu pauen bevolhen" [3]. Die eigene Bergwerkstätigkeit des Landesfürsten in Idria hat jedoch nicht lange gewährt. Schon im Frühjahr 1523 übergab Erzherzog Ferdinand einer Gewerkschaft, in der besonders der bekannte Gabriel von Salamanca, Graf von Ortenburg und Johann Castro hervorragten [4], den Fürstenbau. Daß den neuen Eigentümern kein wertvolles Geschenk damit gemacht war, erkennt man aus den Privilegierungen, die die Übertragung begleiteten. Darin wurden die neuen Gewerken unter anderem auf vier Jahre von Fron und Wechsel befreit. „Damit sie," heißt es in der Überlassungsurkunde, „die Gruben und Bergwerke desto besser erbauen und erheben mögen".

---

[1] Haus-, Hof- und Staatsarchiv Wien Rep. I Österreich.

[2] F. A. Schmidt, Berggesetze Österreichs III, 1. S. 103.

[3] Schmidt, a. a. O. S. 101, 107. Nach letzterer Stelle wäre es 1522 geschehen.

[4] Die übrigen Gewerken sind in der Innsbruck, den 2. April 1523 datierten Urkunde genannt, in der Ferdinand den neuen Gewerken des Fürstenbaues die oben erwähnten Erleichterungen verlieh. Vgl. F. A. Schmidt, III, 1. Nr. 49.

Mit dieser neuen Gewerkschaft des Fürstenhaus war der
„Idrianer Gewerkschaft" eine gewisse Konkurrenz gegeben. Erwies sich die Arbeit der jungen Gründung ertragreich, so konnte
leicht, namentlich bei Absatzstockungen, ein gegenseitiges Unter-
bieten des geförderten Metalles vorkommen. Um dem vorzubeugen,
einigten sich die beiden Gewerkschaften zu einem K a r t e l l ,
das insbesondere folgende Bestimmungen enthielt: Alles von den
beiden Gewerkschaften gewonnene Quecksilber wurde zum Zweck
des Verkaufes zusammengelegt. Kein Gewerke war befugt, das
Quecksilber, das auf seine Kuxe entfiel — die Austeilung geschah
damals noch in natura —, freihändig und auf eigene Faust an die
Quecksilberhändler zu veräußern. Erforderte es die Not, daß er
seine Ausbeute schnell verkaufte, so durfte das nur an einen seiner
Gewerkschaftsgenossen geschehen. Der Verkauf des also „in eine
Hand" zusammengelegten Produktes an die Quecksilberhändler
geschah dann „mit Wissen und Willen" des Bergherrn — der
durch das ebenfalls in natura ausgezahlte Fron- und Wechselquecksilber interessiert war — und der Gesamtheit der Gewerken.
War es unmöglich, das ganze Produkt auf einmal abzusetzen, so
sollte bei jedem Verkaufsabschluß jede der beiden Gewerkschaften
im Verhältnis ihrer Förderung beteiligt werden [1].

---

[1] Die betreffenden Stellen der Verabredung lauteten wörtlich:
„Ir fürstl. durchleuchtigkait hat sich auch mit uns genedigclichen
vergleicht und veraint, in craft berurts vertrags deshalben ausgangen, also dass ir f. dt. und derselben erben und nachkhomen,
auch diejhenen, den ir f. dt. derselben aufgeslagen grueben zuegestellt oder noch zuestellen mochten, dass ir f. dt. und dieselben
ir dt. begabten [gewerken] m i t u n s i n a i n e m k a u f d e s
q u e g k s i l b e r s u n d a l l e s g e w u n n e n g u e t s b e l e i b e n
s o l l e n u n d w e l l e n u n d s o l c h e n k a u f a l w e g i n
a i n e r h a n d t h a l t e n und die keuf mit ir f. dt. und aller
gwerkhen wissen und willen beslissen und machen, wie die ir f. dt.
und wir auf das höchst bekhenen mugen. Und soll khain gwerkh
ausserhalben des gemainen kaufs nichts hingeben oder verkaufen.
Wir sollen und mugen auch an einander in unsern notturften unser
silber, zinober, varb oder ander vorat, wie und wann es uns fuegt,
unverhindert menigclichs wol verkaufen, wie das alles bisher auch
beschehen ist. Doch mit dem undterschidt, dass die, so also kaufen,
dasselb ausserhalb des gemainen kaufs, auch nit verkaufen sollen
noch mugen. . . . Dieweil auch an baiden vorbenanten orten mer

Das Kartell der beiden Gewerkschaften ist, soviel ich sehe, von keiner Bedeutung geworden. Der Fürstenbau erwies sich als wenig förderungsreich. Um so ergiebiger zeigten sich die Gruben der „gemeinen Gewerkschaft" von Idria, so daß sich bald Absatzschwierigkeiten und Preisstürze ergaben und an Mittel, diesem Übel abzuhelfen, gedacht werden mußte. Zwei Umstände waren es, die mit diesen Absatzschwierigkeiten zusammen dahin führten, daß schon in den letzten Tagen des Jahres 1524 eine Handelsmonopolisierung des idrianischen Quecksilbers ins Auge gefaßt und bald darnach verwirklicht wurde. Einmal der Wunsch Erzherzog Ferdinands, Darlehen für seine kriegerischen Unternehmungen gegen die Türken in die Hand zu bekommen [1] und zweitens die kühne Spekulationslust der Augsburger Kapitalisten Ambrosius und Hans Höchstetter.

Ferdinand hatte schon Mitte des Jahres 1524 die Idrianer Gewerkschaft schärfer als bisher für seine Geldbedürfnisse herangezogen. Sie hatte 13 000 fl. rh. für eine Grenzhinausschiebung ihrer Gruben und 20 000 fl. rh. für nichtgezahlten Wechsel, hergeben müssen [2]. Zu Anfang des Jahres 1525 machte der Erz-

---

grueben gebaut werden sollen, darumben zuversichtlich ist, es werde mer silber, zinober und farb gemacht, als bisher beschehen, deshalben sich im verkaufen aber irrung begeben möchte in dem, dieweil bisher nit alles, das gemacht ist auf ainmal gar, sonder nur ain tail hat mugen verkauft werden, da villeicht furan auch also beleiben und beschehen; demnach ist entslossen: Wann furan die keuf beschehen, so soll von jeder grueben nach gebeurunder antzal ires gemachten silbers, zinobers und farb in die kaufsumma genomen und verkauft werden." S c h m i d t , a. a. O. S. 110 f.

[1] Für die außergewöhnlich großen Geldbedürfnisse des persönlich so anspruchslosen Ferdinand während seiner kriegerischen Regierung vgl. K a r l O b e r l e i t n e r , Österreichs Finanzen und Kriegswesen unter Ferdinand I. Archiv für Kunde österr. Geschichtsquellen Bd. 22, S. 1 ff. Außerdem O. T h o r s c h , Materialien zu einer Geschichte der österreichischen Staatsschulden vor dem 18. Jahrhundert. Leipziger Dissertation 1891.

[2] In dem Vertrage vom 28. August 1524, in dem diese Vergütungen an die Krone festgelegt wurden, wurde die Fron für die Zukunft auf ein Zehntel der Förderung und der Wechsel auf den vierten Pfennig oder Zentner festgelegt. Allerdings brutto! Für Brennkosten, Verpackung in Fäßchen oder Lederschläuche mußte die Krone 10 % der Fron wiedererstatten. Auch die Verpackungs-

herzog dann ein größeres Anleihegeschäft mit den Idrianer Gewerken, bei welcher Gelegenheit e i n G r o ß h a n d e l s m o n o -
p o l f ü r Q u e c k s i l b e r aufgerichtet wurde. Am 1. Januar
1525 schlossen nämlich die Gewerken von Idria mit Erzherzog
Ferdinand einen Vertrag ab, demzufolge sie dem genannten Herrscher die 300 000 fl. als Darlehen überließen, welche sie im Verlaufe der nächsten vier Jahre für den alleinigen Verkauf ihres Quecksilbers und Zinnobers von Ambrosius und Hans Höchstetter & Co.
erhielten [1]. Kurz vorher war der betreffende Monopolvertrag
mit den Höchstettern aufgerichtet worden [2]. Darin war bestimmt: Alles Quecksilber und Zinnober, das augenblicklich vorrätig war oder in den nächsten vier Jahren gewonnen wurde, sollte
zum Preise von 30 fl. rh. für den Wiener Zentner Quecksilber und
35 fl. rh. für den Wiener Zentner Zinnober der Höchstetter-Gesellschaft überlassen werden. Ausgenommen wurde nicht einmal
das Quecksilber, das sich schon in den Händen Hans Baumgartners
aus Augsburg, Wilhelm Neumanns und Hans Pfluegels Erben [3]
befand. Auch dieses sollte sofort den Höchstetter übergeben
werden [4]. Für den Fall, daß die Gewerken oder der Erzherzog
während der vierjährigen Dauer des Kontraktes an jemand anders

---

unkosten des Wechsels fielen dem Erzherzog zur Last. S c h m i d t ,
a. a. O. III, 1, Nr. 50 bes. S. 105—106.

[1] O b e r l e i t n e r , a. a. O. S. 21. Der Vertrag ist im Wiener
gemeinschaftlichen Finanzarchiv erhalten. Österr. Gedenkbuch (1. Januar 1525) Bl. 248. Das Darlehn erfolgte in einzelnen Raten. So
übergaben die Höchstetter im Auftrag der Gewerken am 1. und 2. Jan.
je 40 000 fl. (Österr. Gedenkbuch 1523—1525, Bl. 249 a, 250). Die
Rückzahlung erfolgte durch die Überlassung der fürstlichen Fron
und des Wechsels in der Höhe der Schuldsumme an die Gewerken.

[2] Der Vertragsentwurf, den Johann Zott als Vertreter des Erzherzogs, die Bevollmächtigten der Gewerken und Ambrosius Höchstetter auf dem Verhandlungstage zu Ponte (19. Dezember 1524)
aufgesetzt hatten, ist — allerdings arg verballhornt — abgedruckt
bei S c h m i d t , a. a. O. III, 1, Nr. 5?. Der Originalvertrag ist
von mir im Anhang wiedergegeben.

[3] Das waren die Gewerken bzw. Kaufleute, die bisher den größten
Teil des Idrianer Quecksilbers an sich gebracht und verkauft hatten.

[4] Österr. Gedenkbuch S. 250 b. Wilh. Neumann erhält Befehl,
all sein Quecksilber, sei es zu Wasserneuburg, Villach, Venedig oder
sonst lagernd (auch wenn er Verlag darauf gezahlt habe) sofort
an die Höchstetter zu geben. (2. Jan. 1525).

als die Höchstetter Quecksilber oder Zinnober verkauften oder sonstwie abgaben, war eine Konventionalstrafe von 300 Zentner Quecksilber und 200 Zentner Zinnober festgesetzt.

Demgegenüber verpflichteten sich die Höchstetter in der ausgemachten vierjährigen Frist für 300 000 fl. Quecksilber oder Zinnober abzunehmen. Dabei verstanden sich die obengenannten Preise loco Idria. Für das bereits versendete Metall, das die Höchstetter-Kompagnie in Venedig, Laibach, Kronburg und in anderen Lagerstätten übernahm, hatte sie außerdem den Fuhrlohn und andere bereits von den Gewerken darauf verwendete Spesen zu zahlen. Dieses bereits versendete Quecksilber sollten die Höchstetter übrigens noch im Laufe des Jahres 1525 abnehmen. Als Lieferfristen des noch zu gewinnenden Quecksilbers wurden die jeweiligen Quatemberzeiten festgesetzt. Auch die Zahlungsfristen des Monopolinhabers wurden genau in dem Vertrage festgelegt. Als Zahlungsorte nahm man Hall, Salzburg, Wien und Villach in Aussicht. Sollte das Bergwerk nicht für 300 000 fl. Quecksilber in der genannten Frist liefern können, so war natürlich auch die Zahlung der Höchstetter entsprechend herabzusetzen. Die üblichen Zölle und Mauten, die bisher bei der Verführung des Quecksilbers bzw. Zinnobers gezahlt worden waren, sollte auch die Höchstetter-Gesellschaft entrichten. Jedoch verpflichtete sich der Erzherzog für sich, seine Erben und Nachkommen diese Zölle während der Kontraktszeit nicht zu steigern.

Eine wichtige und interessante Bestimmung des Monopolkontraktes befaßte sich mit einem voraussichtlichen Einschreiten der Reichsregierung gegen das Quecksilberhandelsmonopol der Höchstetter. Im Falle der Gesellschaft auf Grund der Reichsgesetzgebung gegen Monopole irgendwelche Schwierigkeiten erwachsen sollten, verpflichtete sich der Erzherzog, für sie einzutreten und ihr „Gewährschaft zu leisten". Das konnte nicht wohl anders sein! Kam doch die Steigerung des Quecksilberpreises, die als oberster Zweck der Verabredung genannt war, am meisten dem Erzherzog zugute. Wenn, so lautete der betreffende Passus des Vertrags, die Höchstetter das Quecksilber und Zinnober „in höheren Wert und Kauf" während der genannten vier Jahre zu bringen imstande wären [1], so solle das ihr Schade nicht sein. Für diesen

---

[1] Auch von einem späteren Idrianer Quecksilbermonopolkontrakt

Fall, und wenn sie sich auch sonst „ehrlich und ersprießlich gehalten hätten," verpflichteten sich der Erzherzog und die Gewerken, den Höchstettern ein Vorrecht auf ein späteres Monopol einzuräumen. Das heißt, sie versprachen für den Fall, daß sie nach Ablauf des jetzigen vierjährigen Kontraktes das Quecksilber wiederum „in eine Hand" verkaufen wollten, die Augsburger auch dann zu bevorzugen, wenn sie für den Zentner Quecksilber ½ fl. weniger böten, als der höchstbietende sonstige Bewerber.

Erzherzog Ferdinand hat den Schutz der Höchstetter gegen die Monopolgesetzgebung des Reiches nicht übernommen, ohne sich an der höchsten Reichsgewalt, dem Kaiser, einen starken Rückhalt zu sichern. Kaiser Karl V. erließ am 13. Mai 1525 von Toledo aus, wie wir sahen, ein Mandat, in dem er bestimmte, daß die Kontrakte, die den Erzgroßhandel in die Hände weniger Kaufleute auslieferten, nicht als monopolistisch im Sinne der Reichstagsverhandlungen über Monopole angesehen werden sollten und dürften[1]. Vielmehr solle den Gewerken oder denen, die Metalle oder Erze zu verkaufen hätten, das Recht zustehen, ihre Produktion „in eine Hand" zu verkaufen und über diesen monopolistischen Verkauf „Gedinge und Pacta" (also Monopolkontrakte) mit den Käufern aufzurichten. Und anderseits natürlich den Kaufleuten auf solche Monopole einzugehen. Entgegenstehende Erlasse oder Bestimmungen der Gesetzgebung, wie sie etwa „aus ungenügsamem bericht oder verstand" durch irgend jemanden verordnet wären oder würden, sollen durch kaiserliche Machtvollkommenheit cassiert sein[2].

(der im Jahre 1539 mit Hans Baumgartner aus Augsburg abgeschlossen wurde) sagt Ferdinand ausdrücklich, daß er ihn zu dem Zwecke eingegangen sei, „damit das quecksilber umb sovil höher gesteigert werden müge". S c h m i d t , a. a. O. III, 1, S. 253.

[1] Übertreter dieser Auffassung hatten der kaiserlichen Kammer 50 Mark Goldes zu zahlen.

[2] Der Kaiser erklärte direkt: „Ob wir ictz ainicherlei ordnungen zu abstellung der monopolien aufgericht und gemacht hetten, oder hinfuro machen oder aufrichten würden, dass dieselben ordnungen und fürsehungen in kaufen, verkaufen, handlungen, contracten, gedingen, handtierungen und verfuerungen der gemelten metal und ertzt, sunderlich der kupfer, silber und quecksilber halben, nit statt haben, noch verstanden werden, sonder in denselben andern unsern ordnungen und fürsehungen gentzlich und gar ausgeslossen sein sollen."

Die Bedeutung des kaiserlichen Erlasses ist an einer anderen Stelle dieses Werkes bereits eingehend gewürdigt worden. Hier muß noch auf das folgende hingewiesen werden. Es kann keinem Zweifel unterliegen, daß das Mandat Karls V. vom 13. Mai 1525 mit seiner Verteidigung der Erzgroßhandelsmonopole in erster Linie das Idrianer Quecksilbermonopol der Höchstetter im Auge hatte. Wenn auch der Name der Augsburger Kapitalistenfamilie nicht darin vorkommt, so ergibt das sich doch daraus, daß unter den Metallen für die Großhandelsmonopole erlaubt sein sollen, Quecksilber — neben Kupfer — an mehreren Stellen des Privilegs besonders hervorgehoben ist. Freilich waren es die Höchstetter nicht allein, für die Erzherzog Ferdinand bei seinem kaiserlichen Bruder das Toledaner Mandat erwirkte [1]. Außer ihnen sollten besonders die Fugger in ihren Tiroler Kupfermonopolisierungs-bestrebungen durch das Privileg geschützt und vor einer anti-monopolistischen Reichsgesetzgebung für die Vergangenheit und die Zukunft salviert werden.

Schon unter Sigismund von Tirol, mehr dann noch unter Maximilian und Ferdinand hatte sich die geschäftliche Organi-sationsform in dem ganz bedeutenden Tiroler Kupfer- und Silber-großhandel herausgebildet, die man mit „Silberkauf" resp. „Kupfer-kauf" bezeichnete und die wir bereits in einem anderen Zusammen-hang kennen gelernt haben.

Von einem Monopol konnte dabei solange nicht die Rede sein, als neben den Fuggern eine ganze Anzahl anderer Kapitalisten „Kupfer- und Silberkäufe" mit den Tiroler Landesherren ab-schlossen. Aber seit Jakob Fugger durch seine Verbindung mit der ungarischen Kapitalistenfamilie der Thurzo die ungarische Kupferproduktion in der Hand hielt, gingen die Gedanken des großen deutschen Kaufmannes immer deutlicher darauf hinaus, ein Fuggersches Weltgroßhandelsmonopol für Kupfer zu schaffen. Besonders seit ein Syndikat der Fugger, der Baumgartner, der Herwart und der Gossembrot für den Verkauf von Tiroler Kupfer in Venedig (1498) nach kurzem Bestande sich — wie es scheint,

---

[1] Daß Erzherzog Ferdinand der unmittelbare Veranlasser des Privilegs bei Karl V. war, ergibt sich daraus, daß das Originalexemplar, das jetzt im Fugger-Archiv ruht, die Rückennotiz der kaiserlichen Kanzlei trägt: „Taxa nihil, quia pro archiduce". M. J a n s e n , Jakob Fugger der Reiche. S. 403 unten.

nicht ohne der Fugger Verschulden — aufgelöst hatte [1], ging Jakob
Fugger raschen Schrittes auf sein Ziel los. Für einige Zeit ist dem
kühnen Mann der Plan geglückt. Zeitweise ist Jakob Fugger in
den ersten Jahrzehnten des 16. Jahrhunderts der Herr über die
beiden größten Kupferproduktionsstätten der damaligen Welt, über
Schwaz in Tirol und Neusohl in Ungarn gewesen.

Für Ungarn blieb dieser Zustand bestehen. Versuche aber
einer dauernden Beherrschung auch des Tiroler Kupferbergbaues
hat Jakob Fugger eigentlich bis zu seinem Tode gemacht. Dabei
scheint die monopolistische Absicht besonders bei zwei „Kupferkäufen" hervorgetreten zu sein. Bei dem Kontrakt, den Jakob
Fugger am 7. November 1514 für die Zeit von Weihnachten 1516
bis Weihnachten 1520 mit Maximilian schloß und bei dem, den die
Fugger und Höchstetter zusammen am 30. Oktober 1515 für die
Zeit von 1521—1524 mit dem Kaiser verabredeten. Wenigstens
hielt es Jakob Fugger noch einige Zeit nach Ablauf der Kontrakte
für geraten, sich vom Kaiser bestätigen zu lassen, daß damit keine
unziemliche oder sträfliche Teuerung in deutscher Nation oder
sunst gemacht worden sei [2]. Der Nachweis dieser Behauptung
dürfte Jakob Fugger schwer geworden sein; verpflichtete ihn doch
der Vertrag mit den Höchstettern und Kaiser Max, der den zwei
Firmen auf vier Jahre alles Schwazer Kupfer in die Hände gab,
während der Vertragsdauer kein fremdes (d. h. ungarisches) Kupfer
nach Hochdeutschland oder Welschland zu führen, sondern sein
ungarisches Kupfer bei Strafe der Konfiskation nur in Nieder-
deutschland abzusetzen [3]. Selbstverständlich war mit dieser Verabredung bezweckt, den Preis des Tiroler Kupfers, auf den das
ungarische Kupfer von jeher niederdrückend gewirkt hatte, in die
Höhe zu treiben. Man versteht es aus den Vorgängen des Jahres
1525 sehr wohl, weshalb sich Jakob Fugger nicht mit dem Mandat
vom 13. Mai 1525 begnügte, das ja, wie wir sahen, die Monopole
auf dem Gebiete des Erzhandels ganz allgemein für rechtlich und
ethisch erlaubt erklärte. Sicherlich hielt er für die damals besonders

---

[1] R. E h r e n b e r g , Zeitalter der Fugger I, S. 417. M. J a n s e n ,
Jakob Fugger der Reiche, S. 52 ff. Letzterer ist auch für das folgende
zu vergleichen.

[2] Mandat Karl V. vom 26. Oktober 1525 (Toledo). Teilweise
abgedruckt bei M. J a n s e n , Jakob Fugger der Reiche S. 404 ff.

[3] J a n s e n , a. a. O. S. 115.

gefährlichen politischen Verhältnisse in Tirol und Ungarn einen besonderen Schutz unter Bezugnahme auf die zwei genannten — für eine strenge Wirtschaftsethik der damaligen Zeit etwas anrüchigen — Geschäfte für angebracht. Mehr als einmal ist in der sozialen Bewegung, die 1525 Tirol erschütterte [1], ist auch in der nationalen ungarischen Erhebung, die den Fuggern so bedeutende Verluste in ihrer Ofener Faktorei brachte [2], das Argument der „wucherischen Monopole" gegen die Firma gehandhabt worden.

Es entzieht sich vorläufig unserer Kenntnis, ob auch die Höchstetter sich von Karl V. für ihr Idrianer Quecksilbermonopol noch ein besonderes, auf ihren Namen lautendes Schutzprivileg ausfertigen ließen, oder ob sie sich mit dem allgemeinen Mandat vom 13. Mai 1525 begnügten. Die Habsburger, mit denen die Firma seit alters in den innigsten geschäftlichen Beziehungen stand [3], dürften ihnen kaum jede mögliche Unterstützung verweigert haben. Und Grund genug, sich auf alle mögliche Weise vorzusehen, hatten die Höchstetter. Die Firma — aus kleinen Anfängen erwachsen [4] — stand in den ersten Jahrzehnten des 16. Jahrhunderts neben den Fuggern und Welsern im Vordergrunde der deutschen Kaufmannschaft. Dabei war die Organisationsform des Höchstetterschen Geschäftes noch besonders dazu angetan, vieler Augen auf die Firma zu ziehen. Während andere

---

[1] Vgl. H. W o p f n e r, Quellen zur Geschichte des Bauernkrieges in Deutschtirol. Acta Tirolensia III, 1. Vgl. das Register sub Fugger und Handelsgesellschaften.

[2] Vgl. jetzt darüber ausführlich J a n s e n, a. a. O. S. 179 ff. Wie beunruhigend die Bewegung gegen die „Monopolisten" auf den Handel des 16. Jahrhunderts wirkte, und wie beinahe jede eigennützige Wegnahme von Kaufmannsgut damit entschuldigt wurde, erkennt man auch aus H a n s e r e z e s s e III. Abt. 6. Bd. Nr. 220.

[3] R. E h r e n b e r g, Zeitalter der Fugger I, S. 212 ff. Ich halte mit Ehrenberg die Nachricht des Augsburger Chronisten Clemens Sender, der zufolge Ambrosius Höchstetter im Jahre 1489 den von den Bürgern Brügges gefangen gehaltenen Maximilian mit Geld versah, für richtig. Über die geschäftlichen Beziehungen der Habsburger zu den Höchstettern vgl. außer O b e r l e i t n e r und T h o r s c h jetzt besonders noch J a n s e n, Jakob Fugger der Reiche, siehe Register sub Höchstetter.

[4] Näheres bei S t r i e d e r, Zur Genesis des modernen Kapitalismus, S. 166 ff.

große Augsburger Handelshäuser kleine, festverzinsliche Depositen nur gelegentlich von Verwandten, Freunden, Faktoren usw. annahmen und von Fremden überhaupt keine oder nur größere Beträge zu festem Zinssatz (meist 5 %) zu ihrem sonstigen Betriebskapital liehen, nahmen die Höchstetter Depositen in jeder Höhe und woher sie konnten. Der gleichzeitige Augsburger Chronist Clemens Sender berichtet darüber: „Zu Ambrosius Höchstetter haben Fürsten und Grafen, Edelleute und Bürger, Bauern, Dienstknechte und Dienstmägde ihr Geld, was sie gehabt haben, gelegt und vom Hundert 5 fl. genommen. Mancher Bauernknecht und Leute, die nicht mehr als 10 fl. in Besitz hatten, die haben es dem Höchstetter in seine Gesellschaft gegeben und haben gemeint, es sei ihnen ganz wohl dort aufgehoben und bringe jährliche Nutzung. Dieser Höchstetter hat eine Zeit lang in seiner Gesellschaft 1 000 000 fl. verzinst — die allgemeine Ansicht war, er lüge gern —, kein Mensch hat gewußt, daß er soviel Geld verzinst hat" [1]. Es versteht sich, daß ein Geschäft, auf das so viele blickten und an dem so viele Interesse hatten, der Aufmerksamkeit der den Kapitalisten übel gesinnten Kreise besonders ausgesetzt war. Man würde es also schon aus diesem Grunde verstehen, wenn die Höchstetter ihr idrianisches Quecksilberhandelsmonopol sich so dicht wie nur möglich mit obrigkeitlichen Schutzmaßregeln umgeben ließen. Aber ein anderes kam hinzu. Die Höchstetter hatten, schon ehe sie das Idrianer Quecksilberhandelsmonopol übernahmen, den Ruf als besonders gefährliche und schädliche Monopolisten. Clemens Sender erzählt, Ambrosius Höchstetter habe mit seiner Kaufmannschaft oft den gemeinen Nutzen und den armen Mann bedrückt, nicht allein mit großem, namhaften Gut und Waren, sondern auch mit billiger Ware. Er habe Fichtenholz aufgekauft und erst verkauft, als schlechtes Wetter die sonstige Zufuhr zum Markte hinderte. Desgleichen Wein und Korn und Saiten für die Lauten. Oft sei von Höchstetter ein ganzer Warenvorrat teurer, als er wert gewesen, aufgekauft worden, damit er die anderen Kaufleute, die das nicht vermochten, nach seinem Gefallen drücken konnte [2].

Es wird sich heute kaum mehr feststellen lassen, was an diesen

---

[1] Die Chroniken der deutschen Städte, 23. Bd., S. 219.
[2] a. a. O. S. 220.

Aussagen des Chronisten, der darin wohl die Augsburger öffentliche Meinung wiedergab, wahr ist und was erdichtet wurde. Das nur vermag ich festzustellen, daß Ambrosius Höchstetter das Idrianer Quecksilbermonopol mit rücksichtsloser Energie durchführte. Im deutschen Reiche war außer in Idria im Böhmer Wald ein Quecksilberbergwerk gelegen. Zwar war die böhmische Förderung nicht sehr bedeutend, immerhin vermochte sie preisdrückend auf das idrianische Produkt zu wirken. Um das zu verhüten, mußte Ferdinand schon am 11. April 1526 von Wien aus ein offenes Generalmandat erlassen, in dem alle Obrigkeiten und Zöllner der österreichischen Erblande streng angewiesen wurden, böhmisches Quecksilber nicht durch die österreichischen Lande nach Italien oder sonst wohin führen zu lassen, sondern sofort mit Beschlag zu belegen [1]. Das Mandat wurde am 27. Juli 1526 in verschärfter Fassung wiederholt [2]. Als dann aber im Jahre 1527 Erzherzog Ferdinand König von Böhmen geworden war, ließen sich solche kräftige Maßregeln gegen die Ausfuhr böhmischen Quecksilbers nach Italien usw. nicht mehr gut treffen. Jetzt drang Ambrosius Höchstetter mit allen Mitteln in Ferdinand, er solle das böhmische Quecksilberbergwerk in seine Hände zu bekommen suchen [3]. Der neue Böhmenkönig hat sich dem Wunsche des Augsburger Kapitalisten nicht versagt. Bevor er aber noch energische Schritte auf dieses Ziel hin tat, hatte sich Ambrosius Höchstetter fürs erste schon mit dem Besitzer des böhmischen Werkes, einem gewissen Wigkell, durch eine private Abmachung geeinigt. Wigkell verpflichtete sich in dem Syndikatskontrakt, seine Produktion auf ein Maximum von jährlich 800 Zentner einzuschränken und a l l e s von ihm gewonnene Quecksilber allein an die Höchstetter-Kompanie zu verkaufen [4].

Aber mit der Zurückdrängung der relativ unbedeutenden

---

[1] Das Mandat ist abgedruckt bei F. A. S c h m i d t , III, 1, Nr. 53.

[2] Daselbst Nr. 54.

[3] Höchstetter weiß kein anderes Mittel, um Idria hoch zu halten, „dann dass das bechmisch berckwerckh dem pergkwerckh Idria mecht verwannt und zugestelt werden, damit Ew. ku. Mt. [Ferdinand] des hohen ansuchens von denen Pehamen umb ain pass die silber durch Ew. ku. Mt. erbland auf Venedig zu furen absein mecht" F. A. Wien. Innerösterr. Quecksilber, Fasc. 22 (1523—1563).

[4] Daselbst.

böhmischen Konkurrenz begnügte sich ein Mann wie Ambrosius Höchstetter nicht. Seine Gedanken schweiften weiter. Sein Ziel war die Errichtung eines Höchstetterschen Weltmonopols für Quecksilber. Nun war neben Idria das spanische Almaden zu jener Zeit die bedeutendste Fundstätte für Quecksilber. Glückte es, die dortige Produktion in die Hand zu bekommen, so konnte der Augsburger der Welt die Preise für Quecksilber nach seinem Gutdünken vorschreiben.

Die Almadener Quecksilberbergwerke gehörten zu den Besitzungen des Großmeisters des Calatravaordens. Die Einkünfte dieser wie der anderen beiden Großmeistereien der spanischen geistlichen Ritterorden [1] (St. Jago und Alcantara) zog, seitdem Ferdinand von Aragonien die Großmeisterwürde an den König von Spanien gebracht, die Krone an sich [2]. Schon seit dem 15. Jahrhundert war es üblich, die Ordenseinkünfte im ganzen oder zumeist geteilt an Kaufleute gegen bedeutende Geldvorschüsse an die Krone zu verpachten. Im 16. Jahrhundert bildete sich dieser Brauch noch mehr aus. So hatte im Jahre 1516 Alfonso Gutierrez das Bergwerk von Almaden auf vier Jahre übernommen. Er durfte in den Gruben ganz nach Belieben schalten — Gewerken gab es nicht — und hatte nur die Verpflichtung, nach Ablauf seiner Pacht das Werk in gutem Zustande seinem Nachfolger zu überlassen. Der Pächter erhielt die Zusicherung des unbedingten Quecksilberhandelsmonopols für ganz Spanien; alles Quecksilber, das nicht von ihm stammte und in Spanien angetroffen wurde, verfiel der Konfiskation. Die Regierung durfte für kein zweites spanisches Quecksilberbergwerk die Genehmigung erteilen. Auf der anderen Seite war der Quecksilberhandel des Pächters absolut unbeschränkt [3]. Er durfte exportieren, wohin er wollte usw.

Nach Ablauf der Pachtfrist von 1516 scheint Alfonso Gutierrez im Jahre 1520 noch einmal die Bergwerke von Almaden auf vier Jahre in Pacht genommen zu haben. Dann übernahmen mit der Pacht der gesamten Einkünfte der Großmeistereien der drei spanischen Ritterorden die Fugger auch die Pacht der Almadener Queck-

---

[1] Die Einkünfte der Großmeistereien der drei spanischen geistlichen Ritterorden wurden Maëstrazgos genannt (von mesa maestral).

[2] K. H ä b l e r , Die Geschichte der Fuggerschen Handlung in Spanien. Kap. IV. Die Maëstrazgos.

[3] H ä b l e r a. a. O. S. 93.

silbergruben (1. Januar 1525)[1] auf drei Jahre. Die Fugger verkauften das Quecksilberprodukt, das sie in Almaden gewannen,
zumeist nach Italien. Mit den großen Genueser Firmen Joh. Bapt.
Grimaldi und Thomas Fornari liefen 1527 große Quecksilber-
lieferungsverträge der Augsburger[2].

Gerade die Konkurrenz der Fugger in Italien war nun den
Höchstettern sehr lästig. Denn auch das idrianische Quecksilber-
und Zinnoberprodukt ging größtenteils nach der Apenninhalbinsel[3].
Höchstwahrscheinlich hat Ambrosius Höchstetter schon bei der
Übernahme des idrianischen Quecksilberhandelsmonopols daran gedacht, die spanische Quecksilberproduktion in seine Hände zu
nehmen. Jedenfalls gehen alle diesbezüglichen Bemühungen Ferdinands — auf die wir gleich zu sprechen kommen werden — von
Höchstetter aus. Zunächst freilich trat der Kaufmann noch nicht
hinter seinem hohen Beschützer hervor. Als sich die Fuggersche
Pacht der spanischen Maëstrazgos zu Ende neigte, bewarb sich
zunächst — der in Spanien erzogene — Ferdinand für seine Person[4]

---

[1] H ä b l e r a. a. O. S. 75 und S. 94.

[2] S t r i e d e r , Inventur der Firma Fugger aus dem Jahre 1527,
S. 38 und 82.

[3] Das Quecksilber scheint von Italien aus besonders in die
Levante exportiert worden zu sein. So berichtet H a n s U l r i c h
K r a f f t in seinen Denkwürdigkeiten (ed. K. D. Haßler unter dem
Titel „Reisen und Gefangenschaft H. U. Kraffts" als 61. Bd. der
Bibliothek des literarischen Vereins in Stuttgart 1861) von einem
Schiff der Augsburger Firma Melchior Manlich und Mitverwandte, das
einen großen Vorrat von Quecksilber von Marseille aus nach Alexandria
brachte. Schon 1248 wurde übrigens spanisches Quecksilber aus
Marseille nach Syrien exportiert. Vgl. A. S c h a u b e , Handels-
geschichte der romanischen Völker, S. 206. Aus Genua schon im
12. Jahrhundert nach der griechischen Romania, a. a. O. S. 247;
Mitte des 13. Jahrhunderts von Marseille nach Messina, a. a. O. S. 501.

[4] Allerdings „previous to the appointment and acceptance of a
mercantile house to be responsible for the payment and to under-
take the works etc.". . Calendar of letters, despatches and state
papers relating to the negotiations between England and Spain
preserved in the archives at Simancas and elsewhere, Vol. III, Part. II
(1527—1529), ed. Pascual de Gayangos. London 1877, S. 337.
H ä b l e r a. a. O. S. 95 f. Die Unterhandlungen mit Karl V. bzw.
mit dem spanischen Finanzrat (Hacienda) führte für Ferdinand
Martin de Salinas. Jetzt sind diese Unterhandlungen bequem zu
erkennen in den Originalberichten Martin de Salinas an Ferdinand I.

um die Neupacht der Almadener Quecksilberbergwerke. Bald aber stellte es sich heraus, daß Ferdinand die Unterhandlungen für die Höchstetter führte. In dem Bericht, den Martin de Salinas, der spanische Geschäftsträger des Erzherzogs, an seinen Auftraggeber sandte, ist die Firma, für die Ferdinand sich bemühte, zwar Ostretes genannt, aber wir sind mit H ä b l e r der Ansicht, daß hier eine Entstellung vorliegt, wie sie für deutsche Namen in ausländischen Urkunden gang und gäbe ist. Den Beweis dafür, daß mit den Ostretes wirklich die Augsburger Höchstetter gemeint sind, dürfte damit gegeben sein, daß tatsächlich die Gewerken von Idria an Erzherzog Ferdinand mit der Bitte herangetreten sind, er möchte die an ihn gebrachte Aufforderung der Gebrüder Höchstetter berücksichtigen und ihnen beim Kaiser die Pacht der spanischen Quecksilberbergwerke erbitten [1].

Die Vereinigung der maßgebenden Quecksilberbergwerke in der Hand des Ambrosius Höchstetter ist trotz der Bemühungen Ferdinands nicht zustande gekommen. Als der Faktor der Höchstetter in Spanien erfuhr, daß die Fugger noch zirka 2000 Zentner

---

Vgl. A n t. R o d r í g u e z V i l l a , El emperador Carlos V y su corte. Según las cartas de Don Martín de Salinas, embajador del infante Don Fernando (1522—1539), Madrid 1903/05, S. 368, 370 bis 373. Nach Villas Publikation ist es nun ganz sicher, daß die Ostretes die Höchstetter sind; ist doch direkt dort von Ambrosio Ostert aus Augsburg die Rede.

[1] F. A. Wien. Innerösterr. Quecksilber 22. „Ew. Mt. well gnedigist fürsehung thun, damit das qwegsilberpergwerch in Hispania disem E. K. Mt. pergwerch Idria nit zu schaden und abfall gebaut, gearwait oder in frembder person hand und gewaltsam gebracht werdt. Und weil dann die röm. kais. Mt. dasselb pergwerch den Fuggern von Augspurg etlich jar umb ain jerlich zins, jeds jar umb 2000 ducaten verlihen hat, so aber nun jetzund dieselben jar verschin und vergangen sein und das gemelt pergwerch der röm. kais. Mt. widerumb haimgefallen ist, so langt an Ew. ku. Mt. unser underthanigst bit, die welle auf supliciren und anpringen Ambrosi und Hans Gebruder der Hochsteter gnedigist fursehung thun und bei der röm. kais. Mt. verhelfen, damit dasselb pergwerch in Hispania in Ew. Mt., der Hochsteter und unser hand gepracht werdt. So mag alsdan dasselb pergwerch im bau und arwait dem pergwerch Idria on schaden gehalten werden." Sonderbarerweise stammt diese Bittschrift der Gewerken erst vom 12. Februar 1528, während sich doch schon 1527 spätestens Ferdinand entschlossen hatte, den Höchstettern die Almadener Pacht zu verschaffen.

Quecksilber im Vorrat hätten — eine Summe, die bei dem damals noch nicht sehr erheblichen Weltverbrauch genügte, um eine bedeutende Preiserhöhung des Inhabers der vereinigten Idrianer und Almadener Produktion auf viele Monate hinaus zu verhindern —, als ferner eine spanische und eine genuesische Firma die bisher von den Fuggern gezahlte Pacht bei weitem überboten, da traten die Höchstetter von der Bewerbung um Almaden zurück. Es müssen sich aber ziemlich bedeutende Massen von Quecksilber für das Projekt eines Weltmonopols schon in den Lagern der Firma angesammelt haben, die nun schwer verkäuflich waren. Sonst hätte sich Ambrosius Höchstetter schwerlich dazu verstanden, im August 1528 mit dem Brüsseler Hofe, der für die kaiserlichen Heeresvölker in Geldern unbedingt Geld brauchte, folgendes Geschäft abzuschließen[1]: Der Augsburger lieh dem Brüsseler Hofe 200 000 Carolusgulden, aber er zahlte die Summe nicht in bar aus, sondern stellte 350 700 Pfund Quecksilber und 60 760 Pfund Zinnober zur Verfügung, welche die Regierung selbst verkaufen lassen mußte. Die niederländische Regierung hat bei dem Geschäft 74 000 Carolusgulden eingebüßt. Ihr Beauftragter, Lazarus Tucher, erhielt für das von Höchstetter gelieferte Quantum Quecksilber und Zinnober statt 200 000 nur 126 000 Carolusgulden[2].

Die Höchstetter aber sind des gewaltsamen Verkaufes eines Teiles ihrer großen Quecksilbervorräte nicht froh geworden. Bald darauf ist die Firma Ambrosius und Hans Höchstetter und Mitverwandte in einem Bankrott, der die Kaufmannschaft von ganz Europa in Aufregung versetzte, unrühmlich zugrunde gegangen[3]. Die Augsburger allgemeine Ansicht, die der Chronist Clemens Sender wiedergibt, nannte als Hauptursache des Falliments die verfehlte Quecksilberspekulation der Firma. Ambrosi Höchstetter, heißt es dort, hat in allen Königreichen und Landen das Quecksilber aufgekauft, teurer als der allgemeine Kauf war um 8 fl., damit er durch diese Listigkeit die andern Kaufleute drücke. Da er nun das Quecksilber ganz in seine Hand gebracht hatte, verkaufte er den Zentner für 14 fl. Da gab aber Gott zu, daß der Kaiser in Spanien und der König in Ungarn große Mengen Quecksilber

---

[1] E h r e n b e r g , Zeitalter der Fugger I, S. 215.
[2] Näheres bei E h r e n b e r g a. a. O.
[3] E h r e n b e r g a. a. O. I, S. 214 ff. und 398.

fanden. Und der Höchstetter hatte für 200 000 fl. Quecksilber aufgekauft, daran mußte er den dritten Teil verlieren [1]. Aus unserer vorangehenden, auf sicherem Aktenmaterial beruhenden Darstellung ist zu erkennen, daß die Nachricht in der Weise, wie sie Sender gibt, nicht wahr sein kann. Immerhin hatte die allgemeine Anschauung im damaligen Augsburg wenigstens darin recht, daß verfehlte Versuche, ein Weltmonopol für Quecksilber zu schaffen, den Sturz der Höchstetter mit herbeiführen halfen.

Die Almadener Quecksilberbergwerke sind mit den übrigen Maëstrazgos bei der Neupacht von 1528 in die Hände der Fugger und Welser gekommen. Das Konsortium der beiden deutschen Bankhäuser mußte dabei die Pachtsumme zahlen, wie sie von den spanischen und genuesischen Konkurrenten geboten worden war [2]. Erst 1538 übernahmen die Fugger die Maëstrazgos und damit auch die Almadener Quecksilbergruben wieder als alleinige Pächter. Sie hatten seitdem wiederum die alleinige Verfügungsgewalt über die nicht unbedeutende spanische Quecksilberproduktion, bis 1550 ein großer Brand das Bergwerk vernichtete und auf längere Zeit zum Stillstand brachte [3].

Für die Zeit von 1547—1550 sind wir durch einige glücklicherweise erhaltene Abrechnungen in der Lage, einen Einblick in die Größe des Almadener Monopolunternehmens zu gewinnen [4]. In der genannten Epoche war verkauft worden: an Quecksilber und Zinnober 3761 Zentner 21½ Pfund, an Sublimat 652 Zentner 98½ Pfund. Am Schlusse der Pachtperiode waren noch vorrätig: 2549 Zentner Quecksilber, 691 Zentner Zinnober und 450 Zentner Sublimat. Häbler dürfte Recht haben, wenn er davor warnt, aus der Addition dieser Zahlen etwa die Höhe der Förderung feststellen zu wollen. Offenbar waren von früheren Pachtungen größere Summen des wertvollen Metalls in den Händen der Fugger verblieben, die in den genannten Zahlen mit enthalten sind. Diese Annahme wird bestätigt durch einen Rechenschaftsbericht des Faktors Hans von Schüren, in welchem die Summe von 3240 Zentner Quecksilber und Zinnober sowie von 450 Zentner Sublimat wohl als Ausbeute für die Zeit vom 1. Januar 1547 bis 31. Dezember

---

[1] Chroniken der deutschen Städte, Bd. 23, S. 220.
[2] Häbler a. a. O. S. 96 und 77.
[3] Häbler a. a. O. S. 103.
[4] Häbler a. a. O. S. 102.

1551 anzusehen ist. Demnach würde die jährliche Förderung durchschnittlich 650 Zentner Quecksilber und Zinnober und 90 Zentner Sublimat betragen haben.

Die Fuggersche Abrechnung von 1547—1551 gibt uns auch einen Anhaltspunkt für die Frage, wohin während dieser Zeit die Quecksilberausbeute von Almaden verkauft wurde. Wenn darnach ein Posten von 2188 Zentner Quecksilber und 465½ Zentner Zinnober nach Antwerpen, Venedig und Marseille unterwegs war, so erkennt man neben dem großen Meßplatz Antwerpen, auf dem in der Mitte des 16. Jahrhunderts schließlich jede Ware gehandelt wurde, noch immer die Mittelmeerhäfen, von denen aus das Quecksilber und Zinnober in die Levante [1] und nach Indien [2] ging, als Hauptabnahmestellen der genannten Metalle.

* * *

Während so bis zur Mitte des 16. Jahrhunderts das spanische Quecksilbermonopol, in die Hände der Fugger gelegt, eine relativ einfache Entwicklung durchlief, kam es in Idria nach dem Bankrott der Höchstetter zunächst nicht wieder zu einem längeren Monopol im Quecksilberhandel. Es müssen um 1529 schwere Zeiten für die dortigen Gewerken angebrochen sein. Die Produktion ließ, wie aus der untenstehenden Tabelle ersichtlich ist [3], außerordentlich

---

[1] Von Marseille aus versendete die Augsburger Firma Melchior Manlich & Co. mit eigenen Schiffen Quecksilber nach Alexandria. Siehe oben S. 305 Anm. 3.

[2] Daß die Venetianer Quecksilber nach Indien führten, ergibt sich aus gelegentlichen Bemerkungen in den Akten des Wiener F. A.

[3] Höhe der Produktion in Idria in Wiener Zentnern mit Hinweglassung der Bruchteile. (Nach Msc. im Wiener F. A. Innerösterr. Quecksilber 22, zum Jahre 1536.)

Jahr	Quecksilber	Zinnober
1525	524	65
1526	103	118
1527	621	143
1528	902	180
1529	536	30
1530	20	24
1531	54	6
1532	85	41
1533	94	11
1534	14	—
1535	4	—

nach, um zeitweise fast ganz einzugehen. Noch 1539, als schon eine wesentliche Besserung der Dinge bevorstand, klagten die Gewerken in einer Bittschrift, sie hätten „seit der Höchstetter Verderben die meiste Zeit das Bergwerk aus ihrem eigenen Säckel verlegen müssen" [1]. Nur zeitweise gelang es den Gewerken, Lieferungsverträge mit Großhandelsfirmen abzuschließen, bei denen dann der Verlag durch Anleihen auf diese abgewälzt werden konnte. So muß Hans Baumgartner, der selbst ein bedeutender Gewerke zu Idria war, verschiedentlich in den dreißiger Jahren solch kleinere „Quecksilberkäufe" abgeschlossen haben [2]. Wir haben Kunde von einem solchen für 10 000 fl. und einem anderen von 32 000 fl. [3]. Aber diese Erleichterungen der Lage der Idrianer Gewerken fallen doch erst in das Ende der dreißiger Jahre. Zunächst, am Anfang des vierten Jahrzehnts des 16. Jahrhunderts fand sich kein kapitalkräftiger Helfer, der in der Weise, wie es die Höchstetter getan hatten und wie es dann Hans Baumgartner tat, den Gewerken die Sorge um den Absatz des Quecksilbers und um die Beschaffung genügender Verlagssummen abnahm. Es war doch nur ein Ausweg, den man in Ermangelung von etwas besserem traf, wenn die Gewerken 1532 mit dem venetianischen Kapitalisten Nicola Venier einen — wirtschaftsgeschichtich interessanten — Tauschkontrakt verabredeten, in welchem sich der Venetianer verpflichtete, innerhalb sieben Jahren für 106 000 Dukaten Quecksilber und Zinnober (zum Preise von 12,5 Dukaten pro Zentner Quecksilber resp. 16 Dukaten pro Zentner Zinnober) gegen entsprechende Gewürz-

---

[1] Wien. F. A. Innerösterr. Quecksilber 22. Es wird also als das Natürliche hingestellt, daß ein Kaufmann den Gewerken diese Leistung durch Darlehen abnahm. Vgl. hierfür auch den interessanten Text des Vertrages von 1539, auf den wir noch zu sprechen kommen.

[2] Wird doch in dem Monopolvertrag mit diesem reichen Kaufmann, zu dem es, wie wir noch sehen werden, 1539 kam, betont, daß die Idrianer Gewerken Baumgartner zu Dank verpflichtet seien, „neben anderem der practicen halben, so der Paumgartner in v o r i g e n k h e u f e n diser handlung zu guetem geen Alcheuro und Constantinopl mit etwas grossen chosten, wie er glaubhaft dargetan, gefuert hat". Daß es sich dabei nur um Lieferungsabschlüsse e i n e s T e i l e s der Idrianer Produktion handelte, erkennt man aus dem weiteren Wortlaut des Kontraktes, wo im Gegensatz zu diesen „Käufen" von einem „großen Kauf" die Rede ist.

[3] Abgeschlossen auf 1½ Jahr am 14. Februar 1536.

lieferungen abzunehmen [1]. Bald aber weigerte sich der Venetianer, den Kauf zu halten [2], und auch Vorstellungen der Gewerken beim Rat von Venedig und ihr Ansuchen, Nicola Venier zum Einhalten des Kontraktes oder zur „Bezahlung des Profites" anzuhalten, dürfte vergebliche Mühe gewesen sein [3].

So kam im Verlaufe der dreißiger Jahre eine ziemlich resignierte Stimmung über die Gewerken von Idria. Die Kartellverhandlungen, die sie um 1534 mit fremden Quecksilberproduzenten zur Behebung der Absatzkrisis führten, sind durchaus aus dem Drange der Not geboren [4]. Zunächst handelt es sich dabei um Verabredungen mit der Nürnberger Firma Steber (oder Stäber), die die böhmischen Quecksilbergruben [5] beherrschte, und böhmisches Quecksilber und

---

[1] Der Entwurf des Kontraktes Wien. F. A. Innerösterr. Quecksilber 22.

[2] Er wollte einen geringeren Kaufpreis zahlen als vereinbart worden war, angeblich, weil spanisches und böhmisches Quecksilber in Venedig den Preis drücke. F. A. Wien. a. a. O.

[3] Aus einer Resolution König Ferdinands. Wien, 2. Juli 1534. Abgedruckt bei F. A. S c h m i d t, III, 1, S. 147.

[4] Bekanntlich sind sich die Nationalökonomen nicht darüber einig, ob die Erkenntnis der profitdrückenden Wirkung des Konkurrenzkampfes die Unternehmer mehr in ungünstigen oder in günstigen Marktlagen zum Abschluß von Kartellen veranlaßt habe. K l e i n w ä c h t e r, der wissenschaftliche Entdecker der Kartelle, nimmt das erstere an. Ihm sind die Kartelle Notstandskinder. R. L i e f m a n n, Die Unternehmerverbände, S. 53 ff., kennt zwar demgegenüber auch eine ganze Reihe von Syndikaten, die in Zeiten günstiger Konjunktur aus dem Wunsche heraus entstanden sind, unbelästigt von der Konkurrenz, die gute Wirtschaftslage durch Preissteigerung auszunützen, aber auch ihm sind die meisten Kartelle aus der Not schlechter Zeiten heraus geboren. Auf der anderen Seite steht u. a. S o m b a r t (Die deutsche Volkswirtschaft des 19. Jahrhunderts. Berlin 1903. S. 368). Er meint, es seien nicht die Zeiten schwerster Depression, in denen sich die Unternehmer eines Gewerbszweiges zu Kartellen zusammenschlössen — in solcher Zeit hoffe jeder sich noch eher auf eigene Faust durchzuschlagen — sondern vielmehr die Zeiten des Aufschwungs, die Zeiten, wo ein Absatz zu höheren Preisen, als sie den Produktionskosten entsprächen, gesichert erscheint. Die geschichtliche Erfahrung lehrt, daß die Ansicht Liefmanns im ganzen das richtige trifft.

[5] Die Gruben lagen bei Schönbach und gehörten den Schlick. Die Firma Steber aus Nürnberg hatte sich um 1534 für drei Jahre verpflichtet, jährlich 50 Meiler = 500 Zentner abzunehmen. Dem

Zinnober nach Venedig brachte. Die Verabredungen, die die Idrianer Gewerken mit Steber in Villach trafen, sind, soviel ich sehe, nur in einigen Unterhandlungsbruchstücken auf die Nachwelt gekommen, immerhin erkennt man auch schon daraus deutlich genug, daß es sich um Kartellbestrebungen handelt. Da ist von Verhandlungen die Rede, wieviel Quecksilber Steber in Venedig auf den Markt bringen dürfe; auch von anderen Beschränkungen der gegenseitigen Konkurrenz wird gesprochen, „damit baider quecksilber und zinnober gleich als durch a i n hand verkauft würde". Ferdinand hat auf das Verhandlungsprotokoll zunächst geschrieben: „Placet, dass sie solch Quecksilber und Zinnober miteinander vertreiben". Dann wurde dieses Placet in folgende königliche Resolution umgewandelt, die noch deutlicher zeigt, daß wir es hier mit einem Kartell zu tun haben: „Des queksilber halber so aus Beheim durch den Steber zu Nurenberg hinein gen Venedig verfuert wurdet, lasst ir die k. Mt. genedigclich gefallen, dass si, die gewerkhen, irem anzaigen nach mit gedachtem Stäber handlin, also damit das quecksilber in ainem khauf beleib und mit einander vertriben und ains durch das ander nicht verhindert werde"[1].

Auch die Bemühungen der Idrianer Gewerken, das spanische Quecksilber von dem venetianischen Markt auszuschließen, zeigt die damalige geringe Nachfrage nach dem Produkt. Bei diesen Bemühungen handelt es sich nicht um Verabredungen der Idrianer Gewerken mit den Beherrschern der spanischen Produktion, mit den Fuggern[2], sondern um eine Vereinbarung der beiderseitigen Landesfürsten. Die Gewerken von Idria baten Ferdinand, bei seinem Bruder Karl V. durchzusetzen, „dass das spanische Quecksilber und Zinnober hinfüran nicht mehr gen Venedig geführt

---

Nürnberger lag viel an einem Kartell mit den Beherrschern der Idrianer Produktion; nur dann erlaubte Ferdinand eine Durchfuhr des böhmischen Quecksilbers durch seine Erblande nach Venedig.

[1] Kgl. Resolution. Wien, 2. Juli 1534. Vgl. F. A. S c h m i d t, III, 1, S. 147.

[2] Es ist wohl nur aus dem damaligen schlechten Absatz von Quecksilber und Zinnober zu erklären, daß die Fugger — die Beherrscher der spanischen Quecksilberproduktion — nicht ihrerseits versuchten, die Idrianer und böhmische Produktion an sich zu bringen und auf diese Weise ein Weltmonopol in Quecksilber zu schaffen. Die Vorbedingungen waren günstig.

werde" [1]. Karl V. — so begründen die Gewerken ihre Wünsche — habe aus den spanischen Quecksilberbergwerken nur sehr wenig Gefälle, dagegen schade es Ferdinands Budget außerordentlich, wenn das idrianische Quecksilber geringen Absatz fände. Ferdinand versprach, mit Karl V. über den Wunsch der Idrianer Gewerken zu verhandeln, wenn der Kaiser demnächst nach Deutschland komme. Soviel ich sehe, ist aber die Angelegenheit vorläufig liegen geblieben.

Auch die Kartellverabredungen mit Steber scheinen die Lage der idrianischen Gewerken nicht sehr gebessert zu haben. Ihre gedrückte Stimmung hielt an. Die Mehrzahl der Gewerken hätte sich am Ende der dreißiger Jahre am liebsten ganz von einem Risiko zurückgezogen und die Nutznießung ihrer Kuxe wie eine feste Rente genossen. Es taucht unter ihnen der Plan auf, „daß Hans Baumgartner das Bergwerk auf etliche Jahre in Pacht nehmen und auf seine Kosten verlegen solle, damit sie, die Gewerken, des schweren Darlegens zur Unterhaltung der Gruben überhoben blieben" [2]. Zwar weigerte sich Hans Baumgartner, diesen Vorschlag anzunehmen, aber gegen die Übernahme eines fünfjährigen Idrianer Quecksilberhandelsmonopols hat er schließlich nichts einzuwenden gehabt. Am 1. August 1539 gelangte der Kontrakt zwischen König Ferdinand, den Gewerken von Idria und Hans Baumgartner von Baumgarten zu Hohenschwangau und Erbach [3] zum Abschluß [4]. Er band die Kontrahenten auf fünf Jahre, vom 1. Januar 1540 an. Hans Baumgartner verpflichtete sich, den Wiener Zentner Queck-

---

[1] Wenn das geschehen und das Kartell mit Steber abgeschlossen sei, „alsdann ist niemand, der weiter quecksilber oder zinnober gen Venedig fuere".

[2] Wien. F. A. Innerösterr. Quecksilber 22. Also wie es in Almaden war.

[3] Hans Baumgartner war 1539 in den Adelstand erhoben worden. E h r e n b e r g a. a. O., I, S. 193. Für den Reichtum Hans Baumgartners vgl. S t r i e d e r, Zur Genesis des modernen Kapitalismus, S. 48 ff. Für seine zahlreichen Geldgeschäfte mit Ferdinand E h r e n b e r g a. a. O., I, S. 193. Dazu neuerdings J a n s e n, Jakob Fugger der Reiche, s. Register. Jansens Forschungen haben ergeben, daß der reiche Hans Baumgartner von Kufstein nicht mit dem Augsburger identisch ist; a. a. O., S. 13 Anm. 3.

[4] Der Kontrakt ist nach dem Manuskript des Wiener F. A. (Innerösterr. Quecksilber 22) im Anhange dieses Buches abgedruckt.

silber mit 26 und den Wiener Zentner Zinnober mit 30 fl. rh. loco Idria zu bezahlen und innerhalb der genannten Zeit für 100 000 fl. rh. abzunehmen. Mit Rücksicht auf die gefährlichen Zeitläufe und auf die schätzbaren Dienste, die der Augsburger Kapitalist den Gewerken schon früher geleistet hatte [1], erhielt Hans Baumgartner als „Auf-" und „Eingabe" 687 Zentner Quecksilber und 166⅔ Ztr. Zinnober „frei ohne Bezahlung". Auf seinen Wunsch war ihm alles Quecksilber und Zinnober, das die Gewerken in Triest, Villach oder sonstwo lagern hatten, gegen Bezahlung von 26 resp. 30 fl. zuzüglich der von den Gewerken ausgelegten Transportkosten auszufolgen.

Hans Baumgartner stand das absolute Großhandelsmonopol für Idrianer Quecksilber und Zinnober während der fünfjährigen Dauer seines Kontraktes zu. Weder durfte der König etwas aus seinem Fron- und Wechselquecksilber an irgend jemanden anderen abgeben als an den Monopolinhaber, noch durften es die Gewerken aus den ihnen zukommenden Teilen der Förderung. Außerdem verpflichtete sich Ferdinand für sich und seine Erben während der Vertragsdauer kein fremdes Quecksilber und Zinnober durch seine Erblande passieren zu lassen. Übertreter des Transitverbotes sollten strenge bestraft und ihre Ware konfisziert werden. Dagegen durfte Baumgartner das Quecksilber und Zinnober gegen Erlegung der üblichen Zoll- und Mautgebühren hinführen, wohin er immer wollte. Von neuen Zöllen und Mauten, die etwa eingeführt wurden, war er im voraus befreit.

Ein Welthandelsmonopol für Quecksilber dem Baumgartner in die Hand zu geben, dazu fehlte es König Ferdinand an Macht. Immerhin versprach er dem Augsburger Kapitalisten, soviel er vermöchte dafür zu sorgen, daß „das spanische und böhmische Quecksilber dem idrianischen keinen Nachteil bringe". Besonders wollte Ferdinand sich an den Kaiser mit der Bitte wenden, er möchte gebieten, daß das Almadener Werk nicht „dermaßen wie eine Zeit her, überbaut, sondern daß, wie von altersher üblich, Maß gehalten und bedacht werde, daß beide Bergwerke — das

---

[1] Siehe oben S. 310 Anm. 2. Darnach scheint Baumgartner Quecksilber und Zinnober in die Levante geführt zu haben; wir hätten demnach in den Baumgartner eine zweite deutsche Firma zu sehen, die im 16. Jahrhundert direkten Levantehandel trieb. Die andere waren die Manlich. Vgl. E h r e n b e r g a. a. O., I, S. 224 f.

Idrianer und das Almadener — wie hievor nebeneinander ohne Nachteil noch lange bestehen möchten."

Außer den genannten verdienen noch folgende Bestimmungen des Kontraktes vom 1. August 1539 besondere Hervorhebung: Sollte Hans Baumgartner in der Zeit des Vertrags mehr als für 100 000 fl. Quecksilber abnehmen und absetzen können — und er versprach es nach Kräften anzustreben —, so sollten die Gewerken und König Ferdinand dieses Mehr zum obengenannten Preise liefern. Auch für diese Mehrabnahme solle eine entsprechende „Ein-" und „Aufgabe" dem Augsburger gegeben werden [1]. Vermöchte die Baumgartner-Gesellschaft die ü b e r die ursprünglich ausgemachte Quantität (für 100 000 fl.) gelieferten Mineralien nicht ganz zu vertreiben, so sollte sie gehalten sein, nach Ablauf ihres Kontrakts den Rest gegen entsprechende Rückvergütung abzuliefern. Ohne diese Maßregel wäre es dem König und den Gewerken nur schwer möglich gewesen, nach Ablauf des Baumgartnerschen Quecksilberkontrakts einen andern Kapitalisten für einen neuen Abschluß zu finden. Denn selbstverständlich hätte Baumgartner mit der ihm restierenden Quecksilbermenge die Preise des neuen Kontrahenten empfindlich drücken können. Von einem Handelsmonopol in idrianischem Quecksilber wäre so lange nicht mehr die Rede gewesen, bis Baumgartner all sein Quecksilber verkauft gehabt hätte.

Die zuletzt genannten Paragraphen des Kontraktes vom 1. August 1539 waren für den Fall vorgesehen, daß Baumgartner nach Ablauf seines Monopols bei einem neuen Abschluß nicht in Frage kam. Man hoffte, daß dieser Fall nicht eintreten würde und machte dem Augsburger sogar starke Hoffnungen auf einen Neuabschluß. Wenn sich Baumgartner während seiner Monopolinhaberschaft dem Bergwerk nützlich erzeigen und das Quecksilber und Zinnober auf einen höhern Marktpreis als den jetzigen bringen würde, so wollte der König und die Gewerken ihn anderen Bewerbern vorziehen. Auf keinen Fall war es dem König und den Gewerken erlaubt, mit jemandem während des laufenden Kontrakts einen neuen Abschluß zu verabreden oder **abzuschließen**.

---

[1] Tatsächlich hat Hans Baumgartner für 10 000 **fl.** Quecksilber und Zinnober mehr abgenommen. Vgl. den Eingang des zweiten Vertrags Hans Baumgartners vom 14. Februar 1544. Wien. F. A. Innerösterr. Quecksilber 22.

Eine wichtige Bestimmung, die der Höchstettersche Monopolvertrag nicht enthielt, gestattete dem Hans Baumgartner die ganze oder teilweise Abtretung seines Kontraktes an einen anderen Kapitalisten [1]. Das Versprechen des Königs, den Monopolinhaber gegen jegliche Belästigung von seiten des kaiserlichen Fiscals zu schützen, findet sich wie im Höchstetterschen Vertrag so auch im Baumgartnerschen. Wie überhaupt die beiden Verträge sehr viele — auch textliche — Übereinstimmungen zeigen.

Wie es in dem Kontrakte vom 1. August 1539 bestimmt war, ist fünf Jahre hindurch das Idrianer Quecksilbermonopol gehandhabt worden. An Versuchen, das Monopol zu durchbrechen, hat es dabei natürlich nicht gefehlt. Manche Gewerken versuchten entgegen den Kontraktbestimmungen heimlich Quecksilber und Zinnober auf eigene Rechnung zu verkaufen. So mußte sich am 20. November 1541 auf eine Klage Baumgartners hin, daß in Venedig und Villach Idrianer Quecksilber und Zinnober von Fremden verkauft würde, König Ferdinand mit einem Schreiben voll heftiger Vorwürfe an die Idrianer Gewerken wenden [2]. Er verbot darin auf das strengste, wider den Kontrakt von 1539 heimlich Quecksilber und Zinnober zu verkaufen. Ganz abgesehen, daß er bei solchen „Partikularverkäufen" um Fron und Wechsel betrogen werde, gingen sie gegen die Absichten, die ihm bei der Monopolisierung des Quecksilberhandels in der Hand des einen Augsburger Kapitalisten vorgeschwebt hätten. Nur wenn das Quecksilber „in einer Hand" bliebe, könne die Ware „umb sovil höher gesteigert" werden. Verhinderten die Gewerken das, so schadeten sie nicht zuletzt sich selbst.

Es entzieht sich unserer Beurteilung, ob die energischen Vorstellungen Ferdinands dauernd ihren Zweck erreichten. Jedenfalls hat Baumgartner von seinem Rechte, den Vertrag — wenn er nicht redlich gehalten würde — zu lösen, keinen Gebrauch gemacht.

---

[1] In dem Kontrakt, den Hans Baumgartner 1544 abschloß, — wir kommen sofort im Text darauf zu sprechen —, ist als Bedingung hinzugefügt, daß der betreffende ein ehrlicher, vermögender Mann ist, der „disen sachen gemäss zu thuen guet macht hat".

[2] Abgedruckt bei F. A. S c h m i d t , III, 1, S. 252 f. Schmidt setzt als Adresse „An die Statthalter und an die Regierung und Kammer in Österreich", was sicherlich, wie sich aus dem Text ergibt, falsch ist.

Im Gegenteil, Hans Baumgartner sollte länger als fünf Jahre der Inhaber des Großhandelsmonopols für idrianisches Quecksilber bleiben. Als man 1544 an eine Erneuerung des Monopols gehen mußte, versuchten die Gewerken zunächst wiederum, Hans Baumgartner zu einer Pacht der idrianischen Gruben, diesmal auf acht Jahre, zu überreden. Aber auch dieses Mal glaubte sich der Augsburger einem solchen Ansinnen versagen zu müssen. Dagegen übernahm er noch einmal unter ganz ähnlichen Bedingungen wie 1539 das Handelsmonopol in Idrianer Quecksilber und Zinnober [1].

Es war das letzte Mal! Mit dem Jahre 1548 brachten neue Männer das Monopol für den Handel mit den idrianischen Bergwerksprodukten an sich. Wiederum ist es eine bedeutende Augsburger Kaufmannsfamilie, eine Firma, die seit Generationen schon mit den Habsburgern in regem geschäftlichen Verkehr gestanden hatte: die Herwart [2]. Von diesem berühmten Handelshause schlossen im Jahre 1548 Hans Paul und Hans Heinrich Gebrüder den ersten Herwartischen Kontrakt eines idrianischen Quecksilberhandelsmonopols mit König Ferdinand und den Gewerken ab. Der Vertrag [3] lief vom 26. April 1548 bis zum 26. April 1553. Die Herwart verpflichteten sich, in der genannten Zeit für 140 059 fl. rheinisch 30 Kr. Quecksilber und Zinnober (den Zentner Queck-

---

[1] F. A. Wien. Innerösterr. Quecksilber 22. Der Kontrakt lief vom 14. Februar 1544 bis 14. Februar 1548. Wiederum erklärte sich Baumgartner bereit, für 100 000 fl. Quecksilber und Zinnober abzunehmen. Zum Preise von 26 fl. rh. pro Wiener Zentner Quecksilber und 30 fl. für Zinnober. Wiederum betrug die „Auf- und Eingab" 687 Zentner Quecksilber und 166⅔ Zentner Zinnober. Der Wortlaut des Kontraktes für diese zweite Monopolperiode Hans Baumgartners stimmt fast wörtlich mit dem vom 1. August 1539 überein.

[2] Für die Bedeutung dieser Familie und ihren Reichtum vgl. S t r i e d e r , Zur Genesis des modernen Kapitalismus, S. 115 ff. Für ihre zahlreichen Geldgeschäfte E h r e n b e r g a. a. O., I, S. 218 ff. Am 22. Oktober 1548 wurden die Brüder Hans Paul, Hans Heinrich und Hans Jakob Herwart von Karl V. geadelt. In der Nobilitierungsurkunde heißt es: für diè „getreuen willigen dienst, so ire voreltern weilendt unsern vorfarn und si uns und dem reiche getan haben und hinfüran ze thun sich guetwillig erpieten".

[3] Original mit der Unterschrift der Gebrüder Herwart und ihrem Siegel (mit der berühmten Eule) im F. A. Wien. Innerösterr. Quecksilber 22.

silber für 29 fl. 15 Kr., den Zentner Zinnober für 33 fl. 15 Kr., alles Wiener Gewicht) abzunehmen. Als „Ein- und Aufgab" erhielten die Brüder 860 Zentner Quecksilber und 210 Zentner Zinnober.

In den beiderseitigen Verpflichtungen und Berechtigungen stimmt der Vertrag im wesentlichen mit den früheren Baumgartnerschen Kontrakten überein. Wie dort findet sich das Schutzversprechen König Ferdinands gegen ein Eingreifen des Reichsregiments oder des kaiserlichen Fiskals. Wie dort das Versprechen, eine allzu heftige „unlautere" Konkurrenz der spanischen Quecksilberwerke nach Möglichkeit zu unterdrücken. In letzterer Beziehung kamen Naturgewalten den am idrianischen Bergbau Interessierten zu Hilfe. 1550 zerstörte ein furchtbarer Brand die Almadener Gruben vollständig. Bis auf weiteres hatten die Fugger nun nur noch mit dem Rest ihrer bisherigen Produktion Einfluß auf den Quecksilber- und Zinnobermarkt. Bei dieser Sachlage ist es sehr verwunderlich und läßt auf ein starkes Nachlassen des Weltbedarfs in Quecksilber und Zinnober oder auf die Eröffnung sonstiger neuer Gruben schließen, wenn die Herwart in ihrem zweiten idrianischen Monopolkontrakte [1] für den Wiener Zentner Quecksilber nur 20 fl. rh. und für Zinnober nur 24 fl. zahlen mußten. Namentlich in der letzten Zeit ihres zweiten Kontraktes haben die Herwart allerdings bei solch niedrigem Einkaufspreis und bei einem infolge der veränderten Marktlage — wir kommen sogleich darauf zurück — starken Steigen der Quecksilberpreise ein glänzendes Geschäft gemacht.

Für die Geschichte des Quecksilberhandels beginnt in der Mitte der fünfziger Jahre des 16. Jahrhunderts eine neue Epoche, eine Zeit der Hochkonjunktur. Man hatte — wahrscheinlich in Deutschland [2] — ein Verfahren erfunden, um Silber und Gold auf

---

[1] Der sie für die Zeit vom 8. Oktober 1554 bis zum 8. Oktober 1559 zur Abnahme von einem 100 000 fl. rh. entsprechenden Quantum Quecksilber und Zinnober verpflichtete. Wien. F. A. Innerösterr. Quecksilber 22.

[2] H ä b l e r hat mit guten Gründen darauf hingewiesen, daß nicht Bartolomé de Medina aus Sevilla der Erfinder des Amalgamationsverfahrens ist — wie bisher angenommen wurde — sondern nur derjenige, der das neue Verfahren in den neuspanischen Bergwerken einführte. a. a. O., S. 138.

dem Wege der Amalgamierung bequem aus den silber- und gold-haltigen Erzen auszuscheiden [1]. Nun eignete sich zwar die neue Technik auf ihrem damaligen Standpunkte nicht für alle Silber-erze [2], aber für die Erze in den amerikanischen Kolonien Spaniens war die denkbar beste Edelmetallgewinnungsweise damit gegeben. Seit den Jahren 1556/57 entsteht so in Neuspanien eine ungemein starke Nachfrage nach Quecksilber [3]. Die Preise des Produktes schnellten dadurch so merklich in die Höhe, daß sich die spanische Regierung sofort veranlaßt sah, die Einfuhr von Quecksilber in die Kolonien für ein Reservatrecht, ein Regalrecht der Krone zu erklären, eine Maßnahme, durch die den spanischen Finanzen in den nächsten Jahrzehnten schon viele Millionen Dukaten zu-flossen.

Es fragte sich, ob das Angebot der spanischen Quecksilber-gruben genügen würde, um die starke koloniale Nachfrage zu decken. Das Almadener Bergwerk, das einzige von Bedeutung in Spanien, war nach dem Brande von 1550 noch kaum wieder aufgenommen worden. Die Fugger hatten sehr wenig Eile be-wiesen, das zerstörte Werk wieder aufzurichten [4], um so weniger, als sie sich durch eine kluge Wirtschaftspolitik große Vorräte gerade

---

[1] Das Verfahren ist in Brockhaus' Konversationslexikon unter dem Stichwort Amalgamierung näher beschrieben.

[2] H ä b l e r a. a. O., S. 139. Zum Beispiel kam es für die um 1555 entdeckten außerordentlich ergiebigen Silbergruben in dem spanischen Guadalcanal nicht in Frage.

[3] „C o p i a , was Cristoff Raiser auf 5. Junio 1558 aus Sevilla an Spanischen hof geschrieben hat: Auf datum sein zeitung her-khomen von 5 scheffen, so in Sandt Lucar aus Nueva Spania ein-khomen. Sein 3 monat, dass die ausgefarn; das landt in fridt ver-lassen; die gueter wenig schleiss, a u s g e n o m e n q u e c k h -s i l b e r , t h e t 1 5 0 d u c a t e n d a s q u i n t a l g e l t e n u n d s o n d e r d a s e l b i g w e n i g s i l b e r i n d e n p e r c k h -w e r c h e n m a c h e n . Das guet zeitung fur die, so das perckh-werch draussen arrendirt haben. Und die 500 quintal, in den hulckhen jetzundt khumen, auch mit aufschlagen werden. Dan sie es an-gefangn zu 60 ducaten halb par, rest ain jar zeit verkhauft haben, nummer darumb finden und dise zeittung das queckhsilber draussen auch machen aufschlagen. Doch wan der khonig dessen vil zu Almaden umb das hoh. verkhaufen möchte, verbietten lassen, khains von aussen khumen, alsdann ir vill ain plossen legen.“ Wien. F. A. Innerösterr. Quecksilber 22.

[4] H ä b l e r a. a. O. S. 104 ff.

der reichhaltigsten Quecksilbererze aufgespart hatten[1], und wei
sie durch Zuwarten hofften, die Kosten des Wiederaufbaues des
Bergwerks zum wenigsten durch eine verminderte Pachtsumme
wettzumachen. Als jetzt infolge der erhöhten amerikanischen
Nachfrage der Quecksilberbedarf außerordentlich stieg, machte die
spanische Regierung wahr, was sie gedroht hatte, seit die Fugger
Almaden zu vernachlässigen anfingen: sie begann das Bergwerk
auf Staatskosten wieder in Betrieb zu setzen[2]. Die Fugger aber
und ihre Unterpächter, d. h. diejenigen Spanier, denen die Augsburger Firma die Aufarbeitung von Halden und Schlacken usw.
unterverpachtet hatte, wurden gezwungen, ihr Quecksilberprodukt
an die Regierung zu verkaufen[3], die es dann selbst zu ungeheuer
erhöhtem Preise an spanische Kaufleute abgab. Erst die letzteren
setzten das durch soviele Hände gegangene Produkt in die neuspanischen Bergwerke ab[4]. Aber die geringen Mengen des auf
diese Weise erworbenen Quecksilbers und die noch geringeren,
die die Regierung in dem verstaatlichten Betriebe von Almaden
selbst gewann, genügten bei weitem nicht, um den veränderten
Marktverhältnissen Rechnung zu tragen. Die Regierung sah bald
ein, daß nur die Fugger imstande waren, Almaden wieder auf die
Höhe der früheren Leistungsfähigkeit oder womöglich noch darüber
hinaus zu führen. Da auch die Fugger ihrerseits jetzt wieder gern
geneigt waren, die Pacht von Almaden anzunehmen, so kam der
folgende Vertrag (geltend vom 1. Januar 1563) zustande. Die
Fugger stellten das Bergwerk wieder her und erhielten dafür die
alten Privilegien (Freiheit des Holzfällens für die Stollenanlagen,
Weidegerechtigkeit auf den Almaden benachbarten Wiesen für

---

[1] Nach dem Brande ging der Fuggersche Quecksilberhandel in
unverminderter Größe weiter, und selbst 1558, als der Betrieb von
Almaden unter königlicher Verwaltung wieder in Angriff genommen
war, hatten die Fugger noch immer 800 Zentner in Vorrat. H ä b l er,
a. a. O. S. 106.

[2] H ä b l e r a. a. O. S. 139.

[3] Zunächst zum Preise von 16 Dukaten pro Zentner.

[4] „Der Kunig schafft ainen grossen nutz mit disem quecksilber,
dann er hat ainen spanischen handelsman gefunden, welcher ir Mt.
zalt für ainen jeden centner, damit er denselben in Indias frei fieren
mege, 120 ducaten". Martin Guzmann an Kaiser Ferdinand I.
Barcelona, 1. März 1564. F. A. Wien. Innerösterr. Quecksilber 23.
(1564—1599) Nr. 18 321.

ihre Transporttiere usw.). Eine eigentliche Pachtsumme zahlte das Augsburger Handelshaus nicht, dafür wurde aber die alte Freiheit der Pachtinhaber, ihr Produkt frei zu verkaufen, beseitigt. Alles geförderte Quecksilber und Zinnober mußte gegen festgesetzten Preis — während der ersten fünf Jahre für 25 [1] Dukaten, während der nächsten Jahre für 20 Dukaten — an die Regierung abgeliefert werden. Außerdem verpflichteten sich die Fugger zu einer jährlichen Mindestproduktion von 1000 Zentner [2]. Diese Bestimmungen erfuhren insofern in den nächsten Jahren eine Abänderung, als von 1567 an die Regierung für den Zentner 26 fl. zu zahlen versprach und die Fugger ihr Mindestlieferungskontingent auf jährlich 1200 Zentner erhöhten. Ja die Geschäfte, die die spanische Regierung in den nächsten Jahren bei dem Quecksilberverkauf nach Amerika machte, waren so glänzend [3], daß sie schon 1569 den Fuggern 29 Dukaten pro Zentner bot, wenn sie imstande wären, 1500 Zentner jährlich zu liefern. Die erste Fuggersche Pachtperiode nach dem neuen Stil lief nach zehnjähriger Dauer 1572 ab. Sie endete mit einem sehr guten finanziellen Ergebnis für die Firma. Im ganzen waren 13 100 Zentner Quecksilber an die Krone abgegeben worden, teilweise zu 25, teilweise zu 26 und 29 Dukaten.

---

[1] Wegen der größeren Betriebsunkosten.

[2] Leider ist uns das Original des Vertrags nicht erhalten. Obige Darstellung, die auf H ä b l e r s Untersuchungen beruht, wird etwas anders gegeben in dem Berichte des kaiserlichen Orators Martin Guzmann (Barcelona, 1. März 1564). F. A. Wien. Innerösterr. Quecksilber 23. „Wie der quecksilberhandlung zu Almaden diser zeit allenthalben steet, habe ich mich mit allen fleis erkündiget und befinds wie volget: erstlich dass die Fuggeren von kuning dise quecksilberhandlung auf 10 jar angenomen haben, welch bestanndt sich den 1. Januarii verschinen 63. jars angefangen. Die ersten 3 jaren soll bemelte Fuggeren dem kunig liveren wie volgt: das erst jar 600 ctr, das ander 800, das drit 1000 ctr. Für einen jeden zalt inen der kunig 25 ducaten bis zu ausgang der dreien jar von wegen der uncost, so inen auf die widererbauung des bergwercks gangen ist. Die iberige 7 jar ist inen der kunig nit mer schuldig für ainen ctr. dan 20 ducaten zu geben. Und ist schuldig ain jedes jar von 1000 bis in die 1500 ctr. von inen zu nemen. Was si iber diselbig antzal machen werden, dorfen sis nindert ain verhandeln noch verkaufen."

[3] Über die Preise, die für Quecksilber in Neuspanien gezahlt wurden, vgl. H ä b l e r a. a. O., S. 143 Anm. 1.

Die Unkosten der Fugger beliefen sich im Durchschnitt auf 14$^4/_5$ Dukaten pro Zentner, so daß ein Durchschnittsgewinn von 12$^7/_{10}$ Dukaten pro Zentner, also zirka 85 % bei dem Unternehmen heraussprang [1].

Sehen wir zu, wie die veränderte Lage des Weltmarktes für Quecksilber, die dieses schöne Geschäftsergebnis für die Fugger verursacht hatte, auf die Idrianer Quecksilberproduktion und ihre Beherrscher wirkte. Da müssen wir konstatieren, daß besonders in der ersten Zeit des amerikanischen Massenbedarfs, als Almaden noch wenig liefern konnte, Idria gewaltigen Vorteil von der gesteigerten Kauflust des Marktes zog. Einmal fiel für Idria, seit Almaden nicht einmal die amerikanische Nachfrage befriedigen konnte, die spanische Konkurrenz in Venedig, der Levante usw. weg. Aber auch in die spanischen Kolonien Amerikas gingen jetzt bedeutende Mengen idrianischen Quecksilbers. Die Herwart und auch ihre Abnehmer verkauften in Antwerpen bedeutende Massen Quecksilber an spanische Kaufleute. Die Spanier, die ihrem König zu hohem Preise das Almadener Quecksilber für den Export in die amerikanischen Bergwerke abnahmen [2], kauften gern, wenn sie konnten, idrianisches Produkt auf und verführten es als Almadener nach Amerika. Ihr Gewinn an dem österreichischen Produkt, das sie viel billiger als das spanische kauften, war enorm. Aber auch die Beherrscher der idrianischen Quecksilbergruben machten kein schlechtes Geschäft bei diesem Handel. Die Herwart, deren zweiter Kontrakt bis zum 8. Oktober 1559 lief, waren so zufrieden mit dem Erfolg dieser Kampagne, daß sie sich beeilten, die Herrschaft über die Idrianer Produktion auch weiterhin in ihrer Hand zu behalten. Noch viele Monate vor Ablauf ihres Monopolkontraktes verabredeten sie mit den Vertretern des Kaisers und der Gewerkschaft zunächst einen Zusatzvertrag, der ihnen für 32 000 fl. Quecksilber zu sofortiger Lieferung zum alten Preise von 20 fl. rh. pro Zentner in die Hand geben sollte. Gleichzeitig vereinbarten die zwei Augsburger Kapitalisten mit dem Kaiser und den Gewerken von Idria für die Zeit vom 1. Oktober 1559 bis zum 1. Oktober 1564 einen neuen Kontrakt [3]. Die Gebrüder

---

[1] Nach H ä b l e r a. a. O. S. 144.
[2] Siehe oben.
[3] Original (Augsburg, 28. Februar 1559 datiert) im Wiener F. A. Innerösterr. Quecksilber 22.

Herwart verpflichteten sich darin, in der genannten Zeit für 120 000 fl. rh. Quecksilber und Zinnober abzunehmen. Dabei wollten sie für den Wiener Zentner Quecksilber 24 fl., für den Wiener Zentner Zinnober 28 fl. zahlen. Ferner behielten sich die Herwart vor, daß ihnen auf Wunsch im letzten Jahre des Kontraktes noch für 20 000 fl. Quecksilber zum alten Preise geliefert werden müsse. Doch sollte die Firma bis spätestens Oktober 1563 darum ersuchen. Schließlich erklärten sich die Augsburger bereit, die Fron des Kaisers aus den 32 000 fl. und den 120 000 fl. „ihrer kaiserlichen Mt. a l s b a l d auszuzahlen, zu erlegen und gut zu machen".

Wenn die klugen Augsburger Handelsherren das letztere Versprechen als eine besondere Wohltat hinstellten, die sie dem Kaiser erwiesen, so mochten sie mit Rücksicht auf die furchtbare Finanznot, in der Ferdinand sich befand, einigermaßen Recht haben. Aber Ferdinand war doch viel zu gut über die Handelskonjunkturen des Weltmarktes unterrichtet, um nicht zu wissen, daß der Gewinn, den er durch die Bestätigung der zwei genannten Verträge den Herwart ermöglichte, die vorausgezahlte Fron- und Wechselsumme um ein mehrfaches überstieg. Schon spätestens Mitte des Jahres 1558 hatte die Wiener Regierung genaue Kenntnis der obengeschilderten Veränderungen im Welthandel mit Quecksilber. Der Schwazer Fuggersche Faktor Sebastian Kurz [1], der als Idrianer Gewerke ein starkes Interesse an diesen Dingen nahm, berichtete unter dem 30. August 1558 an den Kaiser wie folgt: Er (Kurz) habe, als er kürzlich am spanischen und englischen Hofe war, aus Sevilla von der jüngst allda angekommenen Armada aus India (Amerika) Nachricht empfangen, daß in India das Quecksilber pro Quintal (etwas weniger als ein Wiener Zentner) bis auf 150 Dukaten aufgeschlagen sei. Weil man aber jetzt nicht allein in India, sondern auch in Spanien das Silber s c h m e l z e n ganz abgestellt und sich ganz und gar auf das Verquicken (d. h. das Amalgamierungsverfahren) eingerichtet habe, weil ferner das spanische Quecksilberbergwerk zurzeit sehr im argen liege, so sei zu hoffen, daß das idrianische Quecksilber einen hohen Preisaufschlag erführe. Wohl stehe zu befürchten, daß der König von Spanien die Zufuhr von nichtspanischem Quecksilber in die Kolonien verbieten werde, aber

---

[1] E h r e n b e r g , Zeitalter der Fugger, I, S. 344.

ein solches Verbot könne auf die Dauer nicht durchgeführt werden.
Das spanische Quecksilber genüge kaum zur Anwendung des Amal-
gamationsverfahrens in den alten und jüngst neuentdeckten (Guadal-
canal) spanischen Silberbergwerken. So bleibe dem idrianischen
Quecksilber in Neuspanien ein weites Feld, das die spanische
Regierung schon aus eigenem Interesse nicht sperren würde [1].

Enthielt der Bericht des Sebastian Kurz eine an die Adresse
des Kaisers gerichtete Warnung, sich auf einen zu „billigen Quecksilberkauf" mit den Herwart oder anderen Kapitalisten einzulassen,
so traten bald noch andere Berater an Ferdinand mit Fingerzeigen
heran, wie man die günstige Quecksilberkonjunktur ausnützen
könne. In einem lateinischen Briefe vom 1. Januar 1559, dessen
Unterschrift leider herausgeschnitten ist, wird dem Kaiser nahegelegt, er möge anstatt der Kaufleute d a s Q u e c k s i l b e r -
h a n d e l s m o n o p o l s e l b s t ü b e r n e h m e n [2]. Bei der
jetzigen starken Nachfrage und der augenblicklich so minimalen
spanischen Förderung sei ein großes Stück Geld damit zu verdienen und der kaiserliche Kredit zu erweitern., Der Kaiser könne
das Quecksilber und Zinnober durch seine „Amtleute" oder andere
Mittelspersonen den ausländischen Kaufleuten zu einem bestimmten
Preise verkaufen. Weil aber das meiste Quecksilber nach der
Pyrenäenhalbinsel abgesetzt würde, von wo aus die Könige von
Spanien und Portugal auf ihren Schiffen das Metall nach India
brächten, so sei anzuraten, mit den genannten Königen einen
Quecksilberlieferungsvertrag (conventionem) zu schließen [3]. Das-
selbe könne bei den Venetianern versucht werden, die Quecksilber
nach der Levante verführten.

---

[1] Original des Schreiben des Sebastian Kurz im F. A. Wien.
Innerösterr. Quecksilber 22.

[2] Der Schreiber des Briefes fügt entschuldigend und um die
ethische Erlaubtheit eines solchen kaiserlichen Monopols zu erweisen
hinzu: „Hoc non esset indecorum! Nam honestissimum est principi
fructus fundi sui vendere, metalla censentur ipso iure fructus fundi".
F. A. Wien. Innerösterr. Quecksilber 22.

[3] Der Verfasser des Briefes weiß von früheren Versuchen des
Kaisers für seine Feldzüge gegen die Türken vom König von Portugal
Geld zu erhalten. Er meint die Verstaatlichung des Quecksilberhandelsmonopols böte das beste Mittel bei der jetzigen Türkengefahr
ein großes Darlehn vom König von Portugal zu erlangen. Das Darlehen könne in Quecksilber zurückgezahlt werden.

Eine dritte Aufforderung an den Kaiser, sich die günstige Konjunktur für eine Änderung der idrianischen Quecksilberhandelsorganisation zunutze zu machen, ging — wie mir scheint im Jahre 1560 — von einem kleinen, in Wien wohnenden idrianischen Gewerken aus[1], der von der Übernahme des Handelsmonopols durch den Kaiser und die Gewerken eine Besserung der Lage der von den großen Gewerken angeblich übervorteilten und überstimmten kleineren Gewerken erhoffte[2]. Der Verfasser der Denkschrift machte über den Verdienst der Herwart folgende Rechnung auf: Die Augsburger Firma habe sich durch den letzten Kontrakt (der im Oktober 1564 zu Ende gehe) 5000 Zentner Quecksilber, den Zentner zu 24 fl., gesichert. Nun sei bekannt, daß „hier in Wien" und in andern Handelsstädten der Zentner mit 80—100 fl. bezahlt werde[3]. In andern Gegenden, wohin der Transport weit und schwierig sei, sei der Preis noch bedeutend höher. So habe der

---

[1] Die Schrift enthält auch eine interessante Notiz zur sozialen Geschichte der Bergarbeiterschaft (Trucksystem), die hier mitgeteilt werden soll. Der Verfasser betont: „dass auch sonst die gemainen gewercken und arbeiter bei dem perckwerch von denselben fürnemisten gewercken mit allerlai aigennützigkait und vorthln, also wo si, die gemainen gewercken, ir pargelt auf die ablonung geben, dass dieselben gwalttrager [d. h. der Vorstand der gemeinen Gewerkschaft] inen, den arbaitern dafür allerlai provanndt ines gefallens eindringen und allen notdurften, die zum perckwerch gehören, zum höchsten anschlagen und verraiten. Und verlassen sich darauf, dass inen, als den merern niemand einreden darf, also dass si, die gemainen gewercken, die das perckwerch mit irer schwären darlag, ehe es noch zu disen wirden komen ist, haben erhalten helfen, ungeacht diser reichen augenscheinlichen gotsgab, wenig gewinns bisher empfunden haben. Darumben dan zu abstellung solicher unordenlichn, aigennützigen haushaltung, sollen anderst die gewercken bei guetem willen und lust erhalten werden und der allmechtig seinen segen geben, einsehends hoch vonnöten."

[2] „Ain verzaichnus und bericht die perckhwerch Idria betreffend, wie dasselb etlichen privatpersonen, so iren gwinn allain darin suechen und daselb regiern, widerumb mecht aus handen gebracht und mit merern nutz dem landtsfuersten zugetailt werden." Es handelt sich in der Denkschrift nicht um die Verstaatlichung des B e r g w e r k s, sondern nur darum, den V e r t r i e b des Produkts in die Hände des Landesherrn und der Gewerken zu bringen.

[3] „Nachdem die queckhsilberperckhwerch in Hispania und anderer orten vasst zu grundt gangen und man nun die notdurft daraus nit mer haben kan ...."

Verfasser durch den Faktor der Fugger, Kurz, der in Spanien „mit dem Quecksilberhandel umgegangen", erfahren, daß das Quecksilber, das nach der Türkei verfrachtet würde, dort mit 160 Dukaten bezahlt würde. Aber selbst, wenn man nur 80 fl. als Durchschnittspreis für den Zentner Quecksilber ansetze und für „Fuhrlohn, Unkosten, Haltung der Diener, Wagnus und für ihren ziemlichen Gewinn" 14 fl. rechne, so bleibe noch ein Überschuß von 42 fl. pro Zentner als „Übergewinn". Insgesamt gewännen die Herwart an dem letzten Kauf mindestens 210 000 fl.

Daß dieses Ergebnis nicht übertrieben ist, erkennt man aus der folgenden Gewinnberechnung, die Georg Ilsung, der Augsburger Finanzagent Ferdinands I. und seiner Nachfolger, im Frühjahr 1561 aufstellte. Ilsung gibt auf Grund genauer Erkundigungen an Ort und Stelle folgende Kalkulation:

In A u g s b u r g verkaufen die Herwart den Krämern den Augsburger Zentner um bare fl. 70. Das würde Wiener Gewicht (pro Zentner 15 Pfund mehr) 80 fl. 30 kr. betragen.

Den Zentner (wienisch) von Kärnten nach Augsburg zu führen kostet ungefähr 2 fl. Da die Herwart den Zentner für 24 fl. von den Gewerken erhalten, so gewinnen sie in Augsburg pro Zentner 54 fl. 30 kr.

Weil der Preis des Quecksilbers aber in den Niederlanden viel höher ist und deshalb naturgemäß dorthin das meiste Produkt abfließt, so ist in Augsburg Quecksilber nur schwer erhältlich. Die Krämer, die es den Goldschmieden pfundweise verkaufen, lassen sich pro Pfund 1 fl., zeitweise sogar 16—17 Batzen geben.

Zu N ü r n b e r g gilt der nürnbergische Zentner (der um 4 Pfund größer ist als der augsburgische) 77 fl. 40 kr. Rechnet man von Augsburg nach Nürnberg den Fuhrlohn pro Zentner 1 Gulden, so verdienen die Herwart in Nürnberg am Zentner Quecksilber 55 fl. 30 kr.

In A n t w e r p e n gilt der Zentner Quecksilber (Antwerpener Gewicht) jetzt fl. 96 kr. 40. Also der Wiener Zentner 115 fl. Rechnet man 6 fl. Unkosten pro Zentner von Kärnten bis Antwerpen, so verdienen die Herwart pro Zentner in Antwerpen 85 fl. 40 kr. [1].

---

[1] „Ilsungs Erkundigung per Verkauf des Quecksilbers. Actum Augsburg, den 1. April 1561. Verzeichnis, was das Quecksilber

Diesen gewaltigen Verdienst könnten — nach Vorschlag des obengenannten Gewerken — der Kaiser und die Gewerken durch „Selbstführung und Handlung des Kaufes" in ihre eigenen Kassen leiten. Im einzelnen gibt die Denkschrift noch folgende Ratschläge für die Ausführung des Planes. Man solle feststellen, wo am meisten Quecksilber und Zinnober gekauft würde und dort Faktoreien eröffnen. Das brauche nicht im Namen des Kaisers zu geschehen, sondern könne durch tüchtige und vermögende, in den betreffenden Städten eingesessene Kaufleute besorgt werden. Die betreffenden Kommissionäre müßten alljährlich über Verkauf und Restbestände Rechnung legen. Vielleicht genüge eine Faktorei in einer Stadt nahe bei Idria und eine zweite in Venedig oder Wien. Eine weitere Frage sei die, ob der Kaiser allein die Unternehmung auf sich nehmen wolle (durch einen beauftragten Kaufmann natürlich) oder ob er den Kauf „mit den Gewerken in gesamter Gesellschaft haben wolle". Auf alle Fälle dürfe kein neuer Kontrakt mit den Herwart oder anderen Kaufleuten zustandekommen. Wenn diese auch jetzt bereit seien, einige Gulden mehr für den Zentner zu zahlen, so würde „doch soliche staigerung bei weitem nit sovil austragen als sonst die kais. Mt. und die gewerckhen selbs des kaufs geniessen mechten".

Leider verhinderte den Kaiser die furchtbare Finanznot jener Jahre die günstige Konjunktur voll auszunutzen. Er mußte froh sein, daß die Herwart seinem Rate Gg. Ilsung schon am 23. November 1560 einen neuen Quecksilberkauf für 80 000 fl. abnahmen und Fron und Wechsel im voraus zu zahlen versprachen. Zwar versagten die Gewerken infolge von Differenzen mit dem Kaiser dem verabredeten Kontrakt ihre Zustimmung [1], aber um die Mitte des

jetzo gilt." Wien. F. A. Innerösterr. Quecksilber 23. Über Gg. Ilsung, der in den 60er Jahren und zu Anfang der 70er Jahre noch im Mittelpunkt der kaiserlichen Finanzpolitik stand, vgl. „Allgemeine deutsche Biographie". Als kaufmännischer Beirat erscheint er auch bei H i r n, a. a. O., I, S. 401. Namentlich vermittelte Ilsung die großen Anleihen des Kaisers in Augsburg usw. Auch seinen p e r - s ö n l i c h e n Kredit stellte er dabei den Habsburgern zur Verfügung. So mußte Ilsung mit einigen Augsburger Kaufleuten zusammen Bürgschaft leisten, als Maximilian II. im Jahre 1564 bei den Städten Ulm und Augsburg 100 000 fl. „zur befurderung des Kriegswesens in Zips" aufnahm. F. A. Wien a. a. O.

[1] Die Idrianer Gewerken hatten Differenzen mit dem Kaiser,

Jahres 1561 — nach Schlichtung der Streitsache — wurde ein neuer Vertrag verabredet. Die Herwart sollten darnach wiederum auf fünf Jahre das Idrianer Quecksilberhandelsmonopol in die Hand nehmen. Im ganzen sollten ihnen bis zum 8. Oktober 1566 für 140 000 fl. Quecksilber bzw. Zinnober zum Preise von 28 bzw. 32 fl. übergeben werden. Die kaiserliche Fron und der Wechsel in Summa 29 750 fl. versprachen die Herwart zwei Monate nach der kaiserlichen Bestätigung des Kontraktes in Augsburg zu zahlen. Diesmal war es der Kaiser, der von dem verabredeten Kontrakt zurücktrat. Der Vorschlag der spanischen Krone, die idrianische Quecksilberproduktion zu festem Preise für den Export in die amerikanischen Silber- und Goldbergwerke zu übernehmen, änderte die Situation völlig.

Es läßt sich mit dem zur Verfügung stehenden Aktenmaterial unbedingt sicher entscheiden, daß die Initiative zu einem festen Lieferungsvertrag des idrianischen Quecksilbers an die Krone Spanien von Philipp II. ausging [1]. Das war damals ja auch das natürliche, da Spanien die glänzende Konjunktur am besten kannte und während der nächsten Jahre in Almaden nicht genug Quecksilber erzeugen konnte, um die amerikanische Nachfrage zu decken. Im Frühjahre 1561 waren die Verhandlungen bereits im Gange. Am 24. April schrieb König Ferdinand an Martin Guzmann, der für ihn in Madrid die Unterhandlungen führte, er sei imstande, in Jahresfrist 1000—1500 Zentner und dann jährlich ebensoviel zu liefern. Er fordere als Preis dafür loco Antwerpen 115 fl. rh. für den Wiener, 96 fl. rh. für den Antwerpener Zentner [2]. Guzmann

der vom Jahre 1554 an wieder den vierten Zentner als Wechsel forderte, einen Prozentsatz, der seit 1524 üblich gewesen war und den die Krone 1539 nur der schlechten Zeiten wegen auf den achten Zentner herabgesetzt hatte.

[1] „Im Jahre 1785 schloß die österreichische Regierung mit Spanien einen Vertrag auf sechs Jahre ab, in welchem sie sich verpflichtete, jährlich mindestens 4480 metr. Zentner Quecksilber an Spanien abzuliefern. Dieser Vertrag wurde im Jahre 1791 auf weitere sechs Jahre für Lieferung von jährlich bis zu 5600 metr. Zentner erneuert." Das k. k. Quecksilberbergwerk zu Adria, S. 37.

[2] „Essemus propterea contenti ut nobis per dictum serenissimum regem pro quovis centenario Viennensi praemissi 115, pro Antverpiensi vero 96 floreni et 40 crucigeri illic Antverpiae, quo nos argentum vivum sumptibus et periculo nostro pervehi tradique curaremus exolveretur." F. A. Wien. Innerösterr. Quecksilber 22.

bekam aber Weisung, daß er eventuell bis auf 100 fl. rh. für den Wiener Zentner heruntergehen dürfe [1]. Auch zu diesem Preise noch dürfe er den Kontrakt auf vier bis fünf Jahre in Ferdinands Namen abschließen. Der Kaiser zweifelte nicht, daß der Kauf zum Abschluß käme, lieferte er doch dem König von Spanien das absoluteste Weltmonopol für Quecksilber in die Hände. Dieser konnte dann besonders für Amerika den Quecksilberpreis nach eigenem Gutdünken bestimmen [2].

Man versteht es, daß Ferdinand seinem Beauftragten Martin Guzmann befahl, die Unterhandlungen in tiefstem Geheimnis zu führen, damit besonders die Herwart vor dem völligen Abschluß nichts erführen. Käme der Abschluß zustande, so sollte das Augsburger Handelshaus, das kontraktlich ihm zugesicherte Quecksilber sofort erhalten und abnehmen müssen. Wie Ferdinand sich im übrigen mit den Herwart auseinandersetzen wollte, die bis zum 1. Oktober 1564 das Handelsmonopol in idrianischem Quecksilber vom Kaiser zugesichert erhalten hatten, ist in dem lateinischen Schreiben an Martin Guzmann nicht gesagt.

Wenn Ferdinand geglaubt hatte, den Wiener Zentner Quecksilber zu 115 oder doch wenigstens zu 100 fl. nach Spanien absetzen zu können, so sollte er bald eines anderen belehrt werden. Die spanische Regierung bot 80 Carolusgulden für den Zentner loco Antwerpen, was 64 fl. rh. gleichkam. Wie enttäuscht man in Wien über dieses niedrige Angebot war, erkennt man aus einem Briefe König Maximilians (II.) an seinen kaiserlichen Vater vom 13. Oktober 1561 [3]. Maximilian betont darin ausdrücklich, daß auch er gehofft hätte, „mit Hilfe des kaiserlichen Orators (Martin Guzmanns) fleissiger handlung" einen annehmbaren Vorschlag aus Madrid zu vernehmen. Wie jetzt die Dinge lägen, müsse man durch erneute Unterhandlungen ein höheres Gebot zu erreichen

---

[1] „... damus tibi potestatem atque facultatem precium singulorum centenariorum Viennensium ad centum usque florenos remittendi dummodo ultra omnem tuam positam operam et diligentiam maioris eam emptionem contrahi non posse deprehenderis." a. a. O.

[2] „Nam quando ipse praelibatum metallum a nobis emptum penes se habuerit, illud tunc pro suo arbitrio et commodo vel in Hispania vel India divendere poterit." a. a. O.

[3] F. A. Wien. Innerösterr. Quecksilber 22.

suchen. Wenigstens solle Spanien sich damit einverstanden erklären, daß Idria für 80 Carolusgulden den leichteren Antwerpener
und nicht den schwereren Wiener Zentner liefere. Mehr freilich
als einen Versuch, mehr als 80 Gulden zu erhalten, riet Maximilian
seinem Vater nicht an. Der Kaiser dürfe diesen Quecksilberkontrakt mit Spanien nicht am Geldpunkte scheitern lassen, dafür
sei der kluge Francisco Erasso [1] — der Leiter der Verhandlungen
auf der spanischen Seite — schon zu sehr in die Idrianer Verhältnisse eingeweiht worden. Tatsächlich blieb ja auch dem Kaiser,
wenn er das Handelsmonopol von Idria selbst in die Hand nahm
und den Zentner Quecksilber für 64 fl. rh. an die spanische Krone
nach Antwerpen lieferte, ein nicht unbedeutender Verdienst. Von
den Gewerken erhielt der Kaiser einen Wiener Zentner für 28 fl.
Laut Ilsungs Bericht betrugen die Unkosten pro Zentner bis nach
Antwerpen 6 fl., gibt zusammen 34 fl. Der König von Spanien
bot für den Zentner loco Antwerpen 64 fl. Der Kaiser würde
demnach noch an jedem Zentner 30 fl. Verdienst haben, bei einem
Jahresumsatz von 1200 Zentner also 36 000 fl. [2]. Rechnet man
1000 fl. als jährliches Gehalt für einige Faktoren ab, — was reichlich
hoch angesetzt ist —, so würde ein jährlicher Reingewinn von
35 000 fl. bleiben.

Erwägt man demgegenüber freilich, was die spanische Krone
an dem ihr überlassenen idrianischen Quecksilber verdienen konnte,
so mußte der Gewinn des deutschen Kaisers dagegen erblassen.
Nach Erkundigungen, die Ilsung eingezogen hatte, wurde in Spanien
der kleine spanische Zentner (= 89 Pfund des Wiener Zentners)
mit 85—88 spanischen Dukaten verkauft. Das käme bei dem obengenannten Einkaufspreise (80 Carolusgulden pro Wiener Zentner)
auf einen Verdienst von mehr als 100 % hinaus [3]. Verkaufte aber
die spanische Krone das idrianische Quecksilber nach Amerika,
so war der Profit nach Ilsungs Schätzung mindestens 200 %
(dortiger Preis zirka 140 Dukaten).

Es war nicht sehr ernst zu nehmen und wurde auch von Ilsung

---

[1] Über ihn siehe E h r e n b e r g , Zeitalter der Fugger, vgl.
Register.

[2] Hierzu natürlich noch Fron und Wechsel.

[3] „dergestalt, daß die kgl. Würde [von Spanien] oder derselben
räth mer als ain gulden am andern nur von Antorff bis in Hispanien
daran gewinnen würden."

durchaus als ein Scheinmanöver erkannt, wenn Spanien den Kaiser dadurch zum schnellen Abschluß des Kontraktes drängen wollte, daß es für einen voraussichtlichen späteren Kontrakt einen höheren Preis in Aussicht stellte. Die Annahme lag nahe, daß in zwei bis drei Jahren die spanischen Quecksilberbergwerke von Almaden soweit wieder hergestellt waren, daß der König von Spanien die Idrianer Produktion überhaupt entbehren konnte [1]. Ilsung meinte, Spanien müsse und könne mindestens für den Antwerpener Zentner 94 fl. rh. zahlen [2].

Wahrscheinlich infolge des niedrigen spanischen Angebots ist der geplante Quecksilberlieferungskontrakt zwischen der spanischen Krone und dem Kaiser nicht zustande gekommen [3]. Damit war aber auch das Schicksal eines k a i s e r l i c h e n Handelsmonopols mit Idrianer Quecksilber besiegelt. Schon am 26. Mai 1562 traf Ilsung mit Hans Paul und Hans Heinrich Herwart — auf kaiserliche Ratifikation hin — eine Verabredung, laut welcher der Kaiser auf die Herwart den Kontrakt übertrug, den er am 24. Oktober mit den Idrianer Gewerken abgeschlossen hatte [4]. Die Herwart sollten darnach von den Idrianer Gewerken das Quecksilber und Zinnober zu dem mit dem Kaiser verabredeten Preise erhalten.

---

[1] Aus Bericht Ilsungs. Dat. Augsburg 19. Oktober 1561. Wien. F. A. Innerösterr. Quecksilber 22.

[2] „. . . aller billigkhait nach weniger nit darumben geben kinden, dan wie die queckhsilber anjetz zu Antorff gelten und durch die Herwart teglich verkauft werden, nämblich das lib. per 50 und 52 Groschen, khomt der Antorffer centner, wie gemainlich die wixl gonndt, auf 94 gulden rh. in muntzs."

[3] Im Jahre 1564 führt Kaiser Ferdinand allerdings als Hauptgrund, weshalb der Plan eines Weltmonopols der spanischen Krone in Quecksilber nicht zustande kam, die Rechtsansprüche der Herwart an, die auf Grund der älteren Kontrakte bestanden.

[4] Ilsung versprach im Namen des Kaisers den Herwart: „ain genuegsame übergab und bevelch an die gewerckhen des inhalts fertigen zu lassen, dass sein röm. kais. Mt. iren getroffenen kauf aus beweglichen ursachen und gemainem perckhwerch [!] zu nutz und guetem, obgedachten Herwarten auf- und ubergeben hab und dass dargegen die Herwart schuldig sein sollen, die bestimbt antzall queckhsilber von inen, den gewerckhen antzunemen, die betzallung auf die ernente termin und sonst alles das zu thuen und zu volltziehen, so beruerte kaufsabredt mit sich bringt und also sein röm. kais. Mt. gegen den gewerckhen gäntzlich zu vertreten."

Sie traten in die verabredeten Waren- und Geldlieferungsfristen usw. ein. Aber natürlich übergab der Kaiser den Herwart das Idrianer Quecksilberhandelsmonopol nicht ohne bedeutenden Gewinn für die kaiserliche Kasse. Als „Fron, Wechsl, Zehendt, Achtel und sonst all ander ir Mt. Recht und Gerechtigkeit, wie die Namen haben möchten" versprachen die Herwart dem Kaiser für jeden Zentner 49½ fl. rh. in Müntz Augsburger Währung „a l s G e - w i n n u n g" zu geben. Das machte für den verabredeten Kontrakt in Summa 277 250 fl. Sie waren bis zum 1. November 1564 in fünf genau festgesetzten Terminen in Augsburg zu zahlen. Demgegenüber sollte den Herwart der neue Zoll „an der Krembspruggen" erlassen werden. Von dem guten Geschäft, das der Kaiser bei der Übergabe des Vertrags an die Herwart machte, sollten die Idrianer Gewerken nichts erfahren. Sie erhielten nur von der Tatsache der Übergabe selbst Mitteilung [1].

Der Kaiser hat die Abmachung Ilsungs mit den Herwart im wesentlichen bestätigt [2]. Die Herwart erhielten überdies die Zusicherung, wenn sie nach Ausgang des fünfjährigen Kontraktes noch für 20 000 fl. Quecksilber von den Idrianer Gewerken beziehen wollten, so solle ihnen diese Quantität zum alten Preise geliefert werden. Für künftige Zeiten wird dazu verabredet: Wenn der Kaiser nach Ablauf des jetzigen Kontrakts wiederum mit den Idrianer Gewerken abschließen würde, so wollte er „die Herwardten vor andern zu solichen kheufen khomen lassen". Wenn aber der Kaiser nicht wieder mit den Gewerken kontrahieren wollte, so versprach er den Herwart das Monopol „vor andern zu vergönnen".

Man hätte meinen sollen, bei dem glänzenden Entgelt, das die Herwart Ferdinand für die Überlassung des Idrianer Quecksilberhandelsmonopols leisteten, habe der Kaiser das Ende des laufenden Kontraktes ruhig abgewartet, dann seinerseits einen neuen Kontrakt mit den Idrianer Gewerken abgeschlossen und diesen wiederum

---

[1] Der betreffende wichtige Passus der Verabredung Ilsungs mit den Herwart lautet: „Es sollen auch obgemelte ubergab und bevelch allain in genere gestellt werden und der Herwarten bewilligter staigerung khain meldung darin beschechen, damit die gewerckhen derselben nit gewahr werden."

[2] Original der Verschreibung der Herwart, in der sie den Kontrakt mit den Idrianer Gewerken vom Kaiser übernehmen. 2. Juni 1562. Wien. F. A. Innerösterr. Quecksilber 22.

gegen einen entsprechenden Aufschlag den Gebrüdern Herwart abgetreten. Aber offenbar erlaubten die schlechten kaiserlichen
Finanzen ein derartiges ruhiges Zuwarten der Dinge nicht. In
seinen Finanznöten mußte Kaiser Ferdinand schon bald wieder
daran denken, aus einem neuen Quecksilberkontrakte Kapital zu
schlagen, d. h. Geld auf die ihm aus dem Quecksilbermonopol zu-
fallende Gewinnquote zu antizipieren. An Georg Ilsung erging
um die Wende des Jahres 1563 die Anfrage, ob und wie er glaube,
daß sofort oder in einiger Zeit ein neuer Quecksilberkauf getroffen
werden könne, mit dessen Hilfe eine ansehnliche Summe Geldes
in die leeren kaiserlichen Kassen geleitet werden möchte [1].

Ilsung mußte in der Notwendigkeit, eine neue kaiserliche
Anleihe unterzubringen, Grund genug sehen, einen neuen Quecksilberkauf einzuleiten, aber anderes kam hinzu, um ihn für den
Abschluß eines neuen Kontraktes einzunehmen. Wozu die Not
der kaiserlichen Krone riet, dazu ermahnte auch die wirtschaftliche
Lage auf dem internationalen Quecksilbermarkte. Aus Spanien
kam die Kunde, daß die Quecksilberbergwerke von Almaden von
Tag zu Tag an Ergiebigkeit zunähmen. Die Fugger müssen eine
fieberhafte Tätigkeit entfaltet haben, um die günstige Konjunktur
des Quecksilbermarktes so schnell wie möglich für sich ausnutzen
zu können. Ilsung erhielt Nachricht aus Spanien, daß die Fugger
in Almaden einen wahren Raubbau trieben, um Idria den Absatz
zu nehmen [2].

Auch sonst weckte im Anfang der sechziger Jahre der so außerordentlich erhöhte Weltbedarf an Quecksilber die Bergbaulust auf
dieses Metall. In Böhmen erwiesen sich die neuentdeckten Queck-
silberfundstätten als ziemlich förderungsreich. Und schließlich war
in dem Herrschaftsgebiete des Pfalzgrafen Wolfgang von Pfalz-
Zweibrücken ein neues Quecksilberbergwerk eröffnet worden. Das
Bergwerk war dem reichen Augsburger Kaufmann Thomas Frei-

---

[1] Schreiben Georg Ilsungs vom 1. Februar 1564. Wien. F. A.
Innerösterr. Quecksilber 23. Dem Kaiser war die Hauptsache, bares
Geld „auf den kauf zu leihen".

[2] „... bericht, dass die herren Fugger im queckhsilberberckh-
werckh in Spanien allein a u f d e n r a u b a r b e i t e n und guglen
lassen, damit sie in eil ein grosse anzal queckhsilber machen ..."
Aus Ilsungs Bericht an den Kaiser vom 11. September 1564. Wien.
F. A. Innerösterr. Quecksilber 23.

hainer und seiner Gesellschaft überlassen worden. Freihainer erklärte sich fähig, jährlich 600 Zentner zu liefern und bot das Produkt der neuen Gruben bereits in Augsburg an.

War aus diesen und ähnlichen Gründen mit einiger Sicherheit anzunehmen, daß der hohe Stand des Quecksilberpreises sich in der nächsten Zeit in absteigender Kurve bewegen würde, war also dem Kaiser (wie auch den Gewerken) zu raten, durch baldigen Abschluß eines Quecksilberkontraktes sich einen Abnehmer und einen möglichst hohen Preis des Quecksilberproduktes zu sichern. so erhoben sich doch auch bedeutende Schwierigkeiten gegen einen baldigen neuen Abschluß. Einmal hatten die bisherigen Kontrahenten, die Herwart, kaum die Hälfte des verabredeten Quecksilberquantums erhalten. Sie hatten auch gerade jetzt die Abnahme des fertig gestellten Produktes mit der Begründung hinausgezögert, daß der Markt augenblicklich für größere Quecksilberquanten nicht genügend aufnahmefähig sei. Es war demnach, wenn sich die Konjunktur nicht stark änderte, kaum anzunehmen, daß der Herwartsche Kontrakt bald sein Ende erreichte. Das um so weniger, als die genannte Firma sich nach Ablauf ihres Vertrages noch die Lieferung von Quecksilber für 20 000 fl. rh. zum alten Preise ausbedungen hatte.

Unter diesen Umständen war es das naheliegendste, wenn man sich kaiserlicherseits mit dem Wunsche eines baldigen Neuabschlusses des Idrianer Quecksilbermonopols und mit den daran hängenden Anleihen an die bisherigen Inhaber, die Herwart, wandte. Freilich verschloß sich Ilsung der Einsicht nicht, daß es schwer halten müsse, die Herwart dazu zu überreden. Er hielt es für angebracht, sich erst genau über die Quecksilberkonjunktur in Venedig und Antwerpen zu erkundigen, ehe er an die Herwart herantrat [1]. Den Kaiser bat er, in der Zwischenzeit durch seinen Botschafter in Madrid anfragen zu lassen, „ob der könig von Spanien in die

---

[1] In einem Berichte Ilsungs an den Kaiser (Augsburg, 1. Februar 1564. Wien. F. A. Innerösterr. Quecksilber 23) heißt es: „Die weil die handlsleut alhie liestig, geschwindt, unthreu und vorthaillig und der mit inen handlen will, woll gefast sein und inen mit dem grundt under augen geen muess, so hab ich in gehaim gen Venedig und Antdorff umb bericht geschriben, wieviel queckhsilber der enden unvertriben lige, was nachfrag es anjetz hab und wie theur es verkhauft werde, mich in alweg desto bass haben darnach zu richten."

handlung wie hievor gebracht werden möchte". Die Begründung dieser Maßnahme macht dem psychologischen Scharfblick Ilsungs als Unterhändler und Kaufmann alle Ehre. Wenn man, meint der geriebene Geschäftsmann, auch mit dem König von Spanien zu keinem Kontraktsabschluß käme, so würden doch schon die Unterhandlungen mit ihm bei den Interessenten, also bei den Herwart, Aufsehen erregen und sie oder andere süddeutsche Kaufleute zu einem schnellen und für den Kaiser und die Gewerken günstigen Abschluß veranlassen [1]. Sorgenvoll schließt Ilsung seinen Bericht an den Kaiser, er fürchte, wenn man die Herwart mit solcherlei Mittel nicht anreize, so sei wohl wenig bei ihnen zu erreichen. Der eigene Vorteil weise die Augsburger zu deutlich darauf hin, erst einmal das bisher contrahierte Produkt zu verkaufen, ehe man sich auf neue, weitsichtige Abschlüsse einließe. Was aber die Herwart, die langjährigen Monopolinhaber des idrianischen Quecksilberproduktes nicht täten, das würden andere Kaufleute erst recht unterlassen.

Dagegen wird es Ilsung nicht allzu schwer geworden sein, die Bevollmächtigten der Idrianer Gewerken zum Abschluß eines neuen Quecksilberkaufs mit dem Kaiser zu bewegen. Ein Hinweis auf den spanischen Wettbewerb und auf die wachsende Konkurrenz der neuen böhmischen und pfälzischen Gruben bei einem späteren Abschlusse dürfte genügt haben. Tatsächlich kam es zu einem neuen Abschluß zwischen Kaiser und Gewerken (Frühjahr 1564). Ferdinand verpflichtete sich, 5000 Zentner Quecksilber und Zinnober zum Preise von 31 resp. 35 fl. abzunehmen. Als Ilsung dann auch genügende Aufschlüsse über die Lage des Quecksilbermarktes erhalten hatte, trat er an Hans Paul und Hans Heinrich Herwart heran. Er eröffnete ihnen die für den Kaiser bestehende Notwendigkeit, einen neuen Quecksilberkontrakt abzuschließen. Er machte ihnen auch davon Mitteilung, daß die Gewaltträger des Bergwerks von Idria dem Kaiser einen neuen Kauf bereits bewilligt

---

[1] Ilsung faßt seine Erfahrung in diesen Dingen in die charakteristischen Worte zusammen: „Will man nun solche abgeribne leut [wie die süddeutschen Kaufleute] ad terminos equitatis bringen, so hab ich aus erfarung, dass man sie mit nichten bass treiben khan, dann so man inen ander an die seitten setzet. Alsdann khommen sie selbst und thuent das [was] man sonst mit khainer kunst von inen bringen khan."

hätten. Ferdinand — so fuhr Ilsung in seinen Eröffnungen fort — würde am liebsten den Gebrüdern Herwart das Monopol wieder übertragen. Sie seien selbst Gewerken in Idria, sie hätten auch bisher den Kauf zur Zufriedenheit des Kaisers geführt usw.

Die Herwart waren von dem Antrag des Kaisers überrascht. Sie sprachen zunächst ihre Mißbilligung darüber aus, daß die Gewaltträger in Idria dem Kaiser einen neuen Kauf bewilligt hätten, ohne die übrigen Gewerken zu Rate zu ziehen. Mit ihrem Wissen und Willen, fuhren dann die zwei Augsburger Handelsherren fort, wäre jetzt kein neuer Kontrakt abgeschlossen worden. Sie hätten ja noch über 2000 Zentner von dem alten Abschluß abzunehmen, auch in ihren Faktoreien zu Antwerpen, Venedig und Lyon noch große Vorräte lagern. Vor Ablauf der in ihrem letzten Kontrakt festgesetzten fünf Jahre sei an keine Erneuerung des Kaufs zu denken. Man müsse vom Kaiser erwarten, daß er diese Zeit verstreichen ließe, ehe er mit einem neuen Kontraktanerbieten an sie, die Herwart, oder sonst wen heranträte. Als dann Ilsung trotz dieser deutlichen Absage fortfuhr, von den Herwart eine bestimmte Antwort zu fordern, ob sie den neuen Kauf anzunehmen gedächten oder nicht, da geschah etwas Unerwartetes. Die Firma Herwart erklärte, daß sie nicht nur den Neuabschluß ablehne, sondern auch durchaus damit einverstanden sei, wenn der Kaiser den Kontrakt mit einer anderen Firma abschlösse. Um diesen anderweitigen Abschluß zu erleichtern, erboten sich die Gebrüder Herwart, ihre Rechte am Idrianer Monopol in die Verfügungsgewalt des Kaisers zurückzugeben. Das heißt, die Augsburger Handelsherren erklärten sich bereit, alles Quecksilber, das sie schon in Händen oder noch auf Grund ihres Kontraktes zu fordern hätten, dem Kaiser zu zedieren. Unter folgenden Bedingungen: Für Quecksilber, das in den Faktoreien der Herwart zu Antwerpen, Lyon, Venedig oder sonstwo lagerte, sollte der Kaiser pro Wiener Zentner 100 fl. zahlen. Für die 2000 Zentner Quecksilber, die den Augsburger Kaufleuten noch von den Gewerken zu liefern waren, solle der Kaiser den Herwart zu Idria pro Wiener Zentner 77½ fl. rh. geben. Das war der Preis, den auch die Herwart dem Kaiser zu zahlen sich verpflichtet hatten. Ferner sollten die gegenseitigen sonstigen Geldverbindlichkeiten der Herwart und Gewerken einerseits und der Herwart und des Kaisers andererseits endgültig geregelt werden. Auf der einen oder der anderen Seite sich ergebende

Schulden waren sofort zu tilgen. Endlich verzichteten die Herwart zugunsten des Kaisers auf die Verpflichtung, die die Gewerken in dem Kontrakt von 1562 übernommen hatten, ihnen nach Ablauf des laufenden Vertrags noch für 20 000 fl. Quecksilber zum alten Preise [1] zu liefern.

Ilsung war erstaunt, daß die Herwart so leichten Herzens auf ihr Monopol verzichteten. Er war aber klug genug, den Verzicht der Herwart nicht sofort anzunehmen. Er müsse, so bedeutete er die Firma zunächst die Einwilligung des Kaisers einholen. In Wahrheit zweifelte Ilsung nicht daran, diese zu erhalten. Vielmehr wollte er erst noch mit einer anderen Augsburger Firma, mit der er bereits seit einiger Zeit über den neuen Quecksilberkontrakt unterhandelte, zum endgültigen Abschluß kommen, ehe er die Herwart von ihrer kontraktlichen Verpflichtung entband.

Die Firma, mit der Ilsung seit einiger Zeit wegen Übernahme eines neuen Quecksilberkaufs in Unterhandlung stand, war die des Melchior Manlich. Melchior Manlich hatte sich Ilsung gegenüber bereit erklärt, in einem neuen Kontrakt 100 fl. rh. für den Zentner Quecksilber zu zahlen unter der Bedingung, daß die Herwart verhindert werden könnten, ihm Konkurrenz zu machen. Ilsung war bereits am 23. Februar 1564 zu einem provisorischen Abschluß mit Melchior Manlich & Co. gelangt. Darin war — das Zurücktreten der Herwart vorausgesetzt — folgendes verabredet worden. Melchior Manlich übernimmt in den nächsten fünf Jahren 5000 Zentner Quecksilber und Zinnober von den Gewerken zum Preise von 100 fl. rh. Davon sind 28 fl. rh. resp. 32 fl. rh. (für Zinnober), in Summa (unter Abzug der regalistischen Gefälle) für 5000 Zentner 110 250 rheinische Gulden den Gewerken zu zahlen, die übrigen 389 750 fl. fallen dem Kaiser für Fron, Wechsel, „Verehrung und all ander Gerechtigkeit" zu. Die letztgenannte Summe ist an die kaiserliche Kammer in 6 Terminen zu Augsburg zu entrichten. Die Gewerken erhalten ihr Geld pro rata der Quecksilberlieferung zu Villach in dort gangbarem Gelde ausgezahlt. Die Manlich sind gehalten, mit der Abnahme des fertiggestellten Quecksilberproduktes nicht zu säumen, wie auch umgekehrt die Gewerken dafür zu sorgen

---

[1] Quecksilber pro Wiener Zentner für 24 fl. rh. und Zinnober für 28 fl. rh.

haben, daß genügend Quecksilber und bei rechtzeitiger Bestellung auch Zinnober fertiggestellt wird.

Bis zur völligen Lieferung der 5000 Zentner dürfen weder die Gewerken noch der Kaiser jemand anderem als unserer Firma Quecksilber „verkaufen, verschreiben oder sonstwie vergeben". Auch die Durchfuhr fremden Quecksilbers durch seine Länder will der Kaiser nicht gestatten. Ebenso macht sich Ferdinand anheischig, soweit es in seiner Macht liegt, dafür zu sorgen, daß das Quecksilbermonopol der Gesellschaft des Melchior Manlich ein wirkliches Monopol wenigstens für Mittel- und Osteuropa bleibt. Solange der Kontrakt währt, will der Kaiser kein anderes Quecksilberbergwerk in seinen Ländern dulden, noch aufkommen lassen [1]. Bezüglich der Lieferung im einzelnen, der Verzollung, des Gewichtes, der Verpackung, soll es gehalten werden, wie das alles in dem Vertrag mit den Herwart festgelegt worden war. Auch die Vorbehalte, die dort für Kriegsfälle vorgesehen sind, sollen in dem Kauf der Manlich-Gesellschaft platzgreifen. Bemerkenswert an dem Entwurf ist die Tatsache, daß sich der Kaiser nicht auf fünf Jahre band, sondern nur für die Zeit, deren man zur Lieferung der 5000 Zentner Quecksilber bedurfte. Ausdrücklich heißt es: „Und so bald obgemelte 5000 Centner oder n a c h e n d t d a b e i gelifert worden, alsdann soll diser kauf (d i e 5 v o r b e h a l t n e j a r s e i n v e r s t r i c h e n o d e r n i t) ain volligs endt haben [2]."

So lebhaft hatte Melchior Manlich gewünscht, das österreichische Quecksilbermonopol in die Hände zu bekommen, daß Ilsung zeitweise hoffen konnte, für den Zentner von ihm 100 Taler zu erhalten, statt 100 rheinische Gulden. Um so mehr war der kaiserliche Finanzagent erstaunt und entrüstet, als ihm plötzlich Melchior Manlich eröffnete, es sei ihm unmöglich, das Quecksilbermonopol zu übernehmen. Wie war der plötzliche Umschwung in der Unter-

---

[1] In dem Kontraktentwurf (F. A. Wien. Innerösterr. Quecksilber 23) heißt es mit einer Spitze namentlich gegen den böhmischen Quecksilberbergbau: „Desgleichen soll auch sein kais. Mt. gemelte 5 jar oder so lang diser kauf werdt, in der chron Behaim und ander seiner röm. kais. königreichen und erblanden khain ander frembdt queckhsilberperckhwerch noch die jetzigen erheben lassen, noch gedulden in khainen weeg."

[2] An einer anderen Stelle heißt es nochmals: „Dergleichen soll auch sein röm. kais. Mt. gemelte 5 jar o d e r s o l a n g d i s e r k a u f w e r d t [d. h. währt] ...."

nehmungslust des. Augsburger Kapitalisten entstanden? Einmal spielen bei der Absage der Manlich — wie auch bei der oben geschilderten Geschäftsunlust der Herwart — allgemeine Gründe eine hervorragende Rolle. Infolge der Zahlungseinstellungen der spanischen, der französischen und der portugiesischen Krone war eine ernste Krisis im süddeutschen Wirtschaftsleben eingetreten. Von 1561 an hatten besonders in Augsburg eine Anzahl einst bedeutender Firmen rasch hintereinander den Bankrott anmelden müssen [1]. Indirekt wurde davon auch Melchior Manlich schwer getroffen. Auch sein Vetter Cristoff Manlich hatte in jenen für Augsburg so schweren Jahren „Pancarotta gespilt" und nicht allein die Firma Manlichs Erben, sondern auch die Handelsgesellschaft Melchior Manlich & Co. bedeutend in ihrem Kredit erschüttert [2]. Melchior Manlich hatte alle Hände voll zu tun, um seine Waren zu Geld zu machen, damit er das Geld, das ihm täglich gekündigt wurde, auszahlen und „Treu und Glauben" halten konnte. Innerhalb acht Tagen hatte er so nicht weniger als 80 000 fl. auszahlen müssen und noch immer ließ der Sturm auf seine Kassen nicht nach. „Weder Vater noch Sohn noch Bruder und Vettern trauten einander in jener schlimmen Zeit, noch wollten sie miteinander Geduld haben," so berichtete Ilsung an den Kaiser nach Wien. Und die ganze miserable Stimmung der damaligen Augsburger Großhandelswelt faßt der Finanzagent in die folgenden charakteristischen Worte zusammen: „In Summa da ist kein Geld und wollt ich auch 20 % Interesse zahlen, sondern nur Verzweiflung, daß man bei dem jetzigen Geschrei und Aufkündigung des Gelds von Treu und Glauben kommen würde".

Es nutzte Ilsung nichts, wenn er Melchior Manlich Vorhaltungen machte, daß er sich aus einem fast schon abgeschlossenen Geschäft zurückzöge; es half auch nichts, daß er dem Handelsherrn im Preise entgegenkam. Melchior Manlich konnte und wollte sich nicht in ein neues und so zweifelhaftes Engagement wagen, bevor nicht die Krisis auf dem Geldmarkte zu Ende war.

War die Baisse im süddeutschen Handelsleben ein allgemeiner Grund für die Manlich, wie für die Herwart, sich der Übernahme

---

[1] R. Ehrenberg, Zeitalter der Fugger, I. Bd. S. 77.
[2] Das folgende nach den Berichten Ilsungs an den Kaiserhof aus dem Sommer 1564. Wien. F. A. Innerösterr. Quecksilber 23. Interessantes Material zu diesem Bankrott des Manlich in Innsbruck, k. k. Statthalterei-Archiv Abt. Ferdinandeum: Stritt. Part. M.

eines neuen riskanten Idrianer Quecksilberhandelsmonopols zu versagen, so kam noch ein spezieller Grund für diese Absage hinzu. Es wird sich leider bei der klugen Art, wie Geschäftsleute ihre Geheimnisse zu wahren wissen, niemals mit voller Sicherheit mehr feststellen lassen, auf welchen indirekten Wegen das Idrianer Quecksilber in die Bergwerke der spanischen Kolonien gelangte. Aus Erkundigungen, die Ilsung einzog, läßt sich darüber nur etwa das folgende feststellen, wobei freilich zu beachten ist, daß sich Ilsung offenbar selbst nicht recht klar über diese Dinge war. Auf keinen Fall exportierten die Herwart das Quecksilber selbst in die spanischen Kolonien. Dagegen werden einzelne spanische Kaufleute, die von den Herwart Quecksilber in Antwerpen kauften, das Metall nach Neuspanien geschmuggelt haben [1]. Vielleicht beteiligten sich an diesem Quecksilberschmuggel auch Portugiesen und Franzosen, „die eine besondere Anfahrt in Brasilien haben" [2].

Auch die spanischen Kaufleute, die dem König das Almadener Quecksilberprodukt abkauften, müssen sich direkt oder indirekt idrianisches Quecksilber zu verschaffen gewußt und als Almadener in die Kolonien exportiert haben. Sie kauften das österreichische Produkt von den Herwart natürlich erheblich billiger als das spanische vom König. Demgemäß war ihr Profit bei der Ausfuhr von Idrianer Quecksilber sehr bedeutend.

Mit spanischen Kaufleuten, die Idrianer Quecksilber auf die eine oder die andere Art in die amerikanischen Kolonien zu schmuggeln gedachten, hatte nun Melchior Manlich offenbar vorbereitende

---

[1] Die spanische Krone hatte das Recht des Exportes von Quecksilber in die Kolonien für sich und die von ihr beauftragten Kaufleute vorbehalten. Siehe oben.

[2] Die ganze etwas unklare Stelle in dem Bericht Ilsungs vom 19. Oktober 1561 (F. A. Wien. Innerösterr. Quecksilber 22) lautet: „Mich will aber, allergenedigster kaiser, gentzlich bedünckhen, dass die Herwart haimliche leuth haben, die inen das queckhsilber in Niderland abnemen und es hievor unangesehen des beschechnen verbots und anjetz unangeacht des zolls in Spanien dannoch unangezaigt fur und in Indien gebracht haben. Ob si aber nun solches durch die Portugaleser oder aber die Frantzosen, so ain sonderer anfart in Presill [= Brasilien] haben zuwegen bringen oder aber andere kaufleuth, so die queckhsilber von den Herwarten kaufen, solche renckh oder contrabanda brauchen, das khan ich bis anher, weil es die Herwart gar in gehaim halten, nit erfaren."

Quecksilberkaufsverhandlungen in Antwerpen gepflogen, als er sich Ilsung gegenüber zur Annahme eines idrianischen Quecksilberhandelsmonopols bereit erklärte. Ilsung hält in seinen Berichten an den Kaiserhof dafür, daß die Spanier aus irgendeinem Grunde in dem Schmuggel behindert wurden und daraufhin Manlich absagten. Vielleicht boten die spanischen Zollbehörden eine erhöhte Wachsamkeit auf, seit Almaden genügend Quecksilber liefern konnte.

*   *   *

Nach der Absage der Manlich hat Ilsung bei verschiedenen Augsburger Großkaufleuten noch das Idrianer Quecksilberhandelsmonopol unterzubringen versucht. Vergeblich! An der Handelskrisis jener Zeit scheiterte jedes Bemühen. Die sechziger Jahre des 16. Jahrhunderts waren keine Zeit, in der sich die Augsburger Handelsherren auf große riskante Unternehmungen einlassen konnten. So mußte Ilsung denn den Herwart ankündigen, daß er sie vorläufig nicht aus ihrem Kontrakt entlassen könne. Den Kaiser aber mußte er auf andere Geldquellen hinweisen und auf eine andere Art, das Idrianer Quecksilber mit Vorteil für die Krone abzusetzen. In letzterer Beziehung dachte Ilsung zunächst an die Fugger. Der kaiserliche Finanzagent ging dabei von der sicherlich richtigen Annahme aus, daß die Übernahme eines Idrianer Quecksilberhandelsmonopols niemandem nutzbringender sein könne, als der Firma Fugger. „Dann die Fugger vielleicht die subtilen Wege finden möchten, das idrianische Quecksilber mit oder ohne Licenz nach Spanien zu bringen, es dort unter ihr spanisches zu mischen und alsdann eins mit dem andern zu vertreiben."

Georg Ilsung hat im Herbst 1564 Markus Fugger, dem damaligen Führer der Firma, entsprechende Vorschläge unterbreitet [1]. Aber auch hier erfuhr der kaiserliche Finanzagent eine Absage. Selbst die Fugger hatten unter der süddeutschen Handelskrisis jener Jahre zuviel zu leiden, um sich auf weitgreifende Projekte einzulassen. Persönlich hatten sie überdies gerade im Herbst 1564 mit den Schulden des leichtsinnigen Hans Jakob Fugger genug zu schaffen, um ihren Kredit voll aufrecht zu erhalten.

---

[1] Bericht Ilsungs vom 11. September 1564. F. A. Wien. Innerösterr. Quecksilber 23.

Nach diesem vergeblichen Versuch bei den Fuggern ein neues idrianisches Quecksilberhandelsmonopol unterzubringen, blieb Ilsung nichts anderes übrig, als dem Kaiser ein ruhiges Abwarten zu empfehlen, bis sich die süddeutsche Handelswelt etwas beruhigt und neuen Mut zu großzügigen Unternehmungen gefunden hätte. Um nichts unversucht zu lassen, wurde aber auf Ilsungs Rat der kaiserliche Gesandte von Dietrichstein angewiesen, mit den spanischen Kaufleuten, die dem König von Spanien das Almadener Quecksilber abkauften und nach Amerika führten, in Verbindung zu treten [1]. Vielleicht, daß sie sich verpflichteten, jährlich „eine anzahl der idrianischen quecksilber anzunehmen und ihrer gelegenheit nach auszuführen". Ein etwaiges Bedenken, ob man durch eine solche Verbindung nicht dem König von Spanien schade, wies Ilsung mit dem — in seiner Naivität natürlich nicht ernst gemeinten — Ausspruch zurück: Da die spanische Krone alljährlich alles Almadener Quecksilber verschleiße, so habe sie „nit ursach einem anderen zu wehren", der neben ihr „Indien der notdurft nach mit quecksilber versehe".

Inzwischen erwuchs Ilsung die schwierigere Aufgabe, die Idrianer Gewerken zu beruhigen, die auf schnellere Abnahme ihres fertigen Quecksilbers durch die Herwart drängten. In Idria lag 1564 ein bedeutendes Quantum Quecksilber vorrätig. Je schneller die Herwart abnahmen, um so schneller war ihr Kontrakt zu Ende und um so eher konnte der neue, zu höheren Preisen mit Ilsung verabredete, beginnen. Den Gewerken lag aber noch aus einem anderen Grunde am flotten Absatz. Nur bei schnellem und genügendem Verkauf konnten sie den „Verlag" von jährlich zirka 12 000 fl. ohne Mühe aufbringen. Von seiten der Herwart gesehen, sah das Bild nun freilich anders aus. Der Zwang für sie, sofort bedeutende Mengen Quecksilber abzunehmen und auf den Markt zu bringen, hätte ohne Zweifel einen sofortigen Preissturz des Artikels auf dem Weltmarkte Antwerpen bedeutet. Ilsung schlug vor, um den Gewerken Verlagsgelder zu beschaffen, die Herwart sollten den Gewerken ein Darlehen gewähren, das aus dem künftigen Kontrakt gedeckt werden könne. Würden die Herwart aber den nächsten Kontrakt nicht übernehmen, so sollten

---

[1] 29. September 1564. Kaiser Max. II. an Dietrichstein. F. A. Wien. Innerösterr. Quecksilber 23.

die Kaufleute, die ihn übernahmen, gehalten sein, die Schuldsumme den Herwart sofort in bar auszuzahlen.

Die Herwart ließen sich freilich weder auf ein solches Darlehn ein, noch machten sie Ilsung Hoffnung, daß sie den nächsten Kontrakt übernehmen würden. Die Firma verfolgte vielmehr eine Politik des Hinhaltens. Sie berief sich dabei auf einen Paragraphen des Vertrags von 1544, laut dem erst acht Monate vor Ablauf des alten Kaufs über einen neuen verhandelt werden dürfe.

* * *

Ich weiß nicht, ob von Dietrichstein wirklich Verhandlungen der ebengenannten Art mit spanischen Kaufleuten eingeleitet hat. Die wären dann bald dadurch unterbrochen worden, daß Ilsung den älteren Gedanken wieder aufnahm, das Idrianer Quecksilber ganz oder doch zum größten Teil an die spanische Krone selbst zu liefern. Es ist ein Beweis für das Vertrauen, das Georg Ilsung beim Kaiser genoß, wenn Ferdinand sich beeilte, die spanischen Pläne seines Rates ganz und gar in dessen Sinne und nach dessen Anweisungen zu verwirklichen. Man ging dabei österreichischerseits mit guten Hoffnungen an die Krone Spanien heran, hatte doch noch kurz vorher (Februar und Anfang März 1564) Martin Guzmann aus Barcelona berichtet, daß die Fugger so gut wie keinen Vorrat mehr an Quecksilber hätten, daß sie im Jahre 1563 nur zirka 800 Quintal Quecksilber in Almaden erbaut und kaum über jährlich 1500 Zentner erbauen könnten, während der amerikanische Bedarf jährlich 3000 Zentner übersteige. Guzmann verließ um jene Zeit Spanien; an seiner Stelle war von Dietrichstein berufen, die spanische Krone zu einer kontraktlichen Abnahme idrianischen Quecksilbers zu bewegen. An ihn richtete der Kaiser Mitte 1564 eine genaue, von Ilsung entworfene Instruktion. Dietrichstein solle, heißt es darin, König Philipp erklären, daß Spanien am meisten Interesse an dem Abschluß eines idrianischen Quecksilberlieferungsvertrages habe, wie ja auch der spanische König vor zwei Jahren „derohalben bei der kaiserlichen Mt. umb handlung ansuechen lassen". Philipp dürfe und könne nicht verkennen, daß Almaden nicht imstande sei, genügend Quecksilber für Spanien und besonders für Spaniens amerikanische Kolonien zu liefern. Bisher hätten die Fugger nie mehr als 800—1000 Quintal in Almaden gewonnen, im laufenden Jahre (1564) würde die Produktion vielleicht auf 1200 Quintal höchstens steigen. Mehr aber als 1400 Quintal könne Almaden nicht liefern. Demgegenüber betrage der Bedarf der amerikanischen Kolonien Spaniens, Spaniens selbst und Portugals an Quecksilber und Sublimat [1] jährlich 3000 Quintal. Wenn jetzt die neu aufgefundenen Inseln erobert würden, werde die amerikanische Nachfrage sich noch um ein bedeutendes steigern [2].

Auf Grund der genannten Tatsachen bekam von Dietrichstein die Weisung, dem König von Spanien vorzuschlagen, er möge sich mit Ferdinand über die jährliche Abnahme einer bestimmten Menge idrianischen Quecksilbers einigen. Die spanische Krone könne dann dieses idrianische Produkt in Sevilla an diejenigen spanischen, nach Amerika exportierenden Kaufleute absetzen, an die sie auch das Almadener Produkt verkaufe. Auf diese Weise behalte der König von Spanien „den Gewinn selbst, anstatt daß andere Leute mit oder ohne Licenz das Quecksilber heimlich nach Amerika brächten und den Profit einsteckten". Ferdinand machte sich anheischig, während der nächsten drei bis vier Jahre alljährlich 800—1000 Zentner Quecksilber Wiener Gewicht, eventuell auch mehr, loco Antwerpen für 105 fl. rh. oder loco Sevilla für 80 Dukaten zu liefern. Es würde nicht schwer fallen, gute, vermögende Kaufleute zu finden, die das Quecksilber in Idria annähmen und gegen eine entsprechende Frachtvergütung auf ihre Gefahr nach Antwerpen bzw. Sevilla brächten. Der Verdienst des Königs von Spanien würde sich, selbst wenn er nur 110 Dukaten für den Quintal in Sevilla erhalte, an 3000 Quintal auf zirka 150 000 Dukaten belaufen.

Könne sich der König von Spanien nicht zu einem festen Abnahmekontrakt entschließen, so wurde von Dietrichstein angewiesen, darauf hinzuarbeiten, daß Ferdinand wenigstens für die

---

[1] Aus dem Quecksilber werde Mercurium sublimatum gemacht und nach Indien zur Scheidung des Silbers von Gold geführt, „bei welchem vil ain grössrer nutz als mit dem quecksilber ist". Martin de Guzmann an den Kaiser. Barcelona, 22. Februar 1564. In F. A. Wien. Inneröster. Quecksilber 23.

[2] Über das Phantom der Gold- und Silberinseln, das gerade in jenen Jahren wieder lebhaft die Gemüter bewegte, vgl. S o p h u s R u g e , Geschichte des Zeitalters der Entdeckungen. Berlin 1881, S. 207 ff., bes. 211.

nächsten fünf Jahre die Licenz einer Einfuhr von 4—5000 Quintal gegen Zollgebühr (24 Dukaten pro Quintal, aber womöglich weniger) erhielte. Etwaige Bedenken Philipps II., daß „unter dem Scheine" des spanischen Abnahmekontraktes oder der kaiserlichen Licenz mehr idrianisches Quecksilber als verabredet, nach Spanien importiert und so der Preis gedrückt würde [1], riet Ilsung durch die Zusicherung folgender Maßnahmen zu zerstreuen. Der Kaiser wolle die feste Zusicherung abgeben, daß über die verabredete Menge hinaus nicht ein Pfund idrianischen Quecksilbers nach Spanien eingeführt werde. Für die übrige, nicht an Spanien abgegebene idrianische Quecksilberproduktion schlug Ilsung ein Preiskartell zwischen der Krone Spanien und dem Kaiser vor. Der Kaiser solle sein restierendes Quecksilber nicht wohlfeiler verkaufen als der König von Spanien das Almadener an die spanischen, nach den Kolonien exportierenden Kaufleute lieferte. So würde das spanische und das idrianische Quecksilber „ain weg wie den andern in iren würden erhalten, beide nebenainander vertriben, die betrüglichen handelsleute ausgeschlossen werden und der ansechlich nutz aus diser handlung obgedachten beiden potentaten selbst bleiben".

Von Dietrichstein war gehalten, mit der größten Vorsicht bei seinem Auftrag zu Werke zu gehen, damit der spanische Faktor der Fugger, Cristoff Hörmann, keinen Wind davon bekäme, und den König von Spanien gegen das Projekt einnähme. Auch die spanischen Kaufleute, die bisher Einfuhrlicenzen nach Spanien auf auswärtiges Quecksilber erhalten hätten, durften natürlich aus leicht ersichtlichen Gründen nichts von dem Vorschlag des Kaisers wissen.

Die Verhaltungsmaßregeln, die Ilsung für den spanischen Botschafter des Kaisers ausgearbeitet hatte, gelangten am 11. Juli in die Hände des Herrn von Dietrichstein. Bald darauf schon hatte der kaiserliche Beauftragte Gelegenheit, seine Sache Philipp II. vorzutragen. Zunächst bat sich der König Überlegungszeit aus [2]. Bald aber ließ er dem kaiserlichen Orator durch Francisco Erasso folgenden Bescheid geben: von Dietrichstein möge dem Kaiser

---

[1] Was natürlich einen Rückgang der Einnahmen der spanischen Krone bedeutete, die das Quecksilber an die nach Amerika exportierenden Kaufleute sehr teuer verkaufte.

[2] Das folgende nach dem Bericht von Dietrichsteins vom 29. Juli 1564. F. A. Wien. Innerösterr. Quecksilber 23.

Philipps Dank für seinen Vorschlag melden. Der König von Spanien wisse wohl, daß er sich im Jahre 1561 um einen festen Lieferungskontrakt idrianischen Quecksilbers bemüht habe. Damals sei Almaden „noch nit in schwung" gewesen. Jetzt seien die dortigen Quecksilbergruben genügend leistungsfähig. Das um so mehr, als der amerikanische Bedarf nachzulassen beginne. Wohl sei noch im vorigen Jahre in Neuspanien Mangel an Quecksilber gewesen, wirklich habe man dort im vergangenen Jahre bis zu 300 Dukaten für den Zentner gezahlt, aber die Zeiten seien vorbei. Der Vizekönig habe mitgeteilt, daß der Bedarf an Quecksilber falle. Man wisse jetzt in Neuspanien besser mit dem wertvollen Produkt umzugehen als früher. Von Dietrichstein hat sich nicht mit der Antwort Francisco Erassos begnügt, er hat sich dann eine direkte Ablehnung der kaiserlichen Vorschläge von Philipp II. selbst geholt.

So waren die deutschen Habsburger — von ihren spanischen Vettern im Stich gelassen — wiederum darauf angewiesen, das Idrianer Quecksilberhandelsmonopol einer deutschen Kapitalistenfamilie zu übergeben. Die Herwart kamen nicht mehr in Frage, sie weigerten sich aufs neue, ihr Geld in das schlechte und gewagte Unternehmen zu stecken. So schlecht freilich, wie sie es hinstellten, muß aber das Quecksilbergeschäft auch 1565 noch nicht gewesen sein, sonst würde man es nur schwer verstehen, daß die Firma von ihrem Recht, nach Abnahme der kontraktlichen 4000 Zentner noch für 20 000 fl. zum alten Preise fordern zu können, Gebrauch machte.

Nach langem Suchen hat endlich Ilsung für Erzherzog Karl [1] mit der Firma David Haug, Hans Langenauer und Mitverwandte am 8. Oktober 1566 einen neuen Kontrakt abgeschlossen. Die bekannte Augsburger Firma [2] übernahm den Vertrag, den seinerzeit (Villach, 29. März 1564) Ilsung mit den Gewerken abgeschlossen hatte [3], d. h. sie verpflichtete sich, vom 8. Oktober 1566 bis zum

---

[1] Dieser hatte nach Ferdinand, seines Vaters, Tod in der brüderlichen Teilung den Vertrag übernommen.

[2] Näheres über die Firma besonders bei R. E h r e n b e r g , Das Zeitalter der Fugger, I. Bd. S. 227 ff., ferner bei J. H a r t u n g , Aus dem Geheimbuche eines deutschen Handelshauses im 16. Jahrhundert. Zeitschr. f. Sozial- und Wirtschaftsgeschichte, Bd. 6 (1898) S. 36 ff.

[3] Revers der Firma. F. A. Wien. Innerösterr. Quecksilber 23. „Doch ausserhalb des artickhls der khonftigen kaufshandlungen . . ."

8. Oktober 1571 5000 Wiener Zentner idrianischen Quecksilbers
und Zinnobers abzunehmen. Dafür hatte sie 350 000 fl. zu zahlen [1]
und zwar den Gewerken in bestimmten Raten 122 062 fl. 30 kr.
und dem Erzherzog 227 937 fl. 30 kr. [2]. Die Augsburger Handelsherren setzten als Pfand der rechtzeitigen und ordentlichen
Zahlung alle ihre und ihrer Erben „ligende gegenwürtige und
khünftige sament- und sonderliche hab und gueter wie die
namen haben und genanndt werden mögen, keine davon ausgenommen".

Daß auch die Haug, Langenauer & Co. nicht leicht zur Übernahme des idrianischen Quecksilber-Großhandelsmonopols vermocht
wurden, erkennt man aus den vielfach neuen Bestimmungen, die
die Augsburger Firma zu ihrer Sicherung in den Kontrakt zu
bringen wußte. Selbstverständlich versprach der Erzherzog,
wie auch Ferdinand in den früheren Kontrakten getan hatte,
während der Kontraktszeit „khain Idrianisches n o c h a n d e r
queckhsilber oder zinober an khainem ort noch end verkhaufen,
hingeben, verschenckhen noch verfüren zu lassen, noch auch jemands andern solches zu thuen zu gestatten". Der Erzherzog
verpflichtete sich auch, kein Quecksilber oder Zinnober bei Strafe
der Konfiskation durch sein Land und Gebiet passieren zu lassen.
An die Amtleute sollte ein entsprechender Befehl ergehen. Endlich
sagte Erzherzog Karl der Augsburger Firma zu, in der Zeit ihres
Kontraktes Quecksilberbergwerke „in Behaim oder andern seiner
kais. Mt. königreichen und erblanden, so anjetzo vor augen oder
khünftig aufkhomen möchten nit erheben oder in gang khomen
zu lassen, damit das Idrianisch queckhsilber desto bass verschlissen
werden mög".

Karl hat seine Versprechungen gehalten; so sistierte er Ende
1566 ein Quecksilberbergwerk, das ein Leobener Bürger und ein
Radmeister aus Vordernberg eröffnet hatten [3].

Auch die Schutzversicherung der Monopolinhaber vor einer

---

[1] Also 70 fl. rh. in Müntz zu 15 Batzen = 60 Kr. für den Wiener
Zentner „Quecksilber und Zinnober durchainander gerait".

[2] Die älteren Historiker (H u r t e r , Geschichte Ferdinand II.,
H i t z i n g e r a. a. O. S. 21) haben aus dieser Gewinnverteilung
ganz falsche Schlüsse auf die Größe des landesfürstlichen Anteils an
dem Bergwerk gezogen.

[3] 7. Dezember 1566.   F. A. Wien. Loc. Idria.

Belästigung durch den Reichsanwalt, den kaiserlichen Fiskal, findet sich wie in den vorhergehenden Kontrakten. Neu dagegen ist eine Bestimmung, die die Monopolinhaber verpflichtet, den Goldschmieden in Kärnten und Krain „das queckhsilber und zinober, sovil sie dessen (zu täglicher notturft und nit weiter) selbs brauchen und haben muessen, in ain zimblichen press und werd zuestehen zu lassen".

Der Wunsch der Firma, sich vor unliebsamen Überraschungen zu schützen, der sich in der Schutzbestimmung dem Reichsfiskal gegenüber zeigt, ist auch aus anderen Paragraphen ihres Monopolkontraktes von 1566 ersichtlich. So aus der Abmachung, der die Augsburger Handelsgesellschaft auf ihren Wunsch hin für den Fall von ihrem Vertrag entband, daß Krieg in jenen Gegenden tobte oder daß aus anderen Gründen die Straßen gesperrt seien. Einen interessanten Beitrag zu der Tatsache der allmählichen Objektivierung, der allmählichen Versachlichung der Finanzgeschäfte [1], bietet die folgende Abmachung in dem Monopolkontrakte der Haug, Langenauer & Co. vom Jahre 1566. Für den Fall, daß die Augsburger Firma das Idrianer Quecksilber-Großhandelsmonopol aus irgendeinem Grunde nicht mehr ausüben will, soll es ihr erlaubt sein, den Kontrakt g a n z oder t e i l w e i s e an e i n e n oder m e h r e r e Kapitalisten zu übertragen. Gefordert wird von seiten der Gewerken und der Regierung nur, daß die betreffenden Kapitalisten „ehrliche und vermögende Leute" sind, und daß sie ganz und gar in die kontraktlichen Verpflichtungen der Haug, Langenauer & Co. eintreten [2].

---

[1] Vgl. den Abschnitt „Die Kommerzialisierung des Wirtschaftslebens" bei W. Sombart, Die Juden und das Wirtschaftsleben, S. 60 ff. Siehe auch schon oben.

[2] Die wichtige Stelle des Kontraktes lautet wörtlich: „Es ist auch verner lauter abgered, bedingt und versprochen worden, wo gedachter Haug, Langenauer und mitverwandten disen gegenwürtigen kauf und vertrag und·obbemelte queckhsilber und zinober ainer oder mer partheien gar oder ains thails ubergeben oder zuestellen wollten oder würden, dass si solches (doch gegen eerlichen, vermüglichen leuthen und disen sachen gemäss) zu thuen gueten fueg und macht haben sollen und wir und die gewerckhen denselben, auch iren erben und nachkhomen allermass gleichwie inen den kaufern hiemit verpunden, verpflicht ze halten und zu laisten schuldig sein sollen und wellen. Dagegen sollen auch der oder diselben, denen so solcher khauf gar oder zum thail uebergeben würde uns und gemainen ge-

Welche Mühe Erzherzog Karl hatte, um im Jahre 1566 das Idrianer Monopol unterzubringen, erkennt man auch — außer an den schon genannten Konzessionen, die er den Haug, Langenauer & Co. machen mußte — an der folgenden Verabredung. Erzherzog Karl sowohl, wie die genannte Augsburger Firma wußten, daß die Herwart noch einen großen Vorrat Quecksilber besaßen. Damit nun die Herwart nicht sofort, wenn sie von der Übernahme des neuen Kontraktes durch die Haug, Langenauer & Co. hörten, ihre Restbestände auf den Markt würfen und die Preise verdürben, verabredeten der Erzherzog und die neuen Monopolkontrahenten, ihren Kontrakt ein halbes Jahr geheim zu halten. Solange solle das Monopol unter dem Namen des Erzherzogs gehen. Man ging dabei von der Erwägung aus, daß es dem Erzherzog als dem angeblichen Inhaber des Idrianer Quecksilber-Großhandelsmonopols leichter fallen werde, die Herwart zur Hochhaltung des Quecksilberpreises zu bewegen. Sollte es wider Erwarten trotz alledem unmöglich sein und sollten die Herwart über 10 oder 15 fl. unter den Anfang 1566 üblichen Quecksilberpreis heruntergehen, so würde den Haug, Langenauer & Co. ein entsprechender Preisnachlaß im Einkauf des Quecksilbers gewährt werden.

Schließlich sagte Erzherzog Karl der Gesellschaft Haug, Langenauer & Co. das Vorkaufsrecht bei einem neuen Monopol für den Fall zu, daß sie dasselbe Gebot machten wie ein anderer Reflektant. Auf keinen Fall war es dem Erzherzog und den Gewerken gestattet, etwa mit einem neuen Kontrahenten in Verbindung zu treten, ehe die Haug, Langenauer & Co. das Quecksilber, das ihnen vertragsweise zukam, abgenommen hätten.

Es ist mir nicht möglich zu sagen, ob die Handelsgesellschaft David Haug, Hans Langenauer und Mitverwandte an dem Großhandelsmonopol mit idrianischem Quecksilber große Summen verdient hat. Jedenfalls zeigte sich die Firma nach Ablauf des ersten Monopolkontraktes bereit, einen zweiten einzugehen. An Stelle von Georg Ilsung, der in der kaiserlichen Finanzverwaltung tätig blieb, aber in den Idrianer Akten seit dem Übergange des Bergwerks an Erzherzog Karl uns nicht mehr begegnet, schließt jetzt

werckhen alles das, so diser aufgerichter kauf und vertrag inen den kaufern auferlegt, auch ze halten verpunden sein, doch dass si, die kaufer und ire erben uns und gemainen gewerckhen umb bezalung diser khaufsumma zu bestimbten fristen guet und bezaller seien."

Hans Khisl den Vertrag im Namen des Landesherrn [1] mit den Ge
werken und übergibt dann den Vertrag — unter Zuschlag eine
tüchtigen Profits natürlich — der Augsburger Firma. Diese ve
pflichtete sich, 7500 Zentner Quecksilber resp. Zinnober im Lauf
von fünf Jahren abzunehmen. Der Kontrakt ist, soviel ich seht
leider nicht auf uns gekommen. Seine Hauptbestimmungen dürfte
mit denen des ersten idrianischen Quecksilbermonopolvertrages de
Firma übereinstimmen.

* * *

Bis zum 8. April des Jahres 1574 ging das Monopolwesen in
Idria den vorgeschriebenen und gewohnten Gang. Die Haug
Langenauer & Co. hatten bereits 5333 Zentner Quecksilber ab
genommen, als plötzlich die Zahlungen der Augsburger Groß
handelsfirma stockten.

Der Aufschwung, den das Augsburger Handelsleben nach de
Bankrotten zu Anfang der sechziger Jahre des 16. Jahrhundert
genommen hatte, war nur von sehr kurzer Dauer gewesen. Vor
1571—1575 setzte eine neue heftige Krisis ein, die sich in zahl
reichen Bankrotten bedeutender Handelsfirmen entlud [2]. Dir
Krafter, die Manlich, Hans Georg Baumgartner [3] und ander
Augsburger Handelshäuser fallierten in jenen Jahren. Die Firm:
David Haug, Hans Langenauer & Co., seit längerer Zeit scho
auf einem ungesunden System vieler hochverzinslicher Depositen
basiert [4], mußte ebenfalls ihre Zahlungen einstellen. Es scheint
als habe zu dem Ruin der Haug, Langenauer & Co. am meister
der Fehlschlag ihrer englischen Bergwerksunternehmungen [5] bei
getragen. Schon 1570 wurde in Augsburg ein Gerücht kolportiert,
„dass es mit der englischen sach nit wol stiende". Schon damals
wurden Depositengläubiger der Firma gewarnt [6]. 1574 brach dann

---

[1] 5. Mai 1571; gültig vom 8. Oktober 1571 an.
[2] E h r e n b e r g , Zeitalter der Fugger, II, S. 242.
[3] Ausführliche Akten über diesen Bankrott im Reichskammer-
gerichtsarchiv zu Wetzlar; cf. Repertorium Bd. I, Nr. 141—146 ff.
[4] E h r e n b e r g , Zeitalter der Fugger, I, S. 232.
[5] E h r e n b e r g a. a. O., I, S. 234 und d e r s e l b e , Hamburg
und England im Zeitalter der Königin Elisabeth, S. 5 Anm.
[6] Vgl. den Brief Hans Langenauers an Hans Loner, den Haupt-
vertreter der Firma in England, den ich als Beitrag zur Unternehmer-
psyche jener Zeit im Anhang abdrucke.

das Unglück unaufhaltsam über die Haug, Langenauer & Co. herein. Vergeblich hatten die Fugger die alte, angesehene Firma durch ein größeres Darlehn [1] zu halten versucht. Alle Bemühungen scheiterten an dem egoistischen Bestreben der Katzbeckischen Handelsgesellschaft, ihr Guthaben aus dem beginnenden Ruin der Haug, Langenauer & Co. zu retten. So wenig waren „die Katzbeckischen" der Tatsache eingedenk, daß sie erst vor kurzem durch eine finanzielle Hilfsaktion der Haug, Langenauer & Co. vor dem geschäftlichen Ruin bewahrt worden waren, daß sie nicht eher ruhten, bis David Haug, ihr eigener Schwager, von der Stadt in Haft genommen wurde [2]. Vielleicht hat nichts mehr als gerade dieses rigorose Vorgehen der Katzbeckischen Handelsgesellschaft dazu beigetragen, die Bemühungen der Haug und Langenauer befreundeten Kreise aufrecht zu erhalten, die in dem Versuch einer Sanierung der zahlungsunfähigen Firma bestanden. Wir werden sehen, daß auch der Erzherzog sich diesen Bemühungen anschloß.

Die Idrianer Gewerken gerieten über der Zahlungseinstellung der Haug, Langenauer & Co. in große Verlegenheit und starke Aufregung. Sie erwarteten, der Erzherzog werde in die Bresche springen, da ja er und nicht die Augsburger Firma mit ihnen den „Quecksilberkauf" abgeschlossen habe. Demgegenüber erklärte Erzherzog Karl, der alte Kontrakt habe durch die Zahlungseinstellung der Augsburger Kontrahenten seine Endschaft erreicht. Er wolle aber sofort, um der Not der Gewerken ein Ende zu machen, einen neuen „Quecksilberkauf" auf sechs Jahre mit ihnen schließen und sich verbindlich machen, im Laufe dieser Zeit 6000 Zentner

---

[1] Wofür sie sich freilich Quecksilber, das in der venetianischen Faktorei der Firma lagerte, zum Pfand setzen ließen. Vgl. Hans und Marx Fugger an Erzherzog Karl. 21. Mai 1575. Original mit eigenhändiger Unterschrift und Siegel der Fugger in F. A. Wien. Innerösterr. Quecksilber 23. „Hierueber könnden Ew. f. dt. wir gehorsamlich nit bergen, dass genanntem Hans Langenauer und seinen mitverwandten zu erhaltung ires trauens und glaubens mit darstreckung einer großen summa, sovil uns erschwinglichen und möglichen gewest, treuherziger mainung die hand gereicht worden."

[2] Die Firma Haug, Langenauer & Co. hatte 1565 mit den Katzbeck und den Fugger zusammen die „Gesellschaft des Jenbacher Berg- und Schmelzwerkhandels" inne. Vgl. A. Z y c h a in Vierteljahrsschrift für Sozial- und Wirtschaftsgeschichte 5 (1907), S. 281 Anm. 4.

Quecksilber zum Preise von 24 fl. pro Zentner abzunehmen. Auch die Schuld der Haug, Langenauer & Co. an die Gewerken (in Summa 36 492 fl. 32 kr.) wollte der Erzherzog übernehmen. Er verpflichtete sich, die Summe im Verlauf der sechsjährigen Kontraktszeit abzubezahlen. So sehr den Gewerken dieser letztere Vorschlag gefiel, so sehr stießen sie sich an dem niedrigen Preis von 24 fl. pro Zentner Quecksilber. Sie forderten 28 fl. (resp. 32 fl. für Zinnober), gingen aber. später doch auf 24 fl. (resp. 28 für Zinnober) herunter [1].

Die Verstaatlichung des Idrianer Quecksilberbergwerks machte dem Feilschen ein Ende. Khisl, auf dessen Rat diese Neuregelung durchgeführt wurde, hatte schon länger daran gedacht, die Idrianer Quecksilbergruben in die absolute Verfügungsgewalt der Regierung zu bringen. Er hatte schon 1572 begonnen, im geheimen idrianische Kuxe aufzukaufen, da er aber nicht mehr als neun in seinen Besitz hatte bringen können, war er vorläufig von dem Plane abgegangen und hatte die Kuxe wieder verkauft. Jetzt trat Khisl an die „Gewaltträger", die Vertreter der Idrianer Gewerken mit seinem Vorschlage einer Verstaatlichung heran. Der Zeitpunkt war gut gewählt. Die augenblicklich ungünstige Konjunktur auf dem Quecksilbermarkte, die Schwierigkeit, an Stelle der Haug, Langenauer & Co. einen anderen Kapitalisten für das Monopol zu gewinnen und anderes nahm die Führer der Idrianer Gewerken durchaus für den Plan einer Verstaatlichung ein. Nur baten sie Khisl, bevor sie sich definitiv entschieden, mit ihren „Prinzipalen", d. h. ihren Gewerkschaftsgenossen, Rücksprache halten zu dürfen. Die 144 Kuxe des Idrianer Quecksilberbergwerks waren damals wie folgt verteilt:

Wolf Englprecht von Auerspergs Erben	$9 \; {}^3/_4$	Kuxe
Jobst Joseph Freiherr vom Thurn	$5 \; {}^2/_3$	,,
Hans ·Georg von Lambergs Erben . . . . . $6 \; {}^1/_2$, ${}^5/_{42}$,	${}^1/_{240}$	,,
Hans Joseph Freiherr zu Eelch.	$2, \; {}^1/_{252}$	,,
Franz Joseph Freiherr zu Eelch Erben . . .	$2, \; {}^1/_{252}$	,,
Seyfridt Naspens sel. Erben	$2 \; {}^3/_4, \; {}^1/_{12}$	,,
Leonhardt von Sigessdorff sel. Erben	2	,,
Franz Freiherr vom Thurn	${}^2/_5, \; {}^1/_4, \; {}^1/_6$	,,
Urban Ainlehurn . . . . $13 \; {}^1/_3$, ${}^1/_{30}$,	${}^1/_{756}$	,,
Georg Haller	$3 \; {}^1/_2$	,,
Marco Stettners Erben . . . . $2 \; {}^1/_3$, ${}^1/_{56}$,	${}^1/_{112}$	,,

---

[1] Alles nach dem Bericht Khisls vom 27. Februar 1575.

Leonhardt Khreen	$^{19}/_{20}$	Kuxe
Frau Katharina vom Thurn	1	,,
Frau Anna Paradeisserin	1	,,
Michl Wolfperger und Frau Anna Saifnerin . .	$^1/_2$, $^1/_{112}$	,,
Frau Margaretha Neisserin sel. Erben	$^1/_2$, $^1/_3$	,,
Frau Cristina Wärlin sel. Erben	$^1/_2$, $^1/_3$	,,
N. Galln zu S. Georgenperg	1 $^1/_4$, $^1/_6$	,,
Georg von Obritschan sel. Erben	$^1/_3$, $^1/_{48}$	,,
Frau Katharina Gallin	$^1/_3$, $^1/_{48}$	,,
Frau Khirfelda Wittib	$^1/_3$, $^1/_{48}$	,,
Mattheus Eelchen	$^1/_{224}$	,,
Cristoff Pfluegl	16 $^1/_{240}$	,,
Die Herwardten	12	,,
Carl Villinger	5 $^1/_2$, $^1/_6$	,,
Cristoff von Lamberg	2 $^3/_4$, $^1/_{12}$	,,
Sigmund von Lamberg	2 $^1/_5$, $^1/_{15}$	,,
Ulrich von Lamberg	$^1/_2$, $^1/_{15}$	,,
Marx Theen sel. Erben	1 $^1/_3$, $^1/_{56}$	,,
Abel Prasch	$^1/_2$	,,
Hans Waiblinger	$^1/_{224}$	,,
Christoff Khronegger	1, $^5/_{144}$	,,
Dr. Leonhard Jung	3 $^1/_2$, $^2/_9$	,,
Frau Katharina Hochstetterin Erben	3 $^2/_3$	,,
Frau Barbara Neumanin sel. Erben . . 18, $^1/_{48}$,	$^1/_{168}$, $^1/_{252}$	,,
Ein ersame Landtschaft in Kärndten	2 $^1/_3$	,,
Sigmundt von Dietrichstain	5 $^1/_2$, $^1/_6$	,,
Andre Eberhardt Stauber	3 $^1/_2$, $^1/_{15}$	,,
Alexander Stauber sel. Erben	3 $^1/_2$, $^1/_{15}$	,,
Andre Mägerls sel. Erben	$^1/_2$	,,
Bernhardt und Wilhalmb Leininger	$^1/_4$	,,
Jeronimus Khierchpuechers Erben	$^1/_8$	,,
Ludwig Alten und Brüders Söhn	1 $^3/_4$, $^1/_{20}$, $^1/_{112}$	,,
Summa	144	Kuxe

Nach einer Schätzung der Führer der Gewerkschaft betrug der
Gesamtwert der 144 Kuxe 200 000 fl. Khisl hoffte, „davon möchte
ihnen leichtlich noch etwas abgebrochen werden". Aber selbst
wenn der Erzherzog den Kuxinhabern 200 000 fl. zahlen mußte,
war er nicht übervorteilt. Khisl berechnete, daß aus dem augenblicklich vorhandenen Erzvorrat mit einem Kostenaufwand von
zirka 25 000 fl. leicht 14 000 Zentner Quecksilber gewonnen werden
könnten. Setzte man den Zentner — nach Abzug von Fron und
Wechsel — zu 19 fl. an, so ergab das schon 266 000 fl. Eine größere
Schwierigkeit bestand nur in der Frage, woher sollte der Erzherzog

in Zukunft das Geld für den Verlag des Bergwerks nehmen. Auch hier wußte Khisl Rat. Nach seiner Meinung würde der Erzherzog ebensowenig eines eigenen Verlags zur Unterhaltung des Bergwerks bedürfen wie die bisherigen Gewerken. Die hätten seit 1524 keinen Pfennig aus ihrem eigenen Säckel darein verwendet, sondern allzeit die Idrianer Quecksilbergruben aus den getroffenen Monopolkontrakten verlegt und unterhalten.

Auf die Berechnungen und Vertröstungen Hans Khisls hin schloß der Erzherzog am 21. April 1575 den Handel mit den Idrianer Gewerken ab. Die letzteren überließen ihm für 170 000 fl. mit ihren Kuxen ihre sämtlichen Besitzrechte auf das Idrianer Bergwerk samt Vorräten usw. Die erste wichtige Aufgabe bestand nun für die erzherzogliche Regierung darin, einen Kapitalisten zu finden, der unter den veränderten Umständen das Monopol des Großhandels mit dem Idrianer Quecksilber übernahm. Khisl schlug vor, das Monopol wieder der Firma Haug, Langenauer & Co. zu übertragen. Wahrscheinlich bestimmte ihn dabei — außer Nützlichkeitsgründen, auf die wir gleich zu sprechen kommen werden — auch ein Gefühl des Mitleids für die in Zahlungsschwierigkeiten geratene Augsburger Firma, besonders für Hans Langenauer. Der letztere muß — wenn man nach einigen uns von ihm erhaltenen Briefen urteilen darf — ein Ehrenmann gewesen sein, der unverschuldet in seine mißlichen Geschäftsverhältnisse geriet. Auch die Habsburger waren nicht ohne Schuld dabei. So konnte Khisl sich nicht verhehlen, daß die Augsburger Firma den zweiten Idrianischen Quecksilbermonopolkontrakt viel zu teuer übernommen hatte. Und auch das lag auf der Hand, daß der niederländische Krieg und die Eröffnung von Quecksilbergruben in Siebenbürgen [1] einen schweren Schlag für Haug, Langenauer & Co. bedeutete. Dagegen muß es als eine Übertreibung bezeichnet werden, wenn die Firma behauptete, gerade die Verluste im Quecksilberhandel seien es gewesen, die ihr Falliment in erster Linie verursacht hätten. Ich glaube, hier liegt eine captatio benevolentiae vor, eine Übertreibung, um sich den Erzherzog, den Idrianer Regalherrn, günstig

---

[1] 15. November 1572 (F. A. Wien. Innerösterr. Quecksilber 23). David Haug, Hans Langenauer & Co. beschweren sich, daß einige Nürnberger Bürger Quecksilber aus Siebenbürgen einführen und ihnen dadurch erhebliche Konkurrenz machen.

zu stimmen und sich seiner Hilfe in dem Konkursverfahren zu versichern.

Die erhoffte Folge trat denn auch wirklich ein. Die Hilfsbereitschaft der erzherzoglichen Beamten ging soweit, daß Khisl, wie gesagt, vorschlug, der in Zahlungsschwierigkeiten geratenen Firma auch dadurch die Möglichkeit einer Erholung zu geben, daß man ihr das Großhandelsmonopol für idrianisches Quecksilber zu einem sehr reduzierten Preise beließ. Freilich waren es nicht nur Gründe der Menschenfreundlichkeit, die Khisl zu dem genannten Vorschlag bestimmten. Gründe der Berechnung kamen hinzu. So erklärte Khisl dem Erzherzog, daß es bei der augenblicklichen schlechten Konjunktur im Quecksilbergeschäfte und bei der Krisis im süddeutschen Handelsleben schwer halten würde, bald einen anderen Interessenten für das Idrianer Monopol zu bekommen. Besonders überzeugend aber mußten die folgenden Erwägungen wirken. Ließ man die Firma David Haug, Hans Langenauer & Co. fallen und übergab anderen Kapitalisten das Monopol, so hätte man das Geld verloren, das die Augsburger aus dem laufenden Quecksilberkontrakt noch den Gewerken und dem Erzherzog schuldeten. Das waren noch zirka 100 000 fl., von denen auf den Anteil der Gewerken 36 000 fl. entfielen. Letztere Summe hätte im Falle der Aufhebung des Haug-Langenauerschen Kontraktes von der Krone den Gewerken in bar ausgezahlt werden müssen [1]. Ein schrecklicher Gedanke bei der chronischen Finanznot jener Zeiten und allein schon zureichend, um den Erzherzog für den Plan Khisls zu gewinnen. Für einen Plan, der in einer Fortsetzung des Haug-Langenauerschen Quecksilbermonopols, allerdings unter Neuordnung und starker Reduzierung der bisherigen Preise bestand. Khisl hatte vorgeschlagen, den bisherigen Monopolinhabern in einem neuen Kontrakte auf fünf Jahre 3000 Zentner Quecksilber als sogenanntes „Gnadensilber" zu 29 fl. pro Zentner zu geben. Die übrigen 3000 Zentner möge der Erzherzog den Haug, Langenauer & Co. „wo nit um 40 oder 45 fl. so doch etwas weniger unter 50 fl. gnädigst überlassen".

Tatsächlich schloß Erzherzog Karl mit Haug, Langenauer & Co. einen neuen „Kauf" auf fünf Jahre (vom 1. Juli 1575 bis 1. Juli 1580)

---

[1] Denkschrift Khisls vom 1. März 1575. F. A. Wien. Innerösterr. Quecksilber 23.

auf 6000 Zentner Quecksilber ab. Davon sollten 3000 für 29 fl. pro Zentner der Firma geliefert werden und 3000 Zentner zu 50 fl. pro Zentner, und zwar jeweils per Jahr 600 Zentner zu dem einen Kaufpreis und 600 Zentner zu dem andern. Freilich war das kein Kontrakt wie der vorige oder wie die mit den früheren Kapitalisten eingegangenen. Der Vertrag war darauf zugeschnitten, der Augsburger Firma die Möglichkeit zu geben, die Gelder, die sie dem Erzherzog und den Gewerken aus dem letzten „Kauf" schuldeten, abzubezahlen [1]. Zu diesem Zwecke war jeder Gewinn der Firma aus dem Quecksilberverkauf sogleich und unmittelbar zu verwenden.

Zu diesem Zwecke war auch der Augsburger Firma eine auf möglichst hohe Gewinne zielende Preispolitik jetzt untersagt. Die Erfahrung lehre, hieß es in dem Kontrakt, daß es noch jedesmal zum Schaden des Idrianer Bergbaues ausgelaufen sei, „wann man die queckhsilber im press zu hoch spannen und den gewinn dabei gar zu übermäßig stöllen wöllen". Darum sollten die Haug, Langenauer & Co. „in jetz wehrendem kauf sich desselben [d. h. einer scharfen Preispolitik] enthalten und darundter ain soliche beschaidenhait gebrauchen, dabei si mit ehren und nach gebürlichen dingen besteen" könnten. Das heißt, sie sollten sich „an ainem zimlichen gwinn benuegen lassen". Damit der Erzherzog die Befolgung der genannten Vorschriften genau kontrollieren könne, waren die Augsburger gehalten, bei jeder Quecksilberabnahme — die übrigens nur gegen Barzahlung [2] stattfand — zu berichten, „wie hoch si allwegen ainen und den andern khauf, auch mit wem und umb wievil queckhsilbers beschlossen haben".

An dem Monopolprinzip war auch jetzt festgehalten worden. Die erzherzogliche Regierung verpflichtete sich bis 1. Juli 1580 kein „idrianisches noch anderes fremdes quecksilber oder zinnober dann allain das, darumb diser kauf getroffen an kainem ort noch end in ihren fürstentümern, herrschaften etc. verkaufen, hingeben, verschenken, noch durchführen zu lassen". Die Amtleute waren angewiesen, darauf acht zu haben, daß diesem Versprechen ge-

---

[1] „Damit si unser bei inen noch ausstendige summa gelts desto gelegenlicher entrichten, sich etlichermassen widerumb erschwingen, wie auch bei andern iren trauen und glauben erholen und widerbringen khönndten." Aus dem Vertrag.
[2] Oder genügende Bürgschaft.

treulich nachgelebt wurde. Für eigenen Gebrauch, aber nur für diesen, sollte dem Erzherzog „etlich wenig phundt" Quecksilber oder Zinnober von dem Bergwerk zu nehmen, freistehen. Außerdem mußten die Augsburger den Goldschmieden in Steiermark, Kärnten und Krain das Quecksilber für deren eigenen Gewerbebetrieb „umb ain zimblich wert volgen".

Eine Übertragung des Monopolkontraktes auf andere „ehrliche und vermögliche Leute" sollte der Firma Haug, Langenauer & Co. erlaubt sein. Doch sollte diese Übertragung mit Wissen und Willen des Erzherzogs geschehen und unter der Voraussetzung, daß die neuen Kontrahenten dieselben Bedingungen wie Haug, Langenauer & Co. auf sich zu nehmen gewillt seien. Auch das übliche Versprechen, die Monopolinhaber gegen Belästigungen durch den kaiserlichen Fiskal zu vertreten, findet sich in dem neuen Kontrakt unserer Firma. Hinzugefügt ist freilich die Bemerkung, „doch weiter nit als was jetz gemelten queckhsilberkauf und desselben obangezogne conditionierte beschaffenhait betrifft". Ich habe nicht näher untersucht, wie lange die Haug, Langenauer & Co. noch das Idrianer Quecksilbergroßhandelsmonopol besaßen. Es ist wohl anzunehmen, daß der einmal begonnene Bankerott der Firma durch das Moratorium des Kaisers nicht aufzuhalten war[1]. Im Anfang der neunziger Jahre jedenfalls begegnet uns eine Firma Meinel als ihre Nachfolgerin in dem Monopol.

Es ist ein Zeichen für den bekannten Rückgang der süddeutschen kaufmännischen Unternehmungslust, wenn dann mit dem Jahre 1595 eine venetianische Firma an die Stelle trat, die fast ein Jahrhundert lang die Augsburger besetzt gehalten hatten. Der Venezianer Bartolomeo Bontempelo del Calice hatte dem Erzherzog Ernst ein größeres Gelddarlehen bewilligt und sich dafür das folgende Versprechen geben lassen. Wenn der Kontrakt mit der Firma Meinel abgelaufen war und Bontempelo auf das Idrianer Quecksilbergroßhandelsmonopol reflektiere, so sollte ihm, falls er das, was „andere etwo thuen auch laisten welle" das „Vorkaufs-

---

[1] Die Geschichte des Moratoriums wäre eine interessante Aufgabe für einen geschichtlich gebildeten und für Archivarbeit fähigen Handelsrechtler. Auch hierbei würde sich ergeben, daß die Finanzpolitik der Landesherren bei der Bewilligung von Moratorien — die ihnen zustand — eine große Rolle spielte. Also auch hier das Problem Fiskalismus und Kapitalismus!

recht" zustehen. Würde etwa entgegen der Verabredung einem anderen das Idrianer Monopol übertragen, so solle Bontempelo „sein darlehen alsbald restituirt" werden. Tatsächlich machte Bontempelo auf das Monopol Anspruch und hat es · auch vom 1. Juni 1595 bis zum 1. Juni 1599 (vielleicht auch länger) von Erzherzog Ernsts Bruder Maximilian erhalten [1]. Er sollte in den genannten fünf Jahren 7000 Wiener Zentner Quecksilber resp. Zinnober abnehmen, d. h. alljährlich 1400 Zentner zum Preise von 36 fl. (resp. 40 fl. für Zinnober). Das Quecksilber wurde auf Kosten und Gefahr des Monopolinhabers, frei von landesherrlichen Zöllen und Mauten, bis nach Villach resp. Triest verführt. Die Zahlung hatte halbjährlich in Venedig zu geschehen, gleichgültig, ob die Ware abgenommen war oder nicht. Um Bontempelo auch nach Ablauf des Monopolkontraktes noch eine zeitlang die Möglichkeit zu lassen, seine Ware zu Monopolpreisen abzusetzen [2], verpflichtete sich der Erzherzog Maximilian, bis zum 1. Juni des Jahres 1600 „gantzlich stil zu stehen und mit khainem, wehr der imer seie, vor derselben zeit ainichen weitern khauf oder contract zu treffen noch zu schliessen". Bis zum 1. Juni des Jahres 1600 war es demnach den Habsburgern untersagt, idrianisches oder anderes Quecksilber und Zinnober zu verkaufen oder sonstwie abzugeben. In derselben Zeit sollte kein Quecksilber oder Zinnober die erzherzoglichen Lande passieren. Maximilian versprach auch, den Kaiser, seinen Bruder (Rudolf II.) und seinen Vetter, Erzherzog Ferdinand von Österreich, zur Grenzsperre gegen fremdes Quecksilber und Zinnober zu bewegen.

Die noch von Erzherzog Ernsts Zeiten dem Venezianer geschuldete Summe von 55 000 fl. wurde auf 100 000 fl. von seiten des Darleihers erhöht. Die Schuld sollte durch Quecksilberlieferungen allmählich getilgt werden.

Als charakteristisch mag bei unserer kurzen Besprechung des Bontempeloschen Kontraktes noch die Tatsache Erwähnung finden, daß darin ein Schutzversprechen gegen Angriffe des Reichsfiskals, wie wir es bei früheren Kontrakten fanden, nicht gegeben ist. Wir

---

[1] Vgl. den Monopolkontrakt datiert Venedig 18. Mai 1594. F. A. Wien. Innerösterr. Quecksilber 23.

[2] In dem Kontrakt heißt es: „Damit auch er, Bontempelo, solch queckhsilber und zinnober desto bass verschlaissen und in würden erhalten müge".

müssen es dahingestellt sein lassen, ob Bontempelo als Venezianer dessen nicht bedurfte, oder ob die Anti-Monopolistenbewegung einen gewissen Stillstand erreicht hatte.

Mit Bontempelo beginnt die lange Reihe italienischer Firmen in dem Idrianer Quecksilbermonopol. Die wirtschaftliche Lage Süddeutschlands spiegelt sich in dieser Tatsache deutlich wieder. Obgleich z. B. Erzherzog Ferdinand von Österreich im Jahre 1604 alle Mühe aufwandte und auch seine Räte beauftragte, womöglich deutsche Kaufleute „für den Kauf" zu finden, so mußte doch auch jetzt wieder ein Italiener, Joh. Batt. Porro aus Mailand, einspringen. Dann folgen 1607 die Albertinelli, 1631 die Balbi usw. [1]. Wir dürfen die Schilderung an dieser Stelle abbrechen. Von Srbiks inhaltreiches Buch setzt hier ein.

Sechstes Kapitel.

Einige sonstige Monopole besonders unter Ferdinand I. Schlußwort.

Wenn wir in der Finanzpolitik Österreichs und anderer Staaten des 17. Jahrhunderts eine große Neigung gewahren [2], das ausschließliche Verkaufsrecht einer Ware an bestimmte Kapitalisten zu geben, wofür diese ihrerseits bestimmte jährliche Abgaben zahlten und sich auch durch Anleihegewährungen usw. dem Staate gefällig erzeigten, so ist das nichts neues. Bereits Ferdinand I. besonders hatte im 16. Jahrhundert oft auf die genannte Weise seine Finanzen aufzubessern gesucht. So erhielt um die Mitte des 16. Jahrhunderts Anton Schmidt & Co. aus Danzig ein Privileg auf 15 Jahre, das die Firma befugte, allein Meersalz, das sogenannte Baiesalz, in Schlesien einzuführen und an Orten, wo es ihnen gut dünkte, umzusieden und dann zu verkaufen [3]. Natürlich hatte

---

[1] Von 1623 bis 1630 nahm noch einmal ein Deutscher, F. Overholz das Monopol in die Hand. Vgl. v o n S r b i k , Der staatliche Exporthandel Österreichs, S. 4 ff. Das Werk Srbiks bietet in der Hauptsache eine Geschichte des österreichischen Quecksilber- und Kupfermonopols. Für das 18. Jahrhundert vgl. auch T h o r s c h , a. a. O., S. 88 ff. und 97.

[2] Vgl. v o n S r b i k a. a. O., S. XXXI f.

[3] K. W u t k e , Die Salzerschließungsversuche in Schlesien in

der Kapitalist dafür auch entsprechend zu zahlen. In Tirol beschwerten sich wiederholt die Stände über die Monopole [1]. Hatte doch Karl V. und Ferdinand I. selbst das allgemeine Hauen des Eibenholzes verboten und das Monopol dafür einem gewissen Balthasar Lurtsch übertragen [2]. In derselben Weise war für das Land ob der Enns das Monopol, Eibenholz zu schlagen und daraus Bogen zu machen und nach England zu führen, dem Jobst Günther reserviert worden [3]. In charakteristischer Weise ist in dem Privileg des Jobst Günther von seiten der Regierung der allgemeine Nutzen, das Volkswohl zur Begründung des Monopols angeführt [4].

Als E h r e n b e r g in den neunziger Jahren des 19. Jahrhunderts sein „Zeitalter der Fugger" schrieb, da stand es ihm außer Frage, daß bei den Großhandelsgesellschaften des 16. Jahrhunderts vielfach die Neigung vorhanden war, ihre Kapitalkraft zur Monopolbildung auszunutzen. Dagegen erschien es dem genannten Forscher sehr zweifelhaft, in welchem Maße es den kapitalkräftigen Kaufleuten gelang, diese Neigung zu verwirklichen. Trotz vielfacher Bemühungen konnte Ehrenberg nur ein Beispiel wirklicher Monopolbildung im 16. Jahrhundert ermitteln: Das schon öfters genannte Kupfersyndikat der Firmen Fugger, Herwart, Gossembrot und Baumgartner vom Jahre 1498 [5]. Mit Recht lehnte dabei Ehrenberg die Methode derjenigen Forscher ab, „welche sich bisher mit den Monopolen der großen Handelsgesellschaften des 16. Jahrhunderts beschäftigt haben". Diese sind bei der Behauptung, daß Monopole eine häufige Erscheinung des 16. Jahrhunderts waren, „durchweg ausgegangen entweder von den gegen die Gesellschaften erhobenen Anklagen oder auch von den zu ihrer Verteidigung aufgesetzten Schriftstücken, jedenfalls also von Äuße-

vorpreußischer Zeit. Zeitschrift des Vereins f. Geschichte u. Altertum Schlesiens, Bd. 28 (1894), S. 115.

[1] F. B. v o n B u c h h o l t z, Geschichte der Regierung Ferdinand I., 8. Bd., S. 360.

[2] Privileg vom 10. Februar 1521 (Worms). Wien, H. H. u. St.-Archiv. Cod. Suppl. 414, p. 29 b—30 b. Ein Generalmandat desselben Tages publizierte das Monopol. l. c. p. 30 b—31.

[3] Privileg und Generalmandat vom 10. Februar 1521, a. a. O., p. 27 b ff.

[4] Vgl. den Eingang des im Anhang von uns abgedruckten Monopolprivilegs.

[5] E h r e n b e r g , Zeitalter der Fugger, I, S. 395 ff., 399.

rungen, die durch Parteileidenschaft und Geldinteresse ihre Färbung erhielten". Wenn aber demgegenüber Ehrenberg nur die „Tatsachen sprechen lassen will, wie sie sich aus den Handlungspapieren der Gesellschaften ergeben," so ist das methodisch nicht minder verfehlt. Die Bedrohung der Monopolisten durch die Reichs- und Landtage usw. brachte es mit sich, daß die Handelsgesellschaften, die an Monopolbildungen beteiligt waren, sobald wie möglich, jedenfalls sofort nach Ablauf ihrer Monopolkontrakte, die betreffenden Papiere (Verträge usw.) vernichteten. Auch die Akten des Kupfersyndikats von 1498 waren nicht etwa aus dem Archiv der Fugger oder eines anderen der Kontrahenten des Kartells bekannt geworden, sondern vielmehr aus einem Gutachten des Dr. K. Peutinger [1].

So wichtig also die kaufmännischen Archive und ihre Handelsakten für die Erforschung vieler Kapitel der Wirtschaftsgeschichte sind [2], so wenig direktes Material dürften sie im allgemeinen zur Geschichte der Monopole und Kartelle des 16. Jahrhunderts liefern. Hier müssen uns, wie wir bei der vorangehenden Darstellung gesehen haben, doch wieder die staatlichen Archive weiterhelfen. Ich behalte mir vor, bei Forschungen, die ich besonders im k. k. Haus-, Hof- und Staatsarchiv zu Wien für andere Studien vornehme, auf weitere Monopole — wie auch weitere Kartelle und Aktiengesellschaften — des 16. Jahrhunderts zu fahnden. Hier nur noch ein ganz kurzes Schlußwort.

In den vorangehenden Forschungen, die in keiner Richtung als abgeschlossen gelten sollen, vielmehr nach allen Seiten der Erweiterung aus archivalischem Quellenmaterial und der Vertiefung bedürftig sind, wurden gewisse kapitalistische Organisationsformen, insbesondere Kartelle und aktiengesellschaftliche Bildungen in einer früheren Zeit häufig vorkommend nachgewiesen, als ge-

---

[1] Ehrenberg a. a. O., I, S. 396 Anm. 11 und Jansen, Jakob Fugger der Reiche, S. 52.

[2] Vgl. meinen Plan einer großen Edition süddeutscher Handelspapiere des Mittelalters und des 16. Jahrhunderts, dem G. von Below und die historische Kommission bei der Kgl. bayrischen Akademie der Wissenschaften ihre wertvolle Unterstützung geliehen haben. Siehe den Aufruf etwa in der Vierteljahrsschrift für Sozial- und Wirtschaftsgeschichte, Bd. 11 (1913), S. 445 f. oder Schmollers Jahrbuch Bd. 37 (1913), S. 2151 f.

wöhnlich angenommen wird. Selbstverständlich legen wir auf diese rein „antiquarische" Feststellung geringes Gewicht. Uns interessiert dabei lediglich die Folgerung aus dieser chronologischen Hinaufsetzung, die Frage, wie konnten sich so früh schon bei der starken Durchdringung der mittelalterlichen Gesellschaft mit der antikapitalistischen Moral der mittelalterlichen katholischen Kirche kapitalistische Organisationsformen von der Vollendung, wie es Monopole, Kartelle und Aktiengesellschaften sind, entwickeln. Wir fanden die Antwort in der Finanzpolitik der Päpste und der christlichen Staatsgewalten des Mittelalters. Die Geldnot, die finanzielle Abhängigkeit vom Großkapital zwang Kirche und Staat zur Konnivenz dem kapitalistischen Kaufmanne gegenüber, der die strenge Wirtschaftsethik der Zeit durch eine monopolistische Preispolitik übertrat. Mehr noch! Um sich möglichst hohe Einnahmen zu sichern, hat der Staat und die Kirche nicht selten selbst eine skrupellose monopolistische Preispolitik in „fiskalischen" Werken oder in Produktionszweigen, in die der Landesherr hineinzureden hatte, getrieben[1]. Auf diese Weise sahen wir wirtschaftliche Organisationsformen von stark kapitalistischer Eigenart unter führender Mitwirkung der „Regierungen" entstehen.

Was H. Levy für England unter Elisabeth, Jakob und Karl nachgewiesen hat[2], daß das Fürstentum direkt die Rolle eines spekulationslüsternen „Promotors" kapitalistischer Monopolunternehmungen spielt, das gilt anderwärts schon viel früher. Im heiligen römischen Reiche deutscher Nation erreichte unter Karl V. und Ferdinand I. die entsprechende Tätigkeit des Königtums schon einen gefährlichen Umfang. Die Monopolbestrebungen gingen dort in der ersten Hälfte des 16. Jahrhunderts nicht allein, nicht einmal vorzugsweise von den kapitalistischen Interessenten aus. Oft war der geldbedürftige Staatsleiter das treibende Element. Zumeist aber begegnen uns Fürst und Kaufmann hier in einem interessanten

---

[1] Die Summen, die die Fürsten mit solchen Monopolisierungen verdienten, waren oft geradezu enorm. Siehe z. B. oben die Gewinne der Habsburger aus der Vergebung des Idrianer Quecksilbermonopols. Was waren dagegen die Einnahmen aus Fron und Wechsel, den ordentlichen Regalgefällen!

[2] a. a. O., S. 68.

Zusammenarbeiten am Aufbau der frühkapitalistischen Wirtschaftsorganisation [1].

---

[1] Das intime Verhältnis schon Maximilians I. zu der Augsburger
Großkaufmannschaft ist ja bekannt (E h r e n b e r g , Zeitalter der
Fugger, I, S. 190). Interessant ist der Versuch dieses Kaisers, die
gesamte Tiroler Kupferproduktion durch einen „ewigen Kupferkauf",
d. h. eine Zwangslieferung aller Gewerken in seine Hand zu bekommen
und dann den Fuggern gegen Gewinnanteil weiterzugeben. Das
Monopol (um 1498) ist an verschiedenen Schwierigkeiten, besonders
auch daran gescheitert, daß die Fugger Max. I. nicht als Kompagnon
wünschten. J a n s e n , Jakob Fugger der Reiche, S. 87.

Anhang.

Dokumente der frühkapitalistischen Wirtschaftsorganisation.

———

I. Allgemeine Akten zur Geschichte des Monopolwesens im 16. Jahrhundert.

1. Bernsteinappaltvertrag zwischen Albrecht von Brandenburg und den Handelsgesellschaftern Nic. Pflaume und Georg Kramer zu Königsberg, Ebert Roge zu Danzig und Claus Lang zu Lübeck. — 1518 (Jan. 9). Königsberg. — Entwurf: Kgl. Staatsarchiv Königsberg.

Von Gottes Gnaden Wir Albrecht etc. thun kunth u. bekennen mit disem brief, als wir mit den ersamen u. weyssen, unsern untherdanen ... Nyclas Pflaumen, Jorgen Cramer zu Konigsberg unser stette, Ebert Rogenn zu Danzigk u. Claus Lang zu Lubeck burgere in einer handlung unsers bernstains halben, den sie bishere ein zeit lang von uns genomen u. empfangen, gestanden, also haben wir uns in dato mit den oben angezaigten unsern underthanen ... nach vleissig u. notdurftig besichtigung aller vorige uffgerichte vertregen, schulden u. rechenschafften, weliche wir also volkoment-lichen u. bestendigklichen durch die erbarn unsere rethe u. liben getreuen Ditherich von Schonberg, Cristoffeln Gattenhoffen, secretarien u. Cleophas Preuer, rentmaister berechnen u. übersehen lassen, also dass wir Uns mit den gemelten unsern underthanen liben, getreuen u. besonderen aufs neu vereinigt u. vertragen durch wellichen itzigen vertrag alle vorige vertrege u. verschreibunge sovil der von uns, unsern vorfaren u. unsern wege aufgericht u. verfast, aufgehoben, vernicht, craftlos u. unwirdig sein sollen. Als nemlich dan in disem vertrag 10,000 M. geringer Preusser montzs, die wir ihnen pflege u. schuldig sin, bits zu eines jeden tayls aufsagung oder abkundigung, weliche aufsagung wir als wol u. sie als wol als wir 1 jar lang zuvor ein tayl dem andern aufzusagen ordentlichen ... macht haben soll unge .... u. unerfordert bits die zeit der abkundigung wie gemelt sich begibt u. eraigent ansteen pleiben sollen, die wir ihnen alsdan mit burnstein oder aber barem gelt unverzuglichen u. ungehindert im letzten jar betzallen u. abkürtzen wollen lassen.

Auf dass aber wir, desgleichen sie wissen mögen wie es mit der gewerung des burnstains auch mit der entpfahung des gelts dagegen hinfurtter gehalten soll werden, wollen wir unsern burnstainmaister befehlen, wenn er des gemaynen staynes ein halben làst u. des gutten ein thonen hat (u. ob etwas daruber were, dass es doch gantze volle u. nicht halbe thunen sein sollen), sollichen stain soll er aufs furderlichst auserhalb unserm schreiben herein schicken, der inen alsdan durch unsern rentmaister uberreicht u. geliben soll werden. Darauf sie uns eins jeden jars solichen stain auf 4 termin so vil sie des zu einer quattember zur andern entpfahen nach gutter rechenschaft mit barem gelt alsdan bezallen sollen. Wo auch die vilgemelten unsere underthanen u. lieben getreuen etc. vor dem termin des quartals was auslegen würden, soll inen auf dieselben quatember in alle wege nach redlicher rechnung abgezogen werden, darzue wellen wir inen den stain, wie sie denselben von uns u. unserm orden bishere gehabt, in gleichem kauf alle wege lassen. [Folgen einige durchstrichene Zeilen und das Datum: Königsberg, Sonnabend nach Dreikönigstag 1518.]

2. Kaiser Karl und Erzherzog Ferdinand verleihen dem Jobst Günther das Monopol des Eibenholzschlags in dem Land ob der Enns. — Worms, 10. Februar 1521. — K. u. k. Haus-, Hof- und Staats-Archiv in Wien. Codex suppl. 414 (weiß 719), fol. 27—28.

> Iobsten Gunthers verschreibung umb das eybenholtz im land ob der Enns, daraus er bogen mag machen und die in Englland verfueren.

Wir Karl etc. bekhenen fur uns, auch den durchleuchtigen fursten, herrn Ferdinanden etc. Als wir vernomen und betracht, wie das eybinholtz in unser niderosterreichischen furstenthumben und landen an vil orten durch die underthanen, handwercher und pauerschaft, unordenlich on unser erlaubnus unnutzlich gefeldt, gehauen und zu unfueglichen sachen gebraucht, dadurch unser vorst und welde verödt, auch uns und unserm camerguet damit nicht gedient wirdet. Das uns furter zu gestatten nit gemaint ist, sonder gedenckhen solher unser vorst und welde des eybinholz zu

verschonen, dieselben mit ordnung zu gebrauchen, unser camerguet zu meren und das iungst holtz daneben aufzuziehen. Dass
wir uns demnach mit unserm getreuen Iobsten Gunther auf sein
underthanig bit gnedigclich vertragen und ime des unser freihait,
erlaubnus und gnad gegeben und gethon haben bis auf unser wolgefallen. Thun das auch wissentlich in crafft ditz briefs. Also
dass er selbst oder durch seine handler, diener oder arbaiter, so er
yetzuzeiten dartzu verordnet und prauchet und sonst niemandt
anderer in unsern niderosterreichischen furstenthumben und landen
alle vorst und wellde des eybinholtz in gebrauch haben, solch
eybinholtz auf seinen cossten und schaden, auch vortail und gewin
fellen, zu eybinpogen klieben, arbaiten und auf die strassen nach
Tantzig in Englland, doch in kainen weg, dass solhs den unglaubigen
zuekeme, verfuren und vertreiben soll und mag, von uns und den
unsern und sonst menigclich unverhindert und ungeirt. Dorumb
soll er uns in unser camer von iedem tausent pogen holtz funf
gulden rheinisch in unser vitztumbambt in Osterreich ob der Enns
alzeit raichen und betzalen. Und sovil er zu yederzeit pogen aus-
beraiten und aus den vorsten und welden wegfuren last, desselben
glaubwirdig urkhundt von unsern vorstmaistern iedes orts nemen
und mit dem dienstgelt in unser vitzthumbambt ob der Enns antwurten. Dartzu auch uns und sonst menigclich die gewonlichen
zöll und meut auf wasser und land vorbehalten. Damit soll er
aber in ansehung berurts unsers camerzins zimlich und leidenlich
wie von alter her gehalten und mit kainer neurung beswert werden.
Er soll auch ausserhalb solher seiner arbait und handlung unser
eybinholtz zusambt unsern vorstmaistern und vorstknechten uberal
nach seinem vermugen hayen und bewaren, dasselb niemands anderm
zu fellen, zu arbaiten, noch wegzufurn gestatten. Und ob er daruber iemand betreten wurde, es sei in der arbait oder auf den strassen,
wasser und lande, der on unser erlaubnus und frevenlich solch holtz
(zu was wergk das were) gehauen, gefelt, gearbait oder weggefurt
hette, denselben solch holz zu unsern handen nemmen, mit dem
seinen behalten und vertreiben, doch uns davon den bestimbten
camerzins, zoll und meut auch betzalen, daran er gegen niemand
nicht verfrevelt, verfarn, noch verhandelt haben.

Er soll auch selbst und durch die seinen unserer vörst und
welde des eybinholtz schonen, dasselb nit wuestlich, noch zu verderben, veröden, sonder mit ordnung und beschaidenhait dadurch

das iung ertzogen [1] und solch holtz in steten gebrauch weren und
behalten werden mug, handlen und gemainclich in die und ander
wege mit den welden und vorsten des eybinholtz unsern nutz und
pests betrachten und furderen, schaden und nachtail verhueten
als ainem getreuen diener und handler gegen seinem herrn zu thun
woll getzimbt und geburt, wie er das gelobt und gesworn und sich
gegen uns verschriben hat. Und ob sich begeb, dass uber kurtz
oder lang ander personen furkomen, die solchen eybenholzhandl
in hoherern werd und zins annemen und besteen wolten, so uns
dan Iobst Gunther, sovil als sich grundlich erfinden wurde, das
wir von andern darumb haben mochten, auch thuen wolt, so sollen
und wellen wir ime solhen handl in demselben werd und zins fur
ander volgen und ine dabei bleiben lassn. Alles treulich und ungeverlich. Mit urkhundt ditz briefs etc. Datum Wormbs am
X. tag februarii, anno etc. im XXIten.

3. Kaiser Karl V. befiehlt dem Reichsfiskal, das Verfahren wegen
   Monopolaufrichtung einzustellen, das derselbe gegen Jakob
   Fugger, Andreas Grander, Christoff Herwart, Ambrosius Höch-
   stetter, Bartolome Welser, Andreas Rem und ihre Mitgesell-
   schafter eingeleitet hatte. Burgos, 15. Sept. 1523. — K. u. k.
   Haus-, Hof- und Staatsarchiv in Wien. Reichsregistratur
   Karl V. 3. Bd. fol. 234 f.

Wir Karl etc. empieten dem ersamen unserm kaiserlichen pro-
curator fiscalgeneral und des reichs lieben getreuen Gasparn Marth,
lerer der rechten, unser gnad und alles gut. Ersamer gelerter,
lieber getreuer! Uns haben die ersamen unser und des reichs
lieben getreuen Jacob Fuckher, unser rath, Andres Grander, Christoff Herwart, Ambrosius Hochstetter, Bartholomeus Welser und
Andreas Rem fur sich und irr mitverwannten clagsweis furbracht,
wie Du si, all irr mitverwanten und geselschafter vor unserm
kaiserlichen regiment oder camerrichtern und beisitzern unsers
camergerichts im hailigen reich mit unordenlicher ladung und
vermainter clag furgenomen habest, a l s   o b   e r   J a c o b   F u c k -
h e r ,   a u c h   A n d r e a s   G r a n d e r   m i t   i r e r   b e d e r   m i t -
v e r w a n t e n   u n d   g e s e l l s c h a f t e r n   m o n o p o l i e n   g e -
u b t   u n d   s i ,   d i e   a n d e r n   a l l   o b g e m e l t ,   e t l i c h   u n -

---

[1] Das heißt, das junge Eibenholz aufgezogen.

z i m l i c h u n d i n r e c h t v e r p o t t e n g e d i n g m i t k a u -
f e n u n d v e r k a u f e n g e b r a u c h t h a b e n s o l t e n , und
uns darauf ferrer angezaigt, wie si solchen unordenlichen gerichts-
zwangk in kraft gemainer rechten und unser, auch unser vorfarn
reichsordnung, sunderlich auf dem reichstag zu Collen des 1512. iar
aufgericht, aus meher, dan ainer gegrunten ursach (dern wir auch
gnugsam unterricht und wissen haben) zu waigern vermainten.
Und uns darauf undertheniglich angeruefen und gebeten, so itzt
durch die gemelte mass wider si furgenomen wurde, dass wir solchs
alles abthuen, nichtigen und abschaffen wolten, damit si bei ordenlichen und geburlichen rechten bleiben mochten und darvon nit
gedrongen wurden. Und wiewol wir des willens und endtlicher
meinung sein, dass im heiligen reich in zeit unser regierung k e i n
m o n o p o l i e n g e t r i b e n , a u c h a l l e v e r p o t t n e u n -
z i m l i c h k a u f u n d v e r k a u f a b g e t h a n w e r d e n , so
khunnen wir doch diser zeit aus etlichen trefflichen und wolgegrun-
ten ursachen (uns darzu bewegend) kainswegs zusehen noch gestatten, dass dermassen wider obgemelt kaufleut gehandelt und
prociedert solt werden.

Und demnach emphelhen wir Dir mit ernst und wellen, dass
Du bei vermeidung unser schweren ungnad gegen obgeschribne
kaufleut in khainerlai weg in diser sachen weiter handlest, noch
furtfarest und genzlich stilstehest und si mit clag oder ladung ob-
gnanter sachen halben bis auf weitern unsern bevelh nit an-
sprechest noch betrubest, sonder die information und unterricht
des handles, so Du wider obgemelt khaufleut hast, uns unter
Deinem petschafft zuschickest und das nit lassest. Daran thustu
unser ernstliche meinung. Geben Burgos in Castilien, den 15. tag
des monats septembris, anno etc. im XXIIIsten.

4. Kaiser Karl V. nimmt die Erben Jakob Fuggers gegen jede
   Belästigung seitens des Reichsfiskals in Monopolangelegen-
   heiten in Schutz. Granada, 19. Oktober 1526. — K. u. k.
   Haus-, Hof- und Staatsarchiv Wien, Reichsregistratur Karl V.
   5. Bd. fol. 285—288.

Wir Karl V. etc. bekhennen offenlich mit disem brief und
thun kundt allmeniglich: Als verschinen iar der ersam, gelert, unser
kaiserlicher camerprocurator-fiscal-general und des reichs lieber
getreuer Caspar Marth vor unserm kaiserlichen stathalter und

regiment im reich weilendt Jacoben Fugger, unsern rath, sambt
seinen mitverwandten und zugehörigen neben und sambt etlichen
andern citiert, furgenomen und beclagt hat, a l s o b s i e t l i c h
u n z i m b l i c h g e d i n g, k e u f u n d v e r k a u f g e t h o n,
geubt und getriben hetten, dardurch unser und des reichs underthonen und gemainer nutz grösslich beschwerdt, beschedigt und
verhindert und derhalben im rechten m o n o p o l i a genent und
verpotten sein sollten, und wir aber den gedachten weilendt Jacoben
Fugger, seine mitverwanten und zugehörigen eines erlichen, dapfern
wesens und gemuets alzeit erkendt und darzu ir gewerb und handtierung nit allain aufrichtig und unverweisslich, sunder auch uns,
dem reiche und gemainer teutschen nation in vil weg frucht- und
nutzbar befunden, so haben wir bemeltem unserm camerprocurator-
fiscal vorlangst ernstlich geschriben und bevolhen, solcher seiner
vermainten ansprach und clag gegen vorgedachten weilent Jacoben
Fugger, seine verwandten und zugehörigen, auch alle andern ab-
zusteen und si derhalben unangelangt und unbekhumert zu lassen.
Und daneben gedachtem unserm stathalter und regiment im reich
insunderhait auch angezeigt und bevolhen, solchs bei ime zu verfuegen und dise sachen und process des fiscals abzustellen, bis
wir inen derhalben ferrern bevelh geben und unser gemuet und
willen entdeckhen wurden.   Und darauf den egemelten weilent
Jacoben Fuckher, auch seine bruedersöne, mitverwandten und
zugehörigen, auch ir aller leib, kaufmanswar, hab und gueter (die
si itzo haben oder noch khunftiglich uberkhomen), in unsern kaiserlichen schuz und schirm emphangen, die dermassen noch [1] also
halten.   In betrachtung, wo solch vermainte desselben unsers
camerprocurator-fiscals citation clag und process dermassen gestat
und zugelassen, dass si am vordristen weilent unsers lieben herren
und anhern kayser Maximilians löblicher gedechtnus und des hailigen reichs ordnung und abschid des gehalten reichstag zu Cöln
im 1512. iar ausgangen (darin ein yeder in burgerlichen und andern
sachen in der ersten instantz vor seinem ordenlichen richter, darunter er wonhaft und gesessen ist, beclagt, gerechtfertigt und gestraft werden soll) und daneben auch unser selbs statuten und
ordnung (die wir mit beisein, wissen und rath unserer und des
reichs churfursten, fursten und gemainer stendt derhalben fur-

---

[1] Wohl Schreibfehler für auch.

genomen, aufgericht und ausgeen haben lassen) etlichermassen entgegen und wider sein möcht und darzu allen kaufleuten, gesellschafter und handtierern ingemain gantz beschwerlich, und lestlich ein ursach sein wurde, ir gewerb und handtierung vil lieber zu underlassen, dan sich mit irer und der iren hab und gueter in ainich dergleichen beschwerlich anspruch und rechtfertigung unsers fiscals zustellen, molestiern und betrueben zu lassen. Das uns dan und dem hailigen römischen reich, auch dem armen gemainen man durchaus (der sich durch die kaufleut und handtierung vilfeltig underhelt und erneret) zu grossem abbruch, nachtail und schaden kome und deshalben billich und zeitlich ein- und fuersehung zu thun geburn will.

Und demnach aus oberzelten und andern ursachen uns darzu bewegend mit wolbedachtem muet, guetem, zeitigen rath und rechter wissen, auch aus kaiserlicher macht und volkomenhait syder und nach absterben des vorernanten weilent Jacoben Fuckhers unsere und des reichs lieben getreuen Reymunden, Anthonien und Jheronymussen, gebrueder und vetter, unser rethe, als sein nechstverlassen und instituirt naturlich recht erben, auch all ir verwandten und zugehörigen, desgleichen ir aller und der iren leib, kaufmanswar, hab und gueter gegenwertig und khunftig von allen und yeglichen egerurten unsers stathalters und regiments, auch unsers camerrichters und beisitzer oder unser und des reichs fiscals und sunst meniglichs erkhantnus, ladungen, clagen, processen, confiscation, both und verboth, so wider si und di iren, ir leib, kaufmanswar, hab und gueter, wie vorbestimbt, obberurter sachen halben erkent, furgenomen, gehandelt und ausgangen sein oder kunftiglich wider si ausgeen würden, wie und welcher gestalt das beschechen möcht, nichts ausgenomen, yetz als dan und dan als yetzo, gentzlich absolviert und entledigt und das alles und yedes aufgehebt, getodt, abgethon, vernicht und cassiert.

Absolviern und erledigen si sambt iren leiben, kaufmanswaren, hab und gueter. Aufheben, thuen ab, vernichten und cassiern solchs alles hiemit wissentlich in kraft ditz briefs. Mainen, erkennen, setzen, erclern und wollen, dass die obberurten Fugger gevetter und brueder, ir verwandten und zugehörigen, auch ir aller leib, kaufmanswar, hab und gueter, gegenwurtig und kunftig, wie obstet, von der egemelten unsers und des reichs regiments, unsers camergerichts, fiscals und sunst von meniglich erkantnus, ladung, clag, handlungen und processen, peenfal, strafen, buessen und sunst von allem andern darvon herrurend, so sich bisher diser sachen halben zutragen und begeben haben oder hinfuro inner- oder ausserhalb rechtens sich zutragen und begeben möchten, fur und fur zu ewigen zeiten und in alweg absolviert, entledigt, auch alles craftlos, abgethon und aufgehebt, getodt und cassiert sein und darauf ferrer von bemeltem regiment, auch unserm camergericht, unserm und des reichs fiscal oder yemandts anderm weder inner- noch ausserhalb rechtens wider die egenanten Fugger, ir verwandten und zugehörigen, auch ir leib, kaufmanswar, hab und gueter, inmassen, wie oben erzelt, weder in gemain, noch in sunder weiter nichts furgenomen, erkanth, ausgeen, procediert, noch gehandelt werden soll in khain weise noch gestalt. Sunder si sich der berurten unser absolution, entledigung, restitution, aufhebung und cassierung gebrauchen und geniessen sollen und mögen von allermeniglich unverhindert.

Und ob auch hieruber wider die mergedachten personen ir leib, kaufmanswar, hab und gueter von wegen egedachter ladung, clag, handlung, process berurter sachen halben oder dem, so daran hangt und darzu gezogen mocht werden, gar nichts darvon ausgenomen, an bemeltem unserm regiment, camergericht oder yemandts andern, ichts ferrer gehandelt ausgieng, furgenomen und procediert wurde, in was gestalt und form das geschehe, so wollen, erkhennen und ercleren wir itz alsdan und dann als ytzo aus obgemelter kaiserlicher machtvolkomenhait, dass solchs alles craftlos, untuglich, unwirdig und von unwirden gehaisen und sein und den obgemelten personen, iren leiben, kaufmanswarn, hab und gueter gegenwertig und khunftig ganz khainen nachtail, schaden, verletzung noch verhinderung bringen noch geberen soll.

Und gebieten darauf allen und yeglichen churfursten, fursten, gaistlichen und weltlichen, prelaten, graven, freien, herren, rittern, knechten, haubtleuten, landtvogten, vitzthumben, vogten, phlegern, verwesern, ambtleuten, schulthaisen, burgermaistern, richtern, rethen, burgern, gemainden und sunst allen andern unsern und des reichs underthonen und getreuen, in was wirden, standts oder wesens die sein, und sunderlich unserm stathalter und regiment, camerrichter und beysizern unsers kayserlichen camergerichts im hailigen reich, auch unserm und des reichs fiscal, gegenwertig und khunfftigen, ernstlich mit disem brief und wellen, dass si die gedachten Reymunden, Anthonien und Jheronymussen die Fugger gebrueder und vetter, ir verwandten, zugehörigen all ir und derselben erben und nachkomen, auch ir aller und ir yeder leib, kaufmanswar, hab und gueter, gegenwertig und khunftig, bei diser unser satzung, erclerung, absolution, aufhebung, cassierung und gnaden bleiben, die ruelich gebrauchen und geniessen lassen und daran nicht irren, noch verhindern, noch des yemandts anderm zu thun gestatten in khain weise, als lieb ainem yeden sei, unser und des reichs schwer ungnad und straf und darzu eine peen, nemblich 20 marckh lottigs golds zu vermeiden, die ein yeder, so oft er frevenlich hiewider thete, uns halb in unser und des reichs camer und den andern halben tail obgemelten Fuggern, iren mitverwandten und zugehörigen, auch derselben erben und nachkhomen unablesslich zu bezalen verfallen sein soll. Mit urkhundt ditz briefs besigelt mit unserm kaiserlichen anhangenden insigel. Geben in unser stat Granaten am 19. tag des monats octobris nach Christi unsers lieben herren geburt im 1526., unser reiche, des römischen im 8ten und der andern aller im 11. iarn.

Carolus.

Vidit Waltkirch. Ad mandatum Caesaris etc. W. Brantner.

Taxata flor. rhen. 100 et in duplicato taxata nihil, quia duplicatum.

5. Kaiser Karl V. bestimmt, daß die Kontrakte, die den Erzgroßhandel in die Hände weniger reicher Kaufleute ausliefern, nicht als monopolistisch im Sinne der Reichstagsverhandlungen über Monopole angesehen werden sollten und dürften. Toledo (Kastilien), 13. Mai 1525. — K. u. k. Haus-, Hof- und Staatsarchiv in Wien. Allgemeine Urkundenreihe. Repertorium 1. Original Pergament mit an schwarzgoldener Seidenschnur anhangendem Siegel Kaiser Karls V. Das Duplikat, von dem unten die Rede ist, dürfte das im Fuggerarchiv befindliche sein (vgl. die dortige Dorsualnotiz), das J a n s e n, Jakob Fugger der Reiche, S. 400 ff. gekürzt abgedruckt hat. Der ältere Abdruck bei F. A. S c h m i d t, Chronologisch-systematische Sammlung der Berggesetze der österreich. Monarchie, 3. Abteil. Wien 1839, Nr. 52 ist voller Fehler und mit einer sinnlosen Inhaltsangabe versehen.

Wir, Karl der funft, von Gots gnaden erwelter romischer kaiser etc. bekennen offenlich mit disem brief und thun khundt allermenigklich. Nachdem under andern notturftigen fursehungen, die uns als ainem romischen kaiser zu des hailigen romischen reichs und desselben underthonen und getreuen ere, nuz, wolfart und aufnemen ze thun und zu betrachten geburn, zu dem wir auch durch vleisz teglich nachgedenckhen aus kayserlicher miltigkeit begirig sein, unser kayserlich gemut nit wenig dahin steet, dass nit allein der gemein nutz, auch unser und des reichs underthonen zimlich aufnemen gefurdert, sonder auch niemands wider die billichait beswert, auch dasihen, was etwa aus ungnugsamer erfarnus oder underricht geordnet oder bedacht were, nit zu nachtail noch schaden gebraucht werde und also aus dem, so in gestalt eins guten oder zu der gerechtigkait furgenomen wurd, nichts ungerechts, auch yemandts ainicher unbillicher nachtail entstee: Darauf so haben wir uns zu villen abschiden auf etlichen reichstagen, sonderlich bei zeiten weilant kaiser Maximilians, unsers lieben herrn und anherrn loblicher und seliger gedechtnus gehalten, ersehen und onder anderm darinnen etliche furnemen und einsehen befunden, wie die f u r k e u f u n d m o n o p o l i s c h e n h e n d e l, die undter anderm wider gemeinen nutz dermassen beschehen sollen, dass die waaren all oder der merer thail oft in ein handt verkauft und darnach dester in hoherm werdt oder gelt widerumb gegeben und verhandtiert wurden, abgestelt und gestraft mochten werden; auch daneben bericht empfangen, wie in solche furnemen kauf und handtierungen die bergkwerck, ertz und metal, so daraus erbaut werden, auch getzogen und die keuf, auch contract, so bemelter metall und ertz halben etwa in ein oder wenig handt geschehen sein oder noch geschehen mochten, f u r m o n o p o l i s c h g e a c h t w e r d e n, a u c h w i d e r r e c h t u n d g e m e i n e n n u z s e i n s o l t e n.

Dieweyl nu (wie dan solchs wisentlich und offenbar ist, auch die erfarnus gnugsam zu erkennen gibt) die bergkwerck (der dan im hailigen romischen reich und teutschen landen mer dan sunst an keinem ort in der gantzen cristenhait erbaut werden) fur ein stuck die groszt gab und nuzbarkait ist, so der almechtig teutschen landen mitgetailt hat, nit allain des grossen schatz halben, so daraus durch vil gold, silber, kupfer, zin, quecksilber, blei, eisen und ander mer metal (welches sich dan ungeferlich und ehe mer dan minder

ierlich auf zwaintzig mal hunderttausent guldin erstreckt) erbaut
und gearbeit wirdet, sonder dass sich auch in teutschen landen
etlich hundert tausent menschen, alt und jung, auch weib und
kinder und sunst vil ir notturftige narung nit haben mochten,
allein aus dem bauen, arbaiten und schmeltzen und darzu auch
sunst durch verfuerung derselben metal in vil land in einer gemein
vil ander leut als der fuerman, wirt, burger, baur und gemein
handtwergksman allenthalben auf den strassen, dem landt und in
steten, daraus menigfaltigklichen erneren. Deszgleichen die fursten
und herren ir einkomen an fronen und wexeln, zollen und meuten
groszlich meren, auch erhohen mer dan aus kainem ainigen handel
oder gewerb in gantzer teutscher nation und dem hailigen romischen reich. Also dass die bergkwerg auch derselben erbauungen
und wesenliche bestendige, auch guete underhaltungen zum hochsten
durch alle weg und mittel, die zu solhem imer dienstlich zu befinden sein, gefurdert werden sollen.

Dan ye mer solchs geschicht, ye grosser sich die oben gemelten
gemain nuzbarkaiten dem hailigen reich, auch fursten und herrn,
darzu den gemainen man und dardurch gemainer nuz zu guttem
erhohern und auszbraiten. Und herwiderumb, wo solche furdrung
nit geschicht, dass daraus nichts anders dan gewisser der bergkwerck abgang und abfal, auch verhindrung und mindrung der oben
gemelten gemeinen und sondern nuzbarkeiten volgen mogen. Wie
dan solhs in wenig zeiten bei villen berckwerckhen durch die offenbar erfarnus mit mercklichem nachtail befunden worden ist.

Und aber under allen fursehungen und mitlen, durch die die
bergkwerck erbaut und statlich, fruchtbarlich, auch bleiblich underhalten, gehandthabt, gefurdert, auch gehayet mogen werden, kein
dienstlichers und bestendigers erfunden werden mag, dan das gold,
silber, kupfer, quecksilber und ander metal durch gut ordnungen
vil ehe in einem guten und gultigen gleichen, auch bestendigen,
dan einem schlechten, geringen, nidern und ungleichem werdt zu
verkaufen und zu kaufen, auch darnach die widerumb derselben
gestalt zu verkaufen und zu verhandtiern und also die nit in vil,
sonder in ein oder wenig hendt zu verkaufen oder komen und verhandtiern zu lassen. Wie dan solchs, als wir gruntlich bericht
werden, lenger dan vor 40 iarn her an etlichen orten in unser grafschaft Tirol, da silber- und kupferbergkwerck erbaut werden, der
gebrauch solcher massen mit verkaufung der silber und kupfer,

auch zum thail ein zeit lang des quecksilbers halben gewesen und
noch also ist und ungezweifelt an andern orten etwa bei andern
pergkwercken der und anderer mettal halben auch also geschehen
ist und noch teglich beschehen mag.

Dan wo gold, silber, kupfer und quecksilber, auch ander metal
in einem guten gultigen werdt verfurt und verhandtiert werden
(welches dan durch das verkaufen in ein oder wenig hendt am
besten beschehen kan), so mogen auch dieselben metal des ersten
kaufs dester in mererm hohern und gutem werdt durch die, so
solch erz erbauen und zu metal schmeltzen, oder die sunst haben
und empfahen, verkauft, auch aus solchem diejhenen, so bergkwerck bauen, dester mer zu bauen verursacht, auch lustig gemacht
und also im grundt dardurch die bergkwerck, auch alle andere
nutzbarkaiten, die, wie oben angetzeigt worden ist, daraus dem
hailigen reiche und teutscher nation, auch gemainem nuz zu gutem
volgen, desto grosser gefurdert und gemert werden. So ist auch
das bergkwerckbauen darzu dasjhen, so von metallen daraus gefelt,
solchs alles, wie ander gots gaben, die einem wachsen, nach notturft zu kaufen und verkaufen, zu verfurn, zu vertreiben und
allenthalben zu verhandtiern von ime selbs ein gotliche, erbare
und zuelessige handlung. Auch daneben billich vil erbarn leuten,
so sich oft hoch und hart in bergkwerckhen verbauen und nach
langer darstreckhung des iren allain der guten hofnung warten,
alle notturftige furdrung zu erzaigen, auch dieselben bei gutem
willen und lust und dardurch die bergkwerck zu bestendigem, auch
beleiblichem wesen zu behalten. Sampt dem, dass auch solche
metal, auch ertz und insonderhait kupfer und quecksilber gar
eins clainen thails in teutschen landen verschlissen, aber wol in
ander frembde landt und nationen verfuert undt verhandtiert
werden. Und das darzu solchs nit waaren oder gueter sein, der
sich der gemein man, als anderer gueter zu ainicher seiner notturft brauchen muesz. Dan obwol in teutschen landen doch ein
clainer thail kupfer durch etliche handtwerckh verarbait, so wirdet
doch denselben handtwerckhern in ainen weg als den andern hoch
oder nider belont, darnach das kupfer gullt. So ist auch leichtlich
und wol zu bedenckhen, wo die bergkwerck sonderlich durch die
obgemelten und andere weg nit gefurdert werden solten, dass dardurch der ertz und metal vil minder gemacht, auch ein grosser
mangel daran sein und also ausz solchem noch in vil hoheren werdt

gemeiner teutscher nation und derselben underthonen zu nit clainem nachtail wachsen wurden.

Darumb und dem allem nach die gemelten pergkwerck als gaben des almechtigen, auch derselben nutzbarkaiten, so daraus, wie oben gemelt, entspringen, darzu gemeinen nutz noch mer zu furdern und herwiderumben die gedachten bergkwerkh vor abfal, auch sunst menigklich vor unbillichem nachtail zu verhueten und zu beschirmen: So setzen, ordnen, ercleren und wollen wir aus unser kaiserlichen machtvolkomenhait und rechter wissen, dass an allen den orten im hailigen romischen reich, auch teutscher nation, wo bergkwerck gebaut werden, durch die gewerckhen, auch diejhenen, so bergkwerck bauen, die metal und erz ausz ainichen gerechtigkaiten, vertragen oder handlungen zu empfahen haben, die metal und ertz, sonderlich die silber, kupfer und quecksilber in einig oder mer wenig hendt verkauft, auch sunst mit den kaufern auch herwiderumb durch die kaufer mit den verkaufern geding und pact, die, wie angezeigt, zu handthabung und furderung der bergkwergkh dienstlich seien oder erfunden werden mochten, allenthalben gemacht, deszgleichen darnach durch diejhenen, so dieselben erz und metal also von den gewerckhen, pergkleuten oder andern erkaufen, dieselben ertz und metal ferrer zum hochsten und nach den besten wirden, wie si des statfinden kunden, nach irem gefallen verkauft und verhandtiert, auch in frembde landt und nationen verfurt werden mugen; und dass auch nit allain solchs, was hinfuro oben angezeigter massen geschicht, auch gehandelt und gedingt wirt, oder hievor und bisher ytzgemelter gestalt mit erkaufung und verkaufung der metal in ein oder wenig handt undt ferrer verkaufung, verhandtierung und verfuerung derselben in ander frembd nationen geschehen, gehandelt oder deshalben fur geding gemacht were, kein unzimlich handlungen, kauf- und verkaufcontract, noch ainich monopolia genent, gehaissen oder darfur gehalten und vil minder dieselben, so merbemelter massen contrahiert geding und kauf oder verkauf gemacht, gehandelt oder die metal und ertz in ander nationen verfurt und verhandtiert hetten oder solchs hinfuro thun wurden durch gantz niemands darumb gerechtfertigt, gestraft, gebuest, noch beswert werden sollen in gantz kein weysz noch weg unangesehen, obgleich das alles in etlich weg etwa sondern personen fur nachteilig geacht oder verstanden werden solt. Dieweyl doch solchs sunst in vil meher weg und dem gemeinen nutz dienstlich, fruchtbar und gut ist.

Ob auch wider das alles einich ander fursehung, ordnung oder beschaidt als aus ainem ungenugsamen bericht oder verstandt durch yemandts gemacht worden were oder furhin aufgericht, gemacht oder erfunden wurd, von wem solchs beschehe, solch alles wellen wir ytz alsdan und dan als ytz abermaln ausz unser kaiserlicher machtvolkomenhait und rechtem wyssen hiemit gentzlich und gar aufgehebt, abgethon, cassiert, auch demselben allem derogiert und erclert, auch geordent haben, dass nit allain dasselb wider dise unser ordnung, satzung und erclerung an kainen orten oder gerichten gantz kein stat, wurckhung noch craft haben, darauf nichts gehandelt noch erkent, sonder gantz vernicht und von unwirden sein und haissen.   Sonder ob wir ytz ainicherley ordnungen zu abstellung der monopolien aufgericht und gemacht hetten oder hinfuro machen oder aufrichten wurden, das dieselben ordnungen und fursehungen in kaufen, verkaufen, handlungen, contracten, gedingen, handtierungen und verfuerungen der gemelten metal und ertz, sunderlich der kupfer, silber und quecksilber halben nit stat haben noch verstanden werden, sonder in denselben andern unsern ordnungen und fursehungen gentzlich und gar auszgeslossen sein sollen.   Darauf so gebieten wir allen und yegklichen churfursten, fursten, gaistlichen und weltlichen, prelaten, graven, freien, herrn, rittern, knechten, haubtleuten, burgraven, landtvogten, vitzthumben, vogten, pflegern, verwesern, ambtleuten, schulteisen, burgermaistern, richtern, rethen, burgern und gemeinden und sunst allen andern unsern und des reichs, auch unserer erblichen furstenthumben und landen underthonon und getreuen, in was wirden, stats oder wesens die sein, bei vermeidung unser swern ungnad und straf und darzu einer peen, nemlich 50 marck lottigs goldts in unser kaiserliche camer unableszlich zu bezalen, ernstlich mit disem brief und wellen, dasz si solch obgemelt unser ordnung, satzung, declaration und mainung halten, der geleben und nachkomen, dawider auch weder inner- noch ausserhalb rechtens an gantz kainen orten gegen yemandt gantz nichts furnemen, handlen, sprechen, urthailen, exequiern, noch ichts auszgeen lassen.   Auch solchs gantz niemantz zu thun gestatten, zuesehen noch verhengen, als lieb einem yegklichen sei, obgemelte unser swere ungnad und peen zu vermeiden.   Wo auch ichts wider das alles, wie obengemelt, in

einem oder mer von yemandts, wer die wern, furgenomen, gehandelt, gethon, procediert, geurtailt oder exequiert wurd, das
alles wellen wir ytz als dan und dan als ytz hiemit abermalen ausz
unser kayserlichen macht und volkomenhait craftlosz, unpundig,
nichtig und von kainen wirden zu sein erkent und erclert haben.
Also dasz niemandt demselben kain volg zu thun oder gehorsam
beweisen schuldig sein sol.   Das ist unser ernstliche mainung. Mit
urkhundt diz briefs, besigelt mit unserm kaiserlichen anhangenden
insigel.   Geben in unser stat Tolleten in Castilien am 13. tag des
monats may nach Cristi unsers lieben herrn geburt 1524, unserer
reiche des romischen im 6. und der ander aller im 10. iarn.

      Carolus.   Vidit Waltkirch.

Auf der Plica: Ad mandatum Caesaree ac Catholice Mtis. proprium. W. Brantner m. p.

Unter der Plica: Duplicata pro serenissimo domino archiduce
racione minariarum et metallorum distructione.

Rückwärts: R^{ta} Obernburger.

6. Der kaiserliche Fiskal beklagt Bartol. Welser & Co. vor dem
    Kammergericht, Monopole errichtet und versucht zu haben,
    besonders durch eine Verabredung mit dem König von Por-
    tugal, laut welcher der König sich kontraktlich verpflichtete,
    niemandem Spezereien zu demselben niedrigen Preise zu ver-
    kaufen, wie er sie den Welser verkaufte. S. d. Aus dem Reichs-
    kammergerichtsarchiv in Wetzlar nach München abgegeben.
    K. allg. Reichsarchiv. Reichskammergerichtsakten Fasc. 201 a.

Wolgeborner, gnediger her! Keis. Mt. camerrichter in sachen
sich haltend zwischen mir als keis. mt. und des heil. röm. reichs
fiscal-general-clägern eins und Bartholome Welser und sein gesellschafter, beclagten anders teils uff ausgangen ladung erschein ich
und bring nachvolgend dis meinung clagsweis für, doch nit in gestalt einer zierlichen clag sonder einer slechten sumarien geschicht-
erzelung wider gemelten Bartholome und sein gesellschafter oder
ein yede ander person von iren wegen in gericht wie recht erschei-
nend sag und clag dass, wiewol durch gemeine geschribne recht
bei verlust aller hab und guter auch verweisung des lands höchlich
verpotten, dass niemand monopolia schedlich handtierung und wer-
bung prauchen oder üben solle. Dagegen auch kein privilegia,
begnadungen, freiheiten, statuta, verjarungen und gebreuch, so

dawider erlangt, gesetzt, eingezogen und angenomen weren, gantz von unwirden, nichtig, unerheblich, craftlos und in gantz keinen weg furtreglich sein sollen, sonder den schedlichen monopoliern und handtierern, so sich damit beschirmen wolten vil mer nachteilig, streflich und derselbigen straf graviern und haufen; alles inhalt gemeinen, geschribnen recht, welhe ich als keis. fiscal hiemit gemeldet und angezogen haben will.

Solhs alles doch unangesehen und ungeachtet, so hat Bartolome Welser mit seinen geselschaftern ein mercklich gross hauptgut und gelt allenthalben und mit grossem vleis aufgenomen und zuhandt gebracht von etwievil jaren her, jedes jar besonder und bis uff diss gegenwurtig XXIX. jar und monat decembris negst verschinen im konigreich Portugal in der stat Lisibona mit dem konig von Portugal allerhandt kauf umb pfeffer und andere specerei angenomen und beslossen, solh gross aufgenomen und zusamenbracht hauptgut und gelt angelegt den centner umb ein genante suma kauft, mit den geding und vorworten, dass der konig zu Portugal in einem oder zweien ungeverlichen negstkomenden jaren nach beschehnem kauf, keinem andern kaufman pfeffer und andre specerei neher sonder vil teurer zu kaufen geben soll und obgleich darnach ander geselschafter umb den konig auch kauft, haben si doch vil theurer kaufen müssen dann Welser und sein gesellschafter und darnach im reich teutscher nation vil ander ansetz und gevarlich auch gantz schedlich pact und monopolia geübt und gepraucht. Das hat solang gewert bis alle specerei in disen hohen werdt komen ist wie e. g. vor augen sehen und der pfeffer, imber, negell, muscatnuss, zimet, rörlin, muscatplut und anders durch solh ferlich vergeding Welsers und seiner gesellschafter in zwifachen werdt ungeverlich ersteigt und vertheirt worden seind ime und seiner gesellschaft zu grossem vortheil, nutz und reichtumb und der gantzen gemein hochs und niders stands teutscher nation zu mercklichem grossem untreglichen nachteil und schaden reichent. Darumb die peen und strafen des gemainen rechten wie obgemelt hochlich verwürckt haben etc.

Demnach und dweil nun obgemelte ding war und beweislich seind, so ist an e. g. mein underthenig bit, gedachten Bartholome Welsern und sein mitgeselschafter in die peen der rechten zu verdammen, aller und yeder ier hab und güter, ligender, farender, nutzungen und werbungen durch e. g. rechtlichen spruch gentzlich zu entsetzen und abzusliessen, auch dieselbigen guter, nutzungen und werbungen keis. mt. und des heiligen reichs fisco zuzuerteilen und in besess derselbigen on alle verhindernus komen zu lassen, auch gemelten Welser und seln mitgesellschafter, verächter derselbigen keis. rechten, umb solh sein eigennützige, schedliche handlung und übung ewiglichen zu verweisen, deportiern, abzusundern und versetzen, alles inhalt geschribner rechten, darauf ich als keis. fiscal dise mein petition erhalt, gegrünt und gesetzt haben will alles in der besten form, e. g. hochst richterlich ampt undertheniglich anruffendt vorbeheltlich aller notturft.

Caspar Mart doctor, keis. mt. fiscal.

Rückseite: Petitio sumaria des keis. fiscals gegen Bartholme Welser und sein mitgesellschafter.   Speir 9. Marci 1530.

II. Materialien zur Geschichte der Spekulation mit Wertpapieren im 16. Jahrhundert.

7. Einige Bestimmungen über den Kuxhandel in Sachsen während des 16. Jahrhunderts.

Die Kuxhändler („Kuxkränzler"), deren immer nur eine bestimmte Anzahl von der Obrigkeit verordnet wurden [1], hatten folgenden Schwur zu leisten: „Ich N. schwere, dass ich will meinem gn. Herrn, dem Churfursten zu Sachsen etc. getreu und gewärtig sein, seiner chfr. Gnaden und gemeines Bergkwergs Bestes treulich fördern, Schaden warnen und abwenden und meinem Dienst, so mir befohlen ist, nach meinem höchsten Vermögen und Verstand, treulich und fleissig vorstehen, iederman rechten, warhaftigen Bericht thun, was jedes Orts der gemeine Kauf ist, keinen Vortheil noch Betrug suchen noch gebrauchen, sondern mich gegen Armen und Reichen gleichmässig und unverweisslich halten. Welcher mir am ersten Kuckus zu verkaufen anbeut, oder zu kaufen begehrt, den will ich am ersten fördern, kein Geniess oder Nutz, dann so mir zugelassen ist, in dem allen gewarten, auch weder Gunst, Geschenk, Freundschafft oder Feindschafft ansehen, sondern mich an deme, was mir ein itzlicher aus gutem, freyem Willen zu Tranckgeld giebet, gänntzlichen genügen lassen und alles andere handeln und thun, das einem auffrichtigen Krentzler gebühret und zustehet, treulich und ungefährlich als mir Gott helff und sein heiliges Wort". — Aus der Bergordnung Kurfürst Christian I. zu Sachsen den 12. Juni 1589. Vgl. Codex Augusteus II. S. 198.

[1] „Es soll in jeder unserer Bergstadt nicht mehr als e i n Kux-Krentzler sein und darzu absonderlich vereidet werden, selbiger aber jedesmahl bei Verkaufung der Kuxe den wahren Aufstand u. Beschaffenheit der Zechen, von den Geschwornen unterschrieben, mitbringen, damit derjenige, so dergleichen Kuxe an sich handelt u. annimmt, nicht betrogen werde." Diese Verordnung stammt allerdings aus dem 17. Jahrhundert. Bergwerks-Dekret des Kurf. Joh. Georg II. von Sachsen, 6. Aug. 1659. Cfr. Codex Augusteus, II, S. 322. Vgl. auch S. 370, 383.

Die folgenden Bestimmungen richten sich gegen irreguläre Kux-händler:

„Ob auch wol ausserhalb der verordenten Kuckus-Krentzler, die dann durch unsere Ambtleuthe darzu sollen vereydet werden, des Krentzelns und Kuckus-Vorkeuffens sich niemandts soll unter-stehen, so langt uns doch mannigfeltig an, dass etzliche, nicht alleine in unsern Landen und Furstenthumben, beföderst in unser Stadt Leipzig und andern Handels-Stedten, sondern auch ausser-halb derselben Kuckus und Berckteil zu vorkauffen sich anmassen, sonderlich an denen Örtern und Zechen, da vorlassene Gebeude seindt, oder auch, do sie ihre Keuffere solcher Theile derer wirde-rung, wie sie die ihnen angeben und verkaufft, nicht gewehren können, dadurch also die Leute betrogen, von dem Berckwerge abgescheuet und unsern Berckwergen grosser Nachtheil eingefurt wirdt. Solchs fortmehr zuvorkommen, ordnen und wollen wir, dass unsere Amptleute mit sonderlichem Fleis hierumb sollen Er-forschung und Nachtrachtung haben und do sie nun hinter je-mandt kommen, der hierinnen verbrochen, oder aber würde durch andere, die er betrogen vor ihnen beklaget und uberweiset, sollen sie den oder dieselben zu Gefencknus einziehen und mit gantzem Ernst am Leibe straffen oder uns jederzeit davon Bericht thun, dass wir uns alsdann nach Gelegenheit gegen denselben mögen mit gebürlicher Straff erzeigen.

Sollten aber auch die vorordenten und geschwornen Kuckus-Krentzler gleich so wol die Leute, es weren Frembde oder Ein-lendische in ichte wider ire Pflicht und was die mit sich bringen, bevortheilen, wie solchs geschehen möchte, so sol es mit der Straff gegen sie gleicher gestalt, wie oben gemeldet, auch gehalten werden.
    LXXVIII. Art. („Krentzler und Kuckus-Partirer" über-schrieben) der Bergordnung Kurfürst Augusts von Sachsen („aus derer Hertzoge Georgens und Heinrichs, ingleichen Churfürst Moritzens zu Sachsen alten Articuln verbessert und gemehret") vom 3. Okt. 1554. Abgedruckt im Codex Augusteus II. S. 140. Vgl. auch S. 174.
    Noch deutlicher erkennt man die betrügerischen Machen-schaften mancher Kuxhändler aus der Bergordnung Kurf. Chri-stian I. von Sachsen vom 12. Juni 1589. Dort heißt es im 74. Art. (Codex Augusteus II. S. 212):
    Ob auch wohl ausserhalb der verordenten Kuckus-Krentzler,

die dann durch unsere Amtleute darzu sollen vereidet werden,
des Krentzelns und Kuckus-Verkauffens sich niemand soll unterstehen, so gelangt uns doch mannigfaltig an, dass etzliche, nicht
allein in unseren Landen und Fürstenthumen, befoderst in unser
Stadt Leipzig und andern Handels-Städten, sondern auch ausserhalb derselben Kuckus und Bergtheil verkaufen sich anmassen,
sonderlich an denen Orten oder Zechen, do verlassene Gebäude
sein oder auch do sie ihre Käufer solcher Theil, deren Wirderung,
wie sie die ihnen angeben und verkauft, nicht gewären können,
dadurch also die Leute betrogen, von dem Bergkwerge abgescheuet
und unsern Bergkwergen grosser Nachtheil eingeführet wird, solches
fortmehr zuvorkommen, befehlen und wollen wir, dass unsere Amtleute mit sonderm, ernsten Fleisse Erforschung und Nachtrachtung
haben also, do sich iemand in oder ausserhalb unserer Lande unterstehen und den Leuten ungebührlichen Partierens, betrieglicher
hinterlistiger Weiss Theil aufhängen und höher, dann sie auf unsern
Bergkwergen iedes Orts wirdig, verkaufen wurden, dass sie nach
eingenommener glaubwürdiger Klage, solchen Betrieger gefänglichen einziehen und ihme auflegen sollen, dass er dem Käuffer
alsbald sein Geld, darum er ihn betrogen, paar wiederum erlege
und ihm den Partierer zum wenigsten 4 Wochen lang, auf sein
eigen Unkosten gefänglich enthalten.   Do er aber solch Geld, darum
er den Käuffer betrogen, nicht zu erlegen vermöchte, soll er nach
Endung der 4 Wochen auf gebührlichen Unfrieden unserer Bergkwerge auf etzliche Jahr verwiesen werden.

Würde aber der Betrug grösser und höher bei ihme befunden
und erweist, dass er Kuckus verkauft in den Zechen, so er nicht
gemuthet, den Leuten Ertz weisen, do sie keines am Anbruch,
kein Kuckus im Gegenbuch hätten, falsche Gewehr und Zupus-
zettel machen, Zupus einnehmen, do keine angeleget oder wol
niemand wüste, wo solche Zechen gelegen und sollen unsere Bergk-
amtleute mit Fleiss nachtrachten, dass sie einbracht und im Gefängnis härter dann andere enthalten lassen und verschaffen, dass
sie denjenigen, so sie also aufgesetzt ihr Geld und aufgewandten
Kosten alsbald wiederum erstatten und zum wenigsten sie 8 Wochen
gefänglichen enthalten und hernach, do das Geld nicht von
ihnen erleget, des Landes verweiset werden.

Wäre aber der Betrug dermassen beschaffen, dass die Strafe
des Gefängnis nicht gnugsam, oder hievor damit gestraft und

anderwert verbrochen, soll man dieselben mit Ruthen aushauen lassen und unserer Lande und Bergkwerge auf ihr Leben lang verweisen, damit männiglich, dass wir ob ihrer Betriegerei Missfallen tragen.

Sollten aber auch die verordenten und geschworenen Kuckus-Krentzler gleich so wohl die Leute, es wären Frembde oder Einländische in ichte wider ihre Pflicht und was die mit sich bringen bevortheilen, wie solches geschehen möchte, so soll es mit der Straff gegen sie gleicher Gestalt wie oben gemelt, auch gehalten werden".

III. Quellen zur Geschichte der Aktiengesellschaft im 16. Jahrhundert.

8. Statut der Allgemeinen Eisenhandelskompagnie zu Steyr (Aktiengesellschaft), 14. Sept. 1581. Nach einer Abschrift, die sich im Archiv der Stadt Steyr (Lade 3) befindet. Bl. 3 ff. mit Auslassung von Unwichtigem.

Compagnia-Ordtnung [1] auf den Eisenhandl bey der Statt Steyr, so unter dem Namen und Tidl der Stadt Steyr solle ausgehen:

Nemblich zum 1. So solle nun hinfürder aller und jeder Innerpergerischer geschlagener Zeug von Stahel und Eisen wie der Namen haben mag (darein auch die Schin-, Pflueg-, Plech- und dergleichen Eisensorter., so in den khlainen Hämern nach der Enns heraus, die auf den klainen Pächen ligen und sowoll bey etlichen Hamerschmiden zu Holnstain aufgebracht und bissher hierher gegeben worden, zu verstehen) allermassen wie hievor gegen den Privat-Eisenhandlern alhie beschehen ist (in Crafft hieliger ersessenen Freyheiten und Rechts auch vermüg der alten und neuen Eisenordnungen) allein hierher auf Steyr in und zu berürter Gsellschafft hernach bemelter Verwalter Handen (dartzue sie, die Gsellschafft bey der Enns ire sondere gelegenen Gewelb und Legstedt haben solle) in dem ordenlichen gesetzten Hamermaister-Khauff gelifert und sonsten an khain anders aussers Ortt noch hieligen Privat-Bürgerspersohnen wenig oder vill gegeben und also weder ainem noch dem andern under hieligen Bürgersleuthen, haimlich oder offentlich, ainiche Handthierung mit geschlagnen Eisentzeug, solang dise Gemainschaft und Compagnie werth, ze treiben gestattet werden.

Und nachdem von villen langen Jaren der gestreckhte Stahel alhie under etlichen Privat-Bürgerspersohnen in ainer Handt und

---

[1] Ein anderes Mal heißt es in dem Schriftstück „Gemeinschafft-Ordnung".

Gesellschafft gewest und derselbige gestreckhte Stahel Inhalt der alten auch der mittleren und neuen Eisenordnungen und sonndern Endtschiedt[1], so von der hochlöblichen niederösterreichischen Regierung und Camer des verschinen 59ten Jares zwischen berürter Gsellschafft und den Innerpergerischen Hammermaistern ergangen, indern auftzubringen verbotten und allain inen, den Gesellschafftern desselben gestreckhten Stahels in iren sondern Streckhämern zue machen zuegelassen worden. Und aber derselbe dem Eisenhandl auch anhengig und zu disem Wösen gehörig ist: So solle derselbe gestreckhte Stahel nunmers hinfürters auch in dise Eisenhandlungs-Compagnia, mit aller Gerechtigkhait so sy die vorigen Gsellschaffter hierüber gehabt, zugleich gehörig sein. Auch denjenigen Persohnen, so bissher drinen gewest, ir daselbs gehabtes Leggeldt sambt dem, so sie sonsten hürüber merers in dise jetzige völlige Gsellschaft thuen, nach Ordnung zue geschriben und solcher gestreckhter Stahel durch die Eisenhandlsgsellschafft-Verwaltter gleich wie all ander nieobbemelter Eisentzeug empfangen und hinwiderrumben verkaufft und verhandelt werden.

Zum 3. Obwoll zu Erstattung angerürts Leggelt oder Capital diser Gsellschaft unnder der Bürgerschafft ain Gwisshait, was ain eder unnder den Reichen, Mittlsvermügigen und Ermern hierein inderschiedlich und nicht darüber oder dahinder legen, item ob es auch aus aignem Guet beschehen oder was ainer sonsten anderverts aufbringen khan, zuelässig sein, gleich alsbaldt jetzo anfangs gesetzt und benent werden solle. Damit der Reich den Unvermügigern hierinen, wo dise Gsellschafft nutz- und gwinlich sein würde, nicht engen oder mit zu villen Leggelt an seiner Narung indern thue. Weilln aber dises Wösen und das Haubtcapital wie verstanden sehr hoch und gross ist und man daher an jetzo dergleichen Fürordnung zur Gewisshait nicht thuen khan, zumall das er Verschleiss mer im Steckhem als der Wierde der Zeit ist, daher as Gemainwösen zu Erhaltung der Stadt Freyhaidten, Mannschaft und Narungen aines sterckhern Geldtzuesatz bedarff und lso villmer dises Gsellschafftwesen ins Werch zuerichten die gevesten Privat-Eisenhandler mit dem iren, so sy hievor in der Eisenandlung gehabt sowohl auch andere als aus unns der andern vernügigern Bürgerschafft aufs sterckhist zuezusetzen zu bewegen,

---

[1] Das heißt besonderen Abmachungen.

indeme dannocht khain Auskhumen, sondern hierüber noch ain grosse Suma Gelts viller 1000 Gulden umb Interesse auftzunemen ist, so khan demnach solchen Leggelts wegen anjetzo kain gewisses Zill angeordent werden. Wann aber dises Compagniewösen in seinen Gang und Übung khumbt und man mit etlichen Jaren siecht, wie es sich anlest und zuenimbt, solle alsdann nach Gelegenhait der Zeit hierinen auf ainen oder den anderen Weg zu Befürderung des hieligen gemeinen Nutz solche Ein- und Fürsechung beschehen, dass solch Leggeldt generaliter sein benentes Zill haben, und kainer drüber noch darhinder legen, noch ainer für den andern aigennutziger Weiss nicht beschwert. Aber underdessen und anjetzo anfangs ain Jeder so vill in dise Gsellschafft zu legen, als er selbs vermag oder anderwerts auf Interesse oder sonst aufbringen khan zuegelassen werden. Doch dass es zum wenigsten under 100 Gulden nicht seie.

Zum 4. Damit dise Eisenhandlsgsellschafft nicht gleich im Anfang zertreut oder confundiert werde, welches sonderlich mit dem beschehen möchte wann ain jeder im Mitl oder nach Ausgang des ersten oder andern Jars gestrackhs heraustrachten und sein Leggelt abfordern wolte: so solle alles und jedes, gross oder claines Leggeldt auf 4 gantze Jar, von jetzo diser Gsellschaft Anfang und heut datto antzuraitten, darinen unabgefordert ligen verbleiben und vor Aussgang derselben 4 Jar khainen Gsellschaftern von seinem Haubtleggelt nichts herausgegeben werden. On allain es erforderte aines erweisliche hohe und unentradliche Nottdurfft. Indeme die Gsellschafft ainen solchen nach Gelegenhait und billichen Dingen, soweit es ir der Gsellschafft erschwinckhlich und dem gemainen Wösen unschedlich, sein Leggeld thaills oder gar (doch gegen Abtzug der verlornen Schulden so dise Zeit über in der Companie gemacht werden möchten) hinaus zallen mag. Und was alda von den Gsellschaffts-Persohnen gemeldt, das solle zugleich auch verstanden werden, da ain Gsellschaffter mit Todt abgieng, Wittib, Kinder und Glaubiger verliess, auf deren ainer oder den andern Taill solch Leggeld durch Erb-Succession geschefft oder Vorwaisung gefallen, dass solche in obsteenden, zuefelligen, unvermeidlichen Nötten und Obligen auch vor Aussgang der 4 Jar zu bedenkhen.

Zum 5. Weiln die Gsellschafft in dem Eisenhandl als aines hieligen bürgerlichen Gewerbs angericht wirdet, so solle in dieselbe

weder jetzo noch khünfftiglich niemandts annder, als die alhie
geschworne Bürger seien, mit irem Leggelt, des auch jedertzeit
(über das, was anjetzo bemelte vorige Privat-Eisenhandler und
Gestreckhten-Stahels-Gesellschaffter in derselben irer Eisenhandlung und gehaltenen Gsellschafft richtig gemacht haben), allain
par und anders gar nicht beschehen solle, zuegelassen werden.

Zum 6. Auf dass es mit Einnemung neuer Gesellschaffter
auf khünfftige Zeit sein Mass habe, solle in Mittl des Jars und vor
geschlossner Jars-Raittung khain Annemung — zu Vermeidung
Irrung in der Raittung — geschehen. Aber nach Ausgang jedes
Jars und geschlossner Raittung müg alle Jar, ehe die 4 Jar fürüber, neue Gesellen diser Ordtnung gemäss angenomen werden.
Und solches darumber, damit durch solcher neuen Gesellschaffter
Einlag das auf Interesse aufbrachte Gelt desto ehe wieder abgelegt. Item so auf solche Fäll wie oben verstanden den alten
Gesellschafftern oder iren Erben und Glaubigern vor Aussgang
der 4 Jar in Nottfällen was in Abschlag zu zallen, dieselben Suma
desto leichter wieder zuersetzen. Wie dann auch bey hernach
volgenter 4 fürgesetzten Companies-Persohnen auch des Puechhalter und der Cassier Beratschlagung stehn solle, wann der neuen
Gesellen in den ersten 4 Jaren zu vill khemen, dass es den ersten
Gesellschafftspersohnen, so zum Anfang eingelegt und die Gfar
des Anfang auf sich geladen oder mit tragen, beschwerlich und
nachthaillig, auch sonst dem gemainen Wösen nit fürstendig wer,
dass sie allain sovill annemben sollen als es nutzlich und dienstlich
ist. Wann aber die ersten 4 Jar fürüber, alsdann mag die Annemung altzeit nach Ausgang 2er Jar beschehen.

Zu Gesellschaffter sollen auch nicht allain die angesessenen
Bürger so Handlsleuth, sondern auch die andern, so unangesessen,
darunder die Handwercher, angesessen und unangesessene und in
genere alle diejenigen, so geschworne und gelibte Bürger seien
bemaint zugelassen werden und hierinnen khainem der Zuetritt
abgestrieckt sein.

Was nun jeder Bürger für ein Leggeldt, obstehenden Inhalt
gemess, zue der Cassa richtig machen wirdt — es seye durch Pargelt oder Überschaffung solcher Posten, die vorher alberait in der
Compagnia gewiss und richtig ligen und an solchen neuen Gsellschaffts-Persohnen durch ordenliche Mittl khumen — darumben
solle jedem von der Gsellschafft ain gefertigter Schein vermüg

der sonndern verfassten und verglichnen Formbl, so hernach in-
serieret, mit der Gsellschafft Petschafft verfertigt und von den
nachsteenden Puchhalter undertzaichnet, angehentigk werden.

Inserirter verglichner Form des Scheins.

Wir N. und N. die Gesellschaffter der Eisenhandlung zu Steyr
bekhennen für uns, unsere Erben und Nachkhumen, als wir an jetzo
dem N. dise Compagnia allermassen und gestalt wie es die desthalben
aufgerichte Compagnia-Ordtnung mit iren Puncten und Articlen vermag, zu ainem Mitglidt und Gesellschaffter angenumen haben. Dass
er hierauf zu seinen Leggelt N. Pfundt Pfenning auf Gwin und Verlust,
wie in solchen Gesellschafftshandlungen gebreuchig ist, zu unserer
Cassa erlegt hat, welche auch von datto antzuraitten, Inhalt angeregter Ordtnung, er seie bey Leben oder schaide hietzwischen mit
Todt ab, 4 gantze Jar unabgefordert oder unbetzalt stilligent bleiben
sollen. Demnach zuesagen und versprechen wir für uns und unsere
Erben und Nachkhomen, dass gedachtene N. auf bemelte 4 Jar und
so lang er hierüber in solcher unserer Gesellschafft sein, der ordenliche Gwin, was dessen auf angeregtes sein Leggelt jerlichen, vermüg
der Raittung, gebüren oder fallen wirdet, eben wie all andere Gesell-
schafts-Verwandten under uns mit Ausgang aines jeden Jars und
aufs lengist innerhalb 14 Tagen hernach zu seinen sichern Hannden
angehendigt werden soll. Und wann merbemelter 4 Jar fürüber und
er aus diser Compagnia begehen, auch mit halber Jars Zeit auf-
khünden würde, so gereden wir verrer Inhalt der Ordtnung im und
seinen Erben oder treuen Brieffs-Inhabern obberürt sein Haubtleggelt
der N Gulden innerhalb 4 Jaren und alle Jar mit Ausgang desselben
¼ daraus zu betzallen. Oder wo auf bemelts N. Absterben seinen
Erben oder andern, so er auf dises Leggelt weisen möchte, dise 4 jerige
Betzallung zu lang sein wolte, alsdann inen dieselbe nach angerürter
½ Jars Aufsag in den darauf negst volgenden 2 Jaren zu thun und
hietzwischen von dem in jedem Jar bleibenden Rest den pro rato
gebürenden Gesellschaffts-Gwin obsteender Gestalt zu raichen. Doch
sollen in Abtzallung solchen Hauptleggelts die gar ungewissen und
für verlohrn befundene Schulden, so nach Handelsbrauch und diser
Gesellschafft und der Zeit Beschaffenhait ir über angewenndten Vleiss
nit gar vermitten bleiben khünen, auch pro rato, was es auf dise
Suma in Abraittung zuetrifft, hievon aufgehebt werden. Truege sich
dann zue, dass obgedachter N. vor Verstreichung der 4 Jar und seiner
Aufkhündung mit Todt abgieng und diejenigen, an welche solches
Leggeldt erblich oder rechtlich khäme, Bürgersleuth oder den bürgerlichen Wösen hie zuegethan weren, solle denselben nichts weniger der
völlig Gwin (als ob der N. selbs im Leben und Bürger alhie bliben
were) vom Leggeldt geraicht werden. So aber dieselben nit Bürgersleuth oder sich von dannen setzten, solle inen nicht der Gwin, sonnder
ein Interesse 5 % in Zeit das völlig Leggelt im Nutz ligt und auch
hernach auf Endtrichtung abgehörter Jarsfristen von dem übrigen

pro ratto biss es abtzallt, alles in parem gueten Gelt, landtleuffiger Wehrung, geraicht und hierinen der Compagnia-Ordtnung nach-gegangen werden. Des zu wahren Urkhundt haben wir vorernentem N. zu seiner Notturft disen Schein und Bekhandtnuss angehendigt. Mit unserm Compagnie-Handels-Petschafft verfertigt.

So weit die Inserirung.

Zum 7. So solle die Gsellschafft zu irer Cassa und Puech-halterey ain wolbewarte Schreibstuben in hieligen Ratthaus, wo es mit newer Zuerichtung sein khan, oder aber sonnsten in der Stadt und dartzue ain aignes Handt-Pedtschafft in berürter Puech-halterey haben. Welches in der Visier gemainer Stadt Wappen, das Pandl-Thier haben und die Umbschrifft also lautten solle: Stadt Steyr und die gemain Gesellschafft der Eisenhandlung alda. Damit alle Missife, Schein und was ier der Gsellschafft Notturfft ist — doch ausserhalb der Schuldtbrieff — gefertigt werden.

Zum 8. So sollen jetzo im Anfang und dann alle Jar durch uns, ainen Rath 4 fürneme und taugliche Burgers-Persohnen, nemb-lich die zwen aus unsern Ratts und die andern zween von der anderen Bürgerschaffts Mittls, alle vier der Compania verwandt, erwöldt und aus denselben zur Umwexlung jerlichen die zwen eltern, so 2 Jar nach einander die Bemüung getragen, verändert und andere auch durch unns ain Rath an ir stadt verordnet, dise Verände-rung aber die obvermelten ersten 4 oder doch zum wenigsten die 2 Jar sovil müglich underlassen. Auch solche 4 Persohnen von Jar zu Jarn der Gesellschafft Heubter sein und die Obhandt über dises gantze Gesellschaftswösen und deren hernach bemelte Diener und Verwalter haben, alle Sachen zum pestten bey den Under-gebnen anordnen und zu gewissen Tägen und Stunden, deren sie sich vergleichen, wo nit jederzeit alle vier, doch zwen auffs wenigist mit einander sich in der Schreibstuben finden und zuesehen, was allerseits fürgefallen und zue handeln von nötten, dasselbe auch also oft vleissig und fürdersam verrichten und wo sie samentlich die Sachen so wichtig funden, nach irem Gefallen und Bedenckhen noch etliche sondere Persohnen aus der Gsellschafft zu sich er-fordern, mit inen Beratschlagung halten und also in ainem und dem andern an inen nicht erwinden lassen. Damit alles zu Befür-drung der gemainen Gsellschafft Nutz treulich gehanndlet und ir jedem für dise Bemüung zur Gleichhait und Gelegenhait durch die Gsellschafft alle Jar ain gebürliche Verehrung, aber sonnsten khain andere Besoldung gegeben werden.

Zum 9. Wo auch die Notturfft erfordern wolte, dass man zu ainer oder der andern Zeit in die Gsellschafft Geldt umb Interesse aufnemen müsste, so sollen bemelte 4 Ob-Personen daselb jedertzeit mit Vorwissen und Guethaissen unser, aines ersamen Raths thuen und sich darumben bewerben, auch die Schuldtverschreibungen umb aines oder das andere Anlehen von uns, ainem ersamen Rath und der Companie under gemainer Stadt Fertigung — Inhalt der abgehandleten Nottl so auch hienach eingeleibt oder wie man es von dem Darleiher haben khan — ausgehn.

Inserirte Schuldtbrieffs Formbl.

Wir N. Bürgermaister, Richter und Rath der Stadt Steyr, auch wir die Bürgerschafft und Gesellschaffter des Eisenhanndls daselben bekhennen für uns, unsere Nachkhomben und Erben hiemit disem offen Brief wo der fürkhombt, dass wir dem N. und seinen Erben recht und redlich schultig worden sein benendliche N Gulden reinisch gueter Landtswerung (jeden zu 15 Patzen oder 60 Kreutzern zu rechnen). So er uns auf unser Bitten zu notturftiger Beförderung dises unsers Companie-Handls im parem Gelt dargelichen u. in unser Gwaltsam behendigt, auch gewilligt hat, dise Suma Gelts von Jar zu Jarn gegen N Gulden per Cento järlichen Interesse stilligen zu lassen. Wo aber er N. oder sein Erben uns solche Suma Gelts verrer nicht darleihen oder wirs lenger nicht gebrauchen wolten, dass ain Tail dem andern dasselbe ½ Jar lang zuvor glaubwirdigen u. aufsagen solle. Darauf gereden, zuesagen u. versprechen wir für uns, unsere Nachkhumen u. Erben hiemit wissentlich u. in Crafft dits Brieffs nemblich dass wir gedachten N, seinen Erben oder getreuen Inhabern diss Brieffs, wann uns die beruert ½jerig Aufsag beschiecht, oder wir die selbs thuen wuerden, nach Verscheinung angeregtes ½ Jars ohne lengern Aufzug oder Waigerung, auch gantzlich ohn allen iren Uncosten u. Schaden zu iren sicheren Handen danckhbarlich betzallen u. hievon järlich u. aines jeden Jars besonders, so lang wir solche Suma Gelts inhendig haben, N Gulden obberürter Werung zu rechter Zeit die Vertzinsung alweg zuraichen u. ain Jars-Vertzinsung auf die ander nicht anstehn lassen wöllen noch sollen. Und damit dann gedachter N. u. seine Erben angerüerter irer in Treuen unns dargelichnen N. Gulden reinisch sowoll auch dem hievon gebüerenden jerlichen Interesse genugsamblich versichert werden, so verweisen u. verschreiben wir inen durch diesen Brief unser der Statt Steyr u. unser der Bürger u. der gemainen Gsellschafft zusammen gelegte Guetter, darinnen nichts ausgenomen wo u. welcher Ennden die allenthalben zu finden sein, zu rechtem Für- u. Under-Pfandt. Allso u. dergestalt da wir unsere Nachkhumen u. Erben vermelte N Gulden reinisch über vorgehende Aufsag zu Endung des obbest halben Jars hietzwischen auch das angedeut jerlich Interesse obverschribner Massen nit zallhaft machen, sonnder darmit wider

iren gueten Willen saumig erscheinen u. er N oder seine Erben dessen
ainichen Schaden — klain oder gross wie der Namen haben möchte —
nemen thetten, denselben Schaden allen, khainen redlichen aussgeschlossen, sollen sie sambt der völlig Haubtsuma u. dem auss-
stendigen Interesse haben, suechen u. bekhumen an u. auf denselben
unnsern u. der Stadt Steyr u. unnser der Compania gesambten
Gsellschafftsguettern; wie auch die landtfürstliche Obrigkhait sy
on alle weitere Clag oder Berechtung auf erstes Ersuchen bey diser
Verschreibung zu richtigen Betzallung mit steiffer, unverlengter Exe-
cution handthaben u. hiewider in ainem nach dem andern nit beschweren lassen sollen, bis sie obbestimbter Haubtsuma u. Interesse
sambt denen hiedurch erlidenen Schaden zue guetem, völligen Benügen entricht u. zufriden gestelt worden sein.   Alles u. jedes bey
Verpindung des gemainen lanndtleuffigen Schadenpundts, als ob der
von Wort zu Wort nach lengs hierinen geschriben stüende.   Darwider u. dises alles unser Nachkhomen u. Erben khainerlei Einträg
noch Verwiderung wie die durch Menschen Sin imer erdacht werden
möchten u. wir uns gebrauchen wolten oder würden nicht schützen,
fürtragen, noch hievon entheben solle in khainerlai Weis, noch Wege,
treulich one Geverde

    Soweit die Inserirung.

    Und nachdem diss Companiewerch fürnemblich zur Erhaltung
der Stadt Freyhaidten, Gewerb- und Manschafften hat fürgenumen
werden müssen und villeicht die Frembten bey denen Geldt in
Nottfällen aufzubringen — weil dieselben frembten Herleihern der
Companie Beschaffenhait unbekhandt und dise Companie-Ordt-
nung zu eröffnen bedenckhlich — gemainer Stadt allain lieber,
dann dass die Companie mit bekhennen und sich obligieren sollen,
leihen möchten, so sollen in solchen Fällen die Schuldtbrieff von
uns N. Bürgermaister, Richter und Rath allain ausgehen, doch
altzeit von der Compagnia für ir Gebüer, so weit sie darbey mit
interessiert, ainem ersamen Rath ain Gegen-Recognition von der
Puechhalterey angehendiggt werde.

    Zum 10.   So solle ain Puechhalter aus der Bürgerschafft, so
anders ain solche trügliche, verschwigne, vleissige und khundige
Persohn zu bekhumen, behandlet.   Da aber aus der Bürgerschafft
khainen zu erlangen, alsdann ain Frembder (doch ain woll erkhandter
Man, dem zu vertrauen) auf billiche und zimliche Jarsbesoldung
der Companie bestelt, und derselb in disem seinen Dienst vleissig
und getreu sein.   Weill auch sonderlich die Veränderung eines
Puchhalters zum Anfang ungelegen, geferlich und bedenckhlich,
solle solch Persohn solang man khan continuirt und so sie hie nicht

Bürger were, sie doch dasselbe alsbaldt annemen. Welchem Puechhalter auch auf sein Verrichtung aus diser Haubt-Ordtnung ain
sondere Instruction gefertigt, angehendigt werde. Aber sein Aidts-
pflicht dis nach inserirtem Inhalt sein solle.

Inserirte Aidtpflicht:
Ir werdet ainen Aidt zu Gott dem Allmechtigen schweren und
N. Bürgermaister, Richter u. Rath der Stadt alhie, desgleichen der
Companie, von denen Ir zu ainem Puechhalter über solche Eisen-
handls-Gsellschafft aufgenumen, bey Euren Ehren und Treuen an-
geloben, gedachten N. Bürgermaister, Richter u. Rath und den
Fürgesetzten der Companie getreu, gehorsamb und gewertig zu sein,
Euren Puechhalter Dienst — nach Vermüg Eurer Instruktion, die
Euch angehendiggt — treulich, erbar und aufrecht zu verrichten,
gemainer Stadt und der Compagnie Nutz u. Frumen, sovill an Euch
u. Eures Dienst ist, zu fürdern, Schaden zu warnen und zu wenden,
die Gehaimb dis Handls, wie die von ainer Zeit zur andern an Euch
gelangt, biss in Eur Grueben zu verschweigen und nicht zu offen-
baren, Euch auch mit niemandts Frembden in Handlung, Contract,
Correspontentz oder Gemainschafft einzulassen, welches gemainer
Statt und diser Geselb- u. Gemainschafft jetzo oder künfftig zu
Nachteil u. Schaden geraichen möchte u. sonst alles das zu thun
u. zu lassen, das ainem erbarn, aufrechten Puechhalter und treuen
Diener zu thuen aigent und gebürt. Darinen weder Muet, Gab,
Freundschafft, Feindschafft, noch ichtes anders dann Eur Pflicht
und die Erbarkhait antzusehen.
Soweit die Inserirung.

Ferer so will auch der Companie Nottdurfft sein, zu disem
ansehlichen Werch zwen Cassier zu halten und sollen dieselben
alletzeit nach Gelegenhait aus den Fürnemisten und Tauglichisten
der Gsellschafft, die woll angesessen, behandlet und erwöllt. Der
jeder solchem Ambt 1 oder 2 Jar fürstehn, und also offt ainer aus
den zwaien nach Aussgang aines Jars gewexlet und ain anderer
gesetzt, damit also ain alter und ain neuer Cassier Berichts halber
im Ambt sein und der Elter im andern Jar durch den Jüngern
enthebt khüne werden. Es solle auch ir jeder zu solcher Cassa
ainen aignen Schlüssl haben und ainer ohne den andern nicht drain
khumen und sie sonderlich, wan sie dise ire Ämbter antreten, uns
ainen ersamen Rath für uns und anstat der Gsellschafft Handtglüb
und Pflicht dahin thuen, dass sy bey disem Companiawösen im
Einnemen und Ausgeben und sonsten allerseits getreu und vleissig
sein, gemainer Stadt und der Companie Nutz und Frumen betrachten, Schaden und Nachteil warnen und wenden, die Cassa in gueter

ìorg und Verwarung halten, anders nit als was dise Ordtnung zue-
esst handlen, mit solcher vertrautten Cassa khain Gefahr oder
Aigennutz — wie das Menschen sie erdenckhen möcht — gebrauchen
ider yben, sonder dise Cassa in irer Verantwortung und Versperrung
ireulich haben und handlen wöllen und sollen. Und auf dass sie
iber solcher Müe und tragenden Veranworttung auch Ergötzlich-
khait haben, solle inen järlich — nach Gelegenhait der Nutz bey
ier Gesellschafft gross und mittlmessig sein würde — ain solche Ver-
ihrung, dass es der Gsellschafft erträglich, geraicht und geben werden.

Nachdem auch weiter von Nötten, dass taugliche Persohnen
vorhanden, welche allen Zeug von den Hamermaistern und Hamerschmiden empfahen zu Steyr und von dannen verrer und inner,
iusser Landts verhandlen, item, die die Conträct schliessen und
ias Gelt umb solchen verhandleten Zeug einnemen und zur Cassa
ind Puechhalterey bringen, sollen deren hierzue 4 in der Antzall
iestellt und aus den Gesellen oder aus der Bürgerschaft fürgenumen
ind sie nit baldt gewexlet, sondern bey iren Diensten und Ämbtern,
io lang es immer ir und der Gesellschaft Gelegenhait geben mag,
irhalten, auch ir jedem nach Beschaffenhait diser irer Amts-
iblag, die dann zimblich starckh sein und neben Haltung aines
iignen Dieners und Ross vill Bemüung auf sich tragen wirdet,
iin billiche Jarsbesoldung, so der Gsellschaft erschwinckhlich ist,
jeraicht werden. Sy sollen auch zugleich ire sondere Pflicht haben,
vie dann die dis Orts inserirt ist.

Inserirte Pflicht.

Ich gelob' und zuesage hiemit an Aidtsstat und bey meinei
ürgerlichen Pflicht, dass ich gemainer Stadt und der Companie als
in fürgenumener, bestelter u. besolter Diener, getreu, gehorsamb
nd gewärtig sein, der gemainen Compania Nutz u. Frumen, sovil
n mir, befürdern, Schaden und Nachteil zeitlich warnen u. wenden,
ieiner Instruktion und Dienst treulich nachkhumen, khain Gefahr
ierinen brauchen, die Gehaim der Gsellschafft, so an mich gelangt
nd khombt, bis in mein Grueben verschweigen u. niemandts oder
enen es zu wissen nit gebüret, oder das der gemainen Companie
u Schaden geraichen möcht, hievon nichts offenbaren, sondern mich
uf höchst, dass der gemainen Companie treulich u. nützlich ge-
aust und gehandlet werde, befleissen u. sonst alles das thuen
vill, das ain treuer, besolter Diener seiner Pflicht u. der Erbarkhait
ach zu thun schuldig ist und hierinen weder Muet, Gab, Freundt-
chafft, Feindtschafft noch ichtes anders dann meine Pflicht u. die
Erbarkhait antzusehen.

Soweit die Inserirung.

Es solle auch zuegelassen sein, dass der vorbemelte Puech-halter, Cassier und dise 4 Handler sowoll als andere Bürger ire Legegeldt in der Gsellschafft mügen haben, auf dass sie umb sovil mer Ursach sich dahin zu bemüen, damit der Nutz und Aufnemen diser Gesellschafft befürdert werde.

Damit dann auch solche Persohnen als Puechhalter, Cassier und Handler disen iren Ämbtern umb sovill mer abwarten khünen, sollen sy, so lang sie disen Officien beiwonnen, aller Gerhabschafften, Curratorien und ander bürgerlichen Ämbter entlassen sein und irer damit verschont werden.

Dise Officien, Puechhalter, Cassier und Handler sollen denen hievor im 8. Artickhl verleibten 4 Persohnen underwürffig sein, auf dieselben iren Respect und Aufsehen haben und allerseits sonderlich in wichtigen Dingen mit irem Vorwissen handlen, inen auch der Puechhalter alle 2 oder zum lengisten 3 Monat oder so oft es begert und von Nötten, ainen Pelantz [1] ziehen und fürbringen, und wie also alles Wösen mit Einnemen und Ausgeben, auch den Schulden so sie Gsellschafft zu thuen, item des Handls Gegenschulden und was für Zeug unverkaufft, gestaltsam ist, gründlichen Bericht geben und sonderlich sie ire hiertzue bedürftige Leuth und Diener selbs aufnemen, underhalten und besolden. Doch, dass es solche Diener sein, denen in einem dergleichen Werch zu vertrauen. Wie dann inen den Cassiern, Puechhaltern und den anderen 4 Verwaltern derselben irer Diener halben die Verantwort- und Erstattung obligt.

In Sonderhait aber soll es mit vermelten 4 Verwaltern oder Handls-Personen in irer Verrichtung dise Abthailung und Underschaidt haben: Dass durch die 2 das gantze Wösen, was die Rad- und Hamermaister mit Empfahung des geschlagenen Zeugs, auch Hineingebung des Geldts und sonsten in all ander Weg antrifft, und dann die andern 2 dasjenige so zum Verschleiss desselben Zeuges gehörig gehandlet und verrichtet, wie auch jedem Thaill hierauf ain sonder Instruction zugestellt solle werden. [Folgen genaue Bestimmungen über die Arbeitsteilung unter den 4 Faktoren.]

Und was nun also negstbemelte 4 Verwalter oder Handelspersohnen in disem allen und vermüg angeregter irer abgesonderten

---

[1] Bilanz.

Instructionen und sonnsten zu ainer und der anderen Zeit hanndlen werden, und wie das gantze Wösen bey Rad- und Hamermaistern und irer Arbait so woll auch mit Raichung des verschribnen Eisentzeugs von danen her, item mit Wiederverhandlung desselben geschlagnen Zeugs und sonsten allenthalben geschaffen, den berürten 4 Ob-Persohnen und dann sie die Ob-Persohnen dasselbe — und sowoll wie es bey der Puechhalterey und der Cassa steth — alle Jarsquartal uns ainem Ratt ain schrifftliche Relation übergeben.

Zum 11. Was von der jetzigen hieligen Puppillen [1] Geldt zur Beförderung der Gsellschafftshandlung aufgenumen wirdet, das solle inen mit 5 % verinteressiert und solche Verzinsung iren verordneten Gerhaben [2] jerlichen auszalt werden und dieselben Puppillen sonsten zu ainichem Gewin nicht zuelessig sein.

Zum 12. solle diser Gsellschafft Handlung wegen mit Einnemen und Ausgeben aus Empfach und Wiederverhandlung des Eisentzeugs alle Jar — underschiedlich mit jedes Aussgang — gewisslichen und on ainichen Auftzug durch den Puechhalter richtig und ordenlicher Raittung geschlossen und dieselbe, alsbaldt sie fertig, ohne weiten Aufschub durch die vermelten 4 verordneten Gesellschaffts-Obpersohnen, auch noch dartzue aus den andern Gsellschafftern, 2 des Raths und 2 der andern Burgerschafft (so hiertzue tauglich und das maiste Leggeldt in der Gsellschafft haben) bestes Vleis aufgenumen und in diser Raittung auf alle Umbstendt woll Achtung gegeben und zu solcher Haubt-Raittungs Aufnem- und Abhandlung durch dise 8, auch die andern 4 Persohnen, so den geschlagnen Eisentzeug empfahen und verhandlen, zugleich getzogen werden. Und was nun sie die ersten 8 oder sie alle 12 Persohnen solcher Raittung halber handlen und schliessen (doch dass sie unns ainen Ratt desthalben jedes Jars ir Relation thuen), darbei soll es mit unnserm Wissen allerdings verbleiben und hierüber der gantzen Gesellschafft oder etlichen aus inen khain andere Relation bescheehen, sondern sich ain jeder hieran benügen lassen und verrer die wenigsten Ein- oder Widerret zn thun befugt sein.

Zum 13. Was den Gwin oder Überschuss so über der Gsellschafft auf lauffenden Uncosten und Aussgaben auf angeregte beschlossne und aufgenummene Haubt-Jarsraittung verbleibt, be-

---

[1] = Waisen.
[2] = Vormund.

trifft, derselbe Gwin solle jerlich, gestrackhs und so baldt solche Raittung beschehen und aufs allerlengist in 14 Tagen nach Verstreichung des Jars ordentlich und treulich ainem jeden Gesellschafter sein Gebürnuss — was aufs Hundert jedes Leggeldt khombt — gegen Quittung ausgethaillt, zuegestellt und dasselbe (ausser sonderer Nott, so der Gsellschafft in ainem oder dem andern Fall zustehn möchte, welches doch auch mit aller Gesellschafter Wissen beschehn solle) weiter nicht vertzogen noch auch vor Verstreichung der 4 Jar oder in Mittl des Jars hievon khainem nichts hinaus gegeben werden.

Allso auch wann ain Gesellschaffter ableibt nnd sein Leggeldt auf sein Wittib oder Kinder khumbt und feldt, dieselben auch hie in bürgerlichem Wösen sein und bleiben, so solle solchen der völlige Gwin wie ainem andern Gsellschaffter, der ein geschworner Bürger ist, in Zeit vorberürter ersten 4 Jar oder so lang hernach dasselbe Leggeldt völlig oder taills in der Compania bleibt, passiert werden. So aber Wittib oder Kinder nit hie hauseten, oder den bürgerlichen Wösen nit eincorporiert weren, sollen sie des völligen Gwins nit, sonder des Interesse (5 %) fähig sein.

Verrer so ain Gsellschaffter Glaubiger verliess, oder noch in seinem Leben kein Leggeldt auf dieselbigen Gläubiger khäme, solle auch allein das Interesse (5 %) und nit der Gsellschaffts-Gwin den Gläubigern von der Zeit sie des Gesellschaffters Gerechtigkhait am Leggeldt wirkhlich antretten, geraicht und geraitt werden. Doch wo der, so also das Leggeldt an seiner Schuldt von dem Gesellschaffter annimbt, auch ein Bürger alhie were, solle er zum Gsellschafftgewin zugleich seinen Zuetritt haben.

Zum 14. Wann ain oder mer Gsellschaffter in seinem oder irem Leben oder auf Absterben deren verlassnen Wittiben und Kinder oder ir der Kinder verordnete Gerhaben so woll auch die Glaubiger (so sie allerseits wie gemeldt in bürgerlichen Wösen sein) auf Verstreichung ob eingefürter gewissen 4 Jar sein oder ir Leggelt hinaus nemen und verrer in diser Gesellschafft nit bleiben wolten, so solle der oder dieselben solches ½ Jar zuvor ir, der Geselschafft aufsagen und es alsdann auf denselben Fall für und für, solanng diese Ordtnung crefftig bleibt, also gehalten werden und sein billiche Mass und Zallfristen haben. Nemblichen dass man ainem jeden Theill dasjenige Leggeldt, so sich hinder oder auf 500 Gulden verlaufft, alsbaldt in Jarsfrist, aber das, so sich über solche 500 Gulden erstreckht (wie hoch es auch sein mag) hievon alle Jar den 4. Thaill — von berürter Aufsag antzuraitten — hinaus bezallen solle. Zum Fall aber inen, den Wittiben, Kindern oder Glaubigern dise Zallfristen zu lanng sein, so sollen inen solche Betzallungen von derselben Aufsag an in 2 Jaren, die negsten volgendt, beschehen. Wo dann auch die Sachen mit diser Gesellschafft dermassen beschaffen wer, dass die Companie mit ainer oder der andern Ausstzallung auf weniger Jar oder grössere Jars-Zallfristen gehn, oder ainen und den andern Taill nach Gelegenhait gar und ainsten abfertigen möchte, solle es auch beschehen. Wann aber sie, die Wittiben und Waisen, also lenger in solcher Gesellschafft bleiben wolten, soll inen dasselbe statt getan und sie hievon wider iren Willen (alleweill sie in hieig bürgerlichem Wösen sein) nicht ausgeschlossen, noch hindan gefertigt werden. Wie dann auch hiegegen die Compagnia auf ir, der Wittib und Kinder Begern solche Betzallung gehörtermassen gar under ainsten zu laisten ebenmessig nicht verbunden solle sein. Doch sollen in denselben Betzallungen des Haubt-Leggeldts die gar ungewissen und für verlohrn gerechneten Schulden (so nach Handelsgebrauch auch diser Gesellschafft und der Zeit Geschaffenhait ir über angewendten Vleiss nit vermitten bleiben khünen) pro rato, was es auf dise Suma in Abraittung zuetrifft, hievon aufgehebt werden.

Zum 15. Dieweill aus villen beweglichen Ursachen diss gross durchgeent Compagniewösen nit mag noch khan so urpletzlich zu werch gericht und gestelt werden, in Bedenckhen, dass fürnemblich bey jetziger Unwirde und andern Obligen die Geldts-Behandlungen zumall auf so grosse Suma so zu . . . . [1] schwer und weder für Ir kays. Majestät, die fürstl. Durchlaucht, das gemain Wösen, noch uns sein würde den Termin so khurtz antzusetzen, so man den mit der Vollstreckhung nicht erfüllen möcht und daher rattsamer, ain solch Zill und Frist zu erwölln drauf sich alle Taill zu verlassen haben. Demnach ist dasselb auf Martini des eingeenten 82. Jars verglichen, bestimbt und ernent. Also dass eben auf dieselbe Zeit dis völlig Compagnia-wösen sein Wirckhung und Anfang nemen und gewinen, das ist die Privat-Hanndlung des Zeugs auf Leistung der Verlag fortgehn solle. Wie dann auch wir der Magistrat under-

---

[1] Unleserlich.

dess alles so dartzue notwendig properieren und in Beraitschafft richten sollen.

Zum 16. Nachdem auch an dem gelegen, dass zu solcher obbestimbten Zeit der Privat-Eisenhandler Abtrett- und hergegen der gemainen Compania Antrettung mit Ordtnung bey Radt- und Hamermaistern geschehe, so solle ain jeder under inen (den Privat-Eisenhandlern) mit seinem Hamermaister die Abraittung also treffen, dass sie auf solchen Tag Martini gestelt sey und ain jeder den negsten zur Puechhalterey deshalber ain gefertigter Schein übergebe, was jeder by dem Wösen ligen habe, damit die Compagnia volgendts sich mit dem monadlichen Zuesatz, Empfahung des Zeugs fürnemblich in der Ordinari-Verlag auf die Ordtnungen zu halten wiss.

Und so vill den geschlagnen Zeug von Stahel und Eisen berüert, welchen biss auf den Abraithtag unverhanndlet jeder Privat-Eisenhändler by den Hämern in Ladtstetten und auch zu Steyr hette, soll jeder zur Puechhaltery destwegen sowoll auch was ir der Eisenhandler verwonde Hamermaister für rauchen Zeug, so erst in den clainen Hämern für Khauffmans-Guet aufgebracht werden mues, haben ain Extract oder Austzug überraichen, damit man wiss, was unverhandlt in Vorrat und was für Sorten es seien und solle auch bey der Compagnia und ir der Privat-Eisenhänndler Gefallen, Bedenckhen und Vergleichung stehn, solchen Zeug taills oder gar oder aber nichts hierinen antzunemen oder dartzuegeben. Und so derselbe geschlagne Eisentzeug, so auf solchen Abraittag vorhanden sein, dan auch der so erst hernach aus angeregten rauchen Zeug aufgebracht wirdet, inen den Eisenhandlern bleiben würde, so mügen sie diesen gantzen Vorrat des Zeugs, nach Inhalt der Ordtnung wie zuvor, selbs woll verhandlen.

Was dan die Formbel an ir selbs — das des Werch publiec gemacht — antrifft, darinen haben die röm. Khays. Majestät als Herr und Landtfürst die Notturfft allergnedigist dero Gefallen nach zu verordnen.

Zum 17. Und wiewoll in angerüerter 79järigen Eisencommission durch die Herren Commissarien neben berüerter Eisenhandlung auch den hieigen Messergewerb in ain Handt und Companie zu nemen tractiert worden, dartzue wier dann unsersthaills auch nicht ungewildt gewest; wie dann etliche und vill aus unsers Rats Mitte und der andern Privat-Bürgerspersohnen in der fürgelofnen Be-

handlung gleich sowoll anfenckhlich vor unser als hernach vor woll-
gedachten Herren khayserlichen Commissarien ir Leg- und Hilf-
geldt anderer Gestalt nicht bewilligt, als wan angedeute Messer-
sowoll auch die hieige Segens ¹- Sichel- und Naglhandlungen neben
angerüerten Eisengewerb zugleich in die Gemainschafft und Compania genumen werde. So hat sich doch darsiders in ir der Herren
Commissarien und dann unseren weitern gehaltenen vleissigen Be-
rathschlagungen allerhandt Umbstendt sovill befunden, dass man
anjetzo mit vermeltem Eisenhandl denselben völlig in solche Companie zu ziehen umb der starckhen Summa Gelts willen, so man
zue Verlag und stätter Herhaltung hierzue unendtrattlich bedürfftig
davon dan hieoben in dem andern Articl diser Ordtnung Aufführung
beschehen, schwerlich und nicht woll aufkhumen khüne und solle
man noch datzue angeregten Messer- Segen- Sichl- und Nagl-Handl
auch in dieselbe Gesellschafft ziehen würde man umb so vill weniger
mit der Nottdurfft Geldt .... gelangen mügen. Zumall weillen
dieselben und sonderlich der Messergewerb eben sowoll ausser
ainer grossen Suma Geldts viller 1000 Gulden nicht zu füren oder
herzuhalten ist und also hiedurch aines das andere hindere, dero-
wegen so haben anjetzo aus Nott obsteender und viller anderer
Ursachen und Bedenckhen halber mer, so in gehaltenen Berat-
schlagungen weitleuffig fürkhumen dieselben Messer- Segen- Sichl-
und Nagl-Handlungen von angeregter Compania abgesundert, ausgeschlossen und allein der Eisengewerb darein gezogen werden
müssen. Inmassen dann hierauf und obgehörte Meinung dise
Ordtnung gerichtet ist. Wann aber solche Eisen-Compania in iren
Gang khombt und man hernach sieht wie sich die schickhen wölle
und es für tuelich und erschwingelich geachtet wirdet den Messer-
Segens- Sichel- und Nagl-Gewerb mit einander oder thaills auch
daher zu nemen, so khan und solle hiemit unbegeben lautter vorbehalten sein.

Zum 18. und letzten. So behalten wir uns hiemit lautter bevor
dise Eisenhandls-Gesellschafft-Ordtnung nach Gelegenhait khünff-
tiger Zeit, Leuff und Fäll und wie es dises Gesellschaffts-Wösen
aines und des andern Orts Notturfft und der allgemaine hieige
Stadt Nutz erfordern wirdet in ainem oder mer Puncten

---

¹ Sägen.

und Artikeln doch zugleich auch mit allergnedigisten Vor=
wissen höchst ernenter röm. Khays. Mt. und Irer Khays. Mt.
Eisengesatzordtnung one Schmellerung zu verändern, mündern und
zu meren.

Zu Urkhundt haben wir vorgemelte Bürgermaister, Richter
und Rath unser und gemainer Stadt Steyr grösser Insigl hiefür gedruckt.   Geben und beschehen etc.

IV. Akten zur Kartellgeschichte des 14. bis 17. Jahrhunderts.

9. **König Karl II. von Neapel befiehlt dem Seneschall der Provence, in des Königs Namen das Salzvertriebssyndikat abzuschließen, das der Pächter der neapolitanischen Salinen in der Provence (das Florentiner Bankhaus der Bardi) und der Pächter der kgl. französ. Salinen in Aiguesmortes und der area maritima von Aiguesmortes (das Florentiner Bankhaus der Franzesi) mit einander verabredet hatten. 6. Dezember 1301. — Cfr. R. D a v i d s o h n , Forschungen zur Geschichte von Florenz, III. Teil, Nr. 382. — Der folgende Abdruck nach R. Archivio di Stato in Napoli, Cancelleria Angioina, Registro 116, foglio 998 oder 298 tergo:**

Scriptum est Senescallo Provincie, fideli suo etc. Innotuit nobis quod inter A r b i s u m [1] F r a n c e s e m militem aliosque officiales illustris regis Francorum pro parte ipsius et B o n a c - c u r s u m de Tecco, receptorem fiscalis peçunie in Provincia pro parte nostra verba fuerunt de certo trattatu societatis ineundo inter Curias predicti regis Francorum et nostram super vendendo sale proveniente de salinis dicti regis Francorum quas habebat in Aquis mortuis et circa maritimam aream [2] ac de salinis nostris quas habemus subtus a Reate, in qua societate communis venditionis eiusdem magna utilitas utriusque Curie sicut nobis est expositum procuratur. Sperantes igitur immo pio firmo tenentes quod per industriam tuam et dicti Bonaccursi negocium ipsum laudabiliter ad utilitatem nostre Curie compleatur. Volumus et presentium tenore committimus una cum eodem Bonaccurso tractatum ipsum efficaciter exequaris et compleas prout tibi et ei pro meliori utilitate nostre Curie visum erit. In aliis autem casibus in quibus etiam utilitatem nostre Curie tu et idem Bonaccursus videritis posse tractari eam ambo prosequamini sicut videritis expedire. Nos

---

[1] Statt Albizum. [2] „Aream" liest Davidsohn, meine Kopie aus Neapel hat dafür „illam".

enim ex nunc ut ex tunc ratificamus et approbamus quicquid per vos ambos attum et gestum fuerit in premissis, dicto autem Bonaccurso super hoc alias speciales nostras litteras destinamus. Datum Neapoli sub parvo sigillo nostro die sexto Decembris XVe Inditionis (1301).

10. Die bayrische und Tiroler (österreichische) Regierung als Monopolinhaber der Reichenhaller bzw. Haller (Inntal) Salinen und des dortigen Salzhandels schließen ein Kartell, in welchem sie die Preise und Conditionen festlegen, unter welchen sie an die Großhändler verkaufen dürfen. Geschlossen zu Rosenheim am 5. Aug. 1649. — Original im Münchener Allgemeinen Reichsarchiv sub Tirol (fürstl. Grafschaft) 19. fasc. Bl. 7 ff. Das Kartell, war zunächst nur gültig vom 1. Dezember 1649 bis 1. Dezember 1651, ist in den nächsten Jahrzehnten aber immer wieder erneuert worden. Die Erneuerungen l. c. Bl. 14 ff.

Zu wissen, demnach die durchleichtigisten Fürsten ... Maximillian, Pfalzgraf bei Rhein, Hertzog in Ober- und Nidern-Bayrn etc. dann Herr Ferdinand Carl, Ertzherzog zu Österreich etc. bei etlich Jahren hero wargenommen, dass dieienige schweizerische und andere Saltzhandlsleith, so mit dem Reichenhallischen und Tyrollischen Saltz in vassen nacher dem Podensee und selbiger enden, auch gegen dem Schweizerlandt trafficiert, in Einkhauffung desselbigen bei ainem und anderm Orth allerhand beschwerliche Ringerung in Tax, auch Zuegaben, lange Porg und Vörtl gesucht. Wardurch beederseiths chur- und ertzfirstliche Cammergeföhl, Nutzungen und Interesse nit befirdert werden khönnden, sonder den Khauffleithen der mehriste Gewün, Nutz und Vorthail zuegangen ist, dargegen die Saltzerzeug- und Verfertigungs-Uncösten merkhlich hinaufgestigen. Und nun solchem Schaden verners zu verhieten für guet angesechen worden, dass beede chur- und ertzfürstliche Heusser in Verhandlung dero Saltzes ainer meheren und bessern Verstenndtnus auch freundtvötterliche Correspondenz sich verglichen .... [In dieser Erkenntnis sind durch die fürstlichen Räte folgende Vergleichpunkte abgeredet worden]:

„Nemblichen als die churpayrischen Abgeordnete vorderist für ein Notturft gehalten und ihrer Instruction nach ... begert haben, dass man sich der gewisen Saltzläger halber mit einander verstehen und ex parte Tyroll ain solchen Orth wie Reitta, welcher gegen

Landtsperg nacher Lindau ain proportion habe, benennen und den
Khauffleithen von Herrschaft wegen die Liferung des Saltzs nit
mehr an den Podensee und nach Lindau beschechen solle; die Tyrol-
lische Abgeordnete aber solches, sintemahlen es derselben Instruction zuwider, nicht einwilligen wollen, als hat man sich derent-
willen mit ein ander dahin verstanden, dass, obgleich wollen die
fürstl. Durchl. Ertzhertzog Ferdinand Carl zu Österreich etc. und
ain yeder regierender Herr und Landtsfirst der fürstl. Grafschaft
Tyroll wie anno 1615 und zuvor gewest, befuegt sein (wie es auch
der sub dato 4. Mai anno 1617 zu Fiessen aufgerichte Vertrag zu
erkhennen gibt und noch darbei das bestendige Verbleiben hat)
dero Intallisch-Hallisch Saltz durch ihre Factores und Officianten
nit nur nacher Reitta, sonder auch die Ober- und Understrassen
auf Khempten, Lindau und Pemble verfertigen und daselbst verkhaufen ze lassen. So ist doch die negste 2 Jahr hinumb, d. i. vom
1. Decembris diss 1649. Jars angerechnet unnzt auf den 1. Decembris dess 1651. Jahrs (gleich woll angedeitter ihrer fürstl. Durchl.
habenden Gerechtsam und Herkhommen ins khonnftig unpraejudi-
cierlich) dero Saltzhanndl in aigner Verlag nit weiter als bis auf
gedachtes Reitta zu fiehren, allda die Haubtniderlag anzestellen
und den Khaufleithen abzegeben beschlossen und verwilliget worden. In allweg aber solle an Orthen, wo baider Thail Saltz bishero seinen Gang und Vertrib gehabt, die geringste Verhinderung
oder Eintrag wider die vorige Verträg nit erzaigt werden.

Und auf dies hin ist zum andern verglichen, dass denen Schweitz-
und andern Hanndlsleithen oder Particular-Persohnen firder von dem
1. Decembris diss Jahrs angeraith biss zu dem 1. Decembris anno
1650 als ain ganntzes Jahr zu Landtsperg ain chur-payrisch oder
Reichenhallisch Vässl Saltz von 3 Scheiben oder 7½ Fiederl, wie
es der Zeit gefierth wirdt, gefilter per 9 fl. 30 kr. Reichswehrung
und zu Reitta ain Tyrollisch halbs Vässl Saltz von 1½ Hallischen
Fuettern per 10 fl. angedeitter Reichswehrung mit hernach stehen-
ten mehrern Conditionen verkhauft und abgeben werden. Yedoch
sollen zu beeden Thaillen die Vass an Mässerey des Saltzes d. i.
ain Reichenhallisch Vass von 7½ Fiederl, des Hall-Intallisch aber
von 1½ Fuedern gannz gleich und in khain mehr Saltz dann in
dem andern gestossen und gefilt sein.

3. Was in solch ernentem Tax gewisen Haubthandlsleithen
oder Stätten in grosso verhandlet wirdet, sollen baide Thaill selbige

Khauffer dahin obligiern, dass sye zu iedem Contract ainen 4. Thaill der belaufenten Khaufsumma baar in obbemelter gueter Reichs-Wehrung erlegen und die ybrigen ¾ in den negst darauf volgenten 3 Potzner Märkhten iedes mahls ¼ Thaill daselbst in Potzen guetmachen und bezallen. Da sich aber zuetriege, dass ain Potzner Markht etwa gleich 14 Tag oder 3 Wochen nach dem geschlossenen Contract oder Saltzpartida einfielle, khann dieselbige Marcktsfrist erst auf den negst darauf volgenten andern Markht anfangen, im widrigen aber es bei erstbedeiten 3 ersten Fristen sein Verbleiben haben.

Fürs 4. sollen alle forthailhaftige Glegenhaiten, so den Khaufleithen mit Zuegaben, langen Porg und in ander weg gemacht worden, auch was sonsten ain Unglaichhait in obgemeltem verglichenen Pretio zu des andern Nachthail und Verhinderung seines Verschleiss causiern mechte, hiemit genntzlich beederseiths aufgehebt und nit zuegelassen sein, dass ohne baar Gelt oder obgemelte Porg ainicher Contract, Saltzpartida oder ungewondlicher Verschleiss vorgehe, es seye auf was weis es welle zu practicieren; vill weniger ist in vorgesetztem verglichenen Pretio ain Ringerung oder Abschlag ze machen.

Es solle aber zum 5. die Verstenndtnus und Vergleichung ainsmahls nit lenger als auf obangeregte 2 Jahr ihr Craft und Wirkhung haben. Dergestalt zwar, dass under wehrender diser Zeit von beeden chur- und ertzfirstlichen Heussern und deroselben Saltzbeambten guet Correspondenz gehalten was fir Hindernussen und Ungelegenheiten zu beeder, chur- und ertzfirstlichen Herrschaft Schaden und Steckhung des Saltzverschleiss firgehen und ob das Purgundisch, Lottring- und Frantzöschische Möhrsaltz an die Orth und Endt wo sonsten das Reichenhall- und Tyrolisch Saltz verschlissen worden, zuvil eingehen mechte, einander vertreilichen berichtet und in sonderheit nach Verschliessung des ersten Jahrs durch Schreiben oder da es auch die hoche Notturft und des Werckhs Wichtigkheit erforderte, personliche Abordnung und Zusammenkhonften benennen, alda berathschlagen und beschlossen werden solle, welcher gestalt das ander darauf volgende Jahr das Pretium ze setzen und was sonsten vorzunemen thuenlichen sein mechte. Gleichwoll wirdt iedem Thail bevorgestellt wanns die Glegenheit zuelasst den Tax nach seinem Belieben zuerhöchen, solle aber solches dem andern Thail verthreilichen communicieren.

6. Weillen Ire churf. Durchl. sich underm dato 27. Nov. anno 1648 gegen ihren Saltzhandlsleithen genedigist resolviert dęro Vässl Saltz zu Landtsperg ains per 8 fl. 30 kr. ain gantzes Jahr — es schlagen die Uncösten auf oder ab — abvolgen zelassen, als muss es bei demselben allerdings verbleiben und dahero solcher Vergleich obgeherter Gestalt erst auf den 1. Decembris diss 1649. Jahrs seinen anfang nemen. Yedoch, sintemalen ordinarie Herbstzeiten die mehriste Saltzconträct gemacht werden und zu befirchten, die Handlsleith, da sy von dieser Verstandtnus und vorhabenden Aufschlag Wissenschaft bekhämen, mechten. zu ihrem Vortl und beeder Herrschaften Schaden die Zeit hierumb solche starkhe Conträct zu machen begehren, wardurch beeden chur- und ertzfürstl. Herrschaften der verhoffente Nutz woll auf ain gantzes Jahr lang entzogen werden khöndte. Dem aber zu begegnen ist für rhatsamb gehalten, dass diejenigen Conträct, so ain und andern thails beraith beschlossen und darumb die Fristen benent und verglichen worden, bis auf den lessten negstkhommenten Monats Septembris gleichwoll ihr Richtigkheit und Verbleiben haben sollen. Was aber von dem darauf volgentem 1. Octobris biss zu End des lessten Novembris diss gemelten 1649. Jahrs in obgedachtem churpayrischen oder Tyrollischen bishero observiertem Pretio an gemeltem Vässl-Saltz erhandlet werden wolte, solle selbiges zu Landtsperg und Reitta anderer Gestalt nit, als gegen baar Gelt abgeben, damit die Khaufleith umb sovil mehr mit den Haubtcontracten auf gedachte Zeit dises Vergleichs Anfang gelaitet werden.

Und nachdeme zum 7. die gemaine Uncosten in Lindau sowoll von dannen auf das Schifflohn yber den Podensee sehr gestaigert worden, welches neben dem ietzigen Aufschlag den Saltzhandlsleithen beschwerlich fahlen mechte, hat man fir guet angesehen, dass bei Anfang dises Vergleichs von baiden chur- und ertzfirstlichen Herrschaften an die Stadt Lindau Erinderungs-Schreiben abgehen solle, berierte neuerlich erhöchte Zoll- und Uncosten wie auch das Schifflohn in denienigen standt zu stellen, wie es vor Anfang des langgewehrten teutschen Khriegs gewest.

Wann sich zum 8. zuetragen würde, dass ein Saltz-Khaufmann bei ainem Thail sich in ainen Contract eingelassen hette oder noch ainen alten Rest, welchen er vor Aufrichtung dises Vergleichs schuldig verbliben, nit bezallen, auch khonftig mit den accordierten Fristen oder gebihrendem Laggio nit zuehalten wurde und daher sich von solchem Orth abschweifig machen und bei dem andern Thail anmelden wolte, als dann soll auf dergleichen zuetragenten Fahl derjenig von jedem Thail benant und ain solches zu wissen gemacht, deme aber so dergleichen abschwaif zu suchen begert, so lang und vill khain Saltz abgevolgt werden, bis er beglaubte Schein fürweisen, dass er hierumb gebihrundte Satisfaction erstattet und alles richtig gemacht habe.

Damit man auch jederweilen Wissenschaft haben khönnde was gestalten disem Vergleich nachgelebt und ob solcher observiert werde, oder was darwider in Einführung frembten Saltz und anderem vorgehen mechte, als stehet jedem Thail bevor ain aigene Persohn auf dero Costen zu Lindau oder anderwertig aufzustellen und ir derentwegen die Notturft zu bevelchen.

Lesstlich weil diser Vergleich allain auf beeder chur- und ertzfürstl. Durchl. genedigiste Ratificationen gestellt, als werden dero Resolutionen hieryber mit negstem ervolgen und haben sich vor verfliessung der 2 Jahr beede chur- und ertzfürstl. Durchl. zeitlich genedigist zu welern, ob, wasgestalt und wie lang forthann diser Vergleich weitters observiert und beederseiths bestendig gehalten oder was des Saltzpress [1], Porghalber und in anderen Puncten dem Verschleiss zum besten und zu Vermehrung beeder Chur- und Ertzfirstl. Häuser Cammergeföhl und Nutzen verändert und weiters angestellt werden mechte.

Dessen zu Uhrkhundt haben beede chur- und ertzfürstl. abgeordnete Commissarii sich mit aignen Handen hier underschriben und dero Pedtschaft fürgetruckht.   So geschehen zu Rosenhaimb den 5. Augusti im Jahr 1649.

[Folgen die Unterschriften der Kommissare und deren Siegel.]

Zu dem erneuten Kartell-Vertrag von 1649 (erneuert am 5. October 1651 zu Kufstein), der vom 1. Dez. 1651 bis 1. Dez. 1653 gelten sollte, wurde folgende bedeutsame Zufügung gemacht, die eine der wichtigsten Schattenseiten des Kartellwesens auch von heute noch zeigt: den billigeren Verkauf ins Ausland (l. c. Bl. 25 ff.):

„Obwohln nun vorangedeuter massen ... widerumben beschlossen worden, dass ... Rosenhaimbscher Vergleich abermahlen auf 2 Jar lang gehalten werden solle, weilen aber sonnderlich auf Chur-Bayrischer Seiten vorgebracht worden, dass man daselbsten in dem

---

[1] = Salzpreis.

Saltzverschleiss gegen den Burgund- und Lotringischen Landen dise negst verstrichne 2 Jahr in den Verschleiss ain zimblichen Abgang befunden und selbiger Orthen zu befürchten, es noch merer ins khonftig beschehen mechte, als haben beede Thail innen vorbehalten, was von ainem oder anderm Salz über Bern, Basl und Solothurn weiter hinein gegen Burgundt und Lothringen verhandlet und durch angedeuter Stät glaubwirdige Urkhundten ordenlichen bescheindt wirdet, solches Salz nirgendts annderst wohin als in dieselbige v e r n e Landt vertriben worden, dass ain und andererseits daselbsthin und auf ernennte Bescheinung jedes Vässl Salz zu Landtsperg und Reita umb 30 Kreizer ringer oder wolfailer als obgedachter verglichne Tax mit sich bringt, abgeben und verkhaufen mag. Jedoch dass in disem Fahl fleissiges Aufsehen bestölt und gehalten werde, damit hierdurch von den Saltzhandelsleithen und Stäten die besorgende Vortailigkhaiten nicht veryebt, und selbiges Salz nit in die andere heerwerts gedachter 3 Stät gelegne Lanndtschaften und Orth eingefiert werde und da solches in Wissenschaft khomen, alsdann dise 30 Kreizer Nachlass widerumben aufgehebt und beratschlagt werden solle, wie dem Werckh in ander Weg zu helfen.

11. Kartellvertrag der bayrischen und Tiroler (österreichischen) Regierungen als Monopolinhabern der Reichenhaller bzw. Haller (Inntal) Salinen und des dortigen Salzhandels mit den Pächtern der burgundischen Salinen. 3. Nov. 1659. — Original im Münchener Allgemeinen Reichsarchiv sub Tirol (fürstl. Grafschaft), 19. fasc. Bl. 67.

Zu wissen. Nachdem die baide hochlöblichiste Chur- und Ertzfürstliche Heuser auf beschehens Ersuechen der jetztmahligen Fermiers des Burgundischen Salzwesens zu Salins sich gnedigist entschlossen und eingwilligt, einer mündlichen Conferenz des Salzverschleiss halb zu Khempten in Allgeu durch dero deputierte Rhäte mitzusein, also ist am heut hernachstehenden Dato zwischen hochgedachter Chur- und Ertzfürstl. Herrschaften Abgeordneten an einem und dann der beeden anwesenden Burgundischen Fermiers . . . . volgendermassen abgeredt und beschlossen worden.

Nemblich und für das erste haben beede Burgundische als Mitprincipale der Salinischen Salz-Admodration eröffnet, dass sy mit dem Orth und Stand Bern uf virthalb Jahr und dann mit

Solothurn, Freiburg in Jechtlande und Grafschaft Neuburg auf
6 Jahr lang in gewisen Salztractaten begriffen, welche sich auf
khein Weise rescindiern oder zurugg nehmen lassen. Darbei man
es disfals jedoch mit der Bedingung bewenden lassen, dass durch
obgedachte 4 Orth alles das Salz, so sy von denen Burgundischen
Fermiers jerlich nemen weithers nit als in jedes Orths oder Standts
aignen District und Gebieth verbraucht und in khein ander Gebieth
weder in Vessln noch dem Ausmass nach verkhauft werde. Welches
sy, Fermiers, also zu effectuieren obligiert sein sollen. Und ob-
woln die Fermiers praetentiert und begert haben, dass ingleichen
an Seithen der chur- und ertzfürstl. Heyser weder in Vass noch
dem Ausmess nach in obbemelten Orth und Cantonen khain Reichen-
hall- noch Hall-Intalisches Salz solle verkhauft werden, so haben
doch die churbayr. und ertzfürstl. Abgeordnete die clausulam nit
eingehen wollen, sonder allein ad referendum genohmen.

Fürs ander; die übrige Orth in der Schweiz betr. haben vor-
gedachte Fermiers sich obligiert das Precium [des]ienigen Saltzes,
so sy nit in yetztgemelte 4 Orth sonder weithers in andere Cantones
und Gebieth verführen und sie selbsten oder andere verschleissen
mechten, dahin einzurichten, dass ein jedes Vessel ringer nit als
per 19 guet Schweizer Gulden in Solothurn khomen und daselbsten
solchergestalten verkhauft werden solle, weihlen das Reichenhall
und Hall-Intalisch Salz bis nacher dem Baslichen und Solothurnischen auch selbiger Enden wenigist bis auf 22 Gulden gedachter
Wehrung steigen thut. Es soll zumahlen auch khain Tail ohne
des andern Vorwissen und Consens umb ain geringern Tax ainiches
Fessel nit verwenden.

Ferners und zum driten ist verglichen, dass die Burgundischen
Fermiers von iren Contrahenten vigore diser Verstendnus allain
das baare Gelt und khain andere Werth oder Zallungsmitl, wie
das Nahmen haben mag, für das Salz annehmen und ihnen die
1. Zallungsfrist: nemlich den 4. Tail der völligen Khaufsumma
gleich bei Beschluss des machenden Contracts erlegen lassen, die
übrige 3 Fristen aber in negst nacheinander darauf volgender
3 Jahrs-Quartale yedesmahl einen Teil zu empfangen haben. Auch
baide chur- und ertzfürstliche Heuser wie nit weniger die Fermiers
denen Saltzhandlsleuthen bei Machung der Conträct einichen For-
theil, es sey mit Eingab, Lengerung der Porg oder wie es sich in
ander Weeg directe vel indirecte begeben mag, nit ervolgen oder

zu guetem khomen lassen sollen. Und soll diser Vergleich von Zeit der allerseiths eingeloffne Ratificationen in Crefften verbleiben ein ganzes Jar lang. Darbei bedingt worden, dass die Burgundische Fermiers deren Genembhaltung oder Erclerung zum ersten und zwar von Dato geraith innerhalb 6 Wochen zu Handen der ertzfürstl. Deputierten nacher Insprugg einsenden sollen, welche alsdann von dar nach Bairn zu schückhen und ihnen, Fermiers von baiden chur- und ertzfurstl. Herrschaften hinach die Ratification oder Resolution gleichsfahls unverlanget nacher Salin zu remittieren widrigen Falls soll obbedeihter Tractat nichtig sein ..... Zu Urkhundt sein dises Vergleichs 3 Originalia in theutscher und 3 in Französischer Sprach [1] gleichen Lauts ... geschriben von denen churbayrischen und ertzfürstl. Abgeordneten wie nit weniger beden Burgundischen Fermiers mit Handschrift und Pettschaft gefertigt und jedem Tail 2, nemblich ein teutsch und französisches Exemplar zu Handen gestellt worden.

Actum Khempten im Allgew den 3. November Anno 1659.

[Folgen die Unterschriften der Abgeordneten und Fermiers.]

---

[1] Ein solches Original in französischer Sprache befindet sich im Münchener Allgemeinen Reichsarchiv. Loc. Tirol (fürstl. Grafschaft) 19. fasc. Bl. 1 ff.

V. Dokumente der kapitalistischen Wirtschaftsorganisation im sächsischen und böhmischen Zinnhandel des 16. Jahrhunderts.

12. Herzog Georg von Sachsen bestätigt die Gesellschaft des Zinnhandels. 6. März 1498. — Konzept des H. St. A. Dresden. Loc. 7414. Den Zinnhandel betr. Bl. 9.

Wir George etc. bekennen: Nachdem durch unser liben getreuen ein geselschaft eins zcenhandels, keufens und verkeufins aufgericht, im besten furgenomen und uns vorgetragen ist mit demütiger bete, solchin aufgerichten und fürgenomen handel und geselschaft gnediglich zuzulassen und zu bestetigen. Dieweil wir dann mit zceitigem rate bedacht, dass solch fürnemen gemelter geselschaft erbar sei, aus gutem grunde zur fürderunge gemeins nutz der lande und zu aufrichtunge und merunge unser zcenden und bergkwergk fürgenomen wirdt, haben wir aus fürstlicher oberkeit und macht solchin handel und geselschaft gnediglich zcugelassen und bestetigt. Wullen auch solch geselschaft gnediglich hanthaben, schützen und vorteidungen gleich andirn unsern lantsassen und undirtanen, auch nachfolgende stügk und artikel der geselschaft zcu gute und nutz also gehalden haben: Nemlich dass die diner nichts vorpurgen als wi es inen von den verordneten der geselschaft befohlen wirt. Item die diner sollen auch denselbigen verordneten alle virteljars oder so oft solchs an inen gesonnen wirdt, wie der handel stet, underrichtung thun. Wir wullen auch, dass die diner der geselschaft einen slüssel neben dem wagkmeister zcu der wage uffm Aldinberge haben sollen, uff dass kein zcen hinder irem wissen in andir weise hinwegk gewogen werde, bis dass inen die bezcalunge getan wirdet von den, die inen schuldig sein und dass solch zcen, so daselbst gesmelzt, nicht an andirn orten gewegen noch ungewegen hinwegk gebracht werde.

Item wir wollen auch, dass die diner angezceigter geselschaft allein des handels warten und sich nicht sunderlicher eigener händel undirstehen. Darumb man inen destemehr lons geben solle und ob sie geld in die geselschaft legen wullen, sal in irem gefallin stehen. Item die diner sollen auch die rechnunge alle jar uffs naw jar beslissen und den virzcenden tagk nach dem nawen jarstage obirantwurten. Und dieselbige rechnunge sal alle jar zu Dressen durch die hern der geselschaft, die darzcu komen, ader ire vollemacht schicken, verhört und denselbigen abschrift gegeben werden als vil inen not ist.

Item wer der geselschaft beweissliche oder bekenntliche schuld schuldig ist, derselbige sal bezcalen. Wo das nicht geschicht, so wullen wir hiemit allen unseren amptleuten, die deshalb ersucht werden, befohlen haben, zcu irem gute, wu des nicht ginnge zcu irem leibe ane gerichts forderunge zcu verhelfen nach der geselschaft adir irer diner aneweisunge, uff dass sie irs hauptguts und schadens daran bekomen. Wenn auch den dinern hendel und gescheft vorkomen, darin sie sich nicht wol zu vorwaren wüssten, sollen sie sich an denen so darzu verordent ader an den herren der geselschaft ader bei uns, ader bei unsern reten rates erholen, den wir inen auch gnediglich, so oft solches die nottorft erheischt, wollen mitteilen, auch diese obberürte geselschaft allenthalbin fördern.....
Zu urkund haben wir des gemelten unseres lieben herrn und vaters insigil, das wir hieczu gebrauchen, wissentlich anhängen lassen. Der geben ist zu Dresden am Dinstag nach Invocavit anno etc. XCVIII.

13. Gutachten des Dr. Tileman Brander über die Gesellschaft des Zinnhandels. Um 1500 abgefaßt. — Kopie im Kgl. Staatsarchiv Königsberg. Msc. A. 34 fol. Bl. 204 ff.

De societate stanni.

Cristi nomine invocato casus facti proponitur. In territorio Missnensi est quedam societas negotiationis stanni et ex qualitate personarum et ex magnitudine pecuniarum plurimum insignis. Quae eidem negotiationi duos institores seu factores deputavit et ipsi negotiationi prefecit et praeposuit ad emendum, vendendum aliosque contractus ineundum. Ac institores nomine eiusdem societatis per plures annos emerunt, vendiderunt aliosque contractus perfecerunt. Pecunias in usus societatis receperunt et dantes illas in societatem admiserunt, sociis eiusdem societatis scientibus, pacientibus et non contra dicentibus. Praeterea dicti institores matri-

culam in qua socii descripti sunt apud se habuerunt et. unumquem-
que pro temporé ad societatem recipiendum cum pecuniarum
summa inibi describere consueverunt. Et omnes de societate
volentes scire qui essent socii ad matriculam illam recursum habuerunt. Deinde spectabilis et eximius utriusque juris doctor dominus
Cristoferus Cuppener, sindicus senatus et communitatis Bruns-
vicensis ad eandem societatem recipi cupiens, ut esset tam lucri
quam damni eiusdem pro rata summe pecuniarum suarum particeps
eisdem institoribus duo milia fl. rh. in usum societatis huius modi
tradidit et assignavit et se in dicta matricula societatis describi
obtinuit et in eadem societate per annum et sex septimanas absque cuiusvis reclamationibus seu contradictionibus quiete fuit et
lapso anno distributionem lucri societatis pro rata summae 2000 fl.
habuit et recepit. Ipsi etiam institores eandem pecuniarum summam in usus societatis expenderunt et cum illa. negotiati sunt.
Postremo nonnulli domini societatis praedictae socii accipientes
institores praenominatos clam fugisse ipsum dominum Cristoferum
a societate ipsa repellere conantur allegantes quod non sit ad eandem
de voluntate sive consensu sociorun admissus. Ad quod respondet.
Id factum esse de consensu sociorum attento quod pecunia sua in
usus societatis conversa sit. Ipse etiam ut prefertur matriculatus
distributionem lucri pro rata pecuniarum suarum pariter cum ceteris
de societate habuerit prout ex libro rationum ipsius societatis per-
spicue liquere commemorat. Ex premissis dubitari contingit an
prefatus dominus Cristoferus a societate predicta sit repellendus.
[Folgt die juristische Begründung, daß Chr. Kuppener zu Recht
Mitglied der Gesellschaft sei.]

14. Gutachten des Dr. Christoff Kuppener über die Gesellschaft des
     Zinnhandels.   Um 1500 abgefaßt. — Kopie im Kgl. Staats-
     archiv Königsberg. Msc. A. 34 fol. Bl. 199 ff.

     Casus in consultationem oblatus talis est: Est quedam nota-
bilis et specialis societas in terra Missnensi vulgariter nuncupata
,,de Gesellschafft des Zcynnhandels", id est societas super negocia-
tione stanni. Cuius quidem societatis domini eiusdem duos institores seu factores sc. Titium et Sempronium ad contrahendum
emendum et vendendum eidem societati praeposuerunt. Prout
idem institores seu factores ita per plures annos contractus fece-
runt, emerunt et vendiderunt. Necque unquam constabat, prout

nec hodie constare creditur, de limitato seu specivocato eorumdem institorum mandato, licet hodie domini societatis verbo hoc allegant sc. institores limitatum habuisse mandatum quod tamen probare non possunt.

Item matriculam illius societatis in quam domini eiusdem societatis matriculari consueverant iidem institores apud se habuerunt ad socios matriculandos; dantes nichilominus unicuique ex sociis citra matriculationem specialem recognitionem sue imposite summe etc. de manu et sigillis institorum.

Accidit nunc quod Ticius 2000 fl. summam pro lucro et damno in eandem societatem stanni per organum et manus dictorum institorum imposuerat ut clare litera per institores ipsi data hoc probaverit. Que pecunia suà longe ultra annum in eadem societate fuit et cum eadem ut creditur negociatum sit.

Item matriculatus est in matriculam eiusdem societatis de eadem manu unius institoris de qua ceteri domini societatis matriculati sunt prout ipse se ita matriculatum personaliter vidit et legit.

Item pecunia sua ultra annum et ebdomadas sex in eadem societate fuit sine aliqua reclamatione dominorum de societate. Cum tamen iuxta principis terre Missnensis confirmationem super eadem societate traditam de quartali unius anni in aliud quartale semper domini eiusdem societatis rationis computum facere teneantur et defectus videre.

Item post annum primum qui erat de anno domini etc. nonagesimo octavo decursum sc. in diem circumcisionis anni currentis sc. nonagesimi noni quo tempore distributio lucri dominis de eadem societate iuxta uniuscuiusque summe estimationem fieri consueverat, ipsi pro estimatione summe sue sine aliqua reclamatione dominorum societatis prout uni alteri ex dominis distributio facta et data est.

Item in libro rationis et compute pro eodem anno decurso sc. nonagesimo octavo in quo libro de acceptis et expositis dominis singulis annis ratio consueta est fieri ita bene matriculatus invenitur et inscriptus cum sua summa prout alter ex dominis eiusdem societatis.

Item licet illustris princeps dominus Georgius dux Saxoniae eandem societatem stanni confirmavit et notabiliter privilegavit tamen pecunia sua longe ante principis confirmationem in eandem societatem fuerat imposta prout datum litterarum clare hoc ostenderint etc. Queritur nunc quantum ad primum punctum scilicet cum Ticius 2000 fl. summa pro lucro et damno in eandem societatem stanni per receptionem, organum et manus dictorum institorum imposuerat, utrum domini illius societatis qui tales institores huic negotiationi praeposuerant eundem Titium repellere possunt ab eorum societate quasi non consortium eiusdem societatis stanni et ita eidem in sua pecunie summa proiudicare. Et videtur michi dicendum quod non. Ex quo domini societatis passi sunt per plures annos tales praepositos et institores a volentibus coire societatem pecuniam recipere et eos societati immatriculari prout litere et recognitiones eorundem institorum desuper sociis tradite et matricula societatis hoc clarissime probare nituntur. Cum scientia et pacientia eius qui prohibere potest pro consensu habetur. [Folgt juristische Begründung.]

15. Das Monopolprivileg Herzog Georgs von Sachsen für die Gesellschaft des Zinnhandels. Datiert vom 14. Sept. 1500. — H. St. A. Dresden, Loc. 4491. Allerhand Privilegia und Befreyungen in Bergwercks-Sachen de ao. 1500—1681. Blatt 1 u. 2.

Von gots gnaden, wir Georg, hertzog zu Sachsen etc. anstadt und in voller macht des hochgebornen fursten, unsers lieben hern und vaters, herren Albrechts, auch hertzogen zu Sachsen etc. bekennen offintlich vor allirmenigklich an diesem unsern brive, nochdem durch unser rethe, underthan und lieben getrauen ein geselschaft eins zcinhandils, kauffens und vorkauffens im besten aufgericht und furgenomen, die uns furgetragen ist, mit demuttiger bethe, denselbigen aufgerichten furgenomen handel und geselschaft genedigklich zuzulassen, zu vorgonnen und zu bestetigen. Dieweil wir dan mit zceittigen rathe bedacht, dass sollich furnemen gemelter geselschaft erbar sei, auch aus guten grunde zu furderunge gemeins nutzes der lande, auch zu aufrichtunge und merunge unsers zcehenden und bergwergks furgenomen wirdet: haben wir aus furstlicher oberkeit und macht sollichen handel und geselschaft genedigklich zugelassen und bestetiget, lassen denselbigen handel und geselschaft zcu und bestetigen den aus angezceigter unser furstlichen oberkeit, macht und gewalt hirmit in craft dieses brives. Wollen auch sollich geselschaft genedigklich hanthaben, schutzen und vorteidigen, gleich anderen unseren lantsessen und undirthan, auch nochvolgende stucke und artickel der geselschaft zu gute und nutze also gehalden haben: Nemlich allis zcen, das in unseren landen gewonnen ader uffbereit wirt, sall von dato drei jar langk den herren der geselschaft uberreicht werden. Die sollen vor bereit zcen auch bereit gelt geben, vor itzlichen centner XI rh. gulden, halb meisenisch und den anderen teil behemisch gelt.

Wellicher aber vorlegunge bedarffe, was derselbigen vorlegunge uff genugsamen vorstandt i n j a r ß f r i s t zu bezcalen angenommen wirt, das sal nicht andirs dan 1 centner an ein ort vor x fl. [1] bezcalt werden. Wellice aber auf e i n h a l b j a r vorlegung annemen und uff gewilleten termin bezcalen, die sollen vor 1 centner x fl. haben, wu aber auf den ernanten termin des halben jars nicht bezcalung geschiet, alsdan sal es gleich den die vorlegunge uff ein jar genomen, gehalden werden. Alle die uffs gantze ader halbe jar vorlegunge nemen, dieweil sie nicht bezcalen, so sal allis zcen, was mitlerzceit gemacht ader aufbereit wirt, der geselschafft uberreicht und an der schult abgerechindt werden. Und ab ymandt bei anderen vorlegunge nemen worde, dennoch sal dasselbige zcen, wie obin angezceigt, in die geselschaft gereicht werden. Und dass die diner nichts vorborgen noch vorleyhen, denne wie es ehn von dem meistenteil von der geselschafft befohlen wirt.

Wir wollen auch, dass die diner der obberurtten geselschaft einen schlussel nebin dem wogkmeister zu der woge uffin Aldinberge haben sollen, uff dass kein zcinn hinder irem wissem in ander weise hinwegk gewegen, bis dass ehn die bezcalunge von den die ehn schuldig sein, gethan wirdet, dass auch sollich zcin, so doselbst geschmeltzt, nicht an anderen orteren, gewegen noch ungewegen, hinwegkgebracht werde und dass die schmeltzer uff den Geusinge und andirswo, dohin gehaldin, dass sie alle wochin wochentlich dem bergkmeister und zcendener angeben, wie vill pallen zcen und wem sollich zcen gemacht und geschmeltzst wirdet, domit unseren zcenden kein abebruch geschee.

Wir wollen auch, dass die diner angezceigter geselschaft alleine des handels warten und sich nicht sunderlicher eigener hendel undirstehen, dorumb man ehn distermehr lohens geben solle und ab sie gelt in die geselschaft legen wollen, sal in irem gefallen stehen. Die diner sollen auch die rechnunge alle jar auf den sontag exaudi beslissen und rechnung thuen und dieselbige rechnung sall alle jar

---

[1] Das heißt 10 fl — 1 ort = 9¾ fl.

zu Leiptzigk durch die herren der geselschaft, die darzu kommen ader ire volmacht schigken, vorhort und denselbigen abschrift, als vil ehn not ist, gegeben werden.

Wer auch der geselschaft beweisliche ader bekentliche schult schuldigk, derselbige sal bezcallen. Wo das nicht geschieht, so wollen wir hirmit allen unseren amptleutten, die derhalben ersucht werden, befolen haben, zu yren gutteren ader wo die nicht genugsam weren, zu iren leiben, nach der geselschafft addir irer diener anweisunge, ane gerichtsforderunge zu vorhelfen, uff dass sie ires habtguts und schadens daran bekommen mogen. Wo auch den dineren hendel und gescheffte vorkommen, dorinne sie sich nicht wol zu vorwaren wusten, sollen sie sich an dem, so darzu vorordint, ader an den herren der geselschaft, addir bei uns, addir unseren rethen rraths erhollen, den wir ehen auch genedigklich, so oft das die notturfft erfordert, wollen mitteilen.

Ob auch ymandt sein gelt gar ader eins teils widerumb aus der geselschaft nemen wolt, der sal das ein gantze jar zuvor den voorordenten addir dineren angezceigter geselschaft abeschreiben. Alsdenn, nach abschreybunge des jars, sal ym sein eingeleit gelt an barem gelde, an zcinn und an schult mit gewinne und vorlust, wie den der handel angezceigter geselschafft auf die zceit stehin wirdet, oberantwort und gereicht werden. Und domitte sollichs allinthalben diste fleissiger gehaldin werde, wollen wir die angezceigte geselschaft allinthalbin genedigklich furderen, schutzen und handthaben, als treulich und ungeverlich. Zu urkunde haben wir des gemelten unsers lieben herren vaters insigel, des wir hirzu gebrauchen, wissentlich an diesen briff hengen lassen, der geben ist zum Schellenberg am montag exaltacionis sancte crucis anno domini XV^{C}ten.

16. Projekt einer großen sächsischen Zinnkaufsgesellschaft und eines Kartells mit den Beherrschern der Schlackenwalder Zinnproduktion. 1518. Kleines Papierheft. Auf dem Umschlag: „Ein bedencken wie ein zinnkauf auf dem Altenberg wiederum angerichtet werden könnte 1518“. — H. St. A. Dresden, Loc. 7414. Den Zinn-Handel betr. 1497—1544. Bl. 23 ff.

Auf fürstlicher durchlauchtickeit begeren volgt das bedencken wie und durch wen widerumb ein zinnkauf auf dem Aldenbergk angericht und getrieben; darmit seiner fürstl. gnaden zehenden und daselbst das volck erhalten und aus der not, darinnen die armen leut yetz sein, erlöst werden möchten. Darzu gehören vornehmlich vier ding:

Erstlich, dass nicht allein dasselbig, sonder alles zin, so im fursthenthumb gemacht in disen kauf und also i n e i n h a n d g e b r a c h t und dass von dem landesfürsten ein zimlich mittel getroffen, darmit in stendem kauf kein ander ader frembde zin in dem fürstenthumb verkauft oder auch dardurch in die Schlesien, die Marck, in Sachsen[1] oder an die sehe gefürt. Und dass sollicher handel auf ein christenliche ursach gebauet, also dass darinnen vornemlich ein g e m e i n e r und nicht a i g n e r nutz gesucht und niemandes wider die billickeit zu rechten gedrungen werd.

Zum andern: so gehören darzu leut, die ein summa gelts zusamenlegen zu gwin und verlust, und d i e w e i l d e r k a u f s t e h e n w ü r d e, bei einander liegen lassen. Dieselbige summa müsste auf die summa des zinn gestalt, so viel man sich vorseche, dass ein jahr tausent Zentner möcht geliebert werden. Wirt geachtet, dass man auf jedes tausend Zentner ain 12 000 fl. legen. Dan man müsste das zinn bar bezallen und meisttheils verborgen, auch auf furlon und ander unkost gelt im vorrat haben. Und müsst das zinn allenthalben über 2—3000 zentner das jar nicht gemacht, sollte es anderst bei disen schweren läufften und der großen unwirde widerumb zu wirden gebracht und mit nutz vortrieben werden. Das würde an disem ort auf 36 000 fl. laufen.

Zum dritten: So müsste man zu Leiptzig ader anderswo zween hendler erwelen und vermögen, dass sie denselbigen handel, faktor und diner, allenthalben regirtten. Denen müssten zween von des fürsten rethen zugegeben werden, die sunst in den merckten von s. f. gn. wegen zu Leiptzig sein, ob sachen vorfielen, darzu ihnen ihr radt und hilf von nötten, dass ihnen der mitgeteilt würde. Und dass sie nicht allein in den merckten, sonder auch darzwischen, wann es ihnen von nötten, ihre zuflucht zu ihnen haben möchten.

Und zum vierten: dass eine guete ordnung und ein kreftig verschreibung daruber aufgericht würde, wer rechnung halten, wer dieselbigen vorantwurten, wan und vor weme man die thun, wie man es mit austeilung des handels, wann der kauf ein ende het, halten sollte sambt anderen notdurftigen punkten und artikeln.

---

[1] Das heißt niedersächsischer Kreis.

Den ersten artickel muss man gar wol bewegen. Wan man von der rechtvorstendigen[1] schon ein gueten grundt hat, dass sollicher e i n h e n d i g e r h a n d e l s a m b t s p e r r u n g u n d s t e i - g e r u n g d e r w a r umb des ennthalts der armen und anderer ursach willen one alle beschwerung der gewissen getrieben werden, dass man auch sollichs erhalten möchte.

Also wan man schoen die stras an einem orte sperte oder mit aufsatz eines zolles die war draussen behielte ader in also steigerte, dass man des landes wahr darmit keinen fahl machen mochte; dass sie nicht etwan durch das Churfürstenthumb ader auch durch die kron zu Behem darmit in die Schlesien, Marck ader Sachsen und also ire war an die sehe und fort ins Nyderlandt bringen möchtt (auf Nuremberg und von dannen aufm Maien oder Rein bis gen Koln hette ich nicht gross sorg, dan es were dan nocht weit auf dem landt, so hat es auch am Rhein grosse zoll). Wa man aber die oberkeit im churfürstenthumb durch zimliche mittel (als dass sich etzliche dem land und ihnen, auch zur fürderung des zehenden in diesen handel begeben) dahin bewegt werden möchte, daselbst auch darüber tzu halten, so wurde es meins achtenns keinen fall haben. Dan auf Nürmberg kunde das frembde diesem zinn wenig schaden thun, so wurde es meins achtens durch die kron zu Behemen auch weitleftig an die see und in S a c h s e n[2] zu bringen. Aber in der Schlesien möchte es diesem handel dannocht schaden, da sein dan viel vortrieben wirtt.

Wan aber die zu Schlackenwaldt dahin zu bewegen weren, dass sie des jars nicht mer dan an 2—3000 zentner machen und auch glauben halten und sich die auf dem Aldenberg an 1½—2000 zentner des jars zu machen, genügen lassen und zu Eberdorf 1000 zentner, so welte ich dannoch achten man solte des jars zu Nürembergk 2000 zentner Schlackenwalder zinn mit guettem nutz vorschleissen und 2000 zentner im Nyderlandt, das übrig hie im landt ader auch 1000 zentner in als. Und es were fürwar meines achtenns denen von Schlackenwalde nützer, 3000 zentner mit zim- lichen nutz zu vortreiben dan 6000 zentner mit nachteil. Können ihnen doch die zwitter[3] nicht entlaufn, so kriegt die herrschaft

---

[1] Das heißt von den Kennern des k a n o n i s c h e n Rechts.
[2] Soll heißen niedersächsischer Kreis, Magdeburg usw.
[3] Zinnzwitter = die Zinnstein enthaltende Gesteinsmasse.

mit der zeit ihr gebur auch darvon, so können sie auch ain zentner wohl eins florin neher [1] erzeugen, weder [2] die ziner im fürsten-thumb. Wan es dan d u r c h a u s e i n k a u f, so were es inen ja wol treglich und darnach nicht von nöten das landt zu sperren, damit die geleit zu schmelern und den Leiptziger marckten abbruch zu thun.

Auf den andern artickel müsste man auch gedacht sein, wie leutte und gelt aufzubringen weren. Und demnach Bartlome Welsers geselschaft gar nicht mehr gewilligt ist, sich voriger gestalt zu diser zeit in einen zinnkauf einzulassen und villicht Publer mit seinem anhang das seine auch an andere ort gewant hat, so müsste man meins achtenns aus dem fürstenthumb hin und wider leut auslesen, da jeder ein zimlich summa (die ihme an anderen seinen handeln unverhinderlich were) legte. Und zu forderst als ein be-schützer des handels:

Mein gnediger herr, hertzog Georg zu Sachsen mit 4000 fl., herr Ernst von Schönberg 3000 fl., herr Rudolph von Bünau 2000 fl., der von Karlewitz 1000 fl., der Kantzler [3] 1000 fl., der von Thauben-heim 2000 fl., herr Hans von Werter 2000 fl., und sunst noch ein 'unf vom adel 5000 fl. Summa: 20 000 fl.

Z u L e i p t z i g k. Andres Pflug, ambtman 2000 fl., M. Publer und geselschaft 4000 fl., Heinz Scherle 2000 fl., Straub und gesell-schaft 2000 fl., Barttlame Welsers hüttengesellschaft 2000 fl., die Breutgamen 1000 fl., der Pucher gesellschaft 2000 fl., Kilian Reitt-wiser 2000 fl., Dr. Breitenbach 2000 fl., etzliche doktores und bürger 4000 fl., die Preusser 2000 fl. Summa: 25 000 fl.

F r e i b e r g. Mertenn Manwitz 2000 fl., G. vom Steyg 1000 fl., die Albecken 2000 fl. Summa: 5000 'Gulden.

K e m n i t z. Der Gleitzman 2000 fl. und sunst zween bürger 1000 fl. Summa: 3000 fl.

S a l t z a. Etwan ein vier bürger 2000 fl.

Summa: von allen stedten sambt dem hauptman zu Leiptzig: 38 000 fl. Thut zusamen 55 000 fl. Darmit kunde man meins achtens 4—5000 zentner zin vorlegen und vorhandeln. Wa aber

---

[1] = als.

[2] = billiger.

[3] Aus disen mussten zween erwelt werden, den regirer des handels rettlich u. hilflich zu sein.

mer zinn angenommen, so würde man auch mehr gelts haben müssen. Und aus den angezaigten bürgern allen müsste man zweene erwelen, die dem handel vornemlich vorstunden. Die andern müssten ein jeder in der stadt, da er gesessen ader die ihme am gelegensten were, bei den kannegiessern und anderen, den man zinn verkaufte, die schulden helfen einmanen, den vorstehern überreichen und berechnen.

Wa man aber under diesen ader andern so vil gelts nicht aufbringen, so möchte man wa kirchen ader hospital feiernd gelt bei ihnen ligen hetten, das man sunst auf zins ausleicht, da es villeicht kaum so sicher und göttlich als es alda sein möcht, auch darzu gebrauchen und denen, so die arbeit theten von dem nutz, deren so gar feierte zimlicher mas ergetzung tun.

Auf dem dritten und vierdten artickel were gut mas zu finden, wie man den handel mit leutten und andern bestellen und wie vorbriefen. Gelaub auch, dass Barttlame Welsers hauptgesellschaft auf ansuchen auch 1000 oder 2000 fl. darzu legen, so er anderst guet darbei sein solt, dem faktor im niderlandt durch sein leutt furderlich zu sein.

17. Privileg des Herzogs Georg von Sachsen für die Gesellschaft des Zinnkaufs, datiert Dresden, 20. Dezember 1520. — Kgl. Hauptstaatsarchiv zu Dreden, Loc. 9826. Altenberg: Statuten oder Ordnung der Stadt 1515. it: Bergk-Sachen, Ordnung und anders ufm Altenberge, Contract mit Raupennest wegen eines Stollen 1534, Mandat wegen des Zinn-Kauffs 1520. Bl. 34 ff.

Wir Georg von gots gnaden hertzog zu Sachsen etc., bekennen hiemit an diesem unserm offen brive, fur allen desselben ansichtigen und thun kundt: Nachdem und als sich die bergkgebeude auf dem Aldenberge, auch an etlichen andern orten in unsern landen und furstenthumben faste tief und schwehr machn und die zcin etlich jaer in einen mergklichen abfal komen, dass auch diejhenigen, so die zcin erbauet, schwerde halben der gebeude schwerlich dobei haben pleiben konnen und sich wol zu besorgen (wo dem nit notturftiglich vorgedacht) dass die bergkwergk in einen schweren falh komen ader gantz mochten liegen pleiben und alsdan die leute sich an den ortern nicht mehr erhalten konnen und gemeinen unsern landen ein mergklicher schade und nachteil hiraus erwachsen wurde; solchs alles zuvorkomen und gemeinen unsern landen zu guthe,

haben wir mit reifer, tiefer betrachtung mit denjhenigen, so auf
dem Aldenberge, auch allen andern ortern in unsern landen und
furstenthumben zcinwergk bauen ader fluetwergk haben und geprauchen, die auch uff unsern vorbeschiet den mehern teil durch
sich ader ire volmacht erschinen, als vorkeufern an einem und
etlichen kaufleuten als keufern am andern teile handlunge fur-
gewendt und einen rechten, redlichen, uffrichtigen und bestendigen
kauf und vortrag mit irer allerseits volwortte und vorwilligung
drei jar langk zwuschen inen besprochen, aufgericht und beslossen,
nachfolgender gestalt und meinung: Nemlich dass gedachten keufern
alle zcin, so in unsern furstentumben und landen auf bergkwergken,
fluetwergken ader seiffenwergken ytzo ader kunftigklich in zceit
der dreier jaer erbauet ader gemacht, auf den Aldenbergk in die
wage sollen uberreicht und uberantwort werden. Ausgeslossen die
zcin, so zu Erberstorff und doselbst umb gefallen; die sollen die
geselschafter aldoselbst auf der flosse in gleichm kaufe und gewichte
annehmen. Aldo die keufer den vorkeufern baer kegen baer vor
einen itzlichen centner bergkgewichte, der zuvor sal geeicht und
gerechtfertiget werden, 11 gulden in muntze, halb sechssisch, ye
21 zcinsgroschen fur 1 gulden und halb behmisch, 24 behmische
groschen fur 1 gulden, alles landtswehrung geben sollen. Doch
an enden, do man nicht behmisch geldt nimmet und die geselschafter doselbst die betzalunge mit eitel sechssischem gelde thun
musten, sollen sie auch darkegen von ydem Aldenberger bergk-
centener ein orth eins gulden weniger geben und also den centner
umb 11 gulden minus ein orth betzalen.

Es haben auch die bergkleuthe ader zciner, so under uns gesessen und uff dem Muckenbergke zcin erbauen, bewilliget, die
zcin, so sie des orths bestimpte zceit erbauen werden, in ange-
zceigtem kaufe auch aldohyn auf den Aldenbergk in die wage zu
leveren und zu uberreichen; welche aber under uns nit gesessen,
dieselbigen mogen die Muckenbergischen, Graupenischen und ander
zcin nach irem gefallen ausserhalb unser lande und furstenthumb
anwerden. Wo sie aber die im furstenthumb vorkeufen ader vortreiben wollen, sollen sie die, wie angezeiget in bestimptem kaufe
der geselschaft in die wage uff den Aldenbergk uberantworten, das
wir hirmit wollen vorordent haben.

Und sal solcher zcinkauf auf den sontag oculi in der heiligen
fasten schirsten angefangen und drei jar nach einander weren.

Und ein itzlicher angetzeigter parteien, der den furder zu halten nit gemaint, sol es dem andern teile ein halb jar fur aussgange der dreier jar schriftlich uff- und abkundigen. Und ab von den zcinern vil ader wenig zcin albereit auf liverunge vorkaufet were ader zwuschen hie und oculi vorkaufet wurde, was desselbigen in der zceit nit gelivert wurd, das soll alles bei unden ausgedrugkter pene von zcinern der geselschaft in die wage auf den Aldenbergk, wie obstehet, uberantwort werden.

Die schmeltzer und huttenmeister solln auch alle den geselschaftern voreidt werden, dass sie nicht dornicht ader ander zcin, das nit kaufmansware ader gut ist, ingiessen [1] und sunst allenthalben getreulich handeln und alle zcin in die wage bringen wollen und sal ein itzlicher auf seine kupperschicht sein zceichen schlahen. Es sollen auch die zcinherren schuldig sein, ungeferlich ein dritten teil alles zcines, so sie machen, nach ordenung und notturft der geselschaft in stucke ader gatter zu giessen lassen, wie es der geselschaft gelegen sein wirdt.

Die wage auf dem Aldenberge sal mit zweien schlossen bewart und vorslossen werden; zu dem einen schloss sal der zcehender und zu dem andern der geselschaft factor einen schlussel haben. Wo auch ymant etwas von zcin nach angehender geselschaft, es were zuvor zwuschen hir und oculi ader dornach uff liverung vorsprochen und ehr oculi nit gelivert ader sunst in andere wege heimlich ader offenberlich durch sich ader andere vorkeufte ader sunst hinweg brechte und in die wage auf dem Aldenberge ader kegen Erberstorff wie vormeldet in die geselschaft nit bringen wurd, der sol, so oft er des uberkomen, desselbigen zcins vorlustig und dasselbig zcin uns die helfte in unsere cammer, die ander helfte der kirchen auf dem Aldenberge verfallen sein. Solchs alles haben wir, domit sich ein yder, der sich zcinwergks ader dasselbig in unsern landen und furstenthumen zu vorhandeln gebraucht, auch sunst mennigklich dornach zu richten, seine hendel, gewerbe und sachen anzustellen, auch dieser unser ordnung und aufgerichten vortrage zu geleben und sich vor schaden zu vorhuten habⁿ, offentlich anschlahen lassen. Zu urkunde mit unserm unden aufgedrugk-

---

[1] „In die Stücke oder Gatter giessen", heißt es in dem Voranschlag des Privilegs. Siehe Ernest. Gesamtarchiv Weimar, Reg. T. Bl. 273/4, Nr. 3—6.

tem secret wissentlich besiegelt und geben zu Dresden dornstags nach Lucie anno domini 1520.

18. Konvention zwischen den sächsischen Fürsten, den Schlick (Joachimstal) und den Pflug (Schlackenwald) zur Regulierung des Angebotes und der Nachfrage von Arbeitern auf den Bergwerken der Kontrahenten usw. 1521. — Kgl. Hauptstaatsarchiv zu Dresden, Loc. 4486. Bergwercks-Sachen de ao. 1487—1599. Bl. 72—74.

Von gots gnaden wir Friderich etc. churfurst etc., Johanns und Georg, gebrudern und vettern, alle hertzogen zu Sachsen etc., bekennen fur uns, unser erben und nachkomen und thun kundt allermenniglich mit diesem unserm brive. Nachdem die wolgeborne, edeln, unser lieben besondern Steffan Slick, graf zu Passaun, her zu Weysskirchen und Slagkenwerd etc., sampt andern seinen gebrudern und Hans Pflugk, her von Rabenstein auf Petzschaw, mit iren herschaften und bergkwergken an unser furstenthumber und bergwergk ruren und stossen, haben wir in bedacht desselben und umb sonderlicher gnad willen, die wir zu inen tragen, auch deshalben, damit von unsern und iren bergkgenossen und underthanen entporung, todtslege und ander unthat mocht verhuet und also gut fried, recht und ainigkeyt allenthalben gehalden und die bergwergk treulich und vleissig gefurdert werden, uns mit gedachten Slicken und Pflugk nachfolgender artickel gnediglich vorainigt und vortragen, vorainigen und vortragen uns derselbigen mit inen hirmit wissentlich in craft ditzs briefs.

Nemlich zum ersten, dass wir, obbemelten churfursten und fursten zu Sachsen, desgleichen die Slicken und Pfluegk auf unser allerseits bergwergken vleissig achtung haben und uns in keinen weg dahin bewegen und dringen lassen sollen, dass auf denselben der lohn erhohet, sonder auf allen bergwergken ein gleich lohn nach wert der muntz, so in eins yeden land genge ist, gegeben werden.

Zum andern sal keinem hauer gestattet werden zwu schicht zu faren, dan nit wol moglich ist, wo einer zwu schicht faren und volkomen lohn darumb nhemen wil, dass er seiner arbeit umb seinen lohn genug thun moge.

Zum dritten, nachdem sich auf bergwergken vil mutwilliger, boeser todtslege begeben, ob nue hinfurder beschehe, dass einer

ader mehr mutwillige todtslege thetten und also von einem bergkwerg auf das ander weichen und sich villeicht gegebener freiheit
trosten wurden, dass derselben keiner, der nach gethanem todtslag
auf eyn ander bergwergk weichet, anders dan zu recht aldo gesichert und mag gleichwol derselb auf ansuchen des nachfolgers [1]
gefengklich angenhomen, wider den auch gestrackts rechtens sol
gestat werden.

Zum vierden, ob ein schichtmeister, steiger ader ein ander den
gewergken, im zehenden ader den erbeittern schuldig bliebe und
also von einem bergwergk auf das ander weichen wurde, dass dieselben keiner freiheit noch sicherung geniessen, sonder der amptman, wo sie ankomen, von des ampts sie enttrunnen, auf sein ge-
burlich ansuchen angenhomen werden, yedoch das derselb ent-
weicher, so .er zu betzallung versicherung thuet, viertzehen tage
geglait werde.

Zum funften, ob sich auf berurter bergwerg einem begebe,
dass sich etlich understunden bey gemeinen bergleuten unwillen,
aufsteen und aufrur zu .tporen und dieselben also mit ursach
darinne vormerckt und auf solchem bergwergk abgelegt und vor-
weist wurden und sich auf die ander bergwerg begeben wolten,
sollen sie auf der andern bergwergk keinem, wie oben gemelt, mit
arbeit gefurdert werden.

Zum sechsten soll auf eins jeden regirenden hern bergwergks
allen bergkmeistern, amptleuten und geschwornen bei vormeidung
schwerer straf ernstlich eingebunden und befolhen werden, auf die
bergwergkarbeiter und hauer gutte achtung ze haben, dass sie
geburliche schicht halten, bei irer arbeit vleis thun und zu rechter
zceit aus- und einfahren urd dass die steiger zu yeder schicht
gegenwertig uff der zcechen sein und den arbeitern selbs unslet
und eisen geben sollen, domit sie wissen, welcher arbeiter zu geburlicher zceit an- und aussfehrt. Und sol den arbeitern bier-
schichte zu halden, in kein wegk gestattet werden.

Zum siebenden, ab sich nue daruber begebe, das, die knap-
schafft und ander bergarbeiter ein gemein aufsteen machen, auf
welchem bergwergk einem das geschehe und sich also aus einem
lande in das andere zu beschwerung der underthanen mit einem
haufen niderlassen und legen wolten, dass alsdan wir obgedachten

---

[1] Wohl nachbars?

churfursten und fursten, desgleichen die Slicken und Pfluegk solchs nit gestatten, mit macht dawider trachten, die entwichene zu der gerechtigkeit halten und irs mutwillens strafen sollen. So auch einer auf unser, der churfursten und fursten zu Sachsen, bergwergk verfest und geechtigt, der sal auf bemelter Slicken und Pfluegk bergwergk auch verfest und geechtigt sein und wider denselben soll sunder anregen mit straf verfaren werden und widerumb sollen genante Slicken und Pfluegk auf unsern bergwergken desselben auch gewertig sein. Wan auch unser, der churfursten und fursten zu Sachsen, abtrunnige mishendler und beschediger sich in der Slicken und Pfluegk herschafften underslaiffen enthalden, ader darinne betretten wurden, desgleichen widerumb, ob der gedachten Slicken und Pfluegk abtrunnige mishendler und beschediger in unser, der churfursten und fursten zu Sachssen, furstenthumben und landen underslaiffen enthalden, ader darinnen betretten wurden, darinnen soll sich ein teil gegen dem andern halten und ertzaigen nach vormoge der erbeinunge zwuschen der chron zu Behaim und dem haus zu Sachsen etc. aufgericht.

Und nachdem die Slicken uns angetzaigt, wie sie dieser zceit muntzen, mit undertheniger pitt, dass wir dieselb muntze unser allerseits landen und furstenthumb wolten nehmen und gangkhaftig sein lassen, welchs wir inen zu sondern gnaden dermassen bewilligt, also dass wir ir gemuntzte silbern groschen, der einer auf ein gulden, der ander ein halben und der dritt auf ein ort geslagen wirdet, in berurten unsern landen und furstenthumben wollen gangkhaftig sein und nhemen lassen. Doch dass bemelte Slicken mit solcher irer muntz unser korn und schrot halten und damit nit fallen sollen.

Und welcher thail uber kurtz ader lange zceit in diesem vortrag weiter nit steen wil, der soll es dem andern ein halb jar zuvor aufzeschreiben macht haben. Und des zu urkundt, steter und vhester haldung, haben wir obgedachter Friderich, churfurst fur uns und unsern brudern, hertzog Johansen und wir Georg, hertzog zu Sachsen, unser insiegel an diesen brief wissentlich hengen lassen, der gegeben ist am dinstag nach unser lieben frauen tag irer besuchung nach Christi unsers lieben hern geburdt, funftzehen hundert und im zwainczigisten jharen.

19. Herzogliche Bestätigung des Dienstvertrages, durch den die Gesellschafter des Zinnkaufs den Hans Alnpeck jr. zu ihrem Faktor annehmen. Datiert 4. März 1521. — Kgl. Hauptstaatsarchiv zu Dresden, Loc. 4500. Bergwercks-Sachen zu Freyberg bei. Vol. I. 1453—1543. Bl. 25/26.

Wir von gots gnaden Fridrich der jungere, hertzogk zcu Sachsen etc., bekennen hirmitte und thun kundt, dass wir durch unsern liben hern und vatern heimverordente rethe, nemlich her Ceser Pflugk, ritter, doctor Johanns Kochel, cantzler und Segemundt von Maltitz zcu Dipesswalde zwischen der geselleschaft des zcinhandels, welche wir itzo von nauem haben aufrichten lassen und Hansen Allenpegken zcu Freibergk, den man den jungern nennet, nachvolgenden vertragk haben bereden, beslisen und aufrichten lassen. Nemlich dass gedachte geselleschaft Hansen Allenpegken zcu einem factor und diner volgende drei jar langk angenommen hath. Alzo dass sie ime dieselbigen drei jar nach einander itzlich jar zweihundert gulden rh. muntze zcu jarsolde geben sollen. Darkegen hath Hans Allenpegk der geselleschaft alle seine ligende und farende gutter zcu Freibergk, auch alle ander gutter, zo vil und an welchem ende er die hath, ader kunfticlich gewinnen wirdt, vor alle seine handelunge, zo er von wegen gedachter geselleschaft und in irem dinste handeln wirdet, zcu einem verstande und willigen pfande vor allen andern seinen gleubigern ingesatzt. Dass sie sich irer scheden, die sie seiner handelunge ader sunst seinethalben entphaen wurden, vor andern seinen gleubigern doran zcu erholen haben sollen. Es hath auch Hans Allenbegk bewilligt, dass er der geselleschaft vor seine person alleine dinen und keinen andern handel treiben, sundern alleine der geselleschaft handel getraulich handeln, warten und ausrichten, auch der geselleschaft schaden, ab er den erfure, offenbarn, denselbigen vorhutten und nach allen seinem vormugen iren frommen und besten schaffen und fordern wolle und solle. Und worzcu ime die geselleschafft gebrauchen wil, dorzcu sall er sich bei tagk und nacht gebrauchen lassen.

Hans Allenbegk sall auch der geselleschaft geldt ane irem wissen und willen nimandes verleien, auch in sein eigen nutz nicht gebrauchen. Er sall auch keine nacht ane wissen und willen der geselleschaft von Aldenberge ligen. Item das zcin, zo in die wage kommet und uberantworth wirdt, dorauf er auch vleisigk achtunge geben soll, sall er auf seine eigene unkost zcusampne zcu tragen, zcu heben, inzcufaren, von einem hause ins ander zcu tragen, zcu laden etc. verschaffen und alle ander geringe unkost, zo dorauf gehen wirdt, von seinem gelde entrichten und sall dieselbige uber ine gehen. Er sall auch auf seine eigene unkost, zo offte das die nottorfft erfordert, kegen den Grauppen reiten und aldo der geselleschaft zcin keufen und bestellen. Dessgleichen sall er in 10 ader 14 tagen ader zo offte es die not erfordert, einen vor die hutten reiten, vleisiclich sehen und forschen, was vor zcin gemacht und wo es hinkommen, welchs auch auf seine eigene unkost beschen sall. Hans Allenpegke sall sich auch auf seine unkost mit einem eigen hause auf dem Aldenberge versehen, dorinne der geselleschaft gut verwardt sein moge, er keuffe es ader mutte es, wi er das haben kan, doch alzo dass ime die geselleschafter, obbemelt, zo vil muglich, dorzcu furderlich sein sollen. Und sall die geselleschaft in solchem hause mit herbrige und lager vorsehen, doch alzo dass sie sich mit futter, haffer, haw, stroe etc. selbst versorgen und ime die kost beigeben sollen. Item er sall auch auf sein eigen unkost ein pferdt halden und alle jar einmal ader so offte es die geselleschaft begern wirdt, rechnunge zcu thun, auch der geselleschafft heymlichkeyt nicht zcu offenbarn, sundern, wie oben vormeldet, iren schaden zcu warnen und besten zcu fordern schuldigk und pflichtigk seyn. Dissen vertragk haben die geselleschaffter durch ire geschigkten . . . . [1] und Hans Allenbegk, vor sich und seine erben traulich zcu halden geredt, gelobt und mit handtgebenden trauen zcugesaget, alles traulich und ungeferlich. Zcu urkunde mit unsern hern vatern zcurugk aufgedrugktem secret, das wir hirzcu gebrauchen, besigeldt und gegeben zcu Dresden montagk nach oculi anno 21.

20. Die Leipziger Kaufleute Michael Puffler und Ulrich Mordeisen verabreden mit den Gewerken von Geyer, Thum und Ehrenfriedersdorf einen Zinnkauf auf 3 Jahr und eine Verlagsgewährung (zinslos) von 600 fl. pro Jahr. 24. April 1525. — Kgl. Hauptstaatsarchiv zu Dresden, Loc. 4500. Das Bergwerck zu Ehren-Friedersdorff bel. 1377—1538. Bl. 13/14.

Anno domini 1525. Uff Montag nach quasimodogeniti ist mith den geschickten vom Thume, Erinfridessdorff und Geyer diese

---

[1] Einige Namen, von denen ich nur Michael Puffler, Bürger zu Leipzig mit Bestimmtheit entziffern kann.

abrede und untherhandelung zu aufrichtunge eins bestendigen zinkaufs uff drei jhar lang gescheen, also das anzufahen sontags cantate.

Michell Puffeller und Ulrich Mordeisen, burgere zu Leipczigk
iczlichem der drei stetlein mith zweihundert Reinische gulden und
also in summa mith sechshundert gulden anfenglichen vorlegen,
doch also, dass es inen zusampt furstlicher gunst genugsam vorsichert werde. Davon sal man ihn keinen geniess geben [1] und zu
ausgange der dreier jhare mith gelde widderumb ahne seumnus
bezcalen. Ap auch ein stetlein under den dreien die vorlegung
nicht durfen wurde und die andern beide die uffnehmen, sollen dieselbigen, so das gelt enpfahen, solche vorsicherung bestellen.

Die zcinkeufer sollen vor 1 centner blangk zcin 12½ gulden
geben. Vor ein centner weiss zcin 11 gulden und ein ort und baer
umb bar bezcalen. Die bezcalung sall halb mith furstenmuncze
und halb mith Behemischer muncze geschehen.

Ap einer ader mehr von den zcinhern ader gewercken ein centner,
ein halben, ein virttell adir eczliche pfundt zcin vor sein haus zu
gesesse bedorffen wurde, mag er von dem seinen darzu woll gebrauchen, doch also, dass es der zcinkeuffer factorn angezcaigt
werde und dasselbige zu andrem handel zu seinem nucze nicht gebraucht.

Diese artickell seindt von den zcinkeuffern und zcinern also
bewilligt, aus vorhengniszs unsers g. h. herczogen Hainrichs etc.
bis uff wolgefallen unsers g. h. herczogen Georgen zu Sachssen etc.

21. Vorschläge eines Leipziger Bürgers (?), wie den Leipziger Kaufleuten die Herrschaft über den mitteleuropäischen Metallhandel
verschafft werden könne. Um Michaelis 1527. — Kgl. Hauptstaatsarchiv Dresden, Loc. 10 532. Leipziger Händel etc. 1525
bis 1551. Bl. 131 ff.

Es ist gewiss, dass durch den fhall der von P r a g a w [2] und
des landes zu Behemen die niderlage und merckte zu Leiptzig
gross haben zugenummen und merglich seint gepessert worden.
Dan wo Praga in seinem wesen bliben, were der handel zu Leiptzig

---

[1] Das heißt unverzinslich.

[2] „Man sehe Praga, Regenspurg u. andere stete, da vor handel
gewest, wie sie in armerung kommen". Aus Münzstreitschrift von
1530 bei W. L o t z , Die drei Flugschriften über den Münzstreit der
sächs. Albertiner und Ernestiner um 1530, S. 20 f.

schwerlich also gemeret und gepessert worden. So ist es auch kunt und offenbar, dass die niderlage und merckte zu Leiptzig durch den handel zu Eislauben eine lange zeit und bisher seint erhalden worden; aus deme, dass der kaufmann seinen wechsel durch die Eislaubischen hendeler hat bestellen können gen Nürmberg, Aussburg, Franckffurt, Antorff und andere ortter mehr.

Weil aber die grafen zu Mansfelt einen grossen seiger-handel selbst aufgerichtet und das silber, so sie aldo zu wegen brengen, vormünzen, also dass dasselbige gemeine hendeler entzogen, derwegen der gemeine hendeler seinen wechsel nicht vormag zu bestellen. Darum zu besurgen, wie es dan auch gewiss, dass der handel zu Leiptzig in ein abnemen must gefürt werden.

Wie nun zu disem der grafen von Mansfelt vornemen die von Pragaw sich auch understunden, den handell pei inen wider auff zu richten, wie inen dan von kuniglicher durchlauchtikeit zu Behem dartzu hülff ... geschehen und sich auch albereit etliche hendeler niderlage doselbest zu halden vorgenummen, so musste von not wegen volgen, dass niderlage und handel zu Leiptzig ... schaden leiden musste.

Hirauss wolt erstlich volgen, dass u. g. h. an seinen zollen und geleiten merglichen abgehen muste. Item es must auch volgen, dass alle stete im fürstenthumb durch welche die War gefurt wirt, darinnen die furleute und andere geczert, an irer narung musten abnemen. Item die stadt Leiptzig und alle ire inwoner mussten mercklichen nachteil an irer narung erleiden, dieweil die stadt und inwoner sunst keine narung hat, dan von Merckten.

Disem nach dem willen Gotes vorczukommen, ist vor gut und notturftig angesehen, dass vleis darauf zu legen sein solt, damit man den Bleikauf zu Gosslar, die behemische kupfer und silber, das Schlackenwaldische zinn und das zinn im fürstenthumb Sachssen alle in eine hant und an die inwoner zu Leiptzig bringen mocht.

Hiraus worde erstlich volgen, dass der graffen von Mansfelt vornemen dem handel und niderlage zu Leiptzig kein schaden oder ye nicht so gross thuen konde. Angesehen, dass der hendeler seinen wechsel durch die obenberurte metall zu bestellen hette und obgleich die grafen v. Mansfelt dis thun nicht vorgenummen hetten, so were es doch gut, dass die hendel pei einander weren; dan, wan die hendel also zusamen bracht, wurden die grafen v. Mansfelt mit der münz nicht dermass trotzen dürfen, wie vilmals bisher gescheen.

Item es konde auch die niderlage zu Pragaw nicht aufgericht werden, dergestalt, dass sie diser zu Leiptzig sunderlichen schaden thun mocht.

[Es würden Zölle und Zehnten hochbleiben. Der Leipziger u. a. Landeseinwohner Verdienst nicht sinken etc.]

Weil dann nun d i s e h e n d e l a l l e s o l l e n z u s a m m e n b r a c h t w e r d e n, ist vor gut geacht, dass man erstlich und vor allen dingen den bleikauff vom herczoge zu Braunschweig, ader den von Goslar haben musste. Dan durch den bleikauff weren die Behemen zu dringen, dass sie ire metall czum bleikauf musten volgen lassen. Derwegen hat burgermeister Wolff Wideman sampt seiner geselschafft sich bevlissen, den bleikauf pei den von Gosslar zu erhalden, wie ime dan der vom rathe daselbest zugeschriben und von doctor Krausen müntlich zugesaget. Allein ist des Untrils [1] halben ein aufschub gemacht bis uff irer aller zusammenkommen, wie dan solches unserm g. h. in einer supplication noch der lenge angeczeiget wirt. Weil aber die von Gosslar itzo den kauf Wolffen Wideman fast abeschreiben und die grafen v. Mansfelt als graf Albrecht und graf Gebehart disen itzigen marckt zu Leiptzig mit den hüttenhendelern haben gehandelt, dass sie den Sachssen [2] hinfür kein kupfer vorkaufen sollten, darein dan Heinrich Scheille [3] Kuntz Keller, Moritz Bucher und alle andere bis uff Wolffen Wideman und Lucas Straube gewilliget und die Sachssen [2] itzt die merckt am statlichsten besuchen, dan sie bringen pfeffer, kommel [4], gewant, reiss, allaune, czugker, allerlei fische, rauche ware [5], czobel und marder, vil wolle und speckis, das sie alles aldo vorkaufen und ir gelt wider anlegen an silber, kupfer, zinn u. a. des sie des jhars von 8—9000 ctr. kupffer gekauft, auch wol an 3000 ctr. zinn, das sie alles zu Leiptzig mit gutem gelde bezalt. Wo sie nun ir gelt nicht wieder anlegen kontten, umb ware, die ine dienet, würden sie mit gewalt von Leiptzig getriben. So haben auch die gemein hendeler disen marckt an u. g. h. und den rath supplicirn wollen und sich

---

[1] Vitriols.
[2] Den Einwohnern der alten Sachsengaue, d. h. des niedersächsischen Kreises (Hansen).
[3] Wohl Scherl.
[4] Wohl Kanel = Zimt.
[5] = Rauchwaren.

beclagen, dass sie czum wechsel nicht kommen konden; darvon sie czu disem mall an gut sein gewisen worden.

Derhalben wil nunmher von nöten sein d i s e h e n d e l z u - s a m m e n z u b r e n g e n und sunderlichen mit dem bleykaufe nicht zu seumen, sundern u. g. h. zu ersuchen und zu bitten in aller unterthenikeit, burgermeister Wideman sampt seine mitgesellschafter gnediglichen und ernstlichen zu vorschreiben, dass die von Gosslar ime und seine mitgesellschaftern den kauf halten mussten. Dan wo dis nicht geschiet und die von Gosslar den bleikauf behilden, so weren die andern metall dester schwerer ader gar nicht zuerlangen.

Item über dis ..... worde auch volgen, dass eine naw und grosser steigern mit dem blei werden muste, dan vor ye gewest were; wie dan solchs aus dem briefe von der gesellschaft geschriben weiter zu vornemen.

Dem zinnkauf umb das Schlackenwaldische czin nach zu trachten vor dem tag, der den vom Altenperg und den hendelern angesatzt. Dan das zinn uff dem Aldenperg were sunst nicht anczunemen.

Hieronimus Walther ist itzt pei dem von der Weigmüle des kupfferkaufs halben und im fal ob er dene nicht erhilde, das u. g. furst und herr Hansen von Schonburg czu königl. durchlauchtikeit zu Behem schicken wolt, sunst wossen die hendeler czum kauf nicht zu kommen zu disem mall.

22. Herzog Georg nimmt auf 3 Jahre den Zinnkauf in Altenberg, Lauenstein und Bernstein in seine Verfügungsgewalt. 27. Mai 1538. — Hauptstaatsarchiv Dresden, Loc. 7414, den Zinnhandel betr. 1497—1544. Bl. 33 resp. 35 u. 38.

Georg von Gots Gnaden etc. Fügen allen und jedern gewercken des zcinbergkwerges aufm Aldenberge, Bernstein und Lauenstein, so doselbst oder anderswo wonhaftig sein und sunst meniglichen hiemit zu vornehmen: Nachdem und als ir, die gewercken des zcinbergkwerges aufm Aldenberge wonnhaftig uns vilfaltig angelangt, einen bestendigen zcinkauf aufzurichten, derhalben wir dan Euch sampt den andern so zu Freibergk und anndderswo wonnhaftig alher vor uns beschaiden. Und aber Euch desselben undereinander nicht hapt vorgleichen, noch vor billichen ermessen können, dass Ir daselbst aufn Aldenberge, Bernstein und Lauenstein

28*

wohnhaftige gewercken der andern und frembden gewergken halben
schadens solten gewarten, dardurch auch die zcinbergkwerge mochten
vorwüst werden: So seindt wir vorursacht worden aus fürstlicher
macht und oberkeit ein ordenunge und satzunge des zcinkaufs aufzurichten ... und gebieten, dass alle diejenigen, so das zcinbergk-
wergk uffm Aldenbergk Bernstein und Lauenstein bauen, daselbst
oder anderswo wonhaftig und gewergken sein, sollen auf nechst
künftig Johannis sonnewende anzufahen schuldig sein, alle ir zcin,
das sie daselbst erbauen und zubereiten, auch das flut-zcin in die
wage auffm Aldenberge zu antworten, und einen zcentner umb
11 gulden unserer müncz, wie dieselbige in unserer kammer genomen und ausgegeben wirdet, zu geben und zu vorkeufen. Die
wir auch einem jeden bhar kegen bhar, doch als fern es kaufmannsgut befunden, also entrichten und beczalen lassen. So wollen wir
auch uns hiemit vorbehalten haben, diese unsere ordenunge und
ausgesatzten zcinkauf zcu unserer gelegenheit widerumb aufczu-
kündigen, zu vorendern und zu vorbessern. Welcher sich aber derselbigen zu enntkegen wirdet unterstehen das zcin sunst zu vor-
tauschen, teurer zu vorkeufen, ader in andere wege anzuwenden,
den wollen wir darumb nicht ungestrafft lassen ... Dresden, mon-
tags in der creutzwochen anno domini 1538.

23. Herzog Georg übergibt Michael Buffler den Zinnkauf auf dem
     Altenberg, Bernstein und Lauenstein auf 3 Jahre (nur die
     A l n p e c k ausgenommen). 26. Mai 1538. — Hauptstaats-
     archiv Dresden. Kop. 103 Bl. 30, auch Loc. 7414. Den Zinn-
     handel betr. 1497—1544. Bl. 36.

     Wir von Goths gnaden Georg, hertzog zu Sachssen etc., thuen
kundt und bekennen hirmit vor uns, unsere erben, nachkomen und
allermennigklich, dass wir aus bewegenden ursachen und vorbetrachtung auf unserm bergkwerg, dem Aldenberg, auch zum
Bernstein und Lauenstein einen bestendigen zcinnkauf vorordent
und ausgesatzt, auch an ader zu demselben zcinkauf unsern burger
zu Leiptzigk und lieben getreuen Micheln Bufflern drei jar langk,
nehst Johannis anzufahen, haben, doch mit dem bescheide kommen
lassen, dass er einen yeden zcendtner und allso aller gewergken
zcin, so doselbst gewonnen und gemacht, alleine der Alnpecken zcu
Freibergk aussgeschlossen, alspalt der in die wage geantwort und
als kaufmansguth befunden, umb 11 gulden unserer muntz, wie die

in unserer kammer genohmen und ausgegeben wirdet, annehmen
und also bar umb bar geben und betzalen sall. Aber dennoch
diesergestalt das ausgangs zweier jar bemelter Buffler, sein erben,
ader wer sonnst solchen zcinkauf die zceit haben wurde, uns antzeigen sollen, ab sie denselbigen lenger behalten wollen, ader nicht,
dormit wir uns in gemelter unser ordenung wissen zu halten. Desgleichen uns auch freistehen und hiemit vorbehalten wollen haben,
ihnen vilgemelten zcinkauf aufzukundigen ader lenger zu lassen
und im falh, dass er nach endung der dreier jar zugehen und ein
ander aufgericht werden solt, alsdenn gedachter Buffler, so es ihme
anders gelibet, vor einem andern dorann den vortrit haben. Das
wir ihme aus besondern gnaden hiemit zusagen, treulichen und ane
geferde. Zu urkunde mit unserm aufgedrugktem secret besigelt
und geben zu Dresden sontags vocem jocunditatis nach Cristi
unsers lieben herren geburt tausent funfhundert und im achtund-
dreissigsten jare.

24. Herzog Georg macht seinen Bergbeamten von der Verleihung
des Zinnkaufs an Michael Puffler Mitteilung, befiehlt den öffentlichen Anschlag der Verordnung und den Schutz und die Unterstützung Pufflers bei der Ausübung seines Privilegs. 26. Mai
1538. — Hauptstaatsarchiv Dresden, Loc. 7414. Den Zinnhandel betr. 1497—1544. Bl. 34.

Georg von Gots gnaden etc. Lieber getreuer, als und nachdem
wir aus ursachen auf unserem bergwergke dem Aldenbergke, Bernn-
stein und Lauenstein einen zcinkauf ausgesatzt und verordent, wie
wir Dir dann die ordenung hibei übersenden und aber an solchen
zcinkauf unsern bürgern zu Leipzig und lieben getreuen Michel
Bufflern 3 jar lang haben von Johannis schirst anne zu heben
kommen zu lassen, so begeren wir, Du wollest solche ordenungen
offentlichen anschlagen und verkünden lassen, auch dem Buffeler
dabei schützen und handthaben, desgleichen die gewercken alle
bescheiden und ihnen von unseretwegen gebieten, dass ein jeder
auf ein jeden gatter, seines Zcins sein eigen zceichen schlagen lasse,
damit ob er falsch befunden, man darumb hätte zu reden. Auch den
smeltzern bei ihren eiden, die Du von ihnen nehmen wirdest, ernstlichen
einbinden, lauter und nicht dornicht zcin zu giessen, oder zu machen,
bei vormeidunge unserer straf; daran beschiet unser mainung.
Datum Dresden, Sonntags vocem jocunditatis anno domini 1538.

25. Herzog Georg vermittelt zwischen Michael Puffler und den Gewerken von Ehrenfriedersdorf, Thum und Geyer einen Zinnkauf
auf 3 Jahr. 29. Mai 1538.—Hauptstaatsarchiv Dresden, Kop. 103,
Bl. 33. Auch Loc. 7414, den Zinnhandel betr. 1497 bis 1544. Bl. 37.

Von Gots gnaden, wir Georg, hertzog zcu Sachsen etc., thuen
kundt, dass wir aus bewegenden ursachen und vorbetrachtung
durch unsere amptleuthe zcu Radebergk, Meissen und Sanct Annaperg, rethe und lieben getreuen, Jeorg von Karlewitz, Ernsten
von Miltitz, Hainrichen von Gerssdorf und hern Ludovicum Fachsen,
der recht doctorn, auf unsern zcinbergwercken Ernfriedersdorf,
Geier und Thum, zcwuschen unsern lieben getreuen, den gewercken
des zcinns, so doselbst erbauet, an einem und Michaeln Bufflern,
burgern zcu Leiptzigk, anders theils, mit irer baiderseits vorwilligung einen bestendigen zcinkauf auf drei jar lang nehst sonnabent
nach Johannis antzufahen, aufgericht und darauf — doch lenger
nicht — sie volgender weis vortragen: Dass bemelter Bufler einen
jeden centner schons umb 11 gulden und einen orth und ein zcentner
weis zcin umb 11 gulden unserer muntz, wie die in unserer camhmer
genohmen und ausgeben wirdet, sobalt es in die flos geantwurt
und als kaufmansgut befunden, annehmen und also par umb par
geben und betzalen sol. Aber danne diesergestalt, dass ausganges
zcwaier jar bemelthem Bufler, seinen erben ader wehr sunst solchen
zcinkauff die zceit haben wurde, desgleichen auch den gewercken
obgedacht freistehen solchen zcinkauf lenger zcu halthen ader auf-
zcuschreiben. Dass dann auch jeder theil dem andern auf die
benante zceit also antzeigen sol, darnach hab zcu richten. Es
wollen aber die gewercken des orts eins gulden halber, den sie itzo
nachgelassen, nach endung dieses kaufs freistehen und hiermit nichts
begeben haben und im fal, dass nach endung der dreier jar der
zcinkauf dermassen nicht bestehen und ein ander aufgericht werden
solt, alsdann sol Bufler, so es ihme geliebt, vor einem andern daran
den vortrit haben. Das wir ihme zcu gnaden hiemit zcusagen,
treulich und ane geferde. Zcu urkundt mit unserm aufgedrucktem
secret besiegelt und gescheen auf Sanct Annapergk, mittwochs nach
vocem jocunditatis anno domini funfzcehenhundert und im acht-
unddreissigsten.

26. Verlagskontrakt Michael Pufflers mit einigen Zinngewerken
zu Altenberg, 1539. — Kgl. Hauptstaatsarchiv Dresden, Loc.

4493. Bergsachen den Altenberg und Gießhübel betr. 1509—
1697. Bl. 73/74.

Uff heut suntag am tage Mathei des 1539. jhar, sindt vor mir
Werner von Nossa, die zeit amptman uffm Aldenberge und Glass-
heutten erschinen, auch in beisein Mathes Morgenstern, die zeit
richter: mit namen Hanns Gemperlein, Paul Puckschka, Wolf
Meuerer erben, Mathes Morgenstern, Hans Taubenheim, Paul Peyer,
Pihlep Engelhart, Asmus Heidenreich, Gorge Helt, Hans Beier,
Nickell Gemperlein, Michell Heidenreich, Gorge Kunell, Hans
Frauenstein, Stheffen Herclozs, Cristoff Rullingk, Michell Taubenheim, alle diejhenigen, so izo ader hinfore und so lange der zinnkauf sein bleibens haben mocht, so von dem erbern, namhaftigen
Michell Pueffler, burger zu Leipzigk ader seinen befehlhabern vorleg
bekumen mochten und haben sich alda eintrechtiglich vorwilliget
(ein yder vor sich selbst mit vorzeihung alles behelfs, ausrede ader
berckrechtens), dass sie alles dasjhenige, so inen gedachter Michel
Pueffler ader die seinen leihen ader vorstrecken wurden (welches
doch zu seinem selbst gefallen gestelt sein soll) zu gutem danck mit
zine entrichten wollen, auch niemandts anders zine zustellen wollen
noch sollen, dan ime ader den seinen und auch von im selbst nit
mehr geldes entpfahen, noch unser keiner sich mit imandts anders
in vorlege einlassen wollen, dass im an seiner ersten bezallung zu
nachteil ader vorzuck reichen mocht. Es sei denn, dass ehr zuvor
des vorgestrackten und gelihen geldes ganzs und gar mit zine eines
iden beredung und vorwilligung nach vorgenuget und bezalt sei.

So aber einer ader mehr in dem pruchigk befunden, also dass
Pueffeler ader die seinen befinden mochten, dass wir ader einer
unther uns sein zine anders den im zuwenden wolthen, das doch
nicht sein soll, Michell Puffler ader die seinen in ader ausserhalb
der wage macht haben, alsbalde das zine zu seinen handen zu
nehmen, an alles weithers ersuchung und erlaubnus und einen iden
betreffent an seiner vorlegten summen abkurzen.

Doch so bergk- ader mull-erbetter[1] iren lohn, so sie scheinbarlich zu erweissen, an vorlegtem zine ausenstehen haben wurden
— also dass es nicht alde ader ander schult, so nicht uff dem berck-
wergk ader mollen auch uff die zeith eines iden vorleges gegannen
ader gewant sei — so soll es alsdan nach berckordenunge den er-

---

[1] Arbeiter.

bettnern zuvor an dem zine bezalt und vorgenuget werden. Und dan die übermasse gedachten Michel Puffler und sunst niemandts anders zugestelt werden, bis so lange ehr von einem iden bezalt wurde. Welches alles ein ider, wie oben stehet, mit hande und munde zugesaget, deme allen getreulich nachzukumen und stete und vehste zu halden. Das wir den auch amptshalben zugelassen, gelube angenuhmen und bestetiget haben. Bestettigen auch sulches hirmite und in kraft unsers ampts mit zusagunge daruber auch eines iden seiner vorpflichtung nach vehstiglich zu halden und stattzugeben. Des zu sicherheidt ist sullches mit uffgetrugtem mein, Wirners von Nossa, angeboren pezschafft ins gerichtsbuch vorleibet, geschen im jhar und tagk wie oben etc.

27. Michael Puffler beklagt sich bei Herzog Heinrich von Sachsen, dass einige Altenberger Zinngewerken, die er verlegt hat, ihr Zinnprodukt ihm nicht übergeben wollen. 1541. — Kgl. Hauptstaatsarchiv Dresden, Loc. 4493. Berg-Sachen den Altenberg und Giesshübel bel. 1509—1697. Bl. 72.

Durchlauchter, hochgeporner furst und herre. E. f. g. werden aus inligender copeie zcu vornemen haben, wie ich zcum zcinkauf ufm Altenberge kommen; dass ich par umb par das czinn doselbst beczalen soll, wie denn bieshero geschehen unde noch geschiet. Dennochs habe ich uf e. f. g. vorschrieft etlichen gewercken, so hirbei vorczeichent, das zcin zcuvor und eher sie das gemacht, beczalet. Doch dergestalt, dass sie mir solch zcinn mit erst [1] sie es machen, zcustellen sollen; wie ich dan das mit inen lauts ingelegtes vortrags, so durch den ambtman doselbest aufgericht, einigk wurden byn.

So wollen sie nuhn solch zcinn inen zcu nucz den erbeiter vor ir lohn zcukommen lassen unde mich mit iren gutern beczalen. Dieweil es aber ein kauf unde ich zcinn unde nit guter beczalt, so vorhoffe ich, dass gedachte gewercken mich nit unpillig mit meiner beczalten wahr unde mit sunsten nichten anders zcufriede stellen.

Derwegen an e. f. g. unterthenige biet, e. f. g. wolten mit ernst vorschaffen, dass sie mir solche beczalte wahr, sovil mein ausgegeben kaufgeldt erstreckt, zuestellen und antworthen und sunsten nimandes anders zcuczukommen gestaten, hiemite aufgerichte vortrage

---

[1] = sobald als.

nachgegangen werde. In ansehen, dass ich solches uf e. f. g. begeren untertheniges gefallens gethan habe, so bin ich auch gesetiget, dass ich geduldt habe, bies sie zcinn machen konnen. Doch dass sie das erste, so sie machen, mir behendiget werde. Ob sie aber auch einige einrede ader behelf vorwenden wurden, so kann ich vorbeschiedt und vorhor vor e. f. g. ader derselbigen rethen erleiden, trostlicher zcuvorsicht e. f. g. werden mich hirauf genediglichen bedencken, dass ich mein erkauft gut dencklichen magk bekennen. Das umb e. f. g. byn ich untertheniges gehorsames fleises zcu vordienen gefliessen. Datum Leipczigk, sonnabents nach letare anno etc. 41. E. f. g. untertheniger und gehorsamer Michell Bufeler, burger zcu Leipczigk.

Dem durchlauchten und hochgepornen fursten und herren, hern Heinrichen, herczogen zuw Sachssen etc.

28. König Ferdinand überträgt dem Augsburger Bürger Conrad Mayr das böhmische Zinnhandelsmonopol auf 3 Jahre. Prag, 6. Dezember 1549. — K. und k. gemeinsames Finanzarchiv in Wien. Gedenkbuch Böhmen 1549—50 Nr. 305, fol. 112—115. Entwurf dortselbst Fasz. Böhmen M. u. B. 1540—1590 Nr. 16 407.

Wir, Ferdinand etc. bekennen für uns und unser erben offendlich mit disem brief und tuen kund allermenigelichen, das wir uns mit wolbedachtem muet auch gueten zeitigen rat mit unserm und des reichs lieben getreuen Conraden Mair, burger zu Augspurg, unsern rate, fur sich, seine erben und nachkumen aines zinnkaufs halben nachvolgunder massen und gestalt verglichen und beschlossen. Und nemblichen und erstlich gedachten Conrad Mair, seinen erben und nachkumen alle und jede zinn, geschmeidige und ungeschmeidige, so diser zeit und hinfuran auf unsern perkwerchen in der chron Behaim allenthalben gemacht und uns zuesteen werden [1], auf vier jar lang, die nechsten nachainander volgunt, so sich zu eingang nechst kumends funfzehen hundert funfzigsten jars anfachen und zu ausgeenden dreiundfunfzigsten jar enden werden und sollen,

---

[1] Darnach könnte es scheinen, als ob nur das Zinn aus den königlichen Gruben in Frage käme, aber in dem Revers des C. Mayr, in welchem er sich an den Kontrakt bindet, heißt es klar und deutlich: „alle zinn, so jetzo u. kunftiglich allenthalben in der chron Behaim gemacht werden."

keuflich zuesteen und volgen zulassen, versprochen und zuegesagt haben.

Benenntlichen ainen jeden cennten geschmeidigs zinn Schlackenwalder gewandlichs perkgewichts, so wir ime zu jeden nachvolgunden fristen alda zu Schlackenwald durch jeczigen oder kunftige unsere amtleut daselbst uberlifern lassen sollen umb drei und zwainzig gulden, und den cennten hërdt, ungeschmeidig zinn umb 22 gulden, alwegen vierzechen paczen oder sechsundfunfzig kreuzer für ain gulden gerechendt. Auch die liferungen berurter zinn, so allenthalben in ermelten vier jaren auf angeregten jeczigen und kunftigen unsern berkwerchen in der chron Behaim gemacht werden, alwegen zu zwaien monaten, sovil deren gemacht worden sein, zu Schlackenwald durch gegenwurtig oder kunftig unsere ambtleut zu sein Conraden Mairs, seiner diener oder bevelchhabern handen richtiglich tuen und antwurten lassen sollen und wellen.

Dagegen soll er, Conrad Mair das bedingtlich kaufgelt, sovil dan inen, den gwercken, zu irem tail umb die anzal zinn, welche ime zu jeder liberung geantwurt werden, geburen wirdet, daselbst zu Schlackenwald par in allerhand gold und munzen, wie die in der chron Behaim gib- und gangpar sein werden, erlegen und bezalen, doch die gwercken mit grosser anzal klainer munz uber ir gelegenhait nit beschwären. Was aber uber das losunggelt an denselben zinn uns vorstendig sein wirdet, soll er Mair alwegen zu halben jaren mit einander under ainest zu Schlackenwald uns auch mit parem gelt in allerhand gold und grober munz, so im kunigreich Behaim jeder zeit gib- und gangpar sein wirdet, one abgang erlegen und bezallen.

Wir sollen und wellen auch auf jeczt nechstkumend weinachten und furan zu jeder zinliberung durch unsere verwalter oder ambtleut daselbst zu Schlackenwald ime, Conraden Mair oder seinen leuten anzaigen lassen, was zu der nechsten liferung ungeverlich fur zinn gefallen werden, sich mit der bezallung und in ander weeg seiner notturft nach zu versehen haben, dergleichen auch verfuegen darob und daran sein, dass gemelte zin baider gattung, geschmeidige und ungeschmeidige, wie zuvor und bisheer gebreuchig gewesen, rechte, guete werung kaufmansguet und wolgearbaidt seien.

Es soll uns auch ermelter Conrad Mair im anfang und eingang des jiczt kunftigen funfzehen hundert und funfzigisten jars zu verlag der zinn dreissig tausend gulden vorgemelter gestalt und werung

daselbst zu Schlackenwald zu handen unser ambtleut oder verwalter gegen derselben quittungen erlegen und bezalen, und dieselben bis zu ausgang ermelts zinkaufs der vier jar lang on ainich
interesse oder ergoczlichait ligen lassen. Und damit dan gedachter
Conrad Mair, seine erben und nachkumen des ermelten furleichens
der dreissig tausend gulden, wie pillich gnuegsamblichen verwisen,
auch derselben widerumb habhaft und bezalt werden, so haben wir
mit zeitigem rat und gueter vorbetrachtung ine, den merermelten
Conrad Mair, seine erben und nachkumen auf die berurten unsere
zinn, geschmeidige und ungeschmeidige, so furohin auf unsern
perkwerchen in der chron Behaim allenthalben gemacht, uns zuesteen und gefallen werden, verwisen und versichert. Tuen auch
solches hiemit wissentlich und in craft dicz briefs, also und dergestalt, das wir die ernennten dreissig tausend gulden ime, Conraden Mair, seinen erben und nachkumen, in den leczten zwaien
zinliberungen des ausgeenden drei und funfzigisten jars, jeden der
zwaien letsten liferungen funfzehen tausend gulden in hiefor ermelter gangparer gold- und grober munz ausrichten, bezallen
und ine dieselben auf ernennte zeit der zwaien liferungen an dem
kaufgelt, so er uns umb die zinn zu bezalen schuldig sein wirdet,
selbs aufheben und innenhalten lassen sollen und wellen on ainichen
auszug, verhinderung und einreden.

Ferer soll ernennter Conrad Mair unserm gnedigisten begern
nach denen von Amberg jarlichen und jedes der vier jar besonder
funfhundert centner zinn Schlackenwalder gewicht in dem kauf-
und allergestalt, wie er Conrad Mair dieselben von uns an sich gebracht und auch gegen parer richtigen bezalung zu Schlackenwald
folgen lassen, die si allain zu irem plechhandl verarbaiten und gebrauchen sollen. Wo aber die von Amberg genannte zin gar oder
tails anderstwohin verkaufen, verfueren oder verhandlen und nit
alle zu irem selbstaigen plechhandl gebrauchen und verarbeiten
wurden, so soll er Conrad Mair macht, gwalt und guet fuegen
haben, welches wir ime auch hiemit gnedigist bewilligt und zuegelassen haben wellen, wo er oder die seinigen solche zinn also
erfarn oder betreten wurden, dieselben aufhalten arrestiern, zu
iren handen einziechen und damit ires gefallens als mit irem an-
gefahrnem aigen guet handlen sollen und mugen.

Gleichergestalt soll er auch unsern undertanen, den zinngiessern,
in perkstetten zu Schlackenwald und Grauppen gesessen, auch ain

anzal von zwai in drei hundert centner und nicht daruber jarlichen, die si auch sonst nindert hin vergeben noch verkaufen, sonder allain zu irer selbst handarbait, dem zinngiessen, prauchen und verarbaiten sollen bei der peen, wie obsteet, wo si darwider taten und handleten, gegen parer bezalung in obangeregtem kauf und gewicht, auch allergestalt, wie er Conrad Mair dieselben von uns an sich gebracht, folgen und zuesteen lassen.

Weiter sollen uns aus obangeregten verkauften zin zu unser selbst notturft des geschucz und andern gebrauch jarlich in die funf hundert centner und nicht daruber vorbehalten sein. Also und dergestalt, dass wir von solchem vorbehaltnem zinn allain der gwercken gebuer und ferer nichts zu bezalen schuldig sein sollen. Gleichfals soll auch er Conrad Mair umb dieselben zinn, so wir zu unserm gebrauch, wie obsteet, nemen wurden, uber der gwercken geburnus oder losunggelt auch nichts zu bezalen schuldig sein. Wover wir aber dasselbig zinn gar oder tails nit bedurftig wurden, soll er Mair dasselbig im wert und kauf, wie das ander anzunemen schuldig sein.

Er Conrad Mair soll auch die ernennten, von uns erkauften zin in allen unsern auch andern kunigreichen, landen und orten seinem pesten nucz und gelegenhait nach verfueren, verkaufen, vertreiben und verhandlen mogen. Wir sollen und wellen auch ine und die seinigen in unsern kunigreichen und landen in gnedigistem schucz und schierm halten und haben; also das er und die seinen in denselben sicher und on alle gefarliche beschwarung handlen und wandlen mogen und sollen. Ob ime aber uber das bei andern und frembden etwas irrung, eintrag oder ansprach zu nachtail oder verhinderung des handls begegnen wurde, in solchem sollen und wellen wir ime und den seinen auch gnedigiste furderung erzaigen und beweisen.

Vilbemelter Conrad Mair soll auch mit bemeltem zin an allen zollen, meuten und aufschlegen, wie die namen haben mochten, allenthalben in der chron Behaim allerding frei sein und dan in den andern allen unsern kunigreichen und landen in zeit des werenden kaufs und solang bis er solche von uns erkaufte zin gar verfuert und vertriben haben wirdet, uber die gewondtlich zoll, maut, dreissigist und aufschleg, wie die jeczo sein und abgefordert, nicht gestaigert oder beschwert werden.

Und sover wir nach ausgang obvermelts kaufs der vier jar

den zinkauf weiter verlassen wolten, sollen und wellen wir denselben gedachtem Conraden Mair, wo ime gelegen sein wird, umb dieselben sovil als sich ander zu geben und zu bezallen anbieten wurden, zu geben, vor allen andern zuesteen und erfolgen lassen.

Wo wir auch ainich gelt auf unsern bevorstand, so wir von disem zinnhandl haben werden, anticipiern und aufpringen wolten, sollen und wellen wir solches an gedachten Conraden Mair gelangen lassen und uns darauf fur ander mit ime in zimbliche, leidenliche handlung einlassen.

Und ob gedachter Conrad Mair diser zinhandlung halber, als ob er ain verbotne oder monopolische handlung damit getriben und geuebt het, vor der Röm. kais. Mt., derselben camergericht oder kaiserlichem viscall oder andern orten furgenomen, beclagt und umbgetriben werden solte oder wurde, so sollen und wellen wir ime, Mairn in demselbigen allen geburliche hilf und furdrung erzaigen und beweisen.

Wir sollen und wellen auch mit dem churfursten von Sachsen seiner, des churfursten zin halben die sach dahin handlen, damit er, churfurst dieselben zin, so in sein furstentumben und landen gemacht werden, auch auf den wert und preis pringe, und nit nacher verkaufe oder den gwercken zu verkaufen gestatte, als wir unsere zin gegen ime Conraden Mair hinbracht und verkauft haben.

So wir aber solches bei dem churfursten uber allen angewendten vleiss nicht erlangen oder dahin bringen mochten, so sollen und wellen wir alsdann bei ime, churfursten dahin handlen lassen, das dieselben zin an ende und ort verfuert und verschlissen werden, alda si unsern behambischen zinen und ime, Conraden Mair daran im verschleiss und verkaufen nicht nachtailich noch verhinderlich sein mugen.

Und wover uber furgewendten vleiss solchs bei gedachtem churfursten auch nicht erlangt noch erhalten oder fueglich weg darzue gefunden werden mochten, so sollen und wellen wir doch alsdann in allen unsern kunigreichen, furstentumben und landen mit ernst gebieten und verschaffen, auch darob halten lassen, das man berurte Sachsische noch andere frembde, gemachte noch ungemachte zin die obvermelten vier jar lang und solang bis er Conrad Mair seine von uns erkaufte zin gar verkauft und vertriben haben wirdet, in ermelte unsere kunigreich und lande nicht fueren, darinnen weder verkaufen, kaufen, verarbaiten noch durchfuren lassen sollen noch wellen, bei verlust derselben auslendischen zinn. Es soll auch er, Conrad Mair oder die seinigen, wo si dieselbigen frembden und auslendischen zinn in ermelten unsern kunigreichen und landen betreten oder erfarn wurden, ansprechen und als ain verfallen guet zu unsern handen einziechen und arrestiern mögen. Des wir inen zutuen hiemit macht und gwalt gegeben haben wellen. Davon ime, Mairn alsdann der drittail folgen und die ubrigen zwen tail uns beleiben sollen.

Wir haben auch dem gedachten Mair in dise handlung in ansechung des furleichen der dreissig tausend gulden on interesse und dann auch aus sondern gnaden in zeit der ersten drei jar dises zinkaufs, jedes derselben besonder, ain hundert centen geschmeidig zin Schlackenwalder gewichts frei on ainich bezalung in den ganzen zinkauf ze geben und volgen zu lassen bewilliget, die wir ime auch als jecztgemelt alwegen zu halben jaren funfzig centner bis zu erfüllung der dreihundert centner zuezustellen verordnen und verfuegen wellen und sollen.

Und beschliesslich, wo sich zuetruege, das Got lang gnediglich verhueten welle, das in obangeregten vier jaren in der chron Behaim dermassen kriegsleuf entstuenden, dardurch gedachter Mair die gemachten zin mit sicherhait nicht erheben noch vertreiben wurdt kunden und das gelt zu bezalung der zin gen Schlackenwald unsicherhait halben auch nicht bringen möcht, so sollen und wellen wir uns nach gelegenhait der leuf gnedigist mit ime vergleichen, damit er Mair derselben zeit mit annembung und verfurung der zin nit beschwart werden sollen. Alles getreulich und ungeverlich mit urkund diecz briefs, besiglt mit unserm kuniglichen anhangenden insigl.

Geben Prag, den sechsten tag decembris anno etc. im XLVIIIIten.

29. Errichtung eines Zinnkaufs zwischen den Gewerken des Altenberger Radeschacht und den Leipziger Zinnhändlern Georg Huttherr, Michel Jerniger, Hans Eibe, Dominicus Breun, Adrian von Hilsen und Christoff Walburger unter Vermittlung Wolf von Schönbergs, des Hauptmanns des Erzgebirges und Mathias Arnolts, des Amtsverwesers. 6. Mai 1562. Original des Vertrags mit den eigenhändigen Unterschriften und Siegeln der Kontrahenten im Hauptstaatsarchiv Dresden, Loc. 36080 Nr. 666. Bl. 75 ff.

Demnach und als bishero uf dem Altenberge viel grosser beschwerlicher unnöttiger unchosten ergangen, das auch die gewercken derwegen in grosse scheden und beschwerung kommen, als haben ich Wolff von Schönberg zu der Neuensorga uf den ertzgebirgen hauptman etc. und Mathias Arnollt, ambtsvorweser doselbsten, heut dato die zihenhendtler von Leipzigk als Jorge Hutern [1], Michel Jernigern, Hans Eibe, Dominicus Breun, Adrian von Hilsen und Christoff Walburger semptlichen und sonderlichen vor eins, auch die gewercken des Altenbergers zum radeschacht gehörig anderstheils vor uns erfordert, diese unerdregliche und unmugliche beschwerungen mit ihnen beiderseits auch zu beforderungen cf. zehents gehandellt und geredet und entlichen auf nachvolgende mittel und wege sie von beiden theiln vorglichen und vortragen.

Demnach kein ander besserung und ordnung kan oder mag — dass das Altenbergische bergkwerg wider in aufnehmung kommen möchte — gefunden werden, als dass die zihenhendler den wöchentlichen vorlagen auff- und zu sich nehmen. Welchs dann die obbemelten zihenhendler wie volget, dessgleichen die gewercken bis ahn unsern gnedigsten churfursten und herrn confirmation auf beiden theiln angenohmen und bewilligt. Dergestallt: Es sollen und wollen die zihenhendler von Exaudi des 62. jars bis wider Exaudi des 65. also 3 jar alle wochen mit gutter sechsischer muntz unsers g. h. schrots und korns auf dem Altenberge die berggebeuden, hutten, muhlen, kohl, holtz, pocheisen etc. und in summa alles, was zu dem bergwerge dissorts gehöret, nichts ausgeschlossen, das sich dann in gewieser summa wöchentlichen nicht über 700 gulden erstrecken soll, darlegen und vorsetzen etc. Und sollen die obbemelten zihenhendtler zu fernerem wöchentlichen vorlagen nicht gedrungen werden. Und do auch die ernantten 700 fl. wöchentlichen zu solcher vorlage nicht von nöten, so sollen dieselben auch nicht von den zihenhendelern abgefordert werden. Do es sich aber zutruge — wie wier dann zu dem lieben Gott hoffen — dass die bergwerge des orts in besserung und aufnehmung kommen möchten, so sollen und wollen die obbenanten zihenhenndtler mit geburlicher wöchentlicher vorlag über die 700 fl. was den radeschacht belangt auch zu vorlegen nit in wegerung stehen. Dagegen sollen sie die zihen sovil dero ein jede woche disorts und innerhalb exaudi des 62. bis exaudi

---

[1] Schreibt sich in der Unterschrift Georg Huttherr.

des 63. jars den ctr. vor und umb 12 gulden obbeschriebner muntz zu sich aus der wage entphahen und nhemen. Vollgende 2 jar als von exaudi des 63. und 64. bis auf das 65. ermeltes sontags exaudi sollen und wollen die ziehnhendler ein jeden ctr. zihen, soviel dero gelieffert umb und mit 12 gulden ein ort den gewercken zhalen, vorgnugen und zu sich losen.

Weil auch sontags exaudi anno im 61. die obgemelten ziehnhendler den Altenbergischen gewercken des radeschachts 4600 gulden uf vorlag dargethan und vorgestrackt und dis jar über ahm datto von jederm centner zihen ein halben gulden abgekurtzet und innenbehalten worden, so haben oft gedachte zihenhendler bewilligt und angenhomen, dass sie dieselbe abgekurtzte jaressumma des halben guldens, sovil dero centner zihen gelieffert worden und diss die rechnung geben wirdet, alsbalt und uf einmhal widerumb mit bharem gelde den gewercken erlegen und hinausgeben wollen. Dass also den gewercken 4600 gulden in muntz widerumb ausserhalb des wochentlichen vorlagens vorgesetzt werden möge. Dagegen und herwiderumb haben die oft gemellten gewercken des Altenbergs zum radschacht gehörig, dass sie solche 4600 gulden in muntz, inen von den zihenhendlern vorgesatzt, exaudi des 62. anzufahen bis exaudi des 65. also lange diese summa der 4600 gulden erreichen thut, von jedem centner zihen ein halben gulden durch ihren vorordenten factorn abzukurtzen und innenzubehalten, inen gelieben und gefallen lassen, auch entlichen bewilliget.

Und demnach auch die ernanten zihenhendler diese beisorge getragen und haben, dass, do etliche gewercken so wöchentlichen vorlag uf ire bergtheile (wie oben vormelt) entpfangen, was ahn zihen ihnen den zihenhendlern von quartaln zu quartaln also in jaresfrist mit ersetzungen des wöchentlichen vorlags der zihen, was hinterstellig vorplieben wurden (sie des also nicht in wenigen schaden und nachtheil gesetzt möchten werden), also haben des bergwergs ufm Altenberge zum radeschacht gehörenden bauenden gewercken hiemit und in kraft dieses schiedes semptlichen und sonderlichen bewilligt und ahngenhomen, dass sie vor dieselben alle und jede aussenstendige vorpliebende zihene und schulden diese 3 jar uber als selbschulldige purgen und zhaler des wöchentlichen vorlages kegen den obbemelten zihenhendtlern zu hafften eingelassen und sich hiemit wie es am krefftigsten vorpflichtet haben.

Diweil aber Mathes Rode und die Buchfurrischen [1] kein wöchentlichen vorlag begehren, und sich desselben eussern, so sollen sie auch
mit der gesampten burgschaft verschonet und nicht gemeinet sein.
Doch sollen und wollen sie dem churfursten zu Sachsen etc. zu
underthenigstem gehorsam und volge ire zihen gleich andern gewercken des radeschachts in diesen kauffen liefern und geben und
sich all anderer artickel gemess verhalten.

Zudehme, wollen auch die zihenhendler und gewercken alle
quartal oder viertheil jar, der eingenhomenen zihen und wöchentlichen vorlag richtige rechnungen miteinander thun und halten.

Es wollen auch die zihenhendler zu erhaltungen und besse-
rungen des radeschachts besonders zu beforderungen u. g. churfursten und herrn etc. zehenten uf unser underhandlung und der
gewercken vleissiges ansuchen 200 gulden muntz kunftig exaudi
nach datto den gewercken des radeschachts zu steur der gebeuden
doselbsten ohne einige widerentgeldt gutwilligklichen darlegen und
ordtnen.

Mher sollen und wollen die gewercken ufm Altenberge alle
zihen zum radeschacht gehörende, so sie von sonntags exaudi ahn,
der do ist der zehende monats Mai dieses lauffenden 62. jars bis
wieder uf exaudi des 65. und also 3 jar lang in ein geordnet giesshaus aufm Altenberge stuckweis ungegattert fhuren, darinnen die
zihen durch eines jedern geschwornen schmeltzers gartern und rein
ausgiessen lassen, also dass kein dornicht, feistes, tattelhaftig oder
unkauffmans guth soll darein gegossen werden, auch durch solche
vereidente schmeltzer und giesser auf einem jederm und alle gattern
das Altenbergische wappen, den leuen wie bishero breuchlichen gewesen und auch darneben ein geordnetes zeichen, dass es in die
radeschachtgebhure gehöret, neben eines jedern gewercken zeichen
gemercket werden. Was dan fur feistes dornichts oder andere böse
zihen, so die sau pfleget geheissen zu werden, unausgegossen bleibet,
dass sollen solche ausgiesser einem jedern gewercken neben seinem
gegaterten zihen und kretz zustellen und von den gewercken den
zihenkauffern oder irem factor antworten. Dann sollen die zihen
durch einen vereideten butner oder einem anderen tüchtigen in die
vass eingeschlagen und das rechte Altenbergische zeichen, den
leuen, darauf brennen lassen; auch kein ander zihen, dann solche

---

[1] Valtin Buchführers Gesellschaft.

ausgegossene und gegaterte zihen in die vass schlagen und sollen auch dieser verordnungen des ausgiessens nach vorfliessungen der obgemellten 3 jar die gewercken ires gefallen freistehen.

Es solen auch die gewercken je und allewege recht Altenbergisch gewicht, wie es durch den churfursten zu Sachsen in der wage geordnet und bishero gehalten worden, zu reichen und zu liefern schuldig sein, hiemit kein klag derhalben furfalle.

Vohr ausgehung der dreier jar sollen und wollen die gewercken ein halb jar zuvor, den hendtlern den zihenkauff weiter ahnbieten und ihnen vor allen anderen gönnen, sofern die hendler sich mit ihnen ferner vergleichen können. Auf den fhall aber, dass solchs nit geschehe, dass sie sich vorgleichen würden, alsdann soll es den gewercken mit andern sich einzulassen freistehen.

Und so einig gewerck vor exaudi des 65. jars ahn seinem antheil der 4600 gulden in diesen dreien jharen mit etwas seumig gefunden, derselbige gewerck soll das hinterstellige rest ahn seinem zihen, so er zum nechsten darnach einbringen und liefern wirdet, abrechnen lassen. Und so ein gewerck ahn lieferung der zihen solche seine zhalungen nicht erreichen wirdet, desselbigen guter bergtheile, hutten und muhlen sollen zu einem willigen underpfand umb mherer vorsicherung darauf hafften und damit gentzlichen vorgnuget und bezhalet werden und sollen keinen anderen keuffern ire zihen fur diese zeit der bezhalung liefern oder zukommen lassen.

Es sollen auch die gewercken den vorrath, so sie itzt anfengklichen dies kauffs halben oder biss uff endung der dreier jar gewinnen werden, nicht mutwilligklichen unauffbereitet und ungeschmeltzet den hendtlern zu nachtheil ligen lassen, vorsturzten [1] oder sonsten vorhalten, sondern wollen denselben mit allem vleiss sovil muglichen uffarbeiten, damit den zihenhendlern der obgewilligte zihenkauff gehalten wirde. Do dann dem amptsvorwalter befehlch geschehen und so einer des befunden, dass er darumb soll gestraft werden.

So sollen und wollen auch die hendler semptlichen und sonderlichen diese 3 jar uber zu solchem zihenkauff sowol also die gewercken vorbunden sein und sich weder mit krieg, raub, nahm oder sterbenden leuffen zu behelffen haben. Welches also beiderseits gewercken und hendler solches alles zu halten mihr, dem haupt-

---

[1] = fortschaffen, verderben.

mann der Ertzgebirge und dem amptsvorwalter mit hand und mund angelobt und zugesagt haben. Entlichen, die vielgemelten gewercken semptlichen, dass sie m. g. churfursten und herrn confirmation hieruber aus und zuwegen pringen, uff sich genhommen haben.

Seind also diesmal derer vorschriebenen artickel zu grund aus entschieden und vortragen, haben auch solch die benannten ziehnhendler allsampt, dessgleichen die gewercken zu steter, vhester haltungen beneben mir, dem hauptmann und amptsvorwaltern als hendlern, mit unsern angebornen und gewonlichen petschaften hier unden ufzudrucken, wissentlichen diesen gezwiefachten schied bemercken lassen.

Geschehen und geben Freiberg, Mittwochs nach Philippi Jacobi, den 6. Mai des LXII.

[Es folgen die Unterschriften und Siegel des Berghauptmanns, des Amtsverwalters, der bedeutendsten Gewerken und der Zinnhändler.]

30. Kurfürst August verspricht dem Hans Jenitz, Hans Harrer, Wolf Prager, Hans Biener und Hieronymus Krahwider nach Ablauf des Kontraktes mit den Leipziger Zinnhändlern den Zinnkauf auf dem Altenberger Radschacht auf 8 Jahr unter der Bedingung, dass sie den Dr. Blasius Grunwald und Dominicus Breun aus Leipzig in die Zinnkaufsgesellschaft aufnehmen. 24. Aug. 1564. Konzept im Hauptstaatsarchiv Dresden, Loc. 36 080, Nr. 666, Bl. 86 f.

Von Gottes gnaden wir Augustus, herzog zu Sachsen, churfürst etc. thun kundt hirmit offentlich und bekennen fur uns, unser nachkommende erben und sonst menniglich, dass wir unsern lieben getreuen Hansen Jenitzen, secretarien, Hansen Harren, cammermeister, Wolff Pragern, zehendnern zu Freibergk, Hansen Bienern, muntzmeistern und Hieronimussen Krahwidern, cammerschreibern unser gnedigsten vertröstung nach den zcinkauf uffn Aldenberg nach ausgang unserer gunst, so wir etzlichen hendlern zu Leiptzig zuvorn hiruber geben und sich auff exaudi des kunfftigen 65. jars enden würdett, 8 jhar lang, die nechst volgenden nacheinander, gnedigest gegönnet, versprochen und verwilliget haben. Gönnen, vorsprechen, vorwilligen und vorschreiben auch obbenannten unsern dienern und iren erben solchen zinkauff auff 8 jhar freiwillig und wohlbedechtig in und mit crafft dis brieffs. Doch dass sie unsern leibartzt Dr. Blasium Grunewaldt sampt seinem aiden Dominicum Breun zu Leiptzigk in diese ire gesellschaft die zeit lang, so wir ihnen beiden gewilliget, zu sich ziehen, damit dieselbige unsere erlangte bewilligung ungeschwecht in iren krefften bleibe. Dagegen sollen obgemellte geselschaffter die ziengewercken uffn Aldenberge zum radeschacht gehörig wie bishero wochentlich zur notturfft vorlegen, sich auch allezeit von zweien jharen zu zweien jharen eines gewissen zinkauffs nach gelegenheit der leuffe mit den gewercken vergleichen, welche vergleichung wir dann auch jedesmals gnedig confirmiren und sie ires vorlags aus dem berckwerg und andern der gewercken semptlich unvorschiedenlich haab und guttern genugsam vorsichern und dermassen vorgewissern wollen, dass sie nach endung dieser bewilligung von dem zinkauff und vorsicherung durch niemandt abgedrungen werden sollen, sie seindt denn irs auffgewenten vorlags zuvorn gentzlich und volkomlich vergnugt.

Und in diesen 8 jharen wollen wir nicht bewilligen noch gestatten, dass sich einige gewercke im radeschacht — er bedörffe gleich verlag oder nicht — von den andern absondern, sondern es sollen obgemelten vorlegern alle zin vom radeschacht unzerteilt in einem kauff volgen und gelassen werden. Wollen dann die geselschafter oder vorleger daneben auch etzliche feldtgebeude [1] vorlegen und befurdern, das soll bei inen auch freistehen. Und mögen sich mit den gewercken derselben feldtgebeude des zinkauffs halben wie sie konnen zum besten vorgleichen treulich und ohne alle gefehrde.

Zu urkunde haben wir diese begnadung und befreihung des zinkauffs mit unserm auffgedrucktem secret besigelt und unsern eignen handen unterzeichnet. Geschehen und gegeben auf unserm schloss Kemnitz, den 27. August nach Christi, unsers erlosers geburt im 1564. jhare.

31. Die Gesellschaft des Altenberger Zinnkaufs, bestehend aus den in der vorigen Urkunde genannten Mitgliedern, schließt mit den Gewerken des Altenberger Radeschachts wiederum einen Zinnkauf auf 2 Jahre ab. 27. Nov. 1566. Urkunde im Hauptstaatsarchiv Dresden, Loc. 36 080. Nr. 666, Bl. 89 ff.

---

[1] Außer dem Radeschacht.

Demnach die bauenden gewercken des Aldenbergs zum radschacht gehorig eines notturftigen zienkaufs und vorlags uf 2 jhar
lang, nemblichen von exaudi des 65. bies uf exaudi kunftiges 67.
mit den achtbarn, ernvhesten und erbarn hern Blasius Grunewalden,
der ertznei doctorn, Johan Jhenitzen, cammersecretarien, Johan
Harrer, cammermeistern, Johan Biener, muntzmeistern, Hieronimus Krahnwider, cammerschreibern, Wolf Pragern, zehndnern, alle
churfurstliche sechsische hofdienere und Dominicus Breun bei-
stendig geschlossen und aber nunmehr solche zwei jhar kunftig
exaudi beruertes 67. ihr entschaft haben und abgehen, also seint
auf entpfangenen churfurstlichen sechsischen, meines gnedigsten
herrn, befehlich beides obbemelte heren zienhendeler und die gewercken des radschachts ufm Aldenberge volgendermas uf vorgehende beschehende vorbescheidung und vleissiger underhandtlung
durch mich Wolffen von Schönberg auf Knauthan und Nauensorga,
hauptmahn der ertzgebirge aller nachvolgenden notwendigen
artickel mit irer sembtlichen, wolbedachten willen ufs naue wiederumb gentzlichen vorglichen und vortragen werden. Also:

Es haben die gewercken des radschachts den obbemelten hendelern alle ire zien, sovil dero ufm Aldenberge zum radschacht gehorig gemacht, den zehndtner zien um 12 gulden muentze des churfursten zu Sachsen, unsers gnedigsten herrn, schrots und korns,
oder deme ahm werth gemes, darunter der dritte theil grob gelt
sein soll, bahr umb bahr, zugk um zugk uf zwei jhar langk, also
von exaudi des 67. bies wider exaudi des 69. entlichen zugesaget
und vorsprochen.

Und weil die gewercken nach vormoge jetziger gehaltener abrechnung 7196 gulden muntz schuldig blieben und aber itzo wiederumb zur notturfftigen vorlag und erhaltung irer gebeude ein
ahntzahl geldes behilfig, also haben die oftgedachten hern zienhendler ihnen, den gewercken sembtlichen 3804 gulden auf kunftigen nauenjharsmarck ahngehendes 67. jhars zu den vorigen vor-
bliebenen 7196 gulden zu erlegen und also widerumb 11 000 gulden
muntz vortzusetzen bewilligt. Was aber mittler zeit von datto
ahn bis uf exaudi des 67. von zien gemacht wirdet, daran soll
vermoge der vorigen vergleichunge den hendlern ahn jedern
zehndtner 1 gulden abgeczogen und inebehalten werden und den
gewercken ahn den vorgesetzten 11 000 gulden wiederumb ab-
lauffen und sollen also weitter auch die zwei jhar uber zu keiner

fernern ubrigen vorlag und vorsetzung vorpflichtet noch vor-
punden sein.

Dagegen soll den herrn vorlegern die zien des radschachts,
soviel deren diese zwei jhar uber gemacht, wie zuvorn geschehen,
alle gevolget und sonsten von den gewercken oder jemandes anders
dieselben zien nicht verkauffet, verhandelt oder undergeschlagen
werden.

Damit aber vorgemellte herrn vorlegere irer vorgesatzten und
dahrgestrackten summa geldes widerumb behendiget und habhaftig
gemacht wurden, haben die gewercken des radschachts bewilligt
— wie sie dan hiemit gutlichen und einhellig versprochen und zugesaget — dass von jedern zehntner zien, so sie diese zwei jhar
uber gemacht und in die wage geliefert wirdet, zwene gulden ahn
der bezahlung ihnen lassen und ablegen wollen, welche durch iren
voror denten factor abgekuertzt und innebehalten werden sollen.
Doch soll ihrem factor ehe und zuvorn die alten zienhendler ires
benanten hiender standts, dero sie vom zehntner einen halben gulden
ablegig gewarten, gentzlich vorgnueget, mehr nicht, dan andert-
halben gulden volgen. Nach abzahlung aber derselben sollen vom
centner jederzeit diese zwei jhar uber zwene gulden abgehen und
innenbehalten werden.

Weiln aber nach vorflissung derer zweier jhare ahn ablegung
der 11 000 gulden was wichtiges hinderstellig vorbleiben wirdet,
also haben die vilgemellten bauenden gewercken des Aldenbergs
zum radschacht gehorigk auch ihnen gelieben lassen und in kraft
dies schiedes sembtlich und sonderlich bewilliget und mit hand
und mundt gelobet, dass sie vor dieselben alle und jede aussenstendige vorbleibende zien und schulden die zwei jhar uber als
selbschuldige burgen und zahler der 11 000 gulden oder des restes
gegen den obgemellten herrn zienhendlern zu haften eingelassen
und sich hiemit wie es am krefftigsten vorpflichtet haben.

Damit sie aber die hendler des rests, so ihnen kunftig vorbleiben
mechte, umb soviel deste mehr vorsichert, so sollen ihnen alle der
gewercken bercktheile, huetten, muhlen und vorrath zu einem
willigen underpfande hafften und stehen.

Es sollen und wollen auch alle gewercken des radschachts,
welche eigene feltgebeude haben oder noch in obberurten zweien
jharen bekommen mechten, alle ire zien, so sie diese zwei jhar von
denselben machen, den hendlern in disem kauf zu lassen vorpflichtet

sein. Dagegen wollen die hendler einen jeden nach gelegenheit seines vorradts, welchen er jedesmals durch den berckmeister und geschwornen mit vleiss besichtigen wirdern und ihme hieruber ein zettel ahn den factor geben lassen soll, vorlegen.

Zudeme haben die vielgemellten gewercken vorsprochen und zugesagt, dass sie den zienkauff kunftig exaudi des 69. den jetztgedachten zienhendlern vor allen andern ein halb jhar zuvor ahnbieten, gönnen und zukommen lassen wollen. Do sie sich aber des von beiden theilen nicht vorgleichen werden konnen, auf den fhal sol den gewercken mit andern sich einzulassen freistehen. Doch sol den itzigen hendlern der rest von den 11 000 gulden, soviel des nach gehaltener abrechnung verbleiben wirdet, ahn zien oder bahrem gelde exaudi des 69. fur abtretung des zienkauffs ahne allen vorzugk bahr und auf einmahl bezalt und erleget werden.

Es haben auch die gewercken damals sich vorpflichtet und zugesaget, dass sie forthin iren arbeitern mit bahrem gelde lohnen wollen, damit zwietter gewonnen, zien gemacht und das bergkwergk gefordert, sich auch kunftig die arbeiter oder sonst jemants derhalben nicht habe zu beklagen und auch derwegen unser gnedigister herr, der churfurst zu Sachsen, die ambtleutte, auch die hendeler unuberlauffen und unbelanget bleiben. Sollte aber solcher von einem oder mehrern vorbleiben und von ihme nicht gelohnet, so sol uf den fahl nach vermoge m. g. herrn ordnunge gegen denselben mit ernster straff vorfahren werden.

Mehr sollen und wollen die gewercken ufm Aldenberge alle ihre zien zum radschacht gehorende, so sie von sonntags exaudi des 67. bis widerumb exaudi des 69. und also zwei jhar lang machen werden, in das geordente giesshaus ufn Aldenberge stuckweis, ungegattert fueren, darinnen die zien durch einen jedern geschwornen schmeltzer gattern und rein ausgiessen lassen, also dass kein dornichts, feistes thadelhaftiges und unkaufmannsguet soll darein gegossen werden. Auch durch solche schmeltzer und ausgiesser, welche damals von nauem in gegenwardt der hendler oder ires befehlichhabers sollen voreidet werden, woferne solches nicht albereit geschehen, auf einem jedern und alle gattere das Aldenpergische wappen, den leuen, wie bieshero breuchlichen gewesen und auch daneben ein geordentes zeichen, dass es den gewercken des radeschachts und in diese vergleichung gehorig, neben eines jedern gewercken zeichen mit vleiss unnachlessigk gemercket werden. Was dann fur feistes, dornichts andere bose zien oder hardtwerck, so die sau pfleget geheissen werden, unausgegossen bleibet, das sollen solche ausgiesser einen jedern gewercken neben seinen gegatterten zien und kretz zustellen und von den gewercken den zienkauffern oder irem factor treulichen geantwortet werden. Dan sollen die zien durch einen dazu voreideten buttner oder einen anderen tuchtigen in die fass eingeschlagen und das rechte Aldenbergische zeichen, den leuen, darauf brehnnen lassen, auch kein ander zien, dan solche ausgegossene, gegatterte zien und welche zuvorn mit den geordenten drei zeichen vormercket, in die fass schlagen. Und sollen auch dieser verordenung des ausgiessen nach verflissung der zweier jhare den gewercken ires gefallens freistehen.

Es sollen auch die gewercken je und allewege recht Aldenbergisch gewicht, welche jherlich sollen ufgezogen und justificirt werden, wie es durch den churfursten zu Sachsen in der wage geordenet und bisher gehalten worden, zu reichen und zu liefern schuldig sein, hiemit kein klage derhalben furfalle.

So haben auch ferner die hendeler bewilliget, dass sie von jederm zentner zien, so inen die zwei jhar uber von den gebeuden des radeschachts geliefert, 3 pfennige, wie dan die gewercken gleichergestalt auch gewilliget, solche 3 pfennige vom zentner zien irestheils zum Gotshaus und erhaltung der kirchen geben wollen. Welche steuer durch der hendtler factor alle halbe jhar abgekurtzt und den kirchvettern mit der gewercken vorwissen zugestelt soll werden.

Die gewercken wollen auch den vorradt, so sie vor der zeitt und inkunftig der zweier jhar gewinnen werden, nicht vorsetzlich unaufbereittet und ungeschmeltzt, den hendlern zum nachtheil liegen lassen, vorsturtzen oder sunst vorhalten, sondern wollen denselben mit allem vleiss sovil muglich aufarbeiten, damit den herrn zienhendlern das zien volkomlichen geliefert und der abgewilligte kauff gehalten werde. Do dan dem ambtsvorwalter befehlich geschehen soll, so einer des befunden, dass ehr darumb sal gestraffet werden.

Desgleichen sollen und wollen auch die herrn hendeler sembtlich und sunderlich diese zwei jhar uber zu solchem zienkauff sowol als die gewercken beiderseits verpunden sein und sich weder mit krieg, raub, nahm oder sterbenden laufften, wie das einen nahmen haben magk, zu behelffen haben. Im fahl aber durch vorhengknus Gottes des almechtigen etwan durch kriegs- oder sterbenslauffe das zien in solch stecken kommen wurde, dass die hendeler zu schleiniger vorpflichter zahlunge nicht kommen konden, so wollen die gewercken desfalls mit ihnen auch freuntliche, gutwillige gedult haben. Hiergegen aber haben sich die herrn hendler gegen den gewercken freuntlich und doch unvorbuntlich vornehmen lassen, da es ihnen aus mangel des wassers hinderung und nott vorfallen wurde, dass sie sich nach gelegenheit und befindung des vorradts mit einer gutwilligen vorlag willferig erzeigen wollen. Welches also beiderseits die herrn hendler und gewercken solches alles zu halten mir, dem hauptmahn der ertzgebierge etc. mit hand und mundt angelobet und zugesagt haben.

Entlichen haben die oftbenumbten gewercken sembtliche hieruber meines gnedigsten churfursten und herrn confirmation aus und zuwege bringen uff sich genohmen.

Und seint also diesmahls derer vorbeschriebenen artickel zu grundt aus entschieden und vortragen, haben auch solches die benanten zienhendler ahlsambt, desgleichen die gewercken zu stetter, vhester, ahngenehmer haltung beneben mir, dem hauptmahn als underhendler mit unsern ahngebornen und gewonlichen petzschafften herunden ufzutrucken, wissentlichen diesen zwiefachten schiedt bemercken lassen.

Geschehen zu Pirnau, Mittwoch nach Katharine, den 27. tag Novembris nach Christi geburt im 1566. jhar.

VI. Dokumente der kapitalistischen Wirtschaftsorganisation im Idrianer Quecksilberhandel des 16. Jahrhunderts.

32. Ferdinand I. und die Gewerken von Idria schließen mit den Höchstettern (Augsburg) einen Quecksilbermonopolkontrakt. 1. Januar 1525. — F. A. Wien. Gedenkbuch 21, Bl. 248 ff.

Vertrag des queckhsilber- und zinoberskauf in Ydria zwischen fürstl. durchlaucht, den gwerckhen daselbs und Ambrosien und Hannsen den Höchstettern gebrueder zu Augspurg.

Kundt vnd zu wissen sei gethan menigklich, dass . . . . . herr Ferdinand etc., auch die wolgebornn, edl, vesten, fürsichtigen, ersamen und weisen herr Hans von Auersperg, herr zu Schönberg für sich selbs und als volmechtiger gewalthaber des erwirdigen fürsten und herrn, herrn Cristoff, bischof zu Laybach etc. herr Sigmunden von Dietrichstain, freiherrn zu Hollenburg und Vinckhenstain etc. Wilhalmen Newmans und ander etlicher mer gewerckhen, der gwalt er hat, Blasii Hölczl, fürstlicher durchlaucht rat vnd phleger zu Vellenberg, Cristoff Herbst, phleger zu Toblach, Steffan Käserer, Valtein Kutler von Salzburg vnd Liennhardt Ruepp, die all für sich selbs vnd als gewalthaber annderer irer mitverwandten vnd gwerckhen des perckhwerchs in Idria mit zeitigem rat vnd wolbedachtem muet für sich, ihr erben vnd nachkomen gnedig vnd vnnderthenigclich miteinannder veraint auch entslossen und den vesten, furnemen Ambrosien vnd Hansen den Höchstettern gebruedern zu Augspurg vnd iren mituerwandten ainen queckhsilber- vnd zinoberkauf von und aus dem perckhwerch Ydria gegeben vnd kaufweis zugestelt haben, wissentlich in craft diz briefs. Also dass den gemelten Höchstettern vnd iren mituerwanten von der fürstlichen durchlaucht vnd den gwerckhen zuesteen vnd eruolgen soll: nemlich alles queckhsilber vnd zinober, sovil des auf heutigen tag gemachts guets vorhannden ist und zusambt demselben von

denen queckhsilbern vnd zinobern in negstvolgenden vier jarn gemacht werden, benentlich in ainer suma vmb 300 000 guldin werdt
guets an queckhsilber vnd zinober.   Also vnd dergestalt, dass solh
queckhsilber vnd zinober den Höchstettern von allen gwerckhen
gemachts guets vnd auch von obberürter fürstlichen durchlaucht
fron vnd wechsel vnd andern der gwerckhen quekhsilber vnd zinober,
so si in Ydria haben werden bei gedachtem perckhwerch in Ydria
sollen uberantwurten und zustellen nach rechten geschwornen zim-
menten wienischen gewicht ain yeden zenten queckhsilber vmb
30 gulden rh. und ainen yeden zenten zinober umb 35 gulden rh.
Alles mit gueter gemainer landsgebreuchlicher munz nachvolgender
gestalt zubezalen.   Aber mit abziehung der fel vnnd fassl solls
gehalten werden, wie bisher vnd vormals mit dem Phliegl, Newman
oder andern kaufleuten gehalten worden ist.   Und nachdem gwerckhen und verwandten zu sand Achazien, Katherein und denselben
verwandten grueben mass und gerechtigkaiten ainen treffenlichen
vorradt gemachts queckhsilbers vnd zinober in Idria zu Cronburg,
Laybach, Venedig oder andern orten ligen haben und ob ir fürstlichen durchlaucht und die obgemelten gewerckhen zu iren ge-
burenden tail auch etlich queckhsilber oder zinober in Idria hetten,
so soll den gemelten Höchstettern durch obgemelte und dieselben
gwercken und verwandten der genant vorradt von stund an in
abslag diser kaufsuma der 300 000 gulden rh. zugestellt und gegen
iren quittungen uberantwurt werden, doch was furlon vnd un-
cossten darauf gangen ist aus Ydria bis in die leger, da yezundt
das guet ligt, des sollen die genanten Höchstetter den gewerckhen
auch bezalen vnd si darumb zufriden stellen.   Was aber die fürstliche durchlaucht und gemain gewerckhen den Höchstettern und
iren mitverwandten uber den angezaigten vorradt zu völliger erstattung der 300 000 guldin werdt queckhsilber und zinober noch
zuuberantwurten schuldig werden, das sollen gemelte fürstliche
durchlaucht und gemain gwerckhen den Höchstettern vberantwurten und zustellen.   Dergestalt nemlich in dem nachvolgenden
1526, 27 und 28 jar zu quattember zeiten nach gelegenlicher, geburlicher eintailung was sich dann nach anzall der suma auf yedes
jar zu quattember zeiten gepurt.   Und von wegen der bezalung
ist es also beredt vnd durch die Höchstetter bewilligt, welhs auch
von der fürstlichen durchlaucht vnd den gemainen gwerckhen angenomen ist: dass die Höchstetter auf solhen kauf yezunder be-

zallen sollen 40 000 gulden rh. und die gen Innsprugg erlegen und den vorgemelten gwerckhen von Sannd Achazien, Katherein und derselben gemessen pürg [1] und gerechtigkait in abslag der bezalung irs vorradts gegen iren quittung vberantwurten. Und auf nechstkünftigen Sannd Jacobstag dits 25. jars sollen gemelte Höchstetter und ir mituerwanten anfahen und bezallen, nemlich mit der zeit wie si stat haben mugn bis auf weinnechten ausgang des 25sten jars benentlich 35 000 gulden rh. und dieselben zu hannden der oftgemelten gwerckhen zu Sannd Achazien und derselben gerechtigkait gegen iren oder irer diener und gewalthaber quittung auch in abslag des vorradts, den si inhalt dits vertrags empfangen haben mit parem gelt uberantwurten und bezallen, damit si die vorgemelten gwerckhen von den gemelten Höchstettern auf dits 25. jars in abslag irs emphanngen queckhsilbers und zinobers bezalt werden, wie vorgemelt ist. Nemlich 75 000 gulden rh. Dieweil aber noch, wie vorsteet, mer queckhsilber vnnd zinober zu erstattung ganzer kaufsuma soll geantwurt werden, ist also beredt und entlich beslossen worden, dass im 26. jar soll angefangen und zu quattemberzeiten die geburend anzal queckhsilber und zinober geantwurt werden inmassen, wie hieuor gemelt ist. Aber die bezalung derselben queckhsilber vnd zinober soll albeg ain jar nach der emphahung vnd uberantwurtung der gueter angeen dergestalt zuuersteen, dass soll angefannen werden die erst quattember des 27. jars vnd soll bezalt werden das queckhsilber und zinober, so die erst quatember des 26. jars empfangen und uberantwurt worden ist, und also furtan für und für gehalten, uberantwurt und auch bezalt werden albeg zu quattember zeiten, nemlich des 27., 28. vnd 29. jar, yedes jar 75 000 gulden rh. zu gannzer bezalung der 300 000 gulden rh. werdts guets, so inhalt des vorgemelten artigcls in disen bestimbten 4 jarn an queckhsilber und zinober uberantwurt worden sein. Doch ist das clar und lauter geredt worden, wo das perckwerch in abfal käme und sich mit kriegsleuffen oder in ander weg, — das Got lanng verhueten well — vrsachen zutrugen, dass nit souil queckhsilber und zinober gemacht wurde, als yez hievorgemelt verkauft ist, so sollen die fürstliche durchlaucht, auch herrn und gwerckhen den Höchstettern nit verpunden sein, die erstattung mit queckhsilber und zinober auf die angezaigt

---

[1] Das heißt abgemessenes Gebirge.

suma der 300 000 gulden rh. zuthun. Auch die Höchstetter den
gemelten gwerckhen nit mer zubezallen verpunden sein, dann die
Höchstetter an queckhsilber und zinober von den gwerckhen emphangen haben. Verer nachdem fürstliche durchlaucht zu erhaltung irer fürstlichen durchlaucht camerguet, auch den gemelten
gwerckhen und verwandten des perckwerchs nit albeg an ainer
stat die bezalung gelegen sein will zuemphahen, ist lauter beredt
worden, das die Höchstetter und ir mituerwandten der fürstlichen
durchlaucht und den genanten gewercken die bezalung sollen thun
und raichen zu yeder zeit, wie die fristen benent sein in der stat
ainer als zu Wien in Österreich, zu Salzburg, zu Hall im Intal oder
zu Villach in Kerndten, wo das irer fürstlichen durchlaucht etc. und
den herrn vnd gwerckhen gefellig vnd gelegen sein will zuemphahen.
Darauf bekennen wir Ferdinand, ... auch wir vorgemelt gwercken in Ydria fur uns selbs und als volmechtig gwalthaber der
andern unsern mituerwandten und gwerckhen bemelts perckhwerchs und wir Ambrosy und Hanns gebruder die Höchstetter als
für uns selbst und unser mituerwandt auch all ander unser erben
und nachkommen wissentlich hiemit und in craft dicz briefs also
dass wir solhem verkauf und kauf für die vorgeschriben 300 000
gulden rh. queckhsilber und zinober, wie der in allen und yeden
vorgeschriben puncten vnd artigkln gestelt und begriffen ist, vesst,
stet und ungewaigert halten, auch demselben mit uberantwurtung
gemelts queckhsilbers und zinobers und dargegen mit der bezalung
zu yeder vorbenenten zeit getreulich und erbarlichen nachkomen
und geleben sollen vnd wellen. Wir obgenandt Erzherzog Ferdinand und obgeschrieben gwerckhen sollen vnd wellen auch in obbestimbter zeit der vier jar ob mer als fur die 300 000 gulden queckhsilber und zinober gemacht wurde bei und vnder verpfundung
300 zennten queckhsilber und 200 zennten zinober niemand anderm
durch uns oder von unsern wegen kain queckhsilber oder zinober
zustellen, antwurten noch verfuern, sonder also stilligen und den
kauf i n i r d e r H ö c h s t e t t e r a i n i g e h a n n d t erstgedach-
ter 4 jar beleiben lassen. Und ob sich aber das aus vergessenhait
oder sonst in annder wege wie sich sölhs zutragen möchte, dass
ainicher verkauf ausserhalb der Höchstetter bescheche, welches
doch in dhainen weg sein soll, begebe, so soll doch solcher verkauf,
zustellung, oder wie das genent werden möcht, kain wirckung, craft
noch macht haben, sonder die vorgeschriben verpindung der 300

zenten queckhsilber und 200 zenten zinober die fürstliche durchlaucht und die gwerckhen den Höchstettern on underlass zu bey
allen vnd nichtdestminder den verkauff für die 300 000 gulden
vesst und stet zuhalten schuldig sein.   Doch Hansen Paumgartner
zu Augspurg, Wilhelmen Newman und weiland Hansen Phluegls
erben ir erkauft queckhsilber und zinober, so in disen vorgeschriben
gemainen kauf oder den gemainen gewerckhen nit zugehört, vorbehalten und hierinn aussgeslossen, also dass si irem gefallen nach
damit handlen mugen.   Souer si aber ainich queckhsilber und
zinober erkauft, oder in ander wege das billich und inhalt des vertrags, so zwischen vns, erzherzog Ferdinand und uns, gemainen
gewerckhen jungst zu Wien am 28. tag Augusti anno etc. im 24.
aufgericht ist, in disen kauf gehöret, bei hannden hetten oder noch
zu iren hannden pringen möchti, dasselb soll auch in disen kauf
feruolgt vnd uberantwurt werden laut obgemelts vertrags.   Wir
sollen und wellen auch gedachten Höchstettern, iren erben vnd
mituerwandten nach verscheinung obgemelter vier jar souer wir,
erzherzog Ferdinand, auch gemain gewerckhen solhe vorgeschribne
war des queckhsilbers und zinobers wider i n a i n h a n n d t z u
v e r k a u f e n willens sein und sich die Höchstetter in disem
yezigen vierjerigen kauf uns und dem perckwerch erschiesslich
halten und das bemelt queckhsilber und zinober i n a i n e m m e -
r e r m o d e r h ö h e r n k a u f weder diser yezgemelter kauf der
gestalt ist, nemlich der zendten queckhsilber auf 30 und zenten
zinober auf 35 gulden pringen, denselben Höchstettern ainen neuen
kauf vor menigclichen vergannen und albeg ain yeden zendten obgemelter war umb 30 kreuzer nehner dann yemands andern verfolgen lassen.   Weiter so wellen wir, oftgenanter erzherzog Ferdinand für uns, unser erben und nachkomen gemelten Höchstettern,
iren mituerwandten und erben gegen der römisch kayserlichen
maiestät, unserm gnedigisten lieben herrn vnd bruder, oder seiner
kayserlichen mayestät und des reichs regiment oder desselben
fiscal auch sonst gegen menigclichen von welichem si solhs kaufs
halben angesprochen und dardurch in schaden zufuern vnnder-
standen wurden, ir gnediger herr, schirmer vnd vorsprecher sein,
auch deshalb ganz schadloss halten.   Welhe war fur die gemelten
300 000 gulden rh. queckhsilber und zinober sollen und mugen
auch obbemelte Höchstetter und ir mitverwandt zu yeder, in krigs
oder fridlichen zeiten, wann inen das fuegt, irem freien willen, ge-

fallen, nuz und notdurft nach verfuern, verkumern und verkaufen, on unser, unserer erben, nachkomen und mituerwandt auch menigclichs von vnsern wegen irrung, hindernus und widersprechen. Doch uns die gewondlichen zoll und meut, wie dann die von alter und bisher von solher war gegeben und abzalt worden sein, daruber wir si auch in dhainen weg zu staigern understeen noch gestatten wollen vorbehalten; alles treulich vnd vngefehrlich. Zu vrkundt sein diser kauf und vertragsbrief 3 in gleichem laut gemacht und under vnser erzherzog Ferdinand gewondlichem handtzaihen vnd furgedruckhten secret verfertigt. So haben wir Blasy Holzl, Cristoff Herbst, Steffan Kasserer, Valtein Kutler vnd Liennhardt Ruepp fur uns selbs und anstat gedachts herr Hannsen von Aursperg und dero, so er, wic obgemelt ist, gwalt hat, und uns in seinem abwesen zuuerfertigen beuelh vnd gwalt geben hat und dann alle ander unser mitgewerckhen uns mit aigner hannd underschriben und unser aigen petschaft aufgedruckht. Dergleichen hab ich, Ambrosy Höchstetter für mich, mein bruder Hannsen vnd alle annder meine mituerwandten mich auch mit aigner hannd underschriben und mein gewondlich petschafft furgetruckht. Geben zu Innsprugg, am ersten tag Januarii, anno etc. 25.

33. Verabredung eines idrianischen Quecksilberhandelsmonopols zwischen König Ferdinand, den Gewerken von Idria und Hans Baumgartner. 1. August 1539. — Wien, Finanz-Archiv. Innerösterr. Quecksilber 22, Nr. 18 320.

Khundt und ze wissen sei gethan menigclich, dass der allerdurchleuchtigist herr Ferdinand, römischer khunig etc. und die edlen etc. herr Joseph von Lamberg zu Schneeberg, ritter, röm. ku. mt. rat und derselben gemahel öberster hofmaister, herr Melchior von Lamberg, hochgedachter ku. mt. rat und hofmarschalch, bed für sich selbs, herr Niclaus Ribeisen zu Neu-Kiemnitz, frau Barbara Neumanin zu Wasserburg, Wilhelm Rasp, Marx Stettner und Niclaus Mossner für sich selbs und als volmechtig gewalthaber aller anderer gewerckhen, so im landt zu Kherndten und Crain gesessen sein, Ulrich Geltinger für sich selbs und als volmechtiger gewalthaber der gewerckhen, so in der grafschaft Tirol gesessen sein, und weiter obgemelter herr Niclaus Ribeisen, Wilhelm Rasp und Cristoph Cronneckher als volmechtig gewalthaber aller gewerckhen im stift Saltzburg sesshaft, in chraft irer habenden genuegsamen und volkhomener gewaldt für sich selbs und alle ire prinzipal, auch alle andere abwesendt herrn und gewerckhen des perkhwerchs in Ydria, Sandt Achatzien Rechtn, mit zeitigem rat und wohlbedachtem muet für sich, ire erben und nachkhumen mit einander veraint, auch beslossen und dem edln und vesstn Hansen Paumgartner von Paumgarten zu der hohen Schwangaw und Erbbach, röm. kais. und ku. mt. rat und seinen erben oder nachkhumen ainen queckhsilber- und zinnober-khauf von und auf dem berckhwerch Idria und desselben jetz gemachten und khunftigen vorrats und guetern gegeben und zuegestellt haben von primo Januarii nechstkhunftig auf 5 jar lang, die nechsten nacheinander volgendt, wissentlich in chraft ditz briefs. Benenntlich umb 75 000 fl. rh. in muntz queckhsilbers und umb 25 000 fl. rh. in muntz zinobers. Nemblich je ain Centen queckhsilbers umb 26 fl. und je ain centen zinober (alles wienisch gewichts) umb 30 fl. in muntz, je 15 patzen 60 kr. oder wie jederzeit 1 fl. in muntz gelten und gerechnet wirdet, in gueter, landtleufiger, unverruefter muntz oder italianischen gueten cronen oder ducaten, wi di jederzeit zu den fristen der bezallung genng und gab sein werden. Bringt in summa queckhsilber 2889 centen und an zinnober 833 und ⅓ aines centners wienisch gewichts.

Und nachdem aber die gegenburtig zeit und leuff so geferlichen und schwär, sonderlichen diser obgemelten waar halben, so haben die hochgedacht ku. mt. und di obgenannten herrn gewalthaber für sich selbst und ire prinzipal aus den und andern gueten, beweglichen und ansehenlichen ursachen, auch neben anderm der praticen halben, so der Paumgartner in vorigen kheufen diser handlung zu guetem geen Alcheuro und Constantinopl mit etwas grossen chosten, wie ehr glaubhaft dargethan, gefuert hat, sonderlichen auch damit si den Paumgartner zu ainem solchen grossen khauf anzenemben bewegt, genedigistlichen und freundtlich bewilligt, beslossen, zuegesagt und versprochen dem gedachten Paumgartner oder seinen erben oder nachkhumen in disem obgemelten khauf jetz nachgeschribne auf- oder eingab, nemblichen 687 centen queckhsilbers und 166 und ⅓ aines centner zinobers wienisch gewichts frei on ainich khaufgelt oder bezallung auf- und einzegeben. Und soll auch mit abziehung der fell und fasl gehalten werden wie bisher und vormals mit andern gehalten worden ist.

Und haben sich sonst zu beden tailen inmassen und gestalt wie hernach volgt verglichen und vertragen. Namblich so sollen die hochgedacht ku. mt. und herren und gewerckhen in Idria dem obgenannten Hansen Paumgartner und seinen erben oder nach-khumen, oder wem si an ihrer stat des verordnen, solche obbestimbte summa der queckhsilber und zinober wie obsteet in queckhsilbern und zinnober uberantwurten und libern von, auf, in und bei be-meltem perckhwerch Idria auf ir oder irer verordenten erstes er-fordern gar oder zum tail, wie inen jederzeit gefellig und gelegen und auch derselben zeit des gemachten vorrats halben in der ge-werckhen vermugen ist on allen verzug und saumbnus.

Und ob herrn und gewerckhen jetzo zu Triest, Villach oder ainichen andern orten queckhsilber oder zinober hetten, alda dem Paumgartner, seinen erben oder iren verordenten solche queckh-silber und zinober anzenemen gelegen und gefellig, das soll inen gestattet und von herrn und gewerckhen an solchen orten unver-zogenlich auf ir begeren zuegestellt werden. Allain sollen der Paumgartner, sein erben oder gewalthaber den herrn und gewerckhen bezalln den ungeverlichen unchosten, so aus dem perckhwerch Idria bis zu denselben orten fuerlons und ordinari-unchostens halben auf solche queckhsilber und zinober an dieselben ort ze bringen auf-gelaufen wäre. Es sollen auch deshalben di ku. mt. und herren und gewerckhen in Idria gegenwurtigen und khunftigen verwesern sondern bevelch thuen, dem Paumgartner, seinen erben oder nach-khumben oder iren gewalthabern also jederzeit nach irem begern, wie obsteet, di obbestimbten queckhsilber und zinober zu libern und zu geben.

Und sollen insonderhait der Paumgartner, sein erben und nach-khumen macht und gewalt haben under solchen obbestimbten summa queckhsilbers und zinobers aines jeden ze nemen sovil inen gefellig und gelegen. Das ist zu versteen, dass si nit verpunden sein sollen (so es ir gelegenhait nit wäre) die drei viertl queckh-silber und den vierten tail zinnober ze nemen. Sonder si mugen, als jetzt obsteet, des ainen wenig und des andern sovil dester mer nemen nach irem gefallen; doch ain jedes in seinem khaufgelt alle obsteet. Und ob aber der Paumgartner, sein erben oder nach-khumen des zinobers mer dann ain viertail der khaufsumma mer-gemelter 100 000 fl. rh. haben wollten, so sollen si als dann den herrn und gewerckhen solches 4 monat zuvor verkhunden und anzaigen und als dann inen die herren und gewerckhen sovil inen in vorbestimbter zeit zu machen muglich ist, zu geben und täglich

auf ir begern zu libern schuldig sein. Doch die obbestimbt ein-
und aufgab, so inen on khaufgelt und bezallung frei ze geben bewilligt ist, di sollen si ir jedes in der obbeschriben anzall empfahen,
damit disfalls die sachen wie obsteet lauter und richtig beleiben;
des sich der Paumgartner zu thuen bewilligt hat.

Und dargegen soll der Paumgartner, seine erben oder nachkhumen di bezallung also thuen: Nemblichen soll er, Paumgartner
oder sein erben jedes jars 20 000 fl. zu zwaien fristen und benannt-
lich am ersten tag Junii nechstkhumendt 10 000 und am ersten tag
Decembris des nechstkhunftigen 40. jars aber 10 000 und also auch
hinfuran jedes jars bis auf den ersten tag Decembris des 44. jars
bezallen (an welchem die lesst frist angeregter bezallung beschehen)
und damit soll di völlige khaufsumma der 100 000 fl. also entricht
und bezalt werden.

Und zu jeder obgemelter frist soll der Paumgartner ku. mt.
gepurendt fron und wechsl, nemblich den zehenden phening fur fron
und den achten phening fur wechsl, trifft allmal von 10 000 fl.
2125 fl. von und aus disem khauf und allmall von den 10 000 fl.
zu jeder frist, wem solches ir mt. verweisung nach gepurt, entrichten
und bezallen lassen.

Nachdem auch die herrn und gewerckhen der röm. ku. mt.
jetzt von wegen nachlass des halben wechsl 18 000 fl. unthertheniglich
verert und diselben 18 000 fl. irer mt. aus disem khauf in den nechsten
dreien jarn zu den gemachten fristen von irer gepur zu bezallen
unterthenigclichen bewilligt, demnach soll der herr Paumgartner
zu den ersten 6 fristen, nemblich zu jeder frist 3000 fl. von der gewerckhen angepur irer mt. gegen genuegsamen quittungen bis zu
völliger bezallung der obgemelten 18 000 fl. entrichten und bezallen.
Solche jetzt gemelte 18 000 fl. wellen die gewerckhen ime, Paumgartner oder seinen erben fur richtige bezallung passieren und an
der khaufsumma abraitten lassen.

Und sollen die bezallungen, sovil den gewerckhen daran gepurt,
durch den Paumgartner oder sein erben jede der obgemelten fristen
in nachgestellten zwaien stetten beschehen. Nemblich zu Villach
in Kherndten, sovil den gewerckhen, in den niederösterreichischen
landen gesessen, daran gepurt, sambt 6000 fl., so jedes jars auf die
sambchost und verleg des perckhwerchs, sonderlich damit das arzt
zu laistung dises khaufs zu khaufmannsgut gemacht werde, verordent
sein.   Und zu Schwatz in Tiroll der ku. mt. gepurendt fron und

wechsl und die angepur der gewerckhen, so in den oberösterreichischen landen, auch dem stift Saltzburg, der stat Augspurg oder sonst oben im reich gesessen sein, zu handen irer verordenten gegen geburlichen quittungen erlegt werden, albegen in landtleufiger bezallung. Nämblich zu Villach in gueter weisser und zu Schwatz in daselbst gengiger und gäber unverruefter muntz oder italianischen cronen in dem werdt wie vorsteet und alsdann albegen 4 kr. fur ainen patzen und 15 patzen fur ainen guldin oder wie ain guldin in muntz derselben zeit gerait wirdet.

Es soll auch Wilhelm Rasp, jetziger verweser in Ydria gedachtem Paumgartner inner 6 wochen, den nechsten, ainen lautern auszug, inhalt, undt was und wievil er, Paumgartner an jedem der gedachten fleckhen, Villach und zu Schwaz, bezallen und was ainem jeden gewerckhen daraus gepurt, uberschickhen und zuestellen lassen.

Und ob aber Paumgartner, sein erben oder nachkhumen uber khurtz oder lang der ku. mt. oder herrn und gewerckhen auf ir genedigist und freundtlich handlung und vergleichung an diser ob- und vilgemelten khaufsumma der 100 000 fl. etwas vorein bezallen und erlegen wurde, so ist jetzo beredt, bedingt und angenumben, dass der Paumgartner, sein erben oder nachkhumen dasselbig zu jeder den obgemelten fristen und zilen der bezallungen inenbehalten und aufheben. Es soll und mag auch der Paumgartner, sein erben oder nachkhumen insonderhait an jeder solcher bezallung nit allain aufheben und inenbehalten dasjhenig, so inen auf irer guggus[1] und tail, so si in disem perckhwerch haben oder khunftig uberkhumen, geburt, sondern auch dasjhenig, so si villeicht ainichen gewerckhen in chraft des articels hernachgemelt dis khaufs halben vor den fristen auf vergleichung voreingeben oder bezallt hetten. Doch soll er, Paumgartner oder sein erben in die 6000 fl., so ain jedes jars zu underhaltung des perckhwerchs wie obsteet zu haben von notten, khainem gewerckhen nichtzit voreinbezallen, sondern allain in der ubermass wie jetzt oben gemelt ist. Und seint auch sonst in disem queckhsilber- und zinnober-khauf und vertrag furnemblich dise hernach volgendt articl durch hochgedacht ku. mt. und herrn und gewerckhen an ainem und dem Paumgartner am andern tail lauter abgeredt, genediglich und vestigclich bewilligt, angenumben und zuegesagt worden:

---

[1] Das heißt Kuxe.

Erstlich nachdem zwischen und sider ausgangen des Paumgartners jungstgehalter zwaier queckhsilber- und zinnober-kheuf
der 32 000 und der 10 000 gulden bisher von queckhsilber und
zinnober etwas zu aintzing[1] verkhauft worden, des doch herrn und
gewerckhen ires wissens nit uber 10 oder 12 säm ungeferlich an-
geslagen, so ist demnach dem Paumgartner gewislich zuegesagt,
dass zwischen und nach solchen zwaien vorigen kheufen uber 20 säm
nit verkhauft, sonder damit stillgestanden seie.

Verrer dass die ku. mt. und herrn gewerckhen ire verweser
noch sonst jemandts von iren wegen innerhalb obbestimbter zeit
der 5 jar khein idrianisch queckhsilber oder zinnober an kheinem
ort noch ende nit verkhaufen noch verfuern, dasselb auch niemants
gestatten noch inen darin durch ainigerlei weg eingriff thuen oder
zuefuegen lassen. Dass auch in sonderhait die hochgedacht ku. mt.
sonst niemandt andern dann bemeltem Paumgartner oder wer des
von im bevelch hat in werenden obermelten 5 jarn khain queckhsilber oder zinnober durch ire mt. erblandt und derselben erblandt
gepiet nit passiern lassen und auch bei verlierung desselben ernstlich
verpietten und deshalben allen ambtleuten ernstlichen bevelhen,
guet aufmerckhen ze haben und also in disem faal herrn und gewerckhen auch den Paumgartner, seine erben und nachkhumben
genediglichen handthaben und ob inen halten wellen. Doch hierinnen ausgenummen di queckhsilber und zinober, so dem Paumgartner und seinen erben und nachkhumen in chraft ditz khaufs
zuegehörig oder von inen oder mit irem gueten wissen und
willen von disen idrianischen queckhsilbern und zinnober erkhauft sein.

Darzue sollen auch die ku. mt. der hispanischen und behami-
schen queckhsilber halben, damit diselben dem idrianischen queckhsilber khainen nachthail bringen, sovil ir mt. mit fueg erheblich ist
gn. verholfen sein. Und wellen ir ku. mt. der röm. kais. mt. auch
schreiben und pitten, dass ir kais. mt. in irem hispanischen queckhsilberperckhwerch verordnen wellen, dass dasselbig nit dermassen,
wie ain zeitheer angefangen, uberpaut, sonder wie von alther ain
mass gehalten und bedacht werde, damit dise bede perckhwerchen
wie hievor neben einander unvernachtailt in langwirigkhait hin-
khumen mugen.

---

[1] Soll vielleicht heissen: im einzeln.

Es sollen auch furnemblich der hochgedachten ku. mt. und herrn und gewerckhen gegenwurtig und khunftig verweser in Idria gegen gedachtem Paumgartner, seinen erben und nachkhumben jetzo und khunftigclich jedesmals in chraft dises vertragsbrief verschriben und obligiert sein, mit dem verkhaufen nit allain wie jetzt obsteet still ze steen, sonder auch die ambtleut und verwalter bei iren ambts- und aidspflichten gewisslichen des verhueten und fuerkhumen gleichermass als ob di jedesmals sondere verschreibung gegeben und die ku. mt. und herrn und gewerckhen die sonderlich confirmiert hetten, des si hiemit in chraft ditz briefs thuen.

Ob auch dem Paumgartner, seinen erben oder nachkhumen die queckhsilber und zinober von jemandts, wer der oder die weren, von wegen ainicher spruch und vordrung, so diselben oder der zu hochgedachter ku. mt. oder den gewerckhen sachen halb des perckhwerchs queckhsilber oder zinober aus Idria belangendt hetten, haben möchten oder zu haben vermainten, angesprochen würden, in was wege das beschähe, so sollen alsdann die ku. mt. und herren und gewerckhen ime, dem Paumgartner, seinen erben oder nachkhumen solch queckhsilber und zinober on iren (des Paumgartners, seiner erben oder nachkhumen oder wen er, Paumgartner oder seine erben die verkhaufen würden) costen, schaden und nachthail wider ledig und frei machen und halten.

Und ob sich auch zuetrueg, dass sich der Paumgartner, sein erben oder nachkhumen in zeit dis vertrags mit ainem oder mer gewerckhen vertragen und vergleichen, also dass in demselben seinen gepurenden tail vor der zeit geben würden, des sollen si guet macht und gewalt haben, doch sovil den notwendigen samcosten und verleg des perckhwerchs (als nemblich jedes jar 6000 gulden gerechnet) betrifft, wie ob angezaigt, ausgeslossen. Und soll dadurch derselb von den andern gewerckhen in ander weg noch herrn und gewerckhen von dem oder denselben nit abgesondert sein, auch in sonderhait der gedacht Paumgartner, sein erben oder nachkhumen dasselbig also wie obsteet zu jeder frist an der bezallung innenbehalten und aufheben.

Es ist auch hierinnen furnemblichem genedigclichen abgeret, bewilligt, angenumen und zuegesagt worden: So sich begeben, dass der Paumgartner, sein erben oder nachkhumen mer queckhsilber und zinnober dann umb die 100 000 gulden werdt in der obbestimbten zeit bis zu endt der 5 jar begeren und haben wellten (wie er sich das auf das maist sovil muglich zu versleissen allen gueten vleiss furzekhern, doch unverpuntlich erpotten hat), so sollen die ku. mt. und herrn und gewerckhen inen sovil si des begern in dem precio und mit der ein- und aufgab nach antzall wie in disem khauf der 100 000 fl., auch mit abzug der fell nach gebrauch und gewonhait, alles wie obsteet, sovil sie des im vorrat haben und inen ze machen muglich ist, zu geben und zu libern unverzogentlich zu jeder zeit schuldig sein. Doch dass Paumgartner, seine erben oder nachkhumen solch ubermass dreiviertl jars vor ausgang dises gegenwurtigen khaufs empfahen und sollen das in vorbemeltem preis und albegen nach der antwurtung in jarsfrist nemblich halbs zu ausgang des 6. monats und den andern halben thail zu endt des jars in muntz oder cronen auf muntz wie obsteet, wie dann ain gulden in muntz gerait wirdet, auch an orten und enden wie vorbemelt, zu bezallen schuldig sei. Doch ist dises jetzobeingeschribens articls halben weiter obgeredt: So der Paumgartner oder seine erben in der zeit ditz khaufs uber di vorbemelt khaufsumma ain merere antzall queckhsilber und zinnober begern und emphahen und aber dasselb in zeit ditz ersten khaufs nit gar verkhaufen, sonder inen daran etwas uberbeleiben wurde, das sollen alsdann der Paumgartner oder sein erben nach ende des khaufs der ku. mt. und herrn und gewerckhen, inmassen solchs emphangen haben, wider zu antwurten und zu geben, auch sie, die ku. mt. und herrn und gewerckhen anzenemen schuldig sein, in abschlag der bezallung und in dem precio wie er, der Paumgartner, von inen erkhauft hat. Doch sollen die ku. mt. und herrn und gewerckhen alsdann dem Paumgartner oder sein erben insonderhait auch erstatten und er, Paumgartner, inenbehalten den ordinarie unchosten, so auf solch queckhsilber oder zinober, was das an di ort, da es ligt, und den gewerckhen solches widerumb emphahen sollen, geloffen.

Wo aber der Paumgartner die ubermass des queckhsilber oder zinobers gar oder zum tail bezalt het und die ku. mt. sambt den herrn und gewerckhen das queckhsilber gegen widerbezallung der hinausgegeben summa gelts begeren wurden, alsdann und sonst nicht sollen dieselbe hinausbezalt summa gelts die ku. mt. und herren und gewerckhen den Paumgartner und seinen erben in 2 monaten, den nechsten nach ausgang der 5 jar mit parem gelt zu Augspurg wider in dem werdt wie vorstet zu bezallen schuldig sein. Wo aber die ku. mt. sambt den herrn und gewercken solches in bestimbter zeit nicht volzugen, alsdann soll Paumgartner und sein erben und nachkhumen mit demselben queckhsilber solches seinem nutz nach zu vertreiben on ku. mt. und der gewerckhen verhinderung frei sein.

Verrer als in beden vergangen kheufen und derselben verträgen dem Paumgartner der vorkhauf verschriben gewesen und nun die gewerckhen sich gentzlichen versehen, dass Paumgartner etwas mereres uber die 100 000 gulden in denen 5 jaren versleissen werdt, deshalben haben die ku. mt., auch herrn und gewerckhen gegen gedachten Paumgartner und seinen erben jetzt nachvolgender meinung bewilligt: Nemblichen sover er, Paumgartner oder sein erben, sich in disem fünfjärigen khauf gemainen herrn und gewerckhen erschiesslich [1] halten und das queckhsilber und zinnober in ainen höhern preis dan es jetzo ist, bringen werden und in 6 monaten vor ausgang des khaufs bei den gewerckhen oder irem verwalter umb ein weitern khauf ansuechen, oder ob die gewerckhen zu solcher zeit ine Paumgartner oder seinen erben umb ein weitern khauf anlangen wurden, so mag der Paumgartner selbs oder durch seine gewalthaber mit inen sich aines weitern khaufs halben vergleichen und denselben besliessen, darin sich die ku. mt. und die gewerckhen gegen dem Paumgartner fur ander genedigclich und freundtlich halten und erzaigen wellen. Sover er aber vor ausgangs ditz gegenwurtigen khaufs khein weitern khauf mit inen besliessen wurdt, so wellen alsdann die röm. ku. mt. und herrn und gewerckhen weiter gegen ime, Paumgartner oder seinen erben deshalben nichts mer verpunden sein, sonder ires gefallens jemandts andern ain khauf geben oder selbs verkhaufen. Doch wellen si in disem werenden khauf niemandts ainigen khauf zuesagen noch mit jemandts solchen khauf vor ausgang ditz gegenwurtigen khaufs besliessen.

Und ist hierin auch furnemblichen gegenwurtigen schwären leufen nach bedacht, abgeret, bewilligt und obligiert worden: Ob sich zuetragen wurde, dass in dem perckhwerch durch ainigerlai krieg, einfall oder ursach eingriff geschehe, also dass gedachts pergkwerchs queckhsilber oder vorrat durch jemandts geschedigt, angriffen oder ausser des herrn Paumgartners, seiner erben und nachkhumen verfuert oder verkhauft wurden (das doch in khainem

---

[1] = ersprießlich, nützlich.

weg sein soll), alsdann in solchem fall, so es wissentlich gemacht
wurde und sonst nicht in des khaufers, seiner erben und nachkhumen wilkhuer, macht und gewaldt steen, weiter queckhsilber
und zinnober in diesem vertrag und khauf zu empfahen oder des
muessig zu steen. Und so si also in solchen fallen weiter in rue
und muessig steen wollten, sollen sie alsdann weiter hernach der
ku. mt. und herrn und gewerckhen noch deren erben oder nachkhumen ainich khaufgelt fur das, so si nit emphangen haben, zu
bezallen nit schuldig, sondern in albeg allerding ledig und muessig sein.

Und ob also durch die hochgedacht ku. mt. und herrn und
gewerckhen oder dem Paumgartner diser zeit obgeschriben vertrag
und verainigung aus vergessen oder sonst nit gehalten, sondern
dem zuwider in ainichen weg geschehen oder gehandlt wurde, (des
doch nit sein) so sollen alsdann die ku. mt. und herrn und gewerckhen oder der Paumgartner, welches tails halben dann hierinnen mangl befunden wurde, dem andern tail allen nachtail und
schaden gentzlich widerkhern und abthuen. Wo sich aber alsdann
solcher widerkherung guetlich nit vergleichen möchten, so soll je
ain tail dem andern derhalben vor hochgedachter ku. mt. unge-
waigerts rechtens sein und alsdann dabei also unverwaigert beleiben.

Es ist auch bei den lauter abgeret, bedingt und versprochen
worden, ob gedachter Paumgartner, sein erben oder nachkhumen
ainichen andern partheien in disem vertrag und khauf thail mitlassen, gar oder ainstails ubergeben und zuestellen wolten oder
wurden, dass er, sein erben oder nachkhumen des zu thuen guet
macht haben und herrn und gewerckhen, derselben erben und nachkhumen denselben allen gleich wie inen, den Paumgartner hiemit
verpunden, verpflicht zu halten und zu laisten schuldig sein sollen
und wellen. Dagegen sollen auch der oder diselben, den solcher
khauf gar oder zum thail ubergeben wurde, der ku. mt. und herrn
und gewerckhen alles das, so diser vertrag dem Paumgartner oder
seinen erben auflegt, auch ze halten verpunden sein.

Es ist auch hierin insonderhait beredt und genedigist und
unterthenig bewilligt und zuegesagt worden, dass die hochgedacht
ku. mt. und herrn und gewerckhen etliche volmechtige gewaldt-
haber verordnen, darzue die ku. mt. derselben rat und tirolischen
camermeister, Gregorien Maschwannder, iresthails jetzo benennen
und verordnen und dann die obgedachten herrn und gewerckhen

zu jetzigem und khunftigen perckhwerchsverwesern noch ainen
oder zwen zu Villach und dann zu Schwaz auch ainen oder zwen
setzen und verordnen und aufs wenigist 3 monat vor der ersten
frist angeregter bezallung dem Paumgartner oder seinen erben
schriftlich verkhunden, anzaigen und benennen sollen, der oder
di die bezallung von dem Paumgartner, seinen erben oder nachkhumen zu jeder frist wie obsteet annemen, empfahen und dargegen notturftige quittung geben. Diselben quittungen auch also
genuegsam und chreftig und hiemit ratificiert sein sollen, als ob die
von der ku. mt. und allen herrn und gewerckhen verfertigt und aufgericht worden; alles und jedes wie jetzt obsteet genediglich,
getreulich und ungeferlich, die geverde hierinnen in allweg vermitten sein sollen.

Und darauf bekhenen wir, Ferdinand von Gottes gnaden römischer kunig etc. und wir, die gewerckhen und gewalthaber als obsteet fur uns selbst und als volmechtig gewalthaber der andern
unsern mitverwonten gemelts perckhwerchs in Idria etc. und ich,
Hans Paumgarten von Paumgartner etc. fur mich, mein erben
und nachkhumen wissentlich hiemit in chraft dis briefs also dass
wir solchen verkhauf und khauf der vorgeschriben 100 000 guldin
werdt queckhsilber und zinober mit ein- und aufgab und allen anhangenden conditionen und clausulen und was sunst diser vertrag
in allen obgeschriben articln inhalt und begreift, vesst und ungewaigert halten, auch denselben und allen seinen inhaltungen
genediglichen, getreulichen und redlich nachkhumen, vollziehen und
geleben sollen und wellen.

Und insonderhait wir kunig Ferdinandt, der genanten Hansen
Paumgartners, seiner erben und nachkhumen gegen der röm. kais. mt.
oder irer mt. und des reichs regimendt oder derselben viscall und
sonst gegen meniglich, von welchem sie solches khaufs halben
angesprochen und dadurch in schaden ze fuern unterstanden wurden,
ir genedigister herr, schirmer und vorsprecher sein und deshalben
gantz schadlos halten.

Solch queckhsilber und zinober sollen und mugen auch der
gemelt Paumgartner, seine erben und nachkhomen jederzeit, wann
es inen gelegen, irem freien willen, gefallen, nutz und notturft nach
verfuern, verkhumern und verkhaufen on unser und unser erben
und nachkhumen, mitverwonten und sonst mennigclich von unsern
wegen irung, hindernus und widersprechen. Doch uns kunig Ferdinanden die gewonndlichen zoll und meut wie dan von alter heer

von solchen waaren gegeben und bezallt worden sein, daruber wir sie auch in khainem weg zu staigern untersteen noch gestatten wellen, vorbehalten. Genedigclich ungeferde zu warem urkhundt so haben hochernennte ku. mt. ir mt. secret und die merbemelten herrn und gewerckhen, auch der oft gedacht Hans Paumgartner ire pedschaft an disem vertragsbrief, der drei in gleichem laut aufgericht sein, gedruckht und sich mit aigen handen underschriben.

Geschehen zu Wienn, den ersten tag Augusti anno etc. im 39. Ferdinand. Joseph von Lamberg, Melchior von Lamberg. Niclaus Ribeisen. Barbara Neumanin. Wilhelm Rasp. Hans Paumgartner von Paumgarten. Marx Stettner. Niclas Moser. Ulrich Geltinger. Cristoff Cronegger.

34. Hans Langenauer, der Chef der Firma David Haug, Hans Langenauer & Co. zu Augsburg, ersucht seinen englischen Faktor, Hans Loner, von der Königin Elisabeth eine größere Geldsumme zu verschaffen, da sonst die Firma über ihren englischen Bergwerksunternehmungen fallieren müsse. Speier, 22. September 1570.

Gleichzeitige Kopie nach dem Original. Im Augsburger Stadtarchiv bei den Akten der englischen Unternehmungen der Langenauer etc.

Laus deo 1570 adi 22 September in Speier per post.

Ersamer, lieber Hans Loner, Euch sei mein freundtlich grues und alles guts zuuorn. Dis mein schreiben an Euch geschicht umb Euch anzuzaigen, nachdem ich hie bei dem herrn landvolgt Ilsung umb bezalung angehalten, welche dann fürwahr nit fortwill. Dann gar kain gelt bei Ir Mt., noch vil weniger in Augspurg und jetzt vergangen in Frankfurt zu bekummen, dass ich gleich nit wais wie ich doch umb das aufkündt gelt zu zaln wil aufkummen. Dann under anderm zaigt mir herr landvogt an, dass im vertreulich von Augspurg·aus wurde zugeschriben, dass unser sach in Engelland nit wol stiende. Derhalben wo er gelt bei uns hett wolt man in gewarnt haben. Hierauf hab er denselben zugeschriben, er werde übel bericht sein und er wiss wol, dass unser sach wol stande etc. Das zaig ich Euch derhalben an, dass Ihr sehen könnt, was uns dise englische handlung für mercklichen nachthail und schaden pringt. Und wo Ir mit der königin nit handlet, dass sie uns mit ainer summa gelts zu hilf kumpt, so müssen wir laider, Gott erbarms, zu spot und zu schanden werden. Dann kain gelt ist zu bekummen und müssen wir bis primo tutto december ob 40 000 fl. zaln. Ich hab mich gegen dem herrn landvogt vernemen lassen, dass er mir den[1] anzaig, wöll in nit vermeren, allein damit ich mich vor im hüten könne. Das hat er aber nit thuen wölln, aber sein vetter hat ims von Augspurg, geschriben. Ich sorg ich werd zu Antorf etwan auch durch solche gotlose meüler verklainert und also gar umb trauen und glauben kummen. Pitt derohalben, Ir wolt Euchs lassen angelegen sein und der künigin sampt herrn secretari und grafen von Lessester selbst unser not anzaigen, ir Mt. umb Jesu Christi willen ansprechen, dass sie uns bei unserm alten trauen und glauben erhalten wölle, dann wir je von irer Mt. willen umb wir uns mit unserm und ander leut gelt in ir land begeben in disen labyrinth kummen. Wir hoffen zu Gott, sie werd dises christlichen gemüts sein und uns nit also in disen unsern nöten verlassen. Ich wais meiner kain rath, das solt Ir mir gäntzlich glauben, darumb hab ich Euch das anzuzaigen nit underlassen wöllen, damit Ir solches auch ain wissen hapt und desto statlicher dazu thuet. Lasst Kesswick Kesswick sein und gept diser sach vor allen dingen ain austrag. Wann Ir schon der künigin disen brief verdeutscht oder verdolmetscht, ist nichts daran gelegen, dann wann ich von haus köndt und nit den argkwon desto grösser machet, wolt ich selbst hinein, all solt es mich mein leben costen. Dann Ir hapt zu gedencken wie es mir geth. Ich darfs kainem freund klagen; ich müst sonst all mein thun und lassen zaigen und eröfnen und wer der sach nit damit geholffen. Ach Gott, Ir glaubt mir nit, wie mir so angst und bang ist, wolt lieber tod sein dann also zu spot und zu schanden werden, das wa es geschicht es je nun aus woltrauen, das wir dem Höchstetter und Euch also wol vertraut haben. Gott der allmechtig geb gnad, dass es nit geschehe und wöll diser künigin ir herz eröfnen, dann sie je uns aus disem ruof on all iren nachthail und schaden helffen kan, wölt das gelt und die kupfer bei einander behalten, damit doch nichts mehr auf uns genummen werde. Datum ut supra.   Hans Langenauer.

---

[1] Das heißt denjenigen, der das Gerücht verbreitet hat.

Orts= und Personenregister.

ä (ae), ö (oe) und ü (ue) sind im Anlaut und Inlaut wie a, o, u rubriziert, y im Inlaut wie i.

Die Bezeichnungen Deutschland (Süddeutschland usw.), die fast auf jeder Seite vorkommen, sind nicht in das Register aufgenommen.

Nachträge.

Erster Nachtrag.

Das Kupfersyndikat der Firmen Fugger und Manlich (geschlossen im Jahre 1548).

In der Geschichte der europäischen Montanindustrie stellt sich die Zeit der ersten Jahrzehnte des 16. Jahrhunderts als die Epoche einer Vorherrschaft der Fugger auf dem Kupfermarkt der Welt dar. Die Fugger hatten damals die ungarische Produktion vollständig in der Hand, die Tiroler beherrschten sie händlerisch und kapitalistisch wenigstens zum größeren Teil [1]. Zweifellos hat die Augsburger Firma dabei ein glänzendes Geschäft gemacht. Wenn trotzdem Anton Fugger im Jahre 1545 daran ging, seine Vorrangstellung im ungarischen Kupferbergbau durch Kündigung der Pacht der Neusohler Kupfergruben aufzugeben, so waren es verschiedene, wichtige Gründe allgemeinerer und besonderer Art, die ihn hierzu veranlaßten. Im allgemeinen neigte damals Anton Fugger dazu, den sachlichen und geographischen Bereich der Geschäfte seiner Firma soviel wie möglich einzuschränken [2]. Es versteht sich, daß er dabei die riskantesten Unternehmungen zuerst abzubauen begann. Hierher gehörte die Pacht der ungarischen Kupferbergwerke. Wie rücksichtslos und gewalttätig die nationale ungarische Eifersucht einer Überfremdung ihrer wichtigsten heimischen Industrie durch das deutsche Unternehmertum entgegenarbeitete, das hatten die Fugger des öfteren, besonders aber im Jahre 1525 sehr zu ihrem Schaden erleben müssen [3]. Inzwischen waren in dem politisch zerrissenen Land die Verhältnisse noch weniger günstig für große Kapitalinvestierungen geworden. Neben innerpolitischen Kämpfen der verschiedenen Thronanwärter und ihrer Parteigänger, die natürlich die industriellen Anlagen der Fugger öfters in Mitleidenschaft zogen [4], bildeten drohende Türkeneinfälle eine beständige Ge-

---

[1] Max Jansen, Jakob Fugger der Reiche. Studien u. Quellen I. 3. Heft der Studien zur Fugger-Geschichte. Leipzig 1910. S. 98 und sonst.

[2] Richard Ehrenberg, Das Zeitalter der Fugger. Geldkapital und Kreditverkehr im 16. Jahrhundert. 2 Bde. Jena 1896 und seitdem in mehreren unveränderten Neudrucken. I. Bd. S. 144.

[3] Jansen, a. a. O. S. 179 ff. und vorher.

[4] F. Dobel, Der Fugger Bergbau und Handel in Ungarn. Zeitschrift d. hist. Ver. für Schwaben u. Neuburg. 6. Jahrg. (1879) S. 48.

32*

fahr für die Bergwerksbetriebe der großen Augsburger Firma in Ungarn. Öfters heißt es in den Fuggerschen Korrespondenzen schon um das Jahr 1543 und früher: Es stünde zu befürchten, daß die Türken — da die Grenze bei den Bergstädten schlecht besetzt sei — einen Streifzug nach Neusohl machen und die dortigen Bergleute in Gefangenschaft führen würden [1].

Unter solchen Umständen versteht man es, wenn Anton Fugger im Frühjahr 1545 König Ferdinand die Pacht der ungarischen Bergwerke kündigte [2]. Ungern sah Ferdinand die Fugger aus dem ungarischen Bergwerksbetriebe, in dem sie sich mehr als ein Menschenalter immer großzügiger betätigt hatten, scheiden. Zwar hätte er gern das Einkommen der Krone aus dieser ertragreichen Quelle noch mehr gesteigert, als es in der Zeit der Fuggerschen Pacht möglich gewesen war. Dem König, wenn auch nicht dem modernen Kenner der Schattenseiten des fiskalischen Betriebs, mochte die Übernahme der Kupfergruben in staatliche Regie als taugliches Mittel hierfür erscheinen. Wenigstens dann, wenn die Fugger durch Vorschuß der nötigen Betriebsmittel und durch feste Abschlüsse auf Abnahme des Produkts, also durch sogenannte Kupferkäufe oder Kupferkontrakte dem König ihre Kapitalkraft und ihre Welthandelsbeziehungen für den Absatz des Kupfers zur Verfügung stellten.

Zunächst hat sich auch Anton Fugger zu einem solchen Betriebsvorschuß und zur Verpflichtung der Abnahme der Neusohler Kupferproduktion bereit gefunden [3]. Dann aber zog sich die Firma auch von dieser indirekten Teilnahme am ungarischen Bergbau zurück. Der König mußte sich nach anderen Kontrahenten für den Neusohler „Kupferkauf" umsehen. Neben sonstigen Bewerbern scheinen im Jahre 1545 die Nürnberger Kaufleute Bonaventura Furtenbach und Hans Ebner die Nachfolgerschaft der Fugger in Ungarn angestrebt zu haben. Ein Brief Anton Fuggers (Original im Fuggerarchiv 2, 3, 10) berichtet von diesbezüglichen Unterhandlungen, die die Nürnberger durch ihren Faktor Veit Holzschuher am Königshof führen ließen. Zu einem Abschluß haben sie nicht geführt. Anfang des Jahres 1548 begegnen wir vielmehr einer Augsburger Firma mit Namen Matthias Manlich und Mitverwandte als Kontrahentin des Neusohler Kupferkaufs, d. h. als alleinigem kontraktlichen Abnehmer (natürlich gegen Vorschüsse) der ungarischen Kupferproduktion [4]. Die Manlich verpflichteten sich

---

[1] Fuggerarchiv 2, 3, 10.

[2] D o b e l, a. a. O. S. 49. Der Entwurf des Kündigungsbriefes, datiert v. 23. März 1545 im Fuggerarchiv 2, 3, 10.

[3] D o b e l, a. a. O. S. 49 und H. J. K i r c h, Die Fugger und der Schmalkaldische Krieg. 5. Heft der Stud. z. Fuggergeschichte. München und Leipzig 1915. S. 162 ff.

[4] Vgl. in dem voranstehenden Werk S. 11. In den Quellen wird der Augsburger bald Matthias, bald Matheus genannt.

in dem Kontrakt während der nächsten drei Jahre (1548—1550) dem König 39 000 Neusohler Zentner ungarisches Kupfer abzukaufen, und zwar in folgender Verteilung: 1548 waren 12 000 Zentner, 1549 ebenfalls 12 000 Zentner und 1550 waren 15 000 Zentner abzunehmen. Das Kupfer wurde in Krakau und Teschen von unserer Firma in Empfang genommen.

Mit dem Eindringen der Firma Matthias Manlich und Kompanie in den ungarischen Kupferhandel war eine starke Konkurrenzbewegung und eine damit zusammenhängende Preisunterbietung auf dem stark mit Ware übersättigten Kupfermarkt zu erwarten. Die Fugger hatten noch große Mengen Neusohler Kupfer unverkauft in ihren verschiedenen europäischen Faktoreien liegen. Dazu erhielten sie auch weiterhin einen beträchtlichen Teil der Tiroler Kupferausbeute. Bisher zwar hatte das größte Augsburger Handelshaus eine Katastrophe auf dem Kupfermarkt dadurch zu verhüten gewußt, daß es trotz mannigfacher Absatzstockungen [1] den Kupferpreis hochhielt und lieber weniger, als zu einem niedrigen Preis verkaufte. Auch in der Produktion selbst hatten sich die Fugger in den Zeiten geringerer Nachfrage eine gewisse Zurückhaltung auferlegt. In einem Schreiben ihrer Faktoren Hans Dernschwam [2] und Sebastian Sauerzapf an König Ferdinand ist es direkt ausgesprochen, daß unsere Firma ihre Kupfervorräte in der letzten Zeit ihrer ungarischen Bergwerkstätigkeit darum „so hauffend wachssen vnnd zusamen khumen lassen, damit sy in hohem preiss vnd werdth" blieben. Durch eine solche Warenzurückhaltung sollten die „pergwerckh nit allain in Hungern, sonnder in Tyroll vnd andern Ewer kunigl. majestet kunigreichen vnd erblanden, auch gannzen teutschen landen in wierden vnnd aufnehmen erhalten werden" [3].

Um den Preis des Kupfers auf der Höhe zu erhalten, rieten die genannten Fuggerschen Faktoren dem König nunmehr dieselbe Politik der Warenzurückhaltung auch für die Zukunft lebhaft an. Ferdinand möge jetzt, wo die Fugger den ungarischen Kupferbergbau nicht mehr kontrollierten, wo der König die Neusohler Gruben in eigener Regie betrieb, die Kupferproduktion und den Kupferhandel nicht — anarchisch werden lassen. So wenigstens würden wir im Sprachgebrauch der modernen Kartellbewegung uns ausdrücken. Das liege

---

[1] Die sehr gesteigerte Nachfrage konnte schließlich doch oft nicht der noch schneller gesteigerten Produktion nachkommen.

[2] Hans Dernschwams interessantes Tagebuch einer Reise nach Konstantinopel und Kleinasien (1553—1555) hat jetzt nach der Urschrift im Fugger-Archiv Franz Babinger als 7. Heft der von mir herausgegebenen Fugger-Studien veröffentlicht. München und Leipzig 1923.

[3] Fugger-Archiv 2, 3, 10. Auf der Rückseite des Briefes ist die Bemerkung angebracht: „Abkhundigung des khupfer-khaufs adi 18. July des 1547 ten."

nicht nur im Interesse der königlichen Finanzen, sondern der Volkswirtschaft des ganzen heiligen römischen Reiches deutscher Nation,
dessen „bedeutendste handtierung und gewerb" der Bergbau sei.
Denn, so argumentierten diese Kaufleute ganz richtig, „wo durch
machung großer summa kupfer v n o r d e n l i c h e   v e r k h a u f -
f u n g beschehe, vnd die kupfer vilen vñd vnuermuglichen leudten,
die der zeit damit nit erwardten vnd nit auf hohen preiss halten
khundten, verkaufft, würde es nichts gewisers als den abfall der kupfer
geberen vnd bringen. Was alsdan Ewer kunigl. majestet desselben bey
allen ihren pergwerkhen in Hungern, Behaim, Tyroll vnd andern an
irem chamerguet vnd der manschafft, auch lannd vnd leut fur schaden
vnd nachteil nemen wurde, das haben Ew. kuniglich majestet als der
hochverständigist bey ir selbst genedigist zu erwegen".

　　Die Produktions- und Preispolitik, wie sie hier durch die Fuggerschen Faktoren ihren Augsburger Instruktionen gemäß vertreten und
empfohlen wurde, war vergleichsweise einfach durchzuführen, solange
die Fugger den ungarischen Bergbau als Monopol in der Hand gehalten
hatten. Auch dann noch mochte das gehen, solange der König zwar die
Produktion im Regiebetrieb führte, die Fugger aber durch den ungarischen Kupferkaufskontrakt die Höhe der Produktion und die Verkaufspreise sehr stark mitbestimmen konnten. Anders wurde erst die
ganze Sachlage auf dem Kupfermarkt, seit die Manlich, wie oben berichtet, den Neusohler „Kupferkauf" in die Hände bekamen. Wie,
wenn jetzt diese Augsburger Firma mit ihrem Neusohler Kupfer die
Fugger unterbot? War dann Anton Fugger — wollte er im Konkurrenzkampf bestehen — nicht gezwungen, zu niedrigeren Preisen als
der junge Wettbewerber zu verkaufen. Nicht nur für die beiden kon-
kurrierenden Augsburger Firmen, sondern auch für den ganzen Bergbau des heiligen römischen Reiches mußte das sehr schlimme Folgen
haben.

　　Aus diesem Dilemma konnte nur ein Kartell herausführen. König
Ferdinand, der Herr von Tirol, Ungarn und Böhmen, hatte das leb-
hafteste Interesse daran, daß es nicht zu einem Konkurrenzkampfe
der zwei genannten Firmen auf dem europäischen Kupfermarkte kam.
Seine Finanzpolitik zum mindesten, wenn nicht seine Sorge um das
Wohlergehen eines wichtigen Zweiges der Volkswirtschaft seines Reiches
zwang ihn, den Kartellgedanken aufzugreifen und zu verwirklichen
zu suchen. Wir haben an verschiedenen Stellen des vorausgehenden
Werkes gezeigt, daß Ferdinand I. vor solchen privatkapitalistischen
Monopolorganisationsformen der Wirtschaft nicht zurückschreckte,
mochten sie noch so sehr der herrschenden Wirtschaftsethik seiner
Zeit und den klaren Bestimmungen der Reichstagsbeschlüsse entgegen-
stehen. Unbeirrt von wirtschaftsethischen Gedanken nahmen Ferdinand
und seine Kammerräte als willige und gelehrige Schüler der großen
Kaufleute des Zeitalters des deutschen Frühkapitalismus das Syndikats-
projekt auf. Mehr noch, sie setzten ihrerseits viel Mühe und Arbeit

daran, um es einer Verwirklichung entgegenzuführen. Auf den Rat Anton Fuggers hin hatte Ferdinand I. bereits 1548 in den Kupferkaufskontrakt mit der Firma Matthias Manlich und Compagnie [1] die Bedingung gebracht, daß die Manlich den Kupferpreis auf derselben Höhe halten sollten, wie er zurzeit auf dem wichtigen Kupfermarkt Antwerpen gang und gäbe war. Nur dann durften die Manlich im Preise herabgehen, wenn die Fugger das ihrerseits tun würden. Damit aber letzteres nicht geschähe, wies der König in einem interessanten Schreiben (Augsburg, den 21. Januar 1548 datiert) Anton Fugger an, den bisherigen Kupferpreis „erhalten zu helfen". Man sieht aus dem Briefe absolut eindeutig, wie hier von Ferdinand ein Preiskartell der Fugger und Manlich vorbereitet, ja direkt anbefohlen wird [2]. Es war also durchaus der Wahrheit entsprechend, wenn ein Augsburger Gutachten des 16. Jahrhunderts die Behauptung aufstellte: Monopole, Kartelle und andere privatkapitalistische Organisationsformen würden nicht nur von den Kaufleuten angestrebt, auch das Fürstentum betätige sich umfassend nach dieser Richtung hin [3].

Das von Ferdinand I. gewünschte und eingeleitete Kupferkartell zwischen den Fuggern und der Firma Matthias Manlich und Companie ist im Februar des Jahres 1548 in Schwaz, wo Anton Fugger in diesen unruhigen Jahren (schmalkaldischer Krieg!) öfters weilte, zwischen Anton Fugger und Matthias Manlich persönlich abgeschlossen worden. Es stellt sich in seinen einzelnen Paragraphen teils als Preiskartell, teils als Gebietskartell dar. Der Wortlaut der Abmachungen ist folgender:

---

[1] Der Kontrakt ist mir nicht zur Hand. Ich vermute, daß er im Finanzarchiv zu Wien liegt. Im Fugger-Archiv (2, 3, 10) findet sich ein Auszug, dem ich folgende, auf das Kartell bezügliche Stelle entnehme: „Vnnd damit der kauff vnnd precio des kuphers, inmassen durch die Fuggerischen zu Anntorff gephlegen würdet, in ainer gleichait erhalten werde, so solle vilbemelter Mathes Mandlich vnd sein mituerwondten, wie er sich ze thuen bewilligt, erpoten vnnd zugesagt hat, mit diesem erkhaufften kupher auch in kainen weg auf ain wenigers fallen, sonnder bey demselben vesst vnnd stätt beleiben. Dagegen wellen die kunigl. majestät mit dem Fugger hanndlen von wegen der kupher, die er diser zeit noch bey hannden hat, damit er, oder diejhenigen, so kupher von ime kauffen, im yetzigen precio nicht fallen. Wo aber solches durch ine, Fugger, oder die, so das kupher von ime kauffen, beschehe, vnnd das genuegsamlichen ausfundig gemacht würde, so solle er, Mandlich, vnnd sein mitverwondt, dises artickels halben auch vnuerpunden sein."

[2] Der bedeutsame Brief ist weiter unten in extenso von mir abgedruckt.

[3] Vgl. im voranstehenden Werke S. 79, S. 362 und sonst.

„Vergleichung, so herr Antoni Fugger mit dem Matheus Manlich gemacht, betreffent das verkauffen des vngrischen kupher.

Auf der römischen ku. mt.[1], vnsers allergenedigisten herrn beuelch, das sich Anthoni Fugger mit dem herren Matheus Manlich vnd mituerwandten soll vergleichen von wegen des kupfer verkauffens, haben sy sich pede[2] verglichen, wie nachuolgt:

a) Erstlich zu Cracaw, Presslaw, Thorn vnd Tanizka[3] sollen die Fugger kain [Kupfer] alda verkauffen von disen sortten: der gmain gossen vnd in schrot, der vierkant, mittl vnd rund scheiben. Was aber anndere sort, sollen die Fugger an gemelten ortten im verkauffen vnuerpunden sein vnnd soll sich die zeit anfachen, wann die Manlichischen ire kupfer an dise ort pringen.

b) Im Niderlandt, als zu Annttorff[4] vnd Ambsterdamb, sollen bede tail frey sein vnd mugen verkauffen ires gefallens.

c) Was aber für Hispania dienlich, haben die Fugger hiezuuor ain vertrag, der soll inen also pleiben; vber vnd ausserhalb desselben vertrags soll yeder tail mit verkauffen, auch selbs ze schickhen vnd contrahieren der kupfer per Hispania frey sein.

d) Mit dem kunig von Portugal haben die Fugger ainen kauff, der solle inen also peleiben; aber furohin soll jedem tail zu contrahieren vnd verkauffen disem kunig, auch kupher daselbsthin zeschickhen, frey sein nach yedes gefallen.

e) Mit dem verkauffen für Franckhreich oder an dieselben ort zeschickhen von Annttorff aus, soll den Manlichischen allain erfolgen, ausserhalb das die Fugger an die ort im Adriatischen mör, in Franckhreich vnnd ander ort in Ytalia mugen frey schiffen, wo es inen gelegen ist.

f) Es sollen auch pede tail im precio pleiben in allem verkhauffen im Niderlandt, wie die Fugger bisher verkaufft haben, vnd darinn gar nit fallen, sy kondten es dann ainer höcher verkauffen, das soll demselben zu guet komen.

g) Die Manlichischen sollen an andere ort, da die Fugger kupher haben, mit schickhung irer kupher in rue steen, biß die Fugger ire kupher gar verkaufft haben.

h) Die Fugger sollen auch hinfüro im Niderlandt kain kupfer mer auf finanz verkauffen, das dieselben kupfer alda in ringerm[5] precio, dann wie sys yetzo geben, verkhaufft werden. Wo solchs vnd so offt das beschehe, sollen sy den Manlichischen von yedem centen[6] ain guldin reinisch munz bezalen on alle widerred. Dagegen sollen auch die

---

[1] = Kgl. Majestät.
[2] = beide.
[3] Danzig.
[4] Antwerpen.
[5] = geringerem.
[6] Zentner.

Manlichischen im Niderlandt auch kain kupher auf finanz geben, das wider in ringerm [1] preys möcht verkaufft werden, auch ire kupfer, so sy in Polln, Schlesy vnd Preissen werden verkhauffen, dermassen handlen, das die nit ins Niderlandt gefuert. Wo aber die Manlichischen im Niderlandt die kupfer auf finanntz, wie oblaut, geben, oder von gemelten ortten deren ainiche ins Niderlandt gefuert vnd betretten wurden, so sollen sy den Fuggern von jedem centen ain guldin reinisch in münz zutzalen verfallen sein, so offt das beschicht, on alle widerred.

i) Vnnd soll dise beredung pleiben vnnd weren, solang der Manlichischen vertrag werdt.

k) So bewilligen die Manlichischen, das die ku. mt. [2] vnangesehen irs yezigen vertrags den Fuggern die 1287^1/$_2$ ctr. gossen kupfer erfolgen lassen.

Dises alles war, vesst vnnd statt zehalten, haben obgemelte Antoni Fugger vnnd Matheus Manlich an einander zuegesagt. Zu vrkhundt sein diser vergleichung zway in gleichem laut geschriben, die jeder mit aigner hanndt vnderschriben hat. Beschehen zu Schwatz, am vierten tag Februari, im achtvndvierzigsten jare" [3].

Ein Brief Anton Fuggers [4] an seinen hochbegabten und treuen Faktor Hans Dernschwam, der sich viele Jahre lang in den ungarischen Bergwerksunternehmungen der Fugger bewährte und der auch die Unterhandlungen über das Kartell mit König Ferdinand und seinen Kammerräten zu führen hatte, gibt uns noch etwas ausführlichere Einsicht in die einzelnen Paragraphen des Syndikatsvertrags, als es der Wortlaut der endgültigen Fassung zu tun vermag. Nach § a) des Syndikats sollte der Firma Matthias Manlich und Companie in Krakau, Breslau, Thorn und Danzig der Verkauf bestimmter gegossener und geschmiedeter Kupferprodukte vorbehalten sein. Andere Sorten sollten dortselbst auch die Fugger verkaufen dürfen.

Der § b), wie er in dem Kartellstatut vorliegt, war das Produkt längerer Verhandlungen gewesen. Matthias Manlich hätte es gern gesehen, wenn die beiden Firmen in Antwerpen und in Amsterdam ihr Kupfer gemeinsam verkauft hätten, so zwar, daß bei den jeweiligen Aufträgen jede der beiden Firmen die Hälfte der bestellten Ware zu liefern hatte. Aber Anton Fugger wollte hiervon nichts wissen. Er wies

---

[1] = geringerem.

[2] Königl. Majestät.

[3] Fuggerarchiv 2, 3, 10.

[4] Datiert Schwaz, 7. Februar 1548. F. A. 2, 3, 10. Über das Zustandekommen des Kartells berichtet Anton Fugger an Dernschwam: „. . . . Matheis Mandlich hatt mich erstlich angesprochen, das er hab sambt sein mituerwonten den kupherkauf mit der khunigl. majestät getan, vnnd weil wir auch vil kupher haben, wolt er sich mit mir vergleichen, damit khainer dem anderm im verkauffen schaden thette. Darauf ich ime anzaigt, das ich dißhalb von der khunigl. majestät beuelch hab."

darauf hin, daß die eine Firma mit der anderen darunter zu leiden
hätte, wenn ihre Faktoren an schlechte Zahler verkauften. Hieraus
müßten Vorwürfe und Streitigkeiten entstehen. So wurde denn für die
Niederlande nur verabredet (§ f), daß man ein und denselben Verkaufspreis wahren, im übrigen aber selbständig handeln sollte. Um den
Antwerpener Kupfermarkt nicht mit Ware zu überschwemmen,
wurden die Manlich verpflichtet, bei Verkaufsabschlüssen in Polen,
Schlesien und Preußen dafür zu sorgen, daß die Ware nicht nach Antwerpen ging. Geschah das doch, so hatten sie eine Konventionalstrafe
in der Höhe von einem rheinischen Florin pro Zentner an die Fugger
zu zahlen (§ h).

Auch die folgenden Bestimmungen des Kartellstatuts hatten den
Zweck, den Kupferpreis gerade in den Niederlanden zu stützen. Aufs
strengste sollte beiden Kontrahenten verboten sein, in den Niederlanden Kupfer „auf Finanz" zu verkaufen, d. h. sie sollten jene häufig
geübte Verquickung von Finanz- und Handelsgeschäft unterlassen,
wobei einem geldbedürftigen Fürsten statt Bargeld eine gangbare Ware
in der Weise geliehen wurde, daß er nach bestimmter Zeit eine entsprechende Geldsumme dafür zurückzahlen mußte. Dem Kaufmann
waren solche Geschäfte zunächst angenehm. Er verdiente doppelt
dabei: einmal an den Zinsen des Darlehns und zweitens an dem Absatz der Ware. Auf den Markt freilich vermochten diese Manipulationen
nicht gerade günstig zu wirken. Nur in der ärgsten Geldverlegenheit
pflegten sich die Fürsten auf sie einzulassen. Es versteht sich von selbst,
daß der fürstliche Warenempfänger oft in seiner Finanznot die geliehene Ware zu Schleuderpreisen abstoßen mußte, um seine leeren
Kassen notdürftig aufzufüllen. Aus diesem Grunde verbot das Kartell
das Verkaufen von Kupfer „auf Finanz". Wenigstens im allgemeinen.
Wünschte einer der Kartellkontrahenten dennoch solche Geschäfte
zu machen, so mußte er seinem Komparenten einen rheinischen
Florin Buße für jeden „auf Finanz" verkauften Zentner Kupfer geben.

In den romanischen Ländern waren die Verkaufsbeschränkungen
der beiden kartellierten Firmen verschieden geregelt. In Spanien
hatten sowohl die Fugger wie die Manlich feste Verkaufsabschlüsse
mit einzelnen Firmen getätigt. Die sollten ihre Gültigkeit behalten.
Im übrigen engte keine Bestimmung dort die freie Betätigung der
beiden Handelsgesellschaften ein. In Portugal war vonseiten der
Fugger mit dem König ein fester Kupferlieferungsvertrag — das Kupfer
ging zumeist in die portugiesischen Kolonien — abgeschlossen worden.
Der Vertrag blieb voll in Kraft. In Zukunft sollte es jedoch auch den
Manlich freistehen, mit der portugiesischen Krone Kupferlieferungs-
verträge abzuschließen. Auch der übrige Kupferhandel der beiden
Firmen in Portugal wurde durch das Kartell nicht berührt.

In Frankreich, wo die Fugger vergleichsweise geringe geschäftliche Beziehungen seit jeher unterhielten, die Manlich dagegen alte und
weitverzweigte Verbindungen besaßen, in Frankreich ,wohin die Fugger

insbesondere bisher nie Kupfer gesandt hatten [1], blieb den Manlich das Feld im wesentlichen überlassen. Die Fugger verpflichteten sich in dem Kartellstatut, kein Kupfer von Antwerpen auf dem Landwege nach Frankreich zu bringen. Dagegen scheint Anton Fugger seiner Firma die Verschiffung von Kupfer nach Frankreich in dem Kartellstatut offengehalten zu haben. Wenigstens wird an der Stelle des Kartellvertrags, wo davon die Rede ist, daß die Fugger ihr Kupfer in die Städte am adriatischen Meer [2] und sonst nach Italien frei verschicken dürfen, als erlaubter Bestimmungsort Fuggerscher Schiffsladungen mit Kupfer auch Frankreich genannt (vgl. § e). Ich vermute, daß es sich um Häfen in Südfrankreich dabei handelt. Dort war Marseille wenigstens in den siebziger Jahren des 16. Jahrhunderts ein wichtiger Ausfuhrhafen für deutsche Metallartikel (sogenannter Quincailles d'Allemagne) in die Levante [3]. Aber auch andere südfranzösische Häfen können die Fugger gemeint haben, in die sie ihrem Tiroler Kupfer etwa von Genua her den Seeweg offenhalten wollten.

Das Kartell von 1548 bot den Fuggern die erwünschte Gelegenheit, ihre ungarische Handlung vollends zu liquidieren, d. h. ihre ungarischen Kupfervorräte in Ruhe abzusetzen. Einschließlich der $1287^{1}/_{2}$ Zentner gegossenes Neusohler Kupfer, die sie unter Zustimmung der Manlich noch vom König zu fordern hatten (§ k). Eine rücksichtslose Konkurrenz konnte ihnen dabei von der Firma Manlich nun nicht mehr gemacht werden, denn über die genannten Abmachungen hinaus erhielten die Fugger in dem Syndikat von 1548 von ihrem wichtigsten Kupferkonkurrenten noch das Versprechen, daß die Firma Manlich an andere als die im Statut genannten Plätze kein Kupfer schicken dürfe, bis die Fugger das ihrige verkauft hätten (§ g).

Als Dauer des Kartells sind in dem Statut vorläufig drei Jahre vorgesehen. Auf dieselbe Zeitdauer war ja auch der Manlichsche Kupferkaufskontrakt mit Ferdinand I. abgeschlossen worden. Der Syndikatskontrakt war in doppelter Ausfertigung ausgestellt und eigenhändig von den beiden Kontrahenten unterzeichnet.

Das Kartell von 1548 bietet ein interessantes Gegenstück zu dem Kupfersyndikat vom Jahre 1498, an welchem die Fugger führend

---

[1] „Dieweil er, Manlich, in Franckhreich vil khenung vnd khundtchafft hatt, vnd wir nie kupher hinein gfüert . . .‘‘

[2] Ancona z. B. war eine Stadt an der Adria, die sehr oft den Fuggern als Einfuhrhafen für Kupfer diente, das an die Päpste verkauft worden war. Vgl. A l o i s S c h u l t e , Die Fugger in Rom 1495 bis 1523. 2 Bde. Leipzig 1904. I. Bd. S. 191 f. 2. Bd. S. 149.

[3] Vgl. P a u l M a s s o n , Histoire du commerce française dans le Levante au XVIIe siècle. Paris 1897. S. XI. Dazu J a k o b S t r i e d e r , Levantinische Handelsfahrten deutscher Kaufleute des 16. Jahrhunderts (Meereskunde Heft 149). Berlin 1919. S. 17.

beteiligt waren, und auf das bereits Ehrenberg aufmerksam gemacht hat [1]. Es bietet auch ein Gegenstück zu den kartellistischen Abmachungen, die wiederum unter starker Anteilnahme, ja man darf sagen, unter dem Druck des deutschen Königs im Jahre 1515 die Fugger und die Augsburger Firma Gebr. Höchstetter u. Co. vereinbarten. Damals war den beiden großen Handelshäusern für die Zeit von 1520—1523 gemeinsam ein Handelsmonopol für die gesamte Schwazer Kupferausbeute (die weitaus bedeutendste Tirols) von Maximilian I. übertragen worden. Gegen eine bedeutende Anleihe selbstverständlich! Damit nun im Kupferhandel die Höchstetter gegenüber den Fuggern, die daneben die ungarische Kupferproduktion absolut beherrschten, nicht allzusehr ins Hintertreffen gerieten, vereinigten sich die zwei Firmen in einem Kartell zu folgenden Sicherungen der Absatzmöglichkeiten der Tiroler Produktion. In Hochdeutschland und Italien sollte nur Tiroler Kupfer verkauft werden. Ungarisches Kupfer durfte während der Vertragsdauer nicht nach Hochdeutschland oder Welschland gehen.

Dagegen waren die Niederlande für die Zufuhr von ungarischem Kupfer freigegeben. Wenn die Fugger dorthin die Ausbeute ihrer ungarischen Bergwerke und der mit diesen zusammenhängenden Hüttenwerke versenden wollten, so sollte ihnen dabei auch der Transport durch Hochdeutschland erlaubt sein. Voraussetzung — unter Androhung der Konfiskation der Ware durch den Kaiser — war, daß die Fuggerschen Beauftragten kein Kupfer unterwegs in Hochdeutschland verkauften. Selbst jenes ungarische Kupfer, das sich nach Ablauf des vierjährigen Kartellvertrags noch innerhalb Hochdeutschlands auf dem Wege ins Niederland befand, sollte nicht in Hochdeutschland oder Italien verkauft werden dürfen, sondern ins Niederland weitertransportiert werden. Nur ein paar Ausnahmen zugunsten der Fugger wurden in den Syndikatskontrakt aufgenommen. Die eine bezog sich auf den Verkauf ungarischen Kupfers der Fugger in Thüringen. Der größte Teil der in den ungarischen Bergwerken geschürften Schwarzkupfererze wurde in den Hüttenwerken des ungarischen Handels der Fugger in Neusohl (Oberungarn) und in

---

[1] E h r e n b e r g, a. a. O. I. Bd. S. 369 ff., S. 417 ff. Vgl. auch J a n s e n, a. a. O. S. 52 ff. Schon 1494 berichtete Hans Maltitz, oberster Bergmeister in Österreich an die Statthalterei in Innsbruck, die Fugger brächten ungarisches, in Kärnten von ihnen gesaigertes Kupfer nach Venedig zum Verkauf. Sie wollten damit einen Druck auf die Baumgartner ausüben, die den Schwatzer Kupferkauf innehatten. Die habsburgischen Behörden erkannten bereits damals, daß durch einen Konkurrenzkampf des Tiroler und ungarischen Kupfers in Italien die Habsburger als Regalherren den größten Schaden hätten. 1494. 6. August. Statthaltereiarchiv Innsbruck. Kopie. Pestarchiv XXXIX. 103.

Hochkirch (bei St. Georgenthal in der Nähe von Ohrdruff im Thüringer Walde) gesaigert [1]. Nun hatte Jakob Fugger vom Kaiser die
Erlaubnis erhalten, von seiner Thüringer Hütte Hochkirch (oder
St. Georgenthal wie sie auch genannt wurde) aus die Thüringer
Kesselschmiede mit Kupfer zu versorgen [2]. An diesem Rechte sollte
auch der Kartellvertrag nichts ändern, obwohl er den Fuggern im
allgemeinen den Verkauf von ungarischem Kupfer nur in den Niederlanden gestattete.

Eine zweite Ausnahme erlaubte den Fuggern für einen mehr
privaten als kaufmännischen Bedarf 1000 Zentner ungarisches Dachkupfer auf der Donau nach Süddeutschland zu schicken. Das Kupfer
war für die Bedachung Fuggerscher Häuser und der Heilig-Kreuz-
Kirche in Augsburg bestimmt [3].

Über die Wirksamkeit des Kupferkartells von 1515 (Abschluß-
jahr) ist ebensowenig wie über diejenige des Syndikats von 1548
etwas aus den mir zur Zeit zugänglichen Akten zu erkennen. Auch
so erhellt schon aus der Tatsache ihres Abschlusses manches Wichtige
für die Kartellgeschichte. Zum mindesten das Syndikat von 1548
war eines von denen, die der Zeit einer schweren wirtschaftlichen
Depression auf einem bestimmten Marktgebiet ihr Dasein verdankten,
also eines jener „Notstandskinder", von der in der Streitfrage derjenigen Nationalökonomen gesprochen wird, die sich mit den Ent-

---

[1] Näheres auch über diese Technik bei J. S t r i e d e r , Die Inventur der Firma Fugger aus dem Jahre 1527. Tübingen 1905.
S. 44 f.

[2] Aus dem Wortlaut der Aussagen Jakob Fuggers („Die weil
mir Kays. Maiestät . . . verwilligt hat, das ich auff meiner huten zu
Jörigental daselbst im lannd den Kesselschmiden zu verarbeiten
Kupher verkauffen . . . mag) ist nicht klar ersichtlich, ob es sich um
Verkauf oder um verlags-systematische Versorgung der Thüringer
Kesselschmiede mit Kupfer handelt. Die Ausdrucksweise von Jansen
a. a. O. S. 115 ist irreführend. Jedenfalls haben die Fugger einige Zeit
später Kupfer- und Messingkessel in großen Mengen herstellen lassen,
um sie in die portugiesischen Kolonien an der Goldküste Afrikas zu
verkaufen. Ich komme auf diese noch völlig unbekannten kolonialen
Handelsbeziehungen der Fugger in der 1. Hälfte des 16. Jahrhunderts
näher zu sprechen in meinem Buch: Aus Antwerpener Notariats-
archiven. Regesten und Urkunden zur deutschen Wirtschaftsgeschichte
des 16. Jahrhunderts. Das Werk, das mit Unterstützung der historischen Kommission bei der bayrischen Akademie der Wissenschaften
in den Jahren 1917 und 1918 in Belgien entstand und Ende Oktober
1918, kurz vor unserem Rückzug aus Antwerpen fertiggestellt wurde,
konnte der Ungunst der deutschen Wirtschaftslage wegen bisher
leider nicht gedruckt werden.

[3] J a n s e n , a. a. O. S. 115 f.

stehungsgründen der Kartelle beschäftigt haben [1]. Wichtiger erscheint mir das Folgende: Gerade auch das Kartell von 1548 zeigt uns das, was ich als Leitmotiv großer Teile des voranstehenden Werkes immer wieder betonen mußte. Es zeigt den innigen Zusammenhang auf, der zwischen der staatlichen Finanznot und der Genesis jener kapitalistischen Organisationsformen besteht, die wir Kartelle nennen. Der Fürst, der sein Bergwerksregal vor einer Wertminderung bewahren will, kommt, von Erwägungen der staatlichen Finanzpolitik ausgehend, zu derselben Forderung eines Syndikats, zu der die Unternehmer ihr privatwirtschaftlicher Gesichtspunkt drängte.

Beilage 1. Ferdinand I. an Anton Fugger. Der König bereitet das Kupfersyndikat zwischen den Fuggern und der Firma Manlich vor. Augsburg, 21. Januar 1548. Fugger-Archiv 2, 3, 10.

Ferdinand von gottes genaden römischer, auch zu Hungern vnnd Behaim etc. khunig etc.

Lieber, getreuer! Wir wellen dir genediger maynung nit verhalten, das wir vns yetzo mit vnserm vnnd des reichs lieben getreuen Mathiasen Mandlich vnd seinen mituerwondten alhie in Augspurg aines kupferkauffs halben in handlung eingelassen vnd denselben also auf drey jarlang mit etlichen conditionen abgehanndelt vnd beslossen. In welcher kupherkauffsvergleichung wir aber mergemeltem Mathiasen Mandlich vnd mitverwondten mit ernst auferlegt vnd eingepunden, das sy bestimbte zeit in solchem kupfferkhauff, wirdigung vnd precio deßselben, in massen wie der yetzo zu Annttorff gangper ist, allerding peleiben vnd dauon khaines wegs fallen, noch in demselben ainiche minderung, merung oder enderung thuen oder machen sollen etc. Wie sy sich dann sollichs vnder annderm genuegsamlich gegen vnns verobligiert vnd verschriben haben.

Vnnd dieweil dann sollich hievorgeschribner vorbehalt der wirdigung vnnd precii angezaigtes kupherkhauffs gegen vermeltem Mandlich vnd mituerwondten mit deinem guettem wissen vnd sonderlich auf dein selbst ratlich guetbedunckhen beschehen vnd erfolgt ist, so gelanngt demnach vnser genedigs beger an dich, du wellest also gleichermassen sampt denjhenigen, so kupfer von dir erkauffen vnd annemen, in dem khauff nicht fallen oder abweichen, sunder die wirdigung vnnd precium des kupfferkhauffs hieuorgeschribner gestalt neben vnns, fürnemblichen in bedacht, dieweil solliches allen vnsern Tirolischen, Newsollerischen vnd anndern kupferperckhwerchen zu wolfart, nutz vnd guettem geraichen mag, erhalten helfen.

Vnd sunderlichen haben wir mit ernenntem Mandlich auf vorbemelt dein beschehen anzaigen vmb souil ernstlicher handlung gephlegen, damit er von yetziger wirdigung vnd precio des kupferkaufs nicht fallen solle, im fall aber, wo das durch dich oder diejhenigen, so

[1] Vgl. J. S t r i e d e r , Ein Kartell deutscher Kaufleute aus dem Jahre 1743. Historisches Jahrbuch 1911. S. 50 Anm. 3.

das kupffer von dir kauffen, beschehe (das doch nit solle), so hat ime gedachter Mandlich lautter vnnd austruckhenlich beuorbehalten, darinnen alsdann auch vnverpunden zu sein. Derwegen wirdest du dich sampt denjhenigen [1] hierinnen der notturfft nach zuuerhalten wissen, damit es also bey angezaigter wirdigung vnd precio erhalten werden muge. Wie wir vnns dann soliches gantz gnedigclich zu dir versehen, auch das hinwiderumb in gnaden vnnd guettem erkhennen vnnd bedennckhen wellen. Daran beweist du vnsern sundern angenemen willen vnd gefallen.

Geben in vnser vnd des reichs stat Ausgpurg, den ainundzwaintzigisten tag Januari anno etc. im achtundviertzigisten, vnserer reiche des römischen im achtzehenden, vnd der anndern im 22 ten. Ferdinand. Ad mandatum domini regis proprium: Philipp Breyner, Melchior von Hobereckh, M. Zeller. An Herren Anthoni Fugger außganngen.

Auf der Rückseite: 1548. Copi der kon. mt.[2] bevelch an herrn Antoni Fugger, sich mit dem Mathias Manlich des kupherkauffes halb zu vergleichen. 283.

Beilage 2. Kupfersyndikat der Augsburger Firmen Fugger und Höchstetter zum Zwecke der Monopolisierung des hochdeutschen und des italienischen Marktes für das Schwazer Kupfer. Der Kartellkontrakt ist abgeschlossen i. J. 1515. Das Kartell soll 1522 beginnen. Original-Papierhandschrift besiegelt mit dem aufgedrückten grünen Wachssiegel der Aussteller. Haus-, Hof- und Staatsarchiv, Wien. Allgemeine Urkundenreihe.

Wir nachgeschriben mit namen Jacoben Fugger fur mich unnd anstat meiner gebruedersson, der ich mich hierinn annymb unnd mächtig, auch all mein unnd ir erben, auch wir Ambrosy unnd Hanns die Höchsteter gebrueder fur unns, unnser mitverwanndten unnd erben bekennen: Als der allerdurchleuchtigist, grossmächtigist furst unnd herr, herr Maximilian romischer kayser, zu allen zeiten merer des reichs in Germanien, zu Hungern, Dalmacien, Croacien etc. konig, erzherzog zu Osterreich, herzog zu Burgundi, zu Brabannt unnd Phallnzgrave etc. unnser allergenedigister herr yezo abermals ainen silber- unnd kupherkauff von newem auff vier jar lanng, die sich zu eingeendem funfzehenhundertisten unnd zwainzigisten anfahen unnd zu ausgeenden funffzehenhundertisten unnd dreyundzwainzigisten jarn enden werden, mit unns beslossen unnd auffgericht hat, darinn unnder anderm lauter begriffen ist, das wir unns genugsamlich verschreyben, damit wir in obberurter zeit kain annder frömbd kupfer in Hochtewtschlannd noch Welschlannd fueren noch vertreyben sollen

---

[1] Hier hat der Kopist wohl ein paar Worte übersehen, die etwa lauteten: so das Kupfer von Dir (Anton Fugger) kaufen.
[2] = Kgl. Majestät.

noch wollen, das demnach ich offtgenanter Fugger fur mich unnd
anstat obbestimbter meiner gebrueders son, all mein unnd ir erben,
auch wir Ambrosy unnd Hanns die Höchsteter fur unns und unnser
mit verwandten unnd erben zusagen, geloben unnd versprechen wissentlich hiemit in crafft dits briefs also, das wir, noch kainer unnser mit-
verwanter, noch erben, noch yemands annderer von unnsernwegen
noch in unnserm namen die berurten vier jar lanng dhain [1] annder
frembd, dann allein die Swazer kupher in Hochtewtschlannd noch
Welschlannd fuern noch vertreyben sollen noch wollen.

Unnd nachdem unns aber hierinn das Niderlannd vorbehalten
ist, ob wir dann annicherlay frembd kupfer auff strassen durch Tewtsch-
lannd in das Niderlannd fuern wurden, so sollen und wöllen wir dhains [1]
derselben frembde kupher, so wir auff denselben angezaigten strassen
fuern werden, daselbst die berurten vier jar lang nicht verkauffen,
sonnder allain inn das Niderlannd fuern unnd vertreyben. Unnd ob
aber derselben frembde kupher, so wir dieselben vier jar lanng gefuert heten, etwas uberbeleiben wurden auff den strassen, wa die
legen, so söllen wir dieselben uberbeliben frembde kupher in Hoch-
tewtschland nach ausgang der obbestimbten vier jar auch nicht verkauffen, sonnder in das Niderlannd fuern. Wo aber, als doch kains
wegs sein noch beschehen soll, ainnich annder frembd kupher durch
unns, oder yemands annderer von unnsern wegen, oder in unnserm
namen in berurter anzal jar unnd kupherkaufs in Hochtewtschlannd
und Welschland annders dann wie obstet durch unns gefuert, verkaufft und vertriben gefunden wurden, so soll alsdann sein kays. mt.
gut macht, fueg unnd recht haben, unns darumb wie sich geburt zu
straffen unnd sonnderlich dieselben frembde kupfer, wa die betreten
und gefunden wurden, als verfuert und verfallen gut, zu irer mt.
hannden zu nemen unnd behalten.

Doch mir Jacoben Fugger unnd mein gebrueders sonen hierinn
vorbehalten: Dieweil mir kays. mt. hieruber ain sonndern verwilbrieff
gegeben unnd darinn verwilligt hat, das ich auff meiner huten zu
Jörigental, daselbst im lannd den kesselschmiden zu verarbaiten,
kupher verkauffen, auch ain tausend centen tachkupher von Unngern
auff der Thonaw — innhalt seiner kays. mt. passbrieff — herauff
fuern mag, so soll mir dise mein verschreybung daran kain verhinderung noch nachtail bringen. Alles trewlich unnd ungevarlich.

Des zu urkundt haben wir obgenanten Jacob Fugger, auch Ambrosy und Hanns gebrueder die Hochsteter unnser yeder sein aigen
innsigel hiefurgetruckht. Beschehen am newnzehenden tag des monats
Novembris nach Cristi geburt funffzehenhundert unnd im funffze-
hennden jare.

---

[1] d. h. kein.

Zweiter Nachtrag.

Anton Fugger und das mitteleuropäische Zinn-monopolisierungsprojekt vom Jahre 1550 ff.

Auf Seite 264 ff. des voranstehenden Werkes habe ich ausführlich über den kühnen Versuch des Augsburger Kaufmanns Konrad Mayr berichtet, um die Mitte des 16. Jahrhunderts durch Kartellierung der böhmischen und der sächsischen Zinnproduktion ein mittel- und osteuropäisches [1] Zinngroßhandelsmonopol aufzurichten. Die Tatsache, daß von zeitgenössischen Kennern der Verhältnisse behauptet wurde, die Fugger hätten bei dem großzügigen und ungemein riskanten Projekt hinter ihrem langjährigen Faktor Konrad Mayr gestanden, die Tatsache ferner, daß Matheus Schwarz, der Hauptbuchhalter der Fugger, dem Konrad Mayr ein Buchführungsformular für das Zinnhandelsunternehmen einrichtete und anderes mehr [2], brachte mich auf den oben auch ausgedrückten Gedanken, daß wir es in dem waghalsigen Beginnen mit einer versteckten Spekulation der Fugger zu tun hätten. Neue Funde im Fürstlich und Gräflich Fuggerschen Familien- und Stiftungs-Archiv zu Augsburg bestätigen mit einem hohen Grad von Wahrscheinlichkeit diese Vermutung. Hierüber soll die folgende kurze Abhandlung Bericht erstatten.

Das Monopol- und Kartellprojekt Konrad Mayrs, zu dem Ferdinand I., deutscher Kaiser und König von Böhmen, durch Finanz-

---

[1] In Westeuropa spielte auch damals noch das e n g l i s c h e Zinn eine so große Rolle, daß nur durch die Einbeziehung auch dieser Produktion ein Zinn-Weltmonopol hätte geschaffen werden können. Im Mittelalter haben zwar zeitweise hansische Kaufleute eine bedeutsame Stellung im englischen Zinnbergbau und Zinnhandel eingenommen — so waren im 14. Jahrhundert die fiskalischen Bergwerke von Cornwallis zeitweise an Kölner Kaufleute verpfändet — im 16. Jahrhundert jedoch scheint der deutsche Einfluß hier gering gewesen zu sein, wenn auch noch im Zeitalter der Königin Elisabeth deutsche Technik und deutsche Kapitalkraft für die Hebung des englischen Bergbaus nutzbar gemacht worden ist. Vgl. oben S. 7 näheres darüber.

[2] In einer Urkunde vom 31. Juli 1548 (Fugger-Archiv 5, 1, 1, Bl. 8) nennen die Gebrüder und Vettern Anton, Hans Jakob, Georg, Christoph, Ulrich und Raimund Fugger den Conrad Mayr als einen Verwandten („die eruesten Conrat Mair vnnd Marx Walther, baid burger zu Augspurg, vnnser liebe s c h w ä g e r vnnd v e t t e r").

not gezwungen, trotz der damaligen scharfen Monopolbekämpfung
durch Reichstage, durch Landtage und durch die herrschenden gesellschaftlichen Anschauungen der Zeit seine Zustimmung gab, ist
schließlich an dem Widerstand der sächsischen Zinngewerken gescheitert. Man erzählte sich damals mit einer gewissen Schaden-
freude in Sachsen, daß die Augsburger durch den Fehlschlag des
Planes eine Tonne Goldes verloren hätten. Nach anderen gleichzeitigen Quellen, die etwas genauere Angaben machen, wurde der
Schaden des Konrad Mayr auf etwa 100 000 Gulden geschätzt[1].
Tatsächlich müssen die Kapitaleinbußen bei dem Monopolisierungs-
versuch noch bedeutend höher gewesen sein. Die Akten des Fugger-
Archivs[2] geben hierüber Aufschluß. Darnach hat Anton Fugger, der
von 1526—1560 die Leitung der Firma Fugger in der Hand hielt, nicht
weniger als 600 000 Gulden in das böhmische Zinnmonopolunternehmen
gesteckt. Den größeren Teil davon wohl auf Nimmerwiedersehen!
Das bedeutete selbst für ein so kapitalkräftiges Handelshaus wie die
Fugger eine ganz gewaltige Kapitaleinbuße. An Edelmetallgehalt
dürfen wir den rheinischen Goldgulden, um den es sich hier handelt,
für die damalige Zeit auf annähernd 8 Goldmark ansetzen. Dabei
ist jedoch die viel höhere Kaufkraft dieses Goldquantums noch nicht
in Rechnung gestellt.

Einen ungefähren Begriff von der Größe dieser Kapitalinvestierung
gewinnen wir auch durch folgende Erwägungen. Noch um 1527 hatte
nach Ausweis der Fugger-Inventur dieses Jahres das gesamte Geschäfts-
kapital der Firma Fugger etwa 2 Millionen rheinische Gulden betragen.
Für die Mitte des 16. Jahrhunderts, die Zeit, in der das Projekt der
Kartellierung der böhmischen und sächsischen Zinnproduktion spielte,
schätzt Richard Ehrenberg das Handlungskapital der Firma Anton
Fugger und Brüder-Söhne auf rund 5 Millionen rheinische Gulden.
Es war das höchste, was sie je besessen hat und zweifellos auch das
größte, welches zu jener Zeit bei einem Handlungshause vereinigt war[1].

Offenbar hat Anton Fugger das Geheimnis der r e c h t l i c h e n
F o r m, in der das Kapital seiner Firma an dem großen Zinnspeku-
lationsunternehmen teilnahm, nur mit Konrad Mayr geteilt. Seinem
Wahlspruch „Stillschweigen steht wohl an" entsprechend und gemäß der von Jakob Fugger begründeten, von seinem Neffen Anton
aufrechterhaltenen absolutistischen Art der Fuggerschen Handelsge-
sellschaftsleitung waren von dem reichen Handelsherrn nicht einmal
die nächsten Blutsverwandten ins Vertrauen gezogen worden. So

---

[1] Siehe oben S. 278.

[2] Besonders Fugger-Archiv 17, 3, 12. Fugger-Archiv 32, 3 bietet
nichts Neues gegenüber dem Fasz. 17, 3, 12.

[3] R i c h a r d E h r e n b e r g, Das Zeitalter der Fugger, Geldkapital und Kreditverkehr im 16. Jahrhundert, 2 Bde. Jena 1896.
Seitdem mehrere anastatische Neudrucke. I. Bd. S. 149.

konnte es geschehen, daß erst 4 Jahre nach dem Tode von Anton Fugger dessen Söhne und Nachfolger in der Leitung der Firma, Marx und Hans Fugger, die obenerwähnten 600 000 Gulden von Konrad Mayr zurückforderten. Die Art, wie das geschah, ist charakteristisch für die unsichere Kenntnis, die die Anton Fuggerschen Erben von der Sachlage hatten. Am 16. September 1564 schickten Marx und Hans Fugger ihren Handelsangestellten und Stiftungsverwalter Georg Stegmann mitsamt einem Notar in die Schreibstube des greisen Konrad Mayr und forderten die Rückgabe von 30 000 thr. und 50 000 fl. laut vorgewiesenen Schuldverschreibungen [1]. Kurze Zeit darauf beriefen sich die Fugger auf weitere 15 Schuldverschreibungen Konrad Mayrs, die mit den obenerwähnten zwei zusammen eine Verpflichtung Mayrs von zirka 600 000 rheinischen Gulden bestätigten.

Erst nach und nach waren wohl diese Dokumente ans Licht gezogen worden. Möglicherweise war es aber auch berechnende Absicht, daß die Fugger dem Konrad Mayr zunächst nur 2 der 17 Schuldverschreibungen präsentierten. Wie dem auch sei, jedenfalls kam in den 17 Schuldscheinen das eine klar zum Ausdruck, daß der ehemalige Faktor des Welthandelshauses Beträge in der Höhe von insgesamt 600 000 rheinischen Gulden in bar von Anton Fugger empfangen und in dem Zinnmonopolunternehmen investiert hatte.

Vorhanden sind, soviel ich sehe, im Fugger-Archiv noch folgende Schuldverschreibungen Konrad Mayrs gegen Anton Fugger:

1. 1550 Juli 1. Konrad Mayr bekennt von Anton Fugger 48 000 Gulden („in Münz à 15 Batzen") in bar erhalten zu haben: „zu meinem gethonen zinkhauff vnd handl zu gebrauchen". Kopie im Fugger-Archiv 17, 3, 12. Dortselbst auch die zwei folgenden Schuldurkunden.
2. 1552 November 1. Konrad Mayr bekennt von Anton Fugger 30 000 Taler (jeden zu 17 Batzen gemeiner Landeswährung) in bar auf drei Jahre erhalten zu haben: „zu meinem gethonen zinkauff zu gebrauchen vnd stilligen zu lassen".
3. 1553 Juni 20. Konrad Mayr bekennt von Anton Fugger 50 000 rheinische Gulden (in Münz gemeiner Landeswährung) auf drei Jahre in bar erhalten zu haben: „zu meinem gethonen zinkauf vnd handel zu gebrauchen vnd stilligen zu lassen [2]".

Den Empfang der gewaltigen Kapitalsumme von mehr als 600 000 Gulden leugnete nun Konrad Mayr auch gar nicht. Weder vor den Augsburger Stadtpflegern und dem geheimen Rat (Güteverfahren vor drei „Einigungsherren") noch vor dem Stadtgericht der

---

[1] F.-A. 17, 3, 12. Bl. 1 ff.

[2] Die Schuldverschreibungen stimmen textlich fast völlig überein. Die letztgenannte ist von mir am Schluß dieses zweiten Nachtrags in wörtlichem Abdruck beigefügt.

alten Reichsstadt [1], an das schließlich die Angelegenheit gelangte.
Was Mayr behauptete, war nur das Folgende: Es könne keine Rede
davon sein, daß er das Geld als Darlehen („anlehensweiss vnd ex
causa mutui") erhalten habe, wie Marx und Hans Fugger aussagten.
Wäre das wirklich geschehen, dann hätte sich Anton Fugger, so argu-
mentierte Konrad Mayr, doch sicherlich auch seinerseits nach dem
Fehlschlagen des Monopolversuchs schon bemüht, die hergeliehenen
Summen wenigstens zum Teil und nötigenfalls auf dem Gerichtswege
von ihm zurückzuerlangen [2]. Daraus, daß das nicht geschehen sei
und aus anderen Gründen, auf die ich gleich noch zu sprechen kommen
werde, erhelle, daß Anton Fugger ihm (Mayr) das Geld nicht geliehen,
sondern zu dem Zwecke ausgehändigt habe, um damit das böhmische
Zinnmonopolunternehmen, das scheinbar ihm (Mayr), in Wahrheit
Anton Fugger gehört habe, zu finanzieren (zu „verlegen", wie die
Ausdrucksweise des 16. Jahrhunderts lautete). Dementsprechend
seien die fraglichen Urkunden keine Schuldverschreibungen, sondern
„allein solliche instrumenta, dardurch der empfang des verlaggelts
erwisen".

Diesen Ausführungen gegenüber blieben Hans und Marx Fugger
bei ihrer Behauptung, Mayr habe von ihrem Vater die 600 000 Gulden
als echtes und reines Darlehen erhalten (anlehensweis vnd ex causa
mutui). Wenn Mayr das Geld für den Zinnmonopolverlag verwendet
habe, so hätte er das auf eigene Rechnung und Gefahr getan [3]. Auch
dem Kaiser gegenüber habe er (Mayr) ja beteuert, daß das Zinnunternehmen ihm gehöre. Demgemäß habe er auch alle Verschreibungen
mit Seiner Majestät gemacht [4].

---

[1] „Stadtvogt, Burggraf, Ober- und andere gemeine Richter des
Stadtgerichts."

[2] Darüber äußerte sich Conrad Mayr den drei Einigungsherren
gegenüber wie folgt: „Ich lass . . . ain jeden verstendigen bedenckhen,
wann herr Anthoni Fugger seliger ob den 600 000 guldin sambt dem
interesse an mich zu fordern vnd er nit gewißt, das dise sach ain andere
maynung, gestalt, verstanndt vnd gelegenhait gehabt, ob er auch die
sach wurde haben ersitzen lassen vnnd seine söne darzue so lang still-
geschwigen, das diser 17 brief halben inn 15 jarn nichts an mich gesuecht
worden." Fugger-Archiv 17, 3, 12. Bl. 13—14. Demgegenüber behaupteten allerdings die Fugger, ihr Vater Anton habe doch versucht, die
Summen zurückzuerhalten. Fugger-Archiv 17, 3, 12. Bl. 30, 35, 36.

[3] „Ob er nun dieselbige volgendts zum verlag seines damalen
mit der vorigen kayserlichen majestät hochlöblichister gedechtnus
habenden contract vnd zinhandls angewanndt, so hat ers doch inn
solchem respect als nun sein aigen vnd ime selbst gehörig gelt zum
verlag obuermelter zinhandlung gebraucht." Fugger-Archiv 17, 3, 12.
Bl. 10.

[4] Ebenda Blatt 29.

Auf solche Behauptungen hin fühlte sich Konrad Mayr veranlaßt, die Stellung Anton Fuggers zu und innerhalb des böhmischen Zinnmonopolunternehmens noch deutlicher als es schon geschehen war, zu umgrenzen. Der Text der sog. Schuldurkunden, so erklärte er vor Gericht, lasse deutlich erkennen, daß die von Anton Fugger hergegebenen Geldsummen lediglich und restlos zum „Verlag" des genannten Monopolunternehmens bestimmt waren. Eine anderweitige Verwendung sei ausgeschlossen gewesen und tatsächlich nicht vorgekommen. Sie wurde ja übrigens auch nicht von seinen Prozeßgegnern behauptet. Die Hergabe der Kapitalien nur zu dem einen, festbestimmten Zwecke erhelle auch daraus, daß Anton Fugger als „Verleger der Zinnhandlung" ihm (Mayr) den geringsten Teil des Geldes persönlich eingehändigt habe. Die Weitläufigkeit und Größe des Unternehmens hätten es vielmehr mit sich gebracht, daß er (Mayr) oft gar nicht dabei gewesen wäre, wenn „das Geld erlegt" wurde[1]. Nach Konrad Mayrs Aussagen war Anton Fugger auch insofern die eigentliche Seele des ganzen Unternehmens, als er die Taktik der Monopolausnutzung angab[2]. Gegen seinen (Mayrs) Rat habe Anton Fugger zunächst die Zurückhaltung des Zinns anbefohlen, dann freilich, als der Preis trotzdem noch gesunken sei, habe Anton Fugger zum allzu raschen Verkauf auch ohne Nutzen gedrängt. Der Erlös

---

[1] Fugger-Archiv 17, 3, 12. Bl. 8b.

[2] „... So hab ich seinem beuelch gemess den handl, wie billich fuern vnd sein willen volziehen, auch anfenglich die zin (vber das ichs aus beweglichen vrsachen widerrathen) verhalten muessen. Da zwischen sindt sie aus allerlai furgefalnen vrsachen in abfal khomen. Dieweil aber ain grosse merckhliche barschafft daran verlegen vnd er letzlich haben wollen, ich solle verkhauffen, damit wider gelt in die handt kheme, hab ichs gleichwol seinem beuelch nach gethon vnd ist ime ain grosse merckhliche barschafft, mer dann 100,000 gulden, so aus den zinen erlöst worden, wider einkhomen. Wie ich aber jeder zeit nit fur rathsamb oder thuenlich achten khunden die zin one nutz vnd mit schaden zu uerschleissen vnd er hergegen per fortza gewöllt man soll verkhauffen, sie gelten gleich wieuil sie wöllen, auch mich darzue nit willig gefunden, da hat er die zin selbst zu handen zu nemen begert, wölches ich dann nit verwaigert. Hab ime in alle leger, wo ers nun haben wöllen, brief vnd beuelch gegeben, das man im die zin, schulden vnd schuldbrief vberantwurten soll. Wölches also allenthalben, wo ers nun begert, zu Nurmberg, Franckfurt, Craca, Schlackhenwaldt, Prag vnd anderer ortten beschehen. Schuldbrief, schulden vnd zin, auch also den handl mit seinem vorrath hat er zu seinen handen genomen, sich also des handls selbst vnderfangen vnd volgendts darmit — meinethalben ferrer vngefragt — seins willens vnd gefallens vmbgangen, ich auch ime darin aus obbegriffnen vrsachen khain verhinderung oder eintrag zugefuegt." Fugger-Archiv 17, 3, 12. Bl. 24.

aus dem so verkauften Zinn (mehr als 100 000 Gulden) sei an Anton Fugger abgeführt worden.

Dementsprechend könne davon keine Rede sein, daß er (Mayr) als der wirkliche Herr des großen böhmischen Zinnhandelsunternehmens angesprochen würde. Er sei nur der Strohmann gewesen. Ihn, als alten Faktor, der seit dem Jahre 1515 im Dienste des Augsburger Handelshauses gestanden, habe Anton Fugger benützt, um ein großes Kapital mit hohen Gewinnaussichten anzulegen, um versteckt ein Unternehmen zu beginnen, das er öffentlich nicht habe führen wollen, dem er aus „allerlei bewegnussen den namen nit habe geben wollen" [1].

Das klingt für den Kenner der Antimonopolbewegung des 16. Jahrhunderts nicht unglaubhaft [2]. Auf den Reichs- und Landtagen des ganzen 16. Jahrhunderts, in den Schriften und Predigten der Sozialreformer der Zeit, in den Anschauungen des ganz überwiegenden Teiles der damaligen Gesellschaft wurden Monopole und Kartelle auf das lebhafteste bekämpft [3]. Die Reichstagsbeschlüsse bedrohten die Monopolisten mit hohen Strafen. Der Fiskal, der Reichsanwalt des Reichskammergerichts war, angewiesen, unnachsichtlich gegen sie vorzugehen. Es war auch nicht bei Drohungen geblieben. Die hochangesehene, vornehme Firma Bartholomä Welser in Augsburg hatte es erleben müssen, daß im Jahre 1530 des heiligen römischen Reichs Kammergerichtsbote in ihrer Schreibstube erschien und dem Seniorchef des Hauses, dem greisen Bartholomä Welser, die Ladung vor das oberste Gericht des Reiches überreichte. Gleichzeitig war die Klage wegen Monopolvergehens der Firma am Rathaus öffentlich angeschlagen worden. Man versteht es, wenn Anton Fugger Vorsorge getroffen hätte, daß ihm nichts Ähnliches passierte.

Nun war ja allerdings zumeist ein weiter Weg von einem gegen kapitalkräftige Kauf- und Finanzleute gerichteten Reichstagsbeschluß des 16. Jahrhunderts bis zu seiner Ausführung. Der Kaiser war zumeist finanziell derartig von den großen Kaufleuten abhängig, daß er sie in der Mehrzahl der Fälle selbst vor den Antimonopolgesetzen in Schutz nahm [4]. Insbesondere hatten sich die Fugger generell und für einzelne Monopolunternehmungen noch speziell diesen Schutz verbriefen lassen. Auch in dem Kontrakt, den Konrad Mayr mit Ferdi-

---

[1] Fugger-Archiv 17, 3, 12. Bl. 18 b f.

[2] Ganz abgesehen davon, daß die Fugger auch sonst in jenen Jahren besondere Unternehmungen unter Namen und Firma von zuverlässigen Angestellten gehen ließen. Vgl. K o n r a d   H ä b l e r , Die Geschichte der Fuggerschen Handlung in Spanien. Weimar 1897. S. 109.

[3] Vgl. oben S. 71 ff. und sonst öfters in dem voranstehenden Werk.

[4] Für dieses interessante Gegeneinanderarbeiten von Reichstag und Kaisertum vgl. oben S. 81 und sonst.

nand I. zwecks Übernahme der gesamten böhmischen Zinnproduktion schloß, war ihm ausdrücklich der Schutz des Kaisers gegenüber einer Monopolanklage des Reichskammergerichts zugesagt worden [1].

Zweifellos wäre auch Anton Fugger — falls er offen das böhmische Zinnmonopol hätte übernehmen wollen — dieser Schutz Ferdinands I. gewährt worden. Zum Äußersten, zu einem energischen Vorgehen des Reichskammergerichtes wäre es vielleicht den Fuggern gegenüber am wenigsten gekommen. Trotzdem ist es verständlich, wenn Anton Fugger bei der stark exponierten und vielfach angegriffenen Stellung g e r a d e   s e i n e r Firma den Skandal und die rechtlichen und gesellschaftlichen Unannehmlichkeiten hätte vermeiden wollen, denen er sich mit der eigenen öffentlichen Leitung des böhmischen Monopolunternehmens aussetzte. Dazu mag noch eine andere Erwägung Anton Fuggers gekommen sein. Das Zinnunternehmen mußte von Anfang an als ein höchst riskantes geschäftliches Wagnis angesehen werden. Es war schon naheliegend, daß Anton Fugger für den Fall eines Mißlingens den Ruf und Kredit seiner Firma nicht aufs Spiel setzen wollte.

Nicht weniger plausibel wie das vorhin behandelte Argument Konrad Mayrs klingt ein anderes, das er in den Verhandlungen gegen die Berechtigung der von seiten Hans und Marx Fuggers gestellten Geldanforderungen vorbrachte. Wer wollte leugnen, daß es im höchsten Grade unwahrscheinlich ist, daß Anton Fugger seinem Faktor eine Summe von der ganz gewaltigen Höhe von 600 000 rheinischen Gulden geliehen haben sollte? Für einen solchen Kredit war das mobile und immobile Kapital, über das Konrad Mayr zu verfügen hatte, viel zu klein. Mayr gehörte keineswegs zu den reichsten Männern Augsburgs [2]. Er sagt wohl die Wahrheit, wenn er meinte, Anton Fugger würde ihm (Mayr) gegen Verpfändung seines gesamten Hab und Guts nicht 2000 oder 3000 geschweige denn 600 000 Gulden geliehen haben.

Hier könnte nun freilich eingeworfen werden, daß Anton Fugger, der die Summe von 600 000 fl. ja nicht auf einen Schlag, sondern in 17 Teilzahlungen gab, sich sehr wider seinen Willen zu immer erneuten Geldhergaben an Konrad Mayr aus dem Grunde gezwungen gesehen habe, um womöglich durch die späteren das erste Darlehn zu retten. Tatsächlich hat ja Anton die geschäftliche Unklugheit begangen, immer erneut Geld in das Danaidenfaß des böhmischen Unternehmens zu schütten, aber daß er das tat, daß er nicht die so sehr angebrachte kühle Distanzierung dem Unternehmen gegenüber zu halten vermochte, zeigt m. E. deutlich die rechtliche Situation. So wie sich

---

[1] Siehe oben S. 270.

[2] Vgl. oben S. 265. Nach dem Fehlschlag des böhmischen Unternehmens zeigt laut den Steuerbüchern das Vermögen Mayrs noch immer eine starke Zunahme. Er hatte also offenbar keine nennenswerten Verluste in dem Zinnunternehmen erlitten.

Anton Fugger als Kapitalist dem böhmischen Zinnmonopol gegenüberstellte, hätte er sich als Nur-Darlehnsgeber des Konrad Mayr nimmermehr gestellt. Dieses immer erneute und immer größer werdende Risiko nimmt man nur einem Unternehmen gegenüber auf sich, das im Grunde einem selbst gehört.

Leider hat die Behandlung der Streitfrage vor dem Stadtgericht von Augsburg nicht Licht in den interessanten Fall zu bringen vermocht. Um so weniger, als nach dem baldigen Tode des greisen Konrad Mayr (Ende 1565 oder Anfang 1566) dessen Erben einen Vergleich mit den Söhnen Anton Fuggers eingingen. Man einigte sich dahin, daß die Familie Mayr auf 5000 Gulden verzichtete, die Hans Jacob Fugger dem Konrad Mayr schuldete. Nach dem Tode der Witwe Konrad Mayrs sollte dazu noch das Gut Bergheim (bei Augsburg), das Konrad Mayr für 5550 Gulden gekauft hatte, den Fugger zufallen. Vorläufig sollte aus Schonung für die Witwe Konrad Mayrs die Übergabe noch nicht stattfinden [1].

Vielleicht hätte auch ein längerer Prozeß mit weiteren Instanzen als das Augsburger Stadtgericht nicht größere Klärung in die Frage über die rechtliche Form des Zusammenarbeitens von Anton Fugger und Konrad Mayr in dem böhmischen Zinnmonopolunternehmen gebracht. Behauptung stand gegen Behauptung, und Anton Fugger, der allein Endgültiges und Bestimmtes aussagen konnte, war tot. Wie es auch sei, wie immer der Fall auch rechtlich gelagert sein mag, die Tatsache steht nunmehr fest, daß eines der riskantesten und wohl das verlustreichste Spekulationsunternehmen des 16. Jahrhunderts mit Fuggerschem Kapital geführt worden ist. Die Fugger haben dabei eine für damalige Verhältnisse ganz enorme Summe eingebüßt. Kein anderes deutsches, wahrscheinlich sogar kein anderes europäisches Handelshaus hätte sich nach solchen Kapitaleinbußen aufrecht zu erhalten vermocht. Zwei Jahrzehnte früher war Ambrosius Höchstetter, einer der reichsten Augsburger der zwanziger Jahre des 16. Jahrhunderts, an einem ähnlichen Unternehmen, an dem Versuch, durch Kartellierung der Idrianer und der Almadener Quecksilberproduktion ein Weltmonopol in dieser Ware aufzurichten, verblutet, obwohl es sich um bedeutend kleinere Kapitalien dabei handelte [2].

Ein anderer Augsburger Kaufmann, Konrad Rott, ist in den siebziger Jahren des 16. Jahrhunderts geschäftlich an einem groß-

---

[1] Die Erben waren Konrad Mayr jr., Regina Bimmel, die Tochter Konrad Mayrs, die Gattin des bekannten Augsburger Großkaufmanns Anton Bimmel, Apollonia Han, ebenfalls Tochter von K. Mayr senior, die den Obervogt von Mindelheim, Dr. Joh. Jacob Han, zum Manne hatte und endlich Eufrosina Roch, ebenfalls Tochter des K. Mayr sr., Gattin des Peter Roch.

[2] Vgl. oben S. 307 f. und vorher. Material darüber auch F.-A. 2, 2, 1.

artigen Pfeffermonopolisierungsversuch zugrunde gegangen [1]. Die Beispiele fehlgeschlagener großer Monopolversuche des 16. Jahrhunderts
ließen sich mehren. Manche bedeutende Firma ging darin zugrunde.
Die Fugger hatten die ungleich stärkeren Verluste an dem böhmischen
Monopolunternehmen nicht zu stürzen vermocht. Anton Fugger verstand es, den harten Schlag zu rechter Zeit zu parieren. Das eine
freilich muß die Fugger-Forschung aus der vorangehenden Untersuchung lernen. Die Auffassung, als ob die Schwierigkeiten, die die
Firma Fugger schon unter Anton, mehr noch unter seinen Nachfolgern
des öfteren erlebte, nur aus den fatalen Finanzgeschäften mit den
Habsburgern und anderen öffentlichen Gewalten resultiert hätten [2],
ist falsch. Auch im spekulativen Warengeschäfte lagen — wie aus dem
voranstehenden ersichtlich sein dürfte — Todeskeime für die größten
Firmen des 16. Jahrhunderts verborgen.

Beilage 1. Konrad Mayr bekennt von Anton Fugger 50 000 rheinische Gulden für das böhmisches Zinnmonopolunternehmen auf
3 Jahre erhalten zu haben. Augsburg 20. Juni 1553. Kopie im Fugger-
Archiv 17, 3, 12 Bl. 1 [b].

„Ich Conradt Mair, burger zu Augspurg, bekhenn offenlich mit
disem brief meiner aigen handtschrifft für mich vnnd meine erben,
das ich aufrechter, redlicher schuldt schuldig worden bin vnnd gelten
soll dem edlen herrn Anthonien Fugger, römischer kaiserlicher vnd
kuniglicher maiestat rathe, benantlichen funffzig tausend gulden reinisch in müntz gemayner landtswerung, die ich auf heut dato ditz
briefs von ermeltem herrn Anthonien Fugger, dieselben auf drey jar
lang die negsten nacheinander volgende zu meinem gethonen zinkauf
vnd handel zu gebrauchen vnnd stilligen zu lassen also bar eingenomen
vnnd empfangen hab. Dauon sollen vnnd wöllen ich oder meine erben
ernanten herrn Anthoni Fugger oder seinen erben die gedachten drey
jarlang vnd jedes derselben besonder für gewinung vnd verzinssung
zehen gulden von hundert alhie oder in der statt Nürmberg aussrichten
vnd bezallen vnd mit erster jarszinsbezallung von dato ditz briefs
vber ain jar anfahen. Vnnd nach verscheynung der drey jar sollen
herr Anthoni Fugger oder seine erben — zu was zeitten es inen gelegen sein wurdet, kurtz oder lanng darnach — guet macht haben
mir oder meinen erben die hauptsuma fünffzig tausent gulden reinisch
in müntz gar oder halb, wölches inen fueglich sein wurdet, abzu-
khunden. Vnnd nach der abkhunung vber ain jar sollen vnnd wöllen
ich oder meine erben vil ermeltem herrn Anthonien Fugger oder
seinen erben den halben thail dess abgekhundten hauptguets vnnd
den andern abgekhundten halben tail vber acht monat darnach sambt

---

[1] Vgl. oben S. 107 und die dort genannte Literatur über Konrad
Rott.
[2] So besonders Ehrenberg in seinem Zeitalter der Fugger.

verfalner, vnbezalter verzinssung alhie zu Augspurg oder in der statt Nurmberg one allen iren costen vnnd schaden, solang vnd vil biss sie der gantzen haubtsumma sambt vnbezalter verfallner verzinssung entricht vnd bezalt sein worden, ausrichten vnnd bezallen.

Vnnd souerr sich zutragen, das Ich ermelte suma gelts lenger oder weitter inn meiner handlung nit zu gebrauchen haben würdt — es wer inner der dreyen jarn oder nach ausganng derselben — so sollen vnnd mögen Ich oder meine erben dem gedachten herrn Anthonien Fugger oder seinen erben die halb oder gantz suma, wie vns das gelegen sein wurdet, aufsagen vnd abkhunden. Vnnd nach verscheinung solcher abkhundung vber ain jar sollen vnd wöllen ich oder meine erben herrn Anthonien Fugger oder seinen erben die abgekhundten suma gelts sambt verfallner vnbezalter verzinssung alhie zu Augspurg oder inn der stadt Nurmberg one allen iren costen vnnd schaden inn ganghaffter gemainer landtswherung ausrichten vnnd bezallen vnder verpindung aller meiner haab vnnd guetter, ligender vnd varender, gegenwurtiger vnnd kunfftiger, die ich inen hiemit eingesetzt vnnd verpfenndt haben will, getreulich vnd on geuerde. Dess zu warem vrkhundt hab ich zu ennd diser schrifft mein petschafftring aufgedruckht. Beschehen zu Augspurg am 20. tag des monats Juny als man zalt nach der geburt Cristi vnsers herrn im 1553. jare."

Dritter Nachtrag.

Einige Ergänzungen zum fünften Kapitel des dritten Buches, betitelt: „Monopole und Kartelle im Idrianer Quecksilberhandel des 16. Jahrhunderts".

Wider Erwarten fanden sich im Fugger-Archiv und im Stadtarchiv zu Augsburg eine Anzahl Materialien zum obigen Thema. Der Vertrag, den der Hofkammerrat Hans Khisl zu Kaltenbrunn, oberster Erbtruchseß der gefürsteten Grafschaft Görz im Namen des Erzherzogs Karl von Österreich unter dem 5. Mai 1571 (gültig vom 8. Oktober 1571 an) mit den Gewerken von Idria abschloß [1], liegt im Fugger-Archiv unter der Signatur 2, 4, 3 Blatt 481 f. Der Vertrag wird in der damals üblichen Terminologie ein „Kauf", speziell ein „Quecksilberkauf" genannt. In dem Kontrakte übernimmt Erzherzog Karl die gesamte Ausbeute des Idrianer Quecksilberbergwerks von den Gewerken (Handelsmonopol des Staates). Er behält sich dabei vor, das Monopol an andere weitergeben zu dürfen. Der Kontrakt des Erzherzogs mit den Idrianer Gewerken sollte fünf Jahre währen. Letztere hatten in dieser Zeitspanne 7500 Zentner Quecksilber, den Zentner (Wiener Gewicht) um 24 Gulden zu liefern. Sollte der Erzherzog statt Quecksilber die Lieferung von Zinnober wünschen, so waren für den Wiener Zentner Zinnober 28 Gulden zu zahlen. Die gelieferte Ware mußte bar in Villach beglichen werden unter Abzug freilich von 10 % für „Fron" und daraufhin noch von $1/8$ der Restsumme für „Wechsel" [2]. Es blieben demnach den Gewerken statt 180 000 Gulden (7500 × 24 Gulden) nur 141 750 Gulden als Verkaufspreis für 7500 Zentner Quecksilber. Diese Summe wurde ihnen in bestimmten, vertraglich festgesetzten Fristen gezahlt.

Eine Lieferung an andere Personen als den Erzherzog bzw. an denjenigen, an den dieser das Monopol weitergab, war den Gewerken auf das strengste verboten. Nur für eigenen Gebrauch durften ihnen kleine Mengen von dem Verweser abgegeben werden. Auch wollte der Erzherzog dafür sorgen, daß die gewerblich tätigen Einwohner seiner Länder das Quecksilber und Zinnober zu einem „ziemlichen" Preis erhielten (Anfänge merkantilistischer Gewerbepolitik).

---

[1] Vgl. im voranstehenden Werke S. 350 oben.

[2] Fron und Wechsel waren Abgaben der Gewerken an den Regalherrn, d. h. den Landesherrn.

Welch einen gewaltigen Gewinn der Erzherzog bei diesem Abschluß machte, sieht man aus den Bedingungen, unter denen er den
,,Quecksilberkauf'' weitergab. Auch in dieser Frage sehe ich heute,
auf Grund neuer archivalischer Funde, deutlicher als bei der Herausgabe der ersten Auflage. Die früher von mir vergeblich im Wiener
Finanzarchiv gesuchte Urkunde, datiert vom 8. Oktober 1571, worin
der eben genannte zwischen den Idrianer Gewerken und Erzherzog
Karl abgeschlossene Monopolkontrakt wiederum, wie schon im Jahre
1566, an die Augsburger Firma David Haug [1], Hans Langenauer und
Mitverwandte vom Erzherzog übertragen wurde, findet sich in mehreren Abschriften im Fugger-Archiv [2]. Sie vermittelt uns folgende
Erkenntnisse: Nach langen Unterhandlungen, wobei der Erzherzog
mit Rücksicht auf die Konkurrenz und das Überangebot [3] auf dem
Quecksilbermarkt angeblich seine Forderung sehr maßvoll gestaltete,
wurden der Augsburger Firma folgende Übernahmepreise für das
Monopol bewilligt. Für die ersten 5000 Zentner sollte sie pro Zentner
Quecksilber 55 Gulden, pro Zentner Zinnober 59 Gulden zahlen. Für
die restlichen 2500 Zentner pro Zentner Quecksilber 40 Gulden, pro
Zentner Zinnober 44 Gulden. In Summa erhielt der Fürst also für
7500 Zentner Quecksilber 375 000 rheinische Gulden in Münz [4] (à
60 Kreuzer). Da die Gewerken nur 141 750 Gulden bekamen, so blieb
dem Erzherzog aus dem Quecksilbermonopol ein Gewinn von 233 250
Gulden. Natürlich erhielt der Fürst diese schöne Einnahme nicht auf
einmal, sie verteilte sich vielmehr durch Ratenzahlungen auf 5 Jahre.
Zahlungsort für die erzherzoglichen Forderungen war Augsburg, für
die der Gewerken, die gleichfalls direkt durch die Firma David Haug,
Hans Langenauer und Mitverwandte erfüllt werden sollten, Villach.
    Erzherzog Karl von Österreich hat mit der Übergabe des Idrianer
Quecksilbermonopolkontrakts an die Gesellschaft David Haug, Hans
Langenauer und Mitverwandte keinen glücklichen Griff getan. Im
Jahre 1574 mußte die bekannte Augsburger Firma ihre Zahlungen,
wie an ihre sonstigen Gläubiger, so auch an die Gewerken von Idria
und deren Regalherrn einstellen. In der bisherigen Literatur wurde
nach dem Vorgang von Richard Ehrenberg (Zeitalter der Fugger)

---

[1] Der Seniorchef der Firma David Haug war schon im Februar 1570
gestorben. Fugger-Archiv 2, 4, 4.

[2] Z. B. 2, 4, 3, Blatt 484 ff. auch Bl. 558 ff., ferner 2, 4, 5 im
letzten Fünftel des starken, nichtpaginierten Bandes.

[3] Die Haug und Kompanie behaupteten, die Vorräte, die ihre
Vorgänger im Idrianer Quecksilberhandelsmonopol (die Herwart in
Augsburg) noch in der Hand gehabt hätten, sowie die starken Förde-
rungen anderer Bergwerke ließen das Idrianer Monopol infolge Absatz-
stockung und Preisrückgang problematisch erscheinen.

[4] Für den Unterschied zwischen rheinischen Gulden in ,,Gold''
und in ,,Münz'' vgl. S t r i e d e r , Fugger-Inventur S. 27 f.

angenommen, daß es im wesentlichen die unrentablen Kapitalinvestierungen unserer Firma in den englischen Bergbau gewesen seien,
die sie zu Fall gebracht hätten. In der ersten Auflage habe ich mich
im wesentlichen noch dieser Ansicht angeschlossen. Heute möchte ich
glauben, daß auch das Idrianer Unternehmen stark mit zum Sturz
dieser Handelsgesellschaft beigetragen hat. Seit die genannte Augsburger Firma im Jahre 1571 zum zweiten Male das Idrianer Monopol
übernahm, gestaltete sich die Aufnahmefähigkeit des Weltmarktes
für Quecksilber nicht besser — wie man gehofft hatte —, sondern
im Gegenteil immer schlechter. Die Hauptursache dafür scheint mir
im folgenden zu liegen. Hatten bisher die beiden wichtigsten europäischen Gewinnungsgebiete (Almaden in Spanien und Idria in
Krain) auch die spanischen Edelmetallbergwerke Amerikas mit dem
für das Amalgamationsverfahren nötigen Quecksilber versehen [1], so
trat in dem seit etwa 1565 in Betrieb befindlichen peruanischen Guanca-
Velica (am Ostabhang der Anden) ein starker Konkurrent für die
europäische Quecksilberausfuhr in die neue Welt auf [2]. Offenbar ist
in dieser Tatsache ein Hauptgrund für das Sinken des Quecksilberpreises, für Absatzschwierigkeiten unserer Firma und schließlich für
ihren Bankerott zu suchen.

Schon im Jahre 1566 muß sich die Handelsgesellschaft David
Haug, Hans Langenauer und Mitverwandte mit ihrer eigenen Kapitalkraft dem Idrianer Unternehmen nicht mehr ganz gewachsen gefühlt haben. Bereits in dem Idrianer Quecksilbermonopolkontrakt,
den die genannten Augsburger im Jahre 1566 auf fünf Jahre abschlossen, war der Passus enthalten, daß es der Firma erlaubt sein
solle, den Kontrakt ganz oder teilweise an einen oder mehrere Kapitalisten weiter zu übertragen [3]. Denselben interessanten Vorbehalt,
der uns zeigt, wie weit der Gedanke der Versachlichung, der Kommerzialisierung der Unternehmungen schon fortgeschritten war, bringt
auch der Vertrag von 1571. In der ersten Auflage des vorliegenden
Werkes mußte ich es dahingestellt sein lassen, ob sich die Augsburger
Firma David Haug, Hans Langenauer und Mitverwandte die Über-
tragungsklausel nur für einen möglicherweise eintretenden Notfall
bewilligen ließ, oder ob sie eine bestimmte Beteiligung bereits im Auge
hatte, als der Kontrakt von 1566 abgeschlossen wurde. Jetzt bestätigt neues Material, das ich zu dieser Frage im Fugger-Archiv und
im Archiv der Stadt Augsburg fand, die letztere Annahme [4]. In einem
Vertrag vom 16. November 1566 traten David Haug, Hans Langenauer
und Mitverwandte die Hälfte des Idrianer Quecksilbermonopols an

---

[1] Vgl. oben S. 319 f.

[2] W e r n e r S o m b a r t , Der moderne Kapitalismus. 2. Aufl.
Bd. S. 575.

[3] Siehe oben S. 348 f.

[4] Fugger-Archiv 2, 4, 5, Fol. 9.

die Augsburger Firma Michael und Abraham Katzbeckh Gebrüder, Matthias Manlich und Mitverwandte ab. Durch einen glücklichen Zufall fand ich den interessanten Kontrakt, den ich lange im Fugger-Archiv vergeblich suchte, im Archiv der Stadt Augsburg [1]. Er stellt insofern ein wichtiges Dokument frühkapitalistischer Wirtschaftsweise dar, als er zeigt, daß dieselbe Entwicklung, die wir aus der Finanzgeschichte des Mittelalters bereits kannten, sich auch in den anderen Gebieten des Geschäftslebens Geltung verschafft hat. Wie die italienischen Finanzmänner des Mittelalters gewisse besonders riskante und große fürstliche Anleihen nicht allein, sondern in Konsortien übernahmen, so suchte auch unsere Firma in einem Geschäftszweig, in dem sich Handel, Industrie und Finanzoperation in charakteristischer Weise vermischen, die Konsortialbeteiligung sich zunutze zu machen [2]. Die handelsrechtliche Form, in der das geschah, war die folgende: Die Firma David Haug, Hans Langenauer und Mitverwandte schloß zum Zwecke der Beteiligung der Firma Michael und Abraham Katzbeckh Gebrüder, Matthias Manlich und Mitverwandte an dem Idrianer Quecksilbermonopol mit letzterer eine Gelegenheitsgesellschaft ab. Während die Haug, Langenauer und Co. allein dieser Gelegenheitsgesellschaft den Namen und die Geschäftsführung [3] gaben, teilten sich die zwei assoziierten Firmen in die Kapitalaufbringung, in das Risiko und auch in den Gewinn an dem Monopol. Die Kapitalaufbringung wurde so geleistet, daß die Katzbeckh, Manlich und Co. jeweils die Hälfte der Zahlungen übernahmen, die in bestimmten Terminen, wie wir oben gesehen haben, an die Idrianer Gewerken und an den Erzherzog zu leisten waren. Auch die Hälfte der Unkosten bei Versendung und Verkauf des Quecksilbers war von der Firma Katzbeckh, Manlich und Co. zu bestreiten. Selbstverständlich geschah das gegen genaue Rechnungslegung von seiten der geschäftsführenden David Haug, Langenauer und Co. Das aus dem Verkauf des Quecksilbers gelöste Geld war ohne Verzug zur Hälfte den Katzbeckh, Man-

---

[1] Der betreffende Aktenfaszikel ist dort niedergelegt im Schrank der Handelssachen sub Nr. 17.

[2] In einem der vielen juristischen Gutachten über die Gelegenheitsgesellschaft der Haug, Langenauer und Co. und der Katzbeckh Manlich und Co. (Augsburger Stadtarchiv, Schrank der Handelssachen Nr. 17) ist darauf hingewiesen, daß auch Augustinus de Ghisiis (Agostino Chigi?) und Co. das Alaunmonopol von Tolfa, das er mit der Camera Apostolica abgeschlossen hatte, nicht allein behielt, sondern den Ambrosius de Spanochi zu sich in den Kontrakt nahm. Über das Tolfaer Alaunmonopol vgl. oben S. 181 ff.

[3] Heute nennt man den oder die Konsorten die beauftragt oder befugt sind, die zur Durchführung des Geschäftes erforderlichen Rechtsakte im eigenen Namen, aber für Rechnung aller Beteiligten vorzunehmen, die Konsortialleiter.

lich und Co. zuzustellen. Ohne Vorwissen ihrer Gesellschafter Katzbeckh, Manlich und Co. durften die Haug, Manlich und Co. kein
anderes Quecksilber kaufen als Idrianer Monopolfabrikat. Dieselbe
Verpflichtung übernahmen die Katzbeckh, Manlich und Co.

Auch für die Zukunft sollte gegebenenfalls das Konsortium aufrecht gehalten werden. Sollten nämlich nach Ablauf des jetzigen
Monopols die Haug, Langenauer und Co. mit Erzherzog Karl einen
neuen „Quecksilberkauf" abschließen, so verpflichteten sie sich, die
Firma Katzbeckh, Manlich und Co. oder deren Erben wiederum —
falls es von ihnen gewünscht wurde — zum Halbpartner zu machen.
Sollte dagegen die Handelsgesellschaft Haug, Langenauer und Co.
die Erneuerung des Idrianer Monopolkontraktes nicht wünschen, oder
sollten ihre diesbezüglichen Unterhandlungen mit dem Erzherzog von
Österreich ohne Ergebnis verlaufen, so durften die Katzbeckh, Manlich und Co. das Idrianer Quecksilbermonopol übernehmen. Jedoch
mußten dann auch sie ihrerseits der Firma Haug, Langenauer und Co.
oder deren Erben auf ihren Wunsch hin Halbpart zugestehen.

Über die Auflösung des Konsortiums wurden folgende Bestimmungen getroffen. Nach Ablauf des fünfjährigen Monopolkontrakts
der Firma David Haug, Hans Langenauer und Mitverwandte mit dem
Erzherzog Karl sollte die Gelegenheitsgesellschaft nicht ohne weiteres
ihr Ende finden. Das sollte erst dann geschehen, wenn alles Quecksilber, das aus diesem Kontrakt herrührte, verkauft war und wenn
alle Schulden, die damit zusammenhingen, einkassiert waren.

Auf dieser Grundlage ist das Konsortium 1566 gegründet, 1571
erneuert worden. Seine Auflösung hat es erst mit dem Bankerott der
Firma David Haug, Hans Langenauer und Mitverwandte gefunden [1].

---

[1] Nach einer anderen Quelle wären die Matthias Manlichschen
und Abraham Katzbeckhschen Erben mit $3/8$ an dem Monopol beteiligt
gewesen. Da ich nicht annehmen kann, daß diese Erben eine andere
Firma darstellen als Michael und Abraham Katzbeckh Gebrüder,
Matthias Manlich und Mitverwandte, die möglicherweise von den
$4/8$ der Haug, Langenauer und Companie noch $3/8$ übernahmen, so
denke ich an einen Irrtum der Quellenstelle, die also lautet: „Wahr und
beweisslich sein, dass Dauit Haug, Hanns Langnawer vnd mitverwanten vber den quecksilber- vnd zinober-khauff, den sie von der
fürstl. durchl. ertzhertzogen, Carl in Oesterreich, vnserm gnedigsten
herrn verschiner jarn erlangt vnd gehapt mit ermelten Matthias
Manlichschen und Abraham Katzbeckhschen erben den 16. Nouembris
verschinen 66 isten jars ain gesellschafft vfgericht vnd sie vmb drey
achtail in solchen contract jure societatis vf vnd zu sich genomen
haben mit gedingen vnd pactionibus in nebenligendem vidimiertem
exemplo mit A signiert aussgefuerdt vnd begrüffen." Fugger-Archiv 2,
4, 5, Folio 9. Leider fehlt das mit A signierte, zuletzt genannte Schriftstück in den Archivbeständen.

Beilage. Die Firma David Haug, Hans Langenauer und Mitverwandte schließt mit der Firma Michael und Abraham Katzbeckh
Gebrüder, Mathias Manlich und Mitverwandte einen Gesellschaftsvertrag ab. Darin übernimmt die zuletzt genannte Firma zur Hälfte
das Idrianer Quecksilbermonopol. Augsburg, 16. November 1566. —
Stadtarchiv Augsburg im Schrank der Handelssachen Nr. 17.

„Wir hernachbenanten Dauidt Haug, Hanns Lanngnaur vnnd
mituerwanndten der ainen, Michel vnnd Abraham Katzbeckhen gebrueder, Mathias Mannlich vnnd mitverwanndten der anndern, bürger
zue Augspurg bekhennen offenntlich für vns, aller erben vnnd thuen
khundt allmenigclich mit dem brief: Nachdem der durchleuchtigist,
hochgeboren furst vnd herr herr Carl, ertzhertzog zu Osterreich
hertzog zu Burgundi, Steir, Kärnndtn, Crain vnnd Wirttemberg, Graf
zu Tyrol vnnd Görtz u. s. w., vnnser genedigister herr kurtz verruckhter
weiln mit vns obgemelten Dauidt Haugen, Hanns Lanngnaur vnnd
mituerwandten ainen kauff vnnd contract vfgericht vnd beschlossen
alls nemblich vmb funff tausend Centner (wienisch gewichts) queckhsilber vnnd zinober vff funff jar lang zu libern mit merlay capitlen
vnnd conditionen. Wie dan darüber ain contractbrief vonn höchst
gemelter fürstl. durchl. verfertigt vnd aufgericht wordenn. Welcher
am anfanng: Wir, Carl von Gottes genaden, ertzhertzog zu Osterreich, hertzog zu Burgundi, Steir, Kärnndtn, Crain vnnd Wirttemberg, Graf zu Tiroll vnnd Görtz u. s. w. bekhennen u. s. w. vnnd am
dattum, der geben ist den achten tag Octobris nach Christi vnnsers
lieben herrn gebuert im funfftzehenhundert vnnd im sechs vnnd
sechtzigisten jare u. s. w. weisennde. Vnnd wir die ermelten, Haug,
Lanngnawr vnnd mituerwanndten obgedachte Michel vnnd Abraham
die Katzbeckhen vnnd mituerwandten aus guetter wolmainung vnd
freundtschafft inn solchen angeregten gantzen queckhsilber- vnnd
zinoberkhauff vnnd vertrag vmb ainen halben thail durchaus zu gewin vnd verlust (wie es Gott der allmechtig verleihen vnd fuegenn
wirdet) auff- vnnd angenomen. Das wir vnns darauff zu beden thaillen
fur vnns vnnd vnsere erben ainer geselschafft vnnd verwanndtnus
mit ainander verainigt vnnd verglichen, auch das zue halten vnnd
zue laisten bey ehren, trawen vnd glauben, ainander zuegesagt vnnd
versprochenn. Thuen auch solches hiemit wissentlich inn crafft diß
briefs nemlich dergestalt vnnd also:

1. Das wir, obgemelte Dauidt Haug, Hanns Lanngnawr vnd mituerwanndten inn diser geselschafft vnnd hanndlung den namen haben
vnnd fueren sollen vnnd wir, die Katzbeckh, Mannlich vnnd mituerwandten, oder vnsere erben zu vnderhaltung vnsers gebuerenden
thails inen, Dauidt Haugen, Hanns Lanngnawrn vnd mituerwanndten,
oder iren erben zu jeder bezalungfrist (wie die in abgeredtem kauff
vnnd vertrag bestimbt vnnd begriffen) den halben thail an denselben
ortten der bezalung, auch in golt oder muntz, wie der vertrag an-

zaigt, jedes mals vnnd alwegen, zu rechter zeit vnnd one fehl, mangel
oder vfzug richtig vnd gewisslichen erlegen vnnd bezallen.

2. Gleicher gestalt sollen vnnd wellen auch wir, die Katzbeckh,
Mannlich vnnd mituerwanndten, oder vnsere erbenn inen, Dauidt
Haugen, Hannsen Lanngnawer vnnd mituerwanndten, oder iren
erben den halben thail alles gebuerlichen vflauffennden vncostens
(wie derselbig mit verschickhen vnnd verfertigen der queckhsilber
vnnd zinober zu wasser vnnd lanndt vnd in alle andere wege sein
vnnd sich befinden wirdet) auff ir, oder irer erben anzaigen vnnd
guete rechnung auch jederzeit vnauffzüglich darlegen vnnd dar-
schiessen, also inn suma nit allain an dem kauffgelt, sonnder auch
allem vnnd jegclichem anderm vncosten vnd außgaben vmb ainen
halben thail an dem ganntzen vertrag vnnd nit weitter hiemit verobligiert vnd verbunden sein.

3. Doch haben wir Haug, Lanngnawr vnd mituerwandten vnns
bewilligt, das wir von denen orten, da wir dits queckhsilber vnnd
zinober verschleissen wurden vnnd anderer vnserer hanndtierung
halber daselbst diener vnnd factor halten muessen, fur vnns bede
partheyen nit mer als ainen per cento fur vncosten- vnd factorey-gelt
der diener vereheren wollen.

4. Hingegen so sollen vnnd wollen wir, die erstgemeltenn Dauidt
Haug, Hanns Lanngnaur vnnd mituerwandten vnd vnsere erben,
disen obangedeuten queckhsilber- vnnd zinober-khauffvertrag mit
zuthuen, rat vnnd hilff gedachter Katzbeckhen, Mannlich vnd mituerwandten vnserm bessten vleiss vnnd guetbedunckhen nach getreulich verwaltenn vnnd regiern, das queckhsilber vnd zinober widerumb auffs höchst, besst vnnd nutzlichest, als wir weg vnnd mitel
finden mugen, verkhauffenn vnnd verschleissen, darauon vffrechte, erbare, clare vnd guette rechnung halten, inen von allen hanndlung-
vnd monnat-zetlen abschrifft vnnd copeyen verfolgen lassen, auch innsonderhait wir Haug, Lanngnaur vnd mituerwanndten, oder vnsere
erben den gedachten Michelnn vnnd Abraham Katzbeckhen vnnd
mituerwandten, oder iren erben jeder zeit, so offt vnd wan aus solchen
queckhsilbern vnnd zinobern gelt erlösst, gefallenn vnnd eingebracht
wirdet, iren gebuerennden halben thail durchaus jedesmals getreulichen zuethailen, auch ohne verzug zuestellen vnnd erlegen.

5. Vnnd auch zu aussgang vnd ennd beruerts queckhsilber-
vnnd zinober-khauffs vnd vertrags, auch dartzwischen (so offt es die
notturfft erfordert) inen oder iren erbenn von aller des hanndels gelegenhait freundlichs annzaigen bericht, auch darzwischen, souill
imer der gelegenhait nach sein khan, doch vngeuerlich inn jars zeitten,
erbare vnnd genuegsame rechnung vnnd raittung geben vnd zuestellen,
vnnd also an haubtguet, gewinung oder verlust, inen jeder zeit denn
halben thail verfolgen vnnd zuestehen lassen.

Hinwider was auch wir, obgemelte Katzbeckhen, Manlich vnnd
mituerwanndten dises hanndels halben inn erfarung bringen, sy die

Haugen, Lanngnawr vnd mituerwanndten auch berichten vnd verstendigen.

6. Vnd ob dan zu aussganng des vertrags zeit der funff jar an
queckhsilber vnnd zinober, noch ichtzit, wenig oder vill vberbliben
verhannden, dergleichen was alssdan an vneingebrachtenn schulden
noch ausstenndig sein wurde, denselben vorstanndt vnnd recht ann
queckhsilber vnnd zinober, schulden vnnd gelt sollen vnnd wollen wir,
obgemelte Dauidt Haug, Hanns Lanngnawr vnnd mituerwanndten,
oder vnsere erben alsdan ferrer mit gemelten Michel vnnd Abraham
Katzbeckhen, Mathias Mannlich vnnd mituerwanndten guetten ratt
vorwissenn vnd willen auch verkhauffenn, verhanndlen vnnd die aus-
steenden schulden zum getreulichisten einziehen vnnd einbringen.
Zuuor auch dise geselschafft ir enndtschafft nit haben sol.

7. Wir, offt gemelte Haug, Lanngnawr vnd mitverwanndten
habenn auch innsonnderhait bewilligt inn zeit dises queckhsilber- vnnd
zinoberkhauffs sonnst ferrer daneben ad partem, oder innsonderhait
khain queckhsilber oder zinober, vber die suma so vnns, oder vnnsern
erben in werendem vertrag sollen gelibert werden, ohne ir, vnserer
obgemeltet gesellschaffter vorwissen vnnd bewilligen zu khauffen.
Wie dan sie, die Katzbeckhen, Mannlich vnnd mituerwanndten, oder
ire erben gleicher gestalt auch thuen sollen.

8. Dessgleichen, ob wir oder vnsere erben, nach disem queckh-
silberkhauff vnnd zu aussganng desselben ainen ferrern. kauff vnnd
hanndlung vmb queckhsilber vnd zinober thuen wolten oder wurden,
so sollen vnnd wollen wir den gedachten Katzbeckhen, Manlich vnnd
mitverwanndten oder iren erben alssdann (soferr es inen gelegenn vnnd
gefellig) in derselben hanndlung aber den halben thail, wie in diser
zue rechnen vnnd mitlassen.

9. Wan wir aber mit hochst gedachter fürstl. durchl. ertzhertzog
Carln, oder wer von irer fürstl. durchl. wegen das queckhsilber vnnd
zinober inn hannden haben wirdet, ferrer nit hanndlen wolten, oder
vnns mit irer fürstl. durchl. aines kauffs nit vergleichen kündten,
mogen sie, die Katzbeckh, Mannlich vnnd mituerwandten alssdan zu
irer gelegenhait mit irer fürstl. durchl. ainen kauff für sich selbs be-
schliessen. Doch das sy vnns, oder vnsern erben volgents auch ain
halben thail darinnen (so vns der anzunemen gefällig) mit lassen.

10.- So sollen auch offt ermelte Katzbeckhen, Mannlich vnd mitverwanndten, oder ire erbenn vnns, den gedachten Dauidt Haugen,
Hannsen Lanngnawr vnd mitverwanndten, oder vnsern erben gegen
yeder gelterlegung allweg gebuerlich vrkhundt vnnd bekhanndtnus
vnnd insonnderhait zu enndt der vertragzeit vnd vnser enndtlichen
haubtrechnung, vberantwurttung vnnd zuestellung gebuerliche vnnd
gnuegsame juratquittung fertigenn vnnd gebenn. Wie auch gleicher
gestalt wir, oder vnnser erben inen, den Katzbeckhen, Mannlich vnd
mituerwanndten, oder iren erben gegen yedem iren gelterlegung auch

gebuerlich vrkhundt vnnd ledstlichen auch freundtlich quittungbrief zuestellen sollen vnnd wollen.

11. Vnnd beschliesslich haben wir bede, oben bekhennende parteyen vnnd geselschaffter vnns ferrer dessen mit ainander verainigt: Wan sich in zeit diser werenden geselschafft begebenn vnnd des hanndels notturfft erhaischen wirdet, das wir an frembde ausslenndische ort verraissen muessten, sollen wir zu beden thaillen zugleich darmit verbunden sein, vnnd sich khainer dauon absonndern, sonnder in dem, wie in allem andern, ainander getreulich beystehen vnd dermassen erzaigen als getreuen, redlichen geselschafftern wol zuestet vnnd gebuert. Alles vnnd jegclichs recht vnnd redtlich sonnder arglisst vnd gefehrde.

Vnnd des zu warem vrkhundt sein diser verschreibungen zwo gleichs lauts gemacht vnnd aufgericht, deren jeder thaill aine zuhannden genomen. Vnnd von vnns, obgemelten Dauidt Haugen, Hannsen Lanngnawr vnnd mituerwanndten mit vnser der Haugen vnnd Lanngnawrs angebornen innsigeln vnnd selbs vnderzaichneten hanndschrifften, dessgleichen von vnserer, obgenanter Michel vnd Abraham Katzbeckhen, Mathes Mannlich vnd mituerwandten wegen mit mein, gemelts Abraham Katzbeckhen vnd Anthoni Hörmans angebornen innsigeln, dabey wir vnns auch mit aignen hannden vnderschriben, verfertigt worden.

Geben vnd beschechen zu Augspurg, den 16. tag des monnats Nouembris nach Christi vnsers lieben herrn, ainigen erlösers vnd seligmachs geburt funffzehenhundert vnd im sechs vnnd sechtzigisten jare.

Dauidt Haug manu propria. Hanns Lanngnawr manu propria. Abraham Katzbeckh manu propria. Anthoni Hörman manu propria.

Orts= und Personenregister der Nachträge.